# 大きい活字の
# カタカナ語辞典

新星出版社

## はじめに

　「国語」の使用における「外来語」の位置づけは、いつの時代においても、どの国においても、問題になる事がらである。国際化が進むいま、我が国も諸外国との人・物・文化の交流がますます盛んになり、それにともなって我々の日常の言語生活にも大量の外来語、とりわけ「カタカナ語」が入り込んできている。「カタカナ語」の氾濫といわれる所以もここにある。しかしこれら「カタカナ語」は、日本語の使用に際して、すでに必要不可欠なものであるといっても過言ではない。そのため、いかにカタカナ語とうまく付き合っていくかを考えることが一つの急務にもなっている。

　本事典の編集に際しては、日常的に誰もが理解できるであろう語はあえて掲載せず、目にしたり、耳にしたりした場合に語義に迷うもの、注釈が必要であろうと思われるものを中心に収録した。

　しかも本書のシリーズの特徴である活字を大きくするということを考慮しなくてはならず苦心したが、何とか見出し語で1万語を越す語数を入れることができた。規模としては決して大きいものとは言えないが、読者の日常生活に即して語を厳選したため、より豊かな言語生活に貢献できるものと信じる。

編　者

# この辞典の利用の手引き

## 見出し語

### 1) 表 記

国語審議会答申に基づく『外来語の表記』に準じた。

「ヴァ」「ヴィ」「ヴ」「ヴェ」「ヴォ」は「バ」「ビ」「ブ」「ベ」「ボ」で、「ヂ」「ヅ」は「ジ」「ズ」で表記した。ただし「ファ」「フィ」「フ」「フェ」「フォ」はそのままとした。その他「ティ」「ディ」「シェ」「ジェ」はそれぞれ「テ」「デ」「セ」「ゼ」と表記した場合がある。同様に「ティ」「ディ」を「チ」「ジ」と表記した場合もある。

原音の二重母音「ei」「ou」などを、長音と「エイ」「オウ」などのどちらで表記するのかは実際の使用を考慮した。

上記表記法にしたがって、別に見出し語をたてた場合は「⇨」の記号を付して、その見出し語に示した。

原語が2語以上で構成されている語については、原則として、「・」で構成を示した。ただし、これは原語のハイフンの位置や単語の切れ目などとは必ずしも一致しないし、記述する際に省略されることもある。

### 2) 配 列

漢語・和語の合成部分を含めて五十音順とし、また清音・濁音・半濁音の順に配列した。

長音は直前の字の母音に含まれる母音と同じに扱った。

〔例〕ハーブ→ハアブ

カタカナ表記が同一でも原語が別語であるときは別見出しとし、原語のアルファベット順に配列した。

## 語義・解説

　二つ以上の語義をもつものについては①、②の番号を付して分類した。

　また、関連した見出しには「→」を付し参照を、同は同意語、対は反対語・対語、略はアルファベットの略語を示した。

　用例は例で示し、見出し語が再掲される箇所は「～」で示した。

　語義・解説について、要素説明あるいは補足説明が必要と思われる場合は、適宜（　）や「　」でくくって記述した。

　語義・解説は日本において用いられる語義を中心としている。その意味で、英語をはじめとする原語本来の語義とは必ずしも合致しない。

　そのカタカナ語が「する」をつけて動詞、「な」をつけて形容動詞として日常的に用いられることが多い語には、それぞれする、～なの記号を付した。語義が２つ以上あって特定の語義のみが該当するときは、番号の後に付した。

校閲協力：岡田幸彦（獨協大学非常勤講師）

本書は『カタカナ語新辞典 改訂新版』（2005年 小社刊）を再編集したものです。

## ア

**アーカイブ** ①大規模な電子情報を圧縮して、複数のファイルを一つにまとめたもの。または、その技術。②記録や資料の大規模な貯蔵。文化的価値の高い映像・画像を次世代へ継承するという意味でも使われる。

**アーガイル** ①ひし形。②斜め格子と2、3色のダイヤ柄を組み合わせた左右対称柄。アイビー調のセーターや靴下など、ニットに用いられる伝統的柄の一種。同ダイヤモンド・チェック

**アーキテクチャー** ①建築物。建築様式。建築学。建築家。②コンピュータの基本設計思想。

**アーク** ①弓形。弧状。弧。円弧。②電弧。向かい合った電極に電流を通すと、電極間に弧状放電が生じる。これを利用したのがアーク灯。

**アーケード** ①拱廊(きょうろう)。寺院や宮殿、野球場などの建物の側面に連続的にアーチを並べた構造物。またその下の通路。②屋根つきの歩道。それを設けた商店街。

**アーケード・ゲーム** ゲームセンターにある画面を見ながら遊ぶゲーム機。

**アーゴノミックス** 人間工学。機能性や快適性を高めるため、生理学や心理学、生産工学などを総合して、人間の特性や能力に合ったデザインの機能向上と作業の能率化を図ること。同エルゴノミックス

**アーコロジー** 快適環境都市。自然環境と建築技術を調和させた都市計画。

**アージェント** 緊急の。さし迫った。うるさく求める。しつこく要求する。

**アース・カラー** 大地を連想させる色。本来はくすんだベージュから茶系統の色をさすが、緑色までの自然色一般をいうこともある。

**アース・コンシャス** 地球環境・自然環境を意識した様子を表す言葉。環境保護の。

**アーチスト** ⇨アーティスト

**アーティクル** ①新聞・雑誌の記事、論説。②法律などの条項。③品物、品目。④文法で、冠詞のこと。

**アーティスティック** 芸術的な。優雅な。芸術のわかる。芸術的感覚のある。~な

**アーティスト** 芸術家。音楽家。アーチストともいう。

**アーティチョーク** キク科の植物チョウセンアザミ。つぼみをサラダなどの食用にする。

**アーティファクト** ①人工物。加工品。工芸品。②仮想現象。シミュレーション上に現れるが実際には存在しない現象。

**アーティフィシャル** 人工の。不自然な。模造の。~な 対 ナチュラル

**アーティフィシャル・インテリジェンス** 人工知能。学習や判断・推論ができるコンピュータ。略 AI

**アート** ①芸術。美術。②技術。技巧。③人工。ラテン語のars（ものを結合したり、組み合わせたりする技術）から。

**アートーン** 漫画などの要素を取り入れた絵画。art（美術）とcartoon（漫画）から。

**アート・シアター** 芸術的、実験的作品を専門に上映、上演する小劇場。1930年代ヨーロッパで興る。

**アート・スーパーバイザー** 広告制作部門における美術関連の管理責任者。アート・ディレクターに指示を与える。

**アート・ディーラー** 美術商。

**アート・ディレクター** ①映画、演劇、テレビなどの美術監督。装置・衣裳などをデザインする。②広告、宣伝制作の統括責任者。③出版、印刷物のデザイン担当責任者。

**アート・フラワー** 布地や針金で作った造花の一種。

**アーバニズム** ①都会風。都会性。②都会における生活・行動様式。農村的環境に対比したときの用語。

**アーバン** ①都市の。都市特有の。②都会風に洗練された。上品な。他の外来語と複合して用いられることが多い。対 ルーラル

**アーバン・デザイン** 都市設計。地域の自然・歴史・文化を生かすと共に、建築物等の空間配置や形態の調和を図ることにより、都市全体を人間にとって快適なものにしようとする都市計画。

**アーバン・デベロップメント** 都市開発。特に、農地、山林

などを、住宅、工場、オフィスなどが立地する都市的な土地利用に転換させること。

**アーバン・リゾート** 都会風に洗練された保養地のこと。

**アーベント** ①夕方。日暮れ。②夕方から催される音楽会や映画会など。

**アーミー** ①軍隊。特に、陸軍。②大勢。大群。

**アーミー・ナイフ** ハサミ、ノコギリ、栓抜きなど、複数の機能を持っているナイフのこと。スイス軍隊で正式に採用されたことで、この名がついた。同サバイバル・ナイフ

**アームバンド** ①シャツなどの袖口をたくし上げて留めるためのバンド。②腕章。

**アーム・レスリング** (主に競技としての)腕相撲。

**アーリー・アメリカン** アメリカ植民地(開拓)時代風の様式。家具では木造仕上げのシンプルなもの。ファッションでは、パッチワークなどをいう。

**アール・デコ** 1920年代に主にヨーロッパで流行した装飾美術様式。直線と幾何学的な模様を多用。

**アール・ヌーボー** 20世紀初頭、フランスを中心に流行した美術様式。植物や女体を装飾化した曲線模様を特徴とする。イラストから工芸、建築まで幅広く取り入れられた。

**アイアンマン・レース** 鉄人レース。水泳2.4マイル(約3.86キロメートル)、自転車112マイル(約180キロメートル)、フルマラソン(42.195キロメートル)という3種目を1日で行い、その総合タイムを競う競技。同トライアスロン

**アイ・ウェア** サングラスやゴーグル、眼鏡などの総称。機能よりもファッションとしての意味合いが強い。

**アイ・キャッチャー** 特定の企業やその製品を、一目で連想させる広告宣伝用の絵、写真、文字など。

**アイ・キュー** IQ。知能指数。検査により得られた精神年齢を実際の年齢で割り、それに100をかけたもの。

**アイコラ** ⇒アイドル・コラージュ

**アイコン** ①コンピュータの各種操作や機能内容をわかりやすく表した絵文字。マウスなどを使って指示し、実行する。②肖像。特に、ギリシア正教のキリスト、聖母、聖人などの聖画像。イコンともいう。

**アイ・コンタクト** 目と目で意思の疎通をはかること。

**アイ・シャドー** まぶた周辺に塗って、目もとの陰影を強調する化粧品。

**アイシング** 冷却療法。スポーツのあとに酷使した部位を氷などで冷やすこと。する

**アイスバーン** 凍結した雪面。または、積雪した路面が凍結し、非常に滑りやすくなっている状態。

**アイス・ピック** 氷を砕くための錐。

**アイス・ペール** 飲み物用に使う砕いた氷を入れる卓上容器。瓶ごと冷やしておける大型なものもある。

**アイゼン** 登山靴の底につける、鋭利な爪を持つ鋼鉄製のかんじき。氷結した雪面などで用いる。同クランポン

**アイソタイプ** 視覚言語。事物を文字や数字に代わって表す象徴的図形や記号のこと。地図、統計図表、標識などに用いられる。

**アイソトープ** 同位元素。同位体。原子番号が同じで質量数が異なる元素。陽子数が同じで、中性子数が異なる元素。

**アイソトニック飲料** 発汗などにより失われたミネラル類や糖分を補給する飲料。浸透圧が人の体液とほぼ等しいので、吸収されやすい。同スポーツドリンク

**アイソメトリックス** ハードな運動を長時間続けることなしにできる筋力アップのトレーニング法。

**アイソレーショニズム** 不干渉政策。特に、19世紀前半のアメリカの外交政策(モンロー主義)をさす。

**アイソレーション** ①孤立。独立。隔離、分離すること。②交通遮断。③電気の絶縁。

**アイデア** (新しい)考え、思いつき。ひらめき、構想。

**アイディア** ⇨アイデア

**アイテム** ①品目。ある商品群の一つの品目。小道具。②コンピュータの磁気テープなどに記憶された一項目分のデータ。③新聞などの記事。項目。

**アイデンティティ** ①自分らしさ。1人の人間としての個性。主体性。組織・民族・国家などにも用いる。②同一人物であること。同一視できること。

**アイデンティファイ** 同一人物、同一物であると確認すること。する

**アイデンティフィケーション・カード** 身分証明書。IDカ

**アイドマの法則** 広告に接してから、商品を購入するまでの消費者の心理の流れを分析した広告の基本的な原則。attention（注目）、interest（興味）、desire（欲求）、memory（記憶）、action（行動）それぞれの頭文字AIDMAから。

**アイドリング** ①自動車エンジンなど機械の無負荷低速運転。予熱運転。②歯車などの空転。する

**アイドリング・ストップ運動** 駐停車中には自動車のエンジンを切り、少しでも自動車の排出ガスを減らそうとする大気汚染防止のための運動。

**アイドル・コラージュ** 女性アイドルなどの写真を他の写真と組み合わせて加工すること。アイコラともいう。

**アイドル・システム** 不況のため人員整理をする代わりに、操業量や労働時間の短縮によって賃金を引き下げて対処する方式。

**アイドル・タイム** 生産設備の遊休時間。労働力が徒費されている時間。

**アイ・バンク** 角膜銀行。献眼者を予約登録して、死後その角膜を保存し、移植を希望する人に斡旋・供給する機関。

**アイビー** ①ツル植物の総称。②ハーバードなどアメリカ東北部の名門8大学をさす。③アイビー・ルックのこと。

**アイビー・ルック** 米国のアイビーに通う大学生の服装。

**アイボリー** 象牙のように黄みがかった白色。

**アイ・マスク** 明るい場所で安眠するための目隠し。目の上をおおうもの。

**アイ・メイト** 盲導犬。

**アイランド** 島。

**アイランド・キッチン** 家族との交流を目的に部屋の中央に、流し・レンジ・調理台などを集中させた台所。

**アイリス** ①アヤメ科の植物の総称。②眼球の虹彩（こうさい）。③写真機の絞り。④ギリシア神話の虹の女神。

**アイリッシュ・コーヒー** ホットコーヒーにウイスキーを加え、ホイップクリームを浮かしたもの。

**アイル** 通路。特に、（乗り物、劇場などの）座席間の通路。

**アイル・シート** 通路側の座席。

**アイロニー** ①皮肉。②反語。逆説的表現。無知を装うこと

で、逆に相手に無知を自覚させるソクラテスの論法から。
**アウェー** プロスポーツなどで、敵地。遠征先。対ホーム
**アウォード** ⇒アワード
**アウスレーゼ** ①選択。精選。②極上品。③ドイツの最高級ぶどう酒。
**アウター** ①外側の。屋外の。外部の。②コート、ジャケットなど一番外側に着るもの。上着。対インナー
**アウタルキー** 自給自足経済。他国に依存せず、自国または一経済圏で経済を営むこと。また、その経済自立政策。
**アウトウェア** ⇒アウター②
**アウト・オブ・デート** 時代遅れの。旧式な。古めかしい。廃れたさま。対アップ・ツー・デート
**アウトグループ** ①社会学の用語で外集団。共通の利害や規範などを持つ集団から外れた人々。②自分の属する集団以外の。対イングループ
**アウトサイズ** ①規格外。特大。②特大の衣服。
**アウトサイダー** ①部外者。組織外の人や団体。門外漢。②社会や体制からはみ出した人。一匹狼。アウトロー。③カルテル、トラスト、同業組合などに加盟していない企業。④法律上、労働組合とは認められず、法的保護を受けない組合。対インサイダー
**アウトサイド** ①外側。②野球の外角球。
**アウトソーシング** 自社業務の一部、あるいはすべてを外部の専門企業に委託すること。
**アウトドア** 屋外の。戸外の。対インドア
**アウトドア・ライフ** 屋外生活。野外活動。釣り、山歩き、バード・ウオッチング、キャンプなど自然の中で遊ぶこと。
**アウトバーン** ドイツの高速自動車専用道路網。ヒトラーが世界に先駆けて造った。一部では航空機の発着も可能。
**アウトバウンド** ①外国行きの。②見込み客に電話で商品やサービスの購入を勧誘すること。
**アウトフィッター** 旅行・キャンプ用品店。運動用品店。服装雑貨商。
**アウトフィット** ①(旅行や探検などの)支度、装備。旅行や運動などの特別な服装一揃い。②(一般に)用品。
**アウトプット** ①産出。生産高。生産品。②する電気回路の

出力。特に、コンピュータからの情報を印字などで取り出すこと。対インプット

**アウトプレースメント**　再就職支援。会社側の事情で、人員削減などの対象となった社員がスムーズに再就職できるように世話するビジネスのこと。

**アウトライト取引**　無条件取引。売り戻しまたは買い戻しなどの条件をつけない外国為替取引。→スワップ取引

**アウトライン**　①外形。輪郭。略図。下書き。②概要。要点。眼目。

**アウトライン・フォント**　コンピュータなどの出力文字を、ドット(点)の集まりではなく、鮮明な輪郭をもつ活字に近づけたもの。

**アウトルック**　①眺望。景色。②前途。見通し。展望。③視野。見解。見地。④見張り。警戒。望楼。

**アウトレット**　①はけ口。②(電話線の)差し込み口。コンセント。③アウトレット・ストアのこと。

**アウトレット・ストア**　型落ちやキズ、汚れ、規格外などの新古の在庫商品を大量に、かつ直接製造元から仕入れて安売りをする店。

**アウトレット・モール**　アウトレット・ストアがいくつも集まった商業施設。

**アウトロー**　社会・体制からはみ出した人。特に、無法者、常習犯。

**アウフヘーベン**　止揚。矛盾した二つの概念をより高い概念に統一すること。弁証法の基本概念。

**アウラ**　①霊気。②(人体物体から放散すると信じられている)目に見えない流動体。雰囲気。オーラともいう。

**アエラ**　時代。年代。紀元。

**アエロバイオロジー**　空中生物学。昆虫・花粉・微生物など大気中の生物および生命現象を研究する学問分野。エアロバイオロジーともいう。

**アオザイ**　ベトナム女性の民族衣装。

**アカウンタビリティー**　①義務、責任のこと。②巨額な資金援助を受けたことに対して、科学技術研究者が、情報公開やその研究意義を説明する義務・責任を負うこと。③企業経営者が資金管理の責任を負うだけではなく、その履行も

客観的に報告しなければならないこと。経営者の説明責任と訳される。

**アカウンティング** ①会計、経理。会計報告。②コンピュータシステムの使用料などの計算。

**アカウント** ①勘定(書)。②広告主。③コンピュータやネットワーク上のサービスを利用できる権利。

**アカウント・エグゼクティブ** 広告代理業の営業職。得意先から受注して、広告計画の立案から制作、媒体の買いつけまで全体を取り仕切る。略AE →アカウント・スーパーバイザー

**アカウント・スーパーバイザー** 広告代理業の営業職(アカウント・エグゼクティブ)の統括責任者。アカウント・エグゼクティブを指揮、監督して営業部門全体のマネージメントを行う。→アカウント・エグゼクティブ

**アカデミー** ①学問、芸術の団体。学士院。②大学、研究所などの研究教育施設の総称。プラトンがアカデメイア学園で門弟を教えたことから。

**アカデミズム** ①学界。②世俗におもねらない基礎的、精緻な研究方法を重んじる学風。学問至上主義。③学問における権威主義。伝統墨守、権威主義的な研究態度に対する呼び名。

**アカデミック** ①学究的な。学問的な。②理論的な。観念的な。③学問、芸術において伝統(格式)を重んじるさま。実利などに左右されず、純粋に学問的であるさま。〜な

**アカデミック・ハラスメント** 学校の教室や研究室での、学問・研究などに関わる差別や嫌がらせ行為。

**アカデメイア** プラトンが創設した学園。→アカデミー

**アガペー** 神の人間に対する自己犠牲的な愛。人間の隣人や兄弟に対する無私の愛。相手の価値ではなく、相手そのものを愛すること。

**ア・カペラ** 無伴奏での合唱。

**アガリクス茸** ハラタケ科の茸の一つ。健康ブームで注目されている。

**アカントアメーバ** コンタクトレンズに付着するアメーバ。角膜を冒し、潰瘍などを引きおこすことがある。

**アキュムレーター** ①熱・電力などのエネルギーをため置く

装置。蓄電池。②コンピュータの演算用記憶装置。

**アクア** 水。液。複合語として用いられる。例〜ラング

**アクアチント** 銅板画の技法の一つ。銅板面に防腐剤で絵を描き、塩化鉄溶液で腐食させて製版する。平らな面に濃淡をつけることができる。

**アクアトロン** 養殖漁業の手法の一つ。水産動植物用の人工環境調整装置。水温や酸素量、光量、塩分濃度などを調整し、成長を促進・抑制できる。

**アクアノート** 海底潜水士。海中で調査・研究・作業をする人。

**アクアビクス** 水中エアロビクス。プールの中で音楽に合わせていろいろなスタイルで泳いだり身体を動かして全身を鍛える健康運動法の一つ。

**アクアプラント** 水草。

**アクアポリス** 水上の人工都市。1975年、沖縄海洋博で日本政府が出展した未来の海上都市を目指す施設。

**アクアマリン** 宝石の一つ。藍玉。3月の誕生石。「勇気」を意味する。またその宝石の色である藍緑色。

**アクアラング** 潜水用の水中呼吸装置。圧縮空気を詰めたボンベを背負い、送空管を通じてその空気を吸うことで長時間潜水できるようにした装置の商標名。一般名はスキューバ。

**アクアリウム** ①水族館。②観賞用などの水生生物を飼育する水槽。

**アクアリフター** 水中で風船を膨らませ、その浮力で沈没船を引き揚げる装置。

**アクエリアス** ①水瓶座。②宝瓶宮。

**アクサン** フランス語で母音字につけて発音を示す符号。強勢や発音を示す。「´」(アクサン・テギュ)、「`」(アクサン・グラーブ)、「^」(アクサン・シルコンフレックス)の3種がある。

**アクシス** ①軸。基軸。地軸。②国家の同盟。枢軸。

**アクション** 行動。活動。動作。演技。

**アクセサリー・ウォッチ** 機能よりも装飾性を重視した飾り時計。

**アクセシビリティー** 近づきやすいこと。利用しやすさ。便

利さ。

**アクセス** ①近づくこと。外から入り込むこと。情報やデータなどに接近し、利用、入手すること。またそのための手段または権利。→アクセス権 ②コンピュータ用語で、記憶装置への情報の出し入れ。接続。③ある場所へ行く交通手段。する

**アクセス権** ①情報公開制度における情報公開請求権。公文書の閲覧・複写など、公の情報を入手し、利用する権利。②マス・メディアを利用して、情報の受け手側が自らの見解を述べて反論または意見広告を載せる権利。マス・メディアの巨大化により情報が独占される危険に対して、情報の受け手側にも情報の送り手となる権利を認めるべきだとの考えに基づく。

**アクセス・タイム** コンピュータがデータを記憶装置へ書き込んだり、そこからデータを読み出したりするのに必要な時間。

**アクセス道路** 都心や物流拠点と空港・港湾などとを結ぶ道路。

**アクセス・ポイント** ①パソコンネットワークで、ホストコンピュータへ接続するときの中継点。②ある目的地へ向かうとき、乗り換えなどで交通上目印になる場所。

**アクセス・メソッド** ①接近方法。②情報の入手利用方法。③コンピュータで周辺機器と主記憶装置間のデータ転送方法。

**アクセプタンス・サンプリング** 発注した商品の受け取りに際して、注文通りの品質かどうか一部を見本として抜き取って検査すること。

**アクセプタンス・レート** ①貿易手形決済相場。一覧払条件の手形に適用され、電信売相場に郵送中の金利を上乗せした額。②銀行が為替手形を受け取るときの為替相場。

**アクセレレーター** ①自動車などのアクセルのこと。②コンピュータ中央処理装置(CPU)に取り付けて高速化を図るボード。

**アクター** 演技者。役者。特に、男優。対アクトレス

**アクチュアリー** 年金や保険の数理専門家。特に、保険数理士。保険や年金の毎月の保険料算定や配当計算など保険に

かかわる数理面に従事する専門家。

**アクチュアリティー** ①現実。事実性。今日性。ニュースなどの実況。今日的な話題。②(放送や映画などで)ニュースやドキュメンタリーなどの実録もの。

**アクチュアル・ポジション** 直物と先物の売買を合計した為替持ち高から、先物取引の為替売買分を差し引いた持ち高のこと。

**アクティビティー** 活動。活動力。積極性。活気。

**アクティビティー・コスト** 商品販売のために必要な経費。

**アクティブ** ①〜な活動的な。積極的な。現役の。②活動家。組合や政治団体などで特に積極的に活動する人。対ネガティブ

**アクティブ・セーフティー** 自動車の安全を測る基準の一つ。自動車を単体で見たときの、事故を回避する能力。

**アクティブ・ソーラー・ハウス** 太陽電池や反射鏡などで、冷暖房や電力供給の熱源として太陽エネルギーを利用する設備を備えた住宅。

**アクティング** ①演技。身振り。実演。②見せかけ。

**アクトレス** 女優。対アクター

**アクネ** にきび。吹き出物。

**アクメ** ①最盛期。絶頂。②性交時の絶頂感。快感の極致の状態。同オルガスムス

**アクラシノン** 放線菌からとられた抗腫瘍性抗生物質。悪性リンパ腫、白血病、乳がん、胃がんなどに効果がある。

**アグリーメント** ①合意。同意。意見の一致。②約束。協定。契約。③文法において数・格・人称・性の一致。呼応。

**アグリカルチャー** 農業。

**アグリジェネティックス** 遺伝子操作などの最先端技術を応用して農作物などを栽培する技術。植物を進化させて新品種を作るなどの生命工学の研究。

**アグリビジネス** 農業関連産業。化学肥料や農器具などの農業生産資材提供部門、農産物の加工・流通部門、農業生産部門のほか、その周辺産業までを包括した農業。

**アグリ・ミニマム** 農業最低基準。将来の人口に対して最低限必要とされる農地や山林の面積。大都市周辺の宅地化などを防止するための一つの目安。

**アクリライト** アクリル樹脂をもとにした合成樹脂板。透光性にすぐれ、透明ドアや窓などに使われるほか、白色のものは照明器具にも用いられている。

**アクリル樹脂** アクリル酸、メタクリル酸などをもとにした合成樹脂の総称。安全ガラスの張り合わせ剤、塗料、建築材料などに用いられる。

**アクリル繊維** アクリロニトリルを主成分とする合成繊維の総称。熱可塑性を有する。これを用いた衣料は軽くて保温性があり、また洗ってもしわになりにくい。

**アグレッシブ** ①攻撃的な。強気な。けんか腰の。②ものごとに対して積極的なさま。意欲的で行動的なさま。〜な

**アグレマン** 外交用語の一つで、大使・公使の派遣にあたって、正式の任命に先立ち、前もって相手国に求める同意。

**アクロニム** 頭字語。単語の頭文字をとった略語。EU(European Union)、ASEAN(Association of South-east Asian Nations)など。

**アクロバット** 曲芸、軽業。またはそれを行う人。

**アクロポリス** 古代ギリシアで都市国家の中心をなしていた丘。城塞や神殿、政庁などがあり、聖域とされた。パルテノン神殿などの遺跡があるアテネのものが有名。

**アゲンスト** ①「…に反対・反抗して」の意。②アゲンスト・ウインドの略。

**アゲンスト・ウインド** 逆風。向かい風。対フォロー・ウインド

**アコースティック** ①電気アンプを用いていない楽器。楽器本来の自然な音色の。生の。②アコースティック・ギターのこと。③音響的な。音響学の。

**アコーディオン・カーテン** 折りたたみ式の仕切りのこと。ドアや窓掛けとしても使う。

**アコード** 一致、調和。

**アコモデーター** 調停者。特に政治用語で、反目を話し合いで和解させようとする人。

**アゴラフォビア** 広場恐怖症。広い場所や人ごみ、不慣れな場所に一人でいると、発作が起きたり、恐怖感に襲われたりすること。大都市に増えてきた極度の孤独感から生じた恐怖症。

**アサインメント** ①割り当てられた仕事。任務。②学校教育で学習や作業を生徒個人(グループ)に割り当てること。またその割り当てられた課題。宿題。

**アサシン** 暗殺者。

**アサンブラージュ** 自然物や工業製品などを寄せ集め、材料の姿がわかる形でつくった美術的オブジェ。アッサンブラージュともいう。

**アジアダラー** シンガポールを中心としたアジア地域の金融市場に浮動する無国籍の短期ドル資金。アメリカ系銀行が中心になり、アジア各国のドルを集めて運用している。→ユーロダラー

**アジェンダ** ①協議事項。議事日程。予定表。メモ帳。②教会の儀式。礼拝規定。③コンピュータで情報処理の手順を構成する操作の集まり。

**アジェンダ21** 1992年、地球サミットで採択された21世紀に向けての環境保護全行動計画。

**アシスタント** 補佐役、助手。

**アシスタント・ディレクター** 映画の助監督、テレビの演出担当者の助手。略 AD

**アシスト** ①助手として補佐すること、手伝うこと。②サッカーなどで、自分では直接得点しないが、得点に貢献するパスを送るプレー。またそのプレーをした選手。する

**アシッド** ①酸。②LSDと呼ばれる麻薬の俗称。③快楽的な感覚を重視した音楽。例 ～・ジャズ

**アシッド・トリップ** LSD(幻覚剤)服用による幻覚体験。

**アシッド・ヘッド** LSD(幻覚剤)の常用者。

**アシッド・レイン** 酸性雨。自動車の排ガスや工場などからの煙に含まれる硫黄酸化物、窒素酸化物が大気中で化学変化を受けて硫酸や硝酸に変わり、雨や雪に溶けて降ったもの。

**アジテーション** 扇動。激しい調子の演説や文章などによって大衆の不満などをあおり立て、行動に導くこと。アジと略す。

**アジテーター** アジテーションを行う人。扇動者。

**アジト** 労働争議や政治活動などの秘密指令所。転じて、非合法活動家や犯罪者などの秘密の拠点。隠れ家。

**アシドーシス** 酸血症。血中の酸と塩基の平衡がくずれ酸過多になること。進行の度合によっては意識障害などが起こり、死に至る。

**アジドチミジン** エイズ(後天性免疫不全症候群)の治療薬。抗がん剤として開発されたが、エイズに対しても延命効果があることが確認されている。略AZT

**アシメトリー** 不均整なさま。非対称。服飾・デザインなどで左右を不均等にすることで、破調の美をねらうデザイン技法。アシンメトリーとも。対シンメトリー

**アジャスター** ①調停者。調整者。②機械などの調整装置。③保険会社の査定人。

**アジャスト** ①調整する。調節する。②紛争を調停する。

**アシンメトリー** ⇒アシメトリー

**アズーリ** ①濃い青色の。②サッカーのイタリア代表の愛称。ユニフォームの色から。

**アスキー** アスキーコード。情報交換用アメリカ標準コード。アルファベット、数字、記号などを7ビットのコードを割り当て、情報の誤りを発見するためパリティ・チェック1ビットを加えて8ビットを1単位として構成されるコード。ほとんどのパソコンで利用されている。アスキー(ASCII)は、American Standard Code for Information Interchangeの頭文字から。

**アスコット・タイ** ネクタイの一種。結んだときスカーフのように見える幅の広いネクタイで、襟元いっぱいに広げて結び、タイピンで留める。イギリスのバークシャー州アスコット競馬場から興ったファッション。

**アスコルビン酸** ビタミンCの化学名。

**アステリスク** 星印＊。参照・省略・注記などを示す符号。アステリと略す。

**アステロイド** 小惑星。特に、火星と木星の軌道間にある小惑星。約3000が確認されている。

**アストリオニクス** 宇宙電子工学。宇宙空間で利用される電子技術を研究開発する学問。

**アストロドーム** ①飛行機などの天体観測窓。②1965年に完成した世界初の屋根つき野球場。

**アストロノート** 宇宙飛行士。通常、アメリカの宇宙飛行士

をさす。旧ソ連の宇宙飛行士の場合、コスモノートともいう。

**アストロノミー** 天文学。

**アストロバイオロジー** 宇宙生物学。地球上の生物を宇宙空間に適応させようとする研究から、地球外生物の存在の調査まで、幅広い意味を持つ。

**アストロボーイ** 「鉄腕アトム」のアメリカ版タイトル。

**アストロラーベ** 経緯度を決定する際に使用される、天体観測装置のこと。

**アストロロジー** 占星術。西洋星占い。

**アスパック** ASPAC。アジア太平洋協議会。アジア・太平洋地域諸国の連帯強化を目的とした準国際機構。

**アスパラギン酸** アミノ酸の一種。人間の細胞が代謝する上で、欠かすことのできない役割をする。

**アスパルテーム** アミノ酸から合成される低カロリー甘味料で、ダイエットや病人用の食事に使われる。

**アスピック** 冷たいゼリー料理。肉、魚、ハム、野菜などを、ゼラチンを混ぜたコンソメスープで固めたもの。

**アスピリン** 非ピリン系の解熱剤、鎮痛剤。アセチルサリチル酸。白色、無臭の粉末。1899年ドイツのバイエル社が製造・販売した商標名。

**アスピリン・スノー** さらさらとした雪。

**アスピレーション** ①向上心。抱負。大志。熱望。②音声学で帯気。

**アスファルト** 原油を精製した残留物で、主に道路の舗装材料に使われる。

**アスペクト** ①局面。状況。姿。②見方。見地。③文法での相。動詞の意味内容の様態や性質(「継続的」動作か「瞬間的」動作かなど)。ロシア語などに顕著に見られる。

**アスベスト** 石綿。耐火材・保温材などに使用された。日本では特に消費量が多いが、その粉塵を吸い込むと、極微繊維によって肺がんなどを引きおこすとして、近年使用禁止になった。

**アスリート** 運動選手。スポーツマン。特に、陸上競技や球技の選手をいう。

**アスリート・ファンド** 陸上競技者基金。賞金や出場料は各国陸連の基金となり、選手の養成・強化費または引退時の

功労金として使われる制度。1982年に国際陸上競技連盟が認めた。同アスリート・トラスト

**アスレチック・クラブ** ①各種のトレーニングマシーンやプール、サウナなどを備えた施設。②会員制のスポーツクラブ。同フィットネス・クラブ

**アスレチックス** 運動競技。体育。体力維持を目的としたもの。

**アセアン** ASEAN。東南アジア諸国連合。本部ジャカルタ。

**アセクシュアル** 無性の。男女の区別のない、主にファッションのスタイルに用いられる。〜な →ユニセックス

**アセスメント** 査定。評価。算定額。特に、環境アセスメントをさすことが多い。アセスとも。

**アセチルコリン** 動植物中に含まれる塩基性物質。動物では神経組織に存在する神経伝達物質の一つ。

**アセット** 資産。財産。特に全資産をさす。

**アセット・マネージメント** 個人や企業の資産を管理し運用すること。

**アセテート** 天然セルロースと酢酸から作った合成繊維。滑らかな感触と絹のような光沢がある。吸湿性はよいが、熱に弱い。服地、セーター、ネクタイ、寝装具類などに混紡されて使われるほか、たばこのフィルターにも用いられる。

**アセトアルデヒド** 無色で刺激臭の強い可燃性の液体。酢酸の原料となる。酒を飲むと体内で合成され、二日酔いや悪酔いの原因とされる。

**アセロラ** 南アメリカ、カリブ海諸島原産の高木。樹高は3〜4メートルほどにもなる。果実は直径2センチメートル前後の濃赤色で、ビタミンCの含有量はレモンの約28倍。

**アセンブリー** ①集会。会議。②機械や部品の組み立て。組み立て部品。

**アセンブリー言語** コンピュータが解釈実行するプログラム(機械語)を人間に読みやすいかたちにしたプログラミング言語。

**アソシエーション** 組合。連合。協会。

**アゾトバクター** 土中などに分布し空気中の窒素を固定する好気性細菌。

**アダージョ** ①音楽で、緩やかなテンポを示す速度標語。一

般に、ラルゴよりは速く、アンダンテよりは遅い。②ソナタ・交響楽などで①のテンポで書かれた楽章。③バレエで、緩やかな音楽に合わせて踊る踊り。特に、優雅な体の線とバランスを発達させるための基本練習。

**アタッシェ** 大使館・公使館つきの専門職員。外務省以外の省庁から派遣され、情報収集などにあたる。軍事・文化などの担当の別がある。特に武官。

**アタッチメント** 機械・器具などの付属品。特に、それを用いることで機能が多用化する部品。

**アダプター** ①脚色家。翻案者。②加減装置。誘導管。適応器。機械や器具の能力を変えたり、サイズや形が違う器具に接続するときに用いる装置。

**アダプテーション** ①脚色。翻訳。原作の小説や戯曲を映画・ドラマ向きに改作すること。②ファッションで、オリジナルの製品をアレンジして、オリジナルよりも安く作ったもの。③適応。順応。特に、動物が外界の気温や状況に応じて変化すること。

**アダルト** ①成人。大人。成熟した大人らしさ。②(映画・雑誌、服飾などが)成人向きであること。婉曲的にポルノ写真(雑誌・映画)などをさす。

**アダルト・ショップ** ポルノ商品を売っている店。

**アダルト・チルドレン** ①アルコールや薬物の依存症に冒された親の元で育ち、精神面で病を持った子供。②子供じみた大人。

**アチーブメント** ①成就。学習成果。学習成績。②アチーブメント・テストのこと。

**アチーブメント・テスト** 学力検査のための試験。アテストともいう。

**アッサンブラージュ** ⇨アサンブラージュ

**アッシュ** 灰。

**アッチェレランド** 音楽記号の「しだいに速く」の意。

**アット・ホーム** くつろいだ。気楽な。家庭的な。~な

**アット・マーク** @のこと。電子メールのアドレスで必ず使われる。ほかに単価を示すマークにも使われる。

**アット・ランダム** ⇨アト・ランダム

**アッパー** ①上(の方)の、上流の。②足の甲を覆う靴の部

分。

**アッパー・クラス** 上流階級。社会的地位など身分的な側面からの呼称として用いる。

**アッパー・ミドル** 中流階級の上位。中位の上流階級の意味でも用いる。

**アップグレード** ①コンピュータの機能を部分的に強化すること。②格上げ、向上、増進、改良すること。

**アップスケール** ①地位の高い。名声のある。高級な。②高級化戦略。店のインテリアやサービスを高めることで、店や取扱い商品のイメージを高めようとする販売戦略。

**アップタウン** 山の手。住宅地域。対ダウンタウン

**アップ・ダウン** ①ゴルフやスキーなどのコース中にある起伏。起伏の多い場所。②人生の浮き沈み。

**アップ・ツー・デート** 最新の。最新の情報を取り入れた。先端的な。現代的な。対アウト・オブ・デート

**アップデート** ①コンピュータで、データファイルやプログラムを最新のものに更新すること。②最新化。最新版。

**アップ・テンポ** ①音楽で曲のテンポが速いこと。特に、ジャズやポピュラー音楽についていう。②事態の進行速度が速いこと。

**アップビート** ①上向き。楽しい。陽気な。上り調子の。②音楽用語で、上拍。弱拍。

**アップライト・ピアノ** 竪形ピアノ。対グランド・ピアノ

**アップリケ** 布地の上に、ほかの布を模様に切って縫いつけたり張りつけたりする手芸。

**アップロード** パソコン通信などで、あらかじめデータやメッセージをディスクにまとめておいて、通信回線を使い一度にホストコンピュータに送信すること。対ダウンロード

**アディクト** ①麻薬などの常用者。中毒患者。②スポーツなどの愛好家。熱狂者。

**アティテュード** バレエの基本姿勢の一つ。片足で立ち、もう一方の足は後方または前方にひざをまげた状態であげる。

**アディトリアル** 論説広告。意見広告。advertisement（広告）とeditorial（論説）から。同アドバトリアル

**アテスト** ①アチーブメント・テストのこと。②ゴルフで競

技のスコアカードを記録係が確認、内容に間違いないことを証明するために署名すること。

**アデノイド** 扁桃腺(へんとうせん)が肥大する病気。小児によく見られる。

**アテレコ** 映画やアニメなどで口の動きに合わせた声の吹き替え。→アフレコ

**アテンション** 注意、留意。

**アテンション・バリュー** 広告の注目される度合い。これが高いものほど、効果の高いよい広告とされる。

**アテンダント** 付き添い人。随行員。案内係。ホテルや劇場などの接客係。

**ア・テンポ** 音楽記号の「もとの速さで」の意。

**アド** 広告。宣伝活動。宣伝広告業。広告物。

**アドイン・ソフト** 後から付け加えて、コンピュータ機能を強化するソフトのこと。

**アドオン方式** 割賦支払いの金利のつけ方の一つ。支払い期間内の利息を借り入れ額に加えて貸しつけたものとして、元金と利息の合計額を割賦回数で割り、毎月均等払いして返済する方式のこと。

**アド・キャンペーン** マスコミを利用し、一定の期間に組織的・集中的に行う広告宣伝活動。

**アトニー** 医学用語で、収縮性器官の緊張が弱まり、緩んだ状態。弛緩症。胃アトニー症など。

**アドバーサリー** 敵。競争相手。対立勢力。反対者。

**アドバース** 逆らう。反対の。反する。不利な。

**アドバイザー** 忠告者。相談役。顧問。専門的な立場から助言する人。

**アドバイザリー・オピニオン** 助言的意見。勧告的助言。

**アドバイザリー契約** 自社製品を無償で提供する契約。スポーツ選手とスポーツ用品メーカー、タレントとファッションメーカーなどの間で行われる。メーカー側は商品のPRになり、双方の利益になる。

**アドバゲーミング** テレビゲームの画面中に企業広告を組み込むこと。

**アドバタイズメント** ①広告表現。広告作品。②広告。宣伝。アドとも。

**アド・バルーン** 広告用の垂れ幕などを付けて上空に揚げる気球。

**アドバンシング・カラー** 進出色。複数の色を組み合わせて配色したとき、浮き上がるように見える色。黄、橙、赤などの暖色系や明るい色。服飾などで目立たせる目的で使う。 対 リシーディング・カラー

**アドバンス** ①前進。②昇進。③前渡し金。前貸し金。前払い。

**アドバンスト・テクノロジー** 先端技術。

**アドバンテージ** ①利点。有利な立場。優位性。利益。②テニスで、ジュースになった後、どちらか一方が得点すること。③アドバンテージ・ルールのこと。

**アドバンテージ・ルール** サッカー、ハンドボール、ラグビーなどで、反則があってもそのままプレーを続行したほうが反則されたチームに有利な場合、反則をとらずにプレーを続行すること。アドバンテージと略される。

**アトピー** 体質的に環境に対して過敏反応をおこしやすい状態。気温変化や精神的緊張によって、自律神経や内分泌に異常が生じたり、また湿疹、ぜんそく、鼻炎などのアレルギー性の病気にかかりやすい。

**アトピー性皮膚炎** じんましん、ぜんそくなどを先天的な体質として持つ人に生じる湿疹様の皮膚病変。荒れて激しいかゆみをおこす。

**アドベンチャー** 冒険。スリルを味わえるわくわくする出来事。

**アドボカシー広告** 主張広告。企業・団体・個人が自らの主義・主張を広く社会に伝達するための広告。企業が消費者の支持を得るために企業の実態を知らせ、企業活動の正当性を主張する。

**アドホクラシー** 現代社会の複雑多様な問題に臨機応変に対応・解決していこうとする考え。プロジェクト・チームなどがその実行組織で、目的遂行後は解散するのがふつう。

**アド・ホック** ①特別な。特にこのことについて。この場限りの。時流に乗っている。②総合店舗の一形態。若者好みの洒落た装飾品・文具・書籍などの店やレストランを一か所に集めた総合店舗。

**アトマイザー** 噴霧器。香水をかけたり、殺虫剤をまいたりするのに用いる道具。

**アドマン** 広告勧誘者、広告制作者、広告業者、広告会社社員など、広告業に携わる人。

**アトミック** 「原子の、原子力の」の意味で、複合語をつくる。例～・ボム（原子爆弾）

**アトミック・エナジー** 原子力。核エネルギー。原子核分裂によるエネルギーを熱源とする原子力発電のこと。

**アトミック・ソルジャー** 核実験に参加して、放射能を被曝したアメリカ兵士。後遺症で、がんや白血病に悩まされる者が多い。

**アドミッション** ①入場・入学許可。入会・入学の承認。②入場料。入会金。入学金。

**アドミッション・オフィス入試** 大学入学試験の一形式。学力試験よりも、課外活動や社会活動を重視する。AO入試と呼ばれる。

**アドミッション・フリー** 入場無料。

**アドミラルズ・カップ** イギリスのワイト島で1957年から1年おきに行われている外洋航海ヨットレース。1か国3艇でチームを組み、合計得点を競う。

**アトム** ①原子。②これ以上分割できない微細なもの。

**アトモスフィア** ①雰囲気。周りの空気。気分。環境。②大気。空気。

**アトラクション** ①人を引きつけるもの、力。吸引力。②劇場などで余興として演じられる催し物。客寄せのための特別な催し物。

**アトラクティブ** 人の目を引きつけるような。魅力的な。人の心をそそる。~な

**アト・ランダム** ①~な手当たり次第。気ままに。順不同。任意に。②統計などで、無作為に抽出すること。

**アトリウム** ①古代ローマの都市住宅の中央広場。三方または四方を建物で囲まれた中庭。中心に向かって四方から傾斜した屋根を持ち、中心上部の屋根には穴が開けられ、その下には雨水を受ける池を設ける。床は石張り。②吹き抜け。高層ビルなどの建物にガラス張り天井を持つ吹き抜けをつくり、室内庭園のようにしたもの。③初期キリスト教

会の前庭。一般に、方形で周囲に回廊を持つ。
**アトリエ** ①画家、彫刻家、デザイナーなどの制作室。工房。仕事場。②写真を撮る部屋。同スタジオ
**アド・リブ** ①台本や演出にない即興的なせりふや演奏。その場の思いつきで演技、演奏をすること。特にジャズの即興演奏。②その場の都合に合わせて何かをすること。③アド・リビトゥムの略。音楽で「任意の速さで演奏せよ」の記号。
**アドレス** ①住所。例～帳 ②コンピュータの記憶装置内部でデータが記憶されている位置を示す認識番号。③ゴルフで、打球時の構え。④メール・アドレスのこと。アドと略される。
**アドレナリン** 交感神経や副腎髄質から分泌されるホルモン。交感神経を刺激して血圧や血糖値を高める作用がある。1901年高峰譲吉が結晶の分離に成功。止血剤、強心剤などにする。
**アナーキー** ①無政府（状態）。無秩序。混乱。②既成秩序から無縁な。～な
**アナーキスト** 無政府主義者。
**アナーキズム** 無政府主義。国家権力を否定し、完全な自由社会をつくろうとする考え方。政党の必要性についても否定的で、個人の自主的な連合を最良の組織形態とする。近代における提唱者は、フランスのプルードン、ロシアのバクーニン、クロポトキンなど。
**アナウンスメント** 告知、公表、発表。
**アナウンスメント効果** 政府発表などの動向が、マスメディアや世論に影響を及ぼすこと。主に株価、選挙などで生じることが多い。
**アナグラム** 語句のつづり換え。英単語のつづりを組み換えることによって全く別な言葉にすること。たとえば、Nile→lineなど。
**アナクロニズム** 時代錯誤。時代遅れの考え方。アナクロとも。
**アナボリズム** 同化作用のこと。生物が体内に取り入れた物質を、自らの活動エネルギーに変換すること。対カタボリズム

**アナボリック・ステロイド** 筋肉増強剤。スポーツ選手が記録向上のために使用することもあるが、副作用があり、IOC(国際オリンピック委員会)では禁止している。

**アナモルフォーシス** 歪像(わいぞう)。隠し絵。対象の高さ、幅などの割合を意識的に変え、歪んで描かれた絵。見る角度を変えたり、曲面鏡に映して見ると正常に見えたり、あるいは全く別のものが見える。

**アナライザー** ①分析装置。特に、テレビ・ラジオの視聴者の番組への反応を分析する装置。②偏光検出器。

**アナリシス** 分析。解剖。解析学。

**アナリスト** ①分析者。解剖学者。精神分析医。②証券分析家。経済状況、企業などのデータを調査・分析し、投資価値や株価動向などの情報を提供する人。証券アナリスト。

**アナル・セックス** 肛門性交。

**アナログ** データなどの数値を、電流電圧といった連続的に変化する物理量で表示すること。対デジタル

**アナログ伝送** 音声や映像などの情報を、連続的なものとしてそのまま送る方法。デジタル(離散的)伝送に比べ雑音が混じることがある。

**アナログ時計** 時刻を針で示す時計。

**アナログ・レコード** 硬質樹脂でできた円盤の表面に、直接音源である溝が刻まれている音盤。レコード。

**アナロジー** 類推。類比。比喩。あるものをもとにして、相互に似ている点などからほかのものを推論、暗示すること。

**アニサキス症** 線虫の一種アニサキスの幼虫によりおこる寄生虫性腸炎。

**アニバーサリー** 結婚記念日など毎年の記念日。周年。

**アニマ** 心理学で、男性の中に無意識のうちにある抑圧された女性的要素。対アニムス

**アニマトロニクス** 生きているような動きをするロボットを実現する技術。またはそれによって作られたロボット。

**アニマル・セラピー** 動物との交流によって、高齢者に精神的な安らぎを得させようとする心理療法。

**アニマル・トラッキング** 野生動物が残したふんや足跡、食べかすなどを観察することで、生態を調査・研究すること。同アニマル・ストーキング

**アニマル・ライト** 動物の権利。人権に相当する権利を動物にまで広げようとする考え。

**アニマル・リベレーション** 動物解放運動。実験や解剖に使用する動物に苦しみを与えることや、実験そのものに反対する運動。

**アニミズム** 精霊崇拝。自然界のすべての事象に霊魂や精神が宿るとして、それを崇拝する信仰。日本の水神や火神の信仰がこれにあたる。

**アニムス** 心理学で、女性の中に無意識のうちにある抑圧された男性的要素。スイスの心理学者ユングによる用語。**対**アニマ

**アニメーション** 動画。マンガや人形劇など動きのないものを動いているように見せる技術。またはその作品。少しずつ動きを変えた絵や人形などを1コマずつ撮っていく。アニメとも。

**アニメーター** 動画作家。アニメーションを制作する人。特に、フィルムの色塗り、背景描きを担当する人をいうこともある。

**アニュアル・レポート** 年報。年次事業報告書。

**アヌス** 肛門。

**アネアロビクス** 無酸素運動。酸素を取り入れることなく、短時間でエネルギーを使うトレーニングのこと。短距離競走や重量挙げなど。**対**エアロビクス

**アネクドート** ①逸話。奇談。②世に知られていない真実。隠された歴史。風刺小話。

**アネクメーネ** 海、砂漠、高山、極地など、人間の定住に適さない地域。**対**エクメーネ

**アネックス** 別館。離れ。ホテルやビルなどの新館。

**アネモメーター** 風速計。

**アネルギー** ①エネルギーのうち、仕事として有効に利用できない部分。**対**エクセルギー ②無反応状態。病菌に対する抗原を注射しても、反応を示さない状態。または一般的に刺激に対して反応する力のない状態。**対**アレルギー

**アノニム** ①匿名。仮名。変名。②作者不明の著作物。

**アノミー** 社会学で、無規範状態。社会の無秩序状態。社会的規範や価値観が見失われ混乱している状態。またそのよ

うな人。

**アノラック** フードつきの防風・防寒上着。登山・スキー用。原型は、グリーンランドのエスキモーがトナカイやアザラシの革で作った上着をさす。

**アノレキシア** 食欲不振。無理な節食・減食をするうちに、食物を受けつけなくなる。拒食症になり、栄養失調から死にいたることもある。

**アバウト** ①〜な 概略。だいたい。おおまかな。②いい加減で、おおよその見当で行動したり考えたりする人。あてにならない人。

**アパシー** ①無気力。無関心。特に、政治・思想問題に無関心、無感動な状態。②精神が、外界の影響や支配により生ずる情念(パトス)から解放された平静な境地。道徳的幸福状態。ストア学派の理想。アパテイア。

**アパタイト** ①リンカイ石。②リン酸カルシウムを主成分とする物質。人工歯根と人工骨の材料ともなり、これが配合された歯磨粉もある。

**アバブグラウンド・エコノミー** 地上経済。合法的な経済。非合法経済(アンダーグラウンド・エコノミー、アングラ経済)と対比している。

**アパマン** アパートとマンションの総称。

**アパルトヘイト** 南アフリカ共和国の人種隔離政策。1991年に法律的差別は撤廃された。94年の選挙の結果、多人種の共存する議会制民主主義に移行した。

**アパレル** 衣服、服装などの総称。また衣料産業、既成服産業の総称。

**アバン・ギャルド** ①前衛。②前衛芸術。第一次世界大戦後、フランスで興ったシュールレアリスムやダダの芸術運動。既成の芸術観や形式を否定し、芸術の革新を目指す。

**アバン・ゲール** ①第一次世界大戦前の芸術上の思潮。自然主義、現実主義、印象主義などをいう。②戦前派。第二次世界大戦前の世界観や生活態度、価値観を持ち続けている人。対アプレ・ゲール

**アバンチュール** 冒険。不意の出来事。恋の冒険。火遊び。

**アピアランス** ①外観、うわべ。様子。②出現すること。出場すること。

**アピアランス・マネー** マラソンなど陸上競技で、有名選手が出場に際して主催者などから受け取る謝礼金。1980年ごろ、イギリスではじまり、今日では慣例になっている。入賞者に対する賞金（プライズ・マネー）とは別。

**アビリティー** 能力。力量。

**アビリンピック** 全国障害者技能競技大会。障害者の職業能力に対する一般社会の認識を深め、雇用を促進するため、1972年からはじまった。雇用促進協会の主催で、旋盤、歯科技工などの種目を競う。1981年の国際障害者年には、初の世界大会が日本で開催された。

**アファーマティブ・アクション** 女性や少数民族など社会的弱者の地位向上のためにアメリカで行われている積極的差別解消政策。実質的な差別を解消するため、雇用や入学などで一定の採用枠を法律で決めている。

**アフィニティー運賃** 既成団体運賃。旅行団体以外の協会、企業体、各種法人などの団体に対して適用される航空割引運賃。

**アフィリエート** 提携。インターネットでアクセスしてきたユーザーがそこを経由して商品を購入すると、サイトやメールマガジンの管理者に報酬が支払われるシステム。

**アブストラクト** ①抽象的。非現実的。②摘要。抜粋。③抽象美術。非写実主義美術。自然をありのままに写すのではなく、線や形、色自体の表現力による作品を構成する。

**アブセンティーズム** ずる休み。常習的な欠勤、無断欠勤。勤労意欲の低下から、何かと理由をつけて欠勤すること。1960年頃からアメリカの産業労働者に現れた現象。

**アブソーバー** 衝撃を吸収する器具・装置の総称。

**アフター** のち。何かをしたあと。仕事のあと。

**アフターケア** ①病後の健康管理、または社会復帰や経済的援助。②受刑者の出所後の生活指導・監督。③商品販売後の修理などのサービス。④一般に、後まで面倒を見ること。事後処理。後始末。

**アフター・サービス** 商品販売後に一定期間の保証や修理の便宜を図る企業サービス。

**アフター・スクール** 放課後。

**アフター・ファイブ** ①午後5時以降のこと。仕事が終わっ

た後のプライベートな時間。②夕方からのパーティなどで着るフォーマルな服装。

**アフター・フォロー** 商品販売後の修理などの保障。

**アフター・マーケット** 商品販売後に生じるメンテナンスや修理などのサービス需要を市場にしたビジネス。

**アフター・レコーディング** ⇨アフレコ

**アブノーマル** ①ふつうでないこと。異常な。②変態的。特に、性的なものをいう。~な 対ノーマル

**アフラトキシン** コウジカビの一種がつくる毒素で、発ガン性がある。

**ア・プリオリ** 先天的な。対ア・ポステリオリ

**アフリカーナ** 南アフリカ共和国の欧州系白人。特にオランダ系白人(ボーア人)。

**アプリケーション** ①応用。適用。運用。②申し込み。願書。③アプリケーション・ソフトウエアの略。

**アプリケーション・ソフトウエア** パソコンなどで、利用者がプログラムを作成するのではなく、ワープロ、表計算、データ・ベースなど、特定の作業をするために作られたプログラムの総称。同アプリケーション・プログラム

**アプリコット** ①あんず。イバラ科の落葉小高木。缶詰、ジャム、シロップ漬けなどに加工される。②あんず色。

**アプルーブド・カー** 公認中古車。下取りした車を整備、点検し保証を付けて再び販売するもの。

**アプレ・ゲール** ①戦後派。フランスにおける第一次世界大戦前の世界観や生活態度、価値観に反逆する前衛運動。またはその世代。②日本では第二次世界大戦後の世代。アメリカナイズされた青年をさす。対アバン・ゲール

**アフレコ** アフター・レコーディングの略。映画などで、先に撮影しておいた映像を映写しながら、それに合わせて声や音楽などを録音する方式。

**アフロ** ①「アフリカの、アフリカ人の」の意味で、複合語をつくる。例~・ポップス ②アフロ・ヘアのこと。

**アプローズ** 拍手、称賛。

**アプローチ** ①する接近。近づくこと。②門から玄関までの敷地内の道。③学問・研究で、対象に迫ること。またその指導方法。教授法。④登山で、山頂へ近づくこと。⑤スキ

ーのジャンプ競技や、走り幅跳び、走り高跳びなどで、スタートから踏切板までの間。⑥ゴルフで、グリーン周辺からのショットのこと。
**アフロ・ヘア** ちりちりに縮れた髪で丸く盛り上げ質量感を持たせた髪型。アメリカの黒人のファッションから。
**アベイラビリティー** ①有用性。商品、部品などの入手しやすさ。②コンピュータの使用可能状態にある確率。稼働率。
**アペタイザー** 西洋料理で、前菜、食前酒など食前に食欲を増すために出すもの。
**アペックス運賃** 前売割引国際航空運賃。出発日の30日前に往復予約購入するなどの条件により、30〜40％割り引くもの。ただし、旅程変更や途中降機、取り消し、払い戻しなどの条件は厳しい。アペックス(APEX)はadvance purchase excursionから。
**アヘッド** ①前方に。先頭に。先んじて。②野球で、先行していること。
**アベニュー** (両側に街路樹がある)大通り。並木道。東西に走る通りはストリート。
**アペリティフ** 食前酒。18世紀に食欲増進のために飲んだ薬草入りの酒にはじまる。**対**ディジェスティフ
**アベレージ** ①平均。平均値。平均点。②野球の打率。ボウリングの平均得点など。
**アペンディックス** 付属物。巻末の付録。
**アベンド** コンピュータが想定外の異常停止をすること。
**アポイントメント** ①会合や人と会う約束。②予約診療時間。略してアポ。
**アボート** コンピュータでプログラムの実行を中止して、オペレーションシステムに戻すこと。
**アボカド** 熱帯アメリカ原産クスノキ科の常緑高木。果実は洋ナシに似ており、果肉は脂肪分が多く、味は濃厚。「バター・フルーツ」「森のバター」などともいわれる。
**アボガドロ数** 物質量1モルの中に含まれる粒子数。$6.02 \times 10^{23}$個で一定している。
**アボジ** 朝鮮語で、父親、おとうさん。**対**オモニ
**ア・ポステリオリ** 後天的な。**対**ア・プリオリ
**アポストロフィー** 英語で、省略や所有格、複数などを表す

符号。「'」。

**アポトーシス** 成長の過程でプログラムされたとおり細胞がその役目を終えたり、不要になると自滅する現象。

**アボリジニー** オーストラリア先住民。ヨーロッパ人が進出する以前からの住民で、採集・狩猟生活を営んでいた。

**アポロ** ①ギリシア神話の「アポロン」。ゼウスとレトの子。美しい青年で、太陽神。音楽と詩・弓術・医薬・予言の神。また秩序と正義の神。②NASA(アメリカ航空宇宙局)の有人月着陸探検計画。1961年から73年までの実施。69年7月20日、アポロ11号が人類初の月面着陸に成功した。

**アポロジー** 陳謝。弁解。いい訳。

**アマゾネス** 男のように強い女。

**アマチュアリズム** 営利を目的とせず、あくまでも楽しみのためにスポーツ、芸術、芸能などに打ち込む態度。アマチュア精神。

**アマルガム** 水銀と他の金属との合金。歯科の治療等に用いられる。

**アミーゴ** 男性の友人、親友。女性はアミーガ。

**アミノ酸** アミノ基とカルボキシル基からなる有機化合物で、たんぱく質を構成する。人間の栄養上不可欠なものを必須アミノ酸という。

**アミューズメント** 娯楽。遊び。楽しみ。

**アミューズメント・パーク** 遊園地。

**アミラーゼ** だ液などに含まれるでんぷん分解酵素の総称。**同** ジアスターゼ

**アムール** 愛。恋。

**アムネスティ・インターナショナル** 国際人権救援機構。政治的・宗教的活動により、不当に逮捕・投獄されている人々の釈放のために活動する国際的救援組織。世界人権宣言により、1961年に設立された。本部はロンドン。日本支部は1970年に設立。

**アメコミ** アメリカンコミックの略。アメリカ合衆国のマンガ雑誌のこと。

**アメシスト** 宝石の一つ。紫水晶。2月の誕生石で「心の平和、誠実」を意味する。アメジストともいう。

**アメダス** 自動気象情報取得組織網。全国約1300か所の無

人自動観測所から雨量・風速・気温・日照時間などのデータを気象庁地域観測センターが受信し、各地の気象台やマスコミ関係に配信するシステム。アメダス(AMeDAS)はAutomated Meteorological Data Acquisition Systemの頭文字から。

**アメニティー** 快適さ。特に、環境の快適性。都市生活の環境・居住性などに用いる。

**アメニティー・グッズ** ホテルなどに用意された洗面用具、整髪用具など。宿泊客が持ち帰れるものが多い。

**アメラグ** アメリカン・フットボールのこと。

**アメリカーナ** アメリカ関係のもの。アメリカ事情。アメリカに関連する文献。

**アメリカズ・カップ・レース** 世界最大・最古の外洋航海ヨットレース。1851年に開始。

**アメリカン** ①アメリカの。アメリカ人の。②アメリカン・コーヒーのこと。

**アメリカン・コーヒー** 何杯も飲めるように薄く入れたコーヒー。略してアメリカン。

**アメリカン・ドリーム** アメリカ人が持ち続けている夢。民主・自由・平等・独立など建国以来の理想。特に、誰でも努力し、競争に打ち勝てば経済的に成功し、また社会的地位も得られるというもの。

**アメリカン・プラン** 部屋代と3食込みのホテルの宿泊料金制度のこと。略AP

**アモーラル** 道徳とは無縁な。道徳から超越した。既成の道徳から離れるところに創造があるとの考え。単なる不道徳を意味する「インモーラル」とは区別される。～な

**アモルファス** ①非晶質。金属のような規則正しい原子配列がされていないため、ガラスなどの結晶状にならない物質。例～金属 ②秩序や定形のないもの。

**アラー** イスラム教の唯一絶対神。創主。全知全能の神。

**アラート** ①警戒待機。②パソコン使用中に不正な操作や異常に対して出される警告音や警告文。

**アラーム** ①警報。警報装置。②目覚まし時計。時計に組み込まれた注意音を出す機能。

**アラーム・システム** 無人の防犯・防災警報システム。侵入

者や火災などの異常を各種装置で探知し、警備会社などへ知らせる。

**アライアンス** ①同盟。協調。縁組。②企業提携。

**ア・ラ・カルト** ①一品料理。②お好み料理。献立表から好みの料理を何品か選んで注文する料理。

**アラビア数字** 算用数字。0から9まで10種ある。

**アラビアン・ライト** アラビア産の硫黄分の少ない良質の原油。軽質油。産出量が多く、また性状も標準的であるため、原油価格を決める際の基準となる。

**アラベスク** ①アラビア風の。②アラビア風の装飾模式。動物、植物、幾何学図形などを連続させた唐草模様。③即興的に書かれた幻想的・装飾的な器楽曲。④バレエの基本姿勢の一つ。片足で立ち、片手を前に出しながら体を前に倒して、ほかの手足を体の後ろにのばす姿勢。

**ア・ラ・モード** ①最新流行。流行の。現代風の。②アイスクリームが添えてあるケーキやパイなどの菓子。

**アリーナ** ①競技場。②円形劇場。③舞台に一番近い特設席。

**アリゲーター** ①ワニの一種。北米産部産のミシシッピ・ワニと中国産のヨウスコウ・ワニの2種をいうが、特に、ミシシッピ・ワニをさす。バッグや靴などの皮革製品に用いられた。→クロコダイル ②ジャズファンの俗称。

**アリストクラシー** ①貴族政治。貴族制。②貴族社会。③貴族主義。

**アリバイ** 犯罪が行われたときに、被疑者がその場にいなかったことを、証拠または証人によって立証すること。またはその証拠、証人。

**アリラン** 代表的な朝鮮民謡の一つ。

**アルカイック** ①古風な。古代的な。時代遅れの。②ギリシアの初期彫刻。またそのような、完成前の、素朴だがたくましさを持つ美術。③懐古主義による芸術様式。

**アルカディア** ①古代ギリシア人の理想郷。桃源郷。②ギリシア南部ペロポネソス半島の中央高地地方。伝説によれば世界最初の日から同一民族が住んでいるという。

**アルカリ・イオン水** 人工的にマイナスイオンを発生させ、本来中性である水をアルカリ性にしたもの。健康によいとされる。

**アルカリ性食品** 体内に取り込まれると、アルカリ性の物質に変化する食品の総称。野菜、果物、牛乳など。

**アルカロイド** 植物に含まれる塩基性の窒素を含む有機化合物の総称。ニコチン、カフェインなど約500種類ある。少量で生理活性の強いものが多い。

**アルギニン** 塩基性アミノ酸の一つ。体内でオルニチンと尿素に分けられる。

**アルキル水銀** アルキル基を持つ水銀化合物。有機水銀。有毒で水俣病の原因物質として有名。

**アルギン酸** 多糖類の一つ。海藻からとれる高粘性の酸。食品安定剤、接着剤、乳化剤などに用いる。

**アルケミー** 錬金術。卑金属を高価な金属に変える妖術。

**アルコーブ** ①大きな部屋に付属する小部屋。次の間。または、床の間のように部屋や廊下などの側面の一部を後退させて作ったくぼみ。②庭園に設けられた東屋(あずまや)。

**アルゴリズム** 与えられた問題や計算などを解くための手順。特に、コンピュータ用語として、プログラミング言語で記述したプログラムをさしていう。

**アルゴル** 算法表現プログラム言語。科学技術計算用のコンピュータ・プログラミング言語。アルゴル(ALGOL)は、Algorithmic Languageから。

**アルチザン** ①職人。工芸家。②軽蔑の意味を含んだ言葉として技巧は巧みだが、芸術性に欠ける作品を作る職人的芸術家のことをさす。

**アルツハイマー病** 初老期痴呆症の一つ。脳細胞が繊維のみを残して消失し、脳の萎縮と脳室の拡大が特徴。記憶力が低下し、抑うつ、不安、異常行動などの症状が次第に進行し、末期には植物人間化する。

**アルティメット** ①究極の。②アメフトに似たルールの円盤を用いたスポーツ。③総合格闘技大会の一種。

**アル・デンテ** パスタのゆで加減の一つ。歯ごたえのある固ゆで状態のこと。

**アルト** ①合唱で女声の低音域。またその歌手。声域種は、女声域のソプラノ(高音部)、メゾ・ソプラノ(次高音部)、アルト(中音部)、男声域のテノール(次中音部)、バリトン(上低音部)、バス(低音部)のように分けられる。②4声

部の音楽で上から2番目の声部。③中音部を受け持つ管楽器の総称。**例**〜クラリネット

**アルパカ** ①ラクダ科の家畜。ラマから分かれたと考えられ、肩高約90センチメートル。アンデス山岳地帯で飼育される。②その毛で作った毛糸や織物。

**アルバトロス** ①アホウドリ。②ゴルフで、パー(標準打数)より3打少ない打数で、ホールに入れること。

**アルハンブラ** スペイン南部グラナダ市の丘にある宮殿名。イスラム様式の宮殿建築の代表的なもの。14世紀に完成。

**アルピニスト** アルプス登山家。一般に登山家。

**アルファ線** 放射線の一つ。陽子2個と中性子2個で構成され、電離作用が強い。→ベータ線、ガンマ線

**アルファニューメリック** コンピュータで使われる、A〜Zの26文字アルファベットと0〜9の数字および $・*などの特殊記号の総称。

**アルファルファ** 牧草の一品種。和名ムラサキウマゴヤシ。濃厚飼料を必要としない良質な牧草。タンパク質やビタミンなどの栄養素を多く含み、また、コレステロールの抑制にも効果があるとされている。

**アルブチン** しみやそばかすを防ぐ薬剤。メラニン色素を生成するメラノサイト細胞の酵素の活性化を抑制する。

**アルブミン** 生物の体内に含まれる単純タンパク質の一種。

**アルペン種目** スキーで、滑降、回転、大回転、スーパー大回転、滑降・回転の複合競技の5種目。

**アルマイト** アルミニウム製品の表面を酸化させ皮膜をつくったもの。弁当箱などに使われた。商標名。

**アルマゲドン** 聖書の「黙示録」に出てくる世界最後の日における、善と悪との決戦場。国家間の大決戦をさす。

**アルマニャック** フランスのアルマニャック地方産の高級ブランデーの総称。

**アルミナ** 酸化アルミニウム。ダイヤに次ぐ硬度があり、耐熱性にもすぐれ、純粋なものは絶縁体となる。触媒や吸着材、研磨材などに使われる。

**アレグロ** 音楽の速さを表す標語の一つで「快速に」の意。

**アレゴリー** ①たとえ。比喩。寓話。②寓意が込められているかのような状況。

**アレルギー** ①特定物質に対して免疫反応によって現れる異常敏感反応。②ある物事に対して示す拒絶反応。**対**アネルギー

**アレルゲン** 花粉やダニなどアレルギーを誘発する物質。

**アレンジ** ①配列する。配置する。整える。②取り決め。手はずを整えること。調整。③編集。脚色。編曲。する

**アロエ** ユリ科の多年草。アフリカ原産。葉は剣状・肉厚でトゲを持つ。冬に橙黄色の花をつける。下剤、胃腸薬、化膿薬などに用いられる。

**アロケーション** 配分。割り当て。配分の方法。

**アロハ** ①アロハシャツの略。②ハワイでのあいさつ言葉。

**アロマ** 香り。芳香。

**アロマテラピー** ストレス解消などの目的でする芳香療法。花びらや薬草などに含まれている芳香物を嗅いだり、化粧品に混ぜて肌に塗ったりする。

**アワード** 賞。アウォードともいう。

**アンカー** ①錨(いかり)。②リレーの最終走(泳)者。③岩壁や氷壁からの滑落に備えて、自分の体をハーケンなどにザイルで結びつけること。④アンカー・ボルトの略。⑤アンカーマン、アンカーパーソンの略。

**アンガージュマン** ①社会参加。政治・社会問題に対して、自分の態度を鮮明にし、積極的に参加すること。人間は状況に拘束されている一方、主体的存在として世界に働きかけ、世界全体に責任を負っているとの考えに基づく。フランスの哲学者サルトルが使った言葉。②フェンシングで、剣の結び。両者の剣が軽く触れ合っている状態。

**アンカーパーソン** アンカーマンのこと。

**アンカー・ボルト** 土台などのコンクリートに埋め込む基礎ボルト。

**アンカーマン** マスコミ用語で、取材してきたデータをもとに最終的に原稿をまとめる人。ラジオ・テレビのニュース番組でのメイン・キャスター。アンカーパーソンともいう。

**アン・グラ** ①地下の。地下室。秘密の。②(イギリスの)地下鉄。③秘密結社。地下組織。④実験的・前衛的な映画、演劇。またその劇場。アンダー・グラウンドともいう。

**アングラー** 釣り人。釣り師。特に、スポーツ・フィッシン

**アングラ・マネー** ①犯罪など非合法的な手段によって得られた資金。②企業の隠し資金。同ブラック・マネー

**アンクル** ①おじ。②おじさん。年配男性への親しみを込めた呼びかけ。③足首。

**アングル** ①かど。②角度。③観点。④カメラ・アングルのこと。撮影角度。

**アンクレット** ①足首につける飾り。②短めの靴下。ソックス。

**アンコール** ①音楽会などで、予定の演奏終了後、演奏に感激した聴衆が拍手やかけ声で、再演を望むこと。またそれに応えて行う再演。②テレビ・映画などで、好評に応えての再放送・再上映。

**アンコール・ワット** カンボジア北西部にある寺院遺跡。12世紀クメール王朝時代に築造されたものとされる。

**アンゴラ** ①アンゴラ兎。トルコのアンカラ地方原産の飼い兎の一品種。純白の長い毛が特徴。その毛は高級毛織物などの原料。②アンゴラ山羊。トルニのアンカラ地方原産の山羊。長い光沢のある毛を毛織物の原料とする。

**アンサンブル** ①調和。統一。②声楽の重唱や器楽の重奏。オペラやオラトリオの二重唱・三重唱・四重唱。弦楽器・管楽器・ピアノの各種組み合わせによる室内楽や管弦楽。③演奏、演劇などで統一のある舞台成果。演技の統一。またそれを目指す演出法。まとまりのある共演者集団もさす。④共通の生地・材質・柄・デザインなど調和のとれた一そろいの服。ドレスとコート。スカートとジャケットなど。和装の場合にも使われる。

**アンジュレーション** 地面の起伏。特に、ゴルフコース内の起伏。

**アンソロジー** 詞華集。選集。名詩集。名曲集。

**アンダーウェア** ①肌着、下着。②洋服の下に着る衣服。

**アンダー・グラウンド** ⇒アングラ

**アンダーステア** ハンドルの切れ角に対して、自動車の旋回が緩やかになる状態のこと。対オーバーステア

**アンダー・パー** ゴルフで、打数が基準打数(パー)より少なく、そのホールを終えること。

**アンダーパス** ①ガード下。②地下道。

**アンダーバスト** 乳房の下で計った胸まわりの寸法。

**アンダーフロー** コンピュータで、計算結果の値がそのコンピュータの処理できる基準より小さすぎること。**対**オーバーフロー

**アンダーライター** ①株式や公社債などの証券の引き受け会社。発行された証券を買い取り、投資家に売りさばく仲介業者。②保険引き受け人。

**アンダーライン** 下線。

**アンタイド・ローン** 資金の提供者が、その資金の用途などに制約を設けない融資の形式。ひもなし援助などと呼ばれる。**対**タイド・ローン

**アンタッチャブル** 触れてはいけない、手が出せない。

**アンダンテ** 音楽記号の「歩くような速さで」の意。

**アンタント** ①国家間などの協約、協商。②協商国。③合意。相互理解。

**アンチ** ①「反対、対抗、排斥」などの意味を表す接頭語。②反対派。

**アンチーク** ①古代の。旧式な。②古代文化。③古物。骨董品。④年代を経て品格のある。⑤活字の字体。肉太の柔らかみのある活字。アンティークとも。

**アンチテーゼ** ①反対意見。対立理論。②弁証法で、反定立。あることを肯定する主張(正の命題)に対して、それを否定する命題(反の命題)。

**アンチフェミニズム** 反女権拡張主義。女性蔑視の男性優位主義。

**アンチョビー** カタクチイワシに似た小魚。ヒコイワシ。ヨーロッパ沿岸や南米沖でとれる。またそのオリーブ漬け。パンなどに載せて食べるほか、ソースの原料にする。

**アンツーカー** 陸上競技場のトラックやテニスコートなどに使われる水はけのよいレンガ色の人口土。

**アンティーク** ⇨アンチーク

**アンティパスト** イタリア料理での前菜。

**アンテナ・ショップ** メーカーや問屋などが、売れ筋商品や消費者ニーズ、地域特性など最新の消費動向や経営技術などを把握するために通常、直営で設置する店舗。近年では、

地方の生産者組合や自治体でも地元商品販売のために出店している場合もある。同パイロット・ショップ

**アンデパンダン** ①フランスの独立美術展(サロン・デ・アンデパンダン)の略称。②出展自由、無審査・無授賞を建て前とする美術展。

**アントルプルヌール** 起業家。特にベンチャービジネスの起業家。同アントレプレナー

**アントルメ** ①添え料理。メインディッシュの中間に、または肉料理と一緒に出される野菜などの料理。②ロースト料理からデザートの間に出される菓子類。

**アントレ** ①西洋料理の正餐で、日本では特に魚料理の次に出される軽い肉料理を意味することが多い。②温前菜。メインディッシュの前菜。

**アンドロイド** 人造人間。人間型ロボット。同ヒューマノイド

**アンドロギュノス** ①両性具有の。男女両性の生物。②男女が両用できる中性的なファッションのこと。

**アンニュイ** 退屈。倦怠。ものういさま。〜な

**アンバー** ①琥珀。②琥珀色。黄色みを帯びた赤茶色。

**アンバサダー** 大使、使節、特使。

**アンバンドリング** コンピュータの価格を、ソフトウエアとハードウエアの価格に分離して別々に設定すること。また、別々に販売すること。

**アンビエント** 「周囲の、環境の」などの意味を表す接頭語。例〜・ミュージック

**アンビシャス** 野心的。意欲的であるさま。大望を抱いているさま。〜な

**アンビバレント** 相反する感情が同時に存在すること。両面性の。〜な

**アンビュランス** 救急車。

**アンビリーバブル** 信じられない、信じがたい。

**アンプ** ⇒アンプリファイアー

**アンファン・テリブル** ①早熟で非凡な少年少女。既成観念から抜け出そうとする若い天才。②親の手に負えない子ども。

**アンフェア** 不公平な、不公正な。〜な

**アンフェタミン** 覚醒剤の一つ。疲労感の軽減に効果があり、治療薬としても使われるが、習慣性をまねくため一般の使用は禁止されている。

**アンフュージョン** ハーブティー。

**アンプラグド** 電気を使わない楽器だけでの演奏。

**アンプリファイアー** トランジスターや真空管で電流や電圧などの振幅を増幅・減幅させて、出力を調節する装置。特に音響設備の一つとして、音量・音圧を調節する装置。略してアンプともいう。

**アンプレアブル** プレーできない状態。特に、ゴルフでボールが池に入ったり、木の枝に引っかかったりして、そのままではプレーを続行できない状態。

**アンペア** 電流の強さを示す単位。毎秒1クーロンの電気量が通過するときの電流の大きさ。A。amp.。

**アンモナイト** 古生代デボン紀から中生代に栄えた軟体動物。頭足類で、オウム貝に似て、巻き貝のような殻を持ち、この殻が化石として残っている。菊石。

**アンモラル** 道徳とは無関係な。不道徳な。~な

**アンリミテッド** 制限なし。

## イ

**イーグル** ①猛禽類のワシ。②ゴルフでパーより2打少ないホールイン。

**イーサネット** アメリカの企業が中心となって開発した、企業内情報通信網(LAN)システムの一種。

**イージー** たやすい。楽な。いいかげんな。~な

**イージー・オーダー** 日本独特の洋服の仕立て方の一つで、多くの洋服の型見本から選び、細部のみ客の寸法に合わせて仕上げる方法。

**イージー・ケア** 洗った後のアイロンがけなどの手間がかからず、すぐに着られる衣服。同ウオッシュ・アンド・ウェア

**イージー・ゴーイング** 努力をしない、安易なやり方。のんきで、あくせくとしないさま。~な

**イージー・フィッティング** 全体的にゆったりとした身ごろ

のコートやドレスなどに対する言葉。
- **イージー・ペイメント** 代金の分割払い。
- **イージー・リスニング・ミュージック** 気軽にくつろいで聞ける音楽。略してイージー・リスニングとも。
- **イージス艦** 射程の長いミサイルを搭載して弾道ミサイルの監視や対艦隊防衛のために配備されている護衛艦。
- **イースター** 復活祭。キリストの復活を祝い、春分後の満月の後、最初の日曜日に行う。
- **イースタン・リーグ** 日本のプロ野球をセ・パ両軍合わせ、東西に分けたときの東のリーグ。対ウエスタン・リーグ
- **イースト** ①酵母(菌)。酒類、しょうゆ、パンなどの発酵に関係する。菌そのものにもたんぱく質やビタミンなどが含まれ、栄養剤としても使われる。②東。対ウエスト
- **イースト・コースト・サウンド** アメリカ東部海岸地帯から流行したポップス。
- **イースト・サイド** ニューヨークのマンハッタン島の東側、国連本部が置かれているが、貧困層の多い町。
- **イーゼル** 絵を描くとき、画板やカンバスを立てかける掛け台。画架。
- **イートイン** 持ち帰りでなく店内で飲食すること。
- **イーブン** ①~な 平らな。互角の。等しい。②得点競技で同点の場合。引き分け。
- **イーブン・パー** ゴルフで、基準打数(パー)と同数でホール・インすること。
- **イエス・マン** 相手から言われたことに従順に従うだけの人。自分の意見を持たない人。
- **イエロー・カード** ①サッカーで、ラフプレーや紳士的でない行為があった選手に主審が出すカード。1試合に2度受けると退場。②国際予防接種証明書。同イエロー・ブック
- **イエロー・ケーキ** ウラン鉱石から化学処理をほどこして取り出されるウラン化合物の通称。
- **イエロー・ジャーナリズム** 読者の興味を引くために犯罪、醜聞などの低俗な話題を誇張した記事で、扇情的に報道する新聞、雑誌の傾向。同イエロー・ペーパー
- **イエロー・ブック** 国際予防接種証明書。黄色い表紙からこの名称がつけられた。

**イエロー・フラッグ** ①自動車レース中に、コース前方の事故やコース状態の危険をドライバーへ告知するために振られる旗。②アメリカン・フットボールで、反則があったときに審判が投げる布。

**イエロー・ページ** 電話帳の職業別・業種別番号案内。

**イオ** ①ギリシア神話でゼウスに愛されたためヘラに嫉妬され、白い牝牛に姿を変えられ、各地を放浪した少女。②木星の12衛星の1つ。

**イオカード** JR東日本発行のプリペイド・カード。現在は使われていない。

**イオン** 正または負の電気を帯びた、原子または原子団。陽イオン(電子を失うとき)は元素記号の肩に＋、陰イオン(電子を得るとき)は元素記号の肩に－をつけて表す。

**イオン飲料** 発汗などによって失われた体内の電解質を補う飲料水。果物などの風味を加え飲みやすくされている。

**イカルス** ①ギリシア神話で、ろうで作った翼をつけてもらい空を飛翔するが、太陽に近づき過ぎて海に墜落して死んだ少年。同イカロス ②1949年にバーデによって発見された小惑星。

**イクエーター** 赤道。地球上で、両極間の中央を結んだ線で全周約40,076キロメートル。

**イクチオロジー** 魚類学。魚類誌。

**イグニッション** ①点火。発火。②ガソリン・エンジンの点火装置。

**イグノランス** 無知。無学。ものごとを知らないこと。

**イコール** ①等しいこと。同じであること。②数学での等号。記号は「＝」を用いる。

**イコール・オポチュニティー** 機会均等。雇用における男女の平等原則や、国際関係・外交活動に関しての関係国間の機会平等の原則など、多方面に用いる。

**イコノロジー** 美術史の専門的な研究方法の一つ。絵画などの作品に表現されている主題の意味について、描かれた歴史的時代背景や文化的状況を踏まえて行う図像解釈学。

**イコライザー** 平衡装置。録音時のひずみなどを補正するもの。略EQ

**イコン** ギリシア正教の聖画像。アイコンともいう。

**イシュー** ①出版物。発行高。発行。発布。②論点。問題点。争点。

**イズム** 主義。学説。

**イスラム** 回教。アラビアのメッカで生まれたマホメットによって創始された宗教。コーランを教典とし、信徒数は約6億人といわれる。

**イソニアジッド** 結核治療剤。化学名はイソニコチン酸ヒドラジッド。無色・無臭で結晶性の粉末。

**イソフラボン** 大豆胚芽に特に多く含まれるフラボノイドの一種。特に骨粗鬆症や更年期障害等の疾患に対して効き目があるとされている。

**イソロイシン** タンパク質に含まれる必須アミノ酸の一つ。

**イタリック** 欧文活字の書体の一つ。右に傾斜した書体で、通常の書体(ローマン書体)による表記の中で特に強調や外国語の引用などを表すのに用いる。

**イッピー** 1960年代、アメリカでベトナム戦争に反対した若者の総称。

**イッヒ・ロマン** 作品中の主人公が個人的体験・生活を一人称で物語るスタイルの小説。ゲーテ作「若きウェルテルの悩み」など。

**イデア** 概念。理念。観念。プラトン哲学より。

**イディオム** 熟語。慣用句。成句。

**イデオロギー** ①観念形態。意識形態。②政治、社会に関する見解、理論。

**イドラ** 事物の認識を妨げる偏見や先入観。哲学者F.ベーコンの用語。

**イニシアティブ** ①率先権。主導権。②一定数以上の国民、地方自治体の住民が、条例の制定、改廃を直接発議する制度。住民発議。イニシアチブともいう。

**イニシエーション** ある集団の成員になるときの儀式。成人式、入社式など。

**イニシエーター** ①創始者。発起人。②発がん起始因子。正常細胞を潜在がん細胞に変える発がん物質。③DNA複製の複製開始たんぱく質。

**イニシャライズ** 初期化。磁気ディスクに必要なデータが書き込めるようにすること。

**イニシャル・コスト** 最初に必要とされる一時的な費用のこと。初期経費。

**イニシャル・フィー** 頭金。

**イニング** 野球やソフトボールでの「回」。各チームが攻撃と守備とを行う試合の一区分。

**イネゲノム** 稲のもつ遺伝子情報をすべて解析しようとする計画。

**イノセント** 純潔な。無邪気な。(まれに否定的な意味で)単純な。世間知らず。

**イノベーション** 技術革新。新機軸。従来とは異なった画期的な発展、刷新。

**イフ** もしも (仮定を表す)。

**イブニング・ドレス** 晩さん会などで身に着ける礼服。男性は燕尾服や略式のタキシード。女性は丈の長いスカートで、胸や背の部分を広くあけたもの。

**イベント** ①出来事。展覧会、コンサートなどの催し物。大きな行事や事件。②スポーツ競技の試合、種目。

**イベント・プロデュース** 会社や団体の周年事業など各種行事を企画立案し、実施すること。これを請け負う業務形態。

**イマジネーション** 想像。想像力。特に科学や芸術の分野などで重要な部分に関与し、大きな役割を担う。

**イミグレーション** ①出入国管理のカウンター。入国管理。②入植。移住。移民団。対エミグレーション

**イミテーション** ①模倣。真似。模造。②模造品。まがいもの。一流ブランド品や宝石など、高価なものの偽物。また安価な人造品。

**イメージ・アップ** 他人や世間に与える印象や評判をよい方向に変えること。また、よくなること。する 対イメージ・ダウン

**イメージ・キャラクター** 企業や商品の広告に一定期間登場し、好ましいイメージ作りをする人物など。

**イメージ広告** 商品の機能・特徴や企業特性よりも、特定イメージを消費者に印象づける広告。

**イメージ・スキャナー** 写真や絵、図面などを光学的に読み込み、デジタルデータに変換してコンピュータなどに入力する装置。

**イメージ・ソング** 催し物や企業、テレビ番組などの宣伝のための歌。

**イメージ・ダウン** 他人や世間に与える印象や評判が悪くなること。する 対イメージ・アップ

**イメージ・チェンジ** 外見やスタイルなどを変えて、ほかへの印象、評価をよくすること。略してイメチェンともいう。する

**イメージ・トレーニング** 頭の中で理想のフォームを思い描き、正しい運動動作などを自己学習するスポーツ訓練法。

**イメージ・ビデオ** タレントや歌手の日常生活、企業の活動などをイメージ風に映像化して販売促進効果上昇を狙うビデオ・ソフト。

**イメージ・プロセッサー** 画像処理装置。

**イメージ・プロセッシング** 画像処理。グラフや画像をコンピュータで処理、加工すること。

**イメチェン** ⇒イメージ・チェンジ

**イヤーブック** 年鑑。1年間に起こった出来事や統計をまとめたもの。

**イラストレーション** ①雑誌、書籍などの文章に添える挿絵。説明図。②商業・宣伝美術に使用するポスターなどの絵。

**イラストレーター** ①挿絵や商業広告の図案を描く人。②パソコンソフトの一つで、イラストを制作するときに使われる代表的なもの。

**イリーガル** 違法な。非合法な。規則に反した。～な 対リーガル

**イリュージョン** 幻想。幻影。錯覚。

**イルミネーション** ①多数の彩りの電灯で、建築物、船などを飾る装飾。②照明。

**イレギュラー** 不規則な。変則的な。～な

**イレブン・ナイン** 99.999999999パーセントのように、極めて純度(精度)の高いこと。誤差が著しく少ないこと。

**イロニー** ⇒アイロニー

**インカマー** ①入来者。移住者。②新来者。

**インカム** 所得。収入。収益。

**インカム・ゲイン** 株式を所有することで受け取れる利子や配当での利益。

**インカム・タックス** 所得税。

**インキュベーション** 誕生したての企業育成を目的に、情報提供、経営相談などで一定の保護支援を行うこと。

**インキュベーター** ①孵卵器。人工孵化器。②新生児、特に未熟児のための保育器。③起業して間もないベンチャー企業などを育成するために援助すること。

**インクジェット・プリンター** 細いノズルの先から霧状のインクを噴出させて印刷する方式のプリンター。

**インク・ブロット検査** 適当にインクのしみを作り、それが何に見えるかを答えさせて、性格を分析する検査。

**インク・リボン** タイプライターやワープロなどのプリンターに用いる印刷用の細長いリボンテープ。

**インサーション** ①新聞、雑誌の折り込み広告。②洋裁のデザイン技法の一つ。レースや、刺しゅうをした布などを布と布の間に差し込む方法。

**インサート** ①差し込むこと。挿入すること。②映画などで、手紙や新聞記事などを、説明的に挿入するカット。③俗語で、男性器の挿入。する

**インサイダー** ①部内者。仲間内。また、消息通。事情通。②体制の内側にいる人。対アウトサイダー

**インサイダー取引** 不公正な株式売買取引で、会社役員など内部事情に詳しい人物が、内部情報を有利に活用して行う自社株の取引。証券取引法で厳しく規制されている。

**インサイド・ストーリー** 内情の暴露記事。暴露小説。

**インサイド・ベースボール** 心理作戦などを駆使する頭脳的な野球。

**インサイド・ワーク** 頭脳的プレー。スポーツ、特に野球のキャッチャーにおける頭脳的作戦。

**イン・ザ・ホール** 野球で、ボールカウントが不利なこと。

**インジケーター** ①指標。指針。②指示計器。ピストン式機械の蒸気機関やシリンダー内のガスの圧力などを観測する計器。

**インシデント** 出来事。小事件。物語や劇などの中で本筋以外に触れられる、傍流での挿話など。

**インジャリー・タイム** サッカーやラグビーで、選手の負傷で中断された時間。同ロスタイム

**インシュアランス** 保険。保険金。保険契約証書。
**インシュラリティー** ①島であること。②島国性。
**インシュリン** 膵臓のランゲルハンス島から分泌されるホルモン。血糖値を下げる作用を持つ。主に糖尿病の治療剤となる。インスリンともいう。
**イン・ショップ** 店内店舗。デパート、スーパーなど大型店舗の一角に設置された専門小売店。
**インスタレーション** ①取りつけ。設置。②壁そのものに板を取りつけるなど、作品と周囲の環境とを一体化して芸術作品に仕上げる、空間・環境美術作品。
**インスタント** 即席の、即座の。
**インスティテューション** ①社会的・教育的施設。協会。団体。②社会制度。規則。習慣。
**インスティテュート** 協会。研究所。理工系大学。
**インストール** ウインドウズなどの基本ソフトであるOSやワープロ・表計算などのアプリケーションソフトをパソコンに組み込んで、使用可能状態に設定すること。する
**インストールメント** 分割払い。月賦払い。割賦金。
**インストラクション** ①教えること。指示すること。②指図。命令。③機械・器具などの使用説明。④コンピュータに作業を行わせるための命令。
**インストラクター** 指導員。講師。スポーツやOA機器などの技能を訓練し指導する人。
**インストルメンタル** 歌詞や歌唱のない、器楽の演奏だけの音楽。
**インスパイア** 奮起する。気持ちを高める。例あの事件に〜されて映画を撮った。
**インスピレーション** 創造力を高めるための霊感。ひらめき。
**インスペクター** 調査官。監督。視察官。
**インスリン** ⇒インシュリン
**インセキュリティー** ①不安定。不確実。②不安感。
**インセンティブ** ①目標に向けての刺激。動機。②報奨金。
**インセンティブ契約** プロ野球などで成績に応じて追加でボーナスが支払われる制度契約。出来高払い制。
**インソール** 靴の内底。敷皮。
**インソムニア** 不眠症をさす医学用語。

**インターカラー** 国際流行色委員会。2年先の流行となる色を選定する。本部をパリに設置。

**インターカレッジ** 全国の大学が対抗する競技会。インカレと略される。

**インターセプター** ①障害物。妨害者。②防空迎撃戦闘機。

**インターセプト** ①妨害。傍受。盗聴。②ラグビー、バスケット、サッカーなどで相手側のパスを横取りすること。パス・カット。する

**インターデペンデンス** 相互依存。国家同士の依存によって独立が保てるという考え。

**インターナショナリズム** 国際主義。各国家ごとの文化を尊重しつつ、国家間、民族間の協力を図ろうとする考え方。対ナショナリズム

**インターナショナル** ①～な国際的な。国際間の。②国際労働者協会およびその後継者等の総称。

**インターネット** コンピュータネットワーク同士を連結させた世界規模のネットワーク。パソコン通信を介して電子メールをはじめ、情報がやりとりできる。

**インターネット・カフェ** 店内でインターネットが利用できる喫茶店。

**インターネット・ショッピング** インターネット上の電子通信商取引の一形態。自宅のパソコンから予約・注文など買い物をすること。同オンライン・ショッピング

**インターネット・バンキング** インターネットを活用して、残高照会や振り込みなどができる金融サービス。ネットバンキングともいう。

**インターネット・プロトコル** インターネットで通常用いられている通信規則・通信規約。略IP

**インター・ハイ** 全国の高等学校間で行われる競技または競技会。

**インターバル** ①間隔。②休憩時間。劇場などの幕間。③野球での投球間隔。④音楽の音程。

**インターフェア** スポーツ競技で相手のプレーを故意に反則妨害すること。

**インターフェース** ①二つ以上の構成要素の境界面。接触面。②コンピュータの二つ以上の装置をつなぐ接続部分や装

置。ソフト同士の連結、コンピュータと人間とを仲介する際の取り決めにもいう。

**インターフェロン** ウイルス抑制因子。動物細胞によって作られ、ウイルス増殖を阻止する物質。抗がん剤など、多様な効果をもつ治療薬として期待されていれる。

**インタープリター** ①通訳。解説者。②解釈プログラム。プログラム言語を機械言語に翻訳するコンピュータ・プログラムのこと。

**インターポール** 国際刑事警察機構。略ICPO

**インターホン** 有線の通話装置。玄関と室内の通話のために設置されることが多い。

**インターミッション** 劇場などでの休憩時間。幕間の休み。

**インターメディア** 音響、光、色彩、映像などの表現、さらに舞踏や電子工学など、既成概念にとらわれずに媒体を複合合流した芸術。

**インターラプト** ①中断。妨害。②一つのプログラムをいったん中断させ、あとで再開できるようにしたまま、他のプログラムを実行させること。割り込み。

**インターランゲージ** 国際語。

**インターロッキング・システム** 原子炉など複雑な運転手順を要する装置において、正確な手順で操作しないと作動しない仕組み。

**インターン** 国家試験の受験資格を得るため、実地訓練を課す制度。また、その実習生。

**インターンシップ** 学生が夏休みなどを利用して、一般企業内で仕事を体験する制度。

**インダストリアル・アドバタイジング** 消費者向けの消費財の広告に対して、企業向けの生産財広告。産業広告。

**インダストリアル・デザイン** 工業デザイン。工業製品を合理性や機能面も考えあわせて表現するデザイン。略ID

**インダストリアル・マーケティング** 消費者向けでなく、製造業者や事業所を販売対象とした企業向けマーケティング活動全般をさす。

**インダストリー** 製造業。工業。産業界。

**インタラクティブ** ①相互作用の。②(情報通信において)対話型の。双方向の。~な

**インチ** 長さの単位。1インチは約2.54cm。

**インディ500** アメリカのインディアナ州の州都で毎年開催されるインディアナポリス500マイルカーレース。

**インディアカ** 羽根をつけたボールをネット越しに素手で打ち合う競技。1チーム4人が一般的。

**インディア・ペーパー** 辞書などの造本に使用する極めて薄く、しかも丈夫な印刷用紙。

**インディアン・サマー** ①小春日和。晩秋から初冬にかけての暖かい晴天の日が続く期間。②人生晩年の穏やかな時期を比喩的にさす。

**インディーズ** ①音楽業界で大手レーベルに所属せずに自主制作するレーベルやアーティストのこと。②自主制作映画。

**インディオ** 中南米の先住民族。

**インディカ米** インド・東南アジア・中国南部で生産され、世界の米生産量の8割を占める稲の種類。

**インティメート** 親密な。打ち解けた。~な

**インディペンデント** ⇒インデペンデント

**インテグレーション** ①統合。集大成。②教育で、教科を有機的に相互関連させていく指導。③数学で、積分法。

**インテグレーテッド・ソフト** コンピュータの統合ソフトウエア。ワープロ、表計算、データベースなどの各機能を一つまたは複数のプログラムにまとめ、そのデータを共通に利用できるもの。

**インデックス** ①索引。見出し。②指数。指標。③ローマ教皇庁が信者に読むことを禁じた本の目録。禁書目録。

**インデックス・ファンド** TOPIXや日経平均株価などの株価指数に連動させて利益を上げる投資信託。

**インデペンデント** ①~な独立した。自由の。②独立系石油会社。原油の採掘または精製などの一部門しか取り扱わない石油会社。

**インテリ** 知識人。もとはロシア帝政時代の、進歩的知識人をさした。知識階級。インテリゲンチャともいう。

**インテリア** ①室内の。内側の。②屋内装飾。室内調度品。対エクステリア

**インテリア・クラフト** 室内工芸品。

**インテリア・コーディネーター** 住宅や事務所などの建築物

のインテリアを施主の要望に合わせてコーディネートし、快適な室内環境をアドバイスをする専門家。

**インテリア・デザイン** 室内装飾。家具やカーテンなどをデザインしたり、総合的に組み合わせて設計すること。

**インテリア・プランナー** 建築物のインテリアの設計、工事管理を行う専門技術者。

**インテリゲンチャ** ⇨インテリ

**インテリジェンス** ①知性。知能。②知識。③情報機関。

**インテリジェンス・サービス** 情報機関。情報工作機関。

**インテリジェント** 聡明な。高い知能と理解力をもつこと。~な

**インテリジェント・ターミナル** 端末装置自体が、演算処理機能を有するもの。ホスト・コンピュータからのデータ入出力に加え、単独の判断、記憶などが可能。

**インテリジェント・ビル** 通信システム、OA機器、データ処理機能、それらを中央のコンピュータで統御する情報化されたビル。

**インテルサット** 国際電気通信衛星機構。

**インテルポスト** 国際電子郵便ネットワーク。通信衛星を使って郵便物を海外とやりとりするシステム。

**インテレクチュアル** ①知識人らしい。②知的なさま。~な

**インテンシブ** 集中的な。徹底的な。~な

**インテンション** 意図。意志。目的。

**インドア** 室内の。屋内の。例~・テニス 対アウトドア

**インドア・ゲーム** 屋内競技。

**イントール計画** 国際原子力機関(IAEA)で推進されるトカマク型核融合実験炉設計計画。イントール(INTOR)は、International Tokamak Reactorから。

**イントネーション** 話者の感情や意図を表す話し声の抑揚。

**イントラネット** 企業内の情報交換や管理などにインターネット技術を活用した情報ネットワーク。

**イントラプルナー** 企業内起業家。企業内で新規事業や新技術開発に意欲を持つ、ベンチャー精神を持つ人。

**イントロダクション** ①紹介。②序論。案内。③音楽で、序奏。導入部。④手引き。⑤(核兵器の)持ち込み。

**イントロデュース** 紹介する。する

**インナー** ①内部の。内側の。②服飾用語で下着一般。対アウター

**インナー・キャビネット** 閣内内閣。閣議決定や実施の迅速化のために、内閣のうちの少数の閣僚を選んで構成する。イギリスなど閣僚数の多い国に見られる。

**インナー・シティー問題** 中産階級が、大都市中心部から郊外へ移り、それによって大都市中心部がスラム化現象やほかの問題を生むこと。

**インナー・スペース** ①大気圏。②海面下の世界。

**インナー・トリップ** 自己の内的世界を遍歴する精神的な旅。

**インバーター** ①直流を交流に変換する装置。直流用と交流用があるモーターや発電機に応じて使用する。②反転回路。

**インハウス・ネットワーク** 企業内のコンピュータをつなぐオンラインシステム網。

**インバウンド** ①本国帰りの。帰航の。②訪日外国人。観光客。

**インパクト** ①物事がほかに与える衝撃。効果。②野球やゴルフなどで、ボールがバットやクラブにあたる瞬間のこと。

**インパクト・プリンター** 印字をする際に機械的衝撃力を使うプリンター。カーボンリボンを通して活字をたたくものなどをさす。

**インバランス** 不均衡。不安定。同アンバランス

**インパルス** ①心理的な衝撃。刺激。衝動。②生理学用語で、神経衝動。③物理学で力積。④衝撃電流。

**インピーダンス** 電流の流れにくさを表す量で、交流回路における電圧と電流の比。単位はオーム（Ω）。記号Z。

**インビジブル** 目に見えない。不可視的な。〜な

**インビテーション** 招待。招待状。

**インフィールド・フライ** 野球ルールの一つ。一、二塁または満塁のとき、無死または一死のケースで、内野手が簡単に捕球できるフェアフライは審判の判断で、打者アウトが宣告される。

**インフェリオリティー** 劣等。粗悪。劣っていること。

**インフェルノ** 地獄。地獄のようなところ。

**インフォーマー** ①情報提供者。②密告者。諜報員。

**インフォーマル** ①非公式な。形式張らない。略式の。②言葉遣いなどがくだけたさま。口語的。~な 対フォーマル

**インフォーマント** 言語資料提供者。その土地の自分の母語についての言語・文化資料を提供する人。

**インフォーム** 知らせること。告げること。

**インフォームド・コンセント** 治療目的や内容、治療の効果や危険性、その後の予想や治療費用などを、患者に十分かつ分かりやすく説明し、それを患者が理解した上で、治療法に対する患者の同意を得ること。

**インフォマーシャル** 広告色をなるべく排除し、企業や商品の情報を詳細に提供する広告手法。

**インフォメーション** ①情報。報道。②知識。見聞。③駅、ホテルなどの案内所。受付。

**インフォメーション・アナリスト** 情報分析の専門家。

**インフォメーション・ギャップ** 情報格差。先進国と開発途上国間の情報技術の格差。

**インフォメーション・システム** 情報提供システム。特にデータ処理システムについての方式。

**インフォメーション・ソサエティー** 情報化社会。情報の持つ価値と役割を重んじ、活用する社会。

**インフォメーション・バンク** データバンク。情報を収集・蓄積して、利用者の必要に応じて提供する機関。

**インフォメーション・マネージメント** 情報管理。情報の収集・蓄積・提供に関しての管理手法。また情報産業での管理の視点。

**インフォメーション・ユーティリティー** 情報サービスを提供する公共企業。

**インフォメーション・リトリーバル** 収集・蓄積した情報を整理し、必要に応じて取り出す情報検索。略IR

**インプット** ①入力。②コンピュータへのデータ入力。またその情報。③経済用語として、資本の投入。④比喩的に知識や情報を詰め込むこと。する 対アウトプット

**インプット・デバイス** コンピュータにデータを入力する装置。

**インフラ** ⇨インフラストラクチャー

**インフライト・ショップ** 国際線機内での免税品販売。

**インフラストラクチャー** 社会基盤・経済基盤。都市の基幹的部分。運輸・通信網など、経済活動の基盤をなす社会資本。略してインフラともいう。

**インフラテック** 各種生産技術の基礎となる技術。

**インプラント** 移植。組織移植手術。人工歯植え込み技術。

**インプリケーション** 含蓄。暗示。

**インプリメンテーション** ①コンピュータの特定の機能を強化するために、ハードウエアやソフトウエアをコンピュータに組み込むこと。②電子回路の基板に、電子部品や素子を取り付けること。

**インプリンティング** 刷り込み。生後の早い時期に受けた刺激に対する行動様式が以後永続すること。たとえば、最初に目にした動くものを母親と思い込むなど。

**インフルエンザ・ウイルス** 流行性感冒の病原体。A型・B型・C型の3種類がある。

**インフレーション** 物価の暴騰。通貨の膨張。物価水準の上昇が続き、貨幣価値が下がっていくこと。対デフレーション

**インプレッション** 印象、感銘。

**インプロビゼーション** ①詩や音楽を即興で作ること。②即興演奏。ジャズではビートと同様に重要な特色とされる。

**インベーダー** 侵入者。侵略者。

**インベスター** 株などへの投資家。

**インベストメント・アナリスト** 証券分析家。

**インペリアリズム** 帝国主義。領土拡張政策。

**インペリアル** ①帝国の。皇帝の。②特製の。最高品位の。

**インベンション** ①発明。発明品。②音楽で、幻想的な小即興風楽曲の形式。

**インベントリー** 財産目録。在庫品目録。棚卸表。

**インボイス** 商品の送り状、納品書。

**インボイス方式** 商品が流通する際、二重課税を回避する方法の一つ。納品書（インボイス）にその商品に対し今まで支払われた税の総額を明記し、次からはそれを参考に控除額が決定される。

**インポート** 輸入。輸入品。対エクスポート

**インポテンス** 男性の性的不能。同インポテンツ

**インポテンツ** 男性性器の勃起不能。圓インポテンス
**インポテント** 無力の。
**インマルサット** 国際衛星海事機構。
**インモラル** 不道徳な。〜な
**イン・ライン** ①同一建物内に通信回線でつながれた端末とホストコンピュータを収容すること。②発生したデータをただちに処理を開始するシステム。園〜処理
**インライン・スケート** 靴底に車輪を縦1列に並べたローラースケート。
**インレット** ①海、湖などが陸地に入り込んだ入り江。②引き入れ口。釣りで、流れ込みのポイント。
**イン・ロー** 野球での内角低目の投球。

---

## ウ

**ウイーク** 週。
**ウイークエンド** 週末。週末の休み。
**ウイークエンド・ハウス** 週末休暇を過ごすために近郊に造られた住宅。
**ウイークエンド・ファーザー** 離婚後、母方に引き取られた子どもと週末だけ一緒に過ごす父親のこと。
**ウイーク・シェアリング** 平日は働くために都心にひとりで住み、週末は郊外にある家族の住む家に帰って過ごすこと。
**ウイークデー** 平日、月曜日から金曜日まで。
**ウイーク・ポイント** 弱点。欠点。
**ウイーク・ボゾン** 素粒子の一つで質量が陽子の約100倍ある。弱い相互作用と呼ばれる力の仲立ちをする粒子。
**ウイークリー** ①週に1回の。②週刊の雑誌や新聞のこと。→マンスリー
**ウイークリー・マンション** 週単位で賃貸されるマンション。生活のための備品も備えつけられている。
**ウィーン条約** オゾン層保護条約。フロンやハロンによるオゾン層の破壊を防ごうというもの。1985年ウィーンで開かれた国連環境計画(UNEP)外交会議で採択された。
**ウイザード** ①男の魔法使い。奇術師。②複雑なパソコンの

操作を教えてくれる支援機能。
**ウイスカー** ひげ状の結晶。弾力性、耐熱性にすぐれ、スポーツ用品など広い分野に使われている。
**ウイスキー・ボンボン** チョコや糖衣でウイスキーを包んだお菓子。
**ウイッグ** (主として洋製の)かつら。
**ウイッチ** 魔女。
**ウイット** 機知。英知。例彼女はとても〜に富んでいる
**ウイットネス** 目撃者。裁判の証人。
**ウイナー** 勝利者。優勝者。受賞者。
**ウイニング** 勝つこと。勝利の。
**ウイニング・ショット** スポーツで勝利の決め手となる一打または一投。
**ウイニング・ボール** 野球やゴルフで勝利を決めた最後の球。
**ウイニング・ラン** ①野球の決勝点。②陸上競技や自動車レースなどで、優勝者が観客に応えてゆっくりとトラックあるいはサーキットを1周すること。
**ウイリー** オートバイなどを乗る際に、後輪だけで走ること。
**ウイリーウイリー** オーストラリア北西部に発生する熱帯性低気圧。
**ウィル・コール** 客が内金を払うことで品物を保管しておき、残金と引き換えに渡すこと。
**ウイルス** ①核酸とタンパク質から構成される細菌よりも小さな病原体。細胞に寄生して自己増殖する。②コンピュータ・ウイルスのこと。
**ウインカー** 自動車などの点滅式の方向指示灯。
**ウイング** ①鳥や航空機の翼。②舞台の脇。劇場や舞台の左右の空間。③サッカー、ラグビーの選手の配置で左右両側に位置するところ。④空港などで中央部から左右に突き出た建物。
**ウイング・チェア** 背もたれが高いひじ掛けつきの椅子。
**ウインター・リゾート** 避寒地。冬の行楽地。対サマー・リゾート
**ウインチ** 四駆車などについている巻き上げ機。
**ウインテル** マイクロソフト社のウィンドウズとインテル社

を合わせた造語。パソコン業界の2社による寡占を皮肉る語。

**ウィンドウズ** マイクロソフト社が開発したOS(オペレーティング・システム)。

**ウインドー・ショッピング** 陳列されている商品を眺めながら見て歩くこと。ひやかし。

**ウインドー・ディスプレー** 店頭装飾。

**ウインド・クラスト** 風の影響で表面が堅く変質した雪。

**ウインド・サーフィン** サーフボードに帆をつけて水上を走るスポーツ。同ボード・セーリング

**ウインドブレーカー** 防風のためのスポーツ用ジャンパー。

**ウインナ・コーヒー** 泡立てたクリームが浮かんだやや深煎りのコーヒー。

**ウインナ・ワルツ** ウィーンで起こったテンポの速いワルツ。3／4拍子または3／8拍子で書かれる。

**ウード** アラブやイラン、トルコの音楽に使われる楽器。マンドリンに似ていて、西洋のリュートやギターの原形といわれている。

**ウーファー** 低音再生用スピーカー。

**ウーマンズ・リーズン** 女性の理論。筋の通らない理屈。たとえば「イヤだからイヤ」など。

**ウーマン・パワー** 女性の能力。女性の労働力。女性の活動。

**ウーマン・リブ** 1970年ごろ、アメリカで盛んだった、女性による女性解放運動。

**ウール** ①羊毛。②毛織物。

**ウエア** ①商品。品物。ソフトウエアなど。②着る物。衣服ウェアとも。

**ウエアハウス・ストア** 倉庫のような感じのところで安売りをする店。

**ウェアラブル・コンピュータ** 身体に身につけることができる小型コンピュータ。

**ウエイティング・サークル** 野球で次のバッターが控えているところ。

**ウエイティング・ルーム** 待合室。控え室。

**ウェーデルン** スキーで、連続して回転をしながら滑降する技術。

**ウエート** ①体重。重さ。②重要性。

**ウエート・コントロール** 脂肪を減らし、減量すること。

**ウェーバー** ①権利、要求の放棄。②契約などで義務を特別に免除すること。プロ野球での選手獲得方法の一つ。

**ウェーブ** ①波。電波。②髪の毛の縮れ。③スポーツ観戦で観客が一体となって波のうねりのように見せること。

**ウエザー・オール** 全天候型の。晴雨兼用の傘など。同オール・ウエザー

**ウエザー・オール・コート** オーバーとレインコートを兼ねた晴雨兼用のコート。同オール・ウエザー・コート

**ウエザーコック** ①風見鶏。②日和見主義者。

**ウエザー・チャート** 天気図。同ウエザー・マップ

**ウエザー・マーチャンダイジング** 天気管理経営。天候に業績が左右されやすい業者に対して天候に関する情報を流し、経営管理に役立てること。弁当などの仕出し業やアイスクリーム製造業などに好評。

**ウエザー・ミニマム** 航空機が安全に使用できる気象的な限界。

**ウエス** 機械の清掃に使うぼろきれ。

**ウエスタン・リーグ** 日本のプロ野球でセ・パ両軍を合わせ、東西に分けたときの西のリーグ。対イースタン・リーグ

**ウエスタン・ロール** 走り高跳びの跳び方の一種。背を下にして、体を寝かせて回転しながらバーを越える。背面跳び。

**ウエスト・ポーチ** 腰にベルトで巻きつける小型バック。

**ウエスト・ボール** 捨て球。打者の打ち気をそらしたり、スクイズなどを防ぐため故意に投げるボール球。

**ウェッジ** ①くさび。②ヘッドがくさび形をしているゴルフのアイアンクラブ。

**ウェッジウッド** イギリス製の陶磁器ブランド。

**ウェッジ・ソール** くさび形の女性用靴底。

**ウエット** ①濡れた。湿った。②義理人情に厚い。感傷的な。～な 対ドライ

**ウエット・コア** 家を建てる際に、浴室や洗面所など水を使う場所を1か所に集めること。

**ウエット・スーツ** 潜水用のゴム服。サーフィンなどの水上

**ウエット・ティッシュ** 湿り気のあるティッシュペーパー。手拭きなどに使う。

**ウエットバック** 米国に不法で入国するメキシコ人労働者。

**ウエディング・プランナー** 結婚する依頼者の希望に応じてさまざまな企画や演出を手配する人。

**ウエディング・レセプション** 結婚式の披露宴のこと。

**ウエハー** ICやLSIをつくるための基板。半導体の単結晶でできたきわめて薄い板。

**ウエハース** 洋風の薄焼き菓子。短冊形でさくさくした食感。

**ウェブ** インターネット上に散乱している複数の独立した情報を検索し、ハイパーテキスト形式で提供するシステム。インターネットと同意語で使われることも多い。wwwともいう。

**ウェブ・サイト** インターネット上でウェブ(Web)のシステムに基づいて、情報提供サービスが行われるネット上の場所。

**ウェブ・ジン** ウェブ・マガジンの略。同メール・マガジン

**ウェブTV** アナログ信号のテレビ回線や電話回線を利用して、本来デジタル信号であるウェブ・サイトやインターネットの情報を受信できるようにする装置。通常のテレビでインターネットができる。

**ウェブ・マスター** ホームページを運営管理する責任者。

**ウエポン** 武器。兵器。

**ウエルカム・ドリンク** パーティーなどで、到着した客にサービスで出される飲み物。

**ウエルター級** ボクシングの重量別階級のランクの一つ。プロボクシングでは140〜147ポンドまでをさす。

**ウェル・ダン** ステーキの焼き方でよく焼いたもの。→レア

**ウエルネス** 健康。好調。肉体的に健康なだけでなく精神的にも健康な状態。

**ウエルネス・アプローチ** 運動・休養・栄養を追求し、心身ともにバランスのとれた生活を目指すこと。同ウエルネス運動

**ウェルフェア・ステート** 福祉国家。国民の福祉を制度的に十分に保障する国家。

**ウェルフェア・ファンド** 福祉資金。厚生資金。
**ウェルメード・プレー** ①構成がしっかりしている、よくできた芝居。②ストーリーはおもしろいが、人間観察や内面思想の捉え方などが表面的にとどまっている劇。19世紀の演劇の特性。
**ウォー** 戦争。
**ウォーカー** 歩行者。健康のことを考えて歩くことを心がける人。
**ウォーカソン** 募金などのための長距離行進。参加者の歩行距離によって賛助人が寄付金を寄せる。
**ウォーキー・トーキー** 携帯用小型無線電話機。
**ウォーキー・ルッキー** 携帯用テレビカメラ。
**ウォーキング** ①歩行。②競歩。
**ウォーキング・ディクショナリー** 生き字引き。物知りな人。何でも知っている人。
**ウォークアウト** ①ストライキ。②抗議するため、会議などで突然に退席、退場すること。
**ウォーク・イン** ①予約を入れずに宿泊すること。飛び込み。②人が歩いて出入りできる大きさのもの。
**ウォーク・イン・クローゼット** 人が歩いて出入りできる大きさの衣服収納部屋。
**ウォーク・スルー** 立ちげいこ。テレビのリハーサルでカメラを使用しないもの。
**ウォー・クライ** ①勝利の雄叫び。運動競技のときのチーム全体でのかけ声。②選挙のときのスローガン、標語。
**ウォーク・ラリー** コース図に従って、問題に答え、ゴールを目指す野外ゲーム。
**ウォー・ゲーム** コンピュータや模型などを使って軍事演習を行い作戦を立てること。
**ウォーター・ガス** 燃料などに使われる水性ガス。水素と一酸化炭素を主成分とする。
**ウォーターカラー** 水彩画。水彩用の絵の具。
**ウォーター・クローゼット** 便所。略WC
**ウォーター・シュート** ボートで水面めがけて急斜面から降下する娯楽設備。
**ウォーター・スライダー** 水が流れているすべり台。プール

などに設置されている。

**ウォーター・バー** 国内外各地の銘水を集め、提供する店。

**ウォーター・ハザード** ゴルフコース内に作られた川や池。

**ウォーター・ビジネス** 水商売のこと。

**ウォータープルーフ** 防水の。耐水の。防水加工された服や時計、化粧品のこと。

**ウォーターフロント** 水辺の環境や立地の特性を活かしたレクリエーション施設や商業施設。

**ウォーター・ベッド** マットレスの中に水を入れたベッド。

**ウォーターマーク** ①水位標。②フィルムについた水滴の跡。

**ウォーターメロン** スイカ。

**ウォーニング・トラック** 野球場で、外野フェンス際にある警告帯。フェンスが近いことを野手に知らせる。

**ウォーニング・ランプ** 飛行機や自動車の警告灯。

**ウォーマー** あたためる器具。あたためる人。

**ウォーミング・アップ** ①運動前の準備体操。②車を走らせる前にエンジンを動かし、暖めること。する

**ウォーム・カラー** 見る人に暖かい感じを与える色。暖色。赤、オレンジ、黄色系統をさしていう。対クール・カラー

**ウォーム・ビズ** 地球温暖化防止のため環境省が提唱する暖房時のオフィスの室温を20℃に設定すること。対クール・ビズ

**ウォール・ストリート** ウォール街。ニューヨーク市南部にある金融街。株式取引所や銀行などがある。ひいてはアメリカの資本主義の中心の意味にも使用される。

**ウォール・ディスプレー** 壁面を利用した陳列の手法。

**ウォール・ペインティング** 建物の外壁にスプレーやペンキで描かれた絵。

**ウォッカ** 小麦、ライ麦、じゃがいもなどから作るロシア原産の蒸留酒。アルコール度40～60％。ウォトカともいう。

**ウオッシャブル** 洗濯できる。

**ウオッシュ・アウト** 生地が洗濯で色あせること。またそのような感じに仕上げた生地。

**ウオッシュ・アンド・ウェア** 洗濯が簡単で、型くずれしにくい服。同イージー・ケア

**ウオッチマン** 番人。警備員。夜警。

**ウオッチャー**　観測者。ある対象を継続して監視、観測している人。

**ウオッチワード**　①モットー。標語。②合言葉。

**ウォトカ**　⇨ウォッカ

**ウォルナット**　クルミ。

**ウォレット**　財布のこと。主に札入れのことをいう。

**ウォンテッド**　おたずね者。指名手配中。

**ウォント・アド**　新聞などに掲載される求職や求人の3行広告。

**ウクレレ**　4本の弦を持つ、ハワイ特有の弦楽器の一種。

**ウスター・ソース**　日本でいうソース。

**ウッディー**　木質の。

**ウッド**　①木材。②ゴルフ・クラブで、頭部が木でできているもの。③テニス・ラケットで、木枠のもの。④木管楽器。

**ウッド・クラフト**　木彫。木工工芸。

**ウッド・デッキ**　居間やキッチンなどから、自由に出入りできるように作られた開放的なテラス。木材で組んであり、アウトドア・レジャーを演出するためものが多い。

**ウッド・ベース**　コントラバスのこと。

**ウッドペッカー**　キツツキ。

**ウラン**　天然に存在する放射性元素。核燃料として使われる。原子番号92。記号U。

**ウルグアイ・ラウンド**　1986年9月に開始された、GATT（ガット）の多角的貿易交渉。関税・サービス貿易・知的所有権の問題などについて検討。

**ウルトラソニック**　超音波の。超音速の。

**ウルトラナショナリズム**　超国家主義。国家主義。

**ウルトラバイオレット・レイ**　紫外線。略UV

**ウルトラマリン**　群青色。やや紫がかった青。

**ウルトラモダン**　超現実的な。尖端的。〜な

**ウルフ**　オオカミ。

**ウレタン**　①ウレタン・フォーム。②広義的にはカルバミン酸エステルの総称。狭義的にはカルバミン酸エチルエステル。催眠剤・解毒剤として使われた。

**ウレタン・フォーム**　発泡合成ゴム。断熱保温材などに使われる。

# エ

**エア** ①空気。大気。通常、ほかの単語と複合して使われる。②自動車、バイクなどのタイヤの空気。③航空、飛行。

**エア・アート** ビニール袋などに空気を詰めて人形、動物といったオブジェを造る、素材に空気を使った芸術。

**エア・エクスプレス** 国際小荷物宅配便。

**エア・カーゴ** 航空貨物、航空貨物便。

**エア・カーテン** 建物の出入り口の上部から空気を吹き下ろし、屋内と外部の空気の流通を隔てる空気の幕。店舗での利用が増えている。同エア・ドア

**エア・ガン** 空気銃。同エア・ライフル

**エア・クッション** 空気まくら。

**エアクラフト** 飛行機、ヘリコプター、飛行船、気球など、空を飛ぶ乗り物全般の総称。

**エア・クリーナー** 空気清浄器。

**エア・ゲージ** 気圧計。タイヤなどの圧力を測る。

**エア・コック** 空気弁。空気の栓。

**エア・コリドー** ①事故防止のため航空路とターミナル空域を一括管制できるように設定されたルート。②空中回廊。国際協定で保障された航空路。

**エアコン** ⇒エア・コンディショナー

**エア・コンディショナー** 空気調節装置。室内の温度、湿度を設定した条件に調節し維持する装置。エアコンと略す。

**エア・コンディショニング** 空気調節。室内の空気を浄化し、温度、湿度の状態を整えること。

**エア・コンプレッサー** 空気圧縮機。機械内部の空気に圧力を加え、一気圧以上の圧力をもつ気体を作る装置。

**エア・サービス** ①空輸。航空輸送業。②空軍。同エア・フォース(英文では、Air Serviceと大文字で表記)

**エア・サスペンション** 大型自動車や電車などに使用される圧縮空気で衝撃を緩和する装置。車本と車輪の間に取り付けられている。

**エア・ジェット** 圧搾空気をノズルなどの小さい穴から噴き

出すこと。
**エアシップ** 飛行船。
**エア・シャトル** 発着時間が定められていない短距離の空路で、一定数の乗客が搭乗すると定められた航路を往復する。
**エア・シュート** 筒に入れた文書を空気の圧力によって同じ建物内の他の場所に送る装置。別フロアに送る際に便利なため、新聞社、商社、証券会社などでよく見られた。同エア・シューター
**エア・スペース** 領空。空域。
**エアゾール** 噴霧式薬剤。薬液を霧状にして吹き付ける。殺虫剤などに応用されている。
**エア・ターミナル** 旅客や貨物が発着するために設けられた空港施設。同エアポート・ターミナル
**エア・タイム** テレビ、ラジオなどの放送時間。
**エア・チェック** ラジオで放送されている番組をテープ・レコーダーに録音すること。する
**エア・チケット** 航空券。
**エア・ドーム** 空気膜構造の建築物。天井の膜を建物内部の気圧を屋外より高くすることで支える設計。東京ドームなどがこの構造を採用している。
**エアバス** 大量旅客輸送を目的として造られた中距離用旅客機。幅の広い胴体が特徴で、航続距離は短いが大勢の旅客を運べる。
**エアバッグ** 乗用車が衝突した際、自動的に衝撃を感知し、瞬時にふくらんでショックを緩和する空気袋。運転者の胸部などがハンドルなどに激突しないように設計されている。
**エア・フォース** 空軍。
**エア・フォース・ワン** アメリカ合衆国大統領専用機。合衆国三軍の最高司令官でもある大統領が、緊急事態の際、空から全軍の指揮をとるために造られた。諸外国を訪問する際にも使用されている。
**エア・プランツ** 土中や水中からでなく、空気中から水分や養分を取り込む観葉植物。
**エア・ページェント** 曲芸飛行。演技飛行。航空ショーなどで行われ、航空機の操縦技術を披露する。

**エアポート** 空港。

**エアポート・タックス** 空港施設の管理維持のため、旅客から徴収する空港税。空港施設使用料として徴収するケースが多い。

**エア・ポケット** ①乱気流などによって航空機の揚力が失われ、急激に高度が下がったり不規則な振動などを引き起こす現象。②空白。死角。おとし穴。

**エアメール** 航空郵便。航空便。

**エア・ライフル** ライフル型の空気銃。同エア・ガン

**エアライン** ①定期航空路線。②航空会社。

**エアリアル** フリースタイル・スキーの競技種目の一つ。空中で回転するなどの技を競う。

**エアログラム** 航空便専用の郵便書簡。

**エアロゾル** 大気中に浮かぶ微小粒子。固体、液体状のものがあり、通常1ミクロン以下の大きさ。霧や雲もエアロゾルの一種だが、人工的にまき散らされたものもあり、異常気象の遠因ではないかとも推測されている。

**エアロダイナミックス** 空気力学。航空機などの空気抵抗の研究も、この一分野である。同アエロダイナミックス

**エアロバイオロジー** ⇒アエロバイオロジー

**エアロバイク** 自転車型体力増進機。

**エアロビクス** 有酸素運動。心肺機能を高め、血液の循環を促し酸素消費量の増大により、新陳代謝を促進する健康法。ダンスやランニングなどの動きをベースにしている。対アネアロビクス

**エアロビサイズ** エアロビクスを毎日行うこと。

**エイコサペンタエン酸** イワシなどの青魚の脂肪に多く含有される高度不飽和脂肪酸。血液中のコレステロールを減少させるなど生活習慣病予防効果があるとされている。

**エイジング** ⇒エージング

**エイズ** 後天性免疫不全症候群。1979年に米国で第一例が発見されたエイズ・ウイルスの感染によっておこる疾患。エイズ(AIDS)はacquired immune deficiency syndromeの頭文字から。

**エイズ・ウイルス** ヒト免疫不全ウイルス(HIV)。レトロウイルス科に属するヒトのRNAウイルス。エイズの原因で、

性行為、輸血、血液製剤の投与が感染経路となる。
**エイティーズ** 1980年代。1980年代に流行した音楽などの総称。
**エイド** ①援助、助力、助手。②援助、救援。募集などを目的にしたコンサートの催しの名に使われる。**例**ライブ・〜
**エイト・ビート** 1小節8拍子のリズム形式。ロック音楽を意味することもある。ジャズは4ビート。
**エイプ** 類人猿。
**エイリアン** (地球人に対する)宇宙人。
**エーカー** 面積の単位。1エーカーは約4047㎡。
**エージェンシー** ①特約店。代理店。②政府機関。独立行政法人。
**エージェンシー・ショップ** アメリカの労働組合の制度の一種で、組合加入は自由だが、組合に加入者と同程度の金銭的負担を義務づけるもの。
**エージェント** ①代理人。斡旋人。②スパイ。
**エージ・グループ** 年齢別の集団。同年齢の集まり。
**エージ・シューター** ゴルフのストロークプレーで、1ラウンド18ホールを自分の年齢以下でホールアウトした人。
**エージレス** 年を感じさせない。年に関係のない。
**エージレスライフ** 既成の年齢観にとらわれず、自分の経験、信念、社会観によって立つ自立した生き方。結婚観や社会参加、ファッションなどに典型的に見られる。
**エージング** ①年老いていくこと。②(酒などの)熟成。
**エージング現象** 老化現象。年をとるに従って生じる生体の変化で、シミ、シワ、成人病など。
**エース** ①第一人者。②野球での主戦投手。③トランプの1の札。A。④サービス・エースのこと。
**エード** 果汁に甘みをつけて水で割った飲料。**例**オレンジ・〜
**エートス** ⇒エトス
**エール** ①イギリス産ビールの一種。②スポーツの試合などの際の声援、応援。**例**〜の交換(相手チームの健闘をたたえ合うこと)
**エオニズム** 女装愛好者、男装嗜好などの性的倒錯。
**エキサイト** 興奮すること。はらはらどきどきすること。

する　例レスラーが〜している

**エキジビション**　①公開。展覧。②フィギュア・スケートなどの模範演技。

**エキジビション・ゲーム**　①模範競技。②アメリカ大リーグの開幕前のオープン戦など、勝敗よりも調整を目的とした試合。

**エキス**　①果汁、食物、薬などの成分を凝縮したもの。②物事の重要な根幹をなすもの。

**エキストラ**　①映画などで、群衆や通行人などの端役で登場する出演者。②オーケストラなどで、正規メンバーに代わって特別に出演するゲスト演奏者。③新聞、雑誌の臨時増刊号。号外。④特別の。臨時の。

**エキストラ・ベッド**　ホテルの臨時簡易ベッド。

**エキストラポレーション**　①既に調査された資料に基づいて、関連する分野や、ほかの領域の問題について類推すること。②SF（サイエンスフィクション）で過去、現在の問題を未来の時代に展開させて表現すること。

**エキスパート**　特定の分野で、熟練した技能を持つ達人。専門家。

**エキスパート・システム**　それぞれの分野の資料、判断方法をデータベース化し、専門家の判断に匹敵する機能を持たせたコンピュータ・システム。自然科学系（特に医療分野）での利用が進められている。

**エキスパンダー**　トレーニング用具の一つ。ばね状のものを引っ張って筋肉を鍛える。

**エキスプレス**　⇨エクスプレス

**エキスポ**　博覧会。見本市。特に万国博覧会をさす。

**エキセントリック**　調子はずれの、常軌を逸した状態。〜な

**エキゾチシズム**　①異国趣味。②異国情緒、異国的雰囲気。

**エキゾチック**　異国風の。異国情緒のある。〜な

**エキュー**　欧州通貨単位。EC（欧州共同体）の通貨制度（EMS）に基づいて発行される予定だった共通通貨の単位。

**エクイティー**　正義的、道義的観念から一般法の不備を補おうとする英米の法律。

**エクイティー・ファイナンス**　新株発行を伴う資金調達。公募や株主配当による有償増資と、転換社債、ワラント債が

ある。
**エグザイル** 追放、流浪。また、そのような人。
**エクササイズ** ①練習問題。②運動。訓練。稽古。
**エグジット** 出口。対エントランス
**エクスカーション** ①大勢で出かける船、電車などを利用した(ハイキングより大がかりな)小旅行。②研究者の集団による、野外調査。
**エクスカーション・チケット** 周遊券。
**エクスキューズ** 弁解。口実。いい訳。
**エクスクラメーション・マーク** 感嘆符「！」。
**エクスクルーシブ商品** 小売商店のオリジナル商品。メーカーのブランドではなく、この店でしか買えないという希少性、付加価値をつけた商品。
**エクスターナル** 外部の。外界の。
**エクスタシー** 無我夢中。恍惚。陶酔に浸る状態。忘我の状態。
**エクスチェンジ** ①交換。両替。②通貨の交換所。③為替相場。
**エクスチェンジ・レート** 為替レート。外国通貨との交換比率。
**エクステリア** 建物の外観。インテリアに対して、ドア、庭、芝生、塀など屋外設備の総称。対インテリア
**エクステンション** ①拡大、伸長、延長。②大学での公開講座。③コンピュータでのファイルの拡張子。④内線電話。略ext.
**エクストラクション** 引き抜き。摘出。
**エクスプレス** ①急行列車。急行バス。②速達。急行便。
**エクスプレッショニズム** 表現主義。20世紀初頭、印象派に対抗して、ドイツにおこった芸術運動。カンディンスキーなどが中心人物。
**エクスプレッション** ①表現。②表情。顔つき。③言いまわし。
**エクスプロージョン** 爆発。破裂。人口の爆発などの表現にも用いる。
**エクスペディション** 遠征。登山や探検。またそのクルー、遠征隊。

**エクスペリエンス・カーブ** 経験曲線。鉱工業の製品の単価が、生産量、販売量の増加に伴って、一定の割合でコストダウンしていくこと。

**エクスペリメント** （科学上での）実験。試すこと。

**エクスペンシブ** 高価な。費用のかかるもの。～な

**エクスペンス** 費用。（時間、金、労力を）費やすこと。

**エクスペンス・アカウント** 費用勘定。必要経費など、払い戻しを受けられるコスト。

**エクスポート** 輸出。輸出する。輸出品。対インポート

**エクスポジション** ①展示会。展覧会。略expo ②解説。説明。

**エクセキューション** ①コンピュータのデータ処理。②実行。③死刑執行。

**エクセキュート** ①コンピュータが指示に従って演算処理を行うこと。②実行すること。

**エグゼクティブ** 経営者。管理職。企業のトップクラスの役職にある人。行政職の幹部もさす。

**エグゼクティブ・オフィサー** 会社役員。上級管理職員。

**エグゼクティブ・クラス** 旅客機のファーストクラスとエコノミークラスの間の等級の座席。同ビジネス・クラス

**エクセル** パソコン用表計算ソフトの一つ。

**エクセレント** 優秀な。すぐれた。

**エクセレント・カンパニー** （超）優良企業。

**エグゼンプション** ①免除。除外。②控除額。

**エクソシスト** 怨霊払いの祈祷師。

**エクソダス** 出エジプト記。モーゼに率いられてエジプトを脱出したユダヤ人を描く旧約聖書の一節。転じて、難民の大量国外脱出もさす。

**エクメーネ** 人間の住んでいる地域。地球上のすべての陸地のうち約6分の5を占める。対アネクメーネ

**エクリプス** 日食や月食の食。

**エクレア** 洋菓子の一種。細長いシュークリームの上にチョコレートをかけたもの。

**エクレクティシズム** 折衷主義。

**エコ** 環境の。

**エゴ** 自我。自意識。認識。自己中心主義。

**エゴイスト**　自己中心主義者。身勝手な人間。うぬぼれの強い人。利己的な人間。

**エゴイズム**　自己中心的で、自らの利益のみを追い、他者を顧みない態度。フロイト心理学では、確実な存在は自我のみである、とする認識。

**エコー**　①こだま。やまびこ。②超音波診断。③人工的な音の反響、残響。④ギリシア神話に登場する森の妖精。

**エコーはがき**　広告のついた郵便はがき。

**エコール**　学校。英語のスクールと同語源。エコール・ポリテクニックは理工科学校、エコール・ノルマルは1学年の定員50人のフランスの超エリート養成校。

**エコール・ド・パリ**　パリ派。モディリアニ、シャガール、藤田嗣治ら、1920年代から30年代にかけてパリに在住した異邦人画家をさす。

**エコ・カー**　ガソリンの代わりに電気やメタノールなどを使用し、排ガス低減など自然環境に配慮した自動車。

**エコ・カード**　買い物をすると、その手数料の一部が環境保護団体への寄付金になる仕組みのカード。エコロジー・カードともいう。

**エコ・グッズ**　環境や生態系保護を意識した商品。自然原料やリサイクルできる容器などを利用する。エコ商品とも。

**エココンシャス**　環境保全に関心が強いこと。生態学的な考え方を中心に環境を意識すること。

**エコサイド**　大量生態系破壊。戦争による爆撃や化学兵器で、ある地域の環境、生態系を徹底的に破壊し尽くすこと。

**エコシステム**　生態系。特定地域の生物、自然の全体。

**エコ・ショップ**　地球を守るをコンセプトにエコ商品を専門に取り扱う店。

**エコ・ステーション**　エコー・カーの燃料補給所。ガソリンに代わり燃料電池、天然ガス、メタノールなどを供給するスタンド。

**エコタージュ**　公害を発生する企業への反対運動。

**エコ・タウン**　環境保護のため、地域内の廃棄物ゼロを目指す事業。

**エコ・タックス**　環境税。特に環境汚染物質に課税する。

**エコツーリズム**　環境破壊の進展や自然志向の高まりととも

に、欧米を中心に発祥し、近年急速に普及した、自然を保護しながら自然に親しむ体験型の旅行形態のこと。

**エゴティズム** 利己主義。自己中心主義。

**エコ・デザイン** エコロジーや環境問題を考えた製品の開発をはじめ、原材料の選択、最適生産技術の適用など、環境保護と経済性の統合を図ること。

**エコトピア** すばらしい環境を持つ理想郷。エコロジーとユートピアの合成語。

**エコドライブ** 環境保護を考えた自動車の運転マナー。アイドリング禁止など。

**エコノミー** ①経済。②倹約、節約すること。

**エコノミー・オブ・スケール** 生産と消費の関連から経済効率を考える方式。同一品種の大量生産、大量消費によるコスト削減の考え方。

**エコノミー・オブ・スコープ** 範囲の経済。多品種、少量生産の商品と流通サービスによってコスト削減を図る考え方。

**エコノミー・クラス** 航空機、列車の普通席。同ツーリスト・クラス →ファースト・クラス

**エコノミーサイズ** お徳用サイズ。

**エコノミカル** 経済的な。むだのない。

**エコノミスト** 経済学者。財界人。

**エコノミック・アニマル** 経済動物。経済的利益至上主義で、ほかを顧みない態度をいう。日本人の蔑称として使われる。

**エコノミック・サイクル** 景気循環。好況と不況の周期。

**エコノミック・サンクション** 経済制裁。

**エコノミックス** ある国の経済状況。経済学をさす場合もある。

**エコノメトリックス** 計量経済学。統計学、数学的な理論を応用し、経済を検証する学問。1929年の世界恐慌の分析研究の成果をもとに、1930年代のアメリカに生まれた。

**エコハウス** 環境共生住宅。環境のことを考えた省エネや再利用設備の調った住宅。

**エコビジネス** 公害問題の解消や地球環境の維持・保全等をビジネスの中核に据えた事業のこと。

**エコ・ファクトリー** 生態系の保全と環境破壊を防ぐために

最新の技術、設備を導入した工場。
- **エコ・ファンド** 投資しようとする企業が、どの程度環境問題に取り組んでいるかをひとつの評価基準にして、銘柄選定を行う投資信託の総称。環境ファンドともいう。
- **エコ・マーク** 環境保護に配慮した商品につけられるマーク。環境庁の主導で1989年から始められた。
- **エコ・マネー** お年寄りの世話、介護、環境保全運動などのボランティア活動に対して与えられ、地域内の商品やサービスと交換できる地域限定通貨。
- **エコ・ミュージアム** 生活環境博物館。その地域の自然・生活環境や文化遺産を保存・展示する施設。
- **エコライト** 国・企業などの二酸化炭素(温暖化ガス)排出権。その権利を売買する概念を有する。
- **エコロジー** ①生態学。生物と自然、環境を研究する。②人間も生態系の一部であるとの考えから、人間と地域社会環境との関係を研究する学問を示す語として使用することもある。
- **エコロジー・カラー** 環境色。ベージュ、アイボリーなどの天然素材や、緑や青など植物や空、海を象徴する色。
- **エコロジカル・バランス** 環境の均衡。食物連鎖、天敵、適者生存などを含む、自然と動植物の調和。人口の急増、地域開発などで、このバランスは破壊されつつある。
- **エコロジスト** ①生態学者。②環境保護主義者。
- **エシック** 倫理。
- **エシャロット** ユリ科の植物の一種。タマネギやユリ根に似ており食用される。
- **エスカトロジー** 神学での終末論の一つ。
- **エスカルゴ** 食用カタツムリ。またはそれを使ったフランス料理。
- **エスカレーター・クローズ** ①労働協約で物価などの上昇に応じて賃金も自動的に引き上げる取り決め。②輸出入の際、契約後の為替レートの変動を勘案して、支払価格に幅を持たせる条項。エスカレーター条項ともいう。
- **エスカレート** 段階的に拡大していくこと。
- **エスケープ** 逃亡する。抜け出す。する 例授業を〜してさぼる

**エスケープ・キー** パソコン・キーの一つ。主に取り消し機能。**略**Esc

**エスケープ・クローズ** ①ガット(関税と貿易に関する一般協定)の19条。緊急輸入制限の発動。②免責条項。

**エスコート** つき添うこと。女性につき添う男性。護衛役。する

**エスタブリッシュメント** 体制。支配階級。確立された権威、組織。

**エステート** ①地所、所有地。②封建的大農園。特にヨーロッパの植民者が、18、19世紀に熱帯・亜熱帯地域に開いた農園をさす。ここで、プランテーション農業が営まれた。

**エステティシャン** 全身美容師。エステティック・サロンで働く美容師。理美容師法の規定により、頭髪は管轄外。

**エステティック** ①全身美容。1980年代から盛んになった痩身、脱毛、皮膚の手入れなどを行う美容術。②美学。

**エステティック・サロン** 美顔、痩身など全身美容を行う総合美容院。エステともいう。

**エストロゲン** 卵胞ホルモン。女性ホルモンの一種で、女性性徴を発現させる。

**エスニック** 民族的な。料理、音楽、ファッションなど、特にアジアやアフリカの民族的なものをさす場合が多い。

**エスニック料理** 民族料理。特にアジアやアフリカなどのスパイスのきいた料理をさす。

**エスノ** 民族音楽。民族音楽を取り入れたポップスなど。

**エスノサイエンス** 民族の科学。ヨーロッパ近代主義的サイエンスとは異なる、民族特有の自然観、価値観による科学。

**エスノロジー** 民族学。

**エスパー** 超能力者。

**エスプリ** 精神。才気。機知。ウイット。**例**彼のコメントは～が効いている

**エスプレッソ** 強くいったコーヒー豆に蒸気を通して入れた濃いコーヒー。イタリア風のコーヒー。

**エスペラント** ポーランド人のザメンホフによって、19世紀に人工的に作られた国際語。ラテン語をもとに構築されている。原義は、希望する者の意。

**エターナル** 永遠の。果てのない。

**エタチスム** 国家至上主義。

**エタノール** 酒精。酒などのアルコール飲料や化学薬品の原料。同エチル・アルコール

**エタノール車** ガソリンに代わりエタノールを動力源にした自動車。

**エチケット** 礼儀、作法。

**エチュード** 美術用語では習作。音楽用語では練習曲。ショパンのエチュード全24曲の小品集、3番ホ短調「別れの曲」、23番イ短調「冬の嵐」などが、特に知られている。

**エチルアルコール** 酒精。飲料用、殺菌用アルコール。通常、アルコールといえば、これのことをいう。同エタノール

**エチレン** 炭化水素の一種。引火性の高い無色の気体。ポリエチレンなどの合成化学製品の原料。

**エッグ** 卵。

**エッジ** ①縁。端。②刃。スケートの刃。③スキー板の両側端。卓球台の縁。

**エッジング** ①スキー競技で、板の縁で雪を切るように滑走し方向転換や制動をすること。②衣服の縁どり、飾り。

**エッセイ** 随筆。評論。筆者の印象、感性の記述を主とし、様式にこだわらないことを特徴とする文章。

**エッセイスト** 随筆家。エッセイを書くことを職業にしている人。

**エッセンシャル** ①本質的な。絶対必要とされる。極めて重要な。②基本的な。

**エッセンシャル・オイル** 精油。植物の花、葉、果実などから得られる芳香油。

**エッセンス** ①本質。精華。物事の中核をなすもの。②植物から採り出した香料。

**エッチング** ①銅板に描かれた線画。銅板の表面に耐酸性物質を塗布し、表面に鉄筆を用いて絵を描き、耐酸性物質の削られた部分を酸で腐食させる技法。またその作品。②半導体集積回路製作の工程で、不要部分を腐食させることによって取り除く技術。

**エディション** 出版物の版。たとえばリバイズド・エディションは改訂版のこと。ハードカバー・エディション、ペーパーバック・エディションのように、書籍の編集形態をさ

**エディター** （新聞・雑誌・書籍などの)編集者。A.ビアスの『悪魔の辞典』によると「銀貨1枚でも懐柔されやすく、他人の善行とおのれの非行に目をつむる傾向のある人物」。
**エディトリアル** ①社説。論説。②編集の。
**エディトリアル・デザイン** 新聞・雑誌・書籍の編集技法。写真やイラストなどを視覚効果が出るように配置すること。
**エディブル・フラワー** 食用花。
**エデュケーション** 教育。
**エトス** ①社団集団や特定民族に生まれた道徳、慣習。②習慣的、持続的性状。エートスともいう。対パトス
**エトセトラ** …その他。など。etc.。
**エトランゼ** 外国人。異邦人。見知らぬ人。同ストレンジャー
**エトワール** ①星。②人気者。③パリの凱旋門広場の名。凱旋門から12本の道路が星形に伸びていることから。
**エナジー** ⇨エネルギー
**エニグマ** 理解しがたいもの。不可解なもの。なぞ。
**エネルギー** ①力、活力、精力。②熱や光などの量(大きさ)。③石油やガスなどの熱資源。同エナジー
**エネルギー税** $CO_2$の排出量やエネルギーの使用量に応じて課税する税。
**エバーグリーン** ①常緑樹。②いつまでも色あせないもの。転じて、いつまでも歌い継がれる歌や曲。ナツメロ。同スタンダード・ナンバー
**エバポレーション** 蒸発。蒸発して乾燥すること。
**エバ・ミルク** 無糖で牛乳を煮詰めたもの。
**エピキュリアン** 享楽主義者。快楽主義者。美食家。
**エピグラフ** ①(記念碑などに書かれた)碑銘。②書物の巻頭の辞。
**エピグラム** 警句。風刺的韻文。
**エピゴーネン** 学問、芸術などの分野で独創性がなく、他人のまねをする人。亜流。模倣者。
**エピソード** ①挿話。②逸話。③挿入曲。
**エピタフ** 碑文。追悼のための詩やことば。

**エピック** 叙事詩。**対**リリック

**エピローグ** 閉幕の辞。終章。**対**プロローグ

**エフェクター** ①音響を変えるための機器。②映像をモザイクなどで加工するための機器。

**エフェクト・マシーン** 効果演出の機械。舞台の効果装置。背景に光、雲、雪などを映す。

**エプロン・ドレス** エプロン型の女性服。

**エポック** 時代。新時代。画期的な時代。

**エポック・メーキング** 画期的な。新しい時代を画する。新時代を開くような。~な

**エボナイト** 硬質ゴム。ゴムに硫黄を加え加熱して作られる。硬質で、絶縁性に優れ、万年筆や電気器具に用いられる。

**エボラ出血熱** 70年代後半にアフリカのザイール・エボラ川周辺で発生した伝染病で死亡率が高い。

**エボリューション** （生物の）進化。（段階的、漸次的な）発達、発展。

**エマージェンシー** 緊急事態。非常事態。有事。

**エマージェント・エボリューション** 進化出現。進化段階において加わった予測不可能な要素で、新しい生物が出現、あるいは、生物に新しい行動様式が生まれるとする説。

**エマージング・テクノロジー** これからの最先端技術。第五世代コンピュータ、ニュー・セラミックス、生命工学など、近未来に実現可能な科学技術。

**エマルジョン** ①乳濁液。液体が別の液体の中に粒子となって浮遊している状態。②フィルムの感光乳剤。

**エミグレーション** 移民。外国や他地域へ移住するもの。**対**イミグレーション

**エミッション・コントロール** 自動車の排気ガスを規制し管理すること。

**エミュレーション** 競合、対抗。

**エミュレーション機能** 異なる命令体系の指示に対応できるハードウエアやソフトウエアの機能。

**エミュレーター** 異なるコンピュータ・プログラムを接続し、互換性を持たせるハードウエアやソフトウエア。

**エメラルド** 宝石の一つ。5月の誕生石で「幸運、幸福な妻」を意味する。

**エメラルド・グリーン** エメラルド色のあざやかな緑。カリブ海など、深く澄んだ海を形容する際に用いられる。

**エメンタール** スイスの代表的なチーズ名。

**エモーション** 感情。情動。感激。

**エラー・メッセージ** コンピュータの操作を誤ったとき、コンピュータが記録媒体を通して知らせる表示や警告音。

**エリア** 区域。地域。領域。

**エリア・コントロール** 地域管制。コンピュータを用いた交通管制。

**エリア・マーケティング** 地域密着型マーケティング。地域特性に応じて柔軟に対応を図り、販売促進を行うマーケティング戦略。

**エリア・マップ** 区域別地図。

**エリート** ①選民。選ばれた者。指導的役割を果たす社会的地位を与えられている人。②特定分野に才能ある人々。

**エリテマトーデス** 紅斑性ろうそう。本来は皮膚の発疹学的病名で、膠原(こうげん)病の一種。

**エリミネーター** 整流器。交流電源をシリコンを通して整流し直流電源に変える装置。

**エリンギ** ハラタケ目のきのこの一つ。整腸作用やコレステロールを下げる効果があるといわれている。

**エルゴノミクス・デザイン** 人間工学に基づいた、機能的で快適な家具、器具の設計。

**エル・ドラード** 理想郷。黄金郷。15、16世紀のスペインで、南米アマゾン川上流にあると信じられていた黄金の都。

**エル・ニーニョ** 南米フンボルト寒流に暖流が衝突しておこる異常気象。海面温度が上昇し、魚の大量死や集中豪雨がおきる。

**エルフ** 小妖精。

**エルミタージュ** 隠れ家。世を忍ぶ仮の住まい。

**エレガント** 上品で優雅な様子。(芸術・文学などが)気品の高い。~な

**エレクト** 勃起。する

**エレクトリック** 電気の。

**エレクトロテクニクス** 電気工学。

**エレクトロニクス** 電子工学。

**エレクトロニクス産業** 電子産業。ラジオ、テレビおよびその周辺機器、コンピュータなどの開発、製造、販売を行う産業。日本では家電メーカーをさす場合が多い。

**エレクトロニック・コテージ** 電子住宅。OA機器と情報・通信機器が完備した住宅。在宅勤務が可能。

**エレクトロニック・スモッグ** 電磁波スモッグ。OA機器、通信機器から発生した電磁波が、生活環境全体を覆う状況。有害説もある。

**エレクトロニック・パブリッシング** 電子出版。CD-ROMなど。

**エレクトロニック・ライブラリー** 電子図書館。資料、情報をデータベース化し、コンピュータで検索、閲覧できる。

**エレクトロン** 電子。マイナス電気を帯びた素粒子。原子核の周辺軌道を回り、原子を構成する。

**エレジー** 哀歌。悲歌。死者を弔う詩。

**エレメンタリー・スクール** 小学校。

**エレメント** ①原理。元素。要素。②電池の電極板。

**エロキューション** ①発声法。朗読法。せりふ回し。②演説法。弁論術。

**エロ・グロ** 扇情的で奇怪なこと。エロチックとグロテスクの合成語。

**エロス** ①ギリシア神話の愛の男神。美女アフロディテの子。ローマ神話のキューピットはこれにあたる。→リビドー ②性愛。③太陽系の小惑星の一つ。

**エロチカ** 好色本。春画。

**エロチシズム** 好色性。官能的な性。性愛主義。

**エロチック** 色情的な。色っぽい。扇情的な。エロティックともいう。~な

**エンカウンター** 遭遇。出会い。

**エンクロージャー** 囲い込み。イギリスで19世紀まで続いた土地囲い込み運動。地主による土地の占有化運動。

**エンゲージ** 婚約すること。

**エンゲージ・リング** 婚約指輪。

**エンゲル係数** 19世紀ドイツの統計学者、エンゲルの発表した理論的生活指数。家計費の中で食費の占める割合を表し、エンゲル係数が高いほど、生活水準は低い。

**エンコーダー** ①符号器。②加入者以外の人が見られないように有料テレビの画面に乱れをつくる装置。対デコーダー

**エンサイクロペディア** 百科事典。

**エンジェル** ①天使。エンゼルともいう。②ベンチャー企業を起こす人を支援する個人投資家。

**エンジニアリング** 工学。工業技術、土木工学などをはじめとする技術のすべて。

**エンジョイ** 存分に楽しむこと。する

**エンジン・オイル** エンジン用の潤滑油。

**エンスト** エンジンが故障して止まること。

**エンゼル** ⇨エンジェル

**エンゼル・プラン** 1994年に文部・厚生・労働・建設省が発表した「今後の子育てのための施策の基本的方向について」と題する少子化対策計画。

**エンター・キー** パソコンなどのキーボードで決定や改行などを行うために用いるキー。同リターン・キー

**エンターテイナー** 芸人。歌手、コメディアンなど、娯楽を供する人々の総称。人を楽しませたり喜ばせたりする芸達者な人。エンターテーナーともいう。

**エンターテインメント** 娯楽性の高い小説(中間・大衆小説)、映画(スペクタクル、SFなど)、音楽(イージー・リスニングほか)など。

**エンターテーナー** ⇨エンターテイナー

**エンタープライズ** ①企業。事業。②アメリカ海軍の原子力航空母艦。

**エンダイブ** キク科の植物の一種。食用としてサラダなどに用いられる。

**エンティティー・セオリー** 企業主体理論。株主など、企業の成長に直接かかわるものを重視する経営理論。

**エンディング** 終わり。(映画の)幕切れ。楽曲の終わりの部分。対オープニング

**エンド・マーク** 映画で作品が終わったことを示す「END」、「FIN」、「完」などの文字。

**エンド・ユーザー** コンピュータなどのシステムを実際に使用する一般利用者。

**エンド・ラン** ⇨ヒット・エンド・ラン

**エントランス** ①入り口。対エグジット ②玄関。入場門。入学の意もある。

**エントランス・ホール** 玄関ホール、玄関にある居間。

**エントリー** 参加申し込み。(オリンピックなどの競技会での)各種目への参加。する

**エントリー・シート** ①参加登録書。②採用企業側が配付する就職希望学生向けの応募書類。

**エンドルフィン** 生体が本来持っている鎮痛作用のある物質。主に脊椎動物の神経細胞に含まれる。

**エンドレス** 終わりのない。〜な

**エンドレス・テープ** 両端がつながっていて、繰り返し同じ録音内容が再生される音声テープ。

**エンドロール** 映画やテレビ番組の最後に流れる制作関係者名の字幕。

**エントロピー** ①密度・温度・圧力の関数として示された熱力学上の状態量。運動状態の混沌性と不規則性を示す。②情報の不確定度を意味する量。情報理論に応用される。

**エンバイロメント** ①(自然の)環境。周囲の状況。社会環境。②環境芸術。

**エンバグ** プログラミング上に誤り(バグ)を入れてしまうこと。エントリーバグともいう。

**エンバシー** 大使館。大使館員、大使一行を表す場合もある。

**エンパシー** 感情移入。映画、演劇の登場人物などに、自らの感情を移し入れること。共感。

**エンファシス** 強調。力説。重要視すること。

**エンプティー** 空っぽ。空虚な状態。

**エンブレム** 紋章。象徴的な模様。ブレザーや自動車につけるマーク。

**エンプロイアビリティー** 労働者が持つ雇用に適した能力のこと。雇用可能性。

**エンプロイメント** 雇用。雇い入れること。職業。

**エンペラー** 皇帝。帝王。

**エンボス加工** 皮革、金属、布などの素材に型押しや打ち出しなどの技術によって浮き出し模様を出す加工法。

**エンリッチ** ①豊かにすること。②ビタミン、ミネラルを加え、食品の栄養価を高めたもの。

**オアシス** ①砂漠の中にあり、真水がわき出している緑地。②心が休まる場所。
**オイスター** 牡蠣(かき)。
**オイタナジー** 安楽死、安楽死術。
**オイリー** ①皮膚が脂性の。②油性の。油状の。~な
**オイルクロス** ①油布。②木綿や絹に植物性油脂を塗布し、防水処理したもの。
**オイル・サーディン** 油に漬けこんだ鰯の缶詰。
**オイル・シェール** 石油と同等の性質を持つ油分を含む堆積岩。乾留すると、粗油を採取することができる。油母頁岩。
**オイル・シャンプー** 油性洗髪。頭皮や頭髪の乾燥がはげしいときに椿油などの植物油をあたため、頭皮にすりこんでから通常通りシャンプーする。
**オイル・ショック** 石油ショック。1973年に起きた第4次中東戦争により、石油の価格が大幅に引き上げられ、世界的規模の経済危機が起こった。
**オイル・スキマー** タンカーの海難事故などの際に、海洋汚染をくい止めるために活動する石油回収船。
**オイル・ステイン** 建材の着色などに使われる油に染料や顔料を溶かした塗料。住宅材の防腐用としても使う。
**オイル・ダラー** 産油国が採掘の利権や原油の輸出などによって得た余剰外貨。同オイル・マネー
**オイル・フィルター** 自動車のオイル中のゴミや金属粉をろ化する装置。
**オイル・フェンス** タンカー事故などのときに海面に流れ出た油が広がるのを防ぐ囲い。
**オイル・マネー** ⇒オイル・ダラー
**オイル・ロード** 原油の輸送ルート。特に、ペルシャ湾からマラッカ海峡を通り、日本までの海上ルートをさす。
**オイロシマ** 反核・平和運動のスローガンの一つ。ヨーロッパを広島のように被爆させるなという意味。同ユーロシマ
**オーガ** (童話などでの)人食い鬼。

**オーガナイザー** まとめ役。労組などの大きな団体から派遣され、下部組織の創設や改編などのために働く人。

**オーガニゼーション** 組織。編制。組合、協会などの団体。

**オーガニック** ①有機体。有機物。②有機栽培の。③オーガニック・フードのこと。

**オーガニック・ケミストリー** 有機化学。

**オーガニック・フード** 有機栽培の農作物。栽培中はもちろん流通時にも一切薬品を使用せずに作られた食品。自然食品。

**オーガンディー** 半透明の軽くて薄い生地。女性の夏服に多く用いる高級綿布。

**オーキシン** 植物の生長を助けるホルモンの一種。葉や根の伸長、細胞膜の透過性増大などの働きがある。また、向光性の原因にもなっているといわれる。

**オーク** ブナ科の落葉高木。またその木材。カシ、ナラなど。

**オークション** 競売。せり。

**オークス** ①イギリスの競馬のレースで、三大クラシックと呼ばれるレースの一つ。明け4歳牝馬（ひんば）だけで行われる。②日本で行われる3歳牝馬の競走。五大クラシックレースの一つ。

**オージー** ①オーストラリア人の呼称。オーストラリア産。②OG。女子の卒業生。

**オージー・ビーフ** オーストラリア産の牛肉。

**オーシャノロジー** 海洋学。海洋工学。海洋資源学。

**オーシャン・ビュー** 海の眺望。ホテルなどの部屋から海が見えること。

**オーシャン・ライナー** 遠洋航路の定期船。外洋航海船。

**オーステナイト** 鉄の同素体であるガンマ鉄に炭素を固溶させ、磁力の影響を少なくした鋼の一種。

**オーセンティック** ①本物の。信ずべき。真正の。②正式な着こなし。正統派のファッション。～な

**オーソグラフィー** 正式に認められている字のつづり方。正字法。

**オーソドックス** 正統な。伝統的な。～な 対ヘテロドックス

**オーソリゼーション** ①クレジットカードでの信用承認。②認可、公認、許可。

**オーソリティー** ①権威。②特定分野の権威者。大家。例彼はこの分野の〜だ

**オーダー** ①秩序、順序。②する命令。③する注文。④階級。

**オーダー・エントリー・システム** 受注生産方式。コンピュータを使い、受注後、手配や生産などを総括的に処理し、消費者に提供するシステム。

**オーダー・ストップ** レストランなどでの、その日の最終注文。同ラスト・オーダー

**オーダー・ピッキング** 注文に応じて在庫から物品を取り出し、出荷先ごとに仕分けて作業をすること。

**オーダー・ブック** 注文控え帳。通信販売のカタログ。

**オーダー・メード** ①注文の(品)。②あつらえた(品)。同カスタム・メード 対レディー・メード

**オーダーメード医療** 個人のもつ遺伝子の特徴(DNA配列の違い)に応じて最適な薬を投与する治療法のこと。

**オーダー・リスト** 品出し表。

**オータム** 秋。

**オーダリー・マーケティング** 秩序ある輸出体制。貿易対象国の市場を混乱させないよう配慮し、輸出すること。

**オーディエンス** 聴衆。観衆。電波媒体(テレビ、ラジオ)の視聴者。印刷媒体(新聞、雑誌)の読者などマスコミの受け手。

**オーディエンス・サーベイ** 視聴率調査。受け手調査。視聴率だけにかぎらず、番組への満足度なども調査する。

**オーディオ・ビジュアル** ①視聴覚の。視聴覚教育機材。②テレビやビデオなどの映像(ビジュアル)と、高品位の音響(オーディオ)機器を結合させたシステム。略AV

**オーディオメーター** ①視聴率を自動的に記録する装置。②聴力検査装置。

**オーディオロジー** 聴覚学。人体が音を受容する過程に関する学問。

**オーディカラー** 音声に合わせ、カラーテレビ画面の色調を変化させる特殊効果。

**オーディション** 歌手、俳優、採用者などの採用審査のこと。

**オーディトリアム** 大ホール、劇場、映画館、音楽堂の総称。

**オーディナリー** 平凡な、いつもの、普通の。

**オー・デ・コロン** 香料が2～7%の香水の一種。
**オートキャンプ** 自動車を移動手段として組み合わせ、キャンプ生活をすること。同ファミリーキャンプ
**オート・クチュール** 高級衣装店。通常、パリの著名なデザイナーらのデザインした服を置く高級衣装店協会加盟店をいう。また、そこで売られる高級注文服。
**オートクラシー** 専制政治。独裁政治。対デモクラシー
**オートグラフ** 自筆のサイン。署名。
**オートジャイロ** 回転翼には運動装置を使用せず前進することによって生じる空気の力を利用し、回転翼をまわして離陸する航空機。
**オートダイヤル・テレホン・カード** 公衆電話に差し込むだけで記録しておいた番号の相手に電話がかけられるテレホンカード。
**オートチェンジャー** CDやレコードを何枚も連続してかけることのできる装置。
**オートチューニング** スイッチを入れるだけで各ラジオ局の周波数に同調し受信できる方式。
**オー・ド・トワレ** 香水と比べて香料の割合が低い化粧水で香りが弱いことが特徴。
**オートナース** 大勢の患者の体温、脈拍などを同時に自動的に測定できる電子検診装置。
**オートノミー** ①自律。②自主性。
**オートバイオグラフィー** 自叙伝。自伝。→バイオグラフィー
**オート・ビレッジ** 運輸省が推進したリゾート構想で、ガス、水道はもちろんパソコン通信設備なども備えたオートキャンプ場。
**オートフォーカス** 被写体にレンズを向けて、シャッターボタンを軽く押すだけで自動的にピントが合う電子装置を内蔵しているカメラ。略AF
**オード・ブル** ①前菜。西洋料理で、最初に出る食欲を促進のための軽い料理。②酒のつまみにする簡単な料理。
**オートマチック・コントロール** 自動制御。
**オートマチック・ソーター** 重量、形、大きさなどによって荷物を自動的に分類する装置。

**オートマチック・トランスミッション** 自動車の自動変速装置。アクセルペダルを踏むだけで走行に最適なギアに変速できる。

**オートマニピュレーター** 人間の手のかわりになるような働きをする自動機械。人間が入れないような危険な場所などでの作業に威力を発揮する。ロボットの手。

**オートミール** 加熱した燕麦(えんばく)を、ひき割りにして作った食品。牛乳や砂糖を加えて食べる。

**オートメーション** 運転やいろいろな動作、調整、制御などを自動的に行う装置。またはその工程。

**オートモビール** 自動車。

**オートライン** 動く歩道。

**オートリバース** 自動逆進装置。テープレコーダーで、録音あるいは再生中のテープが終わると、自動的に逆回転して残りの片面を録音あるいは再生する装置。

**オート・レース** オートバイや自動車の競争レース。モーターボートのレース。日本では賭けの対象にもなる。

**オートローディング** カメラにフィルムを入れるときにフィルムの先を差し込むだけで自動的に巻き込まれる仕組み。

**オート・ローン** 自動車を購入するための代金の貸しつけ。

**オートロック** ドアを閉めると自動的にかかる錠。

**オートワインダー** シャッターを切るとフィルムの巻き上げを自動的に行う装置。

**オーナー** ①所有者。②船主。荷主。③プロ野球チームなどの所有者。

**オーナー・シェフ** レストランの経営者と料理長が同一人物であること。

**オーナー・システム** 所有者(従業員)同士の自主的な管理で作業、運営などを行う方式。

**オーナーシップ** 所有権。

**オーナー・ドライバー** 自家用車を持ち、自分で運転する人。

**オーナメント** 飾り。装飾品、装身具などの総称。

**オーニング** 日除け。店先の窓などに用いるカンバス製の日除け。装飾的な効果もある。

**オーバーエージ** 出場資格に年齢制限のあるスポーツ大会などに特別枠で参加できる選手。またその制度。

**オーバーオール** ゆったりとした仕立てで、サスペンダーと胸あてのついたつなぎ。機能的で大きなポケットも特徴の一つ。

**オーバーキル** ①戦略的観点から限度を超えた殺傷効果を持つ兵器。核兵器による過剰殺戮など。②景気の引き締めすぎ。

**オーバーケア** ①過保護。②取り越し苦労。

**オーバーシューティング** 度を越した行動。やり過ぎ。特に為替レートが目標を越えてしまうこと。

**オーバー・スキル** 技術労働者が多すぎて雇用しきれない状態。対アンダー・スキル

**オーバーステア** 自動車の動き方の性質の一つ。ハンドルを切った分よりも車体の向きの変わり方が強く、コーナーなどで内側に切れ込んでいくもの。対アンダーステア

**オーバーステイ** ビザの滞在期間が過ぎてもその国にいること。

**オーバーストア** 店舗過剰。その地域の購買力以上の店が出店すること。

**オーバーゾーン** 区域超過。リレーでバトンタッチする際に制限された区域を越えた位置でする反則。

**オーバータイム** ①時間外労働。残業。超過勤務。②バスケットボールやバレーボールなどの競技で、制限された時間や回数より多くボールを持っていたり、触れたりすること。

**オーバーダビング** 一度録音したテープの別のトラックに音を重ね合わせること。単独の演奏者がいくつもの楽器の演奏を録音して曲を作るときに使う。

**オーバーチャージ** ①過剰請求。とてつもなく値が高いこと。②充電し過ぎること。

**オーパーツ** 歴史上そこに存在するはずのない遺物・遺跡。製作方法や工法などが解明できないもの。

**オーバー・ドクター** 博士課程を終えた者が定職も決まらずにやむをえずアルバイトなどをしている状態。

**オーバードラフト** 当座の貸し越し。銀行が取引先の当座預金残高以上に契約した限度額の範囲内で小切手を振り出すこと。

**オーバー・ネット** バレーボールやテニスで手やラケットが

ネットを越える反則。

**オーバー・パー** ①証券などで価格が額面の金額を上回ること。②ゴルフでホールの基準打数を超えて打つこと。

**オーバーバリュエーション** 過大評価。特に、為替相場で、ある国の貨幣を過大評価すること。対アンダーバリュエーション

**オーバーハング** ①上に突き出していること。突き出した部分。②傾斜が90度を超える岩壁。

**オーバーヒート** ①エンジンなどが過熱すること。②過度の興奮のため我を忘れた状態。する

**オーバーフェンス** ホームラン。柵を越えること。する

**オーバーブッキング** 旅客機やホテルの定員数を超えた量の予約を取ること。同オーバーブック、ダブルブッキング

**オーバープレゼンス** ①目立ち過ぎ。②商品などのあふれ過ぎ。

**オーバーフロー** ①自動車の気化器に必要以上のガソリンが流れ込んであふれること。オーバーヒートしてラジエーターの冷却水があふれること。②排水路。③コンピュータで演算の結果が所定のけたを超えて処理不能になること。④流通過剰。対アンダーフロー

**オーバーペース** 仕事や競技などで、速度や力をいつも以上に出しすぎること。

**オーバーヘッド** ①生産や販売に必要な経費。②テニス、バドミントンのスマッシュ。③オーバーヘッド・キックのこと。

**オーバーヘッド・キック** サッカーで空中にあるボールをあお向けに倒れながら蹴る技。同バイシクル・キック

**オーバーヘッド・プロジェクター** 文字や図、表などをスクリーンに投影する視聴覚教育機材の一つ。略OHP

**オーバーホール** ①機械を分解し、修理や点検を行うこと。②健康維持のために精密検査を受けること。

**オーバーボローイング** 超過借り入れ。金融機関などからの借り入れが自己資本より多くなっていること。

**オーバーユーズ** 酷使。使いすぎること。

**オーバーライド数** アメリカの議会が大統領の拒否権を覆すために必要な上下両院各3分の2以上の議席数。

**オーバーラップ** ①映画で、前のシーンが次第に消えていく中に次のシーンを重ねて登場させること。②イメージが重なること。③サッカーで、バックの選手がフォワードより前に出る攻撃方法。する

**オーバーラン** 所定の位置を行き過ぎてしまうこと。

**オーバーレイ** コンピュータで主記憶装置に一度に入りきらない大きなプログラムを実行するとき、プログラムやデータを分割して外部記憶装置においておき、必要に応じて主記憶装置に読み込んで実行する方式。

**オーバーロード** ①普段よりも強い運動をして、筋力や柔軟性、持久力を強くすること。②充電し過ぎ。過負荷。

**オーバーローン** 預金を上回る額を銀行が貸し出すこと。

**オーバーワーク** 超過勤務。体力以上の仕事や練習をすること。

**オーバル・ルーム** 大統領執務室。ホワイトハウス内にあり、卵形(Oval)をしているのが特徴。

**オービター** スペースシャトルの有人軌道船。地球の衛星軌道上を周回する宇宙船。

**オープナー** ①栓抜き、缶切りなど栓を開ける道具の総称。②開幕試合。

**オープニング** ①最初、開始、開幕。②演劇、演奏会などの導入部。対エンディング

**オープニング・ナイト** 映画の封切りや芝居の初演の際の特別夜間興行。

**オープニング・ナンバー** 演奏会などでの最初の曲。

**オープン・アウトクライ** 主に株式取引所で身振り、手振り、声で注文を出し合う方法。

**オープン・アカウント** ①協定国間の貿易を取引ごとに記録しておき、定期的にその差額を精算する勘定方式。②帳簿に債権額を記帳するだけで成立する取引。

**オープン・エンド** 自由形式の。後で変更することができる。

**オープン価格** メーカーが希望小売価格(標準小売価格)を設定せず、卸売業者や小売業者が市場動向などを見て、独自につける価格。

**オープン・カレッジ** 開かれた大学の理念のもとに行われる公開講座。

**オープン・キッチン** ①レストランなどで席から見えるように作られている調理場。②台所と食堂が一緒になっている部屋。

**オープン・キャプション** 一般のテレビで見られる字幕サービス。

**オープン・キャンパス** 大学などが受験生のために学内を見学させたり体験講義を受けさせたりすること。

**オープン・クレジット** 手形の買い取り銀行を決めずどの銀行でもできるようにした信用状。対リストリクテッド・クレジット

**オープン・サンド** パンの上に好きなものをのせ、パンでふたをしないサンドイッチ。

**オープン・システム** ⇒オープン病院

**オープン・ショップ** 従業員側の選択で自由に加入、不加入が決められ、組合員でなくても従業員として認められるという労働組合を持つ事業所。そのような制度。対クローズド・ショップ

**オープン・スクール** 学年や学習内容の枠を越えて各人の能力や個性を重んじた教育を目指す学校。

**オープン・スタンス** 野球やゴルフなどで打つ方向側の足を後ろに引いた構え。

**オープン・スペース** 空間。空地。

**オープン・セット** 屋外に建てられた撮影用セット。

**オープン戦** ①ゴルフやテニスの試合でプロとアマが一緒にプレーすること。②プロ野球の練習試合。

**オープン・デーティング・システム** 加工食品などに製造年月日や保存可能期間を明示する方式。

**オープン・トレード** 非関税障壁などを撤廃した自由貿易体制。開放貿易体制。

**オープン病院** 各地の医師会病院に代表される、開業医が共同で利用できる総合病院。外部の医師が患者を収容して、その患者の主治医となって診療する方式。

**オープンプライス** ⇒オープン価格

**オープン・マーケット** 公開市場。金融機関だけでなく、企業や法人、自治体などが参加できる短期金融市場。

**オープン・ユニオン** 待遇面などにおいて、組合員と非組合

員の差別をしない組合。
**オープン・ユニバーシティー** 公開大学。
**オープン・リール** カセットテープのようにカセットに収められたテープではなく、わくに巻いただけのテープ。
**オープン・ルーム** 売買されるマンションの見本として一般の人に見せるための部屋。
**オー・ペア** 無料で住み込ませてもらうかわりに家事、育児などを手伝いながら勉強する外国人留学生。同オー・ペア・ガール、オー・ペア・ボーイ
**オーベルジュ** 宿泊施設付きの郊外型高級レストラン。
**オーム** 電気抵抗の単位。電圧が1ボルトの導体に1アンペアの電流が流れるときの抵抗が1オーム。記号Ω。
**オーメン** 前兆。きざし。前ぶれ。
**オーラ** ①人体から発する霊的な放射物。②人や物から発せられる霊的な雰囲気。
**オーラル** 口頭の。口述試験。
**オーラル・コミュニケーション** 音声での意志伝達。使える英語を目指した日本の学校英語の科目。
**オーラル・セックス** 口を使った性器への愛撫行為。
**オーラル・メソッド** 外国語の教授法で、話したり聴いたりすることを主とする。口頭教授法。
**オール・イン・ワン** ①ブラジャーやガードルなどがひと続きになった女性用下着。②必要な機能がすべてそろっている一体型パソコン。
**オール・ウエザー** 全天候用の。全天候型の。テニスコートや陸上競技のトラックで雨天での使用に耐えるもの。
**オール・オア・ナッシング** いちかばちか。妥協点はなく、すべてか無かのどちらかのこと。
**オール・コンクール** 審査を受けずに展覧会に出品できる画家。無鑑査出展者。
**オールシーズン** 1年通して、全季節の。
**オールディーズ** ひと昔前に流行し現在なお受け継がれる、時代に左右されない名曲や名画。
**オールド・ガード** ①アメリカ共和党の最保守派。②保守派。頑固な考え方をする人たち。
**オールド・パワー** 老人の力。高齢者による政治活動などの

**オ**

影響力。

**オールド・ハンド** 熟練者。ベテラン。老練家。

**オールド・ファッション** 古風な、流行遅れの、時代遅れの。

**オールド・ミス** 結婚適齢期を過ぎた未婚の女性。

**オール・パーパス** 万能の。何にでも使える。多目的の。

**オールマイティー** 何に対しても完璧であること。万能であること。~な

**オール・ラウンド** すべてをこなす。なんでもできる。~な

**オール・リスクス** 全危険担保海上保険。

**オーレ** 賞賛・激励のかけ声。オレともいう。

**オーロラ・ビジョン** 大型の電光掲示板。野球場や街頭に設置されている。

**オカピ** 20世紀初めに中央アフリカで発見されたキリン科の哺乳類。体長2メートル程度。世界三大珍獣のひとつ。

**オカリナ** 陶土製の吹奏楽器。鳩笛に似た音を出す。

**オカルティズム** 神秘主義、超自然主義。

**オカルト** 超自然的な。超自然的現象。霊魂やテレパシーなどの現象を広くとらえていう言葉。例~映画

**オキシダント** 紫外線が大気中の窒素酸化物などと光化学反応をおこすことによって生じる刺激生の大気汚染物質。農作物をはじめとする植物被害や目を刺激したりするという人体への被害がある。光化学スモッグのもととなる。

**オキシトロール・システム** 肉や野菜などを輸送するとき、窒素や炭酸ガスを入れてコンテナ内の酸素量を少なくすることで酸化を防ぎ鮮度を保つ方法。

**オクシデンタリズム** 西洋風。西洋崇拝。西洋精神。対オリエンタリズム

**オクターブ** ①音階で、ある音から上下に8度ずつ隔たっている音。②声や発音の調子。例あの人は~高い

**オクタン価** ガソリンのアンチノック(異常爆発)性の指数。高いほどすぐれている。

**オクテット** 8重唱(曲)、8重奏(曲)。

**オクトパス** タコ。

**オシログラフ** 脳波や心電図に利用されている、電圧や電流の変化を波形にして記録する装置。

**オシロスコープ** 電圧や電流の時間的変化を波型映像として

表し、観察する装置。
**オシロメーター** 動脈の拍動測定器。振動計。
**オスカー** アメリカの映画芸術科学アカデミーからアカデミー賞の受賞者に授与される、黄金メッキの戦士像のこと。
**オステオポロシス** 骨粗鬆症。老人に発症する骨皮質が薄く萎縮し、骨折しやすくなる症状。
**オストメイト** 人工肛門装着者。
**オストラシズム** 古代ギリシアのアテネで行われた市民投票で、危険人物の名を陶片に書いて投票し、追放処分にする制度。陶片追放。
**オストリッチ** ダチョウ。
**オスパー** 海洋開発に使われる、マイクロコンピュータを内蔵した海中万能ロボット。オスパー（OSPER）はOcean Space Explorerから。
**オズマ計画** 1960年にアメリカで行われた宇宙探査計画。電波望遠鏡を使い、地球以外の文明を捜索してコンタクトすることを目的とした計画。失敗に終わった。
**オスミウム** 白金族元素。融点が高く超高密度、超硬質の物質。Os。
**オセロ** ①シェークスピアの4大悲劇の一つ。②黒白に表裏を塗り分けられた円形の駒を並べて遊ぶ卓上ゲーム。商標名。
**オゾン** 酸素の同素体。空中の放電などで発生する。高濃度オゾンは有毒で呼吸器が冒されることもある。
**オゾン層** 地球を取り巻く高度10〜50キロメートル圏にあるオゾン濃度の高い層。有害な紫外線が地上に放射されることを防ぐ効果があるが、層の破壊が環境問題となっている。
**オゾン・ホール** オゾン層のオゾンが減少し、巨大な穴があく現象。9〜10月ごろおこる。フロンガスが原因だといわれている。
**オックスブリッジ** オックスフォード大学とケンブリッジ大学を合わせて作った言葉。どちらかの大学を出たエリートのこと。
**オッズ** 競馬などの配当率。予想配当。
**オットマン** ①クッション付き足台。②横うねのある平織物。

**オップ・アート** ⇒オプ・アート
**オドメーター** 自動車の積算走行距離計。
**オナー** ①栄誉。②評判。名声。③ゴルフで各ホールの最初にティー・ショットを打つ権利。またその人。
**オナペット** 主に男性が自慰行為をするときに想像したり、眺める対象となる写真の女性。
**オニオン・スープ** 玉ネギのスープ。
**オニオン・スライス** 玉ネギの薄切り。
**オノマトペ** 擬声語、擬音語。
**オパール** 宝石の一つ。10月の誕生石で「悲哀を越えて幸せを得る」ことを意味する。
**オピニオン・リーダー** ①世論の指導者。②集団の意思決定に方向性を与える人。
**オファー** ①申し込み。申し出。②品名や価格などの条件を相手に提示し、取引を申し入れること。
**オプ・アート** 光学的美術。色や線の構成などの視覚効果、錯覚効果でイメージを表現する美術の表現形態の一つ。
**オフィサー** 将校、士官。
**オフィシャル** ①~な公式の。公認の。公の。公務上の。②競技会や選手団の役員の総称。③アメリカンフットボールの審判。
**オフィシャル・ガゼット** 公報。官報。
**オフィシャル・ゲーム** 公式試合。
**オフィシャル・サイト** 公式サイト。特定の団体や企業から公認されているホームページの情報ページ。
**オフィシャル・サプライヤー** オリンピックの公式商品提供企業。広告などに公式エンブレムなどの使用を公認される代償として、選手団や委員会に自社の商品を提供する。
**オフィシャル・スコアラー** 公式記録員。
**オフィシャル・ステートメント** 公式声明。
**オフィシャル・スポンサー** イベントや大会などでの公式の後援者、出資者。
**オフィシャル・ハンデ** ゴルフで公認のハンデキャップ。
**オフィシャル・レコード** 各種スポーツで、条件や基準を満たした公認記録。
**オフィス・オートメーション** コンピュータやFAXなどの

情報・通信機器を導入し、事務処理の効率化を図ること。略OA

**オフィス・ビル** 事務所や営業所が集まっているビル。

**オフィス・プランニング** 人間工学なども取り入れ、仕事の効率化を図るためにオフィスを設計すること。

**オフィス・ラブ** 社内恋愛。

**オフィス・レディー** 女子事務員。略OL

**オフェンス** スポーツでの攻撃。攻撃側。対ディフェンス

**オフェンダー** 犯罪者。規則違反者。

**オフ会** インターネット上などだけで交流のある人たちが会って楽しむ集まり。顔見せ会。

**オフ・ギャラリー** 美術館や画廊以外場所を使って自由な形態で作品を表現しようという前衛的な現代美術の流れ。

**オブザーバー** ①傍聴人。②立会人。

**オフサイド** ラグビー、サッカーなどで、プレー禁止の位置にいて反則になること。対オンサイド

**オフサイト・センター** 原子力災害現地対策本部。

**オフシーズン** 季節外れ、閑散期。

**オブジェ** ①前衛芸術で特殊な効果を出すために使う素材。また、その中で完成された造形美術。②美術・工芸品。③物体。

**オブジェクション** 反対。異議。不服。

**オブジェクト** ①文法の目的語。②対象。客観。

**オブジェクト・プログラム** コンピュータが自力でコンピュータ言語に変換したプログラム。

**オフショア金融** 非居住者間取引のための拠点を提供して、外貨資金を有利な条件で獲得し、運用する国際金融業務。香港やシンガポールが有名。

**オフショア市場** ⇒オフショア・センター

**オフショア生産** 開発途上国が保税加工区を設けて外国資本の工場などを誘致し、輸出向け製品の生産を行うこと。

**オフショア・センター** 自由な国際資本取引を促進するため、非居住者間の資金貸借を金融・税制面で優遇する市場。同オフショア市場

**オフショア・ファンド** 海外投資信託。税金の安い国に本拠を設け、有利に資産を運用する国際投資信託。

**オプショナル・ツアー** 日程の決まっているツアーの一部に組み込まれた任意参加の旅行。参加費用は別途請求される。

**オプショナル・パーツ** 通常は商品にセットされていないが、顧客の注文があると設置する部品。

**オフ・ショルダー** イブニング・ドレスのように大きく肩を出したデザイン。抜きえり。

**オプション** 選択の自由。選択権。選択肢。選択可能な物品。

**オプション取引** 一定期間内ならばいつでも契約価格で一定量を売買できる取引の形態。

**オブストラクション** 妨害。スポーツなどでの妨害行為。

**オブセッション** ①恐怖の念に支配されていること。②強迫観念。固定観念。妄想。

**オフセット** 平版印刷の一種。原版をゴム布に転写してから紙に印刷する方法。

**オフタイム** ①閑散時。②勤務時間外。

**オプチミズム** 楽天主義。楽観論。オプティミズムともいう。<u>対</u>ペシミズム

**オプティカル** 光学の。視覚の。

**オプティカル・アート** ⇨オプ・アート

**オプトエレクトロニクス** 光電子工学。光と電子によっておこる現象を利用して、画像記録や情報処理などといった通信機能を強化する技術。

**オフトーク通信** 一般家庭用の電話機が使われていないときに、電話の回線を活用して音楽や株式情報など多岐にわたる情報を流そうというサービス業の一形態。

**オプトホーン** 光を音に変える装置。目の不自由な人のために、本を光学的に音声に変換することなどに利用。

**オフ・バランス取引** バランスシート(貸借対照表)に数字が計上されない帳簿外取引のこと。デリバティブ(金融派生商品)、金利・為替スワップ、金利先物取引などの金融取引。

**オフピーク運動** 鉄道会社などがラッシュの時間帯を避けて通勤するように働きかけること。

**オフ・ブロードウェー** ニューヨークのブロードウェーの演劇に対抗して上演された商業的要素を廃除した演劇。

**オフ・ホワイト** 純白ではなく、やや黄色もしくは灰色がか

った白みを抑えた白。
**オフライン** コンピュータの出入力装置が本体から独立した状態。**対**オンライン
**オフライン・システム** データを磁気テープなどに保存し、時間が経ってからコンピュータに投入し処理する方式。**対**オンライン・システム
**オフ・レコ** 記録に残さないこと。記者会見などで公表しないことを前提条件として話す内容。
**オフ・ロード** 道路として舗装されていないところ。脇道。
**オペラ** 歌劇。オーケストラに伴奏され、独唱、重唱、合唱が行われる。
**オペラ・グラス** 舞台を見るための小型双眼鏡。
**オペレーション** ①手術。オペ。②中央銀行が所持していた証券などを売買して市場操作を行うこと。公開市場操作。③機械などの運転。④軍事行動。軍事作戦。
**オペレーション・コスト・システム** 作業工程ごとに原価計算をすることで、原価管理を能率的にできるシステム。
**オペレーションズ・リサーチ** 経営計画研究。第二次世界大戦中に作戦の効率化のために研究され、戦後経営戦略の分野に生かされた数学的・科学的研究。**略**OR
**オペレーション・センター** 業務管理の中枢作戦本部。航空機の運航管理所。
**オペレーション・ツイスト** 短期および長期の証券売買による金利操作を中央銀行が行うことによって、景気を調整すること。
**オペレーター** ①操作する人。電話交換手やコンピュータの操作者、無線通信士、映画技師など。②船舶の運航を担当する海運業者。
**オペレーティング・システム** コンピュータがプログラムを実行するとき、その作動の、管理全般をするための基本ソフトウエア。**略**OS
**オペレーティング・リース** 一定の予告期間をおくことによって契約期間中であっても、解約できるリース方式。
**オペレーティング・ルーム** 手術室。
**オペレッタ** 軽歌劇。喜歌劇。軽快で通俗性のある歌劇。
**オペロン** ひとつながりの遺伝子グループで、まとまった遺

伝子情報を持つ。遺伝子の発現に係わる染色体上の単位。

**オポジション** ①反対。抵抗。②対立勢力。野党。
**オポジション・パーティー** 反対党。
**オポチュニスト** 日和見主義者。
**オポチュニティー・コスト** 機会費用。何らかの選択をするときに、どちらかを選んだ場合、選択しなかったほうから得られたはずの利益。
**オポネント** 対抗者。相手。
**オマージュ** 尊敬。賛辞。
**オミッション** 省略。脱落。
**オミット** 取り除くこと。除外。割愛すること。する
**オム** 男物。男性用の服。
**オムニサイド** 皆殺し。核戦争による皆殺し。
**オムニバス** ①乗合馬車・自動車。②ドラマや映画で複数の独立した作品をまとめて一つの作品にしたもの。
**オメガ・システム** 二つの定点から超長波を発信して、船舶や航空機の現在位置を求める電波航法。
**オメガ・マイナス** たくさんの素粒子を結合させる環のような働きを持つ原子核中の負の素粒子。
**オモニ** 朝鮮語で、母親、おかあさん。対アボジ
**オラクル** 神のお告げ。ギリシアの神託。
**オラショ** 祈祷。
**オラトリオ** 聖たん曲。独唱、重唱、合唱からなる。音楽は演技抜きの劇的構成。聖書からの題材が多い。
**オリエンタリズム** ①東洋趣味。東洋主義。②東洋民族の持つ特色。③東洋学。対オクシデンタリズム
**オリエンテーション** ①進路や方向づけを決定すること。その説明。②新人への教育。ガイダンス。
**オリエンテーリング** 自然の山野で地図と磁石を使い、チェックポイントを通過して、目的地にどれだけ早く到着するかを競う。
**オリエント** 東洋の、東方の。対オクシデント
**オリゴ糖** 大豆などから抽出される糖。少糖類。有用細菌の活性化を促進させる。
**オリゴポリー** 寡占。
**オリザノール** 自律神経の異常が原因と思われる頭痛やめま

いなどの症状を抑制するのに使用する自律神経賦活剤。

**オリジナリティー** 独自の新しさ。独創性。創造性。例～に乏しい

**オリジナル** ①それ一つしかないもの。②脚色や編曲されたもの、複製されたものに対して、原作。原書。③宝石や絵画などの模造品に対して、原物。原画。④歌手や演奏者自らが作った曲。

**オリジナル・カロリー** 肉や魚などを生産するために必要とした飼料をカロリーで示したもの。

**オリジナル・シナリオ** 新しく書きおろされた脚本。

**オリジン** 起源。始まり。

**オリンピック・コングレス** 国際オリンピック委員会(IOC)主催の総合的な会議。8年に1回開かれる。

**オルガスムス** 性的快感の頂点。同アクメ

**オルガナイザー** ⇒オーガナイザー

**オルガニズム** 有機体。生体。

**オルソゲネシス** 進化に関する学説の一つ。定向進化説。進化は原形質内にひそむ性質に支配されて、一定方向に進行するという考え。

**オルターナティブ** ①二者択一。②代案。③これまでのものとは違うもの。例～ロック

**オルターナティブ・スクール** 新しい教育方法の一つ。いろいろな学習や作業の課目を盛り込んで、生徒の選択の範囲を広げた学校。

**オルターナティブ・スペース** 美術館を使わず学校や倉庫などを利用し、非営利的に作品を紹介する空間。

**オルターナティブ・テクノロジー** 既存の確立された技術に代わる新しい技術。エネルギーなどの代替利用技術など。

**オルターナティブ・メディシン** 現代の西洋医学以外の医療行為。鍼、灸、漢方、整体など。

**オルタネーター** 交流発電機。

**オルトフェニール・フェノール** 発がん性が問題とされているかび防止剤。甘柑類などに使用される。略OPP

**オレンジカード** JRグループの近距離区間乗車券を、専用の券売機を使い購入できる磁気プリペイドカード。

**オレンジ・ピール** オレンジの皮を砂糖で煮詰めたもの。菓

子などに用いられる。

**オンエア** 放送中。

**オングストローム** 光の波長の測定に用いられる単位。$10^{-8}$ cm。記号Å、A。

**オンコジーン** がん遺伝子。健康な人の体内にも存在する。

**オンザジョブ・トレーニング** 実地職業別訓練。現場で通常の業務と並行して従業員の教育を行うこと。略OJT

**オン・ザ・ロック** グラスに入れた氷塊にウイスキーなどの酒を注いだ飲み方。

**オンシーズン** 繁忙期。

**オン・ステージ** 上演中。舞台の上。

**オン・デマンド** 注文対応。注文に応じて速やかにサービス提供すること。

**オンドル** たき口で火をたき、床下の煙道を通して暖める暖房設備。

**オントロギー** 存在論。実体論。

**オンバランス** 貸借対照表に計上されている項目。

**オン・パレード** 勢ぞろい。大行進。総出演すること。

**オンブズマン制度** 行政監察専門員制度。市民側に立って行政を監察・調査する制度。

**オンライン** ①遠隔地の端末と中央のコンピュータを接続してデータを処理すること。対オフライン ②球技で、ボールがライン上に落ちること。

**オンライン・ゲーム** インターネットなどの回線を使ったコンピュータゲーム。

**オンライン・ジェネレーション** 子どものころからコンピュータの扱いになじんでいる世代。

**オンライン・システム** 遠隔地にある端末と中央のコンピュータが通信回線で接続されているシステム。

**オンライン・ショッピング** インターネットを利用した通信販売。同インターネット・ショッピング

**オンリー** …だけ。…のみ。例仕事〜ではなく、たまには休まないと体がもたないよ

**オンリー・ワン** ただひとつ。例君は特別な〜

**オン・リミット** 出入り自由。立入りに制限を加えない場所。

**オンワード** 前へ。前進。

## カ

**カー・エレクトロニクス** 車の走行時のスピード、ブレーキなどの機能を、電子工学の応用で制御する技術。

**カーキ** 枯草色。黄色に淡い茶色の混じった色。原語は土埃りを意味するヒンディー語。例〜色。

**カーゴ** 貨物。船荷。列車・飛行機などの積み荷。

**カーサ** 家。店。

**カー・シェアリング** 会員に登録すると必要なときに自動車の貸し出しを受けられる制度。

**カージャック** 自動車泥棒。

**カースト** インド固有の社会身分制度。古くはバラモン(僧侶)、クシャトリア(王族)、バイシャ(平民)、シュドラ(奴隷)の4階級だったが、現在は無数の階層に分かれている。

**カーソル** ①コンピュータの表示画面上で、次に表示する文字の位置などを示すマーク。②計算尺の目盛りを合わせたり読むための四角い板。

**ガーター** ①靴下留め。②⇒ガター②

**カー・チェイス** 車同士の激しい追いかけっこ。

**カーディナル** ①ローマ・カトリック教の枢機卿。ローマ法王の最高顧問。②フードつきの婦人用オーバー。

**ガーデニング** 趣味としての園芸、庭づくり。特にイギリス式の庭づくり。

**カーテン・ウォール** 建築物の骨組みの外側を、軽量壁材やガラス窓で覆うだけの建築法。また、その壁面。

**カーテン・コール** 演劇や音楽会の終演後に、出演者を讃えて観客が拍手をすることで再び舞台に呼び戻すこと。→アンコール

**ガーデン・シティー** 田園都市。都市機能の利点と住スペースとして魅力のある田園地帯の長所を組み合わせた都市。

**ガーデン・ファニチャー** ベランダや庭園の家具、調度品。

**カーテン・レーザー** 開幕劇。前座。

**カート** ①手押し車。スーパーでの買い物や、ゴルフコースでキャディー・バッグを運ぶのに使用する。②小型の車。

ゴー・カートのこと。
- **ガード** 鉄橋。道路をまたいで架けられた鉄道橋。例〜下の飲み屋
- **カートゥーン** ①漫画。特に一コマ風刺漫画をさし、政治や時事問題などを戯画化したもの。②漫画映画。アニメーション。
- **カード・キー** カード型の鍵。ホテルなどで使われることが多い。
- **カートグラフ** 絵入り地図。
- **カートグラム** 統計地図。地図に展開した比較統計図。
- **カード・システム** ①知識、情報、データなどを、項目ごとにカードに記入、整理する方法。②クレジット・カードなどを使って支払いをする方法。
- **カード・スロット** ①現金自動預入支払機(ATM)や公衆電話などのカード類の挿入口。②パソコンでロム・カセットや拡張ボードなどを差し込む穴。
- **ガードナー** 造園家。
- **カード・バンキング** 銀行に行かなくてもカード専用機で処理できる銀行関係業務のこと。
- **ガード・フェンス** 道路上の防御するための柵。ガードレール、中央分離帯など。
- **カードホリック** クレジット・カード中毒。支払い切れないほどの買い物を、無計画にクレジット・カードでしてしまう人。
- **カード・リーダー** カードの磁気情報を読み取るための装置。
- **カートリッジ** ①取り替え操作が簡単に行えるはめ込み式の小型部品。②レコード・プレーヤーのピックアップ部分。針先、振動を電気に変換する発電機構、カンチレバーから構成される。③万年筆のスペアインクの入った小さな筒。④カメラに詰めるためのフィルムの容器。
- **ガードル** 婦人用下着の一つで、腹から腰にかけての体型を整えるもの。
- **カー・トレイン** 乗用車や運送トラックを貨車に載せて目的地に運ぶ運輸システム。また、これに旅客者の車両を連結して一緒に移動できる列車。

**カード・ローン** 金融機関が発行するカードを使って、現金自動支払機から必要金額が借りられる個人向けの無担保小口貸し付け。

**カートン** ①厚い紙で作られた箱。②たばこを10個箱に詰めて包装したもの。③銀行、商店が現金や帳票を入れて差し出す皿状の容器。

**カー・ナビゲーション・システム** 自動車を運転するときに、車内のモニターから音声や画像によって地図情報、道路状況などを知ることができるシステム。略してカーナビという。

**カーニバル** ①謝肉祭。カトリックで肉食を慎む四旬節の前に行う3〜7日間の祭典。仮装舞踏会や宴会を催す。②にぎやかなお祭り騒ぎ。

**ガーネット** 宝石の一つ。1月の誕生石で、「友愛、貞節」の意味がある。

**カーネル** ①果実の核。物の中心部。②要点。最も大切な部分。③コンピュータの入力や出力、演算ソフトなどの主要部分。

**カーバイド** 炭化物の総称。特にカルシウム・カーバイドをさし、アセチレンガスの原料。

**カーフスキン** 子牛のなめし革。生後6か月以内の子牛のをなめしたもので、牛革の中で最高級の皮質である。

**カープ** 鯉。

**カーペンター** ①大工。建具屋。②大道具方。

**カー・ポート** 屋外駐車場。簡易な屋根付き駐車場。

**カーボン** ①炭素。②カーボン紙や炭素繊維製品のこと。

**カーボン・スチール** 炭素鋼。弾性を持ち、圧延材や鋼管などへの加工がしやすい。

**カーボン・ファイバー** 炭素繊維。強度、弾性、耐熱性にすぐれ、さまざまな複合材として利用されている。炭素繊維の一種、カーボン・グラファイトはテニスのラケット・フレームやゴルフのクラブ・シャフトに使われている。

**カーボン・ファンド** 炭素基金。世界銀行が提唱し、先進国やその企業などから出資を募って設立された環境保護基金の一つ。その目的は、二酸化炭素などの排出許容量枠を国際的に売買する排出権の取引市場の育成にある。

**カーボンレス・ペーパー** 感圧複写紙。特殊加工により、カーボン紙なしでも複写が可能な紙。同ノー・カーボン紙

**ガーラ** 祝祭。祭り。

**カーラー** 髪の毛に巻きぐせを付けるときに使う筒状の器具。

**カーリー・ヘア** 髪全体を細かくカールしたヘアスタイル。

**ガーリック** ニンニク。料理用ニンニク粉。肉料理の調味、香辛料。

**カーリング** 氷上スポーツの一つ。1チーム4人が、氷の上でとってのついた円盤状の石(ストーン)を目標区域(ハウス)に入れて、標的との距離で得点を競う競技。

**ガイ** 男。野郎。やつ。例ナイス～

**ガイア** ギリシア神話の「大地」を意味する女神で、カオス(混沌)から生まれた。転じて、地球環境を包括的に考える際に、地球そのものを比喩的に呼ぶ。例～の思想

**カイエ** ノート。練習帳。

**ガイスト** 霊魂。精神。心。

**ガイダンス** ①学校において、生徒自身の能力を十分に発揮させるための学習指導、生活指導。②新入生や初心者向けに開催する説明会。案内、手引き。

**ガイダンス・ルーム** 学生の指導、助言をする部屋のこと。

**カイツーン** 気象、大気観測に用いる係留気球。

**カイト** 凧(たこ)。

**ガイドウェー・システム** リニアモーターカーなどの軌道方式のこと。ガイドウェー(案内路)を走る鉄道、モノレール、軌道式バスなどといった交通形態の総称。

**ガイド・ゾーン** 貸上げ交渉などで精度に幅を持たせた数字で示す指標。指針帯。同ガイドライン

**ガイド・ナンバー** フラッシュを使って写真撮影をするときの露光係数。

**ガイドヘルパー** 視覚障害者を補佐する人。

**ガイドポスト** ①道しるべ。道標。②指針。目安。生産見通し。

**ガイドライン** ①経済、政策などの指標。②「日米防衛協力のための指針」のこと。

**カイニシクス** 動作学。表情やしぐさなど、言葉でなく、身

体の動きによる意志伝達機能を研究対象とする。キネシクスともいう。→ボディ・ランゲージ

**カイモグラフ** 脈拍や筋肉の運動などをグラフ曲線で記録する装置。キモグラフともいう。

**カイログラフィー** 筆跡。書体。

**カイロプラクティック** 脊椎矯正指圧療法。薬物を使用せずに、主に脊椎の指圧で疾患の治療を図る。アメリカから広まった民間療法。

**ガウス** 磁束密度や、磁場の強さを表す単位。SI統一単位テスラに変更される。

**カウチ・ポテト** 寝椅子(カウチ)でくつろぎ、ポテトチップをかじりながらビデオやテレビを見て楽しむような、一人で安穏と過ごすライフスタイル。他人との親密な関係から逃避し、自分の中に閉じこもった生活を志向する若者気質を表現した言葉。

**ガウチョ** 南米草原地方のカウボーイ。スペイン人とインディアンの混血牧童。

**カウプ指数** 幼児が、どのくらい太っているかを示す肥満度指数の一つ。体重(グラム)を身長(センチ)の二乗で割った数値が、2以上であれば肥満と判断される。

**カウボーイ・ハット** カウボーイがかぶる大きなつばがめくれ上がった形が特徴の帽子。同テンガロン・ハット

**カウリング** オートバイなどのエンジン部分を覆う流線形のカバー。

**カウンシル** 審議会。評議会。

**カウンシル・マネージャー・システム** 市会・支配人制。議会が市の実権を握り、行政実務のエキスパートを雇用し、その執行にあたらせる地方政府の組織形態。

**カウンシル・メイヤー・システム** 市長・市会制。首長と議会を公選し、行政機関と立法機関を分立させる地方政府の組織形態。

**カウンセラー** 相談員。助言者。職場の顧問、相談役。また、学校の指導教官など。業務や学業にかぎらず、個人的なカウンセリングを専門にする人もいる。

**カウンセリング** 職場、学校あるいはその他一般の生活や一身上のことで悩みを持つ人と一対一の面接をし、その話し

合いの中で悩みや問題を解決できるように、アドバイスしたり援助を与えること。

**カウンセリング・セールス** カウンセリング的な形式で顧客の志向を明確にして、その志向に適合する製品を推奨販売する方法。

**カウンセル** ①助言。勧告。②相談。協議。③計画。意図。④弁護人。弁護団。

**カウンター** ①銀行や飲食店で、従業員が客と応対する細長いテーブル。②計算器。回数などを数える装置。③カウンターブローのこと。④逆襲。

**カウンターアタック** サッカーやラグビーなどで防御から一転して攻撃に移ること。逆襲。カウンター攻撃ともいう。

**カウンター・インテリジェンス** 相手側の諜報活動を阻害する活動。スパイ防止活動。

**カウンター・オファー** 反対提案。代案。

**カウンター・キッチン** 台所と食事場所との間に設けたカウンター状の食台。

**カウンタークロックワイズ** 反時計回りの。左回りの。

**カウンタートレード** 見返り貿易。互角の輸出入になるように双方が行う貿易。

**カウンターパーチェス** 見返り輸入契約。輸入国が、輸入代金を支払う代わりに自国生産物の交換買い付けを契約すること。

**カウンターバランス** ①釣り合い重り。②対抗勢力。バランスが釣り合うような反対の力。

**カウンターフォース** 限定核攻撃を受けたときに、相手側の核ミサイル基地を含む軍事施設に報復攻撃を行うことができる対抗軍事能力。

**カウンターブロー** ボクシングやレスリングなどで、相手のかけた技の威力を利用して、逆にこちら側が技をかけること。同カウンター・パンチ

**カウンターベイリング・パワー** 企業に対する労働組合、問屋に対する小売店などが相手と同等の立場で対抗するための力。仕入れ交渉力など。

**カウンタラクション** ①反作用。中和作用。②妨害。抵抗。対抗策。

**カウント** ①計算する。数えること。②野球でストライクとボールの数。③プロレスなどでレフェリーの数える数。

**カウントダウン** ①ロケット打ち上げの秒読み。②大規模なイベントの開催や、大事な計画のスタート直前の段階を比喩的にいう。

**カオス** 混沌。ギリシア神話における、天地創造以前の原初の宇宙の状態。比喩的に無秩序な状態もさす。対コスモス

**カカオ** 南米原産の高木で、実を粉末にしたものがココアになる。

**カクタス** サボテン科に属する植物の総称。熱帯地方に自生して、世界で1700種くらいある。

**カクテル** ①数種の洋酒に果汁などを加えて混ぜた飲み物。混合酒。②カキ、エビ、カニなどにソースをかけて盛り合わせた料理。③種類の違ったいくつかのものが混じり合ったもの。

**カクテル・グラス** カクテルを飲むためのグラス。逆円錐形の足付きグラス。

**カクテル・ドレス** カクテル・パーティーなどに着る、袖なしや半袖の上品な婦人服。

**カクテル・パーティー現象** 周囲の環境に左右されることなく、自分に興味のあることや必要なことだけを選択し、聞き取ったり見たりする脳の働き。集中による選別力。カクテル・パーティー効果ともいう。

**カサノバ** 女たらし。漁色家。恋と冒険の生涯を送ったイタリアの作家カサノバに由来する。

**ガジェット** 気のきいた小道具。面白味のある小物。

**カシキスモ** 中央権力と結託した地方の顔役による政治支配。

**カシス** クロスグリ。果実は酸味があり、ジャムやカクテル、菓子の材料として用いられる。

**カジノ** 公認の賭博場のある娯楽施設。

**カシミア** カシミア山羊の軟毛を用いた綾織りの織物。柔軟な手ざわりを持ち高級服地として有名。

**カジュアル** 格式ばらない。くだけた。普段着の。〜な

**カジュアル・ウェア** くつろいで、気楽に着ることのできる普段着。対フォーマル・ウェア

**カジュアル・デー** 社内でスーツなどの正装をせずに出勤してもよいと決めた日。

**カシュ・クール** 服飾で、前身頃を腕で左右から交差したスタイルの上着。

**ガス・ガズラー** 大量にガソリンを消費する車。

**ガス・クロマトグラフィー** 複数の成分が混合した試料を、気化させるなどして吸着性固体カラムに流し、成分を分離する方法。大気汚染物質の分析などに用いる。

**カスケット** 鳥打帽。前びさしをつけた帽子。

**ガスケット** ①たたんだ帆を帆桁にこめるのに用いる細い綱。②薄い板状のパッキング。パイプやシリンダーの継ぎ目などに用いる。

**カスタード** 牛乳や卵に砂糖や香料を入れて混ぜ合わせたもの。クリームやプディングなどがある。

**ガス・タービン・エンジン** 圧縮空気と燃料の混合気を爆発させて高温・高圧のガスでタービン（羽根車）を動かすエンジンの型式。

**カスタマー** 顧客、お得意様、買い手、取引先、常連客。

**カスタマー・エンジニア** コンピュータのユーザー（お客）のためにシステムの保守、修理を行う技術者。

**カスタマー・リレーションズ** 企業が顧客から信用を得るために広報活動をすること。

**カスタマイズ** ①既存のコンピュータ・ソフトなどの機能を使いやすくするために一部に手を加えて変更すること。②顧客の注文にあわせて仕様変更すること。

**カスタム・オフィス** 税関事務所。

**カスタム・カー** 特別仕様の高級自動車のことで、内装などは特別注文。

**カスタム・ブローカー** 通関事務代理業者。通関業務の代理などを行う。

**カスタム・メード** 特別注文の（品）。あつらえの（品）。受注生産品。同オーダー・メード

**カストディアン** 国際的な投資家の持つ金を預かり、その指示に従って株式や債券の受け渡し、保管、決済・管理の一切を扱う常任代理人または専門機関。

**ガストロ・カメラ** 胃カメラ。胃内視鏡。ファイバースコー

プを利用して胃内壁を撮影し、胃の状態を調べるためのカメラ。
**ガストロノミー** ①美食学。②美食料理研究。
**カスバ** ①アラブ諸国における首長の住む城。その周囲の街。②アルジェリアの首都アルジェにあった原住民居住地域。比喩的に犯罪と悪の巣窟の意味で使用される。
**ガスパチョ** スペイン料理の一つ。生野菜の冷製スープ。野菜やパンなどをすりつぶし、オリーブ油などで調味してよく冷やしたもの。
**ガス・マスク** 防毒マスク。有毒ガスから顔全体を保護するように作られている。
**ガス・マット** ガスコンロの汚れよけのために敷くアルミ箔でできたカバー。
**カゼイン** 牛乳に含まれているタンパク質。必須アミノ酸すべてを含み栄養学上重視される。乳化剤などとして工業的にも用いられる。
**ガゼット** 新聞。官報。公報。学内報。
**カセット・ブック** 本の内容を朗読して録音したカセットテープ。活字ではなく音で本を楽しむ新しい出版形式。
**カセドラル** ⇨ カテドラル
**ガター** ①溝。側溝。排水溝。②ボウリングのレーンの両側にある溝。またその溝にボールを落としてしまうこと。
**カターカリ** インドの西南部にあるケーララ州に伝わっている舞踊劇。ラーマヤナやマハーバーラタを主題に美しい衣装と派手なメーキャップを施して踊る。
**カタコンベ** 初期キリスト教徒が迫害をさけることを目的に地下に造った共同墓地。天井や壁面に壁画や文様が残る。ローマ郊外の規模の大きいものが有名。
**カタストロフィー** ①悲劇的な結末。大詰め。破局。②地殻変動による大地震などの大災害。同カタストロフ
**カタパルト** 甲板などの狭い場所から飛行機を離陸させるための装置。
**カタプレクシー** 発作的に脱力状態に襲われること。
**カタボリズム** 異化作用。対アナボリズム
**カタライザー** 世話役。特に中小企業の勉強会や商談会、異業種交流などの機会や場を提供したり、世話をする推進者。

**カタル** 内臓粘膜の滲出性炎症。例胃～
**カタルシス** ①精神的な浄化。心の奥に沈殿していた感情を放出して得る安息感。軽快感。②精神分析で、抑圧されていたコンプレックスの原因を明らかにして、症状を消失させる精神療法。
**カタレプシー** 強硬症。精神分裂症患者などに発症する。筋肉が硬直したまま凍りついたような症状。
**カタログ・ショッピング** カタログを見て注文し、商品を購入する通信販売の一種。
**カタログ・マーケティング** 顧客にカタログを送り、電話やはがきによる注文を受けつける販売方式。
**カタン糸** ミシン用の木綿糸。
**カチューシャ** 両耳の上で止める髪留め。
**カッター** ①切断器。裁断器。切ったり削ったりする工具。②短艇。軍艦に載っているオールを備えた、連絡や脱出用の大型ボート。また、そのボートのレース。
**カッター・シャツ** 背広の下に着用する長袖、カフスなしのシャツ。ワイシャツ。
**カッティング** ①裁断。生地を型紙に合わせて切ること。②髪の毛を切りそろえること。③テニス、ゴルフ、卓球などの球技で、球を打つときに切るようにしてスピンをかけること。④撮影した映画フィルムを編集すること。する
**カット** ①一部を切ったり削除すること。②映画の撮影で、カメラをまわしはじめてから写し終わるまでの一場面。③書籍などに組み込まれる小さな図版や挿絵。④スポーツ用語で、切るようにして打つ打法。相手のパスを奪うこと。野球で送球を途中で捕球すること。⑤髪の毛を切ること。⑥宝石を多面体に仕上げること。する
**ガット** 羊などの腸を使って作った糸。弦楽器の弦として、また、ラケットのネットに用いられる。
**カット・アウト** 照明や音声を突然消すこと。対カットイン
**カット・イン** ①照明や音声を突然入れること。対カットアウト ②攻撃側の選手が切れ込むように走路変更すること。
**カット・アンド・ペースト** パソコンなどで画像上の文章などの一部を切り離して他の部分へくっつけること。切り貼

り。
**カットオフ** ①切断。遮断。②放送中の音楽やナレーションを意図的に中断すること。③野球でボールを中継すること。
**カットオフ条約** 核兵器の材料になるプルトニウムやウランの生産量を規制する条約(兵器用核分裂性物質の全面生産禁止条約)のこと。
**カット・グラス** 切り子ガラスでできたグラス。
**カットダウン** 削減。切り下げ。縮小。減量。
**カットバック** ①映画で複数の異なったシーンを交互に映す手法。②アメリカン・フットボールで球を持った選手が外側から内側に急に切れ込むこと。
**カット・プレー** 球技で味方の送球を途中で捕球したり、相手のパスを奪うこと。
**カット野菜** 調理しやすいようにすでに切った状態で売られている野菜。
**カットライン** 新聞、雑誌などに掲載された写真につける説明文。同キャプション
**カッパ** ギリシア文字で第10番目の文字。K、κ。
**カッパー** 銅。銅色。
**カップボード** 食器棚。
**カップリング** ①二つのものを一つに結合させること。②列車の連結器。③二つの物質系の間に相互作用が存在する状態。④カップリング・ナンバーのこと。
**カップリング・ナンバー** CDでタイトル曲と一緒に収録されている曲。レコード盤ではB面にあたる。
**カップル** 一対。一組の男女。夫婦。恋人同士。同ペア
**カテーテル** 体内に薬液を注入したり、反対に体内にたまっている液を排出するための管状の器具。導尿管など。
**カテキン** 緑茶に含まれる渋み成分の一つ。がん予防に効果があるとされる。さらに消臭、抗菌、抗酸化作用もあるとして注目されている。
**カテゴリー** ①範疇。部門。性質の同じものが所属する範囲。②哲学で、ものごとを分類するときにそれ以上区分することの不可能な属性や状態、または関係などの基本概念。
**カテゴリー・ロマンス** 物語の展開に、一定の基本型ができあがっている恋愛小説。

**カテドラル** カトリック教会などで司教のための法座がある大聖堂。中央寺院。カセドラルともいう。

**ガド・ガド** マレー風温野菜サラダ。

**ガトー・ショコラ** チョコレートケーキ。

**カドミウム** 亜鉛族元素の一つでメッキや合金、電池などの材料。元素記号Cd。

**カトラリー** 食卓用のナイフ、フォーク、スプーンなどを総称する。また、刃物類一般。

**カドリエンナーレ** ①4年間続くこと。②4年ごとの。特に、4年間に1度開催する形式の展覧会。→ビエンナーレ

**カトリック** ローマ・カトリック教会の教義によるキリスト教とその信徒の総称。旧教。ギリシア語のkatholikos(普遍的な)に由来する語。

**カトレア** 南米原産のラン科の多年草植物。白やピンク、黄、薄紫の大輪の花を咲かせる。

**カナード** ①流言。虚報。②先尾翼。主翼前方に水平尾翼に相当する小翼を取りつけた飛行機。

**カナッペ** 薄く小さく切ったトーストの上にチーズなどの具を載せたオードブル用おつまみ。

**カナマイシン** 結核などの細菌性疾患に効果を持つ抗生物質。1957年に梅沢浜夫らが発見。

**カニバリズム** 人肉を食べること。食人の風習。

**カヌー** ①カヌー競技用の小舟。②櫂(パドル)で漕ぐ小舟。原始的な丸木舟。

**カネロニ** イタリアのパスタ料理の一つ。四角い小麦粉の生地でひき肉や野菜を巻いて、オーブンで焼いたもの。

**カノン** ①先に進む旋律を追行句が追いかけ、模倣する楽曲形式。追復曲。②聖典。戒律。キリスト教の信仰上のきまり。③美術において、人体各部分の寸法の比の基準。

**カバー** ①覆うもの。覆い。②欠点や不足を補うこと。③スポーツなどでほかの選手の動作を援護すること。カバーリングともいう。する

**カバーオール** 作業服やレーシングスーツのような、上着とズボンがつなぎになったもの。

**カバー・ガール** 雑誌の表紙やテレビのショー番組に水着姿などで出てくる女性。

**カバー・ストーリー** 雑誌の表紙写真などに関連する記事。
**カバー・チャージ** レストランなどの席料。
**カバー・バージョン** 以前ヒットした曲を、ほかの歌手があとで自分のレコードに吹き込むこと。
**カバーリング** ⇨カバー
**カバーリング・レター** 添え状。同封物。購入注文書につける説明書。
**カバディ** インドから南アジアに広まった鬼ごっこのようなスポーツ。
**ガバナー** ①知事。統治者。司令官。②エンジン、モーターなどのスピードを一定に保つ調速機。
**ガバナビリティー** ①被統治能力。被管理能力。②統治能力。
**ガバナンス** 統治。管理能力。
**カバレッジ** 適用できる範囲。保険の担保範囲。ラジオ、テレビの視聴できる区域。広告の訴求範囲。
**カフェイン** 茶、コーヒーなどに含有されているアルカロイド。大脳皮質や中枢神経系などを興奮させる作用を持つ。
**カフェ・オ・レ** ⇨カフェ・ラテ
**カフェ・バー** アルコール飲料もメニューに加えた喫茶店。ファッショナブルな雰囲気を売り物にする店舗が多い。
**カフェ・ラテ** コーヒーと等量の温めた牛乳を入れた飲み物。ミルクコーヒー。**同**カフェ・オ・レ
**カプサイシン** 唐辛子の辛味成分。湿布薬にも利用される。
**カフス・ボタン** ワイシャツの袖口を留める装飾的なボタン。
**カプセル・ホテル** カプセル型の個室を密集させた簡易ホテル。
**カプチーノ** 濃厚なコーヒーに泡立てた生クリームとシナモンを加えたイタリア風コーヒーの一種。
**カプラー** ①二つ以上の回路を接続する結合器。②電話回線でデータ伝送を行う変復調装置(モデム)。
**カポジ肉腫** エイズ患者が発病しやすい悪性の皮膚がん。
**カボタージュ** 他国の領土内の2地点間あるいは外国領土間の運送。シカゴ条約では、それぞれの国は外国の航空機に対して、自国内のカボタージュを禁止できるとしている。

**ガボット** 快活なリズムのフランスの古い舞踏曲。

**ガボロジー** ゴミ学。キッチンから出るゴミの内容から、時代の文化などを考察する。ゴミ再利用なども同時に研究。

**カマンベール** フランスのノルマンディー地方のカンマンベール村で作られるチーズ。白カビを表面に付けて熟成させたチーズで香りがよい。

**カミングアウト** これまで他人に秘密にしていたことを公表すること。特に同性愛者であることを公言すること。する

**カムフラージュ** ①する擬装。変装。隠すこと。②兵員や軍事施設に施す迷彩。

**ガムラン** インドネシアの民族音楽。打楽器を中心に編成され、祭典や舞踊の伴奏に使う。

**カム・ワラント** 新株引受権証券(ワラント)つき社債の3種のうち、ワラントが社債についた、発行時の形式のままのもの。

**カメオ** メノウや琥珀などに浮き彫りで模様や絵を入れた装身具。

**カメラ・アイ** ①正確な、また公平な観察眼。②被写体を最も効果が出るように写真に撮るための能力。

**カメラ・アングル** 撮影角度。被写体を撮影するカメラの位置、距離など。

**カメラ・ルポ** 写真をメインに構成した探訪記事やテレビのドキュメンタリー。

**カヤック** ①カヌー競技の一つ。②エスキモーが狩猟に使用する、毛皮を木製の枠に張った小舟。

**カラー** ①色。多色のもの。②個性。③シャツや洋服の襟の総称。襟の色で、どのような職種かをたとえていう。例ホワイト〜、ブルー〜

**カラー・アナリスト** 製品特性や効果的なインテリアへの応用のため、配色を分析し、調整する専門家。

**カラー・アレンジメント** 配色。色の調和と対比で、目的の効果を生み出すこと。

**カラー・コーディネーター** 色彩が人間に与える心理面、生理面での作用を利用して、製品・ファッションなどの配色を総合的に決定する配色専門家。

**カラー・コンサルタント** 建築物の外観や企業のイメージづ

くり、ファッションの世界などに応用するために色彩や色調の効用を人間工学的に研究している専門家。
**カラー・スキャナー** 写真製版で、色分解を電子的に行う装置。
**カラー・セラピー** 色彩療法。色によって患者の精神的安定と回復を試みる心理療法。
**カラー・チャート** 色見本帳。紙片に系統的に色彩を配置したもの。
**カラー・ディスプレー** 3原色の組み合わせで、文字や図形などをカラー表示するコンピュータなどのモニター部。
**カラード** 有色人種。アメリカでは主に黒人をさす。
**カラー・プリンター** カラーで紙に印刷する装置。
**カラー・ポリシー** 企業が、製品や製品包装、従業員の制服などに統一した色彩を採用して企業イメージを顧客に印象づける戦略。
**ガラクトース** 単糖類の一つ。寒天の主要成分。
**ガラ・コンサート** 祝賀コンサート。また、通常のオペラ公演以外にオペラの歌手が行うコンサート。
**カラット** ①宝石の重さの単位。1カラットは200ミリグラム。記号はc、car。②金の純度の単位。合金に含まれる金の割合を示すもので、純金を24カラットとする。記号はK。
**カラビナ** 一部が開閉できるようになっている登山用の金属製の環。岩に打ち込んだハーケンなどに引っかけて、ザイルを通す。
**カラフル** 色が多色で彩り豊かな。~な
**カラメル** 砂糖を熱してつくる黒褐色の物質。菓子などの甘味料に用いる。
**カラライゼーション** コンピュータ技術を応用し、モノクロ映像にカラーの色彩をつけること。
**カラリスト** 配色専門家。配色にすぐれた感覚を発揮する仕事をしている人の総称。
**カラン** 水道の蛇口。特に、公衆浴場の大きなものやシャワーへ切り替える部位を示すことが多い。
**ガリー** 小峡谷。狭い山道。特に、登山用語で岩壁の狭い溝。
**カリオカ** リオデジャネイロ生まれの人や、陽気な気質を持つ住民をさす言葉。

**カリカチュア** ①風刺画。戯画。②風刺的な表現。
**カリグラフィー** 欧文文字を美しく書く技術。書法。書。
**カリスマ** 大衆を心酔させるような才能、資質を持つ人。
**カリニ肺炎** エイズや白血病の患者が感染しやすい肺炎。ニューモシスチスカリニ原虫が原因。
**ガリバー型寡占** ある業種で、小人国のガリバーのように一つの超大型企業の市場占有率が極めて高く、他企業との格差が大きい状態。
**カリプソ** カリブ海のトリニダード島の民族音楽のリズム。4分の2拍子の軽快なリズムで、第二次大戦後アメリカで大流行した。
**ガリレオ計画** アメリカ航空宇宙局(NASA)が1989年に打ち上げた木星探査機ガリレオによる木星探査計画。
**ガル** 加速度のCGS単位。1ガルは$cm/sec^2$。
**ガル・ウイング** ①屋根に蝶番(ヒンジ)を持ち、上方に大きく持ち上がるスポーツ・カーのドア。②航空機のカモメ型翼。
**カルキ** ①石灰。②サラシ粉。水に溶けるときに強い酸化力を発揮するため、漂白、消毒、殺菌に用いる。
**カルキュレーター** 計算器。
**カルシウム** 骨格や歯、また貝殻などの主成分で、動植物の生育に欠かせない元素。アルカリ土類金属の一種。元素記号Ca。
**カルジオスコープ** 主に弁膜の動きを外部から調べるための心臓鏡。
**カルス** 植物を傷つけたとき、切り口の細胞が分裂能力を取り戻して、肥大する組織。仮皮。肉状体。
**カルスト** 鍾乳洞などのように、石灰岩が雨水、地下水の化学的侵食作用を受けてできた地形。日本では山口県秋吉台が有名。
**カルチベーター** 耕作機。畑の除草や耕耘に使う。
**カルチャー** 文化。文化社会。教養。
**カルチャー・ウォーズ** 文化戦争。企業が本業を離れた文化的イベントや文化事業などで集客競争を行い、結果的に経営面での優位を勝ちとろうとするもの。
**カルチャー・ショック** 異文化に接したときに受ける、環境、

習慣の違いからくる衝撃。

**カルチャー・スクール** ⇨カルチャー・センター

**カルチャー・センター** ①文化施設が集中して設立されている場所。②文化関係を中心とした教養講座、またそれを実施している機関のこと。同カルチャー・スクール

**カルチョ** サッカー。

**カルテット** 四重奏曲。またその曲を演奏する通常4人編成の四重奏団。

**カルデラ** 火山中央部にある直径数キロメートル以上に及ぶくぼ地で、爆発の際の円錐火山頭部の破砕や大量のマグマ流出の後の陥没による。阿蘇カルデラは陥没カルデラの典型。

**カルテル** 企業連合。同一産業の企業間で締結する価格、生産量、販路などの協定のこと。市場競争原理を排するものとして、独占禁止法で原則的に禁止されている。

**カルト** ①崇拝。②宗派。特に、邪教とされる宗教・宗派。宗教集団。③カルト・ムービーのこと。④特定の分野に異常なほど詳しいこと。

**カルト・ムービー** 少数の熱狂的なファンに支持されている映画作品。

**カルトン** ①木炭デッサン、油絵の下絵に用いる板紙の総称。②ステンドグラスなどの下絵。

**ガルニチュール** 魚や肉料理につけ合わされる野菜など。ガルニと略されることもある。

**カルパッチョ** 生牛肉や生魚を薄く切り、その上にオリーブ油やスパイスをかけたイタリア料理。

**ガルフ** ①湾。入り江。深い裂け目。②中東の湾岸。

**カルボナーラ** パスタ料理の一つ。チーズやベーコン、卵などを混ぜ、さらにコショウをかける。

**カルマ** 仏教でいう業。因果応報。宿命。

**カルマン渦** 流体中を運動する柱状の物体の背後に生じる渦の2列。

**カレイドスコープ** 万華鏡。

**カレイドスコピック・パッケージ** 数個で一組になるような商品包装。消費者の収集欲を刺激するためのパッケージ・デザイン。

**ガレージ・セール**　一般家庭のガレージなどに不用品などを並べて安く販売すること。リサイクルと地域交流の場ともなる。

**カレッジ**　①イギリスの大学の構成単位。カレッジの集合がユニバーシティとなる。②単科大学。専門学校。

**カレット**　再生可能のガラスくず。

**カレンシー**　通貨。流通。通り相場。

**カレント**　①潮流。風潮。②最新の。時流の。

**カレント・イングリッシュ**　現代英語。時事英語。

**カレント・コスト**　時価。現行価格。同カレント・プライス

**カレント・トピックス**　時事問題。時の話題。

**カロチノイド**　動植物界に広く分布する赤、黄などの一群の色素。

**カロチン**　⇨カロテン

**カロテン**　ニンジン、カボチャ、卵黄などに含まれる赤黄色の色素。摂取すると肝臓内でビタミンAに変わる。カロチンともいう。

**カロリー**　①熱量の単位。1グラムの水の温度を1気圧下で1℃高くするのに要する熱量。記号cal。②食物が完全に消化されたときに出る熱量の単位。①の1000倍(記号Cal、kcal)で表わされる。

**ガロン**　ヤード・ポンド系の液体体積の単位。イギリスで4.546リットル、アメリカで3.785リットル。記号gal。日本の計量法では3.785リットル。

**ガンジーイズム**　ガンジー主義。植民地であったインドの指導者マハトマ・ガンジー(1869～1949年)が唱えた非暴力、不服従の抵抗運動。

**カンタータ**　声楽曲の一形式。合唱、独唱、器楽演奏からなる。

**カンツォーネ**　イタリアの大衆歌謡。フランスでのシャンソンに相当するもの。

**ガント・チャート**　計画管理図表。アメリカの経営学者ガントの考案による。

**カントリー・アンド・ウエスタン**　アメリカ南東部の山岳地帯の白人の開拓民の間で生まれた大衆軽音楽。

**カントリー・クラブ**　ゴルフ場、プール、テニスコートなど

の整った保養施設。
**カントリー・スクール** 普段あまり自然と接しない都会の小・中学生に対して、青年の家などに宿泊させて開く自然教室。
**カントリー・リスク** 投融資を行う相手国側の経済、政治などを中心とする全般的な信用度や安定度。
**カンバス** ①画布。油絵を描くために用いる太めの糸で織った布。②帆布。船の帆や、重い物を入れる袋などにする。キャンバスともいう。
**カンパニア** 大衆闘争。政治的な目的のために、大衆を動員して行う活動。特に募金活動。略してカンパ。
**カンパニー** ①会社。商会。略Co ②仲間。
**カンパニー・ペーパー** 企業の機関誌。従業員や協力会社、また消費者の理解と信用を得るためにPRの一環として発行する刊行物。同ハウス・オーガン
**カンパニー・マン** ①会社人間。会社勤めを生活の最優先事項として行動する人。②内密に経営者と結びついている社員。
**カンパニー・ユニオン** 御用組合。会社側の意図によってできた企業内労働組合で、組合員は経営者の支配下にある。
**カンパリ** イタリアの薬用酒の商標名。柑橘系の香りと苦みを特徴とする酒。
**カンピロバクター** 鶏、牛、豚などの腸内に生息する細菌で、食中毒を引き起こす病原菌の一つ。潜伏期間は2日から1週間。加熱することで殺菌できる。
**カンプ** ポスターなどの商業印刷物のレイアウト見本で、プレゼンテーションの場などで完成品の感じを伝えるために用意する大まかなデザイン。
**カンファレンス** ①会議、協議、相談。②競技連盟。
**カンフー** 空手に似た中国に古くから伝わる拳法。
**カンフル** ①樟脳を精製し、医薬品として用いた強心剤。②比喩的に、不調な物事に対して回復させる効果を持つもの。
**カンペ** ①カンニングペーパー ②テレビ番組などで進行指示やせりふを書いて知らせるボード。
**ガン・ホー** がむしゃらである。熱心である。
**カンマ** ⇨ コンマ

**ガンマ** ギリシア文字のアルファベット中の第三字。Γ、γ。
**ガンマ線** 放射性物質から放出される放射線。透過力が強く、がんの治療や非破壊工業用検査などに応用されている。→アルファ線、ベーター線

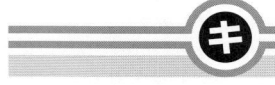

## キ

**ギアリング・レシオ** 銀行の持つ総資産に対しての自己資本の比率。自己資本比率は総資産を分母に、自己資本を分子にして割り出す。
**キー・インダストリー** 基礎産業。基幹産業。鉄鋼、電力、自動車など一国の生産活動の基盤となる産業。
**キー・カレンシー** 基軸通貨。国際通貨。世界的に流通する重要な通貨で、国際間の貿易取引・金融取引の決済などに使われる。現在はドル。
**キー・ステーション** テレビやラジオ番組を放送網に送り出すとき、中心となる放送局。キー局。同マスター・ステーション
**キー・タッチ** パソコンなどのキーボード操作。
**キーノート** ①音楽での主音、基調音。②基調。
**キー・パーソン** 重要な人物。影響力を持つ人物。鍵を握る人物。例財界の~　同キーマン
**キーパー・チャージ** サッカーで、ゴールキーパーのプレーを妨害する反則。間接フリーキックが与えられる。
**キーパッド** コンピュータやテレビのリモコンのようにキーボードだけが独立した入力装置。
**キーパンチャー** コンピュータなどのデータ入力やテープのせん孔機を操作する人。
**キー・ポイント** 物事を解決する上で、最も重要な位置を占める点。要点。解決点。例福祉政策の~
**キーマ・カレー** 挽き肉のカレー。
**キーマン** 中心人物。重要人物。同キー・パーソン
**キール** 船の竜骨。船やヨットの船底にあり、船体を支える背骨となる材。
**キー・ワード** ①問題の解決やなぞ解きの鍵となる言葉。重

要語。②情報を引き出すための手がかりとなる見出し語。

**キオスク** 駅周辺や広場などにある新聞・雑誌を売るスタンド、売店。→キヨスク

**ギガ** 「10億倍」を意味するメートル法の単位の接頭語。10億の。記号はG。

**ギグ** ①4人以下で漕ぐ短艇。②船舶に備えられた救助用ボート。③ジャズやロックの、ライブハウスなどでの演奏。

**キシリトール** 糖アルコールの一つで、甘味度は砂糖とほぼ同等であるが、エネルギーは砂糖の約7割程度。そのためダイエット食品に使われる。また、虫歯防止にも有効。

**キチン** 昆虫や甲殻類の外殻、菌類の細胞壁の主成分を構成する、窒素を含んだ多糖類。近年、人工皮膚・抗がん剤・外科用縫合糸・無公害農薬など多くの分野で研究が進められている。

**キチンの波** 景気循環で、約40か月の周期で起こる短期波動。アメリカの経済学者キチンの理論。→コンドラチェフの波、ジュグラーの波、クズネッツの波

**キックアウト** ①アメリカン・フットボールで、試合再開時に相手方のゴールに向かってボールを蹴ること。②サッカーなどで、サイドラインの外側にボールを蹴り出すこと。

**キックオフ** サッカーやラグビーなどで、ボールを蹴って試合を開始・再開すること。

**キック・ターン** スキーで、停止した状態で足を片方ずつ蹴り上げるようにして180度方向転換する方法。

**キックバック** ①リベート。口きき料。手数料。②はね返り。反動。

**キックボード** ①水泳のビート板。②スケートボードにハンドルを付けたような形態の乗り物。レバーをキックすると進む。

**キッシュ** フランスのパイ料理の一つ。生クリームや牛乳などを加えた溶き卵を、ベーコン、ハム、チーズなどをのせたパイ生地に注ぎ、オーブンで焼いたもの。キーシュとも。

**キッズ** 子どもたち、ちびっこたち。

**キッズ・ビジネス** 子どもを対象とした商売、事業。子ども服専門店や離乳食まであるレストラン、子ども向けオーディオや宝飾類などを扱う商売のこと。

**キッチュ** ①俗悪。悪趣味。まがいもの。②本来の目的とは違った使用法をしている状態をさす。特にファッションや建築など。~な

**キッチン・ウエア** 台所用品。料理用具。

**キッチン・ガーデン** ハーブやパセリなどの野菜と草花を植え、収穫と観賞を楽しむ園芸。

**キッチン・ドリンカー** 主婦の飲酒常習者。隠れて台所で酒を飲む主婦。

**キット** 組立用の材料一式。道具一揃い。

**キトサン** キチンの脱アセチル化物。抗菌性があるため医療品材料としても用いられる。

**ギニョール** あやつり人形の一種で、人形の胴体部に手を入れて指で操作するもの。また、その人形を使った人形劇。

**キネシオロジー** 人間の運動機能について科学的に分析、研究する学問。運動機能学。

**キネシクス** ⇒ カイニシクス

**ギネス・ブック** アイルランドのビール会社ギネス社が毎年発行する、世界一ばかりを集めた記録集。

**キネティック・アート** 現代美術の一つで、動きや光を採り入れた作品。動力によって作品が動いたり、観客が作品を動かせるものがある。光を素材とする作品は、特にライト・アートと呼ぶ。

**キノホルム** キノタンニン酸とホルムアルデヒドの化合物。下痢止めの薬であったがスモン病を起こす原因物質とみられ、現在国内では使用が禁止されている。→スモン病

**ギブ・アンド・テーク** 譲り合い。相手に利益を与え、自分も相手から相当の利益を得ること。持ちつ持たれつ。

**ギフテッド** 知性の高い子どものこと。欧米では学力別編成によるギフテッド・クラスがある。

**ギフト・クーポン** 贈答用の商品購入券。

**ギフト・タックス** 贈与税。

**ギフト法** 不妊症治療の一方法。妊娠率は体外受精全体で最もよい。

**ギミック** ①仕掛け。からくり。新機軸、新案の総称。②テレビでの音や光などの合成・特殊効果。

**ギムレット** カクテルの一種。ジンをベースにして、ライム

の果汁などを混ぜたもの。
- **キメラ** 遺伝子が異なる2種類、あるいはそれ以上の細胞組織が共存する個体。接ぎ木のほか、突然変異などによって起きる場合もある。
- **キメラ商品** 2種以上の異なった機能を備え持つ複合商品。ラジカセ、時計つき電卓など。
- **キメラ・マウス** 2種類以上の遺伝子を人工的に組み換えて作ったネズミ。
- **キモグラフ** ⇨カイモグラフ
- **ギャザー** 布地を縫い縮めてつくったひだ。
- **キャスク** 使用済み核燃料などを収容、貯蔵、運搬するのに用いる特殊な容器。
- **キャスター** ①家具やピアノなどの脚や底部につけ、移動を容易にするための小車。②調味料などを載せて、食卓に出す台。③自動車の直進安定性をよくするため、前輪に設けられた取りつけ角。④ニュース・キャスターのこと。
- **キャスティング** ①映画や演劇などで、出演俳優の役を割り振ること。②釣り糸を投げ込むこと。投げ釣り。
- **キャスティング・ボート** ①賛否同数のときに議長が投票する決裁の票。②拮抗する二大勢力に対して、第三勢力が持つ決定権。例〜を握る
- **キャスト** ①配役。②鋳造。
- **キャタピラー** 無限軌道。戦車、ブルドーザー、トラクターなどの前後輪をカバーし、悪路でも走行可能にするくさり状のベルト。
- **キャッシュ・オン・デリバリー** 現品着払い。現金引き換え払い。商品が手元に届いたときに代金を払うこと。略COD 同コレクト・オン・デリバリー
- **キャッシュ・ディスペンサー** 銀行、郵便局などの現金自動支払機。略CD
- **キャッシュ・バック** 現金を払い戻すこと。クレジットカードなどの利用額に応じて、料金の一部が戻るサービスなど。
- **キャッシュ・フロー** ①一定期間の、企業活動によっておこる資金の流出入のこと。②企業の自己資金。
- **キャッシュ・マネージメント・サービス** 銀行と取引企業間のコンピュータを通信回線で結び、取引に関する情報入手

などを素早く行えるようにするサービス。**略**CMS

**キャッシュレス** 直接現金による支払いをせず、クレジット・カードや自動振替などで支払いを済ませること。

**キャッシュレス・ソサエティー** カードや銀行の自動振替によって支払いがすべて済み、現金が不要となる社会。

**キャッシング** ①現金を引き出すこと。②銀行などの個人向け小口融資。

**キャッシング・サービス** 金融機関やクレジットカード会社が現金自動支払機などにより一定限度内で行う無担保の小口の金融サービス。

**キャッスル** 城。館。大邸宅。城のような建物。

**キャッスル言語** 情報処理技術者試験用に用意されたアセンブリ言語(機械語の命令を分かりやすく記号化した言語)。

**キャッチ・アップ** 追い上げること。遅れをとり戻そうという努力。

**キャッチ・アンド・リリース** 釣った魚を再び水に戻してやる釣り方。

**キャッチ・コピー** 購買意欲をかきたてる広告、宣伝の文面。

**キャッチ・セールス** 街角で通行人に声をかけて、その場で契約させ商品を売りつける販売方法。

**キャッチ・バー** 客引きが街頭で客を勧誘し、高額な支払いを請求するバー。ぼったくりバー。

**キャッチ・フレーズ** うたい文句。標語。強いインパクトを与える短い宣伝文句。

**キャッチ・ホン** 通話中にほかから電話がかかっても、最初の対話者を待たせて後者と通話ができる電話システム。

**キャッチワード** ①スローガン。標語。②辞書などの欄外見出し。該当ページの最初と最後の見出し語を載せる。

**キャップ** ①縁なしの帽子、またはつばつきの帽子。②缶、びん、万年筆などのふた。③数学で、共同集合。記号∩。④ラグビーで、国の代表選手へ協会から与えられる帽子。⑤統率者。特に事件現場や記者クラブの責任者。キャプテンの略。

**ギャップ** ①すき間。溝。②感情、意志などの隔たり。格差。不一致。**例**〜を埋める

**キャド** CAD。コンピュータを利用して設計すること。

**キャノンボール** ①高速で走る列車。②テニスの弾丸サーブ。③アメリカではじまった、交通法規無視で目的地までのタイムを競う暴走レース。

**キャバクラ** キャバレーとクラブを合わせたような風俗営業店。

**キャパシティー** ①収容能力。定員。例映画館の〜　②物事をこなせるだけの能力。力量。容量。略してキャパとも。

**キャパシティー・コスト** 設備や人員を維持するための固定費用。

**キャビア** チョウザメの卵を塩漬けした高級食品。

**キャピタリズム** 資本主義。

**キャピタル** ①首都。首府。②資本。③建物の柱頭。④キャピタル・レターのこと。

**キャピタル・インベストメント** 資本投資。

**キャピタル・ゲイン** 資本利得。固定資産や有価証券の購入時と売却時の差益による利得。対キャピタル・ロス

**キャピタル・ゲイン・タックス** 譲渡所得課税。株式などの売買によって得た差益への課税。1989年より原則として課税されることとなった。

**キャピタル・レター** 欧文の大文字。

**キャピタル・ロス** 資産損失。固定資産や有価証券の売却で生じる損失。対キャピタル・ゲイン

**キャピトル** アメリカ連邦議会議事堂。

**キャビネ** 写真印画紙のサイズ。日本では16.5×12センチメートルの大きさ。キャビネ判。

**キャビネット** ①収納家具。飾り棚。整理箱。②テレビ、ラジオなどの外箱。③内閣。

**キャビネット・ガバメント** 内閣主導型政府。議院内閣制をとる国のうち、内閣が議会に対して優位にある政府。

**キャビン・アテンダント** 客室乗務員。旅客機の客室で乗客の世話をする乗務員。従来のスチュワーデス、スチュワードの呼称は性差別にあたるとして、この語が登場した。略CA

**キャブ** ①タクシー。②機関車、バスなどの運転席。

**キャブ・システム** 電線地中化方式の一つ。電気、電話、ケーブルテレビなどの電線類を集約して、歩道の地下空間に

設けたU字溝に共同して収容するシステム。
**キャプション** ①写真、イラストなどの簡単な説明文。②雑誌や新聞記事などの表題、見出し。
**キャプテンシー** キャプテンとしての能力、果たすべき役割。統率力。指導力。
**キャプテン・システム** 日本におけるビデオテックスの呼称。文字図形情報ネットワーク。電話回線を利用して情報センターを呼び出し、必要な文字や図形の情報を受像機に表示する情報システム。
**キャブレター** 気化器。ガソリンを気化させ、空気と混ぜ合わせた混合気の状態でシリンダーに送る装置。
**キャミソール** 袖なしで肩ひも付きの胸から腰までの女性下着。最近では、若い女性の間でこれをアレンジしたものを夏のファッションにとり入れている。
**キャメル** ①らくだ。らくだの毛の織物。②らくだ色。
**ギャラクシー** 銀河。
**キャラクター** ①性格。性質。人格。②演劇、小説、漫画などの登場人物。略してキャラ。③文字。記号。
**キャラクター・グッズ** アニメやゲームなどの主人公、登場人物をデザインした商品(文具、衣類、玩具など)。
**ギャラップ調査** アメリカの世論調査会社ギャラップが行う調査。アメリカで最も権威があり、規模も大きい。
**キャラバン** ①砂漠を通行する隊商。②未開地や高山に入って調査・登山する一団。③自動車で各地を移動し、取材やキャンペーン活動などをすること。
**キャラバン・シューズ** ゴム底でできた登山用の靴。
**ギャラリー** ①画廊。②回廊。③ゴルフなどの観客。見物人。
**ギャランティー** ①保証料。保証書。②報酬。出演料。謝礼。略してギャラ。
**キャリア** ①経歴。職歴。仕事・技術などの経験。例~が浅い ②国家公務員Ⅰ種試験に合格している一般行政職の中央官庁職員。対ノン・キャリア ③運搬人。運送業者。④ウイルスに感染しているが発病していない保菌者。⑤航空会社。
**キャリア・アップ** 専門的な知識や資格などを身につけ、経歴や能力を高めること。上向きの転職。対キャリア・ダウ

ン

**キャリア・ウーマン** 職業を持つ女性。専門分野で第一線で活躍する女性。

**キャリア・カー** 完成した自動車を運ぶ専用運送車両。

**キャリア・デベロップメント・プログラム** 経歴開発プログラム。さまざまな職場経験や各種の研修を通じて社員教育をし、その職能を最大に生かすことを目的とした企業内の人事管理(昇進、異動など)計画のこと。

**キャリア・パス** 企業内で、出世にかかわる職務経歴。海外勤務を経験するなど、昇進への早道。

**キャリア・バンク** 人材となる個人に関する情報を収集・蓄積し、コンピュータによるデータ検索を可能としている人材銀行。

**キャリアリスト** ①立身出世主義者。②専門的な技能を有し、一生仕事を持って自立しようとする女性。

**キャリー・オーバー** 繰り越し。会計や簿記上の繰り越し。

**キャリヤー** ⇨ キャリア

**ギャル** 若い女。遊び好きな女。

**ギャレー** 飛行機や船の調理室。

**キャレット** ディスプレー上で文字入力の位置を示して点滅している黒い縦棒。

**キャロット** ニンジン。

**ギャロッピング・インフレ** 馬が疾走するように速い高率インフレ。

**ギャロップ** 馬の最も速い走り方。

**キャロル** 宗教的な合唱曲。例クリスマス・〜

**キャンギャル** ⇨キャンペーン・ガール

**キャンサー** がん。

**キャンター** 馬の中間的な速さの走り方。ゆるいかけ足。

**キャンディッド写真** 被写体に気づかれずに、普段の表情や姿を写した写真。スナップ写真。

**キャンドル** ろうそく。

**キャンパス** 大学の構内。

**キャンパス・ビジネス** 学生が経営の中心となって運営する事業。

**キャンピング・カー** キャンプ用の設備を備えている自動

車。

**キャンプ・デービッド** 米国のメリーランド州にある大統領専用の別荘。

**キャンペーン・ガール** 新製品の発表・発売など、企業キャンペーンの顔となる女の子。街頭でのイベント参加や宣伝ポスター・テレビCM出演などを行う。

**キャンペーン・セール** 全店あげて、ある名目のもとに組織的に行う販売促進運動。創業記念セール、クリスマス・セールなど。

**キュアー** 治療。

**キュイジーヌ** 料理。

**キュー** ①ビリヤードで、玉を突くために用いる棒。②演劇・テレビ・ラジオなどで演技、せりふ、音楽などの開始を知らせる合図、指示。

**キューティクル** ①爪のつけ根の甘皮。②毛髪の表面を覆う膜。角皮。

**キュート** かわいい。活発な。気のきいた。~な

**キュービズム** ⇒キュビスム

**キュービック** 立方体の、立方の。

**キューピッド** ①ローマ神話の愛の女神ビーナスの子で、翼のある少年。②愛の使者。恋を取り持つ人。

**キューブ** 立方体。正六面体。

**キュビスム** 立体派。20世紀初頭のフランスにおこった前衛絵画運動で、対象を幾何学的に構成する。ピカソ、ブラック、レジェらに代表される。キュービズムともいう。

**ギュヨー** 平頂海山。大洋底から1000メートル以上の高さを持つ、頂上がテーブル状に平らな海山。アメリカの地質学者ギュヨーから。ギヨー、ギョーともいう。

**キュラソー** リキュール酒。オレンジの皮で香りをつけた甘味のある酒で、無色、緑、赤などのバリエーションがある。

**キュレーター** 欧米では、博物館、美術館などのイベントの企画、運営に携わる専門職。管理主事。日本では、学芸員。

**キヨスク** JRの駅構内にある売店。

**キラー** ①殺し屋。②魅力で相手を引きつける人。③野球で、特定のチームや選手に相性のよい人。

**キラー衛星** 敵の偵察衛星や核弾頭を破壊するための軍事衛

星。
**キラーT細胞** がん細胞やウイルス感染細胞などを見つけ出して攻撃する細胞。
**キラー・パス** サッカーで得点に結びつくスルーパスのこと。
**ギルティー** 有罪の。
**キルティング** 刺し子縫い。2枚の布の間に綿や毛糸などを入れ、外布ごと縫って模様を表す手芸技法。
**キロバイト** コンピュータの記憶容量を表す単位(KB)。1キロバイトは1024バイト。
**ギンガム** 市松模様の薄地の平織り綿布。
**ギンガム・チェック** ギンガムに付いている格子柄。
**キングサイズ** ①標準サイズよりはるかに大きいサイズ。②男性服での特大のサイズ。対クイーンサイズ
**キングス・イングリッシュ** イギリスの標準英語。純正英語。格調高い表現が特徴。女王統治下では、クイーンズ・イングリッシュという。
**キングダム** ①王国。②生物分類学上の界。
**キング・メーカー** 国王を擁立する者。政界において政権担当者などといった要職の人事権を握る人物。
**キンダーガーテン** 幼稚園。

## ク

**グアバ** 熱帯アメリカ原産の、フトモモ科低木。やや酸味のある果肉は、白・黄・淡紅色などがあり、ジュースやゼリーなどに利用される。
**クアハウス** 温泉などの入浴施設と専門のトレーナーが指導するトレーニング設備などを有する健康づくり用施設。個々の利用者に適したトレーニングを施す。
**クイーンサイズ** 女性服での特大サイズ。対キングサイズ
**クイーンズ・イングリッシュ** イギリスの標準英語。発音、表現などに格調があるといわれる。女王統治下での呼び名。
**クイック・インデックス** キーワードと前後の文脈を合わせて表示する情報索引。クイック(KWIC)は、key word in

contextの頭文字から。

**クイック・サンド** 地震などの条件により、地下水流が下から上に向かい、液状化した土砂が流出すること。あるいは、その土砂。

**クイック・モーション** ①フィルムを低速回転で撮影し、通常の速度で映写する映画の技法。対スロー・モーション ②野球の投手のすばやい投球動作。

**クーデター** 武力を行使して政権を奪うこと。革命と違い支配階級内での権力争いをいう。

**クーペ** 2ドア、2座席のスポーツタイプの乗用車。

**グーラシュ** ビーフシチューの一種で、タマネギ・パプリカなどを用いるハンガリーの代表料理。

**クーリー・ハット** 帽子の山の部分がとがって、下に傾斜して延びた形になっている女性用帽子。

**クーリエ** ①特使、急使。②添乗員。③宅配業者。

**クーリエ・サービス** 国際宅配便。ビジネスの国際化に伴い、書類や小口荷物を航空便で短時間で送るサービス。

**クーリング・オフ** 一定期間内ならば、勧誘によって契約した売買契約・保険契約などを解除できる消費者保護制度。

**クーリング・ダウン** 激しいスポーツや運動の後、軽い運動で筋肉をほぐし、熱を冷ますこと。対ウォーミング・アップ

**クーリング・タワー** 建物の屋上などに設ける冷却塔。温度の上がった冷却水を、空冷あるいに水冷の方法で冷却する装置。

**クール** ①~な冷たい、涼しい。②~な冷静なさま。③テレビなどで週1回の連続放送番組の一区切り。通常3か月間、13回が1クール。

**クール・ウール** 夏服に使用するウール。よりの強い、細い羊毛で、軽くて涼感のある生地。

**クール・ジャズ** 熱狂的なジャズに対する、感情をおさえた知的なジャズ演奏。対ホット・ジャズ

**クール・ダウン** 熱を冷ますこと。冷静になること。

**クール・ビズ** 温室効果ガス削減のために環境省が提唱する夏のノーネクタイ、上着なしの服装。対ウォーム・ビズ

**クーロン** 電気量の単位。1アンペアの電流で1秒間通じた

ときの電気の量。記号C。
**クエーサー** 準星。太陽系ほどの大きさを持つ古い恒星状天体。
**クォーク** 物質を構成する素粒子(ハドロン)の基本構成粒子。ハドロンは2〜3個のクォークの結合状態と考えられている。
**クオータ** 分け前、割り当て。通常輸入割当枠、またはその割当制。
**クオリティー・オブ・ライフ** 生活の質、生命の質。精神的な豊かさを含めた質的に豊かな生活形態。医療などの分野などでも使われる。略QOL
**クオリティー・ペーパー** 大衆紙に対し、良質な記事や解説をする新聞。
**クオンツ** 単なる勘や経験によらず、確率論など理論的手法を用いて、リスクを少なくする方法で為替や債券などの取引を行う人。
**クスクス** 小麦粉、トウモロコシなどの粉を塩水でこねて、蒸して肉や野菜と共に食べる北アフリカ料理。
**クズネッツの波** 約20年を周期とする景気循環。アメリカ経済学者のクズネッツがアメリカGNP統計を研究し発表、住宅投資が主要因といわれる。→ジュグラーの波
**クセジュ** フランスの新書判文庫本。モンテーニュの座右銘「われ何を知るや?」から。
**クチュール** 仕立て、縫製などファッション界の作り手を総称するが、一般に高級婦人服のオート・クチュールの意味で用いられる。
**クチュリエ** パリの高級服飾店の男性デザイナーのこと。女性デザイナーはクーチュリエール。
**クッカー** なべや釜など加熱する調理器具。
**クッキング** 料理。調理法。
**クッション・バッグ** こわれやすいものを郵送するときに利用する、ポリエチレンのクッションを内側に張りつけた書類袋。
**クッション・ボール** ①ビリヤード台のふちに当たり戻ってきた球。②野球のフェンスに当たり跳ね返ってきた球。
**グッズ** 商品。

**グッドウィル** ①善意。親善。②ごひいき。お得意。
**グッドウィル・ガイド** 日本を訪れる外国人の通訳として、ボランティアで観光ガイドをする制度。
**グッド・デザイン・マーク** ⇒ジー・マーク
**クッパ** 朝鮮料理の一つ。野菜類、肉などをスープで一緒に煮込んだ雑炊。
**クネッケ** 保存性のよいライ麦パンの一種。ビスケットのように平らで、主にスウェーデンやスイスなどで朝食に食される。
**グミ** かみ心地がガムのような食品。ゼリーの一種。砂糖・水あめ・ゼラチンなどを原料とする。
**クメール・ルージュ** カンボジアの共産党を中心とする革命組織。
**クラーク** ホテルのフロント係、書記、事務員、店員。
**グラーベ** 音楽の速度標語の一つで「きわめて遅く、荘重に」の意。
**クライアント** ①広告業界における広告主。②カウンセラーの相談を受ける相談者。③顧客。
**クライオエレクトロニクス** 極低温電子工学。通常なら作動しなかったり、性能が低下する極低温下でも完全に作動できるように超電導などの物性を利用した電子工学。
**クライオージニクス** 低温学。
**クライオトロン** コンピュータなどの電流の増幅・遮断に用いられる、極低温下で超電導性を発揮する電子素子。
**クライオニクス** 人体冷凍保存法。
**グライコ** ⇒グラフィック・イコライザー
**クライシス** ①危機、重大な局面。難局。転機。②劇などの緊迫した場面。
**クライマー** 岩を登る登山家。
**クライム** 法律に反する罪。犯罪。
**クライム・ストーリー** 犯罪小説。犯罪の展開、過程などを犯人の立場から描いたもの。
**クラインガルテン** 郊外の小菜園。農地を小区画に分けて貸し出す農園地。
**グラインダー** 研磨機。砥石を高速で回転させて表面を削る。
**クラインフェルター症候群** 性染色体の異常によっておこ

る、男性の性器発育不全。男子の性染色体はXYだが、これにあたる患者はX染色体を一つ余分に保有する。

**クラウチング・スタート** 陸上の短距離などで両手をスタートラインにつき、かがんだ姿勢からスタートする方法。対スタンディング・スタート

**クラウディー・タイプ** 果肉を果汁に混ぜたタイプのジュース。

**クラウディング・アウト** ①押しのけること。②国債の大量発行により民間資金が圧迫されること。

**クラウン・ジュエル** 企業買収において資産価値、事業力などの面においてもっとも魅力的な部門。

**グラウンド・キーパー** 野球場などの整備係員。

**グラウンド・ゴルフ** ゲートボールとゴルフから考案されたゲーム。木製スティックで直径6センチメートルのボールを打ち、直径36センチメートルの立てた輪に何打で入れられるかを競うもの。

**グラウンド・ゼロ** ①核爆発の爆心地点。ゼロ地点。アメリカの同時多発テロの起きた世界貿易センター跡地。②アメリカの反核運動の市民団体の名称。

**グラウンド・フロア** ⇒グランド・フロア

**グラウンド・ホステス** 地上勤務する航空会社の女子職員。空港での受付やインフォメーションが主な仕事。

**クラウン・ロースト** 復活祭に作られる、王冠形の肉料理。普通、子羊のあばら肉に詰め物をして作る。

**クラクション** 自動車の警笛。

**グラシ** 上塗り技法。油絵の色調を変化させるために施される透明な絵の具を使用した塗装。

**グラシアス** (スペイン語で)ありがとう。

**クラシシズム** 古典主義。古代ギリシア・ローマの文学・芸術を継承しようという立場や、芸術運動。

**クラシック** ①紀元前5～4世紀の美術様式、時代概念。②後世まで広く愛好される作品。③クラシック・ミュージックのこと。④〜な古典的な、古風な。

**クラシック・バレエ** ヨーロッパ伝統のバレエ。対モダン・バレエ

**クラシック・レース** 競馬で、サラブレッド3歳馬のための

伝統的な重賞レース。日本では桜花賞、皐月賞、オークス、ダービー、菊花賞の五つのこと。

**グラス** ①コップのこと。②草。草地。③マリファナのこと。

**クラス・アクション** 集団訴訟。公害などで多数の被害者がいる場合、代表者が提訴し、判決は全員に適用されるという訴訟の形式。

**グラス・ウール** ガラス繊維を綿状にしたもの。建築の防音材・断熱材などに用いられる。

**グラス・スキー** 草地や芝生の斜面をすべるスキー。スキー板に相当するのは、キャタピラー式の70センチメートル前後のもの。ストック・靴はスノー・スキー用の品を流用できる。横すべりはできない。

**クラスター意識** 仲間意識。クラスターは集団や群れの意味で、ファッションの世界では、集団から浮き上がらないように目立たない服を選ぶ意識をさす。

**クラスター爆弾** 所定の高さで分解し、内蔵された複数の小型爆弾が広範囲に分散した目標を攻撃する爆弾。集束爆弾。

**クラスター分析** 個体間の親近性を測定する場合、その度合いによってグループ分けする統計的技法。

**グラスノスチ** 情報公開。旧ソ連、ゴルバチョフ政権下でのペレストロイカ政策の一部として打ち出された情報・報道などの開放政策。→ペレストロイカ

**グラス・ファイバー** ガラス繊維。ガラスを溶かして繊維状にした強度・耐熱性に富み、断熱材、絶縁材、光ファイバーなどに利用される素材。

**グラスホッパー** ①バッタ。キリギリス。イナゴ。②カクテルの一種。

**クラス・マガジン** 年齢別、分野別などに細分化された専門雑誌。

**クラス・メディア** 専門紙、業界紙など、特定の人々を対象とした情報媒体。**対**ゼネラル・メディア

**グラス・ルーツ** 草の根。一般民衆。

**クラスレス** 階級差別のない。

**グラス・ワイン** レストランなどでグラス1杯いくらで提供されるワイン。

**クラッキング** 原油を重油、灯油、揮発油に分解する方法。

熱分解と接触分解の方法がある。
**クラック** ①コカインやヘロインの純度を高めた固形麻薬。②割れ目。亀裂。**例** コンクリート壁の細かい〜
**クラック・バスターズ** アメリカの特別麻薬取締官。
**クラッシュ・アイス** 細かく砕いた氷。
**グラッセ** 「糖衣をかけた、凍らせた、焼き色をつけた」などの意味の料理用語。**例** マロン〜
**クラッター効果** 雑音などで広告の効果が妨害されること。
**グラッチェ** (イタリア語で)ありがとう。
**クラッチ・バッグ** 脇に抱えて持つ小型のバッグ。
**グラデーション** ①色調のゆるやかな変化、階調、ぼかし。②段階的な移行。
**グラデーション・カット** 毛の長さに段差をつけて切った髪型。
**グラニー・バッグ** 木の取っ手のついた袋状の大きな布製かばん。
**グラニュー糖** 粒が細かい精製白砂糖。コーヒーや紅茶などに使用する。
**グラビア** ①写真を印刷するときに用いる凹版印刷の一つ。②①で印刷された雑誌などの写真ページ。
**クラビコード** ピアノの前身となる楽器。
**グラビトン** 重力量子。重力を波として考えたときに量子力学を適用すると存在が想定できる量子。
**グラファイト** 石墨。黒鉛。結晶度の高い炭素。**例** 〜ファイバー(強度があり、ゴルフ・クラブに使用されている)
**グラフィック** 視覚的にわかりやすい図表の、図解の。それらの多い印刷物。
**グラフィック・アート** 平面に図像を描き出す美術、あるいはその技術。書画、写真、版画、印刷美術など。
**グラフィック・イコライザー** 可聴音域をいくつかに分け、それぞれを別々に増幅、減衰させることができる音質調整用の増幅機。略してグライコ。
**グラフィック・エンジン** 画像処理や画像生成を高速で実行可能な専用のハードウエア。
**グラフィック・ソフト** 作図用コンピュータ・ソフト。
**グラフィック・ディスプレー** 文字、記号、図形、画像など

を表示できるコンピュータのディスプレー装置。

**グラフィック・デザイン** ポスター、新聞雑誌広告など、さまざまな印刷技術を活用したデザイン。商業デザイン。

**グラフィック・パネル** 工場などの中央制御室で各部署の状態を把握できるよう図式化されたパネル。

**グラフィック・ペン** 正確な太さの線を引くためのデザイナー用特殊ペン。

**グラフィティ** ①古代の引っかき絵。②建物やドアに書かれた落書き。③懐かしい思い出を集めたもの。

**グラフィティ・アート** 落書き芸術。ビルなどの壁一面に描かれたもの。

**グラフォスコープ** ディスプレー画面上に表示されたデータをライトペンなどで修正可能にした装置。コンピュータ・グラフィック用。

**クラブサン** ⇨ハープシコード

**クラブ・サンドイッチ** トーストしたパンの間にハム、鶏肉、野菜などをはさんだ三段以上のサンドイッチ。同クラブハウス・サンドイッチ

**クラブ・チャンピオン** 年1回のクラブ選手権によって決まるゴルフ・クラブ、またはカントリー・クラブのチャンピオン。

**クラフト** 手づくりの工芸品。民芸品。

**クラフト紙** 硫酸パルプが原料の茶色く丈夫な包装紙。

**クラフト・デザイン** 工芸デザイン。

**クラフトマン** 工芸家。職人。熟練工。名匠。

**クラフト・ユニオン** 職能別組合。産業別、企業別ではなく同一職種の労働者によって結成された組合。

**クラブハウス** ①ゴルフ場や野球場のそばにありシャワー室や休憩室を兼ね備えた建物。②クラブハウス・サンドイッチのこと。

**クラブハウス・サンドイッチ** ⇨クラブ・サンドイッチ

**クラブ・ファッション** クラブ(ナイトスポット)に集う若者の独創的なファッション。

**グラマー** ①~な豊満な肉体で性的魅力のある女性。②文法。

**グラマー・スクール** イギリスの公立中学校。11〜18歳の生徒のエリート教育を行う中学校。

**グラマー・ストック** 魅力的な成長株。
**グラマラス** 女性が豊満な肉体で性的魅力のある。~な
**グラミー賞** アメリカのレコード芸術科学アカデミーが毎年その年の最もすぐれたレコードに贈る賞。作詩、作曲、演奏、歌唱など多彩な部門別に贈られる。
**クラミジア感染症** 性行為によって感染する、クラミジア・トラコマチスという病原菌による感染症。尿道炎、前立腺炎、子宮頸管炎などをおこす。
**グラム原子** 元素の原子量にグラムをつけた量を1として、元素の質量を表す単位。
**グラム染色法** 細菌の分別染色法。細菌性肺炎などの感染を調べるために行う。
**クラム・チャウダー** 小さめのハマグリやアサリを具にしたとろみのあるスープ。アメリカ料理。
**グラム・ロック** 1970年代前半に流行したロック音楽。化粧し派手な衣装を着ていた。デビッド・ボウイ、クイーンなどが有名。
**グラモキソン** 除草剤(パラコート)の一種。畑や水田の除草に日本でよく使用されている。強い毒性があり、犯罪に使用されたため、現在は催吐剤や着色剤を添加するようにしている。→パラコート
**クラリオン** 昔、戦争の号令に使用したラッパ。音色は明快でよく響くのが特徴。
**クラレット** フランス・ボルドー産の高級赤ワイン。最近は赤ワイン全般をさす。
**クランク・アップ** 映画の撮影が終わること。
**クランク・イン** 映画の撮影を始めること。
**グラン・クリュ** 特級を意味するフランス産ワインの等級。
**クランケ** 患者。
**グランジ・ロック** 1980年代末にシアトルで流行したロック音楽。わざとボロボロの衣装を着て、演奏もわざと汚く演奏する。パールジャム、ニルバーナが有名。
**クランチ** 砕いたナッツなどを混ぜたチョコレートやあめなどの菓子。
**グランデ** 巨大な。大型の。
**グラントゥリスモ・カー** 高速長距離用乗用車。

**グラント・エレメント** 贈与要素。先進国が供与する開発途上国への資金援助が援助を受ける国にとってどれだけ有利かを示す指標。経済協力開発機構の開発援助委員会が使う。贈与の場合は100%となる。

**グランド・オペラ** 正歌劇。大歌劇。せりふではなく合唱やおどりで進行する。

**グランド・スラム** ①主要な試合すべてに勝つこと。ゴルフ、テニスの四大タイトルを得ること。例 ～を達成する ②野球の満塁ホームラン。

**グランド・セール** 大売り出し。

**グランド・ツーリング・カー** 高速長距離用乗用車。

**グランド・デザイン** 長期にわたって行われる壮大な設計、大規模な計画。

**グランド・フロア** イギリスでの1階。

**グラン・パ・ド・ドゥ** クラシック・バレエで主役の男女が見せる最高の見せ場。

**グランビルの法則** 株価と移動平均線の関係に関する法則。

**グラン・プリ** 大賞。最高賞。芸術、スポーツ、コンテストなどで与えられる。例 栄誉ある～を獲得する

**クランベリー** ツツジ科の1メートル程度の木。1センチメートル前後の暗紅色の果実はジャムやジュースに利用されるほか、感謝祭の七面鳥料理のソースとしてアメリカでは欠かせないものとされる。

**クリアカット** 明快な。はっきりした。

**クリア・ケース** 書類や本を入れて持ち歩くための中身の見えるプラスチック製の箱型ケース。

**グリア細胞** 脳と脊髄に存在し、神経細胞の機能を補助する細胞。

**クリアビジョン** 高画質テレビ。送信技術を向上させて現行の受像機の画質を向上させた。→ハイビジョン

**クリアランス・セール** 在庫品の一掃セール。蔵払い。クリアランスともいう。

**クリアリング・システム** 商品取引における清算業務を行うこと。

**クリアリング・ハウス** 商品取引の清算業務を行う専門会社。取引所で清算する日本と違い、欧米では専門会社が業

務にあたる。
- **クリーク** ①ゴルフの5番ウッドの別称。②小集団。仲間。徒党。排他的な意味合いを持ち、熟知の間柄で構成されたものをさす。③小川。濠。小運河。
- **グリー・クラブ** ①男性合唱団。②イギリスで18世紀に発生した3部または4部の男性合唱団。グリー(無伴奏合唱)を中心に歌った。
- **グリーター** ホテルのレストランなどで客を出迎えたり、案内をする人。
- **グリーティング・カード** あいさつ状。賀状。誕生日やクリスマスに交換するカード。
- **クリーナー** 掃除道具。電気掃除機。
- **クリーパー** 乳幼児のはいはい着。同ロンパース
- **クリーピング・インフレーション** 物価が持続的にじわじわと上昇する状況。
- **クリープ現象** オートマチック自動車でドライブにレバーを入れると、ゆっくり動きだす現象。
- **クリーンアップ・トリオ** 野球で打撃の中心となる3～5番の打者。
- **グリーン・インテリア** インテリアとして部屋を飾る観葉植物。
- **グリーン・エージ** 若年世代。
- **グリーン・エナジー計画** ハウス栽培に使う燃料を、石油エネルギーから自然エネルギー(太陽熱・地熱・風水力)に転換しようという農林水産省の研究計画。
- **クリーン・エネルギー** 大気汚染物質を発生しないエネルギー。太陽熱・地熱・風水力によるものをさす。
- **グリーン・カード** アメリカが発行する外国人用の入国許可証、および労働許可証。永住権も与えられる。
- **グリーン・カラー** ホワイト・カラー(事務系)、ブルー・カラー(肉体労働)に対して、コンピュータのソフト産業などの新分野で働く人々のこと。
- **クリーン・クルー** ビル清掃員の新しい呼び方。
- **グリーン・コーディネーター** 観葉植物や草花を室内の構成や雰囲気を考えて飾る職業の人。
- **グリーン・コンシューマリズム** 消費者の立場から企業に環

境対策を要求する運動。アメリカでは市民団体が企業の行動を項目ごとにチェックし、ランクづけして公表している。

**グリーンGDP** 国内総生産(GDP)から公害(環境汚染)による経済的損失分や、自然資源(生態系の破壊なども含む)の減少分を差し引いたもの。経済活動によって悪化した自然環境を金額に換算した費用。

**グリーン調達** 廃棄するときにリサイクルのしやすさ、有毒性の有無など、環境に悪影響を与える可能性の低い原材料、部品を優先的に調達すること。

**グリーン・ツーリズム** 農村にゆったりと長期間滞在する休暇形態をいう。

**グリーン・ティー** 緑茶。

**グリーンハウス** 温室。

**グリーンハウス・エフェクト** 温室効果。

**グリーンバック** アメリカのドル紙幣の通称。裏を緑色で印刷していることから。

**グリーンピース** ①国際環境保護団体。反核、環境保護を掲げて1969年にカナダで結成。②えんどう豆。

**グリーン・ビジネス** 緑化産業。主に観葉植物などのレンタルや販売を手がける業界をさす。

**クリーン・ヒット** ①野球の鮮やかなヒット。②見事に成功すること。大当たり。

**グリーン・フィー** ゴルフ場を使用するときに支払う料金。

**グリーン・プラ** 生分解性プラスチック。微生物によって土になる。

**クリーン・フロート** 通貨当局が為替市場に介入することなく、相場を市場の動きにゆだねること。きれいな変動相場制。**対**ダーティー・フロート

**グリーン・ペッパー** ①青い未熟なコショウの実。完熟したものより強い香気と辛味があり、煮物などのスパイスとして使用する。②ピーマン、シシトウガラシなど。

**グリーンベルト** ①道路を区切っている植え込み。②都市計画での環境保全のために設けられる緑地帯。

**グリーン・ボーイ** ボクシングの新人選手。

**グリーン・マーク** 環境保全に協力している企業の商品につけるマーク。

**グリーン・メーラー** 株式の買い戻しを目的とした買い占め屋。

**グリーン・メール** 株を買い占めて企業に高値で買い戻しを強要すること。

**クリーン・ルーム** 無菌室。防塵室。高精密度を要する半導体や精密機器製造の際使用される部屋。

**グリーン・レポート** 農業白書。

**グリーン・レボリューション** 緑の革命。開発途上国の食糧問題を解決するために、品種改良などで穀類を大増産を図っている。

**クリーン・ローン** 無担保の短期貸借。外国為替銀行間で行われる。

**グリエ** オーブンや焼き網で焼いた料理。

**クリエーター** 創造者。創作者。**例**ファッション〜

**クリエーティブ・エージェンシー** 広告制作を活動の中心とする広告制作会社。

**クリエーティブ・ディレクター** 広告制作の専門家チームの責任者。

**クリエーティブ・ブティック** 比較的少人数の広告制作会社。

**クリオール** ⇨クレオール

**グリコーゲン** 肝臓や筋肉に蓄えられる多糖類の一種。分解されてブドウ糖になり、生体エネルギーを発生する。

**グリコーゲン・ローディング** 競技前のスポーツ選手が大量のグリコーゲンを体内に貯えておけるようにする食事法。**同**カーボ・ローディング

**クリシュナ教** クリシュナ(ヒンドゥー教神話の神)を信仰する宗教。頭髪をそり、オレンジ色の法衣を着て、経文をうたいながら踊る。

**グリシン** アミノ酸の一種。肉や魚などの動物性タンパク質に多く含まれる。

**クリスタル・ダイオード** 半導体の結晶の持つ性質を応用した二端子素子。検波、整流に用いる。

**クリスタル・マイクロホン** ロッシェル塩などの結晶板の持つ圧電効果を利用して、音声振動を電気振動に変化させるマイク。

**クリスチャニア** スキーの回転技術の一つで、両足をそろえたままで高速での方向変換が可能。ノルウェーの首都オスロの旧名から。

**クリスチャン・ネーム** キリスト教の洗礼名。洗礼式のときに授かる名。

**クリスピー・ファッション** きびきびとしたイメージのファッション。麻のように張りのある素材を使った引き締まったデザインの服など。

**クリスプ** ①(食べ物などが)ぱりぱりした。②(態度などが)きびきびした。さわやかな。③布地などが張りのある。

**グリズリー** 灰色グマ。体長約2メートル、体重200〜400キログラムと大型。

**グリセード** ピッケルで制動をかけながら氷や雪の斜面をすべり降りること。

**グリチルリチン** マメ科の植物である甘草の甘み成分。解毒作用、消炎作用もある。

**クリック** コンピュータのマウスのボタンを軽くたたくように押すこと。する

**グリッサンド** ピアノ、ハープなどの鍵や弦の上を、指をすべらせるようにして音階順に演奏すること。

**グリッド** 真空管の格子状の電極。

**グリッド・コンピューティング** インターネットを介して世界中に存在するコンピュータを結ぶことで仮想的に高性能コンピュータをつくり、利用者はそこから必要なだけの処理能力や記憶容量を取り出して使えるようにできるという概念。

**グリッド・プランニング** 都市や建物を碁盤の目のように設計、計画すること。

**クリッパー** ①はさみやバリカン、草刈り機など刈り込む道具。②快速帆船。

**クリッピング** ①新聞・雑誌記事を切りとること。②コンピュータ・グラフィックスで表示領域外を消去する方法。

**クリッピング・ビューロー** 定期刊行物(新聞・雑誌など)の切り抜きをプリントして販売する会社。

**グリップ** ①バットやラケットの握り部分。②車のタイヤが路面をしっかりおさえること。例〜・タイヤ

**クリップ・アート** パソコン上で使えるイラスト集。
**クリティカル・パス** 開発計画途中において困難が生じ、時間のかかる可能性のある部分。
**クリティカル・ポイント** ①臨界点。臨界温度の状態で気体が液化するときの体積と圧力を示す点。②物事が限界に達するところ。
**クリティカル・マス** ①希望どおりの結果を得るために必要となる数や量。消費者に興味を持たせるための広告量や販路の数。②臨界質量。原子炉で連鎖反応を維持させるために必要な核分裂物質の最低量などのこと。
**クリティシズム** 批評。批判。文芸批評などをさす。
**クリニック** 診療所。
**クリニック・カー** 診療車。移動診療所。
**グリニッジ標準時** ロンドンのグリニッジにある旧天文台を通る子午線による標準時。世界協定で世界各地の経度の原点として採用されている。**略**GMT
**クリノメーター** 傾斜計。地層の傾斜や機械部品の傾きなどの測定に用いる。
**クリプトコッカス症** 真菌の一種であるクリプトコッカスという酵母菌による感染症。ハトのふんなどが感染源とされ、肺や皮膚粘膜が冒される。
**クリプトロジー** 暗号学。暗号の作成、またはこれを解読する研究。
**クリプトン** 無色・無臭の、不活性ガス元素の一つ。原子番号36、記号Kr。
**クリプトン85** 核分裂によってできる放射性物質。不活性ガス。
**クリムソン** 深紅色。えんじ虫の雌を乾燥させて赤紫色の粉末の染料を作ったことから。
**クリモグラフ** 気候図。温湿図。
**グリュイエール・チーズ** 硬質ナチュラル・チーズ。そのままデザートに食べたり、調理用にも最適といわれ、チーズ・フォンデュやグラタンに使用する。
**クリル** オキアミ。プランクトンの一種で主に南極海で鯨が餌にする。
**グリル** ①洋風軽食堂。グリル・ルームの略。②肉や魚を焼

いた料理。焼き網。
- **クリンギー・ルック** 体にぴったり巻きつくようにフィットしたスタイル。
- **クリンチ** ボクシングで相手に組みついて攻撃を避けること。
- **グル** 指導者。権威者。もとはヒンディー語で教師・教父の意味。
- **クルー** ①(船、飛行機、列車などの)乗組員、乗務員。②ボートの漕ぎ手。③(共同の仕事に従事する)仲間、一団。
- **クルーガーランド金貨** 南アフリカ共和国発行の投資用金貨。金相場の変動に合わせて価格が変わる。純度22K、大きさは4種類。
- **クルー・カット** 短い角刈りのようなヘアスタイル。同GIカット
- **クルーザー** ①巡航用ヨット。②巡洋艦(軍艦)。
- **クルーザー級** ボクシングで175ポンド(79.38kg)より上で190ポンド(86.18kg)以下の階級。
- **クルージング** クルーザーや客船などによる巡航、周航。
- **クルーズ** 周遊船旅行、周遊観光旅行。
- **クルー・ネック** 首まわりが丸い襟あきの。
- **グルービー** かっこいい。きまっている。
- **グルーピー** 芸能人、特にアイドル歌手やスポーツ選手を追い回す熱狂的女性ファン。おっかけ。
- **グルーピング** 組分け。グループ分け。
- **グルーブ** 音楽に乗っている。調子・リズムの良い曲に酔って気持ちよく感じている状態。もとはジャズについて用いた言葉だが、最近はディスコなどで盛り上がった状態をさす。
- **グループ・インタビュー** 集団面接法。一つのテーマを数人で討論させていろいろな意見や情報を得る調査方法の一つ。
- **グループ・サウンズ** 日本で1960年代に流行したエレキギターを中心に編成された音楽バンドの総称。略GS
- **グループ・セラピー** 集団治療。
- **グループ・ダイナミックス** 集団力学。集団を構成するメンバーの力関係や、集団が引きおこす力の原因・性格などを

分析、研究する社会心理学の一分野。
**グループ・テクノロジー** 多種少量生産における生産管理技術の新分野。部品をグループ化して生産性向上を図る。
**グループ・ホーム** ①知的障害者が地域社会に適応し、自立できるようになるために共同生活をする施設。②少人数の痴呆性高齢者が介護を受けながら共同生活をするための施設。
**グループ・ワーク** ①集団で行う共同作業。②社会福祉の場でおきた問題にグループ活動を通して対処すること。
**グルーマー** ペットの美容師。毛を刈るだけでなく、入浴、爪切り、耳掃除などペットの美容全般を受け持つ。毛を刈るだけの場合はトリマー。
**グルーミング** ①ペットの手入れをすること。②髪、ひげ、衣服などをきちんと手入れすること。
**グルオン** 中性子や陽子などの構成要素である物質の最小単位クォークを結合させる素粒子(ゲージ粒子)。
**グルクロン酸** 肝臓で生成され、尿によって排出されるブドウ糖の酸化物。
**グルコース** 甘い果実の汁などに含まれ、高等動物のエネルギー源となるもの。天然に存在するものはブドウ糖ともいわれる。
**クルゼ** コースの意味。
**クルゼイロ** ブラジルの旧通貨単位。現在はレアル。
**クルセーダー** 改革、現状打破運動家。十字軍(クルセード)の兵士から。
**クルセード** 十字軍。聖戦。転じて、「がん撲滅運動」のような大規模の改革運動。
**グルタミン酸** アミノ酸の一つ。小麦タンパクなどに含まれるうま味物質。化学調味料に使われるのはグルタミン酸ナトリウム。
**グルテン** 小麦から得られるタンパク質の混合物。小麦粉の吸水性がいいのも、パンがよくふくらむのもグルテンの性質による。麩(ふ)の原料。
**クルトン** さいの目切りにしたパンを油で揚げたもの。スープの浮き実にしたりする。
**グルニエ** 屋根裏部屋。**例** 〜のある家

**グルマン** 食い道楽の。食通の。食いしん坊の。

**グルメ** 食通。美食を追求する人。

**クレアチニン** クレアチンの生理的代謝によってできる物質。

**クレアチニン・クリアランス** 血液と尿の中のクレアチニン濃度を比較してその量を計算する腎臓機能検査法。

**クレアチン** 脊椎動物の筋肉に多量に含まれるアミノ酸の一つ。

**クレアトゥール** 流行に影響されず、創造性の強いファッションデザイナー。

**グレイ** 電離性放射線の吸収線量の単位。1グレイ＝100rad(ラド)。記号はGy。

**クレイズ** (一時的な)熱狂的大流行。大はやり。

**クレー** ①粘土。粘土で作ったもの。②クレー射撃の的。③クレー射撃のこと。

**グレー・カラー** 技術的な仕事をする労働者。ホワイト・カラー(事務職)とブルー・カラー(肉体労働)の中間的な職。

**グレー・グッズ** 高齢者向けの商品。

**クレー・コート** 表面が赤土か粘土で作られたテニスコート。

**クレージー** すごく熱中した。狂ったような。～な

**クレージー・キルト** パッチワーク・キルトの一手法。色も形もさまざまな布を不規則に縫い合わせたもの。

**クレー射撃** 空中の標的(クレー)を散弾銃で打ち砕く競技。

**グレー・スケール** 明度順に黒から白までを数段階に並べた票。無彩色の明度尺度。

**グレー・ゾーン** どっちつかずの領域。

**クレーター** ①噴火口。②月や火星の火口状地形。いん石孔。

**グレーダー** ①ファッション関係の専門職の一種。標準サイズの型紙をもとにして、サイズの大きい服や小さな服用の型紙を作成する人。近年はコンピュータで処理することが多くなっている。②地ならし車。

**グレーディング** 標準寸法の型紙(パターン)から、いろいろなサイズの型紙を作ること。→パタンナー

**グレート** 偉大な。大きな。ものすごい。

**グレード** 等級、階級。

**グレード・アップ** 格上げ、質を向上させること。
**クレー・ド・パック** 栄養剤を混ぜた泥のパック。美顔術に用いる。
**グレービー** ①肉汁。(肉汁で作った)グレービーソース。②あぶく銭。
**クレープ** ①小麦粉に卵や牛乳を加えて、薄くのばして焼いたもの。チョコレート、ジャム、クリームなどを塗って巻いたり、折ったりして食べる。②縮み。ちりめん。布の表面にしわ加工をした織物。例〜シャツ
**グレープシード・オイル** ブドウの種から作る食用油。悪玉コレステロールを減らす健康オイル。
**クレープ・シュゼット** バターやオレンジの皮・果汁、砂糖などを混ぜたものを塗ったクレープを四つ折りにして、オレンジジュースと洋酒で煮たデザート。火をつけてアルコール分を飛ばし、熱いうちに食する。
**クレープ・デ・シン** クレープの代表的絹織物。フランスちりめん、またはデシンともいう。
**グレープバイン** ①ブドウのつる(木)。②フィギュア・スケートの一種目。
**クレーマー** 苦情申し立て人。あら探しのような苦情を嫌がらせのごとく企業へ言う人。
**グレー・マーケット** 合法的ヤミ市場。正規の流通経路を通さずに安価で商品が流入し、形成される市場。
**グレー・マネー** 隠し金。ヤミ取引の金。
**クレーム** ①苦情、抗議申し立て。②貿易上の損害賠償の補償要求。
**クレーム・タグ** 手荷物引き換え証。同クレーム・チェック
**クレーム・ブリュレ** カスタードの表面の砂糖を焦がしたフランス料理のデザート。
**クレーン・ゲーム** クレーンを動かしてぬいぐるみなどの景品を取るゲーム。
**クレオール** ①魚介類、トマト、オクラ、トウガラシなどを使ったスペイン系料理。②スペイン系白人で中南米、西インド諸島生まれの人。③フランス系白人でルイジアナ生まれの人。④混交語。→ピジン・イングリッシュ
**クレオソート** 樹木(特にブナ)のタールを蒸留して得られ

る油液。無色または微黄色透明で、刺激性の強いにおいがある。殺菌・防腐剤などとして用いる。

**グレゴリオ暦** 太陽暦。現在、世界の共通暦としてほとんどの国が採用している暦。

**グレコ・ローマン・スタイル** レスリングの試合形式の一つ。相手の腰から下に足をからませたり手をかけたりしてはいけないというルール。グレコ・ローマンともいう。対 フリースタイル

**クレジット・オーソリゼーション・ターミナル** クレジット・カードが本人のものか、正規のものか、クレジット会社に照会するシステム。店頭の機器にカードを差し込んで確認する。略CAT

**クレジット・クランチ** (資金)の貸し渋り。金融逼迫。

**クレジット・タイトル** テレビ、映画で冒頭または最後に出る題名、出演者、スタッフ、スポンサー名などのこと。略してクレジットともいう。

**クレジット・トランシュ** 国際通貨基金(IMF)加盟国が借入枠を超えて条件つきで貸し出しを受けられる部分。→リザーブ・トランシュ

**クレジット・ヒストリー** クレジット・カード使用者の使用履歴。

**クレジット・ページ** 出版物の中で使用した写真や図版の版権所有者のリストを掲載したページ。

**クレジットホリック** クレジット中毒。クレジット・カードで収入につり合わないほどの買い物をする人のこと。キャッシュレス時代の弊害といわれている。

**クレジット・ライン** 貸出限度額。日本銀行が都市銀行に行う信用供与枠をさす場合に用いる言葉。

**クレジビリティー** 真実性。真ぴょう性。クレディビリティーともいう。

**クレジビリティー・ギャップ** 断絶感。相互不信。事実と公表されたものの間のギャップで、政府や政治家に対する不信感について用いる。

**クレスチン** カワラタケの培養菌子体から抽出されるタンパク多糖類。抗がん剤に用いる。

**クレスト・タイ** スコットランドの伝統的なデザインである

盾の中に紋章のついた柄のネクタイ。トラッドファッションには欠かせないアイテム。
**クレセント** ①三日月。新月。②三日月形(のもの)。クレッセントともいう。
**クレソン** アブラナ科の多年草。サラダやあえ物にするほか、ステーキなどのつけ合わせに使う。
**クレッシェンド** 記号 ＜ *cresc.* 音楽の強弱記号の一つで「だんだん強く」の意。
**クレバー** 賢い。利口な。悪賢い。~な
**クレバス** (氷河の)深い割れ目。地表の割れ目。
**クレパス** クレヨンとパステルの中間の硬度の画材道具。
**クレペリン検査** ドイツの精神医学者クレペリンが考案、内田勇三郎が標準化した性格検査。数の計算を連続的にやった結果をもとに、精神的な健康さや性格、職業の適性を調べる。
**クレマチス** キンポウゲ科センニンソウ属の総称。ほとんどが蔓性の多年草で、日本ではカザグルマ、センニンソウなどが自生する。江戸時代に中国から伝えられたテッセンもこの種。
**クレムリン** ①モスクワにある宮殿。ロシア語ではクレムリで、②旧ソ連政府。
**クレリック・シャツ** 襟とそで口が白で、その他の部分に色や柄を使ったワイシャツ。
**グレン・ウイスキー** トウモロコシ、ライ麦などの穀類を原料として醸造し、連続蒸留器で蒸留したウイスキー。→モルト・ウイスキー
**クレンザー** ①みがき粉。②洗顔剤。
**クレンジング・クリーム** 洗顔クリーム。油性クリームで、化粧落としに用いる。
**グレン・チェック** 細かい格子からできた大きい格子柄。
**グローイング・アップ** 成長すること。
**グローカル・マネージメント** 企業が海外に進出する際、地域の実態に即した経営を行うこと。
**クロークルーム** (ホテル・劇場などの)携帯品預かり所。(駅などの)手荷物一時預かり所。クロークともいう。
**グローサリー** 食料雑貨店、食料品店。

**クロージング** ①締め切り。閉鎖。結び。②決算。例~プライス(株式用語で「終わり値」)

**クローズ** ①文章の節。②(法律・条約などの)条項。

**クローズ・アップ** ①映画やテレビなどで対象となる人物、風景などを画面一杯に写すこと。②特定の出来事や物事を大きく取り上げること。する

**クローズ・スタッフ** 飲食店などの閉店後に片づけや清掃をする人。同クリーニング・スタッフ

**グロース・ストック** (経済用語で)成長株、有望株。

**グロー・スターター** 蛍光灯の点灯管。同グロー・ランプ

**クローズド・キャプション** テレビ放送の音声を字幕化した、文字多重放送。

**クローズド・コーポレーション** 株を公開していない会社。非上場会社。

**クローズド・サーキット** 自動車やバイクのレースに使用する閉鎖周回路。

**クローズド・ショップ** 労働者を雇う場合、組合員のみを採用し、その資格を失った者は解雇しなければならないという制度。対オープン・ショップ

**クローズド・セール** 閉店大売り出し。

**クローズ法** 適語補充問題。文中の空白に適語を入れさせるテスト形式。

**クローゼット** ①作りつけの衣類たんす。押し入れ。戸棚。②水洗便所。

**クローナ** スウェーデン、アイスランドの通貨単位。1クローナ=100オーレ。

**クローニー・キャピタリズム** 縁故資本主義。仲間、縁故者同士で国家レベルの経済運営を行い、権益を独占して富を増やすこと。

**クローニング** 無性生殖させること。受精させずに単一個体から親と同じ遺伝情報を持ったコピーを作りだす。動植物の品種改良などに利用されている。→クローン

**クローネ** デンマーク、ノルウェーの通貨単位。1クローネ=100オーレ。

**グローバリスト** 世界的規模で活躍する国際人。

**グローバリゼーション** 世界化。世界が国境という枠を超え

全世界的に一つになっていくこと。グローバライゼーションともいう。

**グローバル・ウォー** 地球的規模の戦争。大国による、覇権争いをさす。

**グローバル・エリア** 世界の規模に広がった情報空間。例〜ネットワーク(広域情報通信網)

**グローバル化** ⇨グローバリゼーション

**グローバル・コミュニティー** 地球共同体。食糧・人口・貧困問題などを地球規模でとらえ、全人類運命共同体とする考え方。

**グローバル・スタンダード** 金融、経営、産業、環境などの分野などにおいて、国際的に共通しているルール、あるいは共通している理念のこと。世界基準、国際標準。工業製品などの国際標準規格。国際標準には、ISO(国際標準化機構)、IAS(国際会計基準)などがある。

**グローバル・テン** ある商品の市場占有率が世界市場で10%を超えること。

**グローバル・ネゴシエーション** 南北問題などについて国連で行う包括的交渉。世界的な交渉案。

**グローバル・ネットワーク** 通信衛星などを使った世界的規模の広域通信情報網。

**グローバル・パートナーシップ** 世界的規模で考え、行動する外交上の協力関係。

**グローバル・パワー** 世界に対して発言力のある国。大国。

**グローバル・マーケティング** 各国の国内市場に対して、各国共通の国際市場を一つの市場としてとらえたマーケティングを行うこと。

**グローブ** ①手袋。②球状のもの。③電球を覆う球体のガラス器具。

**グロー放電** 真空放電の一形式。ネオンサインなどに使用される。

**クロム** クロム族元素の一つ。耐熱・耐食性に富み、メッキ材、合金材として広く用いられている。原子番号24、記号はCr。クロムともいう。

**クロム・テープ** 二酸化クロムを塗布した、音質のすぐれた録音用テープ。

**クローラー** 無限軌道。トラクターなどの無限軌道車をさすことが多い。→キャタピラー

**グロー・ランプ** ⇒グロー・スターター

**クローリング・ペッグ** 平価を小刻みに、かつ、段階的に変更する為替制度。

**クロール** ①泳法の一つ。②塩素。原子番号17、記号Cl。

**クロールカルキ** 消石灰に塩素ガスを吸収させて作った粉末さらし粉。強い酸化力があり、漂白・殺菌剤などに用いる。→カルキ

**クローン** 無性生殖で単一の個体あるいは細胞から生じた遺伝的にまったく同一の個体・細胞群。1903年、H・ウエッバーが命名。

**クローン技術** 無性生殖によって同一遺伝子をもつ細胞群、あるいは固体群を生み出す技術。

**クローン病** 限局性回腸炎。比較的若い人に見られる疾患で、消化管のあらゆる部位を冒し、肛門部病変は痔疾患と間違われるやっかいな病気。

**グロキシニア** イワタバコ科の多年草。ブラジル原産。寒さに弱く多湿を好むので、温室で栽培される。観賞用の花は直径7〜8センチ。鐘状で、色は赤・紫・白などの単色のほか覆輪(ふくりん)などもある。

**グログラン** 縦糸に細い絹糸、横糸に太い絹糸または毛糸を用いて、高くて丸みのあるうねを出した生地。婦人服、縁飾り、リボンなどに使われる。

**クロコダイル** クロコダイル科に属するワニ。熱帯地方に生息する。→アリゲーター①

**クロシュ** 釣り鐘形の女性用帽子。

**グロス** ①総体。総計。②数の単位の一つ。1グロス＝12ダース(144個)。

**クロス商い** 同一の証券会社が、同一銘柄に対して同一値段、同一株数の売り買い注文を取引所に出し、一度に売買を成立させる大口の売買取引のこと。

**クロス・アセンブラー** コンピュータ用語で、上位のコンピュータの機械語プログラムを小さいコンピュータの機械語プログラムに変換するためのプログラムの一種。

**グロス・インカム** 総収入額。

**クロスオーバー** ①交差すること。②他党へのくら替え投票者。③ジャズ、ロック、ポピュラーなどの音楽要素を混合した新しい音楽。→フュージョン②

**クロスオーバー・ファッション** 素材もスタイルも異質なものを組み合わせたファッション。

**クロス・カウンター** ボクシングで相手が打ってきたのとは逆の腕で交差するように打つパンチ。

**クロス・カルチャー** 異文化間にまたがること。

**クロス・カントリー** ①森、野原、丘などを走る競技。②野山をスキーで走破する競技。

**クロス・キック** ラグビーで攻撃方向とは逆のサイドにボールをキックすること。

**クロス・ゲーム** 追いつ追われつの接戦。

**クロス・セクション** ①断面。断面積。②粒子の散乱現象で衝突がおこる確率を示す量。物理学用語。

**クロス・セリング** 抱き合わせで物を売り込むこと。たとえば映画、主題曲、原作の本などを同時に宣伝して売り込む。

**クロス・ソフトウエア** ほかのコンピュータで開発されたソフトを、目的にあったコンピュータで作動させるソフト。→クロス・アセンブラー

**クロス・トレード** 第三国間貿易。商品を買い入れる国と売り渡す国の間に仲介国が存在する貿易形態。仲介国は仲介手数料を受け取る。仲介貿易。

**クロス・ネット** 民放局が特定のキー局からだけでなく、ほかの局からも番組を選択し、いくつかの番組を組み合わせて編成するネットワーク形態。

**クロスバー式** クロスバー・スイッチを使用した電話の自動交換方式。

**クロス・バンカー** ゴルフで、フェアウェーを横切るバンカーのこと。

**クロス・フェード** 音楽や映像を徐々に明確にさせていきながら、同時にほかの音楽や映像は徐々に消していく手法。

**クロスボウ** 横に倒したアーチェリーの弓とライフルを合わせたような弓。石弓。同ボウガン

**クロス・マーチャンダイジング** 販売企画を立案する場合、単品商品を売り込むだけではなく、それらの関連商品を品

**クロス・ライセンス** 相互使用特許権。自社が持っている技術提供を条件に他社の技術を導入すること。

**クロス・レート** 裁定為替相場。二国間の為替相場を第三国との為替相場から見ていう言葉。

**クロソイド** 渦巻き形の曲線。高速道路のゆるやかなカーブ設計に利用されている。例〜曲線

**クロッキー** 短時間で人物などの動きの特徴を大まかにとらえて描くこと。また、その絵。

**クロック信号** コンピュータなどの同期信号。基本動作のタイミングを制御するために用いるもの。

**クロッケー** 木のボールを木槌で打ってコの字形の柱門を通過させてスピードを競い合う競技。15世紀ごろフランスではじまった球技。ゲートボールのもと。

**グロッサリー** ①(特殊な分野の)用語辞典。②巻末の用語解説。

**クロニクル** 年代記。編年史。

**クロノグラフ** 時間を厳密に測定・記録する装置。ストップウォッチ付きの腕時計のこと。

**クロノバイオロジー** 時間生物学。生物の体内時計に関する研究分野のこと。

**クロノメーター** 高精度の時計。航海、天文観測などの場で使用する。

**クロマトグラフィー** 吸着性を利用した有機化合物混合体の分析方法の総称。アルミナ粉末などを使用するものをカラムクロマトグラフィー、ヘリウムなどを使用するものをガスクロマトグラフィーという。

**クロマトロン** カラーテレビ用の回転採光方式のブラウン管。シャドー・マスク方式より画面が明るい。

**クロミック材料** 光や熱に反応して色がつき、それらが遮られるともとに戻る物質。サングラスや電卓の表示板などに使用される。

**クロム** ⇨クローム

**クロライド・ペーパー** 感光速度の遅い印画紙。ガスライト紙。

**クロルデン** 有機塩素系化合物。殺虫剤、白アリ駆除剤など

に使用されていたが、毒性が強いため現在は使用禁止となっている。

**クロレラ** 緑藻植物、クロレラ科の単細胞緑藻。光合成能力にたけるので汚水浄化に、またタンパク質や脂肪、ビタミンの含有量が多いので健康食品に、酵素などが含まれているので化粧品にと、人工培養して利用されている。

**クロロキン** マラリアの特効薬。視覚障害の副作用があるので現在は市販されていない。

**クロロフィル** 植物の葉緑体に含まれる葉緑素。光合成を行う緑色の色素。

**クロロフルオロカーボン** フロンの一種で塩素、フッ素原子で構成される。無毒で不燃性といった特性を生かして冷媒をはじめ、発泡剤、半導体などの洗浄剤に多量に使用されるようになった。しかし大気中に放出されたクロロフルオロカーボンは、オゾン層を破壊する原因と判明し、1995年に製造中止。略CFC

**クロロベンゼン** ベンゼンを塩素化したもの。無色で揮発性。合成染料などの原料。

**クロロホルム** 化学名はトリクロルメタン。無色透明、揮発性で特異臭があり、麻酔剤などに使用される。

**クロロマイセチン** クロマイと略称される抗生物質。腸チフス、パラチフス、リケッチア症などの特効薬。

**クロワッサン** 三日月形のさっくりした歯ごたえのパン。

**クワス** ライ麦と麦芽を原料とするロシアの微アルコール清涼飲料水。

## ケ

**ケア** ①世話、介護、看護。②注意すること。配慮すること。する

**ケア・サービス会議** 個別のケア・プランの原案について、地域の保険、医療、福祉分野などの実務担当者が集まり計画を決定する会議。

**ケア・ハウス** 介護機能を持つ一方、個人的な生活形態をも尊重する型の老人ホーム。軽費老人ホーム。

**ケア・プラン** 介護保険制度において、申請者(被保険者)の介護認定度に応じて、必要な介護サービス計画を作成すること。

**ケア・マネージメント** 介護保険制度において、保健・医療・福祉の専門家が協力しあい、効果的な介護サービスを提供すること。

**ケア・マネージャー** ケア・マネージメントを担当する介護支援専門員。一般には医師、看護士、ソーシャルワーカーなどがあたる。98年に最初の資格試験が全国で実施され、現在に至っている。

**ケアレス・ミス** 不注意による間違い、単純な誤り。

**ケア・ワーカー** 介護福祉士。障害者や老人の介護をする専門職。1988年に制度化されて、国家資格が必要となった。

**ゲイ** 男の同性愛者。

**ゲイ・バー** 男性の同性愛者の集まるバー。

**ケイマン・ゴルフ** ケイマン・ボール(普通のゴルフ・ボールの半分以下の重さのボール)を使うゴルフ。ボールが軽く飛距離が出ないため、狭いゴルフ場でのプレーも可能。

**ゲイン** ①利益。利得。もうけ。例キャピタル〜 ②増加。進歩。③ラグビーやアメリカンフットボールで前進して地域を獲得すること。

**ケインジアン** イギリスの経済学者J.Mケインズの経済理論を信奉する人々。景気停滞期に財政支出を増加させ、経済の活性化を図ろうという考え方。

**ケージ** ①鳥かご。②捕虜収容所。③(エレベーターなどの)箱。④野球の練習で使う移動式の防護用金網。

**ゲージ** ①標準寸法。規格。②自動車の車輪間隔。鉄道のレールの幅。③編み物の一定寸法内の目数と段数。

**ゲージ理論** 物理学で、ゲージ変換に対して理論は不変というゲージ不変性を基礎とした理論。

**ケーシング** ①外箱、包装。②電線の被覆。③ソーセージ用の腸。練り製品を詰める外被。④油井、井戸などの鉄管。

**ケース・スタディー** 事例研究。具体的な事例を研究材料として、その発達と環境の関係などを分析、研究すること。

**ケース・バイ・ケース** 原則などを決めるのではなく、臨機応変に個別に物事に対処すること。

**ケース・メソッド** 事例研究法。具体的事例を用いて研究・教育・訓練などを行う方法。

**ケースワーカー** 社会福祉主事、児童福祉士。肉体的、精神的、社会的に問題のある人や家庭の相談相手になって適切な指導を行う人。

**ゲーセン** ゲームセンターの略。

**ケーソン工法** 潜函工法。地下部分を事前に地上で組み立てておき、それを沈めて建造物を造っていく工法。

**ケーソン病** 潜函病。気圧の変化でおきる疾患で、呼吸困難やしびれなどの症状が現れる。ケーソン(潜函)の中で作業に携わる人や潜水作業員などにおきる。

**ケータリング・サービス** 仕出し、出前料理のサービス。料理だけでなく、宴会やパーティーのテーブル・セッティングから後片づけまでこなすサービス。

**ゲート・アレイ** 論理回路の基本回路を固定し配置したチップ。論理設計図に基づき結合・配線するだけでLSIとなる。

**ゲート・イン** 競走馬が発馬機の中に入ること。

**ゲートウェー** ①門戸。入り口。②個別のコンピュータや電話回線、OA機器などのネットワーク間を接続する装置。

**ゲートキーパー** ①(広告用語として)商品購入の決定権を持つ人。②(新聞、放送などで)ニュースを取捨選択する人。

**ゲートハウス** 出入り口を警備する門衛の詰め所。

**ゲート・ボール** クロッケーに似た和製スポーツ。高齢者に人気がある。

**ケーナ** ペルーのアンデス山地のインディオに伝わる縦笛。葦の茎などで作られる。

**ケーパー** フウチョウソウ科の低木。つぼみを酢漬けにして香辛料として用いる。ケッパー、ケイパーともいう。

**ケービング** 鍾乳洞、溶岩洞などの洞窟探検。

**ケープ** ①袖のないマント。防寒・防雨・化粧・幼児用など用途に合ったものがある。②岬。

**ケーブル・コネクター** 太い電線をつなぐ接続装置。

**ケーブル・テキスト** 有線テレビ局が提供する文字情報サービス。

**ケーブル・テレビ** 有線テレビ。日本では難視聴者対策とし

ても普及している。**略**CATV

**ケーブル・ニット** 縄目模様のニット。フィッシャーマンズ・セーターなどにみられる。

**ケーブル・ネットワーク** 同軸ケーブルや光ファイバーなどで加入者と情報源を結んだ有線通信網。

**ゲーマー** ①新作のコンピュータ・ゲームなどを分析し、雑誌などに解説を掲載する人。②ゲームで遊ぶ人。

**ゲーム・オーバー** 試合終了、ゲームセット。コンピュータ・ゲームの終了。

**ゲーム・ソフト** コンピュータ・ゲームのプログラム。

**ゲーム・メーカー** サッカーなどで試合を有利に進めるための中心選手。

**ゲーム理論** ゲームの法則性を見いだして、政治や経済に応用しようという数学的理論。

**ゲシュタルト心理学** 形態心理学。心理過程を要素的に取り上げるのではなく、全体的な構造を持つものとしてとらえるべきであるとする心理学。

**ゲストハウス** 来客や外国からの要人を宿泊させるための施設棟。

**ゲスト・ルーム** 来客用の部屋。

**ゲゼルシャフト** 会社、国家、大都市、社会など自由意志と打算によって形成された社会。利益社会。**対**ゲマイン・シャフト

**ケチャ** インドネシアのバリ島の民俗芸能。島民の祈りとインドの叙事詩「ラーマーヤナ」が結びついたといわれる歌や踊り。

**ゲット** ①手に入れる、獲得する、自分のものにすること。②ゴールを決めて得点すること。する

**ゲットー** ①ユダヤ人の指定居住地。ユダヤ人街。②少数派民族の居住地。アメリカのスラムなど。

**ケッパー** ⇒ ケーパー

**ケトル** やかん。

**ケネディ・ラウンド** ケネディ政権下の通商拡大法を背景として、1964〜67年に行われた関税一括引き下げ交渉。

**ゲネプロ** 舞台稽古。演劇、演奏、バレエなどの初日前に行う本番通りのリハーサル。

**ゲノム** 生物の染色体の基本数となる、単位としての一組の染色体のこと。

**ゲノム創薬** 人をはじめ、すべての生物の特徴を決定する遺伝情報(ゲノム情報)を活用し、医薬品を低コストでかつ論理的・効率的に作り出すこと。

**ゲバルト** 学生運動用語で、実力闘争の意味。ドイツ語で「暴力、力」。略して、ゲバ。

**ケフィア** カフカスの山岳地帯の発酵乳。

**ケマージー** 化学工業を利用した農業経営法。農産化学。

**ゲマイン・シャフト** 家族、村落など血縁や地縁によって生得的、精神的に形成された社会。共同社会。対 ゲゼル・シャフト

**ケミカル・アセスメント** 化学物質環境調査。

**ケミカル・ウオッシュ** 着古した感じを出すために化学薬品で色落ちさせること。例 ～ジーンズ

**ケミカル・エンジニアリング** 化学工学。

**ケミカル・タンカー** 石油以外の液体化学製品を運ぶ船。

**ケミストリー** 化学。

**ケミトロニクス** 電子化学。化学と電子工学が融合した分野のことをいう。

**ゲラ刷り** 校正刷りのこと。組み終わった活字の版を入れておく箱(ゲラ)から。

**ケラチン** 角質。動物の毛、羽、爪、角、毛髪などに含まれる硬タンパク質の一種。

**ゲリマンダー** 自党または特定の候補者に有利になるように不自然な形で選挙区を定めること。1812年、アメリカ・マサチューセッツ州知事ゲーリーが自党に有利なように決めた選挙区がサラマンダー(サンショウウオ)に似ていたためこれを風刺してできた言葉。

**ゲリラ・ライブ** 予告なしに街頭などで突然開くコンサートなど。

**ゲル** コロイド溶液がゼリー状に固化したもの。ゼラチン、寒天、こんにゃくなど。

**ケルビン温度** 絶対温度のこと。熱力学的考察に基づいて、イギリスの物理学者ケルビンが導入したもの。摂氏零下273.15度が零度。記号はK。

**ゲルマニウム** 炭素族元素。半導体としてトランジスタ、ダイオードに使われる。記号Ge、原子番号32。

**ケルン** 山頂などに記念としてピラミッド形に石を積み上げたもの。

**ゲレンデ** スキー場。スキーに適した斜面。

**ゲレンデシュプルング** スキーで溝などの障害を飛び越えること。

**ケロイド** やけどなどが治った後にできる赤みを帯びた皮膚のひきつれ。

**ケロシン** 灯油。揮発温度の低いもの。

**ケロッグ・ブリアン条約** 1928年、パリで調印された多国間不戦条約。アメリカ国務長官ケロッグとフランス外相ブリアンが提案、60か国あまりが調印。しかし制裁規定を持たず、自衛権に触れていなかったため効力に限界があり、事実上効力を失った。

**ケント紙** 製図用紙、名刺などに用いる白色の上質紙。イギリスのケント州で作られたことから。

**ケンネル** 犬小屋。

---

**コア** ①〜な 核。核心。中心部。②地球の中心部分。地表下2900キロメートルより深い地球内部。③変圧器などの鉄心。磁心。④建物で台所、浴室などの機能を一つにまとめること。

**コア・インフレ率** 現実の物価上昇率のうち、中心になる部分。天候不順による生鮮食品や国際情勢の変化による石油の値上がりなど、一時的な物価変動分を除いた基調的なインフレ率。

**コア・システム** 建築構造の一方式。階段、トイレ、エレベーターなどの共用設備を建物中央部に集め、そのまわりに放射状に部屋を配置する建築様式。

**コア・タイム** 核時間。フレックスタイム(自由勤務時間)制のうち、全社員が必ず出社しているべき時間帯。

**コア・ビジネス** その企業の中核となる事業のこと。

**コアビタシオン** ①同居。同棲。②1986年のフランス国民議会選挙の結果誕生した保革共存政権。

**コア・メモリー** 磁気コアを使ったコンピュータの記憶装置。

**コアントロー** オレンジの皮や葉で風味を付けたリキュール。

**コイン・シャワー** 硬貨を投入するだけで手軽に利用できる、24時間営業の個室型シャワールーム。風紀・衛生上の問題が指摘されている。

**コイン・スナック** 自動販売機だけの無人食事室。24時間営業。

**コイン・トス** 硬貨を投げ上げて表と裏のどちらが上になるかによって物事を決めること。

**コイン・ランドリー** 硬貨を入れて使用する自動洗濯機、自動乾燥機を備えた店。

**コエデュケーション** 男女共学。

**コーカソイド** 人類学上で南アジア系の白色人種群をいう。

**コークス** 石炭を乾留(空気を絶って強力に熱する)したもの。燃料や冶金、製鉄用に用いられる。

**コークスクリュー** コルク栓抜き。らせん状の針金をコルクにねじ入れて抜く。

**ゴーグル** スキーやオートバイに乗るときかける目をすっぽりと覆う型のめがね。

**ゴー・サイン** 「進め」の合図。認可を示す合図。指示。 例 〜を出す

**ゴージャス** 華麗な、豪華な、きらびやかな。 〜な

**コースター** ①コップの下に敷くもの。②起伏のあるレールの上を走る遊具。

**コースト** 海岸。沿岸。

**ゴースト** ①幽霊。亡霊。②多重像。高層ビルや山などに放送電波が乱反射するために、テレビの画面に影のように現れる像。乱像。

**ゴースト・タウン** だれも住まなくなった廃虚の町。

**ゴースト・ライター** 代作者。表面に出ない、影の作者。著者になり代わって執筆する人。

**コーダー** プログラムを作成する人。プログラマー。

**コーディネーター** ①調整係。調整役。②ファッションやインテリアの色彩、デザイン、素材などの組み合わせ、調和などを専門的に行う人。③テレビの番組制作進行・調整係。

**コーディネート** ①服装の色や柄などの組み合わせを調和させること。②調整。統一。する

**コーティング** ①被覆加工。物質表面を加工して樹脂などの薄膜で覆うこと。木材、レンズなどの被覆。例フッ素〜 ②防水・耐熱加工。する

**コーディング** コンピュータのプログラムを符号で作成すること。符号化。

**コーデュロイ** うね形に整えて織った、毛羽のあるビロードの一種。同コールテン

**コード** ①電線。②規約。新聞社や放送局で基準とされるべき倫理的規定。例放送〜 ③情報処理上の分類のための符号。④暗号。信号。⑤和音。

**コード・データ放送** 放送電波にデジタルのコード信号を乗せたり、コードなどを放送するもの。自動的に受信機のスイッチを入れたり、録画機器を自動的に作動させたりすることができ、地震や津波などの緊急警報放送に利用される。

**コード・ネーム** 暗号名。

**コートハウス** ①裁判所。②日本で、中庭を持つ建物や家屋。

**コード・ブック** 暗号解読書。暗号表。

**コードレス** 無線の、線が不要の。

**コードレス・ヘッドホン** アンプや電池を内蔵させた、コードのないヘッドホン。

**コードレス・ホン** 電話線がなくても通話できる電話機。電波の送受信装置で電波を飛ばすことにより、親機から離れての通話が可能。子機。

**コーナー** ①かど。②競技トラックの曲線路。③野球のホームベースの端。④片隅、狭い所。イベントなどの会場に設けられた一つの区画。⑤ボクシングやサッカーなどのリング、グランドの隅。⑥番組中の一企画。

**コーナリング** スケート、自動車などでカーブや曲がり角を通過すること。またはその技術。

**コーパス** ①特定テーマに関する全資料。②言語資料。

**コーヒー・ブレーク** 仕事の合間にとる気分転換の休憩。コ

ーヒーを飲むための短い休み。お茶の時間。
**コーヒー・ミル** コーヒー豆をひいて粉にするための道具。
**コープ** 生活協同組合。生協。
**ゴーフル** ウエハースに似たさくさくした食感の洋菓子。
**コーポ** ⇒コーポラス
**コーポクラシー** 企業官僚主義。官僚的な企業体質。企業が官僚化し、経営効率がよくない状態。
**コーポラス** 中高層アパート式住宅。共同住宅。コーポと略される。
**コーポラティブ・ハウス** 集合住宅。共同組合式住宅。入居希望者が組合を作り、共同で土地購入から設計・工事発注まで行う集合住宅。参加者の好みを生かした住居が経済的に入手できる方式。
**コーポレーション** 株式会社。有限会社。法人。社団法人。
**コーポレート・アイデンティティー** 企業イメージの統一化。企業理念からや組織形態、製品商品といった全体的イメージを社内外に広く認識・浸透させ、企業活動の活性化を図ること。実際には、社名の変更やシンボルマーク・ロゴの制定などイメージ戦略を図ることが多い。略CI
**コーポレート・ガバナンス** 企業統治。株主が企業経営についてその意思決定主体や経営者を監督する仕組み。また、株主が経営を監視する制度そのものをいう場合もある。
**コーポレート・カラー** 企業イメージを象徴するのに用いられる特有の色彩。企業色。シンボルマークやロゴのほか、制服、車両、パッケージなど多岐にわたって計画的・有効的に活用される。
**コーポレート・カルチャー** 企業文化。社員が共有する企業の個性や行動様式など、人間の文化に通じる概念。
**コーポレート・ソング** 社歌。主として元来の堅いイメージではなく、社員が気軽に口ずさめるニューミュージック風の企業歌。
**コーラル** サンゴ、サンゴ色。
**コーラル・リーフ** サンゴ礁。
**コーラン** イスラム教の聖典。唯一神であるアラーの啓示を収めたもの。イスラム教徒の信仰、道徳、法律の規範。
**コール** ①する呼び声。叫ぶこと。②コール・ローン、コー

ル・マネーのこと。金融機関相互間の資金の短期貸借。③ する電話で相手を呼び出すこと。**例** モーニング〜 ④トランプで、ポーカーで相手にカードを開くよう促す合図のこと。

**コール・オプション** 買付選択権。株式などの金融資産をある期間中に、特定の価格で買い付ける権利。

**コール・ガール** 売春婦。

**コール・サイン** 放送局・無線局などの呼び出し符号、識別符号。放送の開始・終了時に告げる放送局の略称。

**コール市場** 短期融資市場。金融機関相互で極めて短期の大口資金貸借が行われる市場。

**コールスロー** キャベツの千切りをドレッシングであえたサラダ。

**コール・センター** 会社への電話やインターネットなどでの受注や問い合わせを集約して受け付ける部署。

**コールダー・ホール型原子炉** 燃料に天然ウラン、減速材に黒鉛、冷却材に炭酸ガスを利用する発電用原子炉。イギリス原子力公社の開発による。

**コール・タール** 石炭を乾留(空気を絶って強力に熱する)するときにできる黒い油状の液体。染料、防腐剤、医薬の原料となる。

**ゴール・ディファレンス** 得失点差。サッカーの総合成績で、チームの総得点から総失点を引いたときの差。リーグ戦方式で勝ち点が並んだ場合には、この差の大きいチームが上位となる。

**コールテン** ⇒ コーデュロイ

**ゴールデン・エージ** 黄金時代。最盛期。

**ゴールデン・クロス** 株価の短期の移動平均線が上昇して、中・長期の移動平均線と交差し、相場の値上がりを示すこと。**対** デッド・クロス

**ゴールデン・タイム** テレビ、ラジオの視聴率・聴取率が1日のうちで最も高い時間帯。午後7時から10時までをさす。

**ゴールデン・ルール** ①黄金律。人々にしてほしいことは自分もそのようにしなさいというキリストの教え。②行動の指針。

**ゴールド・アカウント** 金投資口座。先物として一定期間後

の買い取り価格を予約して販売し、後で同じ価格で買い戻す方法の預金。

**コールド・ウォー** 冷戦。冷たい戦争。国際間において政治や経済面、イデオロギーの相違による、武力の関与しない対立状態。

**ゴールド・カード** ①特別な会員への高級クレジットカード。②無事故、無違反の運転者に与えられる免許証。

**ゴールド・カラー** 研究・開発や情報関連などの仕事に従事する人。ホワイト・カラー(事務職)、ブルー・カラー(肉体労働者)に対しての語。

**コールド・ゲーム** 野球で、試合が5回以上進行した後で日没、降雨、規定の得点差などにより、最終回まで試合を続行せずにその時点の得点で勝敗を決すること。

**コールド・ジョイント** コンクリートを流し込む工程で時間差があると、コンクリートに不均質が生じ、継ぎ目ができて強度が下がる現象。

**コールド・タイプ・システム** 写真植字によって組版印刷する技術。電算写植組版もその一つ。略CTS

**コールド・チェーン・システム** 低温流通機構。生鮮食料品や冷凍食品などを低温状態で鮮度を落とさないよう、生産地から消費地まで流通させるシステム。

**ゴールド・ディスク** 一定量を売り上げた歌手に贈呈される金のレコード。アメリカではシングル盤で100万枚、アルバムで50万枚。

**ゴールド・トランシュ** 国際通貨基金(IMF)の加盟国が金で払い込んだ出資額に応じて、国際収支が落ち込んだときに無条件で引き出すことができる外貨。協定が改正されて、1976年以後は金の払い込みができなくなった。

**ゴールドフィッシュ** 金魚。

**コールド・ボルテックス** 寒冷渦。高層天気図(大気上層の状態を表した天気図)に現れる冷たい低気圧性の渦。上層の寒気のため気層は不安定で、梅雨期には前線を刺激して豪雨を、冬季には豪雪をおこす。

**ゴールド・ラッシュ** ①1848年にアメリカ・カリフォルニアで金鉱が発見されて以来の凄まじい金鉱探しのブームをさす。金鉱に発見者が殺到すること。②国際通貨に対する

不安から金の投機買いに殺到すること。

**コールバック** ①欠陥製品の回収。②一時帰休を命じた社員を呼び戻すこと。③折り返しの電話をかけること。

**コール・ブローカー** 短期の資金貸借を仲介する業者。

**コール・マネー** 借り手側からコール市場での資金のことをいう場合の呼称。対コール・ローン

**コール・レート** コール市場(金融機関相互間で短期の資金貸借が行われる金融市場)における金利。

**コール・ローン** 貸し手側からコール市場での資金のことをいう場合の呼称。対コール・マネー

**コーンスターチ** トウモロコシから作るデンプン。

**コーン・スナック** トウモロコシを原料としたスナック菓子。

**コーン・ミール** 乾燥したトウモロコシを粗くひき割りにしたもの。

**コカ** 南米、東南アジアで栽培されるコカノキ科の低木。葉から麻酔剤に使用するコカインを採取する。

**コカイン** コカの葉から採取されるアルカロイド(窒素を含む塩基性有機化合物の総称)。局所麻酔剤に用いられるが、濫用すると中毒になるので麻薬扱いになっている。

**コキーユ** グラタンの一種。貝殻状の器にホワイトソースであえた魚介類を盛りつけ、天火で焼いた料理。コキールともいう。

**コギト・エルゴ・スム** 「我思う、故に我あり」の意味。フランスの哲学者デカルトの言葉で、近代思想の基礎ともいわれる哲学的命題。

**コケティッシュ** あだっぽい。なまめかしい。～な

**ココム** COCOM。対共産圏輸出統制委員会。自由主義圏の17か国が加盟。東欧変革の影響で大幅に緩和の方向に進み、1994年廃止。

**ココム・リスト** 対共産圏輸出統制委員会の趣旨に基づく禁輸品目集。

**コサージュ** 婦人服の胸元や襟などにつける小さな花束、花飾り。同コルサージュ

**コジェネレーション** 一つのエネルギー源から、二つ以上のエネルギーを供給するシステムのこと。コージェネレーションともいう。

**ゴシック** ①ヨーロッパ中世の美術様式。聖堂建築に多く見られ、高くそびえる尖塔など垂直建築に特色がある。②活字書体の一つ。一様に肉太の書体。ゴチックともいう。

**コスチューム・プレー** ⇒ コスプレ

**コスト** 原価。物の生産に必要な費用。例〜がかかる

**コスト・アカウンティング** 原価計算。原価会計。

**コスト・アナリシス** 原価分析。費用分析。

**コスト・インフレーション** 生産費用(労働賃金や原材料費など)の上昇によっておこる物価上昇。コスト・インフレ。費用が物価を押し上げることからコスト・プッシュ・インフレともいう。

**コスト・コントロール** 原価管理。原価を下げるための経営合理化。

**コスト・セービング** 原価を抑えるための節約。

**コスト・パフォーマンス** 価格との対比で見た商品の機能、性能。投入した費用とその効果の比較。例〜に見合う

**コスト・ミニマム** 最小生産原価。

**コスプレ** ①制服やアニメ・映画などの登場人物の衣装を身にまとうこと。②風俗店で店の女の子に看護婦などの制服を着せ、客を楽しませること。コスチューム・プレーの略。

**ゴスペル** ①キリストが説いた福音。②新約聖書の四つの福音書マタイ、ヨハネ、ルカ、マルコの総称。③ゴスペル・ソングのこと。アメリカで生まれた黒人霊歌の一種。

**コズミック** 宇宙の。神秘的な。コスミックともいう。

**コスメティック** 化粧品の総称。

**コスモス** ①ギリシア神話における秩序整然とした宇宙。調和のとれた世界。対カオス ②キク科の一年草。③旧ソ連の人工衛星シリーズの名称。研究用、気象観測用から軍事用までさまざまな衛星が打ち上げられている。

**コスモポリス** 国際都市。

**コスモポリタン** ①世界主義者。②国際人。国籍や民族感情にとらわれず、広い視野を持って国際的に活動する人。

**コスモロジー** 宇宙論。宇宙の起源、構造などを哲学的に研究する学問。

**コックニー** 生粋のロンドン子が使うロンドンなまりの英語。

**コックピット** ①飛行機の操縦室。②レース用自動車運転席。ボート、ヨットの操舵席。

**コックローチ** ゴキブリ。

**コッテージ** 山小屋。山荘風の小住宅。避暑地の小さな別荘。コテージともいう。

**ゴッドファーザー** ①名づけ親。②犯罪組織マフィアの首領の別称。

**コットン** 綿、木綿。

**コットン・ボウル** アメリカン・フットボールの四大ボウルの一つで、毎年1月1日にテキサス州ダラスで行われるゲーム。コットンはテキサス州の特産品である綿にちなむ。

**コップ** 警官。

**コテージ** ⇒コッテージ

**コニーデ** 成層火山。ガス爆発による溶岩や火山灰が層をなして堆積した円錐状の火山。富士山が代表的。

**コニファー** 針葉樹の総称。高木性の針葉樹品種を家庭園芸用に小さく改良したもの(ゴールドクレストなど)。

**コニャック** フランスのコニャック産の高級ブランデー。

**コネクション** ①関係。結びつき。縁故。略してコネ。②交通機関の接続、連結。③麻薬などの売人。密輸組織。

**コネクター** 連結装置。接続装置。

**コバルト60** コバルトの人工放射性同位体。天然に存在する非放射性のコバルト59に中性子を照射すると、放射性のコバルト60に変わる。がんの放射線療法などに利用。記号$^{60}$Co、質量数60。

**コピー・ガード** ビデオソフトやコンピュータのプログラム、音楽CDなどの複写を防止する信号やシステム。

**コピー食品** 本物とは別の原材料を使って、味と外見を本物そっくりに似せて作った食品。かまぼこを使ったカニの肉、ゼラチンや海藻で作ったイクラなど。

**コピーライター** 広告文案を作成する人。

**コピーライト** 著作権。版権。ⓒと略記される。

**コファイナンス** 共同融資。

**コペルニクス的転回** ①天文学者コペルニクスが地動説を唱えて大転回を行ったのになぞらえて、哲学者カントが客観が主観に従うという自分の認識論の立場を主張した言葉。

②物事の考え方や立場が従来とは根本的に変わり、新しい局面が現れること。

**コボル** COBOL。コンピュータのプログラム言語の一種。事務データ処理に用いることが多いプログラム言語。

**コマーシャリズム** 商業主義。営利主義。利益の獲得を最優先とする活動方針、目的。

**コマーシャル・アート** 商業美術。商品の販売を促進するためのデザイン。宣伝ポスター、店内ディスプレーなど。

**コマーシャル・パッケージ** 商業包装。対インダストリアル・パッケージ

**コマーシャル・フィルム** テレビ用の広告映像。略CF

**コマーシャル・プログラム** 民間放送でスポンサーが番組制作経費を負担する番組。放送局制作の番組をそのまま買う方式と、時間買いをしてスポンサー自ら番組を制作する方式とがある。同スポンサード・プログラム　対サステーニング・プログラム

**コマーシャル・ベース** 商業採算。商業ベース。例～に乗る

**コマーシャル・ペーパー** アメリカで企業が短期資金調達のために投資家などを対象に発行する約束手形。略CP

**コマーシャル・メッセージ** 消費者に向けてテレビやラジオで流す広告。略CM

**コマンダー** 命令者。指揮官。司令官。

**コマンド** ①命令。指令。②コンピュータに作業の指示を与える命令。

**コミカル** 滑稽な、おどけた。～な

**コミケット** 漫画同人誌の展示即売会。同人誌販売のための集まり、また同人誌発行者・読者などの相互交流の場。略してコミケともいう。同コミック・マーケット

**コミック** ①喜劇的なさま。滑稽な様子。②漫画。→コミックス

**コミックス** 漫画。続きものの漫画。漫画を掲載する雑誌、単行本。

**コミック・ソング** おどけた内容の歌。

**コミック・バンド** 滑稽な動作や物真似などで聴衆の笑いをとったり、時代・世相を風刺したりする音楽バンド。

**コミッショナー** プロレス界、ボクシング界、プロ野球界な

どの最高権威者。品位や秩序の保持に努め、トラブルへの指令・裁定・制裁などの強い権限を持つ。

**コミッション** ①手数料。仲介料。口銭。②委託。代理業務。③委員会。④賄賂。

**コミッティー** 委員会。

**コミットメント** ①公約。約束。言質。②かかわり合い。

**コミットメント・ライン** 企業が事前に取引銀行との間で設定する融資枠のこと。

**コミューター** ①地方や離島などを結ぶ近距離の小型旅客機。②定期券使用者。通勤者。

**コミューター・カップル** 通い夫婦。共働きの夫婦が勤務地の関係などで別居し、週末などに通い合うこと。

**コミューター航空** 小型機・ヘリコプターを主流とする近距離都市間、地方や離島を結ぶ地域航空便。

**コミューン** ①共同自治体。②フランス、スペインなどの最小自治行政区。③パリ・コミューン。1871年のパリ労働者の革命政府。④中国の人民公社。

**コミュナリズム** ①地方自治主義。地域主義。②同一の宗教、言語を持つ地域社会を重視する考え方。この考え方に基づきヒンズー教とイスラム教は対立している。

**コミュニケ** 政府の公式声明。共同声明。公式発表。公報。

**コミュニケーション** 意志・思想・情報などの伝達。意思の疎通。例～を図る

**コミュニケーション・ギャップ** 意思疎通の欠如。世代や異なる社会における価値観の相違などから生ずる食い違い。例～が大きい

**コミュニケーション・ネーム** 企業名によるコーポレート・アイデンティティーの一種。たとえば、日本たばこ産業は、JTのロゴを企業名の略称とジョイフル・タイムの二つの意味を持つコミュニケーション・ネームとしている。

**コミュニケーション・プロセス** 情報が受け取る側に受容されていく過程のこと。

**コミュニスト** 共産主義者。共産党員。

**コミュニズム** 共産主義。私的所有の廃止、生産手段の共有によって無階級社会を目指そうとする考え方、その社会体制または運動。

**コミュニティー** 地域社会。地域性、共同性に基づく強い仲間意識をもって社会生活をする集団、地域。例〜が広がる

**コミュニティー・アンテナ・テレビ** 共同視聴アンテナ・テレビ。有線テレビ。同軸ケーブルや光ファイバーなどを利用して、テレビ放送や生活情報を加入世帯に伝送するシステム。同ケーブル・テレビ

**コミュニティーFM** 市町村など特定の地域を対象としたFM局。

**コミュニティー・カレッジ** 地域大学。地域住民のために作られた公立の短期大学。特にアメリカ、カナダで発達。

**コミュニティー・ケア** 地域社会における社会福祉、保護サービスのこと。

**コミュニティー・センター** 地域社会のための共同施設。公民館、文化会館、図書館、運動場など。

**コミュニティー・ペーパー** 地域新聞。地域社会を対象とする生活情報紙。タウン情報紙など。

**コミュニティー・ルーム** マンションなどの共同住宅棟に設けられた談話室のこと。会合や教室として利用される。

**コミンテルン** 共産主義インターナショナル。1919年にレーニンが創設した国際共産主義運動組織で、資本主義国家の打倒を目指した。1943年解散。第三インターナショナルの別称。

**コミント** 通信情報。国外の通信を傍受して得られる情報。またそれらを収集・分析する方法や、その機関。

**コメディカル** 医療に携わる人やその職種。看護士、保健士、エックス線技師、臨床検査技師、歯科技工士などさまざま。

**コメンタール** 法律の逐条解釈。コンメンタールともいう。

**コメンタリー** ①注釈。②解説。

**コメンテーター** 新聞、テレビなどの解説者。ニュース解説者。

**コメント** 解説。論評。ひと言。する

**コモディティー・エクスチェンジ** 商品取引所。砂糖、穀物などの先物取引を扱う市場。

**コモンウェルス** ①国家。共和国。連邦。②共和制時代のイギリス。英連邦。

**コモン・キャリア** 一定料金のもとで公衆を対象に通信サー

ビスを行う電気通信事業者。電信電話会社。
**コモン・センス** 常識。良識。
**コモン・ファンド** 一次産品のための共通基金。小麦、砂糖など18品目の国際価格安定および生産・開発の促進のために国連貿易開発会議(UNCTAD)が提唱し、1988年に発効した。
**コモン・マーケット** 欧州経済共同体(ECC)の俗称。欧州共同市場。
**コラーゲン** 膠原質。身体の皮膚や筋肉・骨・関節・腱・内臓・目・髪等、あらゆる全身の組織に含まれており、主にそれらの細胞をつなぎとめる働きをしているタンパク質の一種。肌の若返りに効果があると話題になっている。
**コラージュ** 貼りつけ。写真や印刷物、布、金属片などさまざまな素材を貼り合わせて構成するシュールレアリスム美術の一手法。
**コラボレーション** 共同。合作。共同製作。企業間の共同開発。
**コラボレーター** 協力者。共同製作者。
**コラム** ①新聞、雑誌などで短評などを書く欄。特別記事。②西洋式建物の円柱。
**コラムニスト** 新聞、雑誌のコラム執筆者。
**コリアンダー** ハーブの一種で地中海沿岸地方原産。料理や薬用に使う。同コエンドロ、パクチー
**コリーダ** 闘牛。
**コリドー** 回廊、廊下。
**コリメーター** 光をスリット(細長いすき間)やピンホール(針で突いたほどの小穴)に通して平行な光の束にする装置。分光器などに用いられる。
**コリント式** イオニア式、ドリーア式とならぶギリシアの三大建築様式の一つ。コリント様式。柱頭部にアカンサスの葉の彫刻をほどこした、繊細・華麗な様式。
**ゴルゴタ** キリストが十字架にかけられた丘の名。イスラエルのエルサレム北部にある。
**ゴルゴン** ギリシャ神話に出てくる魔女の三姉妹の一人。にらまれると石になる。
**ゴルゴンゾーラ** イタリアの青かびチーズ。

**コルセット** ①整形外科で骨盤や脊柱などが動かないようにするための器具。②体形を整えるために腹から腰部を固定する女性用下着。

**コルホーズ** 旧ソ連の農業生産共同組合。数千〜1万数千ヘクタールの耕地を共同で耕作する農場。現在は1区画を買い取って自営できるようになった。kollyektivnoye khozyaistvo(集団農場)の略から。→ソフホーズ

**コレクション** ①収集。収集品。②新作ファッションの発表会。季節に先がけて3月(秋冬物)と10月(春夏物)にパリ、ミラノ、ロンドン、ニューヨーク、マドリード、東京の6都市で開催される。

**コレクター** ①収集家。採集者。②集電極。半導体の伝導電子を集める部分。

**コレクティブ・セキュリティー** 集団安全保障。国際間の複数国家による相互安全保障。

**コレクティブ・ハウス** 都市型集合住宅の一形態。特にプライベートな居住空間のほかに共用空間を設け、複数の家族が一緒に食事をしたり、保育や老人介護を共同で行ったりする共同住宅のことをさす。

**コレクト・コール** 料金受信者払いによる通話。

**コレステロール** 脊椎動物の組織に分布する動物性脂肪の一種。悪玉コレステロールは血管に沈着すると動脈硬化の原因となり、心筋梗塞や脳梗塞などを引きおこす。同コレステリン

**コレスポンデント** ①通信員。特派員。②取引先。

**コレポン** 商業通信文。通信。手紙。コレスポンデンスの略。

**コロイド** 物質が原子や分子より大きな粒子(100万分の1〜1000万分の1ミリメートル)として気体、液体、固体中に分散している状態。膠質。

**コロケーション** 連語。慣用的な語と語のつながり。

**コロシアム** ①競技場。②古代ローマ時代の大競技場。コロッセオ、コロセウムとも。

**コロナ** ①光冠。太陽の一番外側に広がる希薄な大気。太陽表面から数百万キロメートルの範囲まで広がり、温度は100万℃にも達する。皆既日食の際に見える。②雲に覆われた太陽や月の周囲に見られる光の環。

**コロナ・ウイルス** 新型肺炎SARS(サーズ)の原因と考えられている豚などに見られる病原菌。

**コロニー** ①同一種または数種からなる動植物の集団、群落。②植民地。植民者の集落。③長期療養の患者、身体障害者、知的障害者のための集団生活施設。

**コロンブス計画** 欧州宇宙機関(ESA)の宇宙基地構想。当初はアメリカの有人宇宙基地計画への参加からはじめ、将来的には独自の展開を図ろうというもの。

**ゴンクール賞** 権威あるフランスの文学賞。自然主義の作家エドモン・ゴンクールの遺言と遺産で創設された。

**コンクラーベ** ローマ教皇選挙会議。教皇の死去後、新教皇を秘密投票で選挙する。

**コンクリート・ジャングル** コンクリートが林立する都会をジャングルに見立てた語。人間性疎外の大都会。

**コングロマーチャント** 複合小売業。生産から小売販売までの流通の全機能を持つ小売業。コングロマリット(複合企業)とマーチャント(商人)の合成語。

**コングロマリット** 複合企業。自社の業種と全く異なる企業を合併・買収・吸収などにより傘下に収める企業形態。巨大企業。

**コンコース** 空港や駅などの中央ホール。公園の中央広場。

**コンコルド** イギリス、フランスの共同開発による超音速旅客機。速度はマッハ2.2。2003年に定期運行が終了。

**コンサート・ピッチ** 標準調子。演奏会などではこの音を基準に音程を整える。一点イ音の振動数が440ヘルツの音。

**コンサートマスター** 管弦楽団の中心的役割を果たす首席奏者。普通は、第一バイオリンの首席奏者。

**コンサーバティブ** ①保守的な。保守派。伝統的な。略してコンサバ。対プログレッシブ ②イギリスの保守党員。③流行に左右されない基本ファッション。

**コンサバ** ⇨ コンサーバティブ

**コンサルタント** 企業経営の相談役、指導専門家。顧問。例経営〜

**コンサルタント・エンジニア** 顧問技師。企業の科学技術導入、展開などについて計画、助言する専門技師。

**コンサルティング** 当該分野の専門的な知識・経験を土台

に、指導、助言を行うこと。
**コンサンプション** 消費。消費量。消耗。
**コンシェルジェ** ホテルの案内係。観光案内や交通機関の手配などの便宜を図ってくれる。
**コンシャス** 自覚して。意識して。
**コンシューマー** 消費者。
**コンシューマー・インターポール** 国際消費者監視行動網。国際消費者機構(IOCU)による企業活動の国際的な監視システム。開発途上国への有害物質の輸出禁止などのために組織された。
**コンシューマー・グッズ** 消費財。
**コンシューマー・リサーチ** 消費者調査。消費者の商品に対する関心などについて調査すること。
**コンシューマリズム** 消費者優先主義。有害食品や欠陥商品の排除など企業に対して消費者自身の権利を主張する運動。
**コンスタント** ①~な一定の、変わらない。②数学などで定数、常数。
**コンスティテューション** ①構造。構成。②設立。制定。③憲法。
**コンストラクター** 建設者。製造者。
**コンセッション** ①譲歩、譲与、承認、容認。②政府、監督機関が与える免許、特許、特権。
**コンセプチュアル・アート** 概念芸術。作品そのものの完成した造形よりも作者の着眼、概念、制作の過程などを重視する美術様式。
**コンセプト** 概念。観念。構想。広告、デザイン、新製品開発やイベント企画などの根本となる考え方。例~が伝わらない
**コンセプト・ビデオ** 音楽とそのイメージする映像を録画したビデオ。
**コンセンサス** 合意。意見の一致。組織全体の賛同。例~を得る
**コンセンサス方式** 国際会議などにおける意思決定方式の一つ。会議で決議の採択において反対の意思表示がない限り、全体の同意が得られたとして可決する方式。国連総会や安

全保障理事会などで用いられる。
**コンセントレーション** 集中。専念。集中力。
**コンソーシアム** ①発展途上国への経済援助を行う場合に債権国が開く会議。また国際借款団。②共同事業体。③団体連合。
**コンソーシアム・バンク** 多国籍の複数の銀行によって設立された銀行。
**コンダクター** ①指揮者。②案内人。例ツアー〜
**コンタクト** ①人と接触すること、連絡をとること。例担当者に〜をとる ②コンタクト・レンズのこと。
**コンチェルト** 協奏曲。独奏楽器と管弦楽器の合奏のための楽曲。
**コンチネンタル** 大陸の。ヨーロッパ大陸の。大陸風の。
**コンチネンタル・プラン** ホテルの宿泊料金制度で朝食つきの室料。略CP
**コンチネンタル・ブレックファースト** 朝食の一形式で、コーヒー・紅茶などの飲み物とパン(バターやジャムなどを含む)だけのメニュー。コンチネンタル・プランの朝食。
**コンツェルン** 企業連携。巨大な企業が複数の産業にわたって企業の株を大量取得し、同一資本のもとに支配する独占形態。
**コンテ** 映画やテレビ番組などの画面構成を詳しく記した撮影台本。
**コンディショナー** ①調節装置。②傷んだ毛髪や肌を整えるための化粧品。
**コンディショナリティー** 条件つき。付帯条件。IMF(国際通貨基金)が、債務返済できない開発途上国のために救済融資を行うとき、債務返済繰り延べに対して課す条件。
**コンディショニング** 環境や心身の状態を整えること。
**コンティニュイティー** ①連続。継続。②映画などの場面構成やカメラ位置をカットごとに示した撮影用台本。略してコンテ。特にカットごとに絵で示したものを絵コンテという。
**コンティンジェンシー理論** 最適な企業組織は経営環境の変化に適合させてつくるべきであるという経営理論。
**コンティンジェント・ワーカー** 正社員以外のパートタイマ

**コンテクスト** ①文脈。文章の前後関係。②事件などの背景。

**コンテスタブル・マーケット** 競争可能市場。新規参入などによって市場が常に競争状態であれば、独占のない良好な市場が形成されるとする理論。

**コンテナ** ①貨物運送に利用される組立式の金属製容器。②鉄道、トラック、船舶、航空機などで運搬される大型の輸送箱。③花などを植える入れ物。

**コンテナ・ガーデン** 大きめの鉢(コンテナ)にいろいろな草花を寄せ植えしたもの。

**コンテナリゼーション** コンテナ輸送。大型一定規格の輸送容器を使った輸送体系。生産地から消費地へとコンテナごと輸送・管理することによって、積み降ろしの労力と時間の効率化を図ったもの。

**コンデンサー** ①静電誘導によって電気を蓄える装置。蓄電器。②蒸気を冷却して液体に変える装置。復水器。③集光器。

**コンデンス・ミルク** 牛乳に砂糖を加え煮詰めたもの。→エバ・ミルク

**コンテンツ** ①書籍などの目次、内容。②容器の中身。③情報の中身。

**コンテンポラリー** 同時代の。現代の。音楽や美術のほか、ファッションやインテリアなどの分野でも使われる。

**コンテンポラリー・アート** ごく最近の、現在進行中の芸術。近代芸術や現代芸術を意味するモダン・アートと区別して用いられる。

**コンドーム** 避妊や性病予防のため男性性器に装着する超薄ゴム製品。スキン。

**コンドミニアム** ①分譲マンション。リゾート地などで、所有者が利用しない時には宿泊施設として一般客に貸し出されるマンション。②台所のついたホテル。

**コントラクター** ①契約者。②請負業者。

**コントラスト** ①対照。対比。顕著な差違。例光の〜 ②美術で色彩や形、明暗などの際立った対照。③写真やテレビ

画面などの明暗加減。

**コンドラチェフの波** 50〜60年を周期とする景気循環の波。大循環。経済学者コンドラチェフの理論。→キチンの波、ジュグラーの波、クズネッツの波

**コントローラー** ①制御装置。②企業経営の管理者。会計監査官。③整流器。

**コントロール** ①する 制御。調整。統制。管理。②野球、サッカーなどの球技で自在にボールを操る能力。制球力。例 絶妙の〜

**コントロール・カラー** 肌の色を補正するために配色を考慮したファンデーションの一種。

**コントロール・センター** 制御や管理を行う中枢部。

**コントロール・タワー** 空港の管制塔。レーダー受像機や無線電話などを使って、航空機に離着陸その他の連絡・指示を与える。

**コントロール・パネル** 制御盤。配電盤。

**コントロール・プログラム** コンピュータのプログラムで、作業手順の決定やデータ処理の制御などを監視するためのもの。

**コンパ** 学生仲間の宴会、親睦会。例 新入生歓迎〜

**コンバージョン** 転換。変換。

**コンバーター** ①変換器。交直変換装置など。②有線で送られてくる信号を、通常のテレビ受像機で見られるように変換する装置。③転炉。④コンピュータのプログラムを別のコンピュータで使用できるように変換する装置。

**コンバーチブル** ①折りたたみ式の幌が付いたオープン・カー。フランスでは、カブリオレという。②好みに合わせ、形を変えて着ることのできる衣服。

**コンバート** ①する 変換する。転用する。②野球で、選手の守備位置を転向させること。③ラグビーで、トライ後のゴールキックがゴールし得点となること。

**コンパートメント** ①列車の個室式客席。②飲食店などで小さく仕切られた席。

**コンパイラー** コンパイラー言語で書かれたプログラムを、機械語(コンピュータが理解、実行できる言語)に翻訳するプログラム。→コンパイラー言語

**コンパイラー言語** コンピュータのプログラム言語の一種。機械語に翻訳することでコンピュータに計算させる。

**コンパイル** コンパイラー言語を機械語に変換すること。

**コンバイン** ①刈り取りや脱穀などの機能を備えた農業機械。②結合させる。

**コンパウンド** 混合物。

**コンパクト** ①~な 小型ながらきちんとまとまった。簡潔な。②携帯用の鏡つき化粧用具入れ。おしろいなどを入れる。

**コンパクト・カメラ** 誰もが簡単に使えるように自動化された35ミリカメラの総称。フィルムの装填・巻き上げ・巻き戻し、露出、焦点、ストロボ発光などが完全自動化され、小型軽量化も進んでいる。

**コンパクト・ディスク** デジタル信号を記録した光学式のレコード。表面に記録された信号を半導体レーザーの光線によって読み取る、直径12センチメートル・8センチメートルの円盤。略CD

**コンパチビリティー** 両立。互換性。ソフトウエアや周辺機器などの互換性、適合性。異機種のコンピュータでも、同一ソフトウエアの利用や周辺機器との接続が可能なこと。

**コンパチブル** 互換性のある。両立する。

**コンパチブル・プレーヤー** コンパクト・ディスク(CD)とレーザー・ディスク(LD)など、異なった種類の光学式ディスクすべてを1台で再生できるプレーヤー。

**コンパチブル・マシーン** 特定のコンピュータとソフトウエアの互換性を持つコンピュータ。

**コンバット** 戦闘。

**コンパニオン** ①会議・パーティーなどで接待役や通訳をつとめる女性。②博覧会や見本市・イベントの案内係、説明係、接待係。③酒の席で男性の相手をする女性。

**コンパニオン・アニマル** 友人として考えたり、人生の伴侶としてとらえたペット。

**コンパラティブ・アドバタイジング** 比較広告。自社と他社商品とを比較し、自社製品の優位性を訴える広告・宣伝。

**コンパルソリー** ①義務的な。強制的な。②フィギュア・スケート競技で、規定演技。

**コンビ** 二人組。

**コンピテンシー** 力量、適性、言語能力、人材能力。
**コンビナート** 企業集団形態の一つ。効率的な一貫生産を目的として、異なる生産段階の部門あるいは企業を一定地域に結集させたもの。
**コンビナート・キャンペーン** 関連企業が一体となって展開する広告宣伝活動。
**コンビナート・システム** 都市の総合開発計画。経済、衛生などの機能を効率的に配置する都市計画。
**コンビナート・スポンサー** テレビ、ラジオの番組を共同提供するスポンサーまたは、関連企業集団。
**コンビニ** ⇨ コンビニエンス・ストア
**コンビニATM** コンビニエンスストア内に設置されているATM(現金自動預け入れ支払機)。24時間利用できる。
**コンビニエンス・ストア** 消費者が気軽に利用できる便利さ(コンビニエンス)を売り物としたフランチャイズ形態の小型スーパー。年中無休・24時間営業、食品、日用雑貨を中心とする豊富な品ぞろえなどが特色。キャッシング、チケット販売などもする。コンビニと略す。略CVS
**コンビネーション** ①結合。組み合わせること。スポーツ選手などの連携プレー。②野球で、投手の配球。③2種以上の色や素材を組み合わせた靴。④上下が一つにつながった肌着。つなぎ。⑤数学で、組合せ。
**コンビネーション・サラダ** 肉・魚なども一緒になったサラダ。
**コンビネーション・ジャンプ** フィギュア・スケートの自由演技で、連続して2種類以上のジャンプを組み合わせて跳ぶこと。
**コンビネゾン** 上下がつながっている服。つなぎ服。
**コンピュータ** 電子計算機。電子回路を使って数値計算や記憶などのデータ処理などを行う装置の総称。コンピューターとも表記する。
**コンピュータ・アート** コンピュータを利用して表現する芸術。音楽、映像、造形、照明など。
**コンピュータ・アニメーション** コンピュータ・グラフィックスで作り出される画像を使って制作するアニメーション。

**コンピュータ・アレルギー** コンピュータに対する心理的不安から引きおこされる恐怖感、抵抗感。同コンピュータ・フォビア

**コンピュータ・ウイルス** コンピュータのソフトウエアや記憶データに寄生して壊滅的な打撃を与える破壊プログラム。通信回線やフロッピー・ディスクなどから侵入して自己増殖し、ウイルスのように次々と感染することから。→コンピュータ・ワクチン

**コンピュータ・グラフィックス** コンピュータを使って作成された図形や画像。略CG

**コンピュータ・ゲーム** コンピュータを利用した娯楽用ゲームの総称。

**コンピュータ・セキュリティー** 自然災害(地震、火災など)や不法行為(盗難、悪用など)、事故・故障からコンピュータ本体、ソフトウエア、データなどを保護する対策や措置。

**コンピュータ・トモグラフィー** コンピュータ断層撮影装置。略CT

**コンピュータ・ネットワーク** 複数のコンピュータを通信回線で接続し、情報や機能を共用するシステム。

**コンピュータ犯罪** コンピュータに関する不正行為。回線への侵入による機密や個人情報の盗難・データ破壊、ソフトウエアの不正複写や無断使用、不正データ入力による金銭の詐取など。

**コンピュータ・マインド** コンピュータによる情報や知識を最大限に活用して知的創造力を高め、新しい可能性を追求していく思考方式。

**コンピュータ・マッピング** コンピュータ利用による地図作成。地形や道路網をデジタル化してコンピュータで処理すること。

**コンピュータ・ミュージック** コンピュータを使って作曲、演奏すること。また、作られた曲。

**コンピュータ・ユーティリティー** コンピュータの端末機が広く普及し、個人や企業がコンピュータを自由に利用できるようにすること。

**コンピュータライズ** 電算化する。コンピュータ処理できる

ようにすること。
**コンピュタリゼーション** コンピュータが社会のあらゆる分野で広く普及、導入されていくこと。コンピュータ化。
**コンピュータ・リテラシー** コンピュータを使いこなす知識と操作能力に優れていること。
**コンピュータ・ワーム** コンピュータ・ウイルスの発展型。
**コンピュータ・ワクチン** コンピュータ・ウイルスの侵入を調査し、撃退するためのプログラム。
**コンピュートピア** 発達したコンピュータ・システムが創造する理想的な未来社会。コンピュータとユートピアの合成語。
**コンファレンス** ①会議。協議会。協議連盟。②協議。相談。
**コンフィチュール** ジャムのこと。
**コンフィデンス** ①自信。②信頼。信用。③秘密。
**コンプライアンス** ①承諾、服従、遵守。②たわみ性。③服薬厳守(処方箋にしたがって正しく薬を服用すること)。
**コンプリート** ①完成する。②すべてそろった。完全な。
**コンフリクト** 意見や利害などが衝突すること。争い、論争。
**コンプリメンタリー・カラー** 補色。
**コンプレスド食品** 圧縮成形食品。真空冷凍、乾燥によって食品を小さくしたもの。キャンプ用、災害などの非常用に利用される。
**コンプレックス** ①劣等感。②複合体。企業集団。③複合観念。抑圧され無意識下にひそむ感情。
**コンプレッサー** ①空気圧縮機。圧搾機。②血管圧迫器。
**コンペ** ⇒ コンペティション
**コンペティション** ①競争、試合。②ゴルフの競技会、試合。③建築の設計・デザイン競技。公共性の高い建築物やシンボルマークなどに対して一定の課題を設け、すぐれた設計・デザインなどを公募すること。コンペと略す。
**コンペティター** 競争相手、商売敵。
**コンベンショナル** 型どおりの。伝統的な。因習的な。~な
**コンベンショナル方式** 複数価格入札方式。債券の公募発行において、落札者の提示価格がそのまま支払い代金となる方法。
**コンベンション** ①国際会議、団体の代表者会議。映画祭や

見本市などイベント的な集会。②慣習。
**コンベンション・シティー** 国際会議、見本市、イベントなどの催し物を開催できるように施設・交通機関などを整備した都市。多くの人、物、情報などが交流することによって地域の活性化が期待される。
**コンベンション・センター** 国際見本市や国際会議の会場として使用する大規模な集会施設のこと。
**コンペンセーション** ①埋め合わせ。補償。賠償。②体の一部に欠損が生じたときに、その機能を補足するため他の器官が発達すること。
**コンペンセーション方式** 輸出超過を均衡に是正するために、相手国から食糧や原材料などを輸入すること。
**コンボ** ①少人数のジャズの楽団。②組み合わせ。
**コンボイ** ①護衛。護送。護送船団。②大型トラック、トレーラーの集団。
**コンポーザー** 作曲家。構成者。
**コンポート** ①果物を砂糖で煮たもの。②果物を盛りつけるための高脚の盛り皿。
**コンポーネント** ①構成部分。ステレオシステムの各構成部分。②自由な着こなしが可能な衣服。一着の上着にスカートとパンツがセットされたものなど。
**コンポーネント・ステレオ** スピーカー、アンプ、プレーヤーなど各部分をそれぞれ選んで組み合わせたもの。略してコンポという。
**コンポーネント・タイプ** 単体機器を自由に組み合わせる方法によって用いるOA機器類。
**コンポジション** ①作曲。②英語などの作文。③構成。
**コンポジット・インデックス** 経済企画庁が開発した景気動向指数。好況、不況の程度まで数値化して表示したもの。
**コンポスター** 生ゴミから土中の微生物の働きによって堆肥をつくる容器具。
**コンポスト** ①堆肥。②生活のゴミを原料にした農業用有機物資材。
**コンマ** ①欧文の読点「,」。数字の位どりにも使われる。②小数点「.」。**同**カンマ
**コンメンタール** ⇨コメンタール

## サ

**サー** ①目上の男性への敬称。②イギリスで准男爵やナイトの称号を持つ人につける敬称。

**サーカディアン・リズム** 概日リズム。生物が生まれつき持っている24時間周期の体調維持リズム。→バイオリズム

**サーキット** ①電気回路。回線。②自動車レースの環状競走路。③演劇、映画などの興行系列。④巡回競技会。開催地を転戦して競うスポーツ大会。⑤サーキット・トレーニングのこと。

**サーキット・トレーニング** 循環式訓練法。決められた一連の運動の繰り返しによって、基礎体力を増進させる。

**サーキット・ブレーカー** ①電気回路遮断器。一定限度を超えた電気使用時に自動的に電流を切り事故を防ぐ装置。ブレーカーと略される。②株式相場の混乱を避けるため先物取引を一時的に中断させる措置。

**サーキュレーション** 広告媒体の到達度。新聞、雑誌など定期刊行物の発行部数。テレビの視聴率など。

**サーキュレーター** 空気調節などの循環器。

**サークライン** 輪型の室内照明用蛍光管。商標名。

**サークル** ①円。②趣味の同じ人の集まり。同好会。

**サークル・ビジョン** マルチ映像の一方式。円形ホールの壁を多数の面に分割し、全周から映像を流すシステム。

**サーズ** SARS。重症急性呼吸器症候群。肺炎に似た症状の感染症。severe acute respiratory syndromeの頭文字から。

**サーチ・ビジョン** コンピュータ制御で自動追尾しながら、夜空に浮かぶ大型気球や飛行船に映像を投射する空中映像システム。

**サーチャー** 情報検索代行者。捜索者。データベースから必要情報を検索し、依頼人に供給する職業。

**サーチャージ** 課徴金。割増金。

**サーチライト** 探照灯。遠くまで照らせるようにした照明装置。

**サーティーズ・ルック** 1930年代風のファッション。白を

基調とした細長いシルエットが特色。
- **サードニックス** 宝石の一つ。赤縞めのう。8月の誕生石で「夫婦の幸福」の意味を持つ。
- **サード・パーティー** ①第三者。②コンピュータ本体のメーカーに対し、そのコンピュータ用のソフトウエアや周辺機器を開発・供給している専門企業。メーカー、ユーザーに次ぐ第3の意。
- **サード・ワールド** 第三世界。開発途上諸国。
- **サーバー** ①給仕人。②料理を取り分けるフォークやスプーン、料理を運ぶお盆などの給仕用具。③バレーボール、テニスなどのサーブをする人。④コンピュータ・ネットワーク上で、他のコンピュータにファイルやデータを提供するコンピュータ。あるいはそのプログラム。
- **サービサー** 企業や金融機関などの不良債権および、貸付金の回収を代行する専門会社のこと。
- **サービス・エース** テニス、バレーボール、卓球などのサーブによる得点。
- **サービス・エリア** ①テレビ、ラジオの視聴良好区域。②高速道路で休息、給油、食事などの施設・設備がある区域。略SA
- **サービス業** 農林水産業、鉱工業に次ぐ第三次産業。サービスの提供によって対価が得られる産業全般をさす。
- **サービス・サイズ** 自動プリンターを使った最も低価格な写真のプリントサイズ。
- **サービス残業** 時間外労働をしても手当てが支払われず泣き寝入りになってしまう残業。
- **サービス・ステーション** ①企業が設けた商品に関する相談・修理などに対応するための出張所。②自動車の給油施設。
- **サービス・フィー** 手数料。
- **サービス・プライス・インデックス** モノを対象とした卸売物価指数に対して、サービスを対象とする価格指数のこと。
- **サービス・ブレーク** テニスで、相手がサーブ権を所有していたゲームに勝つこと。
- **サービス貿易** 商品貿易に対して、運輸、通信、保険、旅行などサービス活動における貿易をさしていう。

**サービス・マーク** 運輸、銀行、ホテルなどのサービス業で、自社の業務内容を特徴づけるシンボルとして使用する標識やキャッチ・フレーズ。

**サーファーズ・イヤ** サーフィンなどの水中スポーツをする人に多く、外耳道が狭くなる症状。難聴や外耳炎をおこしやすい。

**サーフェース** 表面。外観。

**サープラス** 余剰、余剰金。

**サープラス・バリュー** 剰余価値。労働力が生産過程で生み出す全価格から賃金相当分を差し引いた利潤。

**サーベイ** 調査。概観。測量。

**サーベイランス** ①監視。見張り。②経済政策に関する先進各国の相互監視。

**サーベル** 細身で先のとがった洋刀。

**サーボ機構** 自動制御系の一種。センサーによって目標値と現在値のずれを検出し、自動的に目標値に近づける機構。

**サーマル** 熱の、温度の。

**サーマル・プリンター** 感熱紙に加熱した印字ヘッドをあてて印字する装置。

**サーマル・リアクター** ①熱中性子増殖炉。②自動車の排ガス浄化装置の一つ。排ガスを高温にして、その有害物質を燃焼させる装置。

**サーミスター** 温度変化によって電気抵抗が大幅に変化する半導体素子。

**ザーメン** 精液。もとは種(子)の意。

**サーモグラフィー** 体表面温度測定法。物体や生体表面から放射される赤外線を感知し、その温度分布をグラフなどで表示する。画像表示する装置はサーモスキャンという。

**サーモスタット** 自動温度調節器。温度変化に対応して熱源を自動的に調整する装置。

**サーモメーター** 寒暖計。温度計。

**サーモモーター** 熱機関。熱エネルギーによって気体を蒸発させるなどし、その膨脹力を利用して機械的エネルギーに変換する機械。

**サーモン・ピンク** サケの肉色のような鮮紅色。赤みを帯びたピンク色。

**サーロイン** 牛の腰上部の最も上等な肉。

**サイエンス・パーク** 公の科学研究機関、あるいは産業界や企業の科学研究所を中心に構成される学術都市。

**サイエンス・フィクション** 空想科学小説。略SF

**サイエンティスト** 科学者。自然科学者。

**サイエントメトリー** 科学測定法。科学を定量的にとらえて分析・研究する学問。同サイエントメトリックス

**サイキック** ①精神的な。霊魂の。心霊現象の。超自然的な。②霊媒。

**サイクル** ①循環。周期。②周波数の単位。サイクル毎秒。現在はヘルツ。③自転車。

**サイクル・サッカー** 1チーム6人の選手による、自転車を使って行うサッカー。

**サイクル・ストック** 好不況の影響を大きく受けやすい株式銘柄。

**サイクル・タイム** ①コンピュータで、一つもしくは一連の命令を実行するのに要する時間。②データの読み出しに必要な最小時間。

**サイクロトロン** 粒子加速装置の一種で、磁極間の電極に高周波電圧を加えたイオン加速器。原子核構造の研究などに用いる。

**サイクロン** インド洋付近で発生する、最大風速が秒速17.2メートル以上の熱帯低気圧。構造的には台風とほぼ同じ。

**サイケ** ⇒サイケデリック

**サイケデリック** ①幻覚剤による幻覚、陶酔の状態。幻覚的な。②幻覚状態やそのイメージを美術、音楽、ファッションで表現した作品。強烈な色彩によるデザイン。サイケ調。~な

**サイケデリック・アート** 幻覚剤による陶酔状態を表現するために鮮やかな原色、珍奇なデザインなどを用いた美術。

**サイコ** ①精神分析。②精神病者。神経症患者。

**サイコアナリシス** 精神分析。精神分析学。人間の深層心理を対話や夢判断などによって導き出そうとする分析法で、フロイトにより体系づけられた。

**サイコキネシス** 念力。手を触れず物体に影響を与える超能力。

**サイコセラピー** 催眠術や暗示による心理療法。神経症の治療をはじめ、苦痛をやわらげるために出産や歯の治療などに応用される。

**サイコセラピスト** 精神療法医。心理療法で暗示や催眠術などを用いる療法医、専門技術者。

**サイコドラマ** 集団心理療法の一つ。患者に即興劇を演じさせ、その心理観察を治療に生かそうとする療法。

**サイコロジー** 心理学。心理。

**サイコロジカル・ライン** 株価変動を予測する一方法。直近12立会日のうち前日比で値上がりした日数の比率から株価変動を予測する方法。

**サイテック・アート** 光や音などを駆使して造形や表現をする芸術。

**サイト** ①用地、敷地。②インターネットで情報を提供している場所。例携帯～

**サイド・アウト** ①バレーボールなどで、サーブ権が相手側に移ること。②テニスなどで、ボールがサイドラインの外側へ出ること。

**サイド・エフェクト** 薬剤による副作用。

**サイド・オーダー** 追加料金の料理。

**サイトシーイング** 観光。遊覧。

**サイド・ビジネス** 本業の合間をみてする仕事。副業。内職。同サイド・ワーク、サイド・ジョブ

**サイドボード** 食器や装飾品を飾る西洋式の戸棚。

**サイド・リーダー** 副読本。

**サイド・ワーク** ⇒サイド・ビジネス

**サイバー・スペース** 電脳空間。コンピュータの端末と人間の頭脳を結ぶことによって生まれる意識空間のこと。

**サイバー・テロリズム** 国家や社会の混乱を目的にコンピュータを駆使して、そのネットワークを破壊しようとする行為。

**サイバーパンク** SF小説の潮流の一つ。アメリカのSF作家ウィリアム・ギブソン、ブルース・スターリングらに代表される、電子回路と人間の頭脳が直結した電脳空間を舞台として未来社会を描いた一連の作品群。

**サイバーポリス** 電脳警察。ハイテク犯罪を担当する捜査機

関。

**サイバネーション** コンピュータと自動制御機器が結合したシステム。

**サイバネティック・アート** 光、音、温度などの変化を利用したり、動力装置を使った動く美術。

**サイフォン** ⇨サイホン

**サイボーグ** 改造人間。筋肉や臓器を機械的に改造した人間。

**サイホン** ①曲管。吸い上げ管。②蒸気圧を利用したガラス製のコーヒーわかし器具。サイフォンともいう。

**サイマル** ①同時に起こる。②同時通訳。

**サイマルキャスト** 同じ番組をテレビとラジオで同時に放送すること。

**サイリスター** 電流制御機能を持つ半導体素子の総称。

**サイリスター・チョッパー** サイリスターを利用した直・交流変換器。架線から電力をとる直流電車に用いられる制御方式。省エネになる。

**ザイル** 登山用ロープ、綱。

**サイレンサー** 消音器。消音器のついた拳銃。

**サイレント・ウェー** 外国語教授法の一つ。初歩段階時に教師が沈黙を保つことによって、生徒が誤りを自覚しつつ外国語を習得していく方法。

**サイレント・キラー** 自覚症状のないまま死に至る病気。高血圧、狭心症など。

**サイレント・ベビー** 表情に乏しく、笑いもしなければ泣きもしない赤ちゃん。母子のスキンシップ不足などが原因とされる。

**サイレント・マジョリティー** 声なき声。声高に政府批判する少数者と異なり、国民の大多数は公的な場で発言せず、黙って政府を支持してくれるの意。アメリカのニクソン大統領が使った言葉。

**サイロ** ①穀物や飼料の貯蔵庫。②ミサイル格納庫。

**サイン・アップ** 企業と雇用契約を結ぶこと。署名して会員になること。

**サイン・プレー** 野球やラグビーなどのスポーツで監督などの合図によって、前もって決めておいた攻撃または守備のパターンを実行すること。

**サイン・ランゲージ** 手話。外国人や耳の不自由な人に対する身振りによる意思疎通。身振り言語。

**ザウアークラウト** 塩漬けキャベツを発酵させたもの。ザワークラウト、サワークラウトともいう。

**サウダージ** 哀愁。郷愁。祭りのあとの寂しく空しい気持ち。

**サウンディング・バルーン** 気象観測用の気球。

**サウンド・エフェクト** 音響効果。映画やテレビ、ラジオでの効果音、擬音。略SE

**サウンドスケープ** 音の風景。自然環境や街中で聴かれるさまざまな音を包括的にとらえる概念。

**サウンド・チェック** コンサート前の各楽器・機材のテスト、調整。

**サウンド・トラック** 映画用フィルムで、音声、効果音などを記録した帯状部分。また、その部分をレコードなどに原音のまま録音したもの。略してサントラ。

**サウンド・バリアー** 音の障壁。ジェット機が音速を超えたときに出くわす空気の壁で、大音響を引きおこす。同ソニック・バリアー

**サウンド・ビジネス** 堅実な事業。堅い商売。健全な企業経営。対ベンチャー・ビジネス

**サ・エ・ラ** あちこち。そこかしこ。

**サガ** 古代・中世の北欧散文学の総称。国王や英雄などの伝説に基づく。

**サキソフォン** 金属製でありながら木管の音を出す管楽器。同サックス

**サクセス・ストーリー** 成功物語。出世物語。努力と才能によって、誰でも地位や名声が得られると信じられているアメリカの信念。

**サクリファイス** 犠牲。犠牲的行動。いけにえ。

**サザン・クロス** 南十字星。南天にあり、北緯25度以南で見られる。

**サシェ** ハーブなどの入ったにおい袋。

**サジェスチョン** ①暗示。示唆。②提案。忠告。

**サステーニング・プログラム** 自主番組。スポンサーをつけずに自局で企画制作して放送する番組。略してサスプロ。対コマーシャル・プログラム、スポンサード・プログラム

**サスペンション** 自動車・電車などの懸架装置(車体と車輪との間にあるバネ装置)。路面からのショックを和らげる。

**サスペンス** 小説・映画・劇などで読者や観客に不安、恐れ、懸念などの緊張感を感じさせるもの。

**サスペンデッド・ゲーム** 一時停止試合。野球で、5〜9回において不可抗力による障害のために試合が打ち切られ、後日同じ条件下で再開される試合のこと。

**サスペンド** コンピュータなどの一時停止。保留。

**サタニズム** ①悪魔主義。②19世紀末のフランスで黒ミサ(悪魔を崇める儀式)を行った悪魔崇拝。

**サタン** 悪魔。魔王。

**サッカリン** 人工甘味料の一つ。甘さは砂糖の約500倍、熱すると甘味が消える。

**サック** ①袋。②さや。③コンドーム。

**サックス** ⇨サキソフォン

**サッチャリズム** イギリスのサッチャー首相が推し進めた社会・経済政策。中心政策は公共支出の削減、国有企業の民営化、政府規制の緩和、労組活動の制限など。

**ザッハトルテ** ウィーン発のチョコレートケーキ。

**ザッピング** テレビのチャンネルを次々に替えること。

**サディスト** 加虐性変態性欲者。残虐性愛好者。サド。**対**マゾヒスト、マゾ

**サティスファクション** 満足。満足させるもの。

**サテライト** ①衛星。人工衛星。放送衛星、通信衛星。②Jリーグの2軍の通称。

**サテライト・オフィス** 本社機能の一部を郊外に分散して設けられたオフィス。本社機能の分散化、職住近接などを目指したもの。本社とは通信回線で結ばれている。

**サテライト・コンピュータ** データの入出力など補助的な機能を持つ付属コンピュータ。

**サテライト・スタジオ** テレビ・ラジオの中継放送用の小スタジオ。ガラス張りで見学できるものが多い。

**サテライト・ステーション** 宇宙基地。

**サテライト・ニュース・ギャザリング** 通信衛星を利用してニュース取材の迅速化、速報性を高める送受信システム。**略**SNG

**サテライト・ビジネス** 通信衛星の回線を顧客に提供するなど、通信衛星を使った事業。

**サテン** 繻子(しゅす)。美しい光沢、滑らかな手ざわりが特色。

**サド** ⇨サディスト

**サドン・デス** ①急死。突然死。②先に得点したほうを勝ちとする延長戦。ゴルフではプレーオフ後1ホールずつで先に勝ったほうが優勝となる。

**サニタリー** ①衛生的な。清潔な。②建築で、洗面所、浴室など水まわりの総称。

**サニタリー・バッグ** 乗り物酔いの嘔吐物を入れる袋。

**サパー・クラブ** 食事もできる高級ナイトクラブ。

**サバイバリズム** 生き残り主義。災害や核戦争に備えて水・食糧、核シェルターなどを用意しておくこと。

**サバイバル** ①困難な状況下で生き残ること。②激しい競争を勝ち抜くこと。

**サバイバル・ゲーム** ①迷彩服を着て、エアガンで撃ち合う戦争ゲーム。②厳しい生き残り競争のこと。

**サバイバル・ナイフ** 缶切り、スプーン、フォークなどが付いた多目的ナイフ。同アーミー・ナイフ

**サバイバル・ルック** 冬服として極寒地用の耐寒服を着るファッション。同ポレール・ルック

**サバティカル** ①休息の。安息の。②アメリカの大学や企業で、研究・休養などのために7年に一度の長期有給休暇。ユダヤ人が7年に一度、大地に休息を与えて耕作を休んだことから。

**サバト** 安息日。ユダヤ教では土曜日、キリスト教では日曜日。

**サバンナ** 熱帯雨林と砂漠の中間に分布する熱帯草原。年間を通じて雨量が少なく植物はあまり育たない。→ステップ

**サブ** 「副、補助、下位」の意味の接頭語。例〜のメンバーを用意させる

**サファイア** 宝石の一つ。青玉。9月の誕生石で「誠実、徳望、慈愛」の意味を持つ。

**サファリ・ラリー** 東アフリカ・ナイロビを起点として行われる、約5000キロメートルを走破する自動車ラリー。

**サファリ・ルック** 狩猟や探検者の服装を取り入れたファッション。

**サブウェイ** 地下鉄。同メトロ

**サブカルチャー** 伝統的文化に対して副次的な文化。大衆や若者など特定集団だけが持つ行動様式、文化。対メインカルチャー

**サブコミッティー** 小委員会。分科会。

**サブスクリプション** 予約申し込み。新聞や雑誌などの予約講読。

**サブスクリプション・テレビ** 有料テレビ放送。暗号化された電波で送信された番組を、有料視聴者が解読装置によって受信するテレビ方式。

**サブストラクチャー** 土台。基礎構造。

**サブタイトル** ①書籍、論文、新聞、雑誌などの副題・小見出し。②補足のための字幕。

**サブマリン** ①潜水艦。②野球の下手投げの投手。

**サブミクロン** 1万分の1ミリメートル。1ミクロンの10分の1。

**サプライ** ①支給。②供給。③必需品、補給品。

**サプライ・サイド・エコノミックス** 供給側の経済学。アメリカのレーガン大統領による経済再生の理論。減税、政府支出の削減、通貨供給の安定化などにより生産力増大、物価安定を目指そうとする、供給側重視の経済政策。

**サプライズ** 驚き、意外性のあること。

**サプライチェーン・マネジメント** 原材料の調達から生産・品質管理・物流・販売までの一連の企業経営の流れをシステムとしてとらえた経営手法。略SCM

**サプライヤー** 供給者。供給国。売り手。対バイヤー

**サプライヤーズ・クレジット** 輸出者が輸入者に供与する延べ払い信用。大型プラントなどの設備輸出に対する日本輸出入銀行の資金貸し出し。

**サフラワー・オイル** 紅花油。サフラワー(紅花)の種子からとった食用油。リノール酸を多く含み、コレステロールを下げる作用を持つ。

**サフラン** アヤメ科の多年草。雄しべを乾燥させて食品の黄色への着色や健胃剤として用いる。

**サプリ** ⇨サプリメント

**サブリナ・パンツ** 脚にぴったりとした細身のシルエットのパンツ。オードリー・ヘップバーン演じる、映画「麗しのサブリナ」の主人公のファッションから。

**サブリミナル広告** 潜在意識下に刺激(メッセージ)を与える広告。テレビや映画などで、視聴者の潜在意識の中に入り込み購買行動に刺激を与える手法。人間の知覚できない速度の刺激を何度も繰り返し画面に挿入することにより、やがて刺激が潜在意識下に残るという原理を利用したもの。倫理的な問題から、現在は禁止されている。

**サプリメント** ①各種ビタミン剤などの栄養補助食品。②雑誌の付録。新聞の別刷り。③書物の補遺。略してサプリ。

**サブルーチン** コンピュータで、主プログラムから独立して必要時に簡単に呼び出せるようにしたプログラム。

**サブレ** バタークッキー。

**サボ** ⇨サボタージュ

**サポーター** ①関節などを保護するゴムや布の帯。②支援者、援助者、特にサッカーのファン。

**サポート** ①する 支持、援助すること。②客であるパソコンの使用者に対してメーカーが行う支援サービス。ユーザー・サポートともいう。

**サボタージュ** ①怠業。労働争議の手段として労働者が生産能率を故意に低下させ、企業側に損失を与える戦術。略してサボ。②一般に、怠けること。サボる。

**サマー・スクール** 夏期講習。

**サマー・ストック** 夏の天候に業績が左右される企業の株式。クーラーなどの電化製品やビールなどの製造をする企業の株。

**サマー・タイム** 夏時間。日照時間の長い夏の間、標準時間よりも時計を進めて昼間の生活時間を有効活用する制度。日本でも導入が検討されている。

**サマリー** 要旨。要約。概要。

**サミット** ①頂上。②頂上会談。③主要国首脳会議。

**サムターン** 内鍵。ドアの内側の施錠用つまみ。

**サムタイマー** 週のうち一定時間を都合に合わせて働く人。働きたい曜日・時間帯を自由に選んで働くパートタイマー

の一種。

**サム・チェック** 合計検算。データの読み取りミスの有無を調べる一方法。

**サムライ・ボンド** 円建て外債。非居住の外国政府や企業が日本の金融市場で発行する円建て債券。外貨建て債券はショーグン・ボンドという。→ヤンキー・ボンド

**サラウンド** オーディオなどで、一方向だけでなく全方位360度から音が聞こえるように、前後左右に四つ以上のスピーカーを配置した状態。取り囲むの意味から。

**サラダ・バー** 飲食店内で客が自分の好きなだけサラダを盛れるようつくられた場所。

**サラブレッド** ①競走馬の優良品種。イギリス原産の牝馬とアラブ種の牡馬を交配させてできた種。②家柄や血統のすぐれた人。

**サリー** ヒンズー教徒の女性が身にまとう綿または絹の細長い布。

**サリドマイド** 非バルビツール酸系の睡眠剤。つわり防止薬として販売されたが、妊婦が飲んで四肢欠症の子どもが生まれたため使用禁止となる。

**サリン** 有機リン系農薬から作り出された神経毒ガスの一つ。神経に作用して呼吸や心機能を麻痺させ、殺傷力が高い。

**サルーン** ①汽船の談話室。ホテルの大広間。酒場。②屋根つきの箱形乗用車。セダン。列車の一等客車。

**サルコイドーシス** 原因不明の全身性疾患の一つ。肺、心臓、リンパ節などの臓器に肉芽腫瘍が形成される難病。

**サルサ** ニューヨーク在住のプエルトリコやキューバ出身音楽家がキューバ音楽を発展させたラテン音楽の一種。激しいリズムが特徴。

**サルバトーレ** 救世主。

**サルファ剤** 病原菌の増殖機能を抑制する作用を持つ、スルファミンを主成分とした合成化学療法剤。球菌類、大腸菌、赤痢菌などに効果がある。

**サルベージ** 沈没船の引き上げ。曳航の作業。

**サルモネラ菌** 好気性細菌の一属。食中毒や急性腸炎をおこす経口感染菌。

**サロゲイト・マザー** 代理母。不妊女性の代わりにその夫の精子を人工授精し、代理出産をする女性。

**サロン** ①応接間。客間。談話室。②フランスの名士が邸宅の客間(サロン)で主催した社交の場、集まり。③美術展覧会。④美容院。ファッション関係の店。⑤洋風の酒場。バー、キャバレー。

**サロン・ミュージック** 応接間で演奏されるような静かな品のよい音楽。軽音楽。

**サワー・クリーム** 乳酸を発酵させた生クリーム。

**サンク・コスト** 埋没原価。埋没費用。生産活動につぎ込んだ費用のうち、すぐに回収できないもの。設備投資型の産業ではその比重は大きく、情報産業では小さい。

**サンクスギビング・デー** 感謝祭。アメリカでは11月第4木曜日。

**サンクチュアリー** ①禁猟区。鳥獣保護区。②聖域。神聖な場所。

**サングラス・カー** 窓に黒いフィルムを張った自動車。

**サングリア** 赤ワインに柑橘類を入れたスペインの飲み物。

**サンシャイン計画** 新エネルギー技術開発計画。石油にかわる太陽、地熱、水素、風力・海洋などの各エネルギー技術開発を進め、実用化を目指すもの。

**サン・ジョルディの日** 4月23日。男性は女性に花を、女性は男性に本をプレゼントする日。

**サンスクリット** 梵語。古代インドの文章語、『マハーバーラタ』『ラーマーヤナ』は梵語の二大叙事詩。

**サンタン** 日焼け。紫外線で肌のメラニン色素が増えて黒くなる現象。→サンバーン

**サンタン・メーキャップ** 肌を紫外線から守る化粧品。小麦色の肌を美しく見せる化粧法。

**サンチュ** チシャ。朝鮮料理では焼き肉などを包んで食べる。

**サンディカリズム** 急進的な労働組合組織。サンディカはフランス語で労働組合の意。

**サンデー・バンキング** 現金自動支払機(CD)や現金自動預け払い機(ATM)による現金引き出しが、日曜日でもできるサービス。

**サンド** ①砂。②サンドイッチのこと。

**サンドイッチ症候群** 上司と部下の間で板ばさみの立場にある中間管理職が、そのストレスから引きおこす心身症、神経症。

**サンドイッチ・マン** 広告板を身体の前後に下げ、街頭を歩き回って広告をする人。

**サンド・ウェッジ** ゴルフクラブの一つ。バンカーに入ったときに使うクラブ。ウェッジは「くさび」の意。

**サンド・バギー** 砂浜や砂地を乗り回す、幅太タイヤのレジャー車。本来バギーは軽装馬車のことをさす。

**サンドペーパー** 紙やすり。

**サントラ** ⇒サウンド・トラック

**サンバ** アフリカを起源としブラジルで広まった4分の2拍子のテンポの速い陽気なリズム、音楽。その踊り。

**サンバーン** 日焼け。紫外線による肌の炎症。→サンタン

**サン・バイザー** ①日光をさえぎる板。自動車のフロント上部にある日よけ。②帽子のひさし部分と輪状のひもからなる日よけ。同アイ・シェード

**サンフラワー** ひまわり。

**サンプリング** ①見本を抜き取ること。標本抽出。統計調査で、対象全体から標本を抽出すること。②楽器音をデジタル化すること。

**サンプル** ①見本、標本。②試供品。③手本、実例。

**サンプル・セリング・システム** 店頭に商品を置かず、見本を並べるだけの小売商法。売り場容積の効率化や、省力化が図れる。

**サンプル・フェア** 見本市。

**サンボ** 柔道に似ている旧ソ連の格闘競技。武器を使わない自己防衛の意味のロシア語から。

**サンボリスム** 象徴主義。象徴派。19世紀末のフランスで、現実主義に対立しておこった象徴重視の文芸運動。詩を中心とし、ボードレール、ヴェルレーヌ、ランボーなどが有名。同シンボリズム

**サンルーフ** ①乗用車の天井にある窓、その屋根。②通風や採光のために、建物の天井が一部開閉できるようになっているもの。

**サンルーム** 日光浴のできるガラス張りの部屋。

## シ

**ジアスターゼ** でんぷんなど多糖類を分解する酵素。消化剤として用いる。同アミラーゼ

**シアン** ①炭素と窒素の化合物。独特の刺激臭を持つ無色・有毒の気体。②緑みの青。色料の三原色の一つ。

**シーア派** イスラム教の一分派。正統派のスンニ派と対立する少数派で、異端派ともいわれる。預言者ムハンマドの従弟アリーとその子孫を指導者(イマーム)とみなし絶対的権威を認めるもので、その言行はコーランをも超越する。シーアは党派の意。→スンニ派

**ジー・エイト** G7にロシアを加えた日・米・英・独・仏・伊・加・ロの8カ国。

**シークエンス** ①テレビや映画でエピソードを複数のシーンで形成すること。②同種で3枚以上、数の連続したトランプのカード。③学習単元の順序。シーケンスともいう。

**シークレット** 秘密。機密。

**シークレット・サービス** ①秘密情報機関。②大統領や要人を護衛する、アメリカ財務省秘密検察局。警護官。

**シーケンス** ⇨シークエンス

**シー・コントロール** 制海権。海上交通路の確保、支配。非常時において自国の船舶は自由に通れるが、敵国には制限すること。

**シーザー・サラダ** レタス、パルメザンチーズ、クルトンなどをアンチョビー入りのドレッシングと半熟卵であえたサラダ。メキシコのイタリアンレストランの主人の名から。

**シーサイド** 海辺、浜辺。海岸。

**ジージャン** ジーンズ・ジャンパーの略。ジーンズと同じデニム地で作ったジャンパー。

**シーズ** ①種子。種。②新技術を創出する可能性を秘めたもの。③実を乾燥させた香辛料。

**シーズ・ウォー** 農林水産物の新品種などの種子をめぐる国家や企業間での競争のこと。

**シーズニング** ①味加減、調味。②調味料、香辛料などの総

**シー・スルー** ①中身が透けて見えること。②薄い布など、透けて見える素材を用いた衣服、ファッション。例～・ルック

**シーズン・オフ** 活動休止期間。季節外れ。対シーズン・イン

**シーズン・ストック** 季節によって株価が上昇する株式。

**ジー・セブン** 先進7か国蔵相会議。日・米・英・仏・独・伊・加が参加。

**シーソー・ゲーム** 一進一退の接戦のこと。スポーツなどで、得点の取り合い。

**シート** ①座席。②日よけ、雨対策用におおうビニールや布など。③野球の守備位置。④切手のひとつづり。

**シード** 勝ち抜き試合で、強いと予想される選手やチーム同士が初戦から対戦するのを避けて組み分けすること。また、強い選手・チームにそのような特権を与えること。例～選手

**シート食品** ⇒フィルム食品

**シード・バンク** 種子銀行。高等植物の種子を貯蔵・保存する施設、機関。

**シートピア** 海中都市。海底居住基地。海底実験基地。sea(海)とutopia(ユートピア)の合成語。

**シードル** リンゴ酒。リンゴ果汁を発酵させたもの。

**ジーニアス** 天才。

**ジーニスト** ジーンズのよく似合う人。ジーンズ愛用者。

**シー・バース** 工事などのために設置された海上の停泊設備。大型タンカーのための浮き桟橋。

**シーフード** 食品としての魚介類・海藻類の総称。また、それを主体にした料理。

**シーベルト** 放射線量を表すSI単位。従来の単位はレム。

**ジー・マーク** グッド・デザイン・マーク。経済産業省の意匠奨励審議会が優秀なデザインの工業製品に与えるマーク。

**シームレス** ①縫い目、継ぎ目のないこと。②縫い目のない婦人用長靴下。シームレス・ストッキングの略。

**ジーメン** ①アメリカ連邦捜査局(FBI)の捜査官。②麻薬や

有害食品などを捜査・摘発する役人。Gメンとも。

**シーラカンス** 約3億年前の中世代に繁栄していた硬骨魚類の一種。1938年にマダガスカル島近海での現存が確認されたため、「生きた化石」と俗称される。

**シーラブ計画** アメリカ海軍の海底居住実験計画。海底という特殊環境下でさまざまな実験を行う。

**シーリング** ①天井。②予算の概算要求枠。最高限度額。限界点。

**シーリング・プライス** 最高価格。天井値。対フロア・プライス

**シーリング方式** 開発途上国の輸入品に対して、関税の軽減を行う特恵関税制度の一方式。輸入枠に上限を設け、それ以内については関税を原則として無税にするというもの。

**シーリング・ランプ** 天井からの照明装置。

**シールド工法** 鋼鉄製の円筒形掘削機を水平に推進させつつ、円筒壁面を覆工しながらその内部でトンネルを掘り進める工法。特に軟弱地盤の工事に威力を発揮する。

**シー・レーン** 海上交通路。海外から原油、原材料などを輸送する航路帯。有事においては敵国に対抗して確保すべき航路帯で、防衛上の重要な課題となる。

**ジーワンレース** 競馬での多額の賞金のかかった大きなレース。

**ジーン** 遺伝(因)子。

**ジーン・バンク** 遺伝子銀行。DNA(デオキシリボ核酸)、微生物、種子などの遺伝子資源を収集・分類・保存し、研究や実験のために供給する機関。

**シェア** ①市場占有率。マーケット・シェアの略。例〜の拡大 ②分け前。持ち分。③する分担所有。

**シェイクハンド** 卓球のラケットの握り方の一つ。柄をしっかり握るもの。シェイクハンド・グリップともいう。

**シェイプ・アップ** 体形、体調を整える。運動や減量によって余分な肉を落とし、身体を引き締めてすっきりさせること。

**シェイプド・キャンバス** 方形でない、特殊形状のキャンバス。創作表現・意図によって、さまざまな形状をしたキャンバスのこと、またその作品。

**シェーカー** カクテルをつくるために酒などを入れて振る容器。

**ジェー・ターン** 出身地ではなく、その近隣都市と大都市の間の地域に就職すること。

**シェード** ①日よけ。②電気スタンドのかさ。

**シェーバー** かみそり。電気かみそり。

**シェーマ** 図式。形式。

**シエスタ** 午睡。昼寝。スペインやイタリアなどで昼食後にとる習慣的な昼寝。

**ジェスチャー** ①言葉による表現を補うための身振り、手振りなど。②見せかけだけの態度。**同** ゼスチュア

**ジエチレン・グリコール** 石油からエチレングリコール(アルコールの一種)を製造するときの二次産品。無色無臭で甘味のある粘性の液体。有毒。ポリエステルの原料となる。

**ジェット気流** 偏西風帯中を水平に流れる、最大風速秒速100メートル以上にもなる強風帯。緯度30～40度、高度1万メートルの上空を流れている。ジェット・ストリームとも。

**ジェット・コースター** 高低差のあるレール上を走る遊園地の乗り物。

**ジェット・コースター・ドラマ** 話の展開が瞬時のうちに大きく変わってしまうため、息もつかせぬスリル満点のドラマ。

**ジェット・スキー** 水上バイク。商標名。

**ジェット・ストリーム** ⇒ジェット気流

**ジェットフォイル** ジェット・エンジンによる噴射推進式の水中翼船。

**ジェット・ラグ** 時差ぼけ。ジェット機による長距離飛行、旅行などによって生じる一過性の生理異変。

**ジェトロ** 日本貿易振興会。JETROとも。

**ジェネティクス** 遺伝学。

**ジェネラリスト** 多方面にわたって知識、技術を持つ人。ゼネラリスト。**対** スペシャリスト

**ジェネリック医薬品** 新薬の特許期間が満了し、有効性と安全性が確認されたのちに、厚生労働省の承認を得て発売される医薬品のこと。先発医薬品と同じ成分、同じ効き目の医薬品がより安価で利用できる。

**ジェネリック・テクノロジー** あらゆる先端技術領域に共通して基盤となるべき技術体系。

**ジェネリック・ブランド** 商品の一般名称(石けん、味噌など)と定められた事項を表示しただけの、商標のない商品。同ノー・ブランド

**ジェネレーション・ギャップ** 世代間の断絶。世代の違いから価値観の相違が生じること。

**ジェネレーター** ⇨ゼネレーター

**ジェノサイド条約** 正式名は、集団殺害罪の防止および処罰に関する条約。1948年の国連総会で採択された。

**シェフ** 料理長。コック長。

**ジェミニ** 双子座。双子座生まれの人。

**ジェミニ計画** 1960年代、2人乗りのジェミニ宇宙船を使ったアメリカの有人宇宙飛行計画。

**ジェラート** イタリア風のアイスクリームやシャーベット。

**シェリー** スペインのアンダルシア地方特産の山ブドウで作った白ブドウ酒。アルコール度が高く、甘味のある酒。シェリー酒。

**ジェル** ゼリー状の整髪料や化粧品。

**シェル構造** 貝殻構造。貝殻のように多数の曲面を使って外郭をなし、荷重を曲面全体に分散させる建築法。支柱を多く必要としないため、体育館やホールなどの建築物に適している。

**シェルター** ①避難所。核攻撃に備えた避難施設。②貧困者や難民を収容するための施設。

**ジェンダー** ①文法上の性。②歴史的・社会的・文化的に見た男女の差異。

**ジェンダー・ギャップ** 男女の性別による感覚、思考、行動などの差異。特に政治的な意識、関心における差をさすことが多い。

**ジ・エンド** 終わり。おしまい。

**ジオグラフィー** 地理学。

**シオニズム** ユダヤ民族による祖国再建運動。イスラエル建国のもととなった。

**ジオフィジックス** 地球物理学。

**ジオ・フロント** 都市の大深度地下。大深度(深さ50メート

ル以上)の地下空間を有効利用しようという壮大な構想のこと。→ウォーターフロント
- **ジオラマ** ①透視画。幻視画。②スタジオに設置する、遠近法を用いて制作された小型セット。③場景つき小型立体模型。
- **ジオロジー** 地質学。
- **シグ** SIG。パソコン通信などで特定のテーマに対して興味のある人たちが集まって作るグループ。
- **シグオペ** パソコン通信でSIG(同好の士の集まり)を運営する係、まとめ役。
- **シクロスポリン** 免疫抑制剤の一種。臓器移植後の拒絶反応への抑制効果を持つ。
- **シケイン** 自動車レースコース内に減速のために設けられた急角度のカーブ。道路上に設けられた人工障害物。
- **ジゴロ** ひも。女性に養ってもらっている男性。
- **シス・アド** システム・アドミニストレーターの略。インターネットのサーバーのシステム管理をする人への資格。
- **シスAB型** AB型血液の変種。AB型とO型の親からO型の子どもは生まれないが、シスAB型では生まれることがあるといわれている。
- **シス・オペ** コンピュータ・システムの運用を担当する人。システム・オペレーターの略。
- **システマチック** 組織的な。体系的な。~な
- **システム** 組織。体系。制度。方式。
- **システム・インテグレーション** コンピュータの情報通信ネットワークシステムを構築すること。
- **システム・インテグレーター** 企業などが情報システムを導入するに当たって、情報システムの企画、構築などの業務を一括して請け負う業者のこと。
- **システム・エンジニア** コンピュータの開発・設計を担当する情報処理要員。略SE 同システム・デザイナー
- **システム・カメラ** 交換レンズや付属品が豊富に揃っていて、撮影に応じて自由な組み合わせが可能なカメラ。
- **システム監査** コンピュータ・システムの安全性や効率性などについて、監査人が第三者の立場から調査し、助言・勧告すること。

**システム・キッチン** 流し台、コンロ台、調理台などの台所設備を自由に選んで組み合わせ、設置できるキッチン・セット。

**システム・ソフトウエア** コンピュータ・システムの制御・管理を行うためのソフトウエア。

**システム・ダウン** コンピュータのハードウエアや通信回線などの故障でコンピュータ・システム全体が作動しなくなること。

**システム・デザイナー** 業務に応じて最適なコンピュータ・システムを開発・設計する人。同システム・エンジニア

**システム手帳** 予定表、住所録などの多様なページを、好みに応じて自由に組み合わせることのできる手帳。

**システム・ハウス** コンピュータのソフトウエアの設計・開発だけでなく、周辺機器などハードウエアの開発や販売も行う企業。ソフトウエアの開発を専門に行う企業はソフトウエア・ハウスと呼ばれる。

**システム・フローチャート** コンピュータ・システムの処理の流れを示した図。

**システム・リスク** 金融機関同士の間の貸借関係で成立している決済システムにおいて、ある参加金融機関の支払い不能が原因となり、ほかの金融機関も連鎖的に支払い不能となる危険性。

**ジストロフィー** ①栄養障害。発育異常。②筋萎縮症。筋ジストロフィー。

**シスプラチン** 抗がん作用を持つ白金製剤。効果が大きい反面、嘔吐、腎不全など強い副作用がある。

**ジス・マーク** JISマーク。日本工業規格。

**シゾイド人間** 自己中心的で、他人との深いかかわりを持とうとしない人。分裂病質的な人間。

**シソーラス** ①意味によって分類、配列した辞典。②類語辞典。③情報検索のためのリスト。

**ジタバグ** ⇨ジルバ

**シチュエーション** ①状況。場面。立場。②文学・演劇・映画などで、あらかじめ設定されている条件や状況。

**シック** ①~なあか抜けた、粋で上品な。②病気の。吐き気がする。気分が悪い。

**シックスティーズ** 1960年代後半から1970年にかけてのファッションの総称。ヒッピールックやミニパンツなどのカジュアル、シースルーなど。

**シックス・ナイン** ①9が6個連なるほど完全に近いこと。99.9999%。②相互オーラル・セックス。体位の形から。

**シックス・ポケット** 両親、父方の祖父母、母方の祖父母の6人が1人の子どもに金をかけること。

**シックネス・バッグ** 飛行機酔いの乗客のために各座席に用意されたビニール製の袋。同サニタリー・バッグ

**シックハウス症候群** 建材や塗料、家具などから発生するホルムアルデヒドなどの有害物質が室内空気を汚染して、これによって引き起こされる病気や症状をいう。

**シックビル症候群** 換気のよくない閉め切ったビルで過ごす人に生じるさまざまな症状。目や鼻、のどの痛み頭痛、吐き気など。

**ジップ・コード** 郵便番号。

**シティー** ①市。都市。都会。②ロンドンの中心地区。ニューヨークと並ぶ国際金融街。③都会的な。

**シティー・エアターミナル** 空港と都市が離れている場合に、航空旅客の便宜を図って搭乗手続きや荷物引き渡しなどのサービスを都心で行う施設。

**シティー・カー** コンピュータ制御による無人の超小型自動車。次世代の大都市交通機関として研究が進められている。

**シティー・ボーイ** 都会の流行に敏感な若い男。

**シティー・ホール** 市庁舎。市議会や市民会館など自治体の施設を1か所に集めた建物。

**シティー・ホテル** 市街地にあるホテル。

**シティー・マネージャー・システム** 地方行政組織の一形態。行政実務の専門家として市支配人(シティー・マネージャー)を市議会が任命し、市政を委ねる制度。

**シトラス** 柑橘類。ミカン、オレンジ、レモンの類。

**シナジー** 共同作用。相乗効果をもたらす作用。

**シナジー効果** 企業活動における相乗効果。

**シナプス** 神経細胞(ニューロン)の神経突起とほかの神経細胞との接触部位。神経連鎖。

**シナリオ** ①映画・テレビなどの脚本、筋書き。②予定通り

の筋書き。予定案。
**シニア・エージ** 老人。第二の人生に積極的に対する老人。
**シニア・パートナー制度** 企業の定年対策の一種。定年後も一定期間、本人の体力に即した条件で働くことができるようにした制度。
**シニア・ボランティア** 定年後の高齢者が行う地域ボランティア活動。
**シニカル** 皮肉な、冷笑的な。~な
**シネコン** ⇨シネマ・コンプレックス
**シネスコ** ⇨シネマ・スコープ
**シネマ・コンプレックス** 一つの建物内に複数のスクリーンを設置して、複数の映画を上映するシステムをいう。シネコンとも。同シネプレックス、シネマ・マルチプレックス
**シネマ・スコープ** 大型画面に映写する方式の一つ。撮影時に左右を圧縮してフィルムに収め、縦横1対2.55の比率で映写する。略してシネスコ。
**シネマテーク** 映画の図書館。映画フィルムを収集・保存し公開・上映する施設。同フィルム ライブラリー
**シノニム** 同義語。類語。対アントニム
**シノプシス** あらすじ。概略。
**シノワズリ** 中国趣味。17～18世紀にヨーロッパではやった中国芸術のブーム。
**ジハード** (イスラムの)聖戦。イスラム教の拡大や防衛のための戦い。
**ジパング** マルコ・ポーロ著『東方見聞録』に出てくる日本の呼称。
**シビア** 厳しい。苛酷な。容赦のない。~な
**シビア・アクシデント** 原発事故のような、想像を絶するほどの苛酷な事故のこと。
**シビック・トラスト** 市民活動基金。住民や民間企業が資金を出し合って、都市環境の保護・保存を進めていく制度。→ナショナル・トラスト①
**シビリアン・コントロール** 文民統制。軍人以外の文官が軍隊の最高指揮権を持つこと。文民優位。
**シビリゼーション** 文明。文明開化。
**シビル・ミニマム** 社会保障、教育、交通機関など、市民に

- **シフ** 貿易の際の運賃保険料込みという条件。商品の値段に輸入港までの運賃と保険料を加えたもの。
- **シフォン・ケーキ** スポンジ状のしっとり感のあるケーキ。
- **ジプシー** ①欧州各地や西アジアなどに散在する漂泊民族。②放浪者。住居や職業などを転々とする人。
- **シフト** ①する 移動。位置や状態の移行。②自動車のギアの入れ替え。③野球で、打者に応じた守備態勢や守備位置の移動。例 バント・〜 ④勤務時間や職場の交替制。⑤シフト・キーのこと。
- **シフト・キー** パソコン、ワープロなどのキーボード(入力装置)のキーの一つ。大文字・小文字の切り替えなどに用いる。
- **シミュレーション** ①模擬実験。実際に実験をせず、実際と同様な状態や模型などを使って現象を解析・研究・予測する方法。②サッカーで審判を欺く行為。
- **シミュレーション・ゲーム** コンピュータ・ゲームや卓上ゲームの一形態。歴史や空想上での戦争を舞台に、さまざまな状況を想定し、確率論を用いて勝敗を決するゲーム。
- **シミュレーター** 模擬実験装置。航空機、宇宙船などの操縦訓練や運転実験のために、実際と同じような状態を作り出す装置。
- **シミュレート** ①真似る、模倣する。②本番と同様の条件下で実行する模擬実験。③データを基に作ったモデルを使い、どのような結果になるか試してみること。する
- **ジャーキー** 干し肉。乾燥させた肉。オーストラリアにはカンガルーのジャーキーがある。例 ビーフ・〜
- **シャーク** サメ。
- **ジャーク** 重量挙げ競技の一種目。一気にバーベルを鎖骨の位置まで引き上げたのち、両足を前後に勢いよく開いた反動を利用して頭上にバーベルを差し上げるもの。
- **シャーシー** ①自動車の車台。②テレビやラジオなどの部品を取りつける台。
- **ジャーナリスト** 現実をとらえ、表現することを職業とする人。新聞や雑誌の記者、編集者、執筆者など。

**ジャーナリズム** 新聞・雑誌・テレビ・ラジオなど、報道機能を持つマスコミの媒体機関の総称。また、その社会的活動。

**ジャーナル** ①日刊新聞。定期刊行の新聞、雑誌。②日誌。議事録。

**ジャーニー** 旅。小旅行。

**シャープナー** 鉛筆削り。

**シャーマニズム** 北アジアに伝わる原始宗教の形態。呪術師(シャーマン)が祈祷や呪術で病気の治療、予言、占いなどを行うもの。

**シャーレ** 化学実験で使われる円形で浅いふた付のガラス容器。

**シャーロキアン** シャーロック・ホームズの熱狂的なファン、研究者。シャーロック・ホームズはイギリスの作家コナン・ドイルの小説に出てくる名探偵。

**ジャイアント・スラローム** スキー競技の大回転。滑降と回転の中間的な競技。約30の旗門が設定された、標高差400メートル(女子300メートル)の斜面を一気に滑降する競技。

**シャイ・ドレーガー症候群** 自律神経障害(排尿障害、発汗低下など)や神経症状の疾患。

**ジャイブ** スイング音楽。スイングジャズなどにおいて、軽快なリズムで黒人的な感覚に富んだもの。またその音楽にあわせて踊るダンス。

**ジャイロ** ⇒ジャイロコンパス、ジャイロスコープ

**ジャイロコンパス** 羅針盤の一種。回転羅針儀。船舶、航空機、人工衛星などの羅針盤、自動操縦装置に利用される。略してジャイロ。

**ジャイロスコープ** コマの原理を応用した回転儀の装置で、ジャイロコンパスに用いる。ジャイロともいう。

**ジャイロパイロット** 自動操縦装置。ジャイロコンパスを利用して、船舶や航空機などの指定された進路を保持しながら自動航行する装置。

**シャウト** ①大声で叫ぶこと。②叫ぶように歌うこと。 する

**ジャギー** ①ジャズのリズムにのせて体を動かすダンス。②モニター画面上に表示される文字や画像の縁に見えるギザギザのこと。

**シャギー・カーペット**　毛脚の長いじゅうたん。
**ジャクジー**　噴射式の泡風呂のこと。ジャクージともいう。
**ジャグラー**　①奇術師。曲芸師。②詐欺師。ぺてん師。
**ジャグリング**　お手玉のように同時にいくつかのものを投げ上げて受ける曲芸。
**ジャズ**　アメリカ南部でおこった音楽。19世紀末から20世紀にかけ、黒人の民族的音楽を基礎にヨーロッパ音楽の要素を加えて確立した、即興演奏を重要視する音楽様式。
**ジャスダック**　株式店頭市場のコンピュータ売買システムの通称。アメリカのナスダックにならった。
**ジャスティス**　正義。公正。裁判。
**ジャスティフィケーション**　正当化。
**ジャスト・イン・タイム方式**　①製品の生産・出荷・納品などの流れを調整し、効率的な生産工程を目指す方式。かんばん方式。②流通業者がPOS(販売時点情報管理)システムによる販売・在庫データをもとに、納入業者からの納品日時や数量を調節し、商品の在庫をできるだけゼロに近づけようとする方式。
**ジャスト・フィット**　ぴったり合った。最適な。
**ジャスト・プライス**　ちょうどの価格。端数のないぴったりの価格。
**ジャス・マーク**　JASマーク。日本農林規格。品質・表示基準に合格した農林水産畜産品、その加工品につけられる認定マーク。
**ジャスミン・ティー**　中国緑茶にマツリカ(茉莉花)を混ぜた茶で、香りを楽しむ。中国福建省が主産地。
**ジャックナイフ**　①水兵が持つ大型の折りたたみナイフ。②棒高跳びの跳び方。水泳の飛び込み型(海老跳び)。
**ジャックナイフ現象**　トレーラーやトラックなどが衝突や急ブレーキなどの衝撃で、ジャックナイフ形に鋭角に折れ曲がること。
**ジャックポット**　①スロットマシンの大あたり。②予想外の大成功。
**ジャッグル**　①野球で、捕球時にグラブの中で球をはじくこと。②ハンドボールで、空中のボールに2度続けて手を触れる反則のこと。

**ジャッジ** ①する審判。判定。②審判員。

**ジャッジ・ランプ** レスリングや重量挙げ競技で、審判員が勝負の判定や試技成功の可否を示すときに点灯させるランプ。

**シャットアウト** ①する締め出し。②労働争議での工場閉鎖。職場閉鎖。③スポーツで、相手に得点を与えずに勝つこと。特に野球での完封。

**シャッフル** トランプのカードを切ること。混ぜ合わせて順番を変えること。する

**シャッフルボード** 船舶の甲板上で行われるスポーツの一種。ディスク(円盤)をキュー(細長い棒)で押し出し、三角形の得点エリアにのせることで勝敗を競うもの。

**シャッポ** (つばのある)帽子。シャポーがなまった語。例 ～を脱ぐ

**シャトー** ①城。大邸宅。館。②フランスのボルドー地方でワイン醸造所のあるブドウ園のこと。

**シャドーイング** ①外国語の学習法の一つで、聞こえてきた音声をそのまま真似て復唱する方法。②図などに影をつけること。

**シャドー・キャビネット** 影の内閣。イギリス野党第1党の幹部。内閣を想定した各担当が決められており、政権獲得の際にはただちに相当する閣僚に移行可能な組織。

**シャトーブリアン** 最上の牛ヒレ肉を網や鉄板で焼いた料理。

**シャドー・ボクシング** 相手を想像しながらパンチをくり出す一人でする練習。

**シャドー・ワーク** 影の労働。対価のない労働。炊事・洗濯など主婦の家事など賃金が支払われない労働。

**シャトー・ワイン** フランスのボルドー産高級ブドウ酒の総称。

**シャトル** ①バドミントンの羽根球。②はた織りで横糸を通すための舟型の道具。杼(ひ)。③列車や航空機などの定期往復便。例～便 ④スペース・シャトルのこと。

**シャトルコック** バドミントン競技で用いる羽根球。

**シャトル・バス** 近距離の往復定期バス。ホテルと空港間の送迎バスなど。

**シャネラー** フランスの高級ブランドであるシャネルの製品をこよなく愛し、全身の装飾品もシャネルで固めた人。

**ジャパナイズ** 日本化すること。

**ジャパニーズ・イングリッシュ** 日本人の英語、和製英語。

**ジャパニーズ・スマイル** 日本人特有の愛想笑い。意味のない不可解な微笑。

**ジャパニーズ・モダン** 日本の伝統的な要素を取り入れた現代工芸の作品、様式。

**ジャパニズム** ①日本人の特性。日本人気質。②日本びいき。

**ジャパネスク** 日本風。日本的。日本古来の伝統、文化を改めて見直す現象。

**ジャパン・インク** 日本株式会社。政治・経済・社会機構など日本人の生活や社会風土などを巨大企業に見立てて言い表した語。

**ジャパン・カップ** ①アメリカン・フットボールなどで、外国選手を招待して日本で開催される試合。②競馬で、各国の一流馬を日本に招待して行われる国際招待レース。例年11月に開催。

**ジャパン・ダイレクト** 国際電話の通話法の一つ。海外から日本のオペレーターを日本語で直接呼び出すもの。

**ジャパン・バッシング** 日本たたき。対日貿易不均衡などの不満から欧米諸国、とりわけアメリカが日本を経済面や政治面で激しく非難し、たたく(バッシング)こと。

**ジャパン・プレミアム** 邦銀が欧米の金融市場で資金を調達する際、一般的な金利に上乗せする金利幅。

**ジャパン・ボウル** アメリカン・フットボールの全米優秀学生選手の編成チームを毎年日本に招いて行う対抗試合。

**ジャパン・マネー** 日本の機関投資家による海外への投資資金。

**シャフト** ①回転軸。②ゴルフのクラブ、テニスのラケットなどの柄。③エレベーターで、箱が昇降する空間部分。

**ジャポニカ** 日本趣味。欧米で流行している日本風のファッション、装飾。

**ジャポニカ種** 稲品種の一つ。日本の稲作の主流。対語はインディカ米。

**ジャポニスム** 日本的趣味。日本主義。19世紀後半に欧米

の美術界で広く行われた、日本美術の作品特質を模倣・借用しようという表現様式。

**ジャポネズリ** 日本趣味。19世紀後半以降、欧米で広まった日本美術への興味、関心。

**ジャミング** 妨害電波を出して特定の放送の受信を妨げること。

**ジャム** ①イチゴなどの果実に砂糖を加えて煮詰めた食べ物。②ジャズの即興演奏。ジャム・セッションのこと。③プリンターの紙詰まり状態。

**ジャム・セッション** ジャズの演奏家が自由気ままに集まり、代わる代わる行う即興的な演奏。

**ジャメ・ビュ** 未視観。以前見たことのある情景や場所を、初めて見たと感ずること。対デジャ・ビュ

**シャルロット** 果物やクリームをカステラなどで包んで焼いた菓子。

**ジャンキー** ①麻薬常習者、中毒者。②何かに心を奪われ夢中になっている人。

**ジャンク** ①がらくた。廃品。②麻薬。ヘロイン。③中国の小型帆船。

**ジャンク・アート** がらくたや廃品を用いた芸術、その作品。廃品芸術。

**ジャンクション** ①接合・合流(点)。②接続・乗り換え駅。③高速道路の接続点。④交差点。

**ジャンク・フード** 即席食品・スナック菓子などの高カロリー低栄養価食品。

**ジャンク・ボンド** 高リスク・高利回りの債券。格付けは低いが、低価格・高利回りである投機的な債券のこと。債券ががらくた(ジャンク)同然になる可能性があることから。

**シャングリ・ラ** 理想郷。桃源郷。ユートピア。J・ヒルトンの小説『失われた地平線』に出てくる架空の地名から。

**シャンゼリゼ** フランス・パリの中心部にある大通り、繁華街。

**シャンソン** フランスの代表的な大衆歌謡。歌詞を重視し、人生、恋などを身振り・表情豊かに歌ったもの。

**シャンツェ** スキーのジャンプ競技用の台。ジャンプ台。

**ジャンバラヤ** アメリカ南部のクリオール料理の一つ。鶏肉、

エビ、カキ、トマトなどを入れた炊き込みごはん。
**シャンピニオン** ハラタケ科の食用キノコ。マッシュルーム。
**ジャンボリー** ボーイ・スカウトの大規模な野営大会。
**ジャンル** ①部門。種類。②芸術作品、文芸作品の内容や様式による分類。
**シュア** 確実な。間違いのない。手堅い。例〜な
**ジュークボックス** レコードの自動演奏装置。硬貨を入れ、ボタンを押して選曲すると自動的にかかる。
**ジューシー** 果汁や肉汁などの水分の多い。例〜な
**シューティング・ゲーム** コンピュータ・ゲームなどで、攻撃してくる敵を撃墜したりして得点を重ねていくもの。
**シューティング・スター** 流れ星。
**シュードジーン** 疑似遺伝子。偽遺伝子。遺伝子と構造は似ているが、タンパク質を形成する機能を持たないDNA(デオキシリボ核酸)。
**シュー・フィッター** 靴選びの専門アドバイザー。足の寸法を測ったり、足の痛みなどに対する助言もする。
**シュール** ①例〜な超現実的で理解しがたい。現実離れした。②シュールレアリスムのこと。
**ジュール** 国際単位系(SI)のエネルギー(仕事、熱量)の単位。記号はJ。イギリスの物理学者ジュールの名から。
**シュールレアリスム** 超現実主義。第一次世界大戦後にフランスでおこり、その後世界的な影響を及ぼした前衛芸術運動。既成の概念や様式・方法から芸術を解放し、非合理なものや意識下の世界を表現する絵画、詩などの芸術革新運動。シュールともいう。
**ジューン・ブライド** 6月の花嫁。西洋では、6月がジュノー(女性の結婚生活の守護神)にちなむことから、この月に結婚する花嫁は幸福になれるという言い伝えがある。
**ジュエリー** ①宝石類。②装身具類。
**ジュエル** 宝石。
**シュガー・ボウル** アメリカンフットボールの四大ボウルの一つ。毎年1月1日にルイジアナ州ニューオリンズで開催される。シュガーは州の特産品である砂糖にちなむ。
**シュガーレス** 砂糖の入っていない。例〜ガム
**ジュグラーの波** 約10年を周期とする景気循環の波。フラ

ンスの経済学者ジュグラーが唱えた説で、設備投資の変動に起因するので設備投資循環とも呼ばれる。→キチンの波、コンドラチェフの波、クズネッツの波

**ジュゴン** 海獣の一種。体長2～3メートル。人魚のモデルといわれている。

**シュテムボーゲン** スキーの回転技術の一つ。回転時に山側のスキーの後端を開いたまま回転し、回転し終わったところで両スキー板をそろえる方法。

**シュトルム・ウント・ドラング** 疾風怒濤(どとう)の意。ゲーテやシラーを中心に18世紀後半にドイツでおこった文芸上の革新運動。因襲や権威、古典主義を排し、自然や自由への希求を目指して文芸界に清新さを吹き込んだ。

**ジュネーブ条約** 赤十字条約。1949年に成立したジュネーブ四条約のこと。戦争や武力紛争、占領などの犠牲者(傷病者、捕虜、文民)の保護を目的とする条約。

**シュノーケル** ①素潜りで呼吸するための呼吸用パイプ。スノーケルともいう。②潜水艦が潜航中に使う吸・排気筒。③消防用の排煙装置。

**シュプール** 形跡。痕跡。雪上をスキーですべったときの跡。航跡。

**ジュブナイル** ①若々しい、年少の。②少年・少女向きの。③少年・少女向けの小説。

**シュプレヒコール** ①演劇で、詩や台詞を合唱形式で朗読したり、叫ばせること。②デモ隊などが要求事項を声を合わせて繰り返し訴えること。

**シュラーフ** 寝袋。同スリーピング・バッグ

**シュラスコ** 串刺しにして焼いた肉の塊を客の前で切り削いでくれるブラジル料理。

**ジュラルミン** アルミニウム合金の一種。アルミニウムに少量の銅・マンガン・マグネシウムを加えた白色の軽合金。航空機やロケットの構造材などに使われる。

**シュリンプ** 小エビ。

**シュレッダー** 不要になった文書類を断裁する機械。

**シュワーベの法則** 全支出額に占める住居費用の割合は、所得額が低いほど大きくなるという法則。

**ジョイ** 喜び。

**ジョイ・スティック** コンピュータやビデオゲームなどの入力用操作レバー。前後左右自由に動かすことができる。

**ジョイフル・トレイン** 座敷列車や豪華な展望車、シャンデリアのあるサロン列車など、豪華さとユニークさを売り物にした旅行列車の総称。

**ジョイント** ①結合させるもの。つなぎ合わせるもの。②ジョイント・コンサートのこと。する

**ジョイント・コンサート** 複数のグループやミュージシャンたちが一緒に集まって催す演奏会。

**ジョイント・ベンチャー** 合弁会社。共同企業体。複数企業の共同出資によって設立、運営される事業。略JV

**ショー・アップ** 趣向をこらして催し物を盛り上げたり、目立たせたりすること。する 例派手な～

**ジョーク** 冗談、しゃれ。

**ジョーゼット** 縦糸にも、横糸にも強いよりをかけて仕上げた軽い織物、木綿の織物。婦人用ドレス地として人気が高い。元来は登録商標名。

**ショーツ** ①女性用のパンティー。②半ズボン。

**ショート・アイアン** ゴルフで、短距離用の金属製クラブ。グリーン周辺部からボールをグリーンに載せるのに使う。

**ショート・カット** ①近道。②手っ取り早いやり方、簡単なやり方。③女性の短い髪型。

**ショートカット・キー** パソコンで一連の操作を複数のキーを押すことで実行させる機能。

**ショート・サーキット** 短絡。電気回路の2点間が接触してしまうこと。絶縁不良などが原因で電気回路が短絡すること。ショートと略す。

**ショート・ショート** 軽妙なユーモアや落ちのついた、極めて短い小説、掌編。

**ショート・ステイ** ①短期滞在。②在宅介護を受けられない老人などが一時的に短期間、福祉施設に入ること。また、その事業。介護者に休養を与えるのが本来の目的。

**ショートストップ** 野球の遊撃手。ショート。

**ショート・ドリンク** 時間をかけずに作りたてを飲んだほうがよいカクテルなどの飲み物。

**ショートニング** パイなどの皮をサクサクさせるために使用

する油脂の一種。

**ショート・プログラム** フィギュア・スケート競技の種目の一つ。ジャンプ、スピンなど数種の要素が規定され、伴奏曲に合わせながら2分間で演じる。

**ショート・ホール** ゴルフで、250ヤード(229m)以下・パー3の短いコース。

**ショート・レンジ** ①短期間の。②射程の短い。短距離用の。

**ショー・ビジネス** 映画、演劇、催し物などの興行。見せ物稼業。

**ショーマンシップ** 芸人としての心構え、手腕、能力。芸人根性。

**ショールーム** 商品の展示室、陳列室。

**ジョガー** ジョギングをする人。

**ジョグ・ダイヤル** 指1本で画面情報を動かせる回転式ボタン。

**ショコラ** チョコレート。

**ジョセフソン素子** 超伝導現象をスイッチング機能に応用した素子。極めてスイッチ速度が速く、消費電力が小さいのが特色。J素子と略す。

**ジョッキー** ①競馬の騎手。②ディスク・ジョッキー、ビデオ・ジョッキーのこと。

**ショッキング・ピンク** 強烈な印象を与える鮮やかなピンク色。

**ショック・アブソーバー** 緩衝装置。走行中の自動車の揺れや衝撃をやわらげる装置。

**ショック・セラピー** 精神病の治療法の一種。薬物、電気などによるショック療法。

**ショット** ①射撃。発射。②1杯分の酒。③テニス、ゴルフなどの球技で球を打つこと。バスケットボールでシュートすること。例ドロップ～ ④映画で、カメラで連続的に撮影した一つながりの断片。写真で、シャッターを切ること。

**ショットガン** 散弾銃、猟銃。

**ショットガン・フォーメーション** アメリカンフットボールの攻撃用の選手配置の一態勢。クォーターバックがボールを受けると同時に、4～5人の選手が散弾銃を撃ったように敵陣に散らばる展開方式。

**ショットキー・ダイオード** 金属と半導体を接合するときに生ずる、整流特性のあるダイオード。高周波整流器やマイクロ波の検出器などに使われる。

**ショット・グラス** ウイスキーなどをストレートで飲むための厚手のグラス。

**ショット・バー** 洋酒のボトルキープをさせずに、1杯ごとの値段で客に売るバー。同ワンショット・バー

**ジョッパーズ** 乗馬ズボン。ヒップから膝までゆとりをもたせ、膝下部が細くピッタリしているのが特色。同ライディング・パンツ

**ショッピング・カート** 買った物を入れて引いて使う軽便な荷車。スーパーなどの買い物客用手押し車。

**ショッピング・モール** 緑・水・照明などを利用した遊歩道や空間があり、快適な買い物や休息のできる商店街。

**ショップ・イン・ショップ** デパートなどの同じ階に複数の専門店が出店する店舗形態。

**ショップ制** 労働協約の条項によって、従業員と労働組合の関係を規定する制度。

**ショップ・マスター制** デパート内に直営専門店を設け、社員の1人を責任者にすえて独立経営させる方式。

**ジョブ** ①仕事、職務。②コンピュータ処理で、一つのまとまりとなる仕事の単位。

**ジョブ・キラー** 自動化やコンピュータ化などが人間の職場を奪っていくこと。

**ジョブ・シェアリング** 仕事分担。時間帯を分けて、一つの仕事を複数の人が担当すること。

**ジョブ・ホッパー** 職業を次々と変える人。

**ジョブ・メニュー** コンピュータが画面に表示する操作手順一覧表。利用者は表示されたメニューの選択肢に答えるだけで作業を進められる。

**ジョブ・ローテーション** 計画的異動。職場を定期的に異動させ、さまざまな職務を経験させることによって社員教育、人材育成などを図る方法。

**ショルダー・ホン** 肩かけ電話。無線送受信機、アンテナ搭載の携帯用電話で、屋外でもダイヤル通話が可能。

**シラバス** 授業計画。講義大要。

**シラブル** 音節。

**シリアス** 厳粛。まじめな。真剣な。重大な。~な

**シリアル** ①穀物。穀類。②オートミール、コーンフレークなどの朝食用の穀物加工品。

**シリアル伝送** コンピュータで、1本の回線を使って次々とデータを送る方式。1回線しか使えないので、伝送速度は遅い。対パラレル伝送

**シリアル・ナンバー** 通し番号。

**シリアル・プリンター** 印刷するヘッドが左右に移動しながら1字ずつ印字するプリンター。タイプライターなど。

**シリアル・ポート** パソコンと周辺機器を接続させるための規格の一つ。

**シリーズ** ①関連して連続するもの。双書。新聞の連載読み物。映画、テレビ、ラジオの連続番組。②一定期間連続して開催されるスポーツ試合。例ワールド・～ ③電気の直列。対パラレル

**シリカゲル** 非晶質のケイ酸。水蒸気や水などに対する吸着性が強く、脱水・乾燥剤に使用される。

**シリコーン樹脂** ケイ素樹脂。耐熱性・耐寒性などにすぐれ、耐熱塗料や接着剤、絶縁材料など幅広く用いられる。

**シリコン** ケイ素。高純度のものは半導体材料としてマイクロ・エレクトロニクスの分野で利用される。原子記号Si、原子番号14。

**シリコン・アイランド** 九州のこと。日本の半導体メーカーの工場が集中していることから。アメリカのシリコン・バレーにならった呼称。

**シリコン・チップ** ケイ素(シリコン)を使った集積回路。

**シリコン・バレー** アメリカのサンフランシスコ南部の渓谷地帯の別称。半導体素子メーカーを中心に最先端技術企業がこの一帯に集中していて、半導体基盤にシリコンが使われることから。

**シリンダー** ①円筒。円筒型容器。②内燃機関、蒸気機関などで往復ピストン運動が行われる部分。気筒。

**シルキー** 絹のような。肌ざわりのよい。~な

**シルク・スクリーン** 孔版捺染法の一つ。特殊加工した絹布を使った印刷技法。

**シルク・ロード**　絹の道。中国・長安から中央アジアを横断し、西アジア、地中海沿岸に達する古代の東西交易路。

**ジルコニア・セラミックス**　酸化カルシウムなどを加えたジルコニウムの酸化物。磨耗や腐食に強く、カミソリ刃やセラミックハサミ、包丁などに利用される。

**ジルバ**　アメリカで流行した速いリズムのダンス曲の一種。ジルバは、ジタバグが日本でなまった言い方。

**シルバー・ウェディング**　銀婚式。結婚25周年記念。

**シルバー・エージ**　高齢者層。老年層。

**シルバー産業**　高齢者を対象にした商品、サービス事業。健康食品、介護用品、有料老人ホームなど。

**シルバーシート**　電車やバスに設けられたお年寄りや身体の不自由な人のための優先席。

**シルバー人材センター**　定年退職高齢者のための職業紹介機関。高齢化社会に伴う高齢者の就業促進、経験・技能の地域社会への活用などを目的としている。

**シルバー・ストーン**　調理器の一種で、アルミニウムの上に三層構造の特殊フッ素樹脂を焼きつけ加工したもの。さび、こげつきを防ぎ、耐久性にすぐれている。

**シルバー・ドライバー**　高齢者の運転者。

**シルバー・ハウジング**　高齢者向けに設計された住宅。高齢者専用のケアつき集合住宅。高齢者向けの設備や緊急通報システムなどが完備している。

**シルバーピア**　東京都が推進している高齢者のためのケアつき集合住宅。シルバーハウジングの一種。silver（高齢者）とutopia（ユートピア）の合成語。

**シルバー・ビジネス**　中高年齢者層を対象とした事業、商売。

**シルバー・ボランティア**　発展途上国で奉仕活動に携わっている高齢者のこと。

**シルバー・ホン**　音量・音質調節や緊急連絡が簡単にできる、高齢者・難聴者のための電話機。

**シルバー・マーク**　社団法人シルバーサービス振興会が高齢者向け商品やサービスに対して、良質・安全・快適の評価を与えたことを表示するマーク。

**シルバー・マーケット**　55歳以上の年齢層で構成される消費市場。高齢化社会の進展と共に、将来的には大きな市場

と見られている。
**ジレンマ** ①板ばさみ。八方ふさがり。二者択一で選びかねている状態のこと。②両刀論法。
**シロッコ** サハラ砂漠から地中海沿岸に吹く乾燥した熱風。
**ジン** ライ麦・大麦・とうもろこしなどから作る蒸留酒。ネズの果実で香りをつけて蒸留した無色透明な酒。
**シンギュラリティー** 特異日。ある大気現象が特定の暦日に、極めて高い確率で現れること。
**シンキング・タイム** テレビ番組の解答者がクイズの答えを考える時間。
**シンク** 台所の流し台の水槽部分。
**ジンクス** 個人的に縁起の悪いもの。不吉なもの。転じて、縁起のよいことにも使う。
**シンク・タンク** 頭脳集団。頭脳工場。無形の頭脳を資本として事業を行う企業や研究所。各分野の専門家集団からなり、依頼に応じて調査・研究などを提供する組織。
**シングル** ①一つの。単一の。②独身の。独身者。③ウイスキーの量の単位。約30ミリリットル。対ダブル ④上着のボタンが一列のもの。ワイシャツの袖、ズボンの裾の折り返しのないもの。対ダブル ⑤シングル・ベッド。ホテルで、シングル・ベッドを一つ備えてある部屋。⑥シングル・プレーヤーの略。⑦シングル盤の略。例CD〜
**ジングル** テレビやラジオのコマーシャルに使われる、社名・商品名を歌詞などに盛り込んだ調子のよい耳に残る短い歌や音楽。
**シングル・イシュー・ポリティックス** 政治活動などで、一つの問題・争点にだけ焦点を絞ること。
**シングル・カット** レコードやCDで、アルバムの中の曲を抜き出してシングル盤として発売すること。
**シングルス** テニス、卓球、バドミントンなどで選手が1対1で行う試合。→ダブルス
**シングル・チップ・コンピュータ** 演算、記憶などのあらゆる機能を一つの集積回路上に集めたコンピュータ。
**シングル・ファーザー** 父子家庭の父親。対シングル・マザー
**シングル・プレーヤー** ゴルフで、ハンディが9以下(すな

わち1桁)のプレーヤー。

**シングル・マーケット** 独身者や独り暮らしの若者、老人など単身者で構成される市場。

**シングル・マザー** 母子家庭の母親。未婚の母。対シングル・ファーザー

**シングル・モルト** 大麦の麦芽(モルト)だけを原料としたウイスキーで、一つの蒸留所からのもの。

**シングル・ユニオン** 単一組合。企業側との独占的な交渉権を持つ労働組合。

**シングル・ライセンス** 輸入許可制の一つ。前もって輸入品目や価格を2国間で協定し、それに限定して輸入を許可する方式。

**シングル・ライフ** 独身生活。特に女性が、あえて結婚をせずに1人で生活すること、そのようなライフスタイル。

**シンクロ** ①同時作動。同時化。②カメラのシャッターとフラッシュの同調。同時録音。③映画・テレビなどで、映像と音声・音響の一致。シンクロナイズの略。④シンクロナイズド・スイミングの略。

**シンクロナイズド・スイミング** 音楽に合わせて泳ぎと演技の美しさを競う女子水泳競技。

**シンクロニシティ** ①偶然の一致。②共時性。同時発生。

**シンクロニズム** ①時間的一致。同時性。②電気の同期。③歴史的事件や歴史上の人物の年代別対照表示。

**シンジケート** ①共同販売カルテル。企業連合が成長した形態で、最も支配力の強いカルテル。②公社債・国債などの発行を共同で引き受ける金融連合体。③犯罪組織。

**ジンジャー** しょうが。

**シンセ** ⇨シンセサイザー

**シンセサイザー** 電子機器の一種で、電子発振器を利用して音を合成する装置。アメリカのロバート・モーグがキーボード(鍵盤)を組み込み、電子楽器として実用化させた。略してシンセ。

**シンタクス** 言語学における統語論。構文論。シンタックスともいう。

**シンチレーション** 放射線が蛍光体に衝突して発光する現象。星のまたたき現象。

**ジンテーゼ** 統合。哲学で、相反する要素を持つ概念を論理的に結合して統一すること。

**シンデレラ・エキスプレス** 東京にいる恋人に会いに上京し、帰るときに乗る日曜の東海道新幹線最終便のこと。

**シンデレラ・コンプレックス** シンデレラの童話のように、素晴らしい未来を約束してくれる王子様のような男性が現れることを願望する女性心理。

**シンデレラ・ボーイ** いきなり幸運に恵まれた男。無名から一躍有名になった男性。

**シンドローム** ①医学用語で、症候群。②一般に、一連の事象や行動の類型などをさして使われる。「〜現象、〜的傾向」の意。

**シンパシー** 同情。共感。

**シン・ビン** ラグビーで、ラフプレーや不正行為を行った選手に課せられる10分間の一時的退場。1試合中2度受けると退場処分となる。

**ジン・フィズ** ジンにレモン汁、砂糖などを加え、炭酸水で割ったカクテル。

**シンフォニー** ①交響曲。交響楽。18世紀後半にハイドンによって確立。②音や色などの調和のこと。

**シンプル** ①簡単な。②単純な。素朴な。〜な

**シンプル・マジョリティー** ①単純多数。総投票数の過半数までいかないが、候補者間で最多得票もしくは必要最小限の得票差を満たしている票数。②有権登録者の過半数。

**シンプル・ライフ** 質素な生活。簡素な生活。

**シンポジウム** 討論の一つの形式。あるテーマについて複数の専門家が異なった立場から意見を述べ、それに対して聴衆が参加する質問・討論会。略してシンポともいう。

**シンボリック** 象徴的な。〜な

**シンボル・カラー** 企業や製品、博覧会などのテーマに基づいて、ほかとの差別化や象徴に用いられる色彩。

**シンメトリー** 左右対称。調和のとれていること。対アシンメトリー

**シンメトリカル** 左右対称の。調和のある。均整のとれた。シンメトリックともいう。〜な

**ジン・リッキー** ジンと炭酸水、ライムでつくるカクテル。

## ス

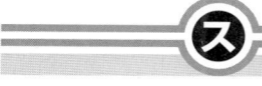

**スイーツ** 甘いもの。デザート。

**スイート** ①一続き。一そろいの。②ホテルなどで、居間と寝室が続き部屋になっていること。例~ルーム ③〜な甘い。

**スイート・スポット** ゴルフ・クラブやテニス・ラケットで、ボールを打つときに理想的なポイント。

**スイートハート** (主に男性から見た)恋人、愛する人。

**スイート・ホーム** 楽しいわが家。特に新婚の家庭。

**スイーパー** ①清掃人。道路清掃車。②サッカーで、バックスとキーパーの間で守備をする選手。③ボウリングで、大きく横からカーブしてピンを倒すボール。

**スイッチバック** 折り返し式鉄道線路。急勾配な山岳地帯などで、列車が前後の進行方向を交互に変えてジグザグ型に上り下りする方式。

**スイッチ・ヒッター** 左右どちらでも打てる野球選手。

**スイッチャー** スタジオ番組などで、複数のカメラが撮った映像をモニターしながら、ディレクターの指示に従って画面切り替えのスイッチ操作をする人。

**スイム・ゴーグル** 水泳用の水中眼鏡。

**スイング** ①ゴルフや野球で、クラブやバットを振ること。②ボクシングで、腕を大きく振って側面から与える打撃。③ジャズの一形式。体が揺れるようなリズムと演奏。現在ではジャズそのものを指す。④する 大きく揺れ動くこと。

**スイング・アウト** 野球の空振り三振。

**スイング・サービス** 銀行の自動振替預金。普通預金の残高を基準額に照らし合わせ、自動的に定期預金への振り替え、または定期預金からの補てんをするサービス。

**スイング・プレー** ラグビーの攻撃戦法の一つ。バックスとフォワード間でボールを何度もつなぎ、左右に揺さぶることで敵の防御体勢を崩す戦法。

**スウィーティー** グレープフルーツに似たイスラエル産の柑橘類。

**スウェー** ①ゴルフで、スイングするときに上半身が左右に

**スウェーデン体操** スウェーデンの生理学者リングの考案した器具を使用しない体操。年齢・性別・能力に即しているため、準備運動などに適している。

**スウェーデン・リレー** 1000メートルを4人の選手で、順に100・200・300・400メートルずつ走る陸上競技のリレー種目。

**スウェット** ①汗。②汗を吸収しやすくした服飾素材。スエットともいう。

**スーパーアロイ** 超合金。高温・高圧などに強く、航空機用のエンジンやガスタービンに利用される。

**スーパーインポーズ** 映画やテレビなどの画面上に外国語の翻訳などをつけること。その字幕。

**スーパーインポーズド・マップ** 重ね合わせ地図。関連性を分析するために、同じ条件下で作成した項目別の地図を重ね合わせたもの。

**スーパーウーマン・シンドローム** 妻・母親・職業人としての役割を完璧にこなそうと思うあまり、反動的に引きおこされるエリート・キャリアウーマンに多い精神的ストレス症候群。

**スーパーエゴ** 超自我。フロイトの用語。

**スーパー・カブキ** 新作歌舞伎の一形式。大仕掛けの装置、豪華な衣装、大勢の出演者などを特色とする。

**スーパー・クロス** アメリカのモトクロスレースのシリーズ戦。スタジアム内にコースを仮設してのナイター開催が多く、アウトドアのモトクロスとは違ってショーアップされている。同スタジアム・モトクロス。

**スーパー・コンピュータ** 超高速コンピュータ。一般には、その時代における最大規模、最高速の演算処理機能を備えたコンピュータのことをいう。

**スーパー・サブ** 試合の行方を左右するような切り札的交替選手。

**スーパー301条** アメリカの包括貿易法301条。不公正貿易・慣行を行っている国に対して制裁措置をとることができるとした包括貿易法に盛り込まれた保護主義的な条項。

**スーパー・ショットキー・ダイオード** 超伝導体と半導体を接触させて作ったダイオード。超高周波検出などに利用される。

**スーパーセッション** ロック・ジャズなどのコンサートで、一流の歌手や演奏家が共演すること。

**スーパーソニック** 超音速の。

**スーパー大回転** スキー競技の一種目。滑降と大回転の中間的な競技で、1988年からオリンピック種目に加えられた。同 スーパー・ジャイアント・スラローム

**スーパー・チェーン** 連鎖店(支店)式組織を持つスーパーマーケット。本部で仕入れや管理を統括している。

**スーパーチップ** 回路素子の集積数が10万個以上の超高密度集積回路。

**スーパーチャージャー** 過給機。エンジン出力を上げるため、特殊なポンプで強制的に空気をエンジンに送り込んで燃焼力を高める装置。

**スーパー・チューズデー** アメリカの大統領選挙で候補者の指名争いを前に、予備選挙や党員集会が数多くの州で一斉に行われる3月の第2火曜日。

**スーパー定期** 定期預金の名称の一つ。

**スーパー・デレゲート** アメリカ大統領選挙の民主党候補選出の際に選ばれる代議士。

**スーパーバイザー** ①管理者。監視者。②コンビニエンスストアなどの小売業界で、売れ筋商品を的確に把握して仕入れ品目・数量などを決定する人。③コンピュータで、演算の変更、中断などに対処する監視プログラム。

**スーパーパワー** 超大国。

**スーパー・ボウル** 毎年1月に行われる全米プロフットボールの王座決定戦。AFC、NFCの二大リーグの1位同士の対戦。

**スーパー・マウス** ラットの成長ホルモン遺伝子を移植することによって、通常の2倍にまで成長させたマウス。

**スーパーマン** ①超人。ずば抜けた能力を備えた人。②アメリカのコミックの主人公名。

**スーパー・モデル** パリやミラノなどの超一流といわれるファッションショーに出演する国際的なトップモデル。

**スーパーラーニング** 精神集中や自己暗示によって記憶力、学習能力を高めようという方法。

**スーパーリアリズム** 1970年代にアメリカで盛んになった、精緻な写実主義。エアブラシなどを用いて描いた写真のように精緻で克明な絵画、本物の人間と見誤るような立体造形など。同ハイパーリアリズム

**スーパー林道** 特定森林地域開発道路。森林開発公団が中心となって建設している道路。近年、開発か自然保護かをめぐって各地で論議を呼んでいる。

**スーパー・レディー** 並はずれた能力を持つ女性。同スーパー・ウーマン

**スーパーワクチン** 複数のウイルスに対して単独で免疫作用を持つワクチン。

**スープ・ストック** 野菜や肉・魚などを煮込んで作る西洋料理に使う万能だし汁。

**スーベニア** 記念品。土産品。回想録。思い出。スーベニール、スーブニールともいう。

**スーベニア・ショップ** 土産品店。外国人向け土産物の売店。

**ズーム** ①映画、テレビ、写真などで被写体を拡大・縮小する操作、技術。②ズーム・レンズの略。

**ズーム・イン** 映画、テレビなどでいきなり映像を拡大する撮影技法。対ズーム・アウト

**ズーム・レンズ** 可変焦点距離レンズ。カメラを移動せずに焦点距離を連続的に変えて、画像を拡大・縮小できるレンズ。

**スエード** 子山羊、子羊の皮の裏を毛羽立てた柔らかい革。

**スエット** ⇒スウェット

**スカイ・アート** アメリカで広まった新しい芸術の一つ。風船や凧の利用、映像・音響などを駆使する空を舞台にした芸術。→エア・アート

**スカイウェー** ①航空路。②都心などに多い高架道路。→スカイウォーク

**スカイウォーク** ビル間を結んで空中に架けられた連絡通路、通路網。

**スカイ・サーフィン** ハンググライダーで空中を飛行すること。

**スカイ・サイン** ①高所に設置したネオン管、電光文字などを発光させ浮かび上がらせる広告。②航空機から着色した煙幕を出して空中に文字を描く広告。**同**スカイ・ライティング

**スカイシャイン** 原発事故などで、地上から上方へ放出された放射線が地上に降下してくる現象。

**スカイスクレーパー** 摩天楼。超高層ビル。空をこするものの意。

**スカイパーキング** 立体駐車場。高層式建物による自動車収容施設。

**スカイビジョン** 乗客のために飛行機内で上映される映画方式。

**スカイ・ブルー** 空色。

**スカイ・メッセージ** 数機の航空機を使って、白煙で青空に文字を描き出す宣伝広告。

**スカイライン** ①地平線。山・建物などと空の間の輪郭線。②日本で、山岳地などを走る観光自動車道。

**スカイ・ラウンジ** 展望室。高層ビルやホテルの最上階に設けられた、展望の素晴らしいレストランやバー。

**スカイラブ** アメリカが1970年代に打ち上げた宇宙実験室。

**スカッシュ** ①果汁に砂糖、炭酸水を混ぜた清涼飲料。②室内球技の一つ。前後左右の壁に囲まれたコートで壁と床の5面を使って、2人の競技者が交互にラケットでゴムボールを打ち合う競技。

**スカッド** 旧ソ連の地対地戦術ミサイル。A、B、C型の3種があり、イラク軍が湾岸戦争で使用したのはスカッドB型の改良型。

**スカトロジー** 糞便学。特に文学においてのわいせつ性に関する研究。わいせつ趣味。略してスカトロ。

**スカラー** 大きさはあるが方向性は備えない量。時間、密度など。**対**ベクトル

**スカラーシップ** 奨学金。奨学金を受ける資格。

**スカラベ** タマオシコガネ属の甲虫類。古代エジプトでは、太陽神ケペラを象徴するものとして護符や装飾品の題材にされた。ふんころがし。

**スカル** 軽漕艇。両手に1本ずつのオールで漕ぐ、1～2人用

の細長いボート。
**スカルプ** 人の頭皮。
**スカルプチャー** 彫刻作品。彫像。
**スカンジナビア** ヨーロッパ北西部の半島。ノルウェーやスウェーデンがある。デンマークやフィンランドも含め北欧諸国の代名詞としても使われる。
**スキート射撃** クレー射撃競技の一つ。散弾銃を使って空中に放出された皿状の標的を撃つ競技。1個の標的に対して1発しか撃てない。
**スキーマ理論** 人間の記憶構造や知識が状況設定によってどのように変化し、構築されるかを分析した理論。
**スキーム** ①計画、企画。②枠組み。
**スキゾ** 統合失調症。精神分裂症。
**スキット** 寸劇。テレビの語学講座の会話例などに使われる。
**スキップ・フロア** 土地の斜面利用などで、床に小さな段差が生じる建築方式。また、中2階のように床を通常の半分の高さにずらしたフロアのこと。
**スキミング** ①速読。本の飛ばし読み。②クレジットカードなどの磁気データを盗み取り、偽造カードをつくる犯罪。
**スキミング価格** 商品価格を下げても需要増が見込めないとき、逆に価格を高くして、それでも購入してくれる客に売りつけて利益を上げようとすること。
**スキム・ミルク** 脱脂粉乳。牛乳から、表面に分離した脂肪分と水分を除いたもの。
**スキャット** ジャズなどで、意味のない音節を即興的に発して歌詞代わりに歌うこと。
**スキャナー** 主として画像など、図形データをコンピュータなどに入力する装置の総称。
**スキャン** テレビなどの画像を点の集まりに分解し、それを読み取って電気信号に変換すること。また、電気信号を点に変換して画像を作り出すこと。系統的・連続的な方法により順次調べること。する
**スキャンダラス** ①中傷的な、悪いうわさの。②恥ずべき。~な
**スキャンダル** 醜聞、よくないうわさ。不正な事件。
**スキャンティー** 女性用の極めて小さいパンティー。

**スキューバ・ダイビング** スキューバ(自給式水中呼吸装置)を付けて海などに潜るスポーツ。

**スキル** 特殊技術。熟練。腕前。

**スキルズ・インベントリー** 人事情報管理。企業が社員の経歴、業績、能力・専門、適性などをコンピュータに記録し、把握すること。異動や転勤、昇進・昇格などを効率的に、公正に実施するためのもの。

**スキン** ①肌、皮膚。②動物の皮。③コンドームのこと。

**スキン・ケア** 肌の手入れ。肌を保護するための化粧品。

**スキン・コンシャス** 体の線を強調したボディ・コンシャスに対して、着ていることを意識させないシー・スルーなど皮膚感覚と一体化したファッション。

**スキンシップ** ①親子の間で、肌と肌との触れ合う愛情交流を大切にすること。②人間関係づくりのために体に触れること。

**スキン・ダイビング** 素潜り。潜水用具を用いない潜水。

**スキンヘッド** ①はげ頭。頭髪を剃った頭。②イギリスで、1970年はじめに登場した若者群の一派。ヒッピーに対抗した、暴力的な集団。スキンヘッド族。

**スクアット** ⇨スクワット

**スクイーザー** レモンなどの柑橘類を絞る道具。

**スクイズ・プレー** 野球で、打者がバントをして三塁走者を本塁に迎え入れ得点をあげる戦法。

**スクープ** 特ダネ。新聞、雑誌などで他社を出し抜いて重大ニュースを記事にすること。

**スクーリング** 通信教育で、一定期間生徒が登校して面接授業を受けること。講習会。

**スクール・カウンセラー** ①いじめや登校拒否などの問題解決とその予防のための臨床心理士。②生徒・学生の個人的、学問的な問題について助言・指導を専門とする職員。

**スクール・カラー** ①校風。②学校を象徴するものとして用いられる色彩。校旗、選手のユニフォームなどに使われる。

**スクール・ソーシャル・ワーカー** 訪問教育相談員。登校拒否やいじめなど精神的な悩みや問題を持つ児童や家庭を訪問して相談を受ける人。

**スクール・ゾーン** 幼稚園、小学校などの通学路として指定

されている区域。学校区域。
**スクエア** ①正方形。四角形。②四つ辻にある方形の広場。③直角定規。④几帳面な人。まじめ人間。
**スクラッチ** ①引っかくこと。②ゴルフやボウリングで、ハンディキャップなしに行う試合。また、ハンデが0のこと。③自転車のスプリント競技のこと。④音楽で、レコード盤を手で逆回転させてノイズを発生させる演奏法。⑤スクラッチ・カードのこと。
**スクラッチ・カード** コインなどで表面を引っかくと、その下から数字や文字が現れるカード。現れた数字や文字によって商品や賞金などがもらえる。
**スクラッチ・ノイズ** アナログレコードをかけたときに生じる雑音成分。針音。
**スクラッチ・プレーヤー** ゴルフで、ハンディキャップが0の上級アマチュア・ゴルファー。
**スクラッチ・レース** 自転車競技で、トラックを周回するレース。
**スクラップ** ①する 新聞、雑誌などの切り抜き。それをまとめて保存すること。②くず鉄。金属製品の廃品。
**スクラップ・アンド・ビルド** ①旧施設や組織を解体・廃棄し、効率的、合理的な新施設・新組織に転換していくこと。②チェーン店で、採算がとれない店を閉鎖し新規店を開設すること。
**スクラム** ①ラグビーで、両チームのフォワードが肩を組み合い、ボールを足で出すために押し合うこと。②デモ行進で、参加者が互いに肩や腕を組み合わせて列を作ること。③一致団結すること。例 ～を組む ④原子炉の緊急停止。過熱や中性子数異常など何らかのトラブルが発生した際、自動的に制御棒を作動させて運転を停止させること。
**スクラム・ハーフ** ラグビーで、ハーフバックの一人。スクラム時にボールを投げ入れ、味方が得たボールをバックスにパスする役目の選手。
**スクランブル** ①緊急発進。国籍不明機迎撃のために戦闘機が緊急出動すること。②アメリカン・フットボールで、パスのめどがつかない選手が自らボールを持って走ること。③有料テレビなどで無断視聴防止のため電波の波長を変え

ること。暗号化。④スクランブル交差点の略。⑤かき混ぜること。

**スクランブル・エッグ** 牛乳やバターを加えてかき混ぜながら作る洋風のいり卵。

**スクランブル交差点** 全方向の歩行者用信号が青になり、歩行者が交差点内をどの方向にも自由に横断できる交差点。

**スクランブルド・マーチャンダイジング** よろず販売。大手スーパーに対抗するために、小売店が多角的に商品を取り扱う販売戦略。

**スクリーニング** ①選抜。審査。ふるいにかけること。②病気などの集団検診。簡便な検査などで患者を振り分ける一次検査。③映画の上映、試写。

**スクリーニング・テスト** 選抜試験。選別試験。

**スクリーン・セーバー** パソコン画面の焼き付け劣化を防止するため、一定時間パソコン操作をしないと自動的に画面が消えたり、不規則運動などの画像に切り替わるソフト。

**スクリーン・トーン** 印刷用版下に貼って用いる、地紋や網目を印刷したセロハン状のもの。

**スクリーン・プレー** バスケットボールなどで、相手の目の前を幕のように遮断して、味方選手の動きを助ける組織的なプレー。

**スクリーン・ミュージック** 映画音楽。映画の主題曲。

**スクリプター** 映画・テレビなどの撮影記録係。バラバラに撮影したフィルムを後で編集しやすいように、撮影の作業内容を克明に記録する人。

**スクリプト** ①映画・テレビの撮影作業の記録。②放送台本。脚本。③欧文活字で、手書き文字に似せた書体。

**スクリプトライター** 映画・放送などの台本作家。

**スクリメージ** アメリカン・フットボールで、センターがバックスにボールを後ろ向きの姿勢で手渡してはじまるプレー。

**スクリュードライバー** ①ねじ回し。略してドライバー。②カクテルの一種。オレンジジュースとウオッカを混ぜたもの。

**スクリューボール** 野球で、カーブと逆にボールが回転して打者の手元で落ちる変化球。船のスクリューのようにボー

ルが回転して落ちることから。
**スクロール** ①渦巻き形。巻物。②する コンピュータやテレビゲームで、ディスプレー画面上の文字や図形などを上下・左右に移動させること。
**スクワット** かかとを地面につけ上半身を伸ばした姿勢での膝の屈伸運動。
**スケート・ボード** 細長い厚板の裏に2組のローラーを取り付けた滑走具。略してスケボー。これを使った競技をサーフ・ローラーという。
**スケート・リンク** スケート場。
**スケープゴート** 身代わり。いけにえ。贖罪(しょくざい)の山羊。古代ユダヤで、人間の罪を背負わせた山羊を野に放ったことから。
**スケール** ①物差し、目盛り、尺度。②音階。③規模。大きさ。④人間の度量。⑤歯石。
**スケール・アップ** 規模を大きくすること。
**スケール・メリット** 経済で、規模が大きくなることによる利点。経営規模が大きいほど生産性が高まり、コストが低下すること。
**スケジュール** 予定。日程。時間表。
**スケッチホン** NTTの描画電話。電話などの通信回線を使用して手書きの文字・図形を送受言できるシステム。耳や口の不自由な人や外国人との通話の補助として便利。
**スケボー** ⇨スケート・ボード
**スケルトン** ①建築の骨組み。骸骨。②ガスストーブなどの燃焼筒。③スケルトン・ブラシのこと。④外装を透明にして、中の部品が見えるようにしたもの。時計などに多い。
**スケルトン賃貸住宅** 建物本体のみの賃貸住宅。内装や間取りは入居者の自由にできる。
**スケルトン・ブラシ** 目が粗く、毛先が丸くなっているヘアブラシ。
**スコア** ①点数。得点。②音楽の総譜。
**スコアリング・ポジション** 野球で、一本の安打で走者を生還させ、得点できる塁。得点可能塁。
**スコーチド・アース・ディフェンス** 焦土戦術。企業買収がかけられると同時にクラウン・ジュエル部門を売却した

り、分社化によって支配に対して抵抗すること。→クラウン・ジュエル
**スコート** テニスの女性用ひだ付きスカート風ショートパンツ。
**スコープ** ①研究や活動などの範囲・視野。②「見る道具」の意味。例ファイバー〜 ③ライフルの照準鏡。
**スコール** 激しいにわか雨。熱帯地方で、雷雨を伴って突然吹きはじめ、短時間でおさまる突風。
**スコッチ** ①イギリスのスコットランド産羊毛で作った毛織物、毛糸。②スコッチ・ウイスキーの略。
**スコットランド・ヤード** ロンドン警視庁の別称。かつて本部がスコットランド・ヤード(ロンドン中心部)にあったことから。
**スコラ哲学** 中世ヨーロッパのキリスト教哲学。キリスト教にアリストテレス哲学が結びついてトマス・アクィナスが完成させた、形式面を重視する哲学体系。教会や修道院のスコラ(付属学校)で研究されたことからの呼称。
**スター・ウオッチング** 星座の観測。
**スターズ・アンド・ストライプス** 星条旗。アメリカ合衆国の国旗。独立当初の州数を表す13本の赤と白の横縞(ストライプ)と、現在の州数を表す青地に50の白星で構成されている。
**スターター・キット** 初心者や初学者用にまとめられたセット。
**スター・ダスト** 星くず。小星団。
**スターダム** スターの地位や身分。
**スター・チャート** 星座図。
**スターティング・ブロック** 短距離走用の、スタートを切るための足留め器具。
**スターティング・メンバー** 試合に最初から出場する選手。先発メンバー。略してスタメン。
**スタート** ①出発(点)。始めること。②START。米ソの戦略兵器削減交渉。
**スターリニズム** スターリン主義。スターリン政権時の独裁恐怖政治のこと。秘密警察、共産党独裁制などが特徴。
**スターリング・エンジン** 高温ガスの膨張を利用した外燃機

関の一種。19世紀にスターリングによって開発されたが、あまり実用化されていない。省エネ・低公害でもある。

**スタイミー** ゴルフの、特にマッチプレーで、自分のボールとホールを結ぶ線上に相手のボールや障害物があること。

**スタイリスト** ①俳優やモデルの装身具や衣装について助言する人。②名文家。

**スタイリッシュ** 現代風な。流行の。しゃれた。~な

**スタイリング** ①ある様式に整えること。②デザイン様式。③工業デザインで、製品の機構部分はそのままで外観だけ変えること。主に自動車など。

**スタウト** イギリスの代表的な黒ビール。アルコール度が高く、苦味や酸味もほかと比べて強い。

**スタグフレーション** 景気停滞とインフレが同時進行する状態。stagnation(不景気)とinflation(インフレ)から。

**スタジアム・ジャンパー** スポーツ選手が競技場などで防寒用に着るジャンパー。略してスタジャン。

**スタジアム・モトクロス** 都心のスタジアムの中にモトクロスのコースを仮設して競技を行うレース形式。

**スタジオ・ミュージシャン** レコーディング演奏やテレビ・ラジオのバック演奏などを主とする音楽家、演奏家。

**スタジャン** ⇒スタジアム・ジャンパー

**スタック** 自動車の立ち往生。車輪が空回りして、ぬかるみなどから抜け出せない状態。

**スタッグ・パーティー** ①女性を同伴しない男性だけのパーティー。②男性だけで開く花婿のための婚前パーティー。

**スタッドレス・タイヤ** 雪道でのスリップを防ぐために、従来のスタッド(タイヤにびょうを打ち込む)タイヤに代わるびょう無しのスノー・タイヤ。粉じん公害防止目的で開発された。

**スタッフ** ①陣容。部員。職員。②映画、演劇などの制作担当者、関係者。③経営で、企画・調査など参謀的役割を担う部門。生産、販売などの現業部門を補佐する部門。対ライン ④軍隊での参謀、幕僚。

**スタティックス** 静力学。静止物体について力学的に研究する学問。

**スタビライザー** ①船や航空機などの揺れを安定させる装

置。水平安定板。②自動安定装置。③化学変化の防止用安定剤。

**スタン・ガン** 護身用の電気ショック機。

**スタンス** ①野球、ゴルフなどでボールを打つときの足の位置、構え。②立場。態度。例~をとる

**スタンダード** 標準。基準。規範。

**スタンダード・ナンバー** ポピュラー音楽で、時代や流行に左右されずに演奏・歌唱される曲目。同エバーグリーン

**スタンディング** ①立っていること。立ち見。立ち見席。例オール~ ②自転車のスプリント競技で、停止状態を保つ技術。スパートの瞬間をうかがいながらけん制し合うときなどに見られる。

**スタンディング・オベーション** 演劇や演奏などで感激、感動したときに、観客が立ち上がって拍手喝采すること。

**スタンディング・スタート** ①陸上競技の中・長距離走で立ったままスタートすること。対クラウチング・スタート ②自動車などのレースで停止した状態からするスタート。

**スタント** 妙技。離れ技。曲乗り飛行。

**スタンドオフ** ラグビーのハーフバックの1人。スクラム・ハーフとバックスの連携をはかる選手で、攻撃時には司令塔的な役割も担う。

**スタント・カー** 自動車による曲芸ショー。

**スタンド・カラー** 首のラインに沿って立っている襟。

**スタンド・バー** カウンター形式の洋風酒場。

**スタンドバイ・クレジット** ①商社の海外支店が現地の銀行から資金を借りる際、日本の銀行が発行する信用状。②加盟国が一定限度の期間・金額で自由に引き出せるようにしたIMF(国際通貨基金)の信用供与。

**スタンド・プレー** ①スポーツなどで観客の目を引く派手なプレー。②世間の注目を集めるために意識的に行う行為。例~に走る

**スタント・マン** 映画やテレビで、危険な離れ技をこなす専門俳優、代役。

**スタンバイ** ①(飛行機、船などの)待機状態。②テレビ・ラジオなどで、本番直前の用意・準備。③突発事故に備えて用意しておく予備の番組。する

**スタンプ・ラリー** ①指定個所のスタンプを集めながら、一定のコースを徒歩・車で巡る競技。②決められた鉄道駅のスタンプを集めながら、一定区域内を周回する遊び、イベント。

**スチーム** ①蒸気。②パイプに蒸気を送る暖房機。スチームヒーター。

**スチーム・エンジン** 蒸気機関。

**スチーム・バス** 蒸し風呂。

**スチーム・ロコモティブ** 蒸気機関車。**略**SL

**スチール** ①映画の一場面を大きく焼きつけた宣伝用写真。②盗塁。③鋼鉄。

**スチール・ウール** 繊維状のはがね。金属を削って糸状にしたもの。たわし、ブラシなどに利用される。

**スチール・カメラ** 写真機。シャッターを押して撮影する一般的なカメラ。ビデオや映画撮影用のカメラと区別して使われる。

**スチール・カラー** 産業用ロボット。金属製の工作機械。ブルーカラー(工場労働者)などに対比するもの。

**スチューデント・アパシー** 学生に見られる無関心、無気力症。学業に対して無気力となり、いたずらに学生生活を送ること。

**スチューデント・パワー** 学生による社会改革運動。学生パワー。

**スチュワード** ①執事。世話役。給仕係。②旅客機・客船などの男性の乗客係。

**スチロール** 熱可塑性合成樹脂の一つ。ベンゼンとエチレンから作られる無色の液体。おもちゃ、食器などに使われる。スチレンともいう。

**スチロール樹脂** 無色透明の熱可塑性樹脂。電気の絶縁体などに用いる。スチレン樹脂ともいう。

**ズック** ①木綿糸や亜麻糸で織った厚地の布地。②①で作った運動靴。

**ステア** (カクテルなどを)かき混ぜること。

**ステアリング** 自動車の方向変換装置。また、ハンドルの切れ具合。

**ステイ** 滞在すること。泊まること。

**スティープルチェース** 陸上競技の一種目。男子3000メートル障害物競走。走路に障害物と水濠(水たまり)が設置されている。

**ステイ・オン・タブ** 缶飲料などで、飲み口となる開口部の引き手が本体についたまま残る方式。環境汚染などが指摘され、従来構造からの切り替えが各社で進められている。→プル・タブ

**スティック** ①棒、棒状のもの。②ホッケーなどの打球棒。

**ステイヤー** 持久力にすぐれた長距離血統の競走馬。→スプリンター

**スティリスト** ファッション業界で、服飾の素材選びからコレクション(新作発表会)の開催まで全段階にわたっての責任者。日本ではファッション・デザイナーが同じ意味で使われる。

**スティンガー** ①アメリカで開発された赤外線誘導装置を持った携帯用地対空ミサイル。②ブランデーとペパーミントで作るカクテルの名前。

**スティング** だますこと。おとり捜査。

**ステークス** 競馬で、馬主の払う出馬登録料が賞金に加算される特別賞金レース。

**ステークホルダー** 企業と利害関係にある人の総称。具体的には、社員、株主、消費者(顧客)、取引先、金融機関などを指すが、これに地域社会を含めることが一般的である。本来は「賭金の保管人」などの意味。

**ステージアップ** 段階が上がること。

**ステージ・ママ** 子どもタレントにつき添って、マネージャー役をこなす母親。

**ステーショナリー** 文具。文房具の総称。

**ステーション・コール** 国際電話の番号通話。相手の電話番号だけを指定する申し込み方法。対パーソナル・コール

**ステーション・ビル** 駅ビル。

**ステーション・ブレーク** 放送で、番組と番組の間の短い時間のこと。この時間枠にスポットCMを放送する。ステブレと略す。

**ステーション・ワゴン** 貨物兼用乗用車。荷物も運搬できるように後部に積み降ろし用の扉のある乗用車。ワゴンと略

す。
- **ステータス** 社会的な地位。身分。例~を保つ
- **ステータス・シンボル** 社会的な地位、階級や経済力を象徴的に示すもの。別荘、高級外国車の所有など。
- **ステーツマン** 政治家。国民や国家のことを真剣に考える政治家のこと。
- **ステート** ①国家。国。②アメリカなどの州。③状態。地位。
- **ステート・セントリック** 国家中心主義。
- **ステートメント** 声明。声明書。発表文。
- **ステープラー** 針で紙を束ねる道具。ホッチキス。
- **ステープル** ①ホッチキスの針。②ケーブルを固定するU字型の止め金。
- **ステゴザウルス** 恐竜の一種。中生代のジュラ紀と白亜紀に生存した、四足歩行・草食性の恐竜。
- **ステッチ** 縫い目、刺し目。刺しゅうの刺し方。
- **ステップ** ①段階。②踏み段。③ダンスでの足の運び。④三段跳びの2歩目。⑤北米、アフリカや東欧南部からシベリア南西部に連なる温帯草原。きわめて降水量の少ない、無木の乾燥気候。
- **ステップ・ターン** スキーの方向転換法の一つ。片足ずつスキー板を踏み出しては重心の移動で回転すること。
- **ステップ・バイ・ステップ** 着実に。一歩一歩。徐々に。
- **ステディー** ①安定した。着実な。②いつも決まった相手とだけデートすること。その相手。~な
- **ステビア** キク科の植物の一種。葉から天然の甘味料が抽出できる。甘さが砂糖の何倍も強いがカロリーが低いために注目されている。
- **ステルス兵器** 敵のレーダーに探知されにくいアメリカ軍の最新兵器。レーダー波を吸収する塗料や電波を反射しにくい形状などの研究・開発によるもの。
- **ステレオ・カメラ** 立体カメラ。立体映像撮影装置。人間の両眼と同じ間隔に2台のカメラを設置し、同時にシャッターが切れるようにした装置。
- **ステレオグラム** 立体画。立体感を与えるように描かれた図、絵。3D。
- **ステレオタイプ** ①印刷の鉛版。②紋切り型。いつも決まり

きった形式。心理学で、人間の行動・思考様式などが一つの型にはまること。同ステレオタイプ
**ステレオ放送** 立体音響方式の放送。
**ステロイド** ホルモンを主とする化合物の総称。無色の結晶で、水に溶けにくい。
**ステロイド剤** 副腎皮質の分泌物に似た合成薬。抗炎作用があるが強い副作用を伴う。
**ステンカラー** 折り立て襟。襟の前部分が首に沿って立っているもの。
**ステンド・グラス** 種々の色ガラスを鉛の枠で接合して絵模様を表現した板ガラス。ゴシック建築の窓に多く見られる。
**ストア学派** 古代ギリシア哲学の一派。人間的欲望を抑えて自然の摂理に従い、理性の重視を主張し、克己・禁欲的な生活を理想とした。代表的人物はゼノン、セネカ、キケロ。ゼノンが広場にある柱廊(ストア)で講義をしたことからこの名がついた。
**ストア・コンセプト** 店舗運営の基本的な構想、理念。
**ストア・ブランド** 特定の店独自に企画された商品に使用されているブランド(商標)。略SB 対ナショナル・ブランド
**ストイック** ①~な 禁欲的な。自制的な。②禁欲主義者。③ストア学派の学者。
**ストーカー** 特定の女性(まれに男性)に対してしつこくつきまとう人。執拗に追いかけ回す人。その行為をストーキングという。
**ストーブ・リーグ** プロ野球のシーズンオフに行われる選手の移籍や引き抜きのこと。冬季にストーブを囲んで話題に取り上げたことから。
**ストーム** ①暴風雨。嵐。②旧制高校の学生が集団で寮や街頭で歌い、騒ぐこと。
**ストーリー・テラー** 物語作家。講談師。
**ストーリー・ボード** テレビCMの流れに沿って各場面ごとに手書きの絵で示し、わかりやすく説明を加えたもの。絵コンテ。
**ストール** ①自動車などのエンジンが停止すること。航空機が失速すること。②女性用の長い肩掛け。

**ストーン・ウオッシュ** 石洗い。石でこすったような使い込まれた雰囲気を出す中古加工法のこと。皮革・デニム素材やそれらの製品を石と共に洗う。

**ストーン・サークル** 考古学で、環状列石。自然石を立てて円形に配置した古代遺跡の一種。

**ストーンヘンジ** イギリスの南部、ソールズベリにある環状に連なる巨石柱群の遺跡。

**ストッカー** 貯蔵庫。冷蔵・冷凍装置つきの店頭用陳列ケース。

**ストッキング** 女性用の長靴下。スポーツ用長靴下。

**ストック** ①在庫品。②株式。③[する]蓄え。手持ち。資本などの蓄積。④アブラナ科の多年草。日本名アラセイトウ。⑤スープのもと。⑥スキーで使うつえ。

**ストック・インフレ** 資産インフレ。株式・土地・宝石・貴金属などの資産価格の持続的な上昇をいう。[対]フロー・インフレ

**ストック・オプション** 自社株を事前に決めた価格で買える権利のこと。

**ストック・カー** ①市販されている乗用車。②市販の乗用車を一部改造した競走車。

**ストック・カンパニー** 株式会社。

**ストックブローカー** 株式仲買人。

**ストックホルダー** 株主。

**ストック・マーケット** 株式市場。

**ストッパー** ①機械などの安全制御装置。安全止め具。②穴などをふさぐ栓やコルク。③船留め。④バレーボールで、敵の攻撃を防ぐ守備の中心選手。⑤サッカーのセンター・ハーフ。相手センター・フォワードをマークする役割を持つ選手。⑥野球の救援投手。

**ストップ・アンド・ゴー** ①徐行運転。ノロノロ運転。②経済成長政策と金融引き締め政策を繰り返すこと。

**ストップ・モーション** 静止画像。映画・テレビなどで、動きのある映像をある瞬間だけ静止させる技法。

**ストップ・ロス** 金の先物取引の一つ。前もって損失限度額を設定しておき、損失が基準枠以上になると自動的に取引を打ち切る方式。

**ストマイ** ⇨ストレプトマイシン
**ストライカー** サッカーで、最前線にいて攻撃の主力となり、得点することを役割とする選手。同ゴール・ゲッター
**ストライド** ①競走競技で、大きな歩幅で走ること。また、その歩幅。例軽快な〜 ②野球で、打者が打つ瞬間に投手側の足を踏み出すこと。
**ストライプ** 縞(しま)。縞模様。
**ストラクチャー** 構造。構成。組織。建造物。組立て。
**ストラップ** ①衣服・下着などの肩つり紐。②カメラ・ギターなどの紐。吊り紐。③携帯電話の飾り紐。
**ストラテジー** 戦略、計略。
**ストラテジスト** ①戦略家。②株式などの資産運用の戦略を考える専門家。
**ストラドル取引** 2種類の商品価格差を利用した先物取引の一種。金と銀、金と白金の組み合わせがある。
**ストリーキング** 全裸で公衆の面前を駆け抜けること。
**ストリート・カー** 市街電車。路面電車。
**ストリート・ガール** 街娼。売春婦。
**ストリート・ジャック** 街の有名な通りや人気のある通りなどをぶらつくこと、見て歩くこと。
**ストリート・チルドレン** 貧困や災害、家庭崩壊などによって、路上での物売りや物乞いで生活している子どもたち。全世界で3000万人以上いるいわれる。
**ストリート・バスケット** 広場などで1つのバスケットリングを使って交互に攻め合うバスケットボール。通常3対3で行う。
**ストリート・パフォーマンス** 街頭や路上などで演芸・踊り・歌・演奏で自己表現を行うこと。大道芸。
**ストリート・ファニチャー** 街路に置かれる備品のこと。電柱、郵便ポスト、街灯、ベンチなど。
**ストリート・マーケット** 資源の再利用、効率化を目的として開かれる不用品販売・交換市場。青空交換会。のみの市。
**ストリーム** 流れ。小川。
**ストリキニーネ** マチンの種子から抽出されるアルカロイドの一種。無色で猛毒性を有する興奮物質。
**ストリップ・ティーズ** ストリップ・ショー。

**ストリップ・ミル** 連続式圧延機。鋼板を帯状に圧延する装置。

**ストリングス** 弦楽器。弦楽器による演奏、または演奏者。
例～・オーケストラ

**ストリンジェンド** 音楽の速度の変化を表す標語で「だんだんせきこんで」の意。

**ストレイ・シープ** 迷える小羊。聖書イザヤ書にある、人生に迷った人のたとえ。

**ストレート・ジュース** 濃縮還元をしない果汁100％のジュース。一般に出回っている100％ジュースの多くは絞り汁を真空低温で濃縮保存し、出荷時に本来の濃度に還元したもの。

**ストレス** ①精神的、肉体的な緊張。抑圧。圧迫。②強勢。強く発音すること。③物理で、外力による物質の変形。応力。

**ストレッチ体操** ⇒ストレッチング

**ストレッチャー** 担架。病人や負傷者を運ぶための移動用寝台。

**ストレッチング** 関節や筋肉を伸ばす運動。柔軟体操のこと。準備運動、整理運動などに用いられる。ストレッチ体操ともいう。

**ストレプトマイシン** 抗生物質の一つ。結核の特効薬として知られるが、難聴や耳鳴りなどの副作用が生じることもある。ストマイと略す。

**ストレンジャー** 外国人。見知らぬ人。よそ者。同エトランゼ

**ストロー級** プロボクシングの最軽量級。105ポンド(47.62キロ)以下の階級。ストローは麦わらの意。

**ストローク** ①一撃。一打。②ゴルフの打法。打数の単位。例トップと1～差 ③テニスや卓球でボールを打つこと。④水泳で水をかくこと。一かき。⑤ボートで、水をオールでかくこと、一かき。一定時間に漕ぐ回数。ボート競技のエイトで、八番漕ぎ手(整調)。⑥往復運動をする機械の一動作。また、その行程。

**ストローク・プレー** ゴルフで、総打数で勝敗を決定する方式。世界の主要トーナメントはほとんどがこの方式。→マッチ・プレー

**ストロボ** 高速撮影や暗がりでの写真撮影用の電子放電閃光装置。フラッシュのように使い捨てでなく、繰り返し使用が可能。

**ストロボ・アクション** 映画やテレビ画面に、動きのあるものの軌跡を静止した瞬間の連続として表示すること。同モーション・トレーサー

**ストロンチウム** アルカリ土類金属の一つ。花火、発火信号、赤色光などに利用される。元素記号Sr。ストロンチウム90は、ストロンチウムの人工放射性同位体。人体に入ると造血臓器を冒す。

**スナイパー** 狙撃者。射撃の選手。

**スナイプ級** 公式競技に使われる、全長4.72メートルの2人乗りヨット艇。

**スナッチ** 重量挙げ競技の一種目。バーベルを床面から一気に頭上まで引き上げて腕をのばし、そのまま立ち上がって静止するもの。

**スナップ** ①留め金具。押しホック。②スナップショットのこと。③野球やゴルフで、投球や打球に手首の力を効果的に利用すること。④アメリカン・フットボールで、センターがバックスへボールを地面から持ち上げ手渡すこと。

**スナップショット** 早撮り写真。自然な表情や動作をしている被写体をすばやく撮影すること。また、その写真。

**スネーク・ヘッド** 蛇頭。中国人を中心とした密出国請負組織。

**スノー・ガン** 人工雪製造機械。氷を雪状の細かいかけらにして吹きつけ、人工雪を作る装置。

**スノー・タイヤ** 深い溝をつけ、チェーンなしでも雪上を走れるタイヤ。

**スノー・ボート** 雪ぞり。雪山で遭難者・負傷者、荷物などを乗せて運ぶボート形のそり。

**スノー・ボード** スケートボードに似た形状の厚板で雪の斜面を滑る滑走板。略してスノボー。

**スノー・マシン** 人工降雪機。圧縮ガスを空中散布し、水蒸気を凍らせて人工雪を降らせる装置。

**スノーモービル** 小型雪上車。動力で駆動するキャタピラーつきのそり。

**スノッブ** ①俗物。気取り屋。鼻もちならない人。②ファッション界で、通をよそおう人。

**スノッブ効果** 低価格のため多くの消費者が購買することにより、逆に購買しない層が生まれ、需要量が伸び悩む現象。多数の人が持っている商品にはスノッブ(気取り屋)は関心を示さなくなるため。

**スノビッシュ** 俗物の。目上のご機嫌を伺い、目下にいばる。紳士気取りの。～な

**スノボー** ⇒スノー・ボード

**スパ** 鉱泉。温泉。保養地。温泉地に設けられた運動施設、美容施設。

**スパーク** 電気のショートなどで火花を出すこと。あるいは、その火花。 する

**スパークリング・ワイン** 発泡性ワイン。シャンパンなどのアルコール分の軽いワイン。

**スパーリング** ボクシングの練習法の一つ。グローブと頭部保護用の防具をつけて実戦形式で打ち合う練習法。

**スパイウエア** 知らないうちにパソコンに入りこみ何らかの害をもたらすプログラム。

**スパイ衛星** 偵察衛星の総称。衛星軌道上から対象地点を高性能カメラで撮影し、それを電送して各情報を提供する人工衛星。

**スパイカー** バレーボールで、トスされたボールを相手コートに打ち込むプレーヤー。スパイクをする人。同アタッカー

**スパイキー・ヘア** ハリネズミのように逆立てた短い髪形。スパイキーは大きな針状の意。

**スパイク・タイヤ** 凍結路面の自動車走行用にびょうを打ち込んだスノー・タイヤ。道路損傷や粉じん公害などが問題化し、1990年に製造・販売が中止された。→スタッドレス・タイヤ

**スパイス** 香辛料。薬味。固有の香り・色・味などを持った植物の根や種などを乾燥させたもの。

**スパイダー** クモ。

**スパイラル** ①らせん。渦巻き線。②悪循環。物価と経費の悪循環による変動。③フィギュアスケートで、らせん状に

すべること。
**スパコン** ⇒スーパー・コンピュータ
**スパッツ** ①すねの下部分にはく、布製の短い脚半。②足の裏にかけるベルトが裾についた、細身でぴったりとしたタイツ型の女性用パンツ。
**スパット** ボウリングで、投球の目安としてレーンにつけられているクサビ状の印。
**スパナ** ナットやボルトをはさみ、締めつけたり、ゆるめたりする道具。
**スパム・メール** 迷惑な電子メールのこと。特に営利目的で大量配信される宣伝メール。
**スパルタ教育** 厳しいしつけ、訓練による教育法。古代ギリシアの都市国家スパルタで行われていた勇敢な兵士になるための厳しい教育・軍事訓練から。
**スパン** ①橋脚、建造物の支柱間の距離。②航空機などの両翼間の長さ。翼長。③一定の期間。時間の幅。例長期的な〜　④ボウリングで、ボールの親指の穴から人差し指、薬指の穴までの間隔。
**スパンコール** 舞台用や夜会用の衣装に縫いつけるきらきら輝く円盤状の飾り。
**スピーカーホン** 受話器を持たなくても通話ができるスピーカー・マイク兼用の電話機。
**スピーチ・コンテスト** 弁論大会。
**スピーチ・セラピー** 言語治療。言語障害を持つ患者の治療、訓練などにあたる医学領域。
**スピーディー** 効率よく。素早く。〜な　対スローモー
**スピードウェー** ①高速自動車道路。②自動車、オートバイなどのレース場。
**スピード・ガン** 球速測定器。野球で、投手の投げたボールの速さを計測する装置。本来は車のスピード違反取り締まりのために開発された。
**スピットボール** 野球で、投手が唾液や汗をつけたボール。不正投球として禁止されている。
**スピニング・リール** 釣り糸を巻き取る装置。
**スピリッツ** アルコール分の強い蒸留酒。スピリットともいう。

**スピリット** ①魂。精神。活気。②スピリッツのこと。

**スピル・オーバー** ①あふれ出ること。②放送衛星の電波がサービス区域外の周辺国にまで届いてしまうこと。電波漏れ。

**スピロヘータ** らせん状をした下等微生物。梅毒、回帰熱などの病原体。

**スピン** ①する 回転、旋回すること。②飛行機のきりもみ降下。③テニス、卓球などでボールに回転を与えること。④フィギュアスケートでコマ状に回転すること。⑤急ブレーキ・急ハンドルによる車体の回転、横すべり。⑥素粒子の角運動量。

**スピン・アウト** ①企業組織の一部門を分離・独立させ、別会社として経営させること。②自動車が方向性を失い、道路から外に飛び出すこと。

**スピン・オフ** ①親会社が子会社の株を取り込み、株主に分配すること。②研究・開発などによる思いがけない副産物。波及効果。

**スピン制御** 人工衛星の姿勢制御の一方法。衛星を高速回転させて一定の姿勢を保つ。

**スピン・ターン** 高速走行中に故意に自動車を横すべりさせて、逆方向に車を向けさせること。

**スフィンクス** ①古代エジプトの想像上の生き物で、人間の頭とライオンの胴を持つ像。②ギリシア神話の怪物の名。

**スプートニク** 旧ソ連による世界初の人工衛星。1号機の打ち上げは1957年10月4日。

**スフォルツァンド** *sfz*, *sfz*。音楽で強弱を表す記号の一つ。「その音のみ強いアクセントをつけて」の意。

**スプラウト** 発芽野菜。

**スプラッシャー** 自動車などの泥よけ。

**スプラッシュ** ①水や泥をはね返すこと。②ボート競技で、オール操作を誤り、水煙をあげること。③ボウリングで、ピンがはじけるように倒れるストライク。

**スプラッター・ムービー** 恐怖映画の一つ。肉体が刻まれたり、血しぶきや内臓が飛び散るなど残酷な描写の多い映画作品。

**スプリット** ①ボウリングの第一投で2本以上のピンが左右

に離れた状態で残ること。②スプリット・タイムのこと。
**スプリット・タイム** マラソンで、10キロ、20キロなど所定距離通過時の時間。所要時間。同ラップ・タイム
**スプリット・フィンガー・ファストボール** 野球の投球で、ほぼ直球と同じスピードで、打者の手元ですうっと落ちる変化球。略SFF
**スプリング** ①ばね。②春。
**スプリングボード** ①水泳の飛び込み板。体操の跳躍競技などに使われる踏み切り板。②飛躍へのきっかけ。はずみ。踏み台。
**スプリンクラー** ①芝生や畑などに水をまく装置。散水器。②消火用の自動散水装置。屋内の天井面に設置され、熱感知によって自動的に栓が開き散水する。
**スプリンター** ①短距離走者。短距離泳者。②1000〜1200メートルを得意とする短距離血統の競走馬。→ステイヤー
**スプリント** ①陸上、スケートなどの短距離走。②陸上、自転車などの全力疾走。瞬発力。③自転車のトラック競技の一つ。2〜3人の選手がかけひきをしながらトラックを3周して着順によって勝敗を決するレース。スクラッチともいう。
**スフレ** 泡立たせた卵白をふんわりと焼いたフランス菓子。
**スプレー・ガン** ペンキや殺虫剤を霧状にして吹きつけるピストル形の噴霧器。
**スプレッド** ①バターやジャムなど、食品に塗って食べるもの。②値幅、利ざや、金利差など。
**スプレッド・シート** 表計算用のソフトウエア。データを表に入力すると、画面上で計算値が与えられるもの。会計業務、業績管理などが容易にできる。
**スプロール** 無秩序、無計画なままに都市が郊外に拡大し、虫くい状態になること。
**スペアリブ** 豚の骨つきバラ肉。
**スペースウォーク** 宇宙飛行士の宇宙遊泳。
**スペース・オペラ** 宇宙活劇。宇宙空間を舞台にした荒唐無稽な冒険活劇。同スペース・ファンタジー
**スペース・オペレーション・センター** 米国が計画している大型有人宇宙ステーション。長期の滞在を可能にし、衛星

の修理工場や各種の実験室などを併せ持つ。

**スペースクラフト** 宇宙船。

**スペース・シャトル** アメリカ航空宇宙局(NASA)が開発した宇宙連絡船。宇宙ステーションへの乗員・資材の輸送を目的とする、繰り返し利用が可能な有人宇宙船。

**スペーススーツ** 宇宙服。

**スペース・ステーション** 宇宙基地。宇宙飛行の基地となる大型人工衛星。

**スペース・デブリス** 宇宙ごみ。使えなくなった人工衛星やロケットの破片など宇宙空間に漂流する不要物。

**スペース・バス** 地球と宇宙ステーション間の連絡用宇宙船。同スペース・シャトル

**スペース・ファンタジー** 幻想的で破天荒なSF冒険小説、映画。同スペース・オペラ

**スペースプレーン** 航空機と宇宙船の中間的交通機関。燃料補給さえすれば何度でも飛行可能な航空機型の宇宙往復輸送機のこと。

**スペース・ラブ** 宇宙実験室。スペースシャトルに搭載する、各種の科学実験・観測を行う実験室。

**スペキュレーション** ①投機、思惑。②思想、推論、瞑想、考察、推測。③スペードのエースの異称。

**スペクター** 幽霊。妖怪。

**スペクタクル** ①壮大な景観。壮観。②映画、演劇などで大がかりなセットによる壮大な見せ場。また、それを売り物にした作品。

**スペクトル** 分光器で光を分解してできる色の帯。光の波長順に並べたもの。

**スペシャリスト** 専門家。特殊技術者。

**スペシャリティー** 専門。特製品。特色。

**スペシャル・オリンピック** 知的障害者のためのスポーツ大会。アメリカで始まり、1975年から開催されている。

**スペック** 仕様書。明細事項。

**スペック・ブック** デザイナー、コピーライターなどの志望者が自作をまとめた見本用の広告作品集。

**スペル** 欧文のつづり。

**スペルマ** 精子。

**スポイラー** ①航空機で、揚力を減らし抗力を増すための主翼上面の細長い板。②自動車の後部車体につけられた安定翼。高速走行時の車体の浮き上がりを防ぐ固定板。

**スポークスマン** 政府、団体などの広報担当者。代弁者。

**スポーツ医学** スポーツを医学的に研究する学問領域。スポーツによる身体への影響、健康管理など総合的に研究するもの。

**スポーツ・ドクター** 日本体育協会スポーツ科学研究所が公認するスポーツ専門医。医師免許の取得後5年以上の経験を有し、講習や審査により認定される。

**スポーツ・ドリンク** アイソトニック飲料のこと。

**スポーツ・バー** 野球やサッカーなどのテレビ中継を大画面で楽しみながら飲食できる店。

**スポーツ・フィッシング** スポーツとして楽しむ釣り。ブラックバスやシーバスなどのルアー釣り。

**スポーツマンシップ** スポーツマンとして求められる正々堂々とした競技精神。

**スポーティー** 活動的な、軽快な。~な

**スポット・アナウンス** テレビやラジオ放送で、番組と番組の間に放送されるニュースやお知らせ。

**スポット・キャンペーン** 一定地域に限定して展開する広告活動。

**スポット原油** 長期契約によらないで、1回ごとに短期的に取引される原油。

**スポット・コマーシャル** テレビやラジオ放送で、番組と番組の間に流される短い広告のこと。略してスポット。

**スポット・ニュース** テレビやラジオ放送で、番組と番組の間に放送される短いニュース。ニュース速報。

**スポンサー** ①資金提供者。後援者。パトロン。②テレビ、ラジオの広告主。商業放送の番組提供者。

**スポンサード・プログラム** 商業放送で、広告主が番組制作費を負担する番組。同コマーシャル・プログラム 対サステーニング・プログラム

**スマート** ①気のきいた。無駄のない。頭が切れる。②服装などが洗練された。③体形がすらりとした。~な

**スマート・ボール** 傾斜した台に釘が打ってあり、球をはじ

いて当たりの穴に入ると球数が増えるピンボールに似た遊具。

**スマッシュ** ①卓球やテニスなどで、高めに浮いたボールを上から強打すること。②洋酒をロック・アイスに注ぎ、砂糖やハッカを加えた飲み物。

**スマッシュ・ヒット** 映画や音楽が大当たりすること。

**スミソニアン体制** 1971年12月にワシントンのスミソニアン博物館で開催された10か国蔵相会議における国際通貨制度に関する合意。各国通貨レートの調整にあたったが、73年に崩壊。変動相場制に移行された。

**スムーズ** なめらかな。平坦な。物事が円滑に進むこと。スムースともいう。〜な

**スモーガスボード** バイキング形式の料理。

**スモーク** ①煙。②演出効果のためのドライアイスの煙。③薫製の。例〜サーモン

**スモーク・マシーン** ドライアイスを用いて煙を発生させる機械。人工燻煙製造機。

**スモコロジー** 禁煙・嫌煙運動。たばこによる汚染防止を目指す環境運動。

**スモッグ** 煙霧。排気ガス、煤煙などが水蒸気などと結び付いて、大気中に漂う霧のようなもの。太陽光線によって化学反応を起こし、光化学スモッグとなる。

**スモン病** 1955年ごろ発生したキノホルム剤の服用による亜急性脊髄視神経障害。下痢や腹痛にはじまり、足のしびれ、下半身麻痺を引きおこす難病。スモン(SMON)は、Subacute MyeloOptico Neuropathyの頭文字より。

**スライダー** ①野球の投球で、外角に流れるように曲がる速球の一種。②すべり台。特に遊園地などにある水の流れるすべり台。

**スライディング・シート** 競漕用ボートで、漕ぎ手の屈伸に応じてレール上を前後に動く座席。すべり席。

**スライディング・システム** 物価指数の変動に対応させて賃金や配当を調整する制度。スライド制。

**スライド** ①幻灯機。そのポジフィルム。②顕微鏡で使用する透明なガラス板。検鏡板。スライド・グラスの略。③ある数値の変化に他の数値を対応させること。④ずらすこと。

野球で、先発投手の登板を後日に延ばすこと。
**スラッガー** 野球での強打者、長距離打者。
**スラップ・ショット** スティックを小さく、鋭く振ってするアイスホッケーのシュートのこと。
**スラップ・スケート** スピードスケート用の靴。刃の後方がばね式になっている。
**スラップスティック・コメディー** ドタバタ喜劇。アメリカのマック・セネットが無声映画時代に創始した。
**スラム** 貧民窟。貧しい人々が集まって生活している地区。
**スラローム** スキーの回転やカヌー競技で、斜面・激流に設置された旗門・障害物をすり抜けてタイムやポイントを競う種目。
**スラング** 俗語。卑語。隠語。仲間言葉。
**スランプ** ①不振。不調。例～に陥る ②不況。景気の沈滞。
**スランプフレーション** 景気沈滞下のインフレ。slump(経済不振)とinflation(インフレ)の合成語。スタグフレーションとほぼ同義。
**スリー・エー** アメリカのプロ野球で、マイナーリーグの最上位の階級。マイナーリーグには上位からAAA(3A)、AA、A、ルーキーの4階級がある。
**スリー・クオーター** ①4分の3の意。②野球の投球法で、上手投げと横手投げとの中間の投法。斜め上からの投球。③スリー・クオーター・バックスの略。
**スリー・クオーター・バックス** ラグビーで、ハーフバックとフルバックの間に位置する背番号11から14番までの4人の選手のこと。
**スリー・クッション** ビリヤード競技の一つ。周囲のクッションに3回以上当ててから、的になる二つの球に手球をあてる。
**スリー・サイズ** バスト・ウエスト・ヒップのサイズ。女性の体型を表す寸法。
**スリーシー** 軍隊活動に必要な三つの要素のこと。command(指揮)、control(統制)、communication(通信)の頭文字から。
**スリー・ディメンション** 三次元。ナチュラルビジョン方式の立体カラー映画。**略**3D

**スリーパー** ①眠っている人。②寝間着。パジャマ。③プロレスでの首しめ技。④鉄道のまくら木。

**スリー・ピース** 三つぞろいの衣服。男性の場合は上着・ベスト・ズボン、女性の場合は上着・ベスト・スカートなどの組み合わせ。

**スリーピング・バッグ** 寝袋。同シュラーフ

**スリー・フィート・ライン** 野球で、本塁と一塁を結ぶ線の外側に3フィートの間隔で引かれた線。相手の守備を妨げないように、打者はこの2本の線内を走るようにする。

**スリープ・モード** パソコンを一時的に停止させて電力消費を少なくする機能。

**スリー・ポイント・フィールド・ゴール** バスケットボールで、スリー・ポイント・ラインの外側から放ったシュートが入ること。3点が与えられる。

**スリット** ①細長いすき間。②スカートやそで口などの切り込み。

**スリット・カメラ** スリットを通過する被写体を連続的に長いフィルムに焼きつける特殊カメラ。短距離走や競馬などの着順判定に使用される。

**スリップオーバー** 頭からすっぽりかぶって着る衣服の総称。セーターなど。

**スリップ・オン** 紐や留め具なしで簡単にはける靴。つっかけ靴。スリッポンともいう。

**スリム** 体型などがほっそりしているさま。~な

**スリラー** 映画、小説などで恐怖感、戦慄感を与える作品。ぞっとさせるようなもの。

**スリリング** 戦慄的なさま。わくわくさせるような。~な

**スルーパス** サッカーのゴール前で相手の守備の間を通すパス。

**スループット** 単位時間あたりの仕事の処理能力。コンピュータの性能判断の基準になる。

**スレート** 薄い板状になった粘板岩。人造のものもあり屋根瓦や床材として使われる。

**スレンダー** ほっそりした。すらりとした。細長い。~な

**スローイン** サッカーなどで、外に出たボールを頭上からグランドへ投げ入れること。

**スローガン** 団体、政府が主義・主張を簡潔に表した標語のこと。宣伝文句。合言葉。

**スローダウン** ①減速。速度が落ちること。②操業短縮。仕事の能率をわざと下げること。サボタージュ。

**スロー・ピッチ・ソフトボール** 1チーム10人で行うソフトボール。投手の投球は弧を描くように、盗塁やバントは禁止などの規定がある。また1チーム10人で、10人目の野手はフェア内なら守備位置はどこでも自由とされている。

**スロープ** 傾斜。斜面。坂。例 ゆるやかな～

**スロー・フード** 質のよい食べ物を顔をつき合わせながらのんびり食べようという考えに合った食事。ファーストフードを皮肉った語。

**スローモー** ⇨スロー・モーション

**スロー・モーション** ①緩慢な。動作がのろいさま。スローモーともいう。②映画・テレビなどで、実際の動きよりもゆっくり見せる技法。対 クイック・モーション

**スロッシング** 地震学で、地震動により容器内の液体が大きく動揺すること。

**スロット** ①細長い溝。自動販売機や公衆電話などの硬貨投入口。②航空機の主翼の前縁に設けられた失速防止、揚力増強のための小すき間。③スロット・マシンのこと。

**スロット・マシン** 硬貨を入れてレバーを引くと回転筒が回り、表示窓に止まった絵柄の組み合わせに応じて硬貨が出てくるゲーム機。スロットともいう。

**スロットル** 内燃機関で燃料の流れ込む量を調節する装置。絞り弁。

**スワッピング** ①物々交換すること。②夫婦交換すること。③主記憶装置上のプログラムと補助記憶装置のプログラムとを交換するコンピュータ操作のこと。

**スワップ協定** 外国為替相場の安定を目的に、各国の中央銀行同士が互いに自国通貨を預け合い、市場介入に使えるように決めた協定。

**スワップ取引** 異なった通貨の債務支払い交換を取引参加者が互いに行う通貨スワップのこと。外国為替において直物と先物の売買を同時に同額で行うこと。銀行の為替持ち高の調整などに使われる。→アウトライト取引

**スワン** ①白鳥。②白鳥の形をした足こぎボート。

**スンニ派** イスラム教徒の大多数を占めるため、イスラム教の正統派を自称する。預言者ムハンマドのスンナ(慣行、規範)に従う者の意。

## セ

**セービング** ラグビーやサッカーで、体を投げ出してボールを止めるプレー。

**セーブ** ①野球で、救援投手がリードを保ったまま投げ切り、勝利投手にならなかった場合に与えられるもの。② する 力を出し切らず、貯えておくこと。例 力を〜しておく ③コンピュータで、データをフロッピーなどの記憶装置に記憶させること。

**セーフガード** 緊急輸入制限条項。特定品目の輸入増大のために国内産業が多大な損害を受けたり、その恐れが予測されるときに輸入制限措置を認めたもの。

**セーフ・セックス** 性感染症の起きないコンドームを使用した性行為。

**セーフティー・カラー** 安全色。多くは黒地に黄色で、道路・建築工事現場や工場内などで危険性があることを知らせるための標識に使用される。

**セーフティー・ゾーン** 道路にある歩行者用の安全地帯。安全区域。

**セーフティー・ネット** ①金融機関が破綻した場合の預貯金の保護システム。②安全綱。

**セーフティー・ベルト** 安全ベルト。自動車などで、衝突時の衝撃から運転者・乗客を守るために座席に固定するベルト。シートベルト。

**セーフティー・ボックス** ホテルなどで、客の貴重品を保管する金庫。

**セーブ・ポイント** 野球で、セーブ数に救援勝利数を加えたもの。

**セーリング・ボード** ウインド・サーフィンに用いる板。同 セールボード

**セールス・スーパーバイザー** 本社から派遣されて販売指導などを担当する現場要員。

**セールス・トーク** 物を売るための巧みな話術。

**セールス・ドライバー** 荷物の運搬、営業、集金などすべて運転者が1人で行う運送業種。

**セールス・プロモーション** 販売促進活動。主に、広告などの形をとらずに効果的な販売を推進するための方法、各種の活動。略SP

**セールス・ポイント** ①商品を売りこむときの特長や長所。②人物の長所。

**セオリー** 理論。学説。主義。例~を無視する

**セカンダリー** ①第二の。二流の。②中等教育の。③二次的な。派生的な。

**セカンド・オピニオン** はじめに相談した専門家とは別の専門家の意見を聞くこと。

**セカンド・カー** 一般家庭で主要に使う以外の2台目の自動車。

**セカンド・クラス** ①二流の。②電車などの二等席。

**セカンド・スクール** 都会の小中学生を豊かな自然環境の中で体験学習をさせる施設、学校。

**セカンド・ハウス** 別荘。週末や観光シーズンのレジャー用別宅。

**セカンド・バッグ** 小脇に抱えるぐらいの小さなかばん。

**セカンドハンド** 中古の。使い古しの。セコハンと略す。

**セカンド・ライフ** 第二の人生。定年後の生活などのこと。

**セカンド・ラン** 映画の二番館興行。封切りした映画を次週以降は二番館で上映すること。

**セキュリタイゼーション** 金融の証券化。債権を証券化して、資本市場の流動性を高めること。

**セキュリティー** ①安全。安全保障。防犯。防犯設備。②担保。保証人。

**セキュリティー・アナリスト** 証券分析家。株式会社の経営状態を調査・分析し、投資価値の有無などを判断する専門家。

**セキュリティー・コミュニティー** 安全保障共同体。世界的規模、または地域ごとの相互安全保障で結ばれた国家集団。

**セキュリティー・コンサルタント** 企業の要人など誘拐された人質を救出する専門機関、企業体。

**セキュリティー・チェック** 空港などで保安上の理由から実施されている身体検査。同ボディー・チェック

**セキュリティー・ポリス** 要人の身辺警護を任務とする警官。略SP

**セクシー** 性的魅力のある。色っぽい。~な

**セクシャル** 性的な。セクシュアルともいう。

**セクシュアリティ** 性的興味、性的特徴。

**セクシュアル・ハラスメント** 性的いやがらせ。特に職場での女性に対するものをさす。性的な接触や強要、卑猥な冗談など女性としての人格を傷つけるような行動や言葉。略してセクハラ。

**セクショナリズム** 一つの立場や枠内にとらわれ、排他的になること。派閥主義。縄張り争い。同セクト主義

**セクション** ①企業・官庁・団体の課。部門。例~を超える ②文章などの段落、節。③新聞・雑誌などの欄。

**セクター** ①領域。部門。分野。②磁気ディスクなどのデータの記録部分を区画した単位。③扇形。

**セクター主義** 極地の帰属決定に関する基準原理。南北両極に近い国が、自国領土の東西端と極を結んだ扇形の部分の領土権が自国に帰属するという主張。

**セクト** 主義・主張の同調者同士の集まり。分派。派閥。

**セクト主義** 派閥的要素が強い排他主義。同セクショナリズム

**セクハラ** ⇒セクシュアル・ハラスメント

**セグメンテーション** ①細分化。分割。②市場を分割し、それぞれの特性に適した広告販売活動を展開すること。

**セグメント** ①区分。部門。部分。②コンピュータで、大きなプログラムを分割したもの。プログラムの一部を構成するまとまり。

**セグメント情報** 事業部門別や地域別などによって開示される企業の収益に関する情報。

**セクレタリー** 秘書。書記。

**セクレタリー・サービス** 秘書代行業務。

**セコハン** ⇒セカンドハンド

**セコンド** ボクシングの試合中に選手へのアドバイスや世話をする介添人。

**セサミ** ゴマ、ゴマの実。

**セサミ・ストリート** アメリカの幼児向け教育番組のタイトル。

**セシウム137** 金属原素セシウム133の放射線同位体。染色体の異常、遺伝子の突然変異などの影響を及ぼす。旧ソ連の原発事故など、原子炉や核爆発実験で漏れる放射能の主成分。

**セシウム原子時計** セシウムの放出する電磁波を利用した、きわめて高精度の原子時計。

**セゾン** 季節。シーズンともいう。

**セックス・アピール** 異性を引きつける力。性的魅力。

**セックス・カウンセリング** 性に関する悩みの相談に応じること。また、その指導や治療。

**セックス・シンボル** 性的魅力のある有名人。マリリン・モンローなど。

**セックス・セラピー** 性機能障害などの治療。

**セックス・チェック** スポーツ競技会などで女性選手であるかを検査して確認すること。

**セックス・フレンド** 性行為の対象としてだけの友人。略してセフレ。

**セックスレス** 性関係のない。

**セッション** ①議会、会議などの会期。開会期間。②学期。授業時間。③する ポピュラー音楽で、演奏者が集まること。特にジャズで、演奏者が集まって即興演奏すること。④コンピュータの会話プログラムで、使用開始から終了までの作業。

**セッティング** ①据えつけること。配置すること。②会議、会談などの設定、手配。③映画、音響などの機器配置。演劇の舞台装置。する

**セット** ①一そろい。一組。一式。例 ギフト～　②する 組み立てること。用意すること。例 会議を～する　③舞台装置。大道具。書き割り。④テレビ受像機。ラジオ受信機。⑤バレーボール・テニス・卓球などで、試合の一区切り。例 ～ポイント　⑥する パーマネントで髪型を整えること。

**セットアップ** ①組み立て。構成。②映画のカメラ位置。③パソコンなどを使用可能な状態に準備すること。④テニス・卓球などで、相手が簡単に打ち込めるようなチャンスボール。⑤ファッションで、単品のトップとボトムを自由に組み合わせること。⑥野球で抑えの投手の前に1〜2回投げる中継ぎ投手。

**セットバック** 建築で、日照や通風を考えて市街地の建物の上階が下階より後退して階段状になっている構造。

**セット・ポイント** テニスやバレーボールなどで、セットの勝敗を決する最後の得点。

**セット・ポジション** 野球の投球姿勢の一つ。軸足で投手板を踏み、ボールを体の前で保ったまま1秒以上静止すること。

**セット・マッチ** テニスやバレーボールなどの試合でセットの数で勝敗を決めること。

**セニョリータ** お嬢さん。未婚の女性に使う敬称。

**ゼネ・コン** 総合建設業者。大手建設会社。ゼネラル・コントラクターの略。

**ゼネ・スト** ⇨ゼネラル・ストライキ

**ゼネラリスト** 幅広い知識や技能を持った人。多才な人。万能選手。**対**スペシャリスト

**ゼネラリゼーション** 一般化。普遍化。一般論。

**ゼネラル** ①普通の。一般の。②将軍。総督。

**ゼネラル・オーディオ** 価格・機能性など、あらゆる要素を重視したオーディオ機器。ヘッドホンステレオ、CDラジカセなど。

**ゼネラル・スタッフ** 経営者直属の管理部門で、企画・調査・運営などの業務を補佐する人。軍隊の参謀本部。

**ゼネラル・ストライキ** 同盟罷業。全国・全産業が一斉に業務を停止すること。また、交通ゼネストのような一つの産業の全般にわたるストライキ。略してゼネスト。

**ゼネラル・マーチャンダイズ・ストア** 総合小売業。一般大衆消費者を対象に販売する総合小売店。**略**GMS

**ゼネラル・マネージャー** ①企業の総支配人。②プロ野球やプロサッカーチームの経営に関わる統括人。**略**GM

**ゼネレーター** 発電機。発電コイルを磁場の中で回転させ、

発生した電気を電磁誘導で取り出す装置。ジェネレーターともいう。

**セパ・タクロー** マレーシアの国民的スポーツ。足と頭だけを使って籐製のボールを相手コートにけり込むもの。バレーボールとサッカーを組み合わせたようなスポーツ。

**セパレーツ** ①上下に分かれた婦人服や水着。色、素材が異なっても自由な組み合わせが可能な衣服。②組み合わせが自由にできる一組の道具、器具。

**セパレート** 分かれた。離れた。

**セパレート・コース** 陸上競技や水泳競技などで、各競技者ごとに区分された走路・水路。対オープン・コース

**セピア** 黒褐色の絵の具。また、その色。転じて、変色した映画フィルム。

**ゼブラ** シマウマ。

**ゼブラ・クロッシング** 白線の縞(しま)模様で表示した横断歩道。同ゼブラ・ゾーン

**ゼブラ・ストライプ** シマウマの縞(しま)のような太い縞模様。

**ゼブラ・ゾーン** 横断歩道。白線がシマウマの体模様に似ていることから。同ゼブラ・クロッシング

**セフレ** ⇒セックス・フレンド

**セブン・シスターズ** 国際的な石油資本7社のこと。アメリカ系のエクソン、モービル、テキサコ、SOCALとガルフ(合併してシェブロン)、イギリス(オランダ)系のロイヤル・ダッチ・シェル、BP。

**セブンス・アベニュー** ニューヨーク市7番街のこと。既製服業が集中している界隈。

**セブンティーズ** ①1970年代に若者の間で流行した生活様式、文化などの総称。②1970年代に流行したファッション。70年代風のファッション。

**セブン・ブリッジ** トランプ遊びの一つ。数字やマークをポーカーのようにそろえるゲーム。同ラミー

**ゼミ** ⇒ゼミナール

**セミコロン** 欧文体での句読点「；」。

**セミコンダクター** 半導体。シリコンやゲルマニウムなど。

**セミドキュメンタリー** 記録映画の手法を加味した劇映画。

**セミナー** ⇨ゼミナール
**ゼミナール** ①大学の演習、共同研究形式の授業。研究会、集中講義。講習会。ゼミ、セミナーともいう。②日本では予備校の名称に使われる。
**セミヌード** 半裸体。体の一部を隠した裸体。
**セミファイナル** ①スポーツ競技の準決勝。②ボクシングやプロレスのメイン・イベントのすぐ前に行われる試合。
**セメント** ①建築用接着材料。水、砂利、砂を混ぜてコンクリートにして建築物に利用する。②接着材の総称。
**セラーズ・オプション** 売り手オプション。売買契約日から一定期間内に、売り手が決める引き渡し期日に決裁する方式。対バイヤーズ・オプション
**セラーズ・マーケット** 売り手市場。需要に比べて供給が少ないために、売り手に都合のいい市場。対バイヤーズ・マーケット
**ゼラチン** 動物の骨、軟骨、腱などを水で長時間煮詰めて作るゼリー状の物質。食品、写真感光材料、接着剤などに利用される。
**セ・ラ・ビ** 「それが人生だ」という意味。
**セラピー** 治療。療法。特に薬剤や外科手術を伴わない療法。
**セラピスト** 治療士。治療者。治療専門家。
**セラミックス** 高温加工して得られる非金属製品の総称。窯業製品。セメント、ガラス、陶磁器など。
**セラミック・センサー** セラミックスの特性を利用して、温度・ガス・放射線・磁気などの物理量を検知・測定するセンサー。
**セリエA** イタリア国内のサッカー1部リーグ。
**セル** ①細胞。②電池。電解槽。③個室。独房。④表計算ソフトで表の一部となるマス目。⑤⇨セルロイド
**セルビデオ** レンタルではなく売ることを目的にしたビデオソフト。
**セルフ・アイデンティティー** 自己確認。自己同一性。
**セルフ・ケア** 自分の健康状態を自分で管理すること。
**セルフ・コンシャス** 自意識過剰な。人目を気にする。
**セルフ・コントロール** ①自制。克己。感情や行動を自分で抑制すること。②機械などの自動制御。

**セルフ・タイマー** 写真機の自動シャッター装置。

**セルフ・チェック** 自己検査。

**セルフ・ディフェンス** 自衛。自己防衛。護身。

**セルフ・メディケーション** 自己治療。医師に頼らずに自分の判断で市販薬などを使って治療すること。

**セル・モーター** 電池で動かす電動機。エンジンの始動などに用いる。

**セルロイド** ①半透明のプラスチック。学用品、おもちゃなどに使われた。元来は商標名。②アニメーション制作やフィルムなどに使う半透明なシート。略してセル。

**セルロース** 植物の細胞壁の主成分。木材や麻、綿などから得られ、紙や衣料などの原料となる。

**セレクション** 選択、選抜。選び出されたもの。

**セレクト・ショップ** 店主のこだわりによって品揃えしている店。

**セレナーデ** 小夜曲。夜曲。小管弦楽のための組曲。愛する人の窓辺で歌う愛の歌。

**セレブ** 名士。有名人。憧れの的となる人。

**セレブレーション** 儀式。祝典。祝賀。

**セレモニー** ①儀式。祭典。式典。②形式的な儀礼。**例**外交〜

**セレン** 硫黄族元素の一つ。半導体、光電池、コピー機用合金材料などに利用される。元素記号Se。セレニウムともいう。

**ゼロ・アワー** ①軍事行動を開始する予定時刻。②決定的な瞬間。③ゼロ・アワー・システムのこと。

**ゼロ・アワー・システム** 放送局が1日24時間放送を続ける編成形態。

**ゼロ・エミッション** ある産業の生産工程で出る廃棄物を、別の産業の原料として再利用することで、廃棄物をまったく出さなくするという国連大学が提唱する構想。

**ゼロ金利** 金融緩和策。日本銀行からの貸出金利を実質的にゼロにすること。金利をゼロにすることで企業の借入金負担を軽減させ、投資意欲の刺激と株価の下支えが大きな目的。

**ゼロ・クーポン債** 利札のついていない債券。特に海外発行

の外貨建て割引債。表面利率(クーポン)がないことから。

**ゼロ・サム・ゲーム** プレーヤーの得点の合計が常にゼロになるようなゲーム。一方が得点すると、もう一方は失点し、その和が0になるというゲームの理論。

**ゼロサム社会** アメリカの経済学者レスター・サローの提唱した経済現象の分析用語。どんな社会政策においても、得をする層と損をする層が生じることを説いた。

**ゼロ・シーリング** 新年度予算の概算要求を前年度と同額にすること。

**ゼロ・ジェネレーション** 何事に対しても無感動な冷めた世代、若者。アメリカの作家ブレット・E・エリスによる『レス・ザン・ゼロ』から。

**ゼロ・ディフェクト** 無欠陥。全社をあげて欠陥商品ゼロを目指そうという運動。その頭文字からZD(運動)ともいう。

**ゼロ・ベース** 予算などをゼロから検討し直すこと。すべて白紙に戻してやり直すこと。

**ゼロ・メートル地帯** 満潮時、あるいは年中海面のほうが陸地より上にある海抜0メートル以下の地帯。

**ゼロ・ヨン・レース** 0～400メートル区間の距離の自動車の発進加速をいう。また、暴走族が400メートル以下の距離で競争する違法レース。

**センサー** 感知器。感知装置。温度、光、音など種々の物理量を検出・計測し、判別する素子。また、その装置。

**センサー・フュージョン** 感覚融合。視覚や聴覚など多くのセンサーからの情報によって、おかれた状況を総合的に判断する技術。

**センサス** 全国調査。国勢調査。大規模調査。

**センシティビティー** ①感受性。敏感さ。②通信機の感度、性能。③フィルムの感光度。

**センシティビティー・トレーニング** 感受性訓練。企業の指導者・監督者として必要な、対人関係における感受性を高めるための訓練。

**センシティブ情報** 取り扱いにきわめて慎重を要する情報。国家や企業の機密、個人の信条・思想など。

**センシビリティー** 感性。感受性。

**センシビリティー・ギャップ** 世代間や民族間などにおける

感覚・感性・理解のずれ、溝。
- **センス・アップ** 服の着こなしなどを良くするなど、感覚を高めること。
- **センセーショナリズム** 扇情主義。犯罪やスキャンダルなどを、人々の感情をあおるように誇張して報道すること。
- **センセーション** 人々の関心を集めるような事柄、事件。大騒ぎ。興奮。大評判。例~を巻きおこす
- **センター・スプレッド** 新聞や中綴じ雑誌などの中央見開き広告のこと。センター見開きともいう。
- **センター・フォワード** サッカーやホッケーで、最前列中央にいる選手、位置。攻撃の中心的役割を担う選手。
- **センター・ポール** 広場や競技場のスタンド中央にある旗を掲げるための柱。
- **センダイ・ウイルス** パラインフルエンザウイルスの一種。細胞融合機能を持つため、雑種細胞を作るのに利用される。仙台で発見されたことから。略HVJ
- **センタリング** ①サッカーやホッケーなどで、サイドライン近くから相手ゴール前の味方にパスを送ること。②ワープロなどで、文字を中央部に集めること。
- **センチメンタル** 感傷的。多感なさま。涙もろい。略してセンチ。~な
- **センチュリー** ①1世紀、100年。②印刷用欧文書体の代表的なものの1つ。
- **センチュリー・ハウジング・システム** 1世紀にわたる使用に耐えうる住宅の建築計画。
- **センテンス** ①文。文章。②判決。
- **セントラル・ドグマ** 1958年にクリックが提唱した分子遺伝学の一般原理。遺伝情報はDNA(デオキシリボ核酸)からRNA(リボ核酸)、さらにタンパク質へと一方向に伝達されるというもの。
- **セントラル・ヒーティング** 集中暖房。熱源を1か所に集中させ、建物全室の暖房供給を行うシステム。
- **セントラル・ファイル・システム** コンピュータの中央集中管理。支店・工場などのコンピュータと本社の大型コンピュータとを結び、全データを本社で集中管理する方式。
- **セントラル・レート** 中心相場。

**ソアラー** 上級者向けのグライダー。計器を備えており、高度な滑空技術を要する。競技グライダー。

**ソイ・ソース** 醤油。

**ソイ・ビーン** 大豆。

**ソウル** ①魂。精神。霊魂。②ソウル・ミュージックのこと。

**ソウルフル** 魂のこもった。情熱的な。~な

**ソウル・ミュージック** リズム＆ブルースの流れをくむ現代アメリカ黒人の大衆音楽。

**ソーイング** 裁縫。縫うこと。

**ソーサー** コーヒーカップや紅茶カップの受け皿。

**ソーシャリスト** 社会主義者。社会党員。

**ソーシャリズム** 社会主義。社会主義運動。

**ソーシャル** 社会の、社交的な。ソシアルともいう。

**ソーシャル・グループ・ワーク** 集団指導。集団活動を通じて個人が自発的に社会的適応能力を身につけることを援助する方法。単にグループ・ワークともいう。

**ソーシャル・コスト** 社会的費用。環境整備、公害対策など社会全体が負担すべき費用のこと。

**ソーシャル・ダンス** 社交ダンス。

**ソーシャル・ダンピング** ⇒ダンピング

**ソーシャル・デモクラシー** 社会民主主義。

**ソーシャル・マーケティング** 企業は消費者全体の利益を配慮すべきであるとするマーケティング理論。

**ソーシャル・ワーカー** 社会福祉、医療、教育などの分野で福祉活動に従事する専門家。社会福祉事業員。民生委員。

**ソース** ①情報の出所、根源。源。例~を探る ②録音で、収録すべき音源。③肉などにかける調味料。たれ。

**ソースパン** 柄のついた深なべ。

**ソーダ・クラッカー** 小麦粉に塩や重曹などを入れて焼いたクラッカー。

**ソート** 一定の基準によって分類されたもの。データの並び変え。する

**ゾーニング** 都市計画や建築の際に機能や用途に応じて区域を区切って設計すること。
**ソープ** ①石けん。②ソープランド(特殊浴場)のこと。
**ソープ・オペラ** 通俗的なテーマを題材にした連続放送劇。メロドラマ。アメリカで、石けん会社が番組提供をすることが多かったから。
**ソープレス・ソープ** 合成洗剤の一種。油脂を原料としない洗剤。
**ソーホー** ①ロンドン中心部の一区域でレストラン街として有名。②ニューヨーク・グリニッジビレッジの南東に位置する地域で、画廊やアトリエの多い地区。③スモール・オフィス・ホーム・オフィス(small office home office)の略。自宅にパソコンや情報機器などを置いて仕事場にしている小規模な事業者や個人事業者のこと。
**ソーラー・エンジン** 太陽光の持つ熱エネルギーを機械エネルギーに変換して作動するエンジン。
**ソーラー・カー** 太陽電池自動車。車体に太陽電池板を張り、得られた電気を動力源として走行する自動車。
**ソーラー・システム** ①太陽系。②太陽熱を利用して冷暖房や給湯などをまかなう設備。
**ソーラー・ハウス** 太陽エネルギーを利用して暖房や温水供給などを行う住宅。
**ソーラー・パネル** 太陽電池板。
**ソーラー・ヒーター** 太陽熱を利用した温水器や暖房器。
**ソーラー・ポンド** 太陽熱池。太陽エネルギーを吸収・蓄積し、それを発電、暖房、給湯などに利用する池。
**ソールド・アウト** 売り切れ。完売。
**ゾーン** 地域。地区。領域。例ストライク～
**ゾーン・ディフェンス** サッカーやバスケットボールなどの球技で、各選手が防御範囲を分担して相手の攻撃を防ぐ方法。対マンツーマン・ディフェンス
**ゾーン・フォーカス** 写真機の焦点距離合わせを、遠景・中景・近景などに区分し簡単にしたもの。
**ゾーン・ペックス** 航空会社が自社の国際路線用に設定し政府認可を得て実施する割引運賃。
**ソサエティー** ①社会。社交界。②協会。社会団体。

**ソシアル** ⇨ソーシャル
**ソシアル・ディレクター** ホテルなどの外国人向け案内役。
**ソシアル・ワーカー** ⇨ソーシャル・ワーカー
**ソシオエコノミックス** 社会経済学。社会的な側面から経済問題をとらえる学問。
**ソシオグラム** 計量社会学から見た人間関係の図式。集団の中の人間関係を各個人間の感情や態度の評価をもとに図式化したもの。
**ソシオバイオロジー** 社会生物学。動物の社会行動を研究する学問。
**ソシオメトリー** 計量社会学。アメリカの心理学者モレノの創始による、人間間の牽引や反発の強度などを量的に測定する学問。
**ソシオロジー** 社会学。人間の社会生活を広範囲にわたって研究する学問のこと。
**ソックス** 短い靴下。
**ソテー** 油で炒めたり焼いたりする西洋の料理法。
**ソドム** ①旧約聖書に記されている地名。不道徳、不信仰のため神によって滅ぼされた。②退廃的な都市、悪徳のはびこる場所。
**ソナー** 水中聴音探知機。超音波で魚群を探知したり、他船との距離を測ったりする。
**ソナタ** 16世紀半ばに発達した器楽曲の一形式。奏鳴曲。複数の楽章からなる独奏曲、室内楽曲。
**ソナチネ** 小奏鳴曲。形式が小規模なソナタ。
**ソニック・ブーム** 超音速ジェット機の出す衝撃波音。音速を超えたときに発生する衝撃波によって生じる爆発音。
**ソネット** 3行詩節二つと4行詩節二つからなる14行詩。近世欧州文学の小詩型。
**ソノシート** 塩化ビニールなどで作った安価なレコード盤。
**ソバージュ** 毛先に軽いウエーブがかかっている自然な感じの髪形。無造作、野性味が特色。
**ソビエト** ①評議会。代表者会議。②旧ソビエト社会主義共和国連邦の略称。
**ソファー・ベッド** 背もたれを折るとベッドになるソファー。

**ソフィア**　英知。知恵。
**ソフィスティケーション**　世慣れ。教養の高さ。都会的洗練。
**ソフィスティケート**　世慣れした。都会的に洗練された。
**ソフィスト**　①古代ギリシア時代に雄弁術を教えた弁論修辞学者。②詭弁家。へ理屈屋。
**ソフト**　①〜な 柔らかい、穏やかなの意。対 ハード　②柔らかい生地でできた中折れ帽子。③ソフトウエア、ソフトクリームなどの略。
**ソフトウエア**　コンピュータを利用する際に必要なすべてのプログラム技術。対 ハードウエア
**ソフト・エコノミー**　経済基礎や国民生活の基盤が十分に固まっていないが、成長率だけが伸びている経済。対 ソリッド・エコノミー
**ソフト・エネルギー**　風や太陽光、地熱、潮汐など自然から得られるエネルギーの総称。
**ソフトカバー・ブック**　紙表紙の廉価本。ソフトカバーともいう。同 ペーパーバック
**ソフト・クロマ・キー**　カラーテレビにおける画面合成技術。合成した境目に不自然な輪郭を出さずに合成できる。
**ソフト・コピー**　コンピュータの情報をディスプレーなどに表示させたもの。対 ハード・コピー
**ソフト・コンシャス**　女性らしさを柔らかに表現したファッション。体の線を意識したボディ・コンシャスに対して、フレアーなどゆったりした服装。
**ソフト産業**　第三次産業のうちで、情報産業など形のないものを取り扱う産業。対 ハード産業
**ソフト・スーツ**　素材や仕立てなどがソフトでゆったりとしたスーツ。イタリア調のスーツ。
**ソフト・セール**　柔らかい物腰で説得するような販売方法。ソフト・セルともいう。対 ハード・セール
**ソフト・セラミックス**　セラミックス(窯業製品)の一種。吸水性にすぐれており、水処理などに使われる。
**ソフト・セル**　⇨ソフト・セール
**ソフト・タッチ**　人あたりがよい。手ざわりが柔らかい。
**ソフト・テクノロジー**　石油や原子力などに対して自然エネルギー(太陽熱、風力、地熱など)を開発・利用する技術。

**ソフト・テニス** 軟式庭球のこと。

**ソフト・ドリンク** アルコール分の入っていない飲料水。ジュース、コーラなど。

**ソフトノミックス** 産業の中心が情報・サービス産業などに移行する経済。

**ソフト・バイク** エンジンの排気量が50cc以下の原動機付自転車。

**ソフト・ビジネス** 知識、技術など頭脳的な労働をする事業。

**ソフト・フォーカス** 写真で、被写体を柔らかくぼかしたようにする撮影技法。軟焦点。

**ソフト・プリント** ⇨ソフト・コピー

**ソフト・ボイルド** 内容が健全な。対ハード・ボイルド

**ソフト・ランディング** ①軟着陸。宇宙船が他の天体などに着陸するとき、衝撃緩和のためにゆるやかに着陸すること。②経済政策で、不景気や失業率の上昇を防ぎながら徐々に経済成長率を安定させること。③最小限の犠牲や混乱で解決させること。対ハード・ランディング

**ソフト・ルック** 素材や配色、デザインなど見る人に柔らかな印象を与えるファッション。

**ソフト・ローン** 低金利、長期返済など貸付条件のゆるやかな借款。現在、第二世銀と呼ばれている国際開発協会(IDA)がこれを採用している。

**ソフホーズ** 旧ソ連の国営農場。社会主義の中では最高の農業形態。→コルホーズ

**ソプラノ** ①女声の最高声域。また、その声域を歌う人のこと。②和声で最高音のパート。③高音域を受け持つ管楽器。

**ソホーズ** ⇨ソフホーズ

**ソムリエ** レストランのワイン係。客の好みや料理に適した銘柄のワインを選択し、給仕する専門職。

**ソユーズ** 旧ソ連の3人乗り有人宇宙船。1号機の打ち上げは1967年。

**ソラニン** アルカロイド配糖体の一つ。特にジャガイモの新芽に多く含まれ、食べ過ぎると腹痛・めまいを起こす。

**ソラリゼーション** 過度の露光による画像反転のため、ネガ像とポジ像が同一画面に現れる現象。またそれを利用した写真関連の技術。

**ソリスト** 独奏者。独唱者。バレエなどで独演する者。
**ソリッド** ①固体の。高密度の。②硬い。内部まで充実しているさまをいう。
**ソリッド・タイヤ** 内部までゴム製の、パンクしないタイヤ。
**ソリッド・モデル** ①プラスチック製、金属製などの精密模型。②コンピュータ・グラフィックスで、三次元物体を固体として表象する形状モデル。
**ソリティア** 1人で遊ぶトランプの数字並べゲーム。
**ソリューション** ①問題の解決、解明。②溶体、溶液、溶剤。
**ゾル** コロイド溶液。液体中にコロイド粒子が分散しているもの。対ゲル
**ソルジャー** 陸軍軍人。兵隊。
**ソルト** ①塩。②SALT。米ソ戦略兵器制限交渉。1986年11月、アメリカの協定違反により事実上廃棄された。
**ソルド** 特売。セール。
**ソルト・レーク** 塩水湖。塩分の高い水の湖。
**ソルビット** ⇨ソルビトール
**ソルビトール** 甘味料として用いられる指定添加物。ブドウ糖から合成される品質保持剤、チューインガムの軟化剤としても使われる。同ソルビット
**ソルビン酸** 食品の合成保存料として用いられるエチレンを原料にした物質。
**ソルベ** 洋酒を加えたシャーベット。
**ソルベンシー・マージン** 旧大蔵省が保険会社の財務内容を調べるために作成した指標のひとつ。
**ソレイユ** ①太陽。②ひまわり。
**ソレノイド** 電磁コイル。電導線を細長い円柱状に巻き上げたもの。電気を流すと円柱内部に方向性をもつ磁場を生ずる。
**ソワレ** ①夜会。夜会服。イブニングドレス。②演劇、音楽会の夜間興行。対マチネー
**ソングライティング** 作詞や作曲をすること。
**ゾンビ** ブードゥー教で、霊能者が生き返らせ、陰で操る死人。一般的には、生き返った死体。
**ソンブレロ** 中央が高くつばが広い、麦わらやフェルト製の帽子。中南米などを中心に用いられる。

## タ

- **ダーウィニズム** ダーウィンが唱えた進化論。ダーウィン説に基づく進化論の総称。
- **ターキッシュ・コーヒー** 長い柄のついた容器で湯をわかしたところにコーヒーの粉を入れ、沸騰するたびに火から外し、粉が沈むのを待って飲む。トルコ式コーヒーともいう。
- **ダーク** 黒っぽい。悪の。暗黒の。~な
- **ダーク・エージ** 暗黒時代。西洋史では5世紀の古代ローマの崩壊からルネサンスまでの6世紀間をさす。
- **ダーク・サイド** 社会の暗黒面。人間性の暗黒面。
- **ダーク・スーツ** 黒っぽい色のスーツ。
- **ダーク・バッグ** 感光しやすいフィルムなどの素材を取り扱う際に用いる光を通さない袋。
- **ダーク・ファイバー** 敷設されていながら稼動していない光ファイバーのこと。
- **ダーク・ホース** ①競馬で予想に反して優勝する可能性のある馬。穴馬。②場合によっては躍進する可能性のある競争者。
- **ダーク・ルーム** 暗室。
- **ターゲッティング・ポリシー** 半導本、コンピュータの産業育成を代表的事例とする、時代の要望を反映する特定の産業の戦略的育成政策。
- **ターゲット** ①標的。目標。②商品の購買対象。
- **ターゲット・ゾーン** 変動相場制において為替相場安定のため関係当局が設定する為替レートの目標変動幅。
- **ターゲット・プライス** 変動相場制において関係当局が設定する為替の目標価格。
- **ターコイズ** 宝石の一つ。トルコ石。12月の誕生石で「成功」の意味を持つ。
- **ダーシ** ①語と語を結ぶ「—」の記号。②文字の右肩に付ける「´」の記号。ダッシュ。
- **ダージリン** インド北東部、西ベンガル州の都市近郊で採取される紅茶。

**ターター** 歯石。

**タータン・チェック** 多色格子縞柄。もともとスコットランドで部族、階級を識別するために伝えられていたもの。それぞれの土地で産する植物の花、葉、果実、根などから染料をとり、紡毛糸、梳毛糸を染めて織った格子柄綾織物。

**タータン・トラック** 陸上競技場などに敷設してある合成樹脂の走路。弾力性に富み、水はけがよい。

**ダーチャ** 別荘。

**ダーツ** ①衣服のつまみ縫い。②円形の標的に書かれた得点を競う投げ矢遊び。

**ダーティー** 汚れた、汚い。卑劣な。～な

**ダート・コース** ①競馬で使用する走路で、砂に土を混入して作ったコース。②自動車競技で走行する未舗装路。

**タートル** カメ。

**タートルネック・カラー** とっくり襟。スキーウェアの中に着るシャツやセーターなどに多く見られる。

**タートル・マラソン** 高齢者を中心とした体力作りと健康維持を目的とするゆったりとしたマラソン。

**ターニング・ポイント** 分岐点。転機。

**ターバン** ①中近東のイスラム教徒の男性が頭に巻く頭巾状の長い布。②①に似た女性用帽子。

**ダービー** ①ロンドンで毎年6月第1水曜日に行われる競馬レース。サラブレッド3歳のクラシックレースの一つ。日本では毎年5月最終日曜日に行われる。②競い合い。大競走。例ホームラン～

**タービン** 高温・高圧のガスや蒸気を羽根車によって動力にする機械。

**ターフ** 芝生。ゴルフコースでフェアウェー、グリーンなど芝を敷いた場所。→ディボット

**ターフ・コース** 競馬場の芝を敷いたコースのこと。

**ターブル・ドート** 西洋料理の定食。

**ターボ** タービン。ガス、水などのエネルギーを回転運動に換え、回転エネルギーを得る原動機。

**ターボ・チャージャー** 排ガスのエネルギーによってタービンを回し、過給器を作動させることによってより多くの空気をエンジンに送り出力性能の向上を図る機器。

**ターボ・ファン** 圧縮器や送風機に利用する羽根。羽根車。これを回転させることにより、空気をターボエンジンに回し、一方でその一部をジェット排気と共に噴出させ、推力を得る。

**ターミナル** ①鉄道やバスなどの路線が集中している終着・始発駅。②流通拠点。③電極、端子。④端末装置。⑤航空管制塔などのある空港ビル。

**ターミナル・ケア** 末期症状の患者、死期の近づいた人が直面する死に対する恐怖や精神的苦痛を和らげるための医療。

**ターミネーター** 終わらせるもの。抹殺者。

**ターム** ①専門用語、術語。②期間、学期。

**ターム・ローン** 融資期限が1年から10年までの貸し出し。アメリカの商業銀行に普及している。

**ターメリック** 香辛料の一種。ウコン。根を乾燥し、粉末にしてカレーやたくあん漬けの色づけに使う。

**タール・オイル** 石油・木材などの有機物を熱分解したことによって生じる黒色、褐色の油状物。

**タール・サンド** カナダやベネズエラで産出される粘り気の多い砂で、タールやピッチと呼ばれる石油分を10％以上含んでいる砂のことをいう。同オイル・サンド

**ターンアラウンド・タイム** コンピュータに仕事を依頼してから出力までに要する時間。コンピュータの処理速度を評価する基準の一つ。

**ダーンドル** アルプス・チロル地方の少女の民族服。上半身は体にぴったりし、ギャザースカートをウエストでギュッと絞った形の服。

**ターンパイク** 有料の高速道路。有料道路。例箱根～

**タイ・アップ** 提携。協力。する

**タイ・アップ・アド** 共同広告。同業や異業種の企業が提携して行う広告。同タイ・イン・アド

**ダイアリー** 日記、日誌。

**ダイアローグ** 問答。対話。演劇でいう独白（モノローグ）に対し、相手との対話形式のせりふ。

**ダイ・イン** いっせいに地面にひれ伏して死んだふりをし、抗議表明をするデモの形式。

**ダイエタリー・ファイバー** 食物中の不消化繊維。摂取する

ことにより病気予防にもなる。食物繊維。
**ダイエット** 美容や健康のために体重調節をすること。
**ダイオード** 2極電子素子。電気信号を一方向だけに通し、逆方向には通さない。電子回路に用いられる。
**ダイオキシン** ポリ塩化ジベンゾダイオキシン。猛毒物質で枯れ葉剤として使われた。プラスチック製品が不完全燃焼したときにも発生するため環境汚染物質として問題視されている。
**タイガ** 亜寒帯北部に存在する針葉樹林帯。
**タイガーフィッシュ** 体重約60キロ、全長1.8メートルにもおよぶ淡水魚。気性が荒く、主にアフリカに生息する。
**ダイカスト** 溶融金属を鋳型に圧入し成型する鋳造法の一種。表面が平らで普通鋳物と比べると寸法精度もよく、強いという特徴がある。
**ダイキリ** カクテルの一種。ラム酒とライム果汁でつくる。
**タイ・ゲーム** 野球で5回以上ゲームを行い、天候などの理由により打ち切られた引き分け試合。→ドロン・ゲーム
**タイゴン** ネコ科。飼育されている状態の雄トラと雌ライオンの間に生まれた雑種。体色はライオンに似ており、トラのような縞(しま)模様がある。
**ダイジェスト** 要約。あらまし。要約すること。
**ダイス** ①さいころ。②さいころを使った勝負事。③料理用語でさいの目状に切った材料のこと。
**タイタン** ①ギリシア神話の中の巨神族。オリンポスの神々と戦い、敗れたといわれる。②土星の衛星で、衛星中最大の質量を持つ。③アメリカの人工衛星打ち上げロケット。
**タイト** ①予定が詰まっている。②体にぴったりしている。~な
**タイト・フィット** 体に衣服がぴったり合っている状態。またその衣服。
**タイトル** ①本、映画、テレビなどの表題。題名。②肩書。称号。③映画の字幕。④スポーツなどの選手権。
**タイトル・バック** テレビ、映画などの作品名やクレジットの字幕の背景に映る画面。
**タイトル・ページ** 本の最初のページ。表題、編著者名などが記されているページ。

**タイトル・ホルダー** スポーツ競技などでの選手権保持者。肩書、称号を持つ人。

**タイトル・ロール** 演劇・映画などで、作品の題名と同じ呼び名になっている役。「リア王」「マクベス」などのように主役と重なるものが多い。

**タイトロープ** 危ない橋をわたること。

**ダイナー** ①簡易食堂。アメリカで24時間営業の大衆食堂のこと。②列車の食堂車。③正式な食事の招待客。

**ダイナミズム** この世のあらゆる現象は、自然の力によって起こるという考え方。力動説。

**ダイナミック** 力強くて動的な。躍動感のある。~な

**ダイナミックス** 動力学。力学。

**ダイナミック・メモリー** 記憶された情報が常に変化しているメモリー。動的記憶装置。

**ダイナミック・レンジ** 音響や計測機器の分野で用いられる、音や信号の最大値と最小値の幅。

**ダイナモ** ①発電機。②パワーのあふれんばかりの運動量の多い選手。

**ダイナモメーター** 動力計。

**ダイニング・キッチン** 食堂と台所を兼ねる部屋。略DK

**ダイバーズ・ウオッチ** 潜水時間が計れる潜水者用の特殊な時計。完全防水で、暗いところでも時間がわかるように夜光塗料が塗ってある。

**タイバック** カーテンを開けたままにしておくための止め飾り用リボン。

**タイピン** ネクタイピンのこと。

**タイポグラフィー** 活版印刷。

**タイ・ホルダー** タイピン、タイクリップなどネクタイを留めるアクセサリーの総称。

**ダイム** アメリカ・カナダの通貨である10セント硬貨。

**タイム・アウト** 試合時間に制限規定のある競技で、選手交代や作戦を協議するためにとる短時間の中断・休止。

**タイム・アップ** 時間切れで試合が終了すること。

**タイム・カプセル** 現代の物品や記録を未来に伝えるため、それらを納める容器。地中に埋められる。

**タイムキーパー** テレビ・映画制作やスポーツで時間を計

り、記録する人。
- **タイム・サービス** 特定の時間帯に限って行われる特売などのサービス。
- **タイム・スタディー** 時間研究。能率向上のために作業工程の分析、所要時間の測定をして最適な方法、作業条件を研究するもの。
- **タイム・スライド・ビジネス** 営業時間を通常のものとずらした事業。24時間営業のコンビニエンスストアなど。
- **タイム・スリップ** SFで時間の流れが狂って未来や過去へ移動してしまうこと。する 例江戸時代へ〜する
- **タイム・セール** ①民間放送で放送時間を区切ってスポンサーに売ること。②一定の時間内だけで実施する特売。
- **タイム・テーブル** 時間割。時刻表。予定表。
- **タイム・トライアル** 一定距離の走行時間を競う競技方式。自転車競技や自動車レースでこの方式をとる。
- **タイム・トリップ** 時間旅行。タイムマシンで過去や未来へ行くこと。同タイム・トラベル
- **タイム・マシン** 未来や過去に行き来できる空想上の機械。
- **タイム・ラグ** ①時間のずれ。②文化的な遅れ。
- **タイム・リミット** 制限時間。
- **タイムワーク** 時間決めの労働。時間払いの仕事。
- **ダイヤグラム** ①交通機関の運行表。ダイヤ。②図。図表。
- **ダイヤモンド** ①野球のグラウンドで、本塁と1塁、2塁、3塁に囲まれた正方形のこと。②宝石の一つ。4月の誕生石で「清浄無垢」の意味を持つ。金剛石とも呼ばれ硬度が極めて高い。
- **ダイヤモンド・ダスト** ①加工・研磨するときに用いるダイヤモンド粉末。②酷寒時に見られる大気現象で空気中の水分が粉状に凍って舞うもの。
- **ダイヤル・アップ** インターネットへの接続方法の一つ。電話回線やISDN回線を利用する方式をいう。
- **ダイヤル・イン** 直通電話。企業などで交換台を通さず、直接相手を呼び出す電話。
- **ダイヤルQ²** 1989年から開始されたNTTの0990で始まる電話サービスで、「情報料自動課金サービス」の愛称。電話で提供される情報料金を、NTTが情報提供者に代わって

電話料金と共に徴収する。

**ダイヤル・ゲージ** 長さの測定器。最小目盛は100分の1ミリメートル、測定範囲は10ミリメートル。

**ダイレクト・アクション** 権利を得るべく行うストライキ、市民抵抗などの直接行動。

**ダイレクト・セールス** 訪問販売。セールスマンが訪問して物品を販売すること。

**ダイレクト・マーケティング** 売り手がカタログやダイレクトメールによって商品を直接、消費者に提供する販売活動。

**ダイレクト・メール** 百貨店や企業が客に直接、郵送するカタログや広告。略DM

**ダイレクト・メソッド** 語学の直接教授法。学習する語学だけを使って教える方法。

**ダウニング街** 首相官邸や外務省があるロンドンの中心街。転じてイギリス政府の意にも使われる。

**ダウ・平均株価** アメリカのダウ・ジョーンズ社が開発した計算方法によるニューヨーク株式市場の平均株価指数。

**タウリン** 魚類や牛の胆汁に多く含まれる、一種のアミノ酸。血中コレステロールを下げる働きをする。

**ダウンサイジング** (自動車・コンピュータなどを)小型化すること。

**タウン誌** 特定の地域の情報をその地域で生活する人々のために掲載・発行する小冊子。

**ダウン症候群** イギリスの医師ダウンが発見した、染色体異常でおこる先天性疾患。顔が偏平で目がつり上がるなどの外見上特徴を持ち、知的障害を伴うことが多い。

**ダウンタウン** 都市の中心部にある商業地域、繁華街。対アップ・タウン

**ダウン・バースト** 激しい下降気流が地表に激突して強風が起こる現象。飛行機事故などの原因にもなる。

**タウン・ハウス** 低層連棟住宅。共有の庭を持ち、共通の壁で仕切られた都市型集合住宅。

**ダウンヒル** ①スキー競技の滑降のこと。②ゴルフコースの下り傾斜。

**ダウン・プルーフ** ダウンジャケットの生地に特殊なコーティング加工をし、羽毛が外に飛び出さないようにしたもの。

**タウン・ページ** NTT発行の職業別電話帳。
**ダウンライト** 天井にはめ込み、直接下方を照らす電気照明。
**ダウンロード** ホストコンピュータからデータなどをパソコンや端末機器に転送すること。する 対アップロード
**ダガー** ①参照符などに使う記号活字「†」。②短剣、短刀。
**ダ・カーポ** 記号D.C.。音楽用語で、「はじめに戻って繰り返し演奏する」ことを意味する。
**タキオン** 常に光より速い速度で運動するとされる仮想粒子。
**タギング** 商店のシャッターや地下通路、壁などに書かれるサイン状の落書き。
**タグ** ①商品の正札。下げ札。手荷物の合札。②コンピュータのデータ内容などを識別するための目印。
**タグ・システム** 商品管理の方法で、下げ札に記された事項によって分類・集計し、管理すること。
**タクティックス** 戦略。用兵。かけひき。
**タクト** ①指揮棒。②拍子。
**ダクト** 通気管。冷暖房や排気などの空気調節のための管。
**タクト・システム** 流れ作業で使用するコンベアを一時的に停止させ、その間に静止作業もできるようにした生産ラインのこと。
**タグ・ボート** 港湾に到着した船を安全に接岸させるための引き船。タグともいう。
**ダグラス・ファー** マツ科の針葉樹。オレゴンパイン。ベイマツ。建築用に用いられる。
**タコグラフ** 自動車のエンジンの回転数と走行時間を自動的に用紙に記録する装置。
**タコス** メキシコの料理でトウモロコシの粉で作った皮にチーズや肉・野菜をくるんだり、詰めて揚げたりしたもの。
**タコメーター** 回転速度計。
**タスク** 作業課題。
**タスク・フォース** 組織の中で新しい仕事のために設置される専門集団。
**ダスト** ほこり、ちり、ゴミ。
**ダスト・シュート** アパートやビルにある落下式ゴミ収集装置。

**ダスト・ストーム** 土砂あらし。
**タスマニア・タイガー** タスマニアオオカミ。フクロオオカミ科の哺乳類。背中や腰にトラのような横縞がある。
**タスマニア・デビル** タスマニア島固有の動物でフクロネコ科の哺乳類。体長50～90センチメートル前後で、性格は荒くネコや羊なども食べる。
**ダダイズム** 第一次世界大戦中にスイスのチューリッヒでおこった美術・文芸運動。価値観の転換をはかり、破壊的・虚無的思想を背景に新芸術を求めた。
**タタミゼ** フランス語の造語で、畳に代表される日本風の生活様式や室内装飾を取り入れること。
**タックス・コンベンション** 二国間二重課税防止条約。二国間で重複して税を課さないよう締結する条約。
**タックスフリー** 無税の。免税の。同デューティーフリー
**タックスフレーション** インフレは税金が引き上げられることが契機となっておきるという考え方。
**タックス・ヘイブン** 法人税などが極めて安い国に企業が支店などを設立し、そこに利益を集めて税の負担を軽くする。租税回避地。
**タックスペイヤー** 納税者。課税対象者。
**タックス・リベリオン** 税金引き下げ運動。同タックス・リボルト
**ダッシュ** ①ダーシ。②する駆け出でこと。短い距離を走ること。例全力で～する
**タッセル** 房飾り。しおりひも。
**ダッチ・アカウント** オランダ勘定。割り勘。
**タッチ・アンド・ゴー** 飛行機の離着陸訓練。着陸体勢から車輪を滑走路に接触させた直後、離陸する操縦方法。
**ダッチ・オークション** オランダ式の競売方法。値段を徐々に下げていくせり方。
**タッチ・スクリーン** ⇒タッチ・パネル
**タッチ・ダウン** ①飛行機が地面に着地すること。②ラグビーでは防御側が自軍のゴール内で地面にボールを押さえつけること。③アメリカン・フットボールではボールを持って相手側のエンドゾーンを越えること。
**タッチ・パネル** キーボードで入力せずに、画面に表示され

た文字や絵に指を触れるだけでコンピュータ入力や制御ができる操作盤。銀行のATMに見られる。同タッチ・スクリーン

**タッチ・ミュージアム** 目の不自由な人が展示品を直接手で触れて鑑賞できる美術館。

**ダッチ・ロール** 8の字形の蛇行飛行。ものすごい横揺れ。

**タッチング** イギリスで行われる舟形のシャトルという器具を使ったレース編み。

**タッパーウエア** 食品保存などに使われるポリエチレン製の密閉式容器のこと。日本ではタッパーと呼ばれている。

**タップ・パンツ** ウエストにタックをとり、ゆったり広がった丈の短いパンツ。

**ダッフル・コート** ウールで作られた丈の短い、フードつきコート。ボタンの代わりにひもと浮き型のトッグルを掛け合わせて留める。

**タトゥー** 入れ墨。

**タニング・ルーム** 紫外線を肌にあてて日焼けさせる施設。

**タパス** スペインの小皿つまみ料理。

**タバスコ** 赤唐辛子でできた香辛料。辛く、酸味も強い。ピザやスパゲッティにかける。商標品。

**タピオカ** キャッサバから採取したでんぷん。粉状にして料理に用いる。

**タビュレーター** タイプライターについている図表作成のための位とり装置。

**タフ** 精神的、肉体的に強くてたくましいこと。頑丈な。~な

**タブ** ①衣服の装飾のための飾り布。②引っ張るためのつまみ。③設定した桁にカーソルを移動させるワープロの機能。

**タブー** ①禁忌。神聖視され禁じられていることやもの。②ふれてはいけないこと。

**タフタ** 婦人服地などに用いられる平織りの薄い布。絹が多いが、化繊でも作られる。

**タブリエ** 衣服の汚れを避ける目的で着用するエプロン風のオーバードレス。

**ダブル・インカム** 一世帯に二つ収入源があること。共働き世帯をいう。

**ダブル・カフス** 縫いつけたカフスを二つ折りにし、カフス・ボタンでボタン穴を留めるもの。

**ダブル・キャスト** 2人の俳優が一つの役を交代で演じること。二重配役。

**ダブルス** テニス、卓球、バドミントンなどで選手が2対2で行う試合。→シングルス

**ダブル・スクール** 二重通学。大学へ通いながら資格などを身につけるために専門学校などへも通う学生のこと。

**ダブル・スコア** スポーツの試合で得点差が相手の2倍になること。

**ダブル・スチール** 野球で、2人の走者が同時に盗塁を敢行すること。

**ダブル・チェック** 再確認。別の人が二度目の確認をすること。

**ダブル・デッカー** 2階建てバス、電車など。

**ダブル・トーク** つじつまが合わない話。あいまいな話。

**ダブル・トラッキング** 一路線に二つの航空会社が乗り入れること。

**ダブル・フォールト** テニスなどでサーブを2回続けて失敗すること。

**ダブル・ブッキング** ①飛行機の座席やホテルで予約を二重に受けつけてしまうこと。同オーバー・ブッキング ②同じ時間に二つ以上の予定を入れてしまうこと。

**タブレット** ①錠剤。②鉄道の通行票。③コンピュータの入力装置で、ペンを使って入力する板。④銘板。

**タブロイド** 業界紙、専門紙などに見られる、ふつう判の約半分の大きさの新聞。

**タブロー** 絵画作品。習作的なものではない完結した作品。

**タペストリー** 毛や麻などで織ったつづれ織りの壁掛け。

**タベルナ** 居酒屋。食堂。

**ダミー** ①替え玉。②モデル人形。③名義だけの会社。④模型。⑤ラグビーでパスするように見せかける動作。

**ダミー・ヘッド** ヘルメット状の録音機。人間の頭の形をしたもので、この人形の耳にマイクをつけて録音すると再生時に臨場感を味わえるという。

**タミフル** インフルエンザ治療薬のリン酸オセルタミビルの

商品名。
- **ダムサイト** ダムを造るための建設用地。
- **ダライ・ラマ** チベットのラマ教の教主。最高の宗教君主として君臨し、生まれかわりによって代々継承されると信じられている。
- **タラソテラピー** 海洋療法。海水や海の気象を利用する治療法。
- **タラップ** 飛行機や船の乗降用の階段。
- **タラモサラダ** タラコを混ぜて作るポテトサラダ。
- **タリアテレ** ひもかわ状のパスタ。緑のほうれん草入りのものはタリアテレベルデ。
- **タリウム** 鉛に似た柔軟な白色の金属。毒性がある。元素記号Tl。原子番号81。
- **タリスマン** お守り。護符。
- **タリフ** 関税率。税率表。運賃表。料金表。
- **タリフ・エスカレーション** 原材料から半製品、製品まで加工の段階が進むに応じて輸入品の関税率を高くすること。
- **ダル・セーニョ** 記号D.S.。音楽用語で、「𝄋の記号に戻って繰り返し演奏する」ことを意味する。
- **タルタル・ステーキ** 生の牛肉を叩いたものに卵・タマネギ・ピクルス・香辛料などを加えたもの。
- **タルタル・ソース** マヨネーズソースにタマネギ・パセリ・ピクルスのみじん切りを混ぜたもの。主にフライもののソースとして使う。
- **タルト** ①あんをカステラで巻いた和風菓子。②果物の入ったパイケーキ。
- **タルトレット** 小さく作ったパイ。小型タルト。
- **タレント** ①才能、特技(のある人)。②テレビなどに出る人気のある芸能人。
- **タレント・ショップ** 芸能人が経営する店。
- **タロット・カード** トランプに似た西洋的な絵入りの占い専用カード。
- **タン** 料理用の牛・豚などの舌肉。
- **ダンガリー** 本来はインドのダンガリー地方で作られた布地のこと。現在では薄地のデニムをいう。例 ～シャツ
- **タンク** ①水や油、ガスなどを貯めるための容器。②戦車。

**ダンク・シュート** バスケットボールで、身長やジャンプ力をいかして、リングの真上からボールを直接たたき込むシュートのこと。

**タングステン** 電球のフィラメントに使われるクロム族元素。元素記号W。原子番号74。融点が非常に高く、硬度・比重共に大という特徴を持つ白色の金属。

**タングラム** 知恵の板。方形の板と三角・四角に切ったものを組み合わせるパズル。

**タンジェント** 三角関数の一つ。三角比の正接。直角三角形の底辺と高さの比。

**タン・シチュー** 牛などの舌と野菜を煮込んだ西洋料理。

**ダンディー** ①お洒落な男性。②洗練された。ダンディともいう。~な

**ダンディズム** ①男性のおしゃれ。②知識・教養を高め、洗練を求めた精神的なおしゃれ。

**タンデム** 2人乗り。2人乗り用自転車。

**タンニン** 植物の樹皮、果実から抽出されるなめし性のある物質。皮なめし剤や止血剤に使われる。

**ダンパ** ダンス・パーティーのこと。

**ダンパー** ①制振器。振動を吸収する装置。②ストーブの通風を調節するところ。

**ダンピング** ①採算を無視した不当廉売。②商品を国内市場の値を下回った値段で海外市場へ安売りすること。

**ダンピング関税** ダンピング商品に課せられる高率な付加関税。海外からのダンピングによって国内産業が損害を受けるのを防止するために課す。

**ダンピング症候群** 胃の部分切除患者に見られる症状。食後に全身倦怠感や下痢、嘔吐などがおこる。

**ダンプ・サイト** ゴミ捨て場。

**タンブラー** 底が厚く平らのグラス。

**タンブリング** 体操で、何人かが腕を組みあったり肩に乗るなどしてさまざまな形を作ること。

**ダンベル** 亜鈴。柄の両端におもりをつけた筋力増強のための運動器具。例毎日~体操をする

**タンポン** ①止血用の脱脂綿やガーゼの栓。②生理時に使う紐つき綿棒。

**チアノーゼ** 呼吸困難や血行障害のときに、動脈血中に酸素が少なくなったことによっておこる症状で頬、耳たぶ、唇などが青紫色になる状態。

**チアフル** 快活な。元気のよい。~な

**チーク・ダンス** 男女が頬を寄せて抱き合って踊るダンス。

**チーフ・エグゼクティブ** 会社の最高業務執行者。会長、社長、取締役など。

**チープ・ガバメント** 財政規模を小さくとどめ、行政を運営する政府。

**チープ・シック** 安い物でおしゃれに着飾ること。

**チーム・カラー** チームなどのグループが持つ個性や特徴。

**チーム・ティーチング** ①一つの教科について、何人かの教師が一組になってそれぞれが得意の単元を教える教育方針。②英会話や英作文を教えるとき、日本人と外国人がコンビで教えること。

**チェアマン** 議長。会長。社長。司会者。マン(man)をパースン(person)と無性化した表現もある。

**チェイサー** ①追跡者。②強い酒に添えて出す飲料水。

**チェーン・ステッチ** 刺繍で鎖のように輪を続け、線状に刺す縫い方。

**チェーン・スモーカー** 絶えることなくたばこを吸う人。

**チェーン・ソー** 木材を切断する機械で、歯が鎖状についた原動機によって駆動されるのこぎり。

**チェーン・メール** eメール版の不幸の手紙。→チェーン・レター

**チェーン・レター** 「不幸の手紙」にみられるいたずらで、同じ文章の手紙を複数の人に出さないとその人に不幸が訪れる、といった内容の手紙。

**チェス** 西洋将棋。市松模様の盤上の駒を動かして遊ぶ。

**チェスターフィールド** 襟が黒のベルベットでウエストがしぼられた形のテーラード型オーバー。紳士の礼装用。

**チェスト** ①整理たんす。収納箱。②胸。

**チェッカー・フラッグ** 自動車レースでゴールしたときに振られる市松模様柄の旗。

**チェックアウト** 料金の精算を済まし、ホテルの部屋を引き払うこと。対チェックイン

**チェック・アンド・バランス** アメリカにおける政治の基本原則で、立法・行政・司法を三権分立させ、各部門間の相互の均衡維持をねらったもの。

**チェック・イン** ①ホテルでの宿泊手続き。対チェックアウト ②飛行機の搭乗手続きをすること。する

**チェック・システム** 過誤・不正を監視する機構。誤動作を防止し、発見するための検査システム。

**チェック・バック** リバーシブル(両面仕上げ)の洋服素材で、特に裏面の模様が格子柄になっているもの。

**チェックブック** 小切手帳。

**チェックブック・ジャーナリズム** 事件の重要人物や話題性のあるの人に大金を支払って独占インタビューをして報道すること。

**チェック・プライス** ダンピングを防止し、輸出市場の混乱を防ぐために設けられた制限価格。

**チェックポイント** ①注意すべき箇所。確認すべき地点。②検問所。③オリエンテーリングなどの指定された通過点。

**チェックメイト** チェスでの王手詰みのこと。チェックメートともいう。

**チェリオ** 万歳！乾杯！さようなら。ごきげんよう。

**チェリスト** チェロの演奏家。

**チェルシー・ブーツ** くるぶしぐらいまでの長さで、ヒールは少し高め、サイドゴアつきでファスナー留めになっているブーツ。

**チェレンコフ放射** 1934年にチェレンコフが発見した放射光。荷電粒子が物質中(水やガラスなど)の光の速度よりも速く、その物を通過するときに発する。

**チェンジ・アップ** ①野球で、ピッチャーがバッターのタイミングを外す目的で速球のポーズからゆるい球を投げたりすること。②ピッチャーの投げる球種の一つ。③自動車のギアを高速ギアに替えること。

**チェンバー** 会議室。部屋。

**チェンバー・オブ・コマース**　商工会議所。
**チェンバロ**　⇨ハープシコード
**チカーノ**　メキシコ系アメリカ人。またはアメリカに入国し、働いているメキシコ人。
**チキータ**　少女。
**チキン・ナゲット**　一口大の骨なし鶏肉に衣をつけて揚げたもの。
**チキン・フラワー**　ローストチキンの脚に巻きつける紙でできた飾り。
**チクロ**　砂糖の約30倍の甘さがある人工甘味料。発がん性があるため、製造禁止となった。
**チゲ**　朝鮮料理の一つ。辛みそ鍋料理。
**チケット・ショップ**　鉄道や航空機などのチケット、商品券などを格安で販売する金券ショップのこと。
**チケット・ビューロー**　コンサートや映画の入場券や前売券など、各種切符を販売する案内所。
**チコリー**　キクニガナ。キク科の多年草。葉はサラダなどに用いる。同シコン、アンディーブ
**チター**　弦楽器。たて琴に似たチロル地方の楽器で右手の親指にはめた爪とほかの指で演奏する。
**チタン**　金属元素。元素記号Ti、原子番号22。強度、耐食性がすぐれているという特徴を持つ、灰白色の金属。
**チッキ**　交通機関側が手荷物を預かって輸送するときに、乗客に渡す預かり証。またはその荷物。
**チック**　子どもに多く見られる神経性の癖。顔面をゆがめたり頭部をゆすったりという同じ動作を繰り返す病気。
**チップ**　①ポーカーなどのかけ札。②木材の小片。③料理材料を薄切りにしたもの。例ポテト～　④集積回路用の半導体の小片。⑤祝儀。サービスに対する慰労の意を表した少額のお金。
**チップ・イン**　ゴルフでグリーン上にはないがその付近の場所からはじくように打ったボールがホールに入ること。
**チノ・クロス**　綾織りしてある厚手の綿生地。カーキ色や生成りが主な色彩。
**チノ・パンツ**　コットン厚手の綾織物製のズボン。綿パン。チノパン。

**チフス** チフス菌によって発病する高熱・発疹を伴う伝染病。

**チマ** 朝鮮で着用される女性用民族衣装。ロングスカートのようなもの。→チョゴリ

**チャージ** ①料金。手数料。②充電。給油。③ラグビーで相手側の蹴ったボールを体当たりして止めること。④ゴルフで積極的にプレーし、追い上げること。

**チャーター** 飛行機・船などを契約して借り切ること。する

**チャーチスト** 19世紀前半、イギリスで人民憲章を掲げて普通選挙権獲得運動をおこした労働者たち。例 ～運動

**チャート** ①図表。相場の動きを示すグラフ。罫線。②海図。空図。

**チャーニング** 回転売買。証券マンが手数料を得る目的で必要のない売買を行うこと。

**チャーム・スクール** 女性の魅力を引き出す目的で化粧法、作法などを教える学校。

**チャーム・ポイント** その人の一番魅力的な部分。

**チャーモロジー** 魅力を研究する学問。

**チャールストン・ルック** 膝丈のプリーツスカートにルーズな長さのブラウスを組み合わせたスタイル。チャールストン・ダンスが流行した1920年代のファッションをイメージしたもの。

**チャイ** インドのミルクティー。

**チャイナ** ①中国。②陶磁器。

**チャイナ・シンドローム** 原子炉の炉心溶融(メルトダウン)。溶融物がアメリカの反対側の中国にまで達するという表現をして、原発事故の危険性を表したもの。

**チャイニーズ・ウォール** ①万里の長城。②証券会社などでインサイダー取引を防ぐため営業部門と引受部門の間に築かれた情報障壁。

**チャイブ** アサツキの母種。ユリ科ネギ属の植物。葉は薬味とし、球根も食用となる。

**チャイルド・アビューズ** 児童虐待。親が子どもに暴力的、性的な虐待を与えること。

**チャイルド・シート** 乳幼児を事故から守るために自動車に取りつける専用座席。

**チャイルド・ショック** 児童の急減期。

**チャイルド・ミッシング** 犯罪(誘拐や殺人など)による幼児失跡。失跡した子どもはミッシング・チャイルドという。

**チャイルド・ライン** 子どもたちの悩みや質問に応じる子ども専用の電話相談室。

**チャイルド・レジスタント包装** 小児が誤って服用しないよう、取り出しにくくした薬の包装。

**チャウダー** 西洋料理のスープの一種で魚介やタマネギなど具がたくさん入ったもの。→クラム・チャウダー

**チャオ** こんにちは。さようなら。イタリア語のあいさつ言葉。

**チャコール・フィルター** たばこのフィルターにニコチンやタールを除去する目的で活性炭を使ったもの。

**チャッカ・ブーツ** 深さがくるぶしまであり、2個ずつひも穴のある靴。

**チャット** ①おしゃべり。②パソコン通信で同時に複数の相手と交信すること。する

**チャツネ** インド料理の薬味。調味料。果物・野菜を刻んで、香辛料や砂糖で煮詰めたもの。

**チャドル** イスラム教徒の女性が体や顔を覆うベールやショール。

**チャネリング** 異次元の世界と意思の交信をすること。

**チャパティ** インド・パキスタンなどの主食で、小麦粉を練って偏平にし、焼いたもの。

**チャフ** レーダーの反射を追尾する自動誘導方式のミサイル攻撃を回避するため、空中に散布するアルミ箔のかけら。電波反射率が高いアルミ箔片なのでレーダーを妨害する。

**チャプター** (書物・論文などの)章。

**チャルメラ** 木管楽器の一つ。夜鳴きそば屋が吹く。

**チャレンジ・アド** 競合相手である企業の製品に挑戦し、自社製品の優位を誇示する広告。

**チャレンジ・ポスト制** 役職者に適任者がおらず、ポストが空席になったとき、一般社員をそのポストに挑戦させて昇格させるかを決める制度。

**チャンネル・リーダー** 家庭内でテレビチャンネルの選択権を掌握している人のこと。

**チャンピオンシップ** 選手権、決勝戦。

**チャンピオン・フラッグ** 優勝旗。

**チューター** ①家庭教師。個人指導の教師。②研究会の講師。

**チュートリアル** ①個人指導。②指導書、解説書。

**チューナー** テレビ・ラジオの受信機で、希望の電波を選択するための同調器。

**チューニング** ①テレビ・ラジオで目的の電波を選び出して波調をあわせること。②調律すること。③自動車などを整備すること。する

**チューバ** 金管楽器。音域は金管楽器の中で最も低い。

**チューブ** ①管。くだ。②歯磨き粉や絵の具を入れる筒状容器。③タイヤの中にあり空気を入れるゴム製の管。④イギリスで地下鉄のこと。⑤サーフィンで波にできたトンネル状の空間。

**チューブ・ソックス** 伸縮性のある、かかとの出っ張りのない靴下。

**チューブ・トップ** ニットでできた、肩ひものない筒状の上着。

**チューブラー・シルエット** 全体が筒のように細長いシルエットのファッション。

**チューブ・ライディング** 波の輪(チューブ)の中を通り抜けるサーフィンのテクニック。

**チュール** 薄い紗のような網状の布でベールなどの素材として用いられる。

**チューン・アップ** 部品交換など手を加えて車などの性能を高めること。

**チュニック** ①古代ギリシア・ローマ時代に着用されていたシャツ状の衣服。②腰丈または腰下までのシンプルな上着。

**チュニック・コート** 腰丈または腰下までのゆったりとした婦人用コート。

**チョイス** 選択。する

**チョーカー** 首のまわりにきっちりはまる首飾りや高い襟。

**チョーク・コイル** 交流を制限するためのコイル。塞流線輪。高周波チョークコイルはテレビ・ラジオ用に、低周波チョークコイルは整流回路用に使われる。

**チョーク・ストライプ** 濃い地にチョークで白く描いたような縞模様。

**チョゴリ** 朝鮮で着用される上衣。丈は短く、胸紐を結んで着る。→チマ

**チョッパー** ①挽き肉器。②石器の一種。おの。なた。③電流を短い周期で断続する装置。

**チョップ** ①あばら骨つきの豚・子牛・羊などの厚切り肉。②プロレスで手刀で切りつけるようにして打つこと。③テニスでボールに逆回転をかけて打つテクニック。

**チョリソ** 辛い香辛料のきいたドライソーセージ。

**チョロ** ネパールの女性が着用する丈の短い長袖の上衣のこと。一般には、この上衣の上から巻きスカートを着け、帯状の布を腰に巻くことが多い。

**チョンガー** 独身の男性。

**チョンロン** 中華鍋に載せて使う中国の蒸し器。

**チリ・コン・カルネ** チリ(辛い唐辛子)と肉・豆を煮込んだメキシコ料理。同チリ・コン・カーン

**チリ・ソース** トマトケチャップと唐辛子を混ぜたソース。

**チルデン・セーター** 縄網模様の入ったVネックセーターで襟ぐりと裾に太いストライプが入っている。アメリカのテニスプレーヤー、チルデンからその名をとった。

**チルト** 映画やテレビカメラを上下に動かして撮影する映像技術。

**チルド** 凍らない程度(0度前後)の冷蔵。

**チルド・デザート** ゼリーやケーキなど0度前後の低温で販売されるデザート。

**チルド・ビーフ** 0度前後の低温で保存されている冷蔵牛肉。風味が損なわれない。

**チロリアン・ハット** チロル地方で着用された男性用帽子。フェルト帽でクラウンとブリムの境に紐を巻き、羽根飾りがついている。

**チン** ボクシングでいう下あご。あご先。

**チンダル現象** 煙霧質やゾルに光線をあてると微粒子による散乱によって光線の通路が明るく見える現象。

**チンチラ** ①アンデス山脈の高山地帯に生息するチンチラ科の哺乳類。リスに似た体長30センチぐらいの動物。毛皮は最高級品。②ウサギの一種。体毛が青っぽい黒で先になるにつれて真珠灰色。チンチラウサギ。

**ツアー・コンダクター** 団体旅行に付き添う添乗員。略してツアコン。

**ツアー・プロ** ツアー・トーナメントに出場するプロゴルファーで、賞金を獲得しそれを主要な収入源としている選手。

**ツァーリズム** 帝政ロシアのツァーリ(皇帝の称号)が行った専制的支配体制。

**ツァイトガイスト** 時代精神。その時代を特徴づける精神的態度。

**ツアコン** ⇨ツアー・コンダクター

**ツイード** 綾織り、平織りの紡毛織物。

**ツイスト** ①1960年代初頭からアメリカで流行した、ロックのリズムに合わせて腰をひねる踊り。②ねじる。ひねる。

**ツイン** ①双子。②一対の。③ツイン・ルームのこと。

**ツイン・カム** 車のエンジンで弁の吸排気をするカム軸が2本あるもので、高速時の加速性能を高める。

**ツイン・キャブ** 1台のエンジンに同じ型の二つの気化器を使って回転の円滑化と出力の向上を図った方式。

**ツィンクル** 星が輝くこと。

**ツイン・ルーム** ベッドが2つある2人用の部屋。

**ツー・ウェー** 両面の。両用の。双方向。

**ツー・ウェー・コミュニケーション** ①人が意思疎通するときの相互伝達のこと。②双方向通信。送り手からも受け手からも伝達できる通信方式。

**ツー・ウェー・ストレッチ** 縦・横・斜めに伸縮自在な生地のこと。スポーツ用素材に欠かせないもの。

**ツー・ウェー・スピーカー・システム** 高低両音用の二つのスピーカー・ユニットで構成されたステレオ。

**ツー・ウェー・バッグ** 手提げと肩掛けの両方に使えるかばん。

**ツー・ショット** 男女が2人きりでいること。2人で写真に写っていること。

**ツース・マニキュア** 歯につけるマニキュアのこと。歯を白

**ツー・テン・ジャック** トランプゲームの一種。2、10、ジャックが切り札となり、集めたカードの点数で勝敗を決める。

**ツートン・カラー** 2色または同系の濃淡2色での配色。

**ツー・パーティー・システム** 二大政党制。

**ツー・バイ・フォー工法** 北米で開発され、日本でも一般的になった木造住宅工法の一つ。使用する木材の断面寸法が、2インチ×4インチを基準とした規格の木材からなるため。

**ツー・フィンガー** グラスを持つ指2本分の分量のウイスキー。

**ツーペ** はげを隠すための部分かつら。

**ツー・ペア** ポーカーの手札で同じ数の札が2枚2組あること。

**ツーリスト・クラス** ⇒エコノミー・クラス

**ツーリスト・チケット** 周遊券。

**ツーリスト・ビューロー** 旅行社。旅行案内所。

**ツーリズム** 観光旅行。旅行案内業。観光事業。

**ツーリング** ①小旅行、観光旅行。②オートバイ、自転車などでの遠出。

**ツール** 道具、用具、手段、工作機械。

**ツール・ド・フランス** フランス一周国際自転車ロードレース。毎年、初夏に行われ3週間で約4000キロを走行し、勝負を競う。

**ツール・ボックス** 道具箱。工具箱。

**ツェルトザック** 登山用の携帯テント。袋状で不時の宿営などに用いる。

**ツベルクリン** 結核の診断に用いる注射液。結核菌の培養液を濃縮・ろ過したもの。

**ツリー・ハッガー** 過度な環境保護主義者。

**ツリー・ファーム** 樹木農場。

**ツリウム** 希土類元素の一つ。元素記号Tm。原子番号69。

**ツンドラ** シベリアやカナダ北部、グリーンランドに見られる不毛の凍土。夏季のみ地衣類が生い茂る。

**ツンフト** 12世紀後半に生まれたドイツのギルドの一形態。都市の支配権を握っていた手工業者の独占的な同業組合。

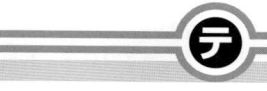

**テアトル** 劇場。映画館。
**テアトロ・ピッコロ** 小劇場。
**ティアード・スカート** 色を変えたり、フリルを重ねたりして何段も切り替えたスカート。
**ティアドロップ** 涙のしずくのような形状。その形の宝石のこと。
**ティアラ** 宝石などをちりばめた正装用の婦人用頭飾り。
**ディアレクティーク** 弁証法。
**ティー・アップ** ゴルフのティー・グラウンドに刺したティーにボールを置くこと。
**ティー・オフ** ゴルフでティー上のボールを打つこと。
**ティー・グラウンド** ゴルフで各ホールごとにある最初のボールを打ち出す所。
**ティー・コージー** ティーポットにかぶせ、お茶が冷めないようにする保温カバー。
**ティーザー・アプローチ** 商品の全貌を一度に明らかにせず、消費者をじらして興味をかきたてようとする広告手法。
**ディーゼル・エンジン** 重油または軽油を燃料とし、高温になった圧縮空気の中に噴射して爆発させ、ピストンを動かす内燃機関。
**ティーチ・イン** 1960年代にアメリカの大学で盛んだった学内討論会。時事問題などを討論する。討論集会。
**ティーチング・マシン** 学習機器。プログラムされた教材に回答する過程で個人の能力にあわせて学習できるようにした機器。
**ティー・ピー・オー** 時(time)、場所(place)、場合(occasion)に応じた服装などの使い分け。
**ディープ・キス** 舌を入れて濃厚にするキス。
**ディープ・サウス** アメリカ最南部地方。ルイジアナ州、アラバマ州、ジョージア州、ミシシッピー州など。
**ディープ・スペース** 太陽系外の宇宙。
**ディープ・スロート** ①内部告発者。②フェラチオのこと。

**ディープ・ポケット** 富裕。十分な財力、資力。例～産業

**ティー・ボール** 5〜7歳の幼児向けに考案された野球。腰の高さにあるティーの上のボールを打つ。

**ティー・ボーン・ステーキ** ステーキの中で最高のもので、T型に骨のついたステーキ。

**ディーラー** ①商品を売り買いする人。貿易業者。②トランプのカードの配り手。③株式・債券・外国為替の売買業務をする人。

**ディーリング** 株式・通貨・債券などを市場で証券会社や金融機関が自己勘定で売買すること。

**ディーリング・ルーム** 通貨・債券などをディーリングする部屋。→ディーリング

**ディール** ①取引する。②協定、待遇、政策。③トランプのカードを配る。

**ディキシー** ①アメリカ南部諸州の総称。ディキシーランド。②ディキシーランド・ジャズのこと。

**ディキシーランド・ジャズ** アメリカのニューオリンズで興った初期のジャズ。

**テイクアウト** 店から料理などを持ち帰ること。または、持ち帰り用の料理のこと。テークアウトともいう。

**テイク・オア・ペイ条項** LNG(液化天然ガス)輸出国が輸出先の国に要求する条項。一定量を引き取るか、またはそれを下回っても同額を支払うかの選択を求めるもの。

**テイクオーバー** 企業の買取。乗っ取り。

**テイクオフ** ①飛行機の離陸。出発。②跳躍の踏み切り。③開発途上国が経済発展に向けて動き出すこと。

**ディクショナリー** 辞書、字引き。

**ディクタフォン** 速記に用いられる口述録音機。

**ディクテーション** 書き取り。口述筆記試験。

**ディクテーティング** 会議などの発言やテープを聞き、そのままワープロ入力すること。

**ディグリー** 程度。身分。階級。学位。

**デイ・ケア** 高齢者の心身機能維持とその家族の疲労回復を目的として、心身障害のある高齢者を昼間だけ預かって生活指導するサービス。

**デイ・ケア・センター** ①介護が必要な高齢者を預かる施

設。②知的障害者の社会復帰を目指す医療施設。

**デイ・ケア・ホスピタル** 入院ではなく通院させて機能回復訓練や医療指導をするシステムの病院。

**ディケード** 10からなる一組。10年間。

**デイ・サービス** 寝たきりや心身障害のある高齢者への入浴・食事の世話などをする日帰り介護サービス。

**ディジェスティフ** 食後酒。ブランデーなど。消化を助けるため食後に飲むお酒。対アペリティフ

**ディスインフォメーション** 組織や人などの信用を失墜させるために、マスコミなどを利用して嘘の情報を流すこと。

**ディスエンゲージメント** 兵力引き離し。対立する両陣営の衝突を避けるため非武装化地帯を設けるという構想。

**ディスオーダー** 無秩序、規律のないこと。

**ディスカウンター** ディスカウントショップ。安売り店。

**ディスカウント** 割引き、値引き、安売り。

**ディスカウント・ブローカー** 低料金で株式注文の斡旋だけをする証券マン。

**ディスカウント・レート** 手形割引率。公定歩合。

**ディスカッション** 議論、討論、意見交換。

**ディスカバー** 発見する(こと)。

**ディスカバリー** ①発見。②スペース・シャトル名の一つ。

**ディスク** ①円盤。②レコード。CD。③コンピュータでいう磁気ディスク記憶装置。例フロッピー・〜

**ディスク・オペレーティング・システム** コンピュータで、フロッピーディスクやハードディスクを組み込んだシステムを有効活用するためのソフトウエア体系。略DOS

**ディスク・ドライブ** ハードディスクやフロッピーディスクの読み書きをするための装置。

**ディスク・マガジン** 記憶容量装置であるフロッピーやCD-ROMに内容を入力し、市販される雑誌。

**ディスクリプション** 説明。描写。記述。

**ディスクロージャー** 企業が投資家保護のために財務情報を公開すること。投資家が情報にまどわされるのを防ぐことがねらい。

**ディスケット** IBM社製のフロッピーディスク。

**ディスコグラフィー** 個々のレコードに関する収録日時、曲

名、演奏者などのデータを記録すること。また、それを音楽家別に整理した目録。
**ディスコ・サウンド** ディスコで踊るときの音楽、あるいはそれに適した音楽。
**ディスコミュニケーション** 意思の疎通がとれないこと。
**テイスター** お茶や酒などの味を見る鑑定人。
**ディスタンス** ①距離、間隔。②遠方、離れたところ。
**テイスティー** ①風味のある。おいしい。②魅力的な。
**テイスティング** きき酒。主にワインについていう。する
**テイスト** ①味、風味。味わい。②嗜好、好み。③美的感覚。テーストともいう。
**ディストーション** ①ねじれ。歪み。②音楽でいう音のひずみ。音楽的効果を上げる目的で使われることもある。
**ディストリクト** 地方。地域。地区。市町村などといった行政区域。
**ディストリビューター** ①分配者。配給者。卸問屋。流通業者。②分配器。配電器。
**ディスパッチャー** ①飛行機の運航管理者。パイロットと共に飛行計画を立て、決定する人。②列車の運転指令員。
**ディスプレー** ①商品などの陳列、展示、飾り付け。②パソコンなどの画面に文字や図形を表示する装置。③動物の特定行動様式(求愛や威嚇など)。
**ディスプレースド・ピープル** 難民やボートピープルなどの正式名称。
**ディスペンサー** ①自動販売機。自動取り出し機。例キャッシュ〜 ②薬剤師。
**ディスポーザー** 野菜などの台所で出る生ゴミを細かく砕いて下水道に流すゴミ処理機。
**ディスポーザブル** 使い捨ての。
**ディセントラリゼーション** 分権主義。地方分権主義。都市集中排除。対セントラリゼーション
**ディッキー** 胸あて。シャツやブラウスを着ているように見える、襟や前だけの衣服。
**ディッシャー** 半円球の形をした盛りつけ用の道具。アイスクリームやマッシュポテトに使う。
**ディッシュ** ①皿。②皿に盛りつけられた料理。

**ティッピング** 前髪の先だけ染めること。

**ディップ** ①ちょっと浸すという本来の意味から、ポテトチップスなどですくって食べるクリーム・ソース。②髪が濡れているように見えるように仕上げるためのゼリー状の整髪料。

**ディテール** ①細部、細かい部分。②詳細。デテールとも。

**ディテクティブ** 刑事。探偵。

**デイ・トレーダー** インターネットを利用して1日のうちに頻繁に株取引を行う個人投資家。

**ディナーウエア** 食器の1セット。

**ディナー・ジーンズ** 幾分改まった場所へもはいていけるようにデザインされたジーンズ。

**ディナー・ショー** ホテルのレストランなどでディナーを食べながら歌などの催しを楽しむ有料晩餐会。

**ディナー・スーツ** 非公式な晩餐会に着る女性のドレス、および男性のタキシード。

**ディナール** イラク・ヨルダン・クウェートなどの通貨単位。

**ディノサウロイド** 恐竜人。カナダの生物学者ラッセルが提唱した、恐竜が進化したと想定した架空の生物像。

**デイパック** 小型リュックサック。

**ティピカル** 典型的な。

**ディファレンシャル・ギア** デフ。カーブを切るとき、自動車の後輪の左右の回転数を変えるギア。飛行機のプロペラシャフトなどにも用いられる。

**ディフィシット** 赤字。

**ディフェクト** 欠点。弱点。不足。

**ディフェンシブ** 防衛的な。〜な

**ディフェンス** (スポーツでの)守備、守り、防御。対オフェンス

**ディフュージョン・インデックス** 景気指標を集め景気の転換点を見るための指数。景気動向指数。略DI

**ディフュージョン・ブランド** 低年齢層を対象とした、高品質廉価版のブランド商品。

**ディプログラマー** 逆洗脳専門家。洗脳された人を元の思想に戻す治療を実践する専門家。

**ディプロマ** 卒業証書。免状。

**ディプロマシー** 外交。外交政策。

**ディプロマット** 外交官。

**ディベート** 議論。討議。賛否に分かれてする討論会。

**ティペット** 婦人用の長い襟巻き。毛皮の肩かけ。

**ディベロッパー** ⇨デベロッパー

**ディボース** 離婚。絶縁。

**ディボース・エージ** 離婚時代。日本では子育て終了後の40代後半から60代にかけての離婚が増えている。

**デイ・ホーム** 高齢者の介護や障害者を昼間だけ預かる施設。

**デイ・ホスピタル** 毎日、昼間は通院して医療指導などをし、夜間は家庭で治療を行うといった病院施設。障害者や高齢者が社会・家庭から孤立しないようにすることが狙い。

**ディボット** ゴルフ場の、クラブに削られた芝生の小片。ターフ。

**ディマー・スイッチ** 照明・ライトの明るさを調節するスイッチ。自動車のヘッドライトなどについており、光軸の向きを変えることができる。

**ディマネージメント** 脱管理経営。会社の運営を労働者の自主性に任せようとするもの。

**ディマンド** ⇨デマンド

**ディマンド・プル・インフレ** 需要が増えたことが原因で起こるインフレ。

**ディミヌエンド** 記号*dim.*。音楽の強弱記号の一つで「だんだん弱く」の意。

**ティラミス** マスカルポーネチーズのクリームをコーヒーのしみこんだスポンジケーキにのせ、ココアパウダーをふったイタリアのデザート。

**デイリー・スプレッド** パンなどに塗って食べるスウェーデンで開発された酪農乳製品。バターやマーガリンに比べると低カロリー。

**ディルドリン** 野菜・果樹の害虫防除に使われる殺虫剤。有機塩素化合物で持続効果がある。

**ディレクターズ・カット** 監督が納得したかたちに編集し直した映画。

**ディレクトリー** ①磁気ディスクに記憶されているファイルの一覧表。ファイルの名前・大きさ・場所などが書き込まれている。②住所録。電話帳。

**ディレッタンティズム** 道楽。趣味で芸術・学問を愛好する人。

**ディンクス** それぞれに仕事を持って、ゆとりある生活をするために、精神的・経済的な負担のかかる子どもを持たない主義の夫婦。ディンクス(DINKS)は、Double Income No Kidsの頭文字から。

**ディンゴ** イヌ科、哺乳類。オーストラリアに住む唯一の肉食獣で体高約60センチメートル、体色は一般には茶褐色。

**ティン・パン・アレー** ニューヨークのブロードウェーの一部地区のことで音楽関連出版社や楽器店が集まっている。

**ディンプル** ①えくぼ。②ゴルフボールの表面にある小さなくぼみ。

**テークアウト** ⇨テイクアウト

**テースト** ⇨テイスト

**テーゼ** ①命題。②政治活動方針の綱領。

**データ・チェック** データの入力ミスを防ぐため、人間や計算機による再検査をすること。

**データ通信** 情報処理装置同士、または情報処理装置と人の間でデータのやり取りを行う技術。

**データ・バンク** ①データ・ベースのこと。②種々のデータ・情報を収集し要望に応じて提供できるようにしたもの。

**データ・ファイル** コンピュータで磁気ディスクなどに必要なデータを記憶させたもの。

**データ・プロセッシング** コンピュータでデータを処理することによって必要な情報を抽出するまでの手順のこと。主にデータ収集、入力、操作、出力の段階を経る。

**データ・ベース** データを一つにまとめて、データの検索・更新を効率よく進められるよう集めたもの。同データ・バンク

**データ・ホン** データの入出力が可能なプッシュホンのこと。電話回線を利用してデータを伝送し、外部コンピュータと情報交換ができる。

**データ・マイニング** 企業の事業活動に伴って多種・大量に

蓄積されるデータを解析し、その中に潜む項目間の相関関係やパターンなどを探し出し、ビジネスに有効な仮説を構築するための手法。

**データマン** 週刊誌などで情報収集や取材にあたり、原稿の材料を提供する記者。

**データ・リンク** 複数のコンピュータ間でデータを送信し、受信するまでに使われる通信回線。

**デート・スポット** デートするのに適した場所。

**デーパック** ⇒デイパック

**テーピング** スポーツ選手がけがを予防するために関節・筋肉・じん帯などにテープを巻きつけること。

**テープ・カット** 式典などで紅白のテープにはさみを入れて始まりを示す儀式。

**テープ・ヒス** ①音声用録音テープの再生時に発生する雑音。②テープの回転スピードが上がってくるときに発生する雑音。

**テープ・ライター** 録音された音声を文章化する人。

**テーブル** ①食卓台。机。②表、一覧表。③コンピュータの表計算ソフトで作られたデータ一覧表。

**テーブルウエア** 食卓に置く一そろいの洋食器。

**テーブル・サーチ** 表を利用して求めるデータを検索する情報処理操作。

**テーブル・サンゴ** サンゴの一種であるミドリイシがテーブルのような形状になったもの。浅い海底に見られ、周囲には多くの魚や動物が生息している。

**テーブル・スピーチ** 結婚披露宴や宴会の席などでする簡単なあいさつや祝いのことば。

**テーブル・タップ** いくつかの差し込み口のついたコード付き電気用接続器具。

**テーブル・チャージ** 席料。

**テーブル・テニス** 卓球、ピンポン。

**テーブル・マナー** おもに西洋料理を食べるときの基本的な作法。

**テーブル・ワイン** 食事中に飲む手軽で安価なワイン。原産地名などを表示しないものが多い。

**テーマ・パーク** あるテーマに沿った大型レジャーランド。

**テーマ・プロモーション** 業者があるテーマを決め、それに沿った特別注文の商品の販売促進をすること。

**テーマ・ミュージック** 主題曲。

**デーモン** （ギリシャ神話の）悪魔。鬼神。

**テーラー** 洋服屋。紳士服の仕立屋。

**テーラー・システム** アメリカ人技師テーラーが20世紀初頭に提唱した科学的経営管理法。工場労働者の1日の作業量を研究し、高能率・高賃金・低労務費の実現を目指した。

**テーラード** 紳士服のようにきちんと仕立てられた注文仕立ての婦人服。

**テーラード・スーツ** 紳士服風に作られた婦人服。背広襟の上着とスカートのスーツ。

**テール・エンド** ①最後。②スポーツ競技の最下位。

**デオキシリボ核酸** DNA。遺伝子の本体。細胞の遺伝情報を持ち、それを伝える染色体の主要構成要素で、アデニン・グアニン・チミン・シトシンの塩基で構成される。

**デオドラント** 防臭剤、脱臭剤。主に体臭用に用いられる。

**デオドラント・シャンプー** 防臭・脱臭・殺菌効果のあるシャンプー剤。

**デカ** ギリシア語の10。メートル法の単位の上につけ、その10倍の単位であることを示す。記号 da。

**デカール** 転写することができるシール。

**デカスロン** 陸上の10種目競技。100メートル、走り幅跳び、走り高跳び、400メートル、砲丸投げ、高障害、円盤投げ、棒高跳び、やり投げ、1500メートルを1人で行い、総合点を競う。

**デカダンス** 19世紀末、フランスの芸術家を中心にして起きた退廃的で耽美的な傾向を帯びた芸術至上主義。

**デカンター** ぶどう酒やリキュールを入れる卓上用の酒びん。栓つきで飾りがついている。

**テキーラ** メキシコ産の蒸留酒でアルコール度は50度程度。リュウゼツランのでんぷん質や樹液から精製される。

**テキサス・ヒット** 野球で内野手と外野手の間に落ちてキャッチすることのできない打球のこと。ぽてんヒット。

**テキスタイル** 一般な織物の総称。

**テキスト** ①教科書。②本文。③原文、原典。定本。④歌詞。テクストともいう。

**テキスト・ファイル** 文字データを記録したデータファイルのこと。

**テキスト・ブック** 教科書。テキストと略す。

**デキストリン** でんぷんを酵素で分解して作られる炭水化物。接着のりなどに使われる。

**テクスチャー** ①手ざわり。質感。②金属・生地などの素材感。③組織、構造。テクスチュアともいう。

**テクスト** ⇨テキスト

**テクニーク** ⇨テクニック

**テクニカラー** アメリカのテクニカラー社が開発した方式で、青・緑・赤の三原色のフィルターを通し撮影したフィルムを1本に重ねるもの。

**テクニカル** 技術的な。専門的な。~な

**テクニカル・カレッジ** イギリスにある定時制の工業高等専門学校。

**テクニカル・スクール** 工業学校。

**テクニカル・ターム** 各分野の専門用語。学術用語。

**テクニカル・ディレクター** 放送番組の技術スタッフの最高責任者。映像・照明・音声などの技術担当者の指揮をとる人をいう。略TD

**テクニカル・ノックアウト** ボクシングで、力量の違いや負傷による試合の続行が不可能と判断したときに審判が勝敗を決めること。略TKO

**テクニカル・ポイント** 格闘技で、技による得点。

**テクニカル・ライター** 機械の取扱説明書などを専門に書く人。

**テクニカル・ライティング** 機械の取扱説明書や仕様書など、技術関連の文章を書くこと。

**テクニクス** ①技術。工芸。②専門語。学術語。

**テクニシャン** ①技量のある人。妙手。②性行為のうまい人。

**テクニック** 技術。技法。同テクニーク

**テクニックス** ⇨テクニクス

**テクノエコノミックス** 技術経済学。経済学と専門的技術の両分野を扱う学問。

**テクノカット** 後ろ髪を刈り上げ、もみあげを短くした髪型。1980年ごろ流行。

**テクノクラート** ①技術崇拝主義者。②政治や経済、科学技術について高度な専門知識を持つ行政官（高級官僚）。

**テクノクラシー** 優秀な技術者に国の産業・社会の運営や統制を任せるべきという社会経済思想。1930年代のアメリカで流行。

**テクノ・グローバリズム** 技術世界化政策。先端技術を世界中に普及させて高度技術社会を実現しようとするもの。

**テクノストレス** 職場のOA化が進むことに伴っておきるストレス。高技術化が人間に与える影響で、肩こりなどの肉体的症状の他に一般社会での対人関係が維持できなくなるという精神的症状も報告されている。

**テクノポップ** シンセサイザーやリズムマシーンを組み合わせたポピュラー音楽の総称。

**テクノポリス** 高度技術集積都市。通産省が1980年代に提唱した都市構想で、大学・国際会議場などを備えた新しい産業都市。

**テクノミスト** コンピュータを使いこなし、かつ経営能力を持つ人。

**テクノロジー・アート** コンピュータなどの新しい科学技術を手段とした芸術。

**テクノロジー・トランスファー** 技術移転。他国や他企業または他分野で開発された技術をとり入れて活用すること。

**デクパージュ** 切り抜き細工。17世紀のフランスではじまった、紙の装飾物を作る技法。紙の切り抜きを組み合わせたり、木やガラスに張りつけるなどした作品。

**デクレア** 宣誓すること。

**デクレッシェンド** 記号 ＞ *decresc.* 音楽の強弱記号の一つで「だんだん弱く」の意。

**デコイ** ①猟のおとりに使われる実物大の木製の鳥。②おとりに使われる人や物。

**デコイ技術** 空中に多量の金属片をおとりとして散布し、センサーに誤った情報を与え、相手を攪乱する軍事技術。

**デコーダー** コード化された情報信号を復元する装置。復号器。解読器。

**デコード** ①暗号の解読。②コンピュータ出力を他の機械に適するように変換すること。する

**デコパージュ** ⇨デクパージュ

**デコラティブ・アート** 装飾美術。調度類を飾ることが目的の芸術。

**デコルテ** イブニング用の首すじや胸元を大きくあけたデザイン。例ローブ・～

**デコレーション** 飾り。装飾。装飾品。

**デコレーター** 室内装飾家。ショーウインドーなどを装飾する専門職。

**テコンドー** 蹴り技を主体にした韓国の格闘技。2000年のシドニーオリンピックから正式種目となった。

**デコントラクテ** 本来はくつろいだの意で、リラックスした感じをさすファッション用語。同カジュアル

**デザート** ①砂漠。②食後の果物やお菓子類。

**デザート・ワイン** 食後用の甘口ワイン。

**デザイア** 欲望。要望。肉欲。

**デザイナー・アンド・キャラクター・ブランド** DCブランド。個性的なデザインのデザイナー製品につけられたブランドとメーカーが独特のデザインをしたブランドをいう。

**デザイナーズ・マンション** 建築家がデザイン性重視で設計したマンション。

**デザイン・ビジネス** デザインをメーカーに売り込んでメーカーからの使用料収入で成立しているビジネス。ファッション業界だけでなく、車や家電製品の分野にまで及ぶ。

**デザイン・ポリシー** 消費者に個性的イメージを植えつけることをねらいとして、宣伝に一貫性のあるデザインを作ること。

**デシ** メートル法の単位名にかぶせ、その単位の10分の1を示す。記号d。

**デジカメ** ⇨デジタル・カメラ

**デシケーター** 乾燥剤と共に密閉し、物質を貯蔵する厚みのあるガラス容器。

**デシジョン・メーキング** 意思決定。経営政策やマーケティングなどの方針を各段階の管理者が決定すること。

**デシジョン・ルーム** 意思決定が速やかにできるように、必

要とされるデータやOAシステムなどが完備した部屋。

**デジタイザー** ①座標読み取り装置(コンピュータに図形情報を入力する装置)。②アナログデータをデジタル化する機器の総称。

**デジタル** 連続する数量や物事の状態を不連続な数値、0と1で表示する方式。対アナログ

**デジタル・アーカイブ** 公文書や歴史的な遺跡などをデジタル映像化して記録、保存すること。

**デジタル・オーディオ** 音声のひずみやノイズを除去するために、デジタル変換してディスクやテープに記録する仕組みの音響機器。

**デジタル家電** 情報の記録や蓄積、情報の送受信にデジタル方式を採用した家庭電化製品の総称。デジタルテレビやDVDプレーヤーなど。

**デジタル・カメラ** フィルムの代わりにCCDなどの記憶素子を使い、画像をデジタル化して記録するカメラ。デジカメともいう。

**デジタル・コンピュータ** 計数型計算機。離散的な数字を組み合わせてデータを表現し、処理する計算機。対アナログ・コンピュータ

**デジタル・サウンド** デジタルで録音された音や音楽。

**デジタル・データ** 0と1のような離散的な数字の組み合わせで表現されたデータ。

**デジタル・テレビ** 電波をアナログ信号からデジタル信号に変換し、内部でコンピュータ処理して新たに再生するテレビ。画質、音質が改善され、画面の拡大・縮小といった機能も付加される。

**デジタル・プリント** 画像データを印刷すること。デジタル・カメラで撮った写真を印刷すること。

**デジタル放送** 放送信号をデジタル信号にして伝送する放送。

**デジタル・レコーディング・ディスク** デジタルで録音されたテープをマスターに使ったディスク。再生だけでなく、録音も可能。

**デシベル** 音の強さの単位。人間の聞くことができる音の最小値を0デシベルとしてこの音との比で強さを表す。記号

dB。

**デシマル** 小数の。十進法の。

**デジャ・ビュ** 既視感。未体験の事柄をすでに見たり経験したりしたことがあるように感じること。デジャ・ブーとも。

**デジュネ・ダフェール** ①商談や打ち合わせをしながらとる昼食。同パワーランチ ②ビジネスマン向けの昼定食。

**デス・エデュケーション** 欧米で広まっている「死」に対する準備教育。

**デスカレーション** （規模の）縮小。減少。

**デスクトップ・コンピュータ** 机上に置く形のコンピュータ。本体・CRT・キーボードから成り立つ。

**デスクトップ・パブリッシング** パソコン・ワープロを使い出版にかかわる各作業（文書作成・編集・レイアウト・印刷）を行うシステム。略DTP

**デスクトップ・プレゼンテーション** パソコン、ビデオプロジェクターなどを使って会議で発表を行うシステム。

**デスク・ワーク** 机でする仕事。事務・執筆など。

**テスタメント** 聖書。

**テスティモニアル・アド** 広告手法の一種で、著名人やある機関に商品のよさ、安全性などを証明させ、消費者に安心感を植えつけようとするもの。推奨広告。

**テスト** ①試験。②試してみること。する

**テスト・キャンペーン** 新製品を発売するにあたって、先行して地域を限定し、実験的に販売してみること。同テスト・マーケティング

**テストステロン** 代表的な男性ホルモン。男性の性徴を促進し、筋肉の増強効果がある。

**テスト・パイロット** 試験飛行のための操縦士。

**テスト・パターン** テレビなどの画像調整・検査用に送られる幾何学的な図形。

**テスト・マッチ** ①テストのための親善試合。②ラグビーの国際試合。

**テスト・ラン** ①試運転。②コンピュータのプログラムが正しく作動するかどうか試すこと。

**デストロイヤー** 破壊者。駆逐艦。

**デスポット** 専制君主。暴君。

**デス・マスク** 人の死後直後の顔の型に石膏を流して作った顔面像。

**デス・マッチ** 勝敗がつくまで戦う格闘技の試合。死力を尽くして戦う試合。

**テスラ** 磁束密度の単位。記号T。

**デセール** ①デザート。②柔らかいタイプのビスケット。③干し果物を使ったフランス菓子。

**デターミニズム** 決定論。社会・自然の現象、人間の意思などはすべて外因によって規定されている、とする説。

**デタッチト・コート** 裏地が取り外し自由になっているコート。同ライナー・コート

**デタント** 対立する二国間の緊張緩和。融和対策。

**テッキー** ハイテク技術に携わる技術者の呼び名。

**デッキ・チェア** 布ばりの折りたたみいす。

**テック** ①運転技術練習所。②乗り物主体の遊園地。

**テックス** ①織物生地。②天井や壁に使われる建材で、パルプやわらくずを圧縮して作った繊維板。

**デッサン** ①木炭や鉛筆を使って単色で対象物を粗く描いた絵。またその画法。素描。②大まかな構想。する

**デッドウエート** ①船に積んだ貨物、燃料、乗客などの重さ。②車両自体の重さ。

**デッド・エンド** ①袋小路。②計画などが行き詰まった状態。

**デッド・クライシス** 経済用語で、累積債務。

**デッド・コピー** ①新製品を開発する際に同種の他社製品を再現してみる方法。生産上の問題点、改良点を探り研究する。②そっくりの製品、模造品。

**デット・サービス・レシオ** 開発途上国に対して投資する際の危険度の指標。総輸出額に対する対外債務返済額の割合。

**デッド・ストック** 売れ残り品。不良在庫。

**デッド・スペース** 建物の中の利用できないでいる空間。例～の有効利用

**デット・フォー・ネイチャー・スワップ** 自然保護団体が集めた寄附金を使って開発途上国の対外債務を一部解消し、その代わりにその国が自然保護政策に力を入れること。

**デッド・ライン** ①締め切り時間。最終期限。②死線。

**デッドロック** 会議などの行き詰まり。こう着状態。

**デトックス** 解毒作用の。

**テトラクロロエチレン** 有機四塩化物系溶剤。ドライクリーニング用洗浄剤、金属洗浄剤などに使われるが、発ガン性容疑がある。

**テトラサイクリン** 放線菌から分離された抗生物質。抗菌剤、抗アメーバ剤などに用いられ、広範な抗菌力を持つ。

**テトラ・パック** 牛乳などを入れる紙製容器。商標名。

**テトラポッド** 中央から4本の足が出た形のコンクリートの塊の商標名。防波堤などに用いる。

**テトロドトキシン** フグの卵巣などに含まれる毒素。神経痛の治療には鎮痛剤として用いられる。

**テトロン** ポリエステル系の合成繊維。

**テナー** 男声の高い音域を持つパート。バスとアルトの中間。その音域を持つ歌手や楽器もさす。同テノール

**テナント** 建物の一区画を借りて設けた店や事務所。

**デニール** 生糸、ナイロンなどの繊維の大きさの単位。1デニール＝長さ450メートルの糸の重さが0.05グラムのもの。

**デニム** 厚手で丈夫な木綿の綾織物。

**テヌート** 演奏記号の一つ。「音符の長さいっぱいに音を保って」演奏すること。記号ten.。

**デノミネーション** 貨幣の呼称単位の切り下げ。通貨の安定に対し信用性を高めることとインフレによって金額表示が巨額になったものの計算などの手間を省くために行われる。デノミと略す。

**デパーチャー** 出発。旅立ち。

**デバイス** ①機器。装置。②いろいろな機能を果たす回路やシステムの構成単位。素子。

**デバッグ** コンピュータ・プログラムの誤りを見つけて手直しすること。する

**デビス・カップ** 男子テニスの世界争覇戦の優勝杯。世界を4ゾーンに分けて予選を行い、各ゾーンの上位4か国、全16か国でトーナメント制により優勝を争う。

**デビットカード** 即時現金決済機能が付いたキャシュカード。利用者がレジでデビットカードを提示し、端末機に暗証番号を打ち込むと、自分の預金口座から代金が引き落とされて決済される。

**デビュタント** はじめて社交界に出る女性。初登場する人。初舞台を踏む人。

**デビル** 悪魔。

**デフォルト** ①債務不履行。また履行が遅滞すること。②コンピュータでユーザーが指定を省略すると選ばれる値や設定。

**デフォルト・オプション** 特定の企業が一定期間内に破たんした場合、投資家がその損害を別の投資家に引き受けてもらう契約。

**デフォルメ** ①自然の形を変えて表現すること。②いびつにすること。変形すること。する

**デフコン** 防衛緊急体制。緊急事態発生時に対応するためのアメリカ軍戦闘態勢を示す基準。デフコン(DEFCON)は、defense conditionの略から。

**デフレーション** 通貨収縮。需要量が供給量を下回り、物価の下落、生産や雇用の低下が生じる状態。物価が下落して貨幣価値が上がる状態。デフレとも。対インフレーション

**デフレーター** 価格修正要因。一定期間の経済活動を分析するためにその期間内の価格変動分を差し引いて修正するときに使うもの。

**デフレ・スパイラル** デフレになって、景気をますます後退させる悪循環のこと。

**デプレッション** ①物価低落。経済大不景気。②意気消沈。気分がはればれとしない状態。

**デフロスター** ①冷蔵庫・自動車などの霜取り装置。②飛行機の翼についた氷の解凍装置。

**デベロッパー** ①都市、あるいは住宅の開発業者。②現像液。ディベロッパーともいう。

**デベロッピング・カントリー** 開発途上国。発展途上国。

**テフロン加工** フッ素樹脂の商標名。熱に強いため、絶縁材料、コーティング材、台所用品などに用いられる。

**デポ** ①デパートなどの配送品一時保管所。中継所。②スキーなどを一時的に置いておくこと。また、その場所。デポーともいう。

**デポジット** ①預金。保証金。手付け金。②預かり金。

**デポジット制** びん入りや缶入り飲料の代金にその容器を

含めて販売し、容器を返却すればその代金は返却する方式。
**テポドン** 朝鮮民主主義人民共和国(北朝鮮)が旧ソ連のスカッドBをもとに開発した弾道ミサイル。
**デポリューション** 汚染除去。
**デボン紀** 古生代の区分で約4億年前から3億5000万年前までの5000万年のことをいう。この時代に魚類・陸生植物が繁栄し、また両生類が出現したとされている。
**デマ** ⇨デマゴギー
**デマーケティング** 企業が社会的責任を自覚し、自社の製品に抑制をかけること。「たばこの吸いすぎに気をつけましょう」(JT)や「節電を心がけましょう」(電力会社)など。
**デマゴーグ** 扇動政治家。民衆扇動家。デマを手段にするような政治家。
**デマゴギー** デマ。①民衆をあおりたてたり、相手に不利な世論を作るように流すでたらめな情報。②根拠のないうわさ。中傷。
**デマンド** ①要求。②需要。ディマンドともいう。
**デマンド・サイド** 経済社会における需要側。
**デマンド・バス** 利用者が無線を使って呼び出すことのできるバス。
**デミグラス・ソース** ⇨ドミグラス・ソース
**デミ・タス** 小型のコーヒーカップ。またそれに入ったコーヒー。同ドミ・タス
**デミ・ベジ** 基本的には菜食だが時折、鶏肉・魚類なども食べる半菜食法。また半菜食主義者。
**デメリット** 欠点。短所。マイナスになることがら。対メリット
**デモ** ⇨デモンストレーション
**デモクラシー** 民主主義。民主制。対オートクラシー
**デモグラフィー** 人口統計学。人口動態を研究する学問。
**デモ・テープ** 曲などの売り込みや見本のために作成されたテープ。
**デモンストレーション** ①示威行動。人々が要求、意思などを示し実現するように運動すること。②商品の宣伝活動の一環として実演すること。実物説明。③スポーツの公開演技。略してデモ。

**デモンストレーター**　商品を実際に店頭で説明しながら販売する人。

**デュアル**　二つの。二重の。二通りの。

**デュアル・システム**　計算結果に信頼性が要求される場合、コンピュータの主要システム構成要素を二重にする方式。2台のコンピュータに同時に同じ物を入力し、同一結果が得られたら出力する。

**デュアル・バッグ・システム**　自動車の運転席だけでなく助手席にも衝突時の安全装置、エアバッグを装備する安全対策の方式。

**デュアル・ビジョン**　テレビの画面の一部に別の番組を同時に映し出せるもの。

**デュアル・モード・システム**　自動・手動の2機能を備えるシステム。

**デュアル・ランプ**　自動車のヘッドランプで、片側1個を二つのランプにして、計四つのもの。一方は遠く、もう一方は近くを照らし、より一層の明るさが得られる。

**デューティーフリー**　無税の、免税の。同 タックスフリー

**デューティーフリー・ショップ**　免税店。同 タックスフリー・ショップ

**デュープ**　①複写。複製。②複製録音テープ。③フィルムからカラースライドを作ること。

**デュオ**　①二重奏。二重唱。②2人組。

**デュプレックス・システム**　コンピュータを2台設置し、1台は常に稼動させ、もう1台は緊急時に備えるもの。

**テラー**　①語り手。話し手。②金融機関の窓口職員。金銭出納係。

**テラコッタ**　①高温で粘土を焼いて作った土器。②装飾用の堅い素焼きの陶片。ガーデニングの鉢植えにも使われる。

**デラシネ**　①根無し草。②祖国を追われた人。

**テラゾー**　人造石の一種。セメントに大理石の砕石を混ぜ表面を研磨し、光沢を出したもので、壁や床に使われる。

**デラックス**　豪華な。高級な。豪華版の。〜な

**テラリウム**　①陸生動物飼養用の容器。②植物栽培のためにガラス容器で半密封状態にした容器。

**デリ**　⇒デリカテッセン

**デリート** 削除すること。不必要な文字やデータを消すこと。 する

**デリート・キー** パソコンのキーボード右上にある消去用のボタン。

**テリーヌ** 肉や魚のすり身をペースト状にして型に入れて蒸した料理。

**デリカシー** 感情や神経の細やかさ。繊細さ。

**デリカテッセン** ハム・サラダ・缶詰などの手軽な調理済の食品。また、それらを売る店。

**テリトリー** ①勢力圏。領土。②学問や芸術の分野。③販売担当区域。④動物のなわばり。

**デリバティブ** 金融派生商品。債券、株式、外国為替取引などの先物、スワップ取引、オプション取引など、本来の金融商品から派生した金融取引。

**デリバリー** 荷物の受け渡し。配達。配送。

**デリンジャー現象** 太陽面爆発による影響で地球の電離層に異常がおこり、昼間に短波の電波の受信が妨げられる現象のこと。

**デルタ・フォース** アメリカ陸軍に所属するテロ対策特別部隊。テロ活動からの人質救出、テロ活動の阻止などを任務とする。

**デルフト・ブルー** オランダのデルフト陶器の濃い青色。

**テレイグジスタンス技術** ①人工的にあたかもその場にいるような臨場感を与えること。②自分自身が作業しているかのような感じが得られるロボットの遠隔操作法。

**テレオペレーション技術** ロボットなどを遠くから作動させるための遠隔制御技術。

**テレカ** ⇒テレホン・カード

**テレキネシス** 念力。心霊の力によって物体を動かすこと。

**デレギュレーション** 規制緩和。自由化。民間活力を発揮させ、自由競争を拡大することをねらいとし、政府による各種の規制を緩和する。ディレギュレーションともいう。

**テレクラ** ⇒テレホン・クラブ

**テレグラフ** ①電信。電報。②電信機。

**テレコ** テープレコーダーのこと。

**テレコード** テレビ放送倫理規定。

**テレコネクション** ある地域の気象現象が遠く離れた地域まで影響を与えること。エル・ニーニョ現象やラ・ニーニャ現象などをいう。

**テレコミューティング** データ通信、ファクシミリなどを利用して行う在宅勤務の一形態。

**テレコム** テレビ・ラジオ・電話などによって行う遠距離通信。テレコミュニケーションの略。

**テレゴング** 電話投票システムの一つ。選択肢ごとに電話番号を変え、そのコール数を集計するシステム。テレビ番組のアンケート調査などで用いられる。

**テレコントロール・システム** 電話回線を利用して外部から屋内の機器を制御するシステム。

**テレコンピューティング** 電話回線とパソコンを接続してパソコン同士またはパソコンと大型コンピュータ間で情報交換ができるというパソコンの利用形態。

**テレコンファレンス** テレビ会議。遠隔地間での通信手段を利用しての会議。

**テレジェニック** テレビ写りのよい。またそういう人。

**テレスコープ** 望遠鏡。

**テレタイプ** 印字電信機の商標名。こちら側のタイプライターを打つと電信符号となり、相手側のタイプに文字になって出てくる。

**テレックス** 加入者間で印字電信機によって通信を行うシステム。記録されたメッセージが残り相手が不在の場合でも送信が可能である。

**テレテキスト** 文字多重放送。テレビ放送と共に文字・図形情報などを送り出すシステム。

**テレテックス** 通信機能を持ったワープロの装置。編集機能を持ち、画像伝送も可能。

**テレパシー** 五感を使わずに離れた所の人の意思感情のやりとりができる能力。精神感応。

**テレビジョン・サテライト** ①難視聴地域のためのテレビ放送中継施設。②繁華街の一角などに設置されたテレビ放送用の小さなスタジオ。

**テレビデオ** ビデオデッキ内蔵のテレビ。

**テレビ・マネー** 放映権料。テレビ局がスポーツなどの実況

を放映する権利を入手するために主催者に支払う金。
**テレフィーチャー** テレビ局が制作した長編映画。ドラマ。
**テレフォト** 電送写真。
**テレポーテーション** 念力によって自分の体や物体を瞬間的に移動させること。
**テレポート** ①大都市の郊外にその都市へ光ケーブルなどによって豊富な情報を提供するため設ける高度情報通信処理基地。②テレポーテーションのこと。
**テレホン・カード** カード式電話で硬貨の代わりに使える磁気カード。
**テレホン・クラブ** 男性会員がクラブの個室に待機し、電話で外部の女性と会話を楽しむ風俗店。テレクラともいう。
**テレホン・ショッピング** カタログなどを見て電話で商品を注文する通信販売。
**テレホン・セクレタリー** 契約した人のために電話で秘書役として応対する人。
**テレホン・バンキング** 電話による銀行振り込みや残高照会などの銀行サービス。
**テレマーケティング** マーケティング技法の一種で電話やファクシミリなどの情報通信技術を利用し、市場拡大を図る方法。
**テレマティクス** 通信技術(telecommunication)と情報科学(informatics)を融合した言葉。
**テレメーター** 遠隔測定器。衛星などによって伝えられた測定量を地上で指示、あるいは記録する計器。
**テレメール** 電話回線を利用し、相手に文字や図形を伝送する装置。
**テレメディシン** 遠隔医療。テレビや通信回線を利用して遠隔地にいる患者の治療にあたる医療システム。
**テレメトリー** 遠隔測定法。遠隔地に設置されている各種の測定計器のデータを電波などで受信する方法。
**テレメンタリー** 社会の出来事をありのまま伝えようとするテレビ番組。テレビとドキュメンタリーの合成語。
**テレラーニング** テレビとコンピュータを使った家庭学習システム。
**テレライター** 送信するときの筆記動作を受信端末に再現す

る装置。テレライティングするための装置。
**テレライティング** 描画通信。電話回線を利用して手書きの文字や図形をリアルタイムで通信すること。
**テレワーク** 電話やファクス、パソコンを用いて会社と自宅を結び、通信によって社員が在宅勤務をすること。
**テロップ** テレビ放送で映像中に写真や字幕をカメラを経由せず映し出す装置。また、その写真や字幕のこと。
**テロリスト** 暴力革命主義者。
**テロリズム** 暴力革命主義。ある政治目的のために暗殺や暴行などの手段に訴える主義。
**テンガロン・ハット** つばの部分が広く、まき上がった形が特徴の帽子。10ガロンの水が入るといわれたのが由来。
**デンジャラス** 危険な。危ない。~な
**テンション** ①精神的な緊張。不安。社会的緊張。②張り。張力。
**テンス** 文法用語で、時制。
**デンタル** 歯の、歯科の。
**デンタル・フロス** 歯と歯の間の歯垢を取り除くために使うナイロン糸。
**テント・シアター** 大型テントの仮設劇場。
**テン・フィート運動** 米軍が撮影した原爆の記録フィルムを1人10フィート分の市民の寄付で購入し公開する運動。
**テンプレート** ひな型。
**テンペラ** 卵黄・蜂蜜などと粉末絵の具を練り合わせた不透明絵の具。またそれを使って描いた絵画。
**テンペラメント** ①気質。気性。②感情の起伏の激しい気質。③音楽での音律。
**テンポ・プリモ** 音楽の速さの変化を表す標語の一つで「最初の速さで」の意。
**テンポラリー** 臨時の、一時的な。
**テンポラリー・タトゥー** シール式の入れ墨。
**テンポラリー・ワーカー** ①臨時雇いの労働者。②特殊な技能、職務経験を持つ人が都合のよい時間および期間だけ働くこと。
**テンポ・ルバート** 音楽の速さの変化を表す標語の一つで「任意の速さで」の意。

**ドア・ストッパー**　ドアのあおり止め。

**ドア・チェック**　開いたドアを静かに自動的に閉じる装置。

**ドア・ツー・ドア**　①戸口から戸口へ。自宅から目的地まで。②一貫配送方法。③戸別訪問販売員。

**ドア・ボーイ**　ホテルやレストランの入口で客を案内する係りの男性。

**トイ・ドッグ**　愛玩用の小型犬。マルチーズ、テリアなど。

**ドイリー**　花瓶などの下敷きにするレースなどで作られた卓上用敷物。

**トイレタリー**　石けん、歯磨きを含む化粧品類。

**トゥイナー**　金持ちでもなく、貧乏でもなく、適度に豊かで安定した生活を求める人々。

**ドゥ・イット・ユアセルフ**　①何でも自分でやろう、という考え方。②日曜大工。略DIY

**トゥインクル・レース**　東京シティ競馬で夜に行われる競馬レース。

**ドゥーラ効果**　妊婦に近親者や看護士が付き添うことで精神的・身体的にリラックスできるという効果。分娩時間が短縮でき母乳の分泌促進にも効果がある。

**ドゥー・ワップ**　リズム・アンド・ブルースのコーラスの一種。ソロのバックに「ドゥワ　ドゥワ」というハミングがからむ。

**トゥッティ**　オーケストラや合唱などで、ソロのパートに対し、全楽器または全歌手が演奏するパートのこと。

**トウバンジャン**　豆板醤。中国料理に使われる調味料でソラマメ、唐辛子、塩などを材料とし、これらを発酵させて作る辛いみそ。

**トゥモロー**　あした。あす。

**ドエル**　家。住まい。

**トー・イン**　自動車の前輪がわずかに内側を向いていること。直進性を高める作用がある。

**トーキー**　発声映画。talking pictureより。

**トー・キック** つま先げり。

**トーキョー・ファッション** イタリア、フランスなどのファッションに肩を並べるものとして呼ばれている、東京のファッション。

**トーキング・ペーパー** 正式な外交文書ではないが、国際会議などで自国の主張を説明するために用意される資料。

**トーク・イン** 形式ばらない、比較的自由な討論会。

**トーク・ショー** 著名人や芸能人の講話会。おしゃべり番組。

**トーク・セッション** 討論集会。話し合いのための会合。

**トークン** 地下鉄やバスなどの乗車券で、紙ではなくメダル状のもの。

**トークン・パス方式** 情報ネットワークにトークンというデータを循環し、それを得ることができたターミナルだけがデータを発信できるようにして、同時送信を防ぐようにした制御方式。

**トータル・コーディネート** ①靴やアクセサリーにも配慮して服装を全体的に調和のとれたものにすること。②特定のブランド品で統一すること。

**トータル・プロダクト** 製品それ自体だけでなく、サービスやイメージを含めて見た場合の商品。

**トータル・マーケティング** 市場調査、販売促進を含めた全社的な販売活動。

**トーチ** ①たいまつ。特に聖火ランナーが持つものをいう。②トーチランプ。

**トーチカ** コンクリートで造られた重火器装備の小型基地。

**トーチ・リレー** オリンピックの開会式での聖火リレー。

**トーテミズム** 未開社会における原始宗教で、集団が特定の動物や植物を神として信仰すること。集団を統合する力となる。

**トーテム・ポール** 北米インディアンが家の前に門柱のように立てる標柱で、自分たちが崇拝する植物や動物を描いたり彫ったりしてある。

**トーテンクロイツ** 「死」の十字架。死の直前に体温の下降と脈拍数の上昇がおこり、それらが交差すること。

**ドーナツ盤** 1分間で45回転するEP盤レコード。

**ドーパミン** 脳のニューロンから分泌される神経伝達物質。

パーキンソン病はこの物質の不足から起こると考えられている。

**ドーピング** スポーツ選手が運動能力増進のために興奮剤や刺激剤を使用すること。不正行為として禁止されている。

**ドープ** ①興奮剤。刺激剤。②航空機の羽布に塗るワニス。③出力を増すためのガソリン添加剤。

**ドーマー** 傾斜した屋根についている採光用の窓。

**ドーミトリー** 寮。寄宿舎。

**ドームズデー** ①最後の審判の日。判決日。②核戦争による地球滅亡の日。

**トールゲート** 高速道路など、有料道路の料金所。

**ドールハウス** 人形の家。ミニチュアの家具などのついたものもある。

**トーン・オン・トーン** ある色の上に濃淡や明暗の異なる同じ色調を配色すること。

**トカマク** 核融合をおこさせる方式の一つ。ドーナツ状の強力な磁場にプラズマを閉じ込め、電流を通して核融合を維持する。

**ドギー・バッグ** レストランなどで客が食べ残した料理を入れて持ち帰るための袋。

**トキソイド** 変性毒素。感染症の原因となる細菌が生む毒素を処理して無毒化し、免疫を作る力だけを残したもの。ジフテリアや破傷風の予防接種に用いられる。

**トキソプラズマ症** トキソプラズマという原虫が寄生しておこる病気。トキソプラズマはヒト、イヌ、ネコ、鳥類に寄生し、普通はヒトが感染しても無症状だが、胎児感染は奇形の原因となり、生後数週間で死亡することもある。

**ドキュメンタリー** 記録もの。記録映画。事実をありのままに記録したもの。

**ドキュメンテーション** ①文献や書類などを提示すること。②コンピュータのデータ収集、保管、またプログラムが意味することを記録しておくこと。

**ドキュメント** ①文書。書類。②記録。③コンピュータでいう記録媒体。またそれに記されたデータ。

**ドクター** ①医者。②博士。大学の博士課程。**略** Dr.

**ドクター・イエロー** 新幹線の電気軌道総合試験車の愛称。

**ドクター・カー** ①医療設備を備えた救急車。急患のあらゆるデータを伝送できる機器も設置されている。②医者が同乗する救急車。

**ドクター・ストップ** ①ボクシングなどの試合で医者が負傷した選手を試合続行不可能と判断すること。②医者が患者の行動を制限すること。

**ドクターズ・フィー** 医師に支払われる報酬。

**ドクター・レター** 専門医によって書かれた緊急安全性情報のことで各種治療薬の副作用を検査し、その危険性から服用基準値などが書かれたもの。

**ドクトリン** ①教義、学説。②政策上の主義、教書。

**ドグマ** ①独断。信念。②各宗派が信ずる独自の教義。教理。

**ドグマチック** 独断的な。教条的な。~な

**ドコサヘキサエン酸** 不飽和脂肪酸の一つ。イワシやサバ、マグロなどの魚に多く含まれる脂肪酸で、脳の活性化や血栓予防の作用があるといわれている。略DHA

**ドスキン** 毛織物の一種。牝鹿の皮を模したもので柔らかく光沢がありタキシードやモーニングに用いられる。

**トッカータ** オルガンやチェンバロのために書かれた華麗で急速な演奏に重点をおいた即興曲風の曲。17～18世紀が全盛。

**ドッキング** ①複数の宇宙船同士が宇宙空間で結合すること。②二つのものを合わせること。結合すること。する

**ドック** ①艦船の建造、修理、清掃などのための設備。②人間ドックのこと。

**ドッグ・イヤ** 本のページの隅を目印として折ること。

**ドッグ・サロン** 犬のための美容室。

**ドッグ・ファイト** ①犬のけんか。また、犬のけんかのように激しい戦いのこと。②戦闘機の空中戦。

**ドッグ・レース** 競馬のように犬を走らせ賭けをする競走。

**ドッグレッグ** ゴルフコースでフェアウェーが犬の後ろ足のように曲がったコースのこと。

**ドッジ・ライン** 1949年、第二次世界大戦後、日本の経済的混乱を立て直すためにアメリカの銀行家ドッジが行った再建勧告。1ドル360円という為替レートの設定を提案し、インフレ抑制・輸出増進を目指したが深刻なデフレ不況

招いた。
- **ドット** ①丸い小さな点。②水玉模様。③パソコンなどのプリンターの印字を構成する点の一つ。ブラウン管の発色点の一つ。
- **ドット・コム** ①インターネットのドメイン名(インターネット上で組織や国籍を表す名前)を表す記号。②インターネット関連企業の総称。
- **ドット・プリンター** 縦横に配置した点の集まりで文字・記号を印字する装置。
- **ドット・マップ** 人口分布図などに使用される地図で点や円の粗密・大小で数量を表すことによって分布を示す。
- **トッパー** 婦人用の丈の短いオーバーコート。半コート。
- **トッピング** ①する 料理の上に好きな具材を載せたり飾ったりすること。またその材料。②バレーボールでアタッカーが先にジャンプし、トスされるボールを待つこと。③常圧蒸留装置。
- **トップ・アスリート** 陸上競技界で最高水準にいる選手のこと。
- **トップ・クォーク** 物質の基本的粒子クォークは理論的に六つあることが予言されているが、陽子の185倍の質量を持つ六番目のクォーク。1994年アメリカのフェルミ研究所により存在の証拠が得られた。
- **トップ・シークレット** 最高機密。極秘事項。
- **トップス** 上衣。上半身に着る衣服。対 ボトムズ
- **トップ・スピン** テニスや卓球で打球にかけられる前向きの回転。
- **トップ・ダウン** 組織の上層部が計画・目標・方針などを決定し、命令が順番に下へ伝達される管理方式。対 ボトム・アップ
- **トップ・ニュース** 一番最初に読まれる重要なニュース。
- **トップ・モード** 流行最先端の服。
- **ドップラー効果** 電波や音などの波源に対し観測者が動いている場合、測定する波の振動数は真の振動数と違ってくるという現象。
- **トップ・ライト** ①天窓。天窓からの採光。②被写体の上からくる照明。

**トップレス** 胸を露出したデザインの女性水着や衣装。対ボトムレス

**トトカルチョ** イタリアのプロサッカー試合の勝敗予想の賭け。

**トドラー** よちよち歩きの子ども。

**トナー** コピー機での現像に用いられる着色した粉末。

**ドナー** ①寄贈者。対ドニー ②血液や心臓などの臓器の提供者。③半導体の電気伝導率を増加させるために混ぜられる原子価の大きい不純物。

**ドナー・カード** 臓器提供の意思のある人が持っているカード。

**トニー・タイ** 細身のネクタイで、幅が全部同じタイプのもの。

**トニック・ウォーター** カクテルを作るために洋酒に混ぜる炭酸水。

**トパーズ** 宝石の一つ。11月の誕生石で「真の友愛、希望」の意味を持つ。

**ドビー・クロス** ドビー装置で織る細かい紋織物の一種。平織りの生地のガラの部分だけに他の糸を織り込んである。

**トピカル** 話題の。時事問題の。

**トピック** 話題になるもの。例〜・ニュース

**トボガン** リュージュのアメリカ・イギリス・カナダでの呼称。→リュージュ

**トポグラフィー** 地形。地勢図。

**トポス** ①場所。②文学上のありふれた表現法。

**ドボラック** 台風の観測方法の一種。台風の中心付近の構造やらせん状に巻き込む周辺の雲の帯の形状から強さを推測するもの。

**トポロジー** ①図形や空間の位相的性質。②また、それを研究する位相幾何学。

**トマト・ピューレ** トマトを煮込んでこしたもの。スープ、ソースなど煮込み料理の調味料となる。

**トマホーク** アメリカの戦略巡航ミサイル。

**ドミグラス・ソース** 肉や野菜をスープやトマトピューレで煮込み、ルーを加えてのばしたソース。ビーフシチューなどに使われる。同デミグラス・ソース

**ドミノ** サイコロの目のような絵柄のついた牌。並べて倒して遊んだりもする。

**ドミノ移植** 臓器移植を受けた患者から摘出した臓器を、別の患者に移植する手術。

**ドミノ現象** 将棋倒しの現象。一つの事柄を発端として次々と別の関連事項がおこっていく現象。

**ドミンゴ** 日曜日。

**トム・ヤム・クン** タイ料理の代表的スープ。エビの入った酸味と辛味のきいたスープ。

**ドメイン** ①領土・領域。②企業の事業活動領域。③インターネット上での管理単位。

**ドメイン名** インターネット上で組織や国籍を表す名前。

**ドメスティック** ①国内の。国産の。②家事の。家庭的な。

**ドメスティック・サイエンス** 衣食住・育児などに関する生活科学。家政学。

**ドメスティック・バイオレンス** 家庭内で起こる暴力的言動や暴力行為。なかでも、夫婦間や恋人間で、男性から女性に向けられる暴力をいう。略DV

**トモグラフィー** X線断層撮影法。

**ドライ・アイ** 涙の分泌量が少ないことによって目が乾く症状。

**トライアスロン** ⇨アイアンマン・レース

**トライアル** ①試み。試行。②スポーツでの予選試合。試走。試技。③試練。苦難。④木の根や岩がある荒れ地を走破するオートバイのレース競技。

**トライアル・アンド・エラー** 試行錯誤。試行と失敗を繰り返すことで目的にたどりつく方法。もとは心理学用語。

**トライアル・ストーン** 試金石。人の器量、物の価値を判断する基準となる事柄。

**トライアングル** ①三角形。②鉄の丸棒を三角形に折り曲げた打楽器。

**ドライ・エッチング** LSIを作成する際に、プラズマガスやイオンを使って不必要な部分を除去し、回路を作る方法。

**ドライ・カレー** ①汁けのないカレー。②カレー味の焼き飯。

**ドライ・クリーニング** 水ではなく揮発性の溶剤を用いた洗濯。

**トライシクル** 三輪の自転車。三輪自動車。
**ドライ・スキン** 乾燥肌。皮脂の分泌量が少ない肌。
**トライバリズム** 部族中心主義。
**ドライ・ビール** 新しい酵母や醸造法を用いて作ったアルコール分が従来のものより幾分高い辛口ビール。
**ドライブ・イン・シアター** 自動車に乗ったままで映画を見ることができる映画館。
**ドライブ・スルー** 自動車に乗ったまま買い物やサービスが受けられる施設。銀行やファーストフード店など。
**ドライブ・マップ** 運転用の道路地図。
**ドライ・フラワー** 長期鑑賞用に生花を乾燥させたもの。
**ドライ・フルーツ** アンズ・ベリー類・プラムなどの果実を乾燥させたもの。
**ドライ・ラボ** 薬品などを用いずにコンピュータで行う模擬実験。
**ドライ・リハーサル** 放送用語でカメラなしで行う予行練習のこと。
**トラウマ** 心的外傷。後遺症となって精神に影響を及ぼす衝撃。心の傷。
**ドラクエ** TVゲームソフト「ドラゴン・クエスト」の略称。
**トラコーマ** 伝染性結膜炎。
**ドラゴン** 竜。
**ドラジェ** アーモンドに青やピンクに着色した砂糖衣をかけたもの。フランスでは子どもの誕生日や結婚など祝事に配る。
**トラジ・コメディー** 悲喜劇。悲劇的要素と喜劇的要素を併せ持つ劇。
**トラス** 三角形を基本にした建造物の骨組み構造。鉄骨の橋などに用いられる。
**ドラスチック** 徹底的な。強烈な。過激な。〜な
**トラスト** 企業合同。資本的支配関係で同一産業部門内の企業が統合されること。企業の吸収合併などによっておこり、各企業は独立性を失う。
**トラスト・バンク** 信託銀行。
**トラッキング** ①人工衛星の飛んでいる経路を追い、軌道上の衛星の現在位置に関して情報を得ること。②ビデオテー

プなど再生時にセンサーがトラックをなぞって映像の乱れを調整すること。③テレビや映画で、カメラを台車で前後に移動させて撮影すること。
**トラッキング・ステーション** 人工衛星などの位置を把握するための地上追跡局。
**トラック** ①貨物用の自動車。②陸上競技場の走路。また、そこで行われる競技。対フィールド ③磁気データが記録される帯。
**ドラッグ** ①薬品。②麻薬。③するコンピュータで使うマウスのボタンを押したままの状態でそれを動かす操作のこと。
**ドラッグストア** 風邪薬や胃薬といった大衆医薬品のほかに、化粧品や日用雑貨品など、日常生活に必要な商品を豊富に揃えた新しい小売り業態。
**ドラッグ・バスターズ** アメリカで、州政府の麻薬取締官のこと。
**トラック・バック** 映画やテレビの撮影法の一種で被写体からだんだん遠ざかって小さく写していく手法。同ドリー・バック
**ドラッグ・バント** 打者自身もセーフになろうとするバント。
**トラック・ボール** 回転させることでパソコン上のカーソルを移動させられるマウス代わりのボール。
**トラックマン** 競馬場の競馬路（トラック）で馬を見て、勝敗の情報提供をする人。
**トラッド** 伝統的な。特にファッションでは、流行に左右されないブレザーやテーラードスーツなどのスタイルをいう。トラディショナルの略。
**トラットリア** 気軽な感じの庶民的イタリア料理店。
**トラップ** ①わな。落とし穴。②射撃で標的を飛ばす機械。③防臭弁。排水管の臭気が逆流するのを防止する。④サッカーでパスされたボールを受け止め、自分のコントロール下におくこと。
**トラディショナル** 伝統的な。因襲的な。～な 同トラッド
**トラバーユ** （女性の）転職。する
**トラピスト** カトリック修道院の一派。労働、沈黙、禁欲的

共同生活など厳格な戒律のもとで神に仕える。
**トラフ** ①幅の広い凹地。②深海底にあるプレートの境界などの峡谷。③気圧の谷。
**トラフィック** ①交通。運輸。②貿易。売買。③電報・電話の通話。
**ドラフト** ①人を選ぶこと。ドラフト制。②下図。製図。③草稿。草案。
**ドラフト・ビール** 生ビール。加熱殺菌していない醸造したままのビール。
**トラブル・シューティング** ①機械の故障を修理すること。②紛争や問題を解決すること。
**トラブル・メーカー** 常にゴタゴタをおこす人。絶えず問題をおこす人。
**トラベラー** 旅人。旅行者。
**トラベラーズ・チェック** 旅行小切手。旅行者が旅先へ現金を持参する代わりに、先に現金を銀行で小切手化し、現地の銀行で現金にする仕組みの小切手。
**トラベリング** バスケットボールの反則の一つ。ボールを持って3歩以上歩くこと。
**トラポン** ⇨トランスポンダー
**トランキライザー** 精神安定剤。鎮静効果のある安定剤の総称。
**トランキル** 平静な。落ちついた。
**トランク** ①旅行用かばん。②乗用車の後部にある荷物入れ。
**トランク・ルーム** 貸し倉庫。普段使わないものを賃貸で預けることができる。
**トランザクション** ①端末機器を通してのユーザーとコンピュータとの対話。②業務の処理。取引。
**トランザム** アメリカ横断の意味。車の名称などの商標やグループ名などに使われている。
**トランジット** ①(空港での)乗り継ぎ。乗り換え。②日米安保条約運用上の用語で核兵器を積んだ艦船などの寄港。
**トランスジェニック** 遺伝子導入の。
**トランスジェニック植物** 遺伝子組み換えを行って育てた植物。
**トランスセクシュアル** ①性転換者。②性同一性障害を感じ

ている人。

**トランスナショナル** 国を超えた。国という概念にとらわれない。

**トランスパーソナル心理学** 人類の知覚を超越した外部から加えられる心理的影響を研究する心理学の一分野。

**トランスファー** ①移動。転勤。②乗り換え(切符)。③遺伝子の転移。

**トランスフォーメーション** ①絵画などの画面構成法で形や色を解体し、原形とは全く別なものを組み立てること。②経済構造を技術革新に対応して近代化すること。③形質変換。がん化。

**トランスポゾン** 転移性遺伝子。染色体から離れ、別の位置に移動したりして遺伝子の配列を乱す遺伝子。

**トランスポンダー** 無線の中継機。電波を受信し、周波数の交換などをしてまた送信する。トラポンと略す。

**トランスミッター** 送信機。送話機。信号を送り出す装置。
対 レシーバー

**トランスレーション** 翻訳。通訳。

**トランスレーター** ①翻訳家。通訳する人。②自動中継器。③コンピュータでユーザー向けに書かれているプログラムを機械語に置き換えるプログラム。

**トランソニック** 遷音速。気流や飛行体の速度が音速に近いこと。

**トランタン** 30代。もとは20代後半から30代前半の意味。

**ドリアン** パンヤ科の常緑高木。果肉に独特の臭みがあるが、「悪魔の果物」「果物の王様」と称されるほど甘い。

**トリートメント** ①治療。手あて。②髪や肌の保護や手入れ。
例 ヘア・〜

**ドリーム・キャッチャー** 北米のインディアンに伝わるお守り。網状の輪に羽飾りをつけたもの。

**トリエンナーレ** 3年ごとに開催される美術の展覧会。もとは「3年ごとの」の意。

**トリガー価格** ダンピング輸出を調査するために定めた価格。その価格以下の場合はダンピング調査の対象となる。

**トリクロロエチレン** 有機塩素系溶剤。シミ抜き用洗剤や半導体洗剤に含まれ、発がん性物質との疑いもある。

**トリコモナス** 鞭毛虫類に属する原生動物。人の口腔や腸、女性の膣に寄生する。

**トリコロール** 3色の。特にフランス国旗の赤・青・白の配色。

**トリッキー** 奇をてらった。狡猾な。欺くような。 ~な

**トリック式爆弾** 何かの動作が引き金となって爆発を招くように仕掛けられた爆弾。小包を開けたときに爆発するような仕組みのものなどがある。

**トリックスター** 民話、神話に出てくる道化者、いたずら者。秩序の破壊と創造的役割を果たしている。

**トリップ** ①小旅行。②麻薬などによる幻覚状態。 する

**ドリップ現象** 冷凍食品を解凍すると食品内の細胞の水がしたたり落ちる現象。

**ドリップ・コーヒー** 滴下して入れる方式のコーヒー。

**ドリップ・ドライ** 洗ったままでもしわができないのでアイロンをかける必要のない合成繊維などでできた衣服。

**ドリップ・ペインティング** 抽象画家のポロックが用いた技法で、絵の具をキャンバスに垂らして描き、偶然性の効果を持つ。

**トリップ・メーター** 走行距離計。自動車などの一定区間の走行距離を測定するのに使われる。

**トリハロメタン** 湖沼などで落葉の腐敗によってできた有機物と殺菌用の塩素とでできる有機化合物。メタンの水素原子三つがハロゲン原子で置換されたものをさす。

**トリビア** つまらないこと。役に立たない無駄な知識。

**トリビアリズム** 本質から離れ、些細な事柄にこだわる瑣末主義。

**トリビュート** 感謝・尊敬などの気持ちを表したもの。音楽アルバムなど。

**ドリフト** ①漂流。②社会全体あるいは同一産業の平均を上回った企業が独自で払う上乗せ賃金。③自動車がコーナーを回るときの技法の一つ。

**トリプル・エー** 最優良銘柄。債券発行時に信用度などを評価するときに参考にする。

**トリプル・クラウン** 三冠。プロ野球でいう首位打者、打点王、ホームラン王を独占すること。

**トリマー** 犬や猫の毛を刈る人。
**トリミング** ①写真の構図を整えるために画面の一部を切り取ること。②洋服の縁どり。③犬の毛を刈り込んで整えること。する
**トリム** 刈り込む。縁どりする。
**トリム運動** 心と体のバランスをとるため適度なスポーツをすることを奨励する運動。
**トリュフ** ①セイヨウショウロ科のきのこ。西洋松露。フランスの落葉広葉樹林内に生えており、香りがよく食用として珍重される。②①に似せた形のチョコレート。
**トリリンガル** ①3か国語を話すこと。また話す人。②3か国語で書かれた書物や碑文。
**ドリル** ①穴あけ器。②反復練習。その教材。例算数〜
**トリレンマ** ①三刀論法。②転じて三者択一の窮地。③三重苦。三つの好ましくない状況が重なること。
**トルエン** 芳香族炭化水素の一つ。無色でコールタールや石油改質法の生成物から抽出される。合成樹脂、爆薬、洗剤の原料となる。
**トルソ** ①頭・腕・足のない胴体部だけの彫像。②胴体だけの人台。
**ドルチェ** ①音楽の発想標語で「やさしく、優美に」という意味。②イタリア風デザート。
**トルテ** 円形のスポンジケーキを用いた洋菓子の総称。
**トルティーヤ** とうもろこしの粉を練り、薄くのばして焼いたメキシコ料理。
**トルネード** ①竜巻。暴風雨。特にアメリカ中西部や南部でおきる大暴風雨の竜巻。②アフリカ西海岸で雨期のはじまりと終わりに吹く突風。雷雨を伴う。
**ドルビー・サラウンド** ノイズ・リダクション・システムの一方式によりテープの雑音を減少させ音響が四方から聞こえるようにしたオーディオ設備。
**ドルフィン** イルカ。
**ドルフィン・キック** バタフライ泳法のときの足の動かし方。両足をそろえ、足の甲で水をたたいて進む。
**ドル・ユーザンス** 輸入業者の為替手形に対し金融機関が与えるドル建ての短期金融。またその支払い期限。

**トレアドル・パンツ** 闘牛士のズボンによく似た形の細身な八分丈のズボン。同サブリナ・パンツ

**トレイン** 列車。トレーンともいう。

**トレー** ①料理・医療用の盆。②文書を入れる浅い箱。

**トレーシング・ペーパー** 透写紙。図面などを敷き写しするための半透明の紙。トレペと略す。

**トレース** ①図面を引くこと。設計図などの上に半透明の紙を載せそれをなぞって原画複製を作ること。②スケートの滑り跡。③跡をたどること。

**トレーダー** ①商人、貿易業者。②自分で株式売買する(相場を張る)証券業者。

**トレーディング・カード** プロ野球選手やアニメのキャラクターなどの写真や絵などが印刷されたカード。マニアの間では高額で取引される。トレカと略す。

**トレーディング・カンパニー** 商社。

**トレーディング・スタンプ** 買い物金額に応じて、客に渡すスタンプ。決められた枚数を集めると金券や景品と交換できる。

**トレード・オフ** ①両立しない関係。妥協のための取引。②経済用語でいう物価と雇用の相対関係。インフレが収まると失業者が増加し、逆に完全雇用になると物価が上がってしまうという二律背反関係。

**トレード・シークレット** 企業秘密。企業の利益のために有利な、新製品や新技術に関する秘密情報。

**トレード・マーク** ①登録商標。②特徴。例ひげが彼の〜だ

**トレード・マネー** スポーツ選手の移籍金。

**トレード・ユニオン** 労働組合。同組合。

**ドレーピング** 製図による裁断ではなく人体や仮ボディに布をかけ形を整えながら型紙を作っていくこと。

**ドレープ** 洋服の布地がゆったりとしているためにできるひだ。

**トレー・マン** ニューヨークでの観光客をねらった路上犯罪の一つ。ファースト・フードのトレーなどを持ってぶつかってきて謝りながら貴重品を盗んだり、ぶつかって落としたものを弁償させる手口などがある。ボトル・マン、メロン・マンなども同類。

**トレーラー・ハウス** トレーラーの上に載せて移動する住宅型車両。旅行者用移動住宅。同キャンピング・カー
**トレール** 遊歩道、自転車道路など山の小道。
**トレーン** ⇨トレイン
**ドレーン** ①下水溝、排水溝。②手術での排液管。ドレインともいう。
**トレカ** ⇨トレーディング・カード
**トレジャー** 宝、財宝。
**トレジャリー・ストック** 企業が市場から買い入れて保有している自社株式。社内株。
**ドレス・アップ** 正装すること。着飾ること。
**トレッキング** 登頂ではなく健康やレクリエーションを目的とする山歩き。
**ドレッシー** 優雅で柔らかな感じの女性の服装の様子。~な
**ドレッシング・ルーム** 化粧室。楽屋。着替えをする部屋。
**トレッド** ①タイヤの接地面。②自動車の寸法のうち、左右タイヤの接地面の中心間の距離。
**トレビアン** とてもよい。
**トレペ** ⇨トレーシング・ペーパー
**トレモロ** 音楽用語で、同一音や、または高さの違う2音を急速に反復する演奏法。震音。
**トレリス** 園芸用の木製格子。つるを巻きつけたり、かごを吊るしたりするのに使う。
**トレンチ・コート** 防水加工がなされているダブルのベルトつきコート。
**ドレンチャー** 噴射式防火装置。建物の周辺に散水して延焼を防ぐ。
**トレンディー** 流行的な。時代の先端をいく。
**トレンディー・ドラマ** 最新流行のドラマ。若者向け恋愛ドラマ。
**トレンド** ①すう勢。動向。②最新流行。時代の風潮。
**トロイカ** ロシアの3頭だての馬ぞり。馬車。
**トロイカ方式** 三頭政治。三人の政治家によって行われる指導体制。
**トロイデ** 粘性の溶岩が盛り上がって地上に噴出してできた火山。山腹が急傾斜ですそ野が短いことが最大の特徴。

**トロイの木馬** ①ギリシア神話のトロイ戦争において、トロイを陥落させる決め手となった木馬。②利用者を欺いてコンピュータへ侵入し、データの消去やファイルの外部流出、他のコンピュータへの攻撃など、不正行為を行うプログラムのこと。

**ドロー** ①運動競技の試合で勝敗が決まらず引き分けること。同点。②競技の組み合わせのくじを引くこと。③ドロー・ボールのこと。

**ドローイング** ①製図や設計図を引くこと。②デザイン、素描。ペンキやクレヨンで描いた絵。

**ドローイング・ルーム** 応接室。客間。

**トローチ** のどや口腔の治療用の甘みのある錠剤。飴のように口で溶かして服用する。

**ドロー・ボール** 右ききのゴルファーが意識的にボールを右から左に曲げること。また、そのボール。

**トローリング** 海上のモーターボートから釣り糸を後方へ流して比較的大型の魚を釣る方法。

**トロール漁業** 底引き網を用いてトロール船から大陸棚の魚を捕る漁業。

**トロツキスト** トロツキズムを信奉する人。

**トロツキズム** ロシアの革命家トロツキーによって提唱された革命理論。レーニンやスターリンによる一国社会主義論に対して、ロシア革命は永続革命論による世界革命の一部として行われなければならないという主張。

**トロット** 乗馬の速歩。だく足。

**ドロップアウト** ①脱落。中退。また脱落した人。②する 組織や体制にとどまることを拒否し、抜け出すこと。③ラグビーで防御側がゴールライン内の自陣にボールをつけたりデッドボールラインにボールが触れるか越えるかした状態。防御側は22メートルラインからのドロップキックができる。

**ドロップ・ショット** テニスでボールに逆回転を加え、相手のネット際に落とす打ち方。

**ドロップ・ショルダー** 服の袖つけがゆったりとしており、肩のラインが少し腕の方に落ちているデザイン。

**トロピカル** ①〜な 熱帯の。熱帯風の。南国風の。②薄い平

織りのウール地。
**トロピカル・ドリンク** 熱帯産の果物(パイナップル、ココナッツなど)の果汁を加えて作るカクテルなどの飲み物。
**トロピカル・フィッシュ** 鑑賞用の熱帯魚。
**トロピカル・フルーツ** 熱帯地方で採れる果実の総称。パパイヤ、マンゴーなど。
**トロポポーズ** 高さ約7キロメートル～十数キロメートルのところにある対流圏と成層圏の境目。圏界面。
**ドロン・ゲーム** 引き分けの試合。
**トロンプルイユ** ①だまし絵。錯覚を利用した絵画表現。②ファッション用語で、見せかけ。例えば、えりを二重にするなどして、重ね着をしているような感じに見せるなど。
**トロンボキサン$A_2$** 血液の血小板から出される生理活性物質。プロスタグランジンの一種で血管収縮や血小板凝集促進作用がある。
**ドロン・ワーク** 生地の縦糸や横糸を抜いてあらかじめ決めておいた図案に従い、透かし模様を作ること。レースのように見え、主にハンカチやブラウスなどに使われる。
**トワイライト** ①日の出前、日没後の薄明かり。②たそがれ。夕方。
**トワ・エ・モア** あなたとわたし。
**トワリスト** デザイン画を基本にして布を立体裁断して洋服の型紙を作成する人。
**ドン** ①スペインやイタリアなどで男性への敬称。②ある世界で陰で力を持つ実力者。首領。③ベトナムの通貨単位。
**ドンキー** ①ろば。②うすのろ。ばか。
**トング** ものをはさんでつかむための道具。
**ドント方式** 比例代表制選挙による得票配分の計算方法。ベルギーの数学者ドントが考案。得票数を整数で割っていき、商の大きい順に当選を決定する。
**トンネル効果** 電子が自分の持つ運動エネルギーよりも高いエネルギー障壁を波動性に基づいて突き抜ける現象。
**ドン・ファン** ヨーロッパの伝説上の人物で女たらしの名前。転じて一般に女ごころをもてあそぶプレーボーイ。
**ドンマイ** スポーツで味方が失敗したときのかけ声。心配するな、気にするな、の意味。**同**ネバー・マインド

## ナ

**ナーサリー** ①保育所。育児室。②動植物を育てる所。苗床、養魚場など。

**ナーシング・ホーム** 寝たきり高齢者などを対象とした福祉施設。

**ナース・エイド** 看護師の手助けをする職業。命に直接かかわらない程度の補助的な仕事をする。

**ナース・コール** ベッドのそばにあるブザーなどを押して、病室で患者が看護師を呼ぶこと。

**ナース・ステーション** 看護師の詰め所。

**ナース・バンク** 看護師不足対策の一つで、退職した看護師を登録して、再就職してもらおうという制度。

**ナード** 元来は優秀な人が一つのことに打ち込むこと。転じてコンピュータおたくの意。

**ナーバス** 神経質な。繊細な。びくついた。~な

**ナイーブ** 純真な。感じやすい性質の。素朴な。~な

**ナイス・ミドル** 魅力的ですてきな中年男性。

**ナイティー** 女性用の寝巻き。夜着。

**ナイト・イーティング・シンドローム** 夜食症候群。夜食を食べずにはいられないこと。

**ナイトキャップ** ①髪の乱れを防ぐため寝るときにかぶる帽子。②寝る前に飲むお酒。

**ナイトクラブ** ダンスや音楽で客を楽しませる高級酒場。

**ナイト・ケア** 在宅の老人性痴呆症、心身障害者などとその家族のために行われる夜間介護。

**ナイト・テーブル** ベッドの枕元に置く小さなテーブル。

**ナイトメア** ①悪夢。②夢魔(睡眠中にとりつく魔女)。③悪夢のような恐ろしいもの(人・体験)。

**ナイト・ラッチ** 外側からは鍵で開け、内側からは鍵を必要とせず手で開けられる方式の錠。

**ナゲット** ①天然の貴金属の塊。②鶏肉、豚肉などを一口サイズに切り、衣をつけて揚げたもの。

**ナシゴレン** インドネシアのスパイスのきいた焼き飯。

**ナショナリスト** 国家主義者。国粋主義者。民族主義者。

**ナショナリズム** 民族あるいは国家主義。他国の圧力や干渉を排除して、民族あるいは国家の独立、発展を推進しようとする思想や運動をいう。対インターナショナリズム

**ナショナル・アイデンティティー** 民族一体感。

**ナショナル・インタレスト** 国益。国家利益。民族の利益。

**ナショナル・カラー** 国家を象徴する色。

**ナショナル・ゲーム** 国技。その国を代表するスポーツ。

**ナショナル・コンベンション** 全国大会。4年ごとにアメリカ大統領を指名する民主・共和両党の全国代議員大会。

**ナショナル・スポンサー** 全国を対象にした広告の広告主。

**ナショナル・セキュリティー** 国家安全保障。国家保安。

**ナショナル・トラスト** ①市民からの寄附金をもとに、共同で自然環境を買い取り、保存する制度。②自然環境や歴史的文化財を買い取り、保存するイギリスの団体。

**ナショナル・パーク** 国立公園。

**ナショナル・フラッグ** 国旗。

**ナショナル・プロジェクト** 国家規模の研究開発事業。国家主導型の大がかりな事業。

**ナショナル・プロダクト** 国民生産。国民総生産はGNP（gross national product）という。

**ナショナル・ボンド** 国債。

**ナショナル・ミニマム** 国が国民に保障する最低限の生活水準。

**ナスダック・ジャパン** 大阪証券取引所のハイテク企業、ベンチャー企業を中心とした市場。ナスダックは、National Association of Securities Dealers Automated Quotationsの頭文字から。現在はヘラクレスに名称が変わった。

**ナタデココ** ココナッツ果汁でつくる歯ごたえのよいデザート。

**ナチ** 国家社会主義ドイツ労働者党（Nationalsozialistische Deutsche Arbeiterpartei）の略。1919年に結成されたファシズムを信奉する政党。ヒトラーにより一党独裁政治を行い、第二次世界大戦の引き金となった。1945年、ドイツ敗戦後に消滅した。

**ナチュラリズム** 自然主義。

**ナチュラル** ①〜な 自然(の)。天然(の)。対アーティフィシャル ②本意記号♮。半音上げたり、半音下げたりした音をもとの高さに戻す。

**ナチュラル・ウォーター** ろ過・沈殿・加熱殺菌以外の処理を行わない地下水。また、農水省は品名、原材料名、採水地などを表示することと、これにあたらないものには「天然」や「自然」の文字を使わないように指導している。

**ナチュラル・キラー細胞** リンパ球の一つ。腫瘍細胞やウイルスを撃退する作用を持つ。

**ナチュラル・サイエンス** 自然科学。狭い意味では物理学、化学、生物学、数学、天文学、地学。広い意味では医学、農学、工学も含める。

**ナチュラル・サウンド** 鳥のさえずり、波・風・せせらぎの音など自然のかもし出す音楽。

**ナチュラル・セレクション** 自然淘汰。ダーウィンの進化論に述べられている一説。生物の自然環境の中での生存競争の結果、環境に適合したすぐれた特質を持つ種のみが保存され、弱者は滅びるとする説。

**ナチュラル・チーズ** 製造の段階で加熱などをせず自然の状態ででき上がるチーズ。牛乳や山羊乳に乳酸菌や酵素を加えて凝固させ、熟成させたもの。対プロセス・チーズ

**ナチュラル・フード** 自然食品。有機農法による無農薬野菜や果物など。

**ナチュラル・メーク** その人の顔つきや肌の色を生かして自然な感じに仕上げた化粧法。

**ナックル・ボール** 野球の変化球。指の第一関節を利用した投げ方で、打者の手前で変化する。略してナックル。

**ナッシング** 何もないこと。ゼロ。

**ナッピング** 織物の毛羽を立てること、あるいは毛羽を立てた織物。主にウールやフランネル生地にこの加工を施して風合いを出す。

**ナップザック** 小型の背負い袋。

**ナツメグ** ニクズク。種子は薬や挽き肉料理によく使う香辛料として利用される。

**ナトー** NATO。北大西洋条約機構。北大西洋地域の西側諸国の集団防衛機構。本部はブリュッセル。

**ナトリウム** アルカリ金属の一種。銀白色の柔らかい金属元素。原子番号11。元素記号はNa。

**ナニー** 乳母。両親が留守のときなど子どもの世話をする育児や教育の知識を持った女性。同ベビー・シッター

**ナノ** 10億分の1を表す国際単位系の接頭語。記号はn。例〜セカンド(10億分の1秒。コンピュータの計算速度)。

**ナノテクノロジー** ナノ単位での加工や計測を目指す技術。半導体や医学分野での応用が期待される。→ナノ

**ナパーム弾** 油脂焼夷弾。

**ナビゲーション・システム** 自動車に道路情報などを画面や音声で提供するシステム。

**ナビゲーター** ①操縦者。航海(空)士。②(飛行機)などの自動操縦装置。③自動車ラリー競技などで運転者に適切な指示をする運転補助者。

**ナフサ** 原油の蒸留によって得られる軽質留分。ガソリンやエチレンの製造に使用する。石油ナフサ、ナフタともいう。

**ナフタリン** 芳香族炭化水素の一つ。コールタールから作られ、独特の香気と昇華性を持ち、殺虫・殺菌剤の原料や、爆薬などに使われる。また衣類の虫除けの商品名でもある。

**ナムル** 朝鮮・韓国料理の一種。もやし・ほうれん草・大根などをゴマ油であえた野菜のあえもの。

**ナラタージュ** 映画やテレビの回想形式で、主人公やナレーターが物語る間に多くの小画面を連続させる技法。

**ナルキッソス** 水仙。

**ナルコレプシー** 時と場所を選ばず、突然眠ってしまったり、金しばりになる発作。睡眠発作。

**ナルシシズム** 自己陶酔。ギリシア神話の美少年ナルシスが自分に見とれてそのまま水仙になってしまったという故事から。

**ナルシスト** 自己陶酔者。同ナルシシスト

**ナレッジ** 知識、学識、知力。ノレッジともいう。

**ナレッジ・インダストリー** 知識産業。情報産業。

**ナレッジ・エンジニアリング** 人工知能の開発の一分野。知識工学。ノレッジ・エンジニアリングともいう。略KE

**ナレッジ・マネージメント** 知識管理、知的資産管理。社員が業務上で得た知識や習得したノウハウを企業全体で一元

管理・共有して、経営戦略や製品開発などに役立てようとすること。**略**KM

**ナローキャスティング** ケーブルテレビなどのように、特定地域の視聴者を対象とした放送。

**ナロー・シルエット** ほっそりしたラインに仕上げられ、体にぴったりしたファッション。

**ナローバンド** 狭帯域。伝達路が狭く、低速な通信回線。

**ナン** インド・パキスタンの平焼きパン。発酵させたパン生地をタンドールという壺状のかまどに張り付けて焼く。

**ナンセンス・コメディー** ばかばかしい喜劇。

**ナンバーズ** 買う人が3桁または4桁のくじの番号を自由に選べる方式の宝くじ。

**ナンバー・スクール** 日本の戦前の旧制高校。設立順に数字の学校名がつけられており、一高から八高まであった。九高以降は地名で呼ばれた。

**ナンバー・ディスプレー** 発信者の電話番号が受信者に表示されるシステム。

**ナンバー・プレート** 番号札。自動車の登録番号を記した板。

**ナンバリング** 通し番号を付けること。また、その器械。

**ナンプラー** タイ料理で使われる調味料。魚醬。**同**ニョクマム

**ニア・イースト** 近東。ユーラシア大陸から見て東に位置する国や地方のうち、西南アジア、バルカン半島の諸国や地方をさす。

**ニア・ピン** ①ゴルフでどれだけピンのそばに打てるかを競うゲーム。②惜しいほど近いこと。

**ニア・ミス** ①航空機間の異常接近。②距離が離れていてほしい人などと接近してしまうこと。

**ニーズ** ①要求。需要。必要とするもの。②NIES。新興工業経済地域。近年急激に工業成長を遂げた国や地域。

**ニート** ①学校を卒業しても就職もアルバイトもしない無業の若者。②〜な きちんとした。こぎれいな。

**ニードル** 針。縫い針。編み針。
**ニードルポイント・レース** 糸輪を組み合わせながらかがって作る透かし穴飾りレース。ボビンを使わず縫い針だけで作業する。
**ニーマン・フェローシップ** アメリカのハーバード大学のジャーナリスト特別研修制度。世界各国のジャーナリストに門戸を開き、1年間自由研究のチャンスを与える。
**ニールセン調査** アメリカの会社ニールセンが行う視聴率調査。
**ニー・レングス** ①パンツ・スラックスなどの膝までの寸法。②膝丈の靴下やブーツ。
**ニグロイド** 黒色人種。黒人。一般的にはアフリカンニグロを意味する。同ネグロイド
**ニグロ・スピリチュアル** 黒人霊歌。1920年ごろアメリカ南部で誕生した福音賛美歌。ゴスペルもこの一種。
**ニッカーボッカーズ** 膝下でボタンやベルトで絞る形式の半ズボン。乗馬やゴルフのファッションとして広まった。ニッカボッカともいう。
**ニッカド電池** ニッケル・カドミウム電池の略称。アルカリ蓄電池の一種で、ニカド電池ともいう。陽極に水酸化ニッケル、陰極に金属カドミウム、電解液に水酸化カリウムを使用した充電可能電池。
**ニッケル** 銀白色の金属。合金の材料やメッキの材料に使用される。元素記号はNi。
**ニッター** (毛糸で)編む人。編み機。
**ニッチ産業** 他の企業が未発見、あるいは手つかずの分野や市場を発見して急成長する産業。すき間産業。
**ニッチ戦略** マーケティング手法の一種で、広く市場全体を対象とせず、あらかじめ絞り込んだ特定の分野、部門に対し集中的に攻略すること。
**ニット** 毛糸などを編んでつくった服や布地。
**ニッパー** 針金や導線を切るためのペンチに似た道具。
**ニップル** ①乳首。②両端にねじって切ってあるパイプ管。
**ニッポニア・ニッポン** 絶滅に瀕しているトキの学名。特別天然記念物、国際保護鳥に指定されている。
**ニトログリセリン** 硫酸と硝酸を混合して水を含まないグリ

セリンを処理して作るグリセリン硝酸エステル。刺激に敏感に反応し爆発する。ダイナマイトの基剤、ロケット推進剤の原料、血管拡張用医薬品などに用いる。

**ニトロセルロース** 硫酸と硝酸を混合してセルロースを処理して作るセルロース硝酸エステル。セルロイド、ラッカー、無煙火薬などの原料として用いられる。

**ニヒリスティック** 虚無的。虚無的なさま。~な

**ニヒリズム** 虚無主義。

**ニヒル** ①虚無。②冷酷で非情な雰囲気。~な

**ニュアンス** ①調子。色合い。②(音色、ことば、意図、感情などの)微妙な意味、あや。例 ~が異なる

**ニュー・イヤーズ・カード** 年賀状。

**ニュー・ウエーブ** 文学、芸術、思想などの新しい傾向。新しい波。

**ニュー・エージ・ミュージック** クラシック、ジャズ、民族音楽などのさまざまなジャンルの要素を総合した新分野音楽。精神的緊張をときほぐすことをテーマとする。

**ニュー・エコノミー** 拡大を続けるアメリカ経済に対する新経済学説。

**ニューカマー** 新しく来た人。新参者。大都市近郊に大都市から移住してきて、新興住宅地に住み、大都市に通勤する人々。

**ニュー・カラー** 従来のホワイト・カラーでもブルー・カラーでもない新しい勤労者階級。コンピュータ、エレクトロニクスなど先端技術のサービス業の労働者層をさす。

**ニュー・キモノ** 新進デザイナーなどによってデザインされた新しい感覚の着物。

**ニュー・クチュール** 1950年代のオートクチュールをイメージした新ファッションデザイン。現代の手法、素材でクチュール風の優雅なシルエットの美しい服を作る。→クチュール

**ニュークリア・ウインター** 核の冬。全面核戦争後、地球はちりや煙に覆われ、太陽光線が遮断されるために急速に冷却されるとする説。

**ニュークリア・フュエル** 核燃料。

**ニュークリア・ボム** 核爆弾。

**ニュー・サーティー** 団塊の世代。30歳代となった戦後ベビーブーム期生まれの人々。

**ニューサンス** 迷惑。不法妨害。直接の物理的な侵害によらず、他人の財産や生活を妨害すること。騒音、振動、臭気、煤煙など。

**ニュー・シネマ** 1970年ごろ、ベトナム戦争後のアメリカ人の若者意識を反映し、反体制的な新しい感覚でハリウッドを離れて作成されたアメリカ映画。

**ニュー・シルバー** 50歳以上の活動的な中高年者層。

**ニュース・アナリスト** ニュース解説者。テレビ・ラジオなどでニュースを分析し、解説する人。

**ニュース・エージェンシー** 通信社。契約した新聞社、テレビ局などの報道機関に対し、ニュースを提供する組織。

**ニュース・ソース** 情報源。情報提供者。

**ニュース・バリュー** 報道価値。ニュースの価値。

**ニュースペーパー** 新聞。新聞紙。

**ニューズレター** ①会社、官庁、学会などの組織体が発行する定期刊行物。回報。②購読契約者に配付される時事通信。

**ニュー・セラミックス** 陶磁器に似た、新しい建材製品などに用いられるもの。非金属物質の硅素を使用して作られ、熱に強く、硬くてさびないという特徴がある。同ファイン・セラミックス。

**ニュートラ** アメリカの伝統的なスタイルにヨーロッパ感覚の要素を加味したファッション志向。およびその着こなし。ニュー・トラディショナルの略。同ニュー・トラッド

**ニュー・トラディショナル** ⇒ニュートラ

**ニュートラリズム** 中立主義。中立政策。不偏不党。

**ニュートラル** ①中立。②車のギアが中立の状態。〜な

**ニュートラル・ゾーン** ①中立地帯。②アイスホッケーのリンクの中央区域。③アメリカン・フットボールでゴールラインに平行して引かれる2本の仮想の線の間。④競輪競技で走路の最内にある回避地帯。

**ニュートリノ** 中性微子(自然を構成している基本粒子の一族)。原子核が崩壊するときに放出される素粒子。

**ニュートロン** 中性子。原子核を構成する素粒子の一つ。電気的には中性で、核反応により発生し、放射性核物質の製

造、分析、結晶構造解析などに用いられる。

**ニュー・ハーフ** 外見は女性にしか見えない男性。

**ニュー・ビジネス** 社会の新しい動向に則して新たに生まれた産業。人材派遣業、カルチャーセンターなど。

**ニュー・プア** 生活水準は維持しているものの、余裕がないと思っている人々。

**ニュー・フィフティー族** 金銭的にゆとりのできた50代の人々。若いころかなえられなかった夢を趣味の世界で実現しようとする傾向がある。

**ニュー・フェイス** 新人、新参物。新人の映画スター。ニュー・フェースともいう。

**ニュー・ブラッド** 集団に活力を与える人。新人。

**ニュー・ブリーズ** 新しい風。アメリカのブッシュ大統領の就任演説の中の言葉。

**ニュー・フロンティア** ①新天地。新開拓者精神。②アメリカのケネディ大統領の打ち出した政策。福祉充実、人種差別撤廃などが主な目標。

**ニュー・ペインティング** 1980年ごろから隆盛してきた具象絵画の傾向。自由で激しく荒々しい筆致を特徴とする。

**ニュー・マン** 家事をそつなくこなす主婦型男性。

**ニュー・メディア** 通信エレクトロニクス技術の革新によって開発された新しい情報メディアの総称。インターネット、衛生放送、テレビ電話など。

**ニュー・モード** 最新の流行。主に服装について用いる。

**ニューヨーカー** アメリカのニューヨークに住む人。

**ニュー・ライト** 新保守主義。保守党内部の行動的な進歩派。

**ニュー・リッチ** 株、土地などの売買でバブル経済の恩恵を授かって資産を蓄積した新富民層。成り金。

**ニュー・レフト** 新左翼。既成左翼政党とは別に行動する新しい社会主義。

**ニューロコンピュータ** 人間の脳細胞の働きをモデリングした回路を組み込むことにより自己学習機能を持たせ、それを応用することを可能にしたコンピュータ。

**ニューロン** 神経単位。樹状突起と軸索突起までを含めた神経細胞の全体をいう。

**ニョクマム** ベトナム料理で使われる調味料。魚醬。**同**ナン

プラー

- **ニョッキ** パスタの一種。小麦粉に卵、牛乳などを加えて練り、棒状にのばした後、小さく切ってゆでたもの。
- **ニルバーナ** 涅槃。悟りの境地。
- **ニンバイ・シンドローム** 原子力発電所、核廃棄処理場、清掃処理場などの公共の施設の必要性は認めるが、自分たちの居住地域やその近隣に造られるのは困るという考え方。
- **ニンフ** ①ギリシア神話に登場する森、山、川などに住む妖精。②釣りエサなどに使う昆虫の幼虫。およびそれに似せた毛バリ。

- **ヌーディスト** 裸体主義者。
- **ヌード** 裸体。はだか。芸術における裸体。主に女性を指すことが多い。
- **ヌード・マウス** ネズミ科の哺乳類。実験用マウスの突然変異種で、無毛で免疫器官もなく、動物実験などをするうえで珍重される。
- **ヌートリア** カプリミス科の哺乳類。南アメリカに分布し、湖や川に生息する。ビーバーより小型で体長約40センチメートル、尾長約35センチメートルで、足には水かきがある。
- **ヌードル** 麺。そば状のもの。
- **ヌーベル** ①新しい。最近の。②フランス語の形容詞の女性形。→ヌーボー ③フランスの小説の一ジャンル。
- **ヌーベル・キュイジーヌ** 新しい傾向のフランス料理。新鮮な素材を生かし、盛りつけに気をつかった日本料理の影響を受けたともいわれる。
- **ヌーベル・グランマ** おばあちゃんの味。
- **ヌーベル・バーグ** 元来は新しい波の意。50年代後半ごろからフランスに現れた前衛的な映画監督および、その作品傾向。代表監督はゴダール、トリュフォーなど。
- **ヌーボー** ①新しい。新式。②フランス語の形容詞の男性形。→ヌーベル ③ぬうっとして、ぼーとしたつかみどころの

ない人。④ワインの新酒。
**ヌガー** キャンディーの一種。果実やナッツ類を混ぜた白くて柔らかいあめ。
**ヌクレオチド** 核酸の基本構成単位。塩基、五炭糖、リン酸から成る。

## ネ

**ネアンデルタール人** 洪積世にヨーロッパから西アジアに住んでいたとされる古生人類。
**ネイチャー** ⇨ネーチャー
**ネイティブ** ①土地の人。原住民。②自国の。土着の。③ネイティブ・スピーカーのこと。
**ネイティブ・スピーカー** ある言語を母語とした人。そのほとんどは英語をさす。略してネイティブとも。
**ネイバリング** 都市社会学の研究項目で、近隣関係のこと。
**ネイリスト** 爪の手入れをするのを仕事にしている人。同ネイル・アーティスト
**ネイル・アート** 爪に宝石をつけたり、絵を描いたり、つけ爪をしたりして飾るおしゃれ。同ネイル・ファッション
**ネイル・ケア** 爪の手入れ。
**ネイル・ポリッシュ** マニキュア液。同ネイル・エナメル、ネイル・ラッカー
**ネーチャー** ①自然。②本性。ネイチャーともいう。
**ネーチャリズム** 自然崇拝。
**ネーティビズム** 保護主義。排外主義。対グローバリズム
**ネーティブ** ⇨ネイティブ
**ネービー** 海軍。
**ネービー・ブルー** 濃紺色。イギリス海軍の制服の色。
**ネーブル** ブラジル原産のオレンジの一種。
**ネーミング** 名づけること。命名すること。
**ネーム** 名前。キャプション。
**ネームバリュー** 知名度。名声。名前の持つ価値。
**ネームプレート** 名札。表札。
**ネオ** 「新しい、近代の」という意味の接頭語。

**ネオクラシシズム** 新古典主義。

**ネオ・ジオ** 現代の大衆消費生活を表現しようという、現代美術の一手法。

**ネオ・シックスティーズ** 新60年代指向世代。反戦運動、ロック、ヒッピーなどに象徴される、活気あふれた1960年代に憧れる若者たちのこと。

**ネオテニー** 幼形成熟。メキシコのサンショウウオに見られるように、幼形のまま性的に成熟し卵を産めるようになること。

**ネオ・ナチズム** 新ナチズム。1960年ごろから始まった西ドイツを中心とした反ユダヤ主義、国家主義運動。略してネオナチ。

**ネオ・ファシスト** アメリカ、ドイツ、イタリア、イギリスなどにおける新興右翼運動。一党独裁の新国家主義を主張する。

**ネオポリス** 新しく開発された都市、市街地。新都市。

**ネオマイシン** 抗生物質の一つ。放射菌から得られ、目や皮膚の疾患に用いる。同フラジオマイシン

**ネオロジズム** 新語。または新語を創作したり、使用したりすること。

**ネガ** (写真の)陰画。映画、写真の画面とは逆の白黒(原板)。対ポジ

**ネガティブ** ①〜な否定的な。消極的な。マイナス志向の。対ポジティブ ②(写真の)ネガ。対ポジ

**ネガティブ・アプローチ** 商品の否定的側面をあえて強調し、自社製品のよさを認識させる広告の手法。対ポジティブ・アプローチ

**ネガティブ・オプション** 購入申し込みを受けない相手に商品を送りつけ、返品か拒否の通知がない場合、代金を請求する通信販売方法。

**ネガティブ・スペース** 利殖に適さない、価値のない土地。無駄な場所。

**ネクスト** 次の。

**ネクター** ①果汁が濃厚な飲みもの。②ギリシャ神話で神々が飲む赤い酒。

**ネグレクト** ①無視。軽視。②親の義務を怠ること。育児放

棄。
**ネグロイド** ⇨ニグロイド
**ネクロフィリア** 死体性愛家。
**ネクロフォビア** 死体恐怖症。死亡恐怖症。
**ネクロポリス** (廃虚となった)死の街。共同墓地。
**ネゴシエーション** ①交渉。協定。②取引。③手形を切ること。
**ネゴシエーター** 交渉人。立てこもった犯人と人質解放などの交渉をする人。
**ネチケット** パソコンのネットワーク上で情報のやりとりをする際のマナー。
**ネッカチーフ** 女性が装飾、保温用に首のまわりに巻く薄い布。
**ネック** ①首。②仕事などでの妨げ。障害。隘路。
**ネッシー** スコットランドのネス湖にいるといわれている怪獣。
**ネット・イン** テニスやバレーボールなどでボールがネットに当たってから相手のコートに入ること。
**ネット・オークション** インターネットで行われる競売。
**ネット家電** 情報処理機能と通信機能をドッキングした家庭電気製品のこと。パソコン、デジタルカメラ、携帯情報端末機など。
**ネットサーフィン** インターネットであれこれと検索すること。WWWという大海原をリンクを次から次へたどって、世界中にさまざまなウェブページを渡り歩くことから。
**ネット・トレーダー** インターネットで株式売買ができるシステムのこと。
**ネット・バンキング** インターネットで銀行口座の残高照合、振り込みなどのサービスを受けられるシステム。
**ネットワーク** ①放送網。②(同一の目的を持った)網状の組織。企業の事務所網。
**ネットワーク・アーキテクチャー** 異なるコンピュータや端末機の技術基準を統一した通信体系。
**ネットワーク・システム** 情報処理の効率化・合理化を目的とした通信網システム。
**ネバー・アゲイン・キャンペーン** 原爆による被害を二度と

繰り返さないという平和運動。
**ネバー・ギブ・アップ** 決してあきらめるな。
**ネバー・セイ・ダイ** 弱音をはくな。決して死ぬというなの意味。
**ネバー・ハップン** 決しておこらない(強い否定)。
**ネバー・マインド** 心配するな。気にするな。**同**ドンマイ
**ネビュラ** 星雲。
**ネプチューン** ①海王星。②ローマ神話の海神、ギリシア神話のポセイドン。
**ネブライザー** 薬を霧状にする噴霧器。
**ネフローゼ** 腎臓障害。タンパク尿、低タンパク血症、浮腫などを伴う難病の一つ。
**ネル** ⇨ フランネル

**ノイズ** 騒音。雑音。耳障りな音。
**ノイズ・リダクション** 録音テープのノイズを減少させる回路。**略**NR
**ノイズレス** 雑音のない。
**ノウハウ** ⇨ ノーハウ
**ノエル** ①クリスマス。②木の幹の形をしたフランスのクリスマス・ケーキ。
**ノー・ギャラ** 報酬がないこと。ただで仕事を受けること。
**ノー・ゲーム** スポーツの無効試合。
**ノー・サイド** ラグビーでの試合終了。
**ノーズ・アップ** 自動車を急発進や急加速した場合に、前部が浮き上がる現象。
**ノー・スリーブ** 袖なしの女性服。
**ノー・タイム** ①時間がないこと。②球技で、中断していた試合の再開。
**ノー・タックス** 無税、免税。
**ノータム** 安全運行のために出される航空情報。
**ノー・チェック** 検査しないこと。
**ノート・テーカー** 聴覚障害者のためにノートをとって援助

する人。
**ノートPC** A4サイズ以下の大きさで、厚さは数センチ、軽量で持ち運びできるパソコン。ノートパソコン。
**ノー・ネクタイ** ネクタイをつけないこと。ノータイとも。
**ノー・ハウ** ①製法や仕事のやり方などのコツ、知識。②技術情報。ノウハウともいう。
**ノー・パン** パンツやパンティーをはいていないこと。
**ノービリティー** ①気高さ。高潔。②貴族社会。貴族階級。同ノーブレス
**ノー・ブラ** ブラジャーをつけていないこと。
**ノー・ブランド** 商品の一般名だけを表示した、メーカーのブランド名のついていないもの。日用雑貨商品に多く、価格が安い傾向がある。同ジェネリック・ブランド
**ノーブル** 高貴な。気品のある。~な
**ノーベル賞** ダイナマイトの発明者である、スウェーデンのA.ノーベルの遺産を基金にした権威ある賞。物理学、化学、医学、生理学、文学、経済学、平和の各分野に功績のあった人に与えられる。
**ノーホー** ニューヨーク市マンハッタン島ハウストン通り北の地区にある若い芸術家の街。
**ノー・マーク** とりたてて注意を払わないこと。
**ノーマライゼーション** ①正常化、標準化。②お年寄りや障害者と健常者を区別せず、社会の中でともに生活していこうとする理念。ノーマリゼーションともいう。
**ノーマル** 普通の、通常の、標準の。~な 対アブノーマル
**ノーマル・ヒル** スキーのジャンプ競技で、かつて70メートル級ジャンプといわれていたもの。→ラージ・ヒル
**ノー・ミス** 間違いや失敗が一つもないこと。
**ノー・メーク** 化粧していないこと。すっぴん。
**ノー・モア** もう…しない。もう…いらない。
**ノー・ワーク・ノー・ペイ** 働かなければ賃金を支払わないという原則。
**ノクターン** 夜想曲。形式、内容とも自由で、ピアノのための小曲に用いられた名称。
**ノクトビジョン** 暗視装置。物体に赤外線をあててその反射光の強さで物体像をとらえる装置。

**ノスタルジー** 郷愁、懐古趣味。同ノスタルジア
**ノスタルジック** 郷愁を感じさせる、昔なつかしい、懐古的な。
**ノズル** 筒口。液体や気体を吹き出すための噴射口。
**ノッキング** ①ノックすること。②自動車のエンジンの燃料爆発のサイクルが崩れて、異常な音を出すこと。またそれに伴う自動車の振動。
**ノックダウン家具** 半製品の家具。組み立ては自分で行う方式の家具。
**ノックダウン輸出** 部品を輸出して、組み立ては現地で行う輸出の仕方。自動車などに多く見られる。
**ノッチド・カラー** 背広などの、刻みの入った襟。
**ノッチバック** 車体の客席と後部のトランク部分に段差のあるもの。
**ノット** ①(ネクタイなどの)結び目。②船の速力を表す単位。1ノットは1時間に1海里(1852メートル)進むこと。記号はkt。
**ノバ** 新星。
**ノブレス・オブリージュ** 高い地位や身分の人はその地位に伴うだけの行動をする義務があるという意味。
**ノベライゼーション** テレビや映画でヒットした作品を小説化すること。
**ノベルティー** ①珍しいもの。新奇なもの。新案商品。②宣伝のために消費者に配る景品のこと。例～・グッズ
**ノマド** 遊牧民。放浪者。
**ノマドロジー** 遊牧民のように自由に生きようという思想。
**ノミナリズム** 唯名論。普遍という概念は個体から抽出した名前・記号にすぎないという中世哲学。
**ノミナル** 名目上の。名ばかりの。
**ノミナル・レート** 名目だけの為替相場。市価や関連商品などから判断した相場。
**ノミネート** 賞などの受賞候補として推薦すること。する
**ノモグラフ** 計算図表。同ノモグラム
**ノラ イズム** 女性が古い因習から逃れ独立して人間らしく生きようというもの。
**ノルアドレナリン** 副腎ホルモン。神経伝達物質の一つ。
**ノルディック** ①北欧人種。②スキー競技で、距離・ジャン

プ・複合の3種目の総称。
**ノルマ** 個人が果たすべき割り当てられた一定の仕事量。**例**〜を果たす
**ノレッジ** ⇨ナレッジ
**ノロウイルス** 食中毒を起こすウイルスの一種。
**ノワール** ①黒の。黒色の。②陰気な。
**ノン・インパクト・プリンター** 電気、熱、光などを利用し、印字出力する装置のこと。
**ノン・カロリー** カロリーのない。低カロリーの。
**ノン・キャリア** 国家公務員Ⅰ種試験合格者をキャリアというのに対して、そうでない国家公務員のこと。一般に幹部候補ではない職員や社員。
**ノン・シュガー** 砂糖分の入っていない、砂糖分のない。
**ノンステップ・バス** 乗降口の段差の小さい無断差バス。
**ノンストップ** ①途中で止まらないこと、やめないこと。②主に鉄道、バスなどの交通機関で無停車の。直行の。
**ノン・タリフ・バリア** 非関税障壁。輸入手続き、検査基準などのこと。
**ノンバーバル・コミュニケーション** 言葉に頼らないコミュニケーション。写真、イラスト、音楽、表情、身ぶりなどのいろいろな手段を用いる。
**ノン・バンク** 預金などを受け入れない金融業者。クレジット会社、信販会社、リース会社、ファイナンス会社など。
**ノンフィクション** 事実に基づいた記録文学。伝記、紀行、ルポルタージュなど。**対**フィクション
**ノン・フライ** 油で揚げてない。
**ノンブル** 本の各ページを示す数字。
**ノンプロ** 職業としてのプロ選手でないこと。
**ノンポリ** 政治に無関心な学生。
**ノンリコース・ローン** 非遡及型融資。債務者が借入返済できないときでも担保物件以外は遡及しない融資。
**ノン・ルフールマンの原則** 亡命者や難民を迫害される可能性のある本国やその他の地域へ送還したり、追放したりしてはいけないという国際法上の原則。
**ノンレム睡眠** 正常な睡眠。レム睡眠でない睡眠。**対**レム睡眠

**パーカー** 本来はエスキモーなどが常用する、フードのついた毛皮製ジャケットのこと。現在ではフードつきの上着、コートなどの総称。

**パーカッション** ドラム、シンバルなどといった打楽器。

**パーキング・ドライバー** 有料駐車場やレストランなどの駐車場で客の車をあずかってうまく駐車する運転係。

**パーキング・メーター** 路上駐車場に設置された駐車料金徴収器。

**パーキンソン病** 進行性の慢性神経病で、難病の一つ。手足のふるえ、筋肉の硬直、平衡障害などの症状が見られ、中年以後に多い。

**パーク・アンド・ライド** 最寄りの駅に自分の車を駐車し、そこから電車やバスで通勤すること。

**パーク・ファクトリー** 見学してもらうことを目的に工夫された新型の工場。レストランやバーなどが併設されている工場もある。

**バーゲニング・パワー** 国際間の交渉、折衝において対抗する力。交渉力。

**バー・コード** 商品の識別や管理のため、商品分類や価格などの情報を棒状の印(バー)で表した記号。光学機器によって読み取る。スーパーマーケット、図書館の貸し出し管理など多方面で用いられている。

**パーゴラ** つる性の植物をはわせた棚や門。

**パーコレーター** ①ろ過器。②ろ過装置のついたコーヒー沸かし。

**パーサー** 船舶・旅客機などの事務長。接客係の主任責任者。

**バーサス** 争っている当時者同士を対立させていう言葉。対(たい)。**略**v.、vs. **例**A〜B

**パージ** 粛正。追放。

**パーシャル** ①部分的な。偏った。不公平な。②部分的凍結の意。零下3度前後で鮮度を保つ鮮魚などの貯蔵法。

**バージョン** ①作り変えたもの。改作。…版。②コンピュー

タのプログラムの版。
**バージョン・アップ** ①改良すること。②コンピュータのプログラムの一部を改良すること。または改良して機能をよくしたプログラム。する
**バージン** ①処女。②未使用の、初めての。
**バージン・スノー** だれにも踏まれていない降り積もった雪。
**バージン・ロード** 教会での結婚式で、花嫁が父親と腕を組んで通る中央の通路。
**バース** ①船舶の停泊用水域・停泊位置。②列車や船などに設置されている寝台・寝だな。③生まれること。
**バース** ①遠近法。透視図法。②財布。
**バース・コントロール** 産児制限。受胎調節。バスコン。
**バースト** ①破裂。爆発。②タイヤが破裂すること。③宇宙線によって瞬時にイオンが大量発生する現象。
**パースペクティブ** ①遠近法。透視図法。②見取り図。③将来の見通し。展望。例〜を持つ
**パーセク** 天体の距離単位。1パーセクは約3.26光年で約30兆8600億kmに相当。記号はpc。
**パーセプション・ギャップ** 各国の言語・習俗などの違いのため、物事の認識の仕方にくい違いが出ること。外交上、当事国同士の問題認識についてよく用いられる。
**パーセンテージ** 百分率。百分比。
**パーソナリティー** ①個性。人格。性格。②ラジオのディスクジョッキー。司会者。例番組の〜
**パーソナル** ①個人的な。一身上の。親展の。②個人用の。小さくて手軽な。
**パーソナル・コミュニケーション** 機器を媒介とせず、直接的、相互的に行われるコミュニケーション。口コミ。井戸端会議もさす。対マス・コミュニケーション
**パーソナル・コンピュータ** 個人や家庭での利用を目的としたマイクロコンピュータ。卓上に載り、本体価格も比較的安いのが特徴。パソコン。略PC
**パーソナル・チェック** 個人名義で振り出す個人小切手。
**パーソナル・ヒストリー** 個人史。自分史。経歴。
**パーソナル無線** 個人用無線。申請・登録すれば誰でも利用

できるようになった無線。
**パーソネル** 社員。職員。人員。人事係。
**パーソン・ツー・パーソン・コール** 指名通話。国際電話などで相手を指名する方式。同パーソナル・コール
**パーソン・トリップ調査** 個人交通調査。交通機関利用の実態把握のために実施される人の移動状態の調査。
**バーター** 物々交換。代金決済をしない交換貿易。例〜取引
**パーチェス** 購入。買入れ。買った品物。
**パーチメント** 羊皮紙。
**バーチャル** ①実質的な、事実上の。②仮想の。③バーチャル・リアリティーのこと。〜な
**バーチャル・アイドル** コンピュータ・グラフィックスで作られた美少女アイドル。
**バーチャル・リアリティー** 仮想現実。人工現実感。電子的技術によって作られた立体映像や人工触覚など、あたかも現実のように感じられるものや状況のこと。
**バーツ** タイの通貨単位。
**パーツ** 器具や機械の部品、部分品。
**バーディー** ゴルフで標準打数(パー)より1打少ない打数でホールアウトすること。
**パーティー・ライン** 3人以上の利用者が同時に話せる電話回線。
**バーティカル・インテグレーション** 直接生産販売。一つの組織が生産から販売までを一貫して行い、ほかの製造・流通機構が入らない態勢。
**パーティキュレート** 微粒子。粒状のもの。
**パーティクル** ①粒子。小片。②文書や記述の条項・項目。③前置詞や接続詞など語尾変化しない品詞。
**パーティション** ①分割。分配。②仕切り。間仕切り。特にインテリアとして装飾的な要素を持たせたもの。パーテーションともいう。
**バーテンダー** バーのカウンターでカクテルなどの酒をつくる人。
**バード・ウイーク** 愛鳥週間。毎年5月10日から16日まで行われる。
**ハードウエア** コンピュータの電子・機械装置。利用技術で

ある、プログラム、システムなどのソフトウエアに対して、機械そのもののこと。コンピュータ以外でも、ビデオソフトに対するビデオデッキのように機械装置の意味で広い分野で使われている。対ソフトウエア

**ハートウォーミング** 心あたたまる。

**バード・ウォッチング** 野鳥観察。探鳥。野外へ出かけ、自然の環境の中で野鳥観察を楽しむこと。

**バード・カービング** 本物そっくりの木彫りの鳥を作ること。

**ハードカバー** 丈夫なボール紙を芯にしてクロスや紙で包んだ表紙で装丁した本。上製本。硬表紙本。

**ハード・コア** ①中心となる部分。中核。②ポルノ映画などで性描写が極めて露骨なもの。例〜のポルノ小説

**バードコール** 鳥寄せの鳥笛。バード・ウォッチングで使われる。

**ハード・コピー** コンピュータの出力結果を記録紙に印字し、保存できるようにしたもの。対ソフト・コピー

**バード・サンクチュアリー** 鳥類の保護地域。野鳥を絶滅から守るために設置される野鳥の聖域。

**ハード・セル** 商品の価値を直接的に強く訴求する広告や販売方法。対ソフト・セル

**バードソン** 4人1組で、24時間以内に何種類の野鳥を観察できるかを競う競技。その数に応じて野鳥保護のための寄付をする。

**パートタイム・マザー** 仕事が主で、母親としての役目がパートタイムの仕事のようになっている主婦。

**ハート・ツー・ハート** 腹を割った。本心からの。

**ハード・ディスク** コンピュータの外部記憶装置の一つ。アルミニウムなどの円盤上に磁性体を塗り、回転させながら磁気ヘッドで書き込み、読み出しを行う。→フロッピー・ディスク

**ハードトップ** センターピラー(前後の窓を分ける柱)のない乗用車。屋根は幌ではなく金属製。

**ハード・ドラッグ** ヘロイン、モルヒネ、コカインなど、麻薬の中でも極めて習慣性の強いもの。

**パートナー** ①相棒。仲間。②共同経営者。③ダンスなどの相手。④配偶者。例人生の〜

**パートナーシップ** 提携。共同経営。

**パートバンク** パートタイム就労を希望する人を専門に就職の斡旋をする職業紹介機関。

**ハード・パンチャー** 力強いパンチを打てるボクサー。

**ハートブレイク** ①失恋。失意。②悲嘆。悲痛。

**ハード・ボイルド** 無駄な修飾を省き、乾いた文体で書かれた小説。探偵役の一人称の形で書かれる探偵小説が多い。

**ハード・ラック** 不運。不幸。災難。

**ハード・ランディング** ①硬着陸。航空機や宇宙船などが墜落するように急激に着陸すること。②金融市場での為替レートや金利の突発的な変化、景気の急激な失速など。 対 ソフト・ランディング

**ハードリング** 陸上競技で、障害(ハードル)を跳び越えること。

**ハードル** 障害物。邪魔者。

**ハード・ロック** エレキギターを中心にした、激しいロック音楽。

**パードン** ①語尾を上げて、何と言いましたかの意。②つい、うっかり犯した失礼な行為を詫びるときに使う。すみません、失礼しましたの意。 同 パルドン

**バードン・シェアリング** 責任分担。国際政治において、防衛・国際援助など種々の分野で国際的責任を分担し合うこと。

**バーナリゼーション** 春化処理。作物の種子をまく前に、人為的に低温処理をして生育を早めること。

**ハーネス** ①馬車馬の引き具。②登山のとき、ロープを身につけるための装具。③パラシュートの背負い革。④盲導犬の引き具。

**ハーバー** 港。船の着く所。

**バーバー** 理髪店。床屋。

**ハーバリスト** ハーブ愛好家。ハーブを採集する人。

**バーバル** 言語の。言葉の。口語の。 ～な

**ハーフ** ①半分。②ラグビーやサッカーで、フォワードのすぐ後ろのポジション。ハーフ・バックの略。③スポーツの試合で前半、後半のそれぞれ。④ゴルフで1ラウンドのうち、アウトあるいはインのどちらかをいう。⑤混血の人。

**ハーブ** 香草。薬草。風味用植物。
**ハーフ・アンド・ハーフ** 半々の。半分ずつ混ぜたもの。
**ハーフウェー** ①中間。途中。②野球でランナーが次の塁に向かって途中まで進んでいること。
**パーフェクト・ゲーム** ①完全試合。野球で、1人のピッチャーが相手チームを無安打、無得点、無四死球、無失策におさえた試合。②ボウリングで、1ゲームの12投すべてにストライクを出すこと。
**パーフォレーション** ①穴をあけること。②フィルムの両側にあいている送り穴。
**ハーフ・コート** 身丈(みたけ)が腰くらいまでの短いコート。半コート。
**ハープシコード** 16世紀から18世紀ごろによく使われた、鍵盤楽器の一種。ピアノの前身といわれ、ピアノを小さくしたような形をしている。同クラブサン、チェンバロ
**ハーフ・タイム** サッカー、ラグビーなどの試合で、前半戦と後半戦との間にある中休み。
**ハーブ・ティー** 香草の花や葉を煎じたお茶。
**ハーフ・ティンバー** 木材で骨組みを作り、その隙間の部分を石やれんがなどで埋める建築方式。
**ハーフトーン** ①音楽で半音。②印刷の網凸版。③中間色。明部と暗部の中間部分の色調。
**ハーフ・マラソン** マラソン(42.195km)の半分の距離(21.0975km)のマラソン。
**ハーフ・ミラー** ①ガラスの両面に反射膜を塗ったもので、明るいほうから見ると鏡だが、暗いほうからは透けて見える鏡。同マジック・ミラー ②熱線反射ガラス。建物の外装材によく使用されている。
**ハーフ・メード** ①半既製服。細かい部分は客の注文に応じて仕上げる半既製の洋服。②半調理した食品。
**パープル** 紫色。紫色の。
**バーベル** 鉄棒の両端に鉄製円盤状の重りをつけた運動用具。重量挙げや筋肉の鍛錬に使う。
**バーボン** トウモロコシとライ麦を原料とするウイスキー。米国のケンタッキー州バーボンで作られたことによる。
**パーマネント・ファイブ** 国連安全保障理事会の理事国であ

るアメリカ、ロシア、イギリス、フランス、中国の5か国のこと。**略**P5

**バーミキュライト** ひる石を高温で焼いて細かくした園芸用の土。通気性、保水性に富む。

**バーミセリ** スパゲティより細いパスタの一種。スープやその他スパゲティと同じように用いる。

**パーミッション** 許可。承認。同意。

**パーム** ①ヤシ科の植物の総称。②手のひら。

**パーム・ボール** 野球の変化球の一つ。親指と小指で球をはさみ、手のひらで押し出すように投げる方法。揺れながら落ちる独特の変化を見せる。

**ハーモニー** ①音楽の和音。②調和。一致。**例**美しい〜

**ハーラー・ダービー** 野球で、1シーズンを通じての投手の成績争い。特に勝ち投手になった回数争い。

**パーラメント** 国会。議会。

**バール** ①かなてこ。②圧力の単位。記号b、bar。1気圧＝1013ミリバール＝1013ヘクト・パスカル。

**パール** 宝石の一つ。真珠。6月の誕生石で「健康、清らか、富」の意味を持つ。

**ハーレクイン・ロマンス** カナダのハーレクイン・エンタープライズ社が出版している一連の若い女性向けの恋愛小説。結末はすべてハッピーエンドで終わる。

**バーレスク** 大衆向きの演劇。踊りや寸劇、滑稽喜歌劇などの総称。

**ハーレム** ①ニューヨーク州マンハッタン島北部の黒人地区。②⇒ハレム

**パーレン** 印刷組版で、丸かっこ( )のこと。

**バーン** 道。道路。**例**アイス〜

**バーン・アウト・シンドローム** 燃え尽き症候群。ストレスのため、心身のエネルギーが燃え尽きてしまった状態。突然無気力になったり、自己嫌悪に陥ったりする。猛烈型のサラリーマンなどに多く見られる症状。

**ハイ** ①高さや程度が高い。高級な。高率の。**対**ロー ②酒や麻薬などで興奮している状態。また、ある種の運動(マラソンなど)で気分が高揚している状態。**例**〜な気分

**パイ** ①小麦粉とバターを混ぜて練ったものを薄くのばし、

果物などを包み天火で焼いた菓子。**例**アップル〜　②取り分。割り当てられる前の総額。

**バイアグラ**　男性の勃起障害治療薬。アメリカの製薬メーカーが開発し、日本でも99年1月に医薬品として正式に認可。ただし、医師の診察の上、処方せんが必要。

**バイアス**　①布目に対して布地を、斜めに裁断すること。また、その布。②偏見。先入観。③真空管やトランジスタで、電流を抑えるために別に与えておく直流電流。

**バイアス・テープ**　斜め地の細い布テープ。

**バイアスロン**　冬季近代2種競技。スキーの距離競技と射撃を組み合わせたもの。

**ハイウェー・カード**　高速道路料金支払いのための専用プリペイドカード。

**バイエル**　初級用のピアノ教則本。ドイツの作曲家フェルディナント・バイエルが作った。

**ハイ・エンド**　高級志向。高級志向の。高級の。**対**ロー・エンド

**バイオ**　①生命、生物を意味する接頭語。②バイオテクノロジーの略。**例**〜技術　→バイオテクノロジー

**バイオ・インダストリー**　生命産業。生命工学を利用して有用物質を生産する産業。遺伝子組み換えによるインターフェロンの量産などが実用化されている。

**バイオエシックス**　生命を扱う際の倫理。今までの生命観では判断できない遺伝子操作、臓器移植、脳死などの問題に取り組むこと。

**ハイ・オクタン**　オクタン価の高いガソリン。略してハイ・オクとも。

**バイオグラファー**　伝記作家。

**バイオグラフィー**　伝記。伝記文学。

**バイオクリーン・ルーム**　無菌室。有害な微生物が除去された部屋。

**バイオケミストリー**　生化学。

**バイオ食品**　バイオテクノロジーを利用し作り出される食品。応用範囲は非常に広く、野菜、発酵食品、着色料などに用いる。

**バイオスフィア**　生物圏、生存圏。スフィアは球体・範囲の

意で、生物が生息し得るあらゆる地球上の範囲のこと。
**バイオセラミックス** 生体セラミックス。人工骨や人工歯根など生体の代わりとして用いられる。
**バイオテクノロジー** 生命工学。生命技術。遺伝子組み換え、細胞融合など生命体の構造を解明したことによる知識を各種産業分野に応用する技術の総称。単にバイオともいう。
**バイオテレメトリー** 生物遠隔測定法。生物体に発信機を取りつけ、遠隔測定して固体の移動状況や分布などの生体情報を収集する技術。特に海洋生物に用いられる。
**バイオトロン** 温度、湿度、光、明暗周期などを調節し、さまざまな環境を作り出すことができる実験室。生育する環境が生物に与える影響を調べるときなどに使われる。
**パイオニア** 開拓者。先駆者。**例**〜精神
**バイオニック** ①生物工学の。②超人的な。
**バイオノイド** ロボット人間。SFやアニメに登場する、人間に近いロボット。
**バイオハザード** 生物災害。生物障害。研究・実験用の病原体や微生物が研究施設から流出した際に危ぶまれる人間や自然の生態系に及ぼされる影響。
**バイオプシー** 生体検査。病気を確定するため、生体組織の一部を切り取って検査する方法。主にガン検査などに利用される。
**バイオホロニクス** 生体の機能の根本にあたる個々の要素と全体の調和を究明して、医学、薬学や工学などに応用しようというもの。
**バイオマス** ①一定の区域内に生存している生物体の量。②エネルギー資源としてみた生物体。生物由来資源。
**バイオマテリアル** 生体適合材料。人工骨や人工関節などに利用されるバイオセラミックスなどをいう。
**バイオミメティクス** 生体模倣。生物体の本質的な働きを研究し、新たな技術を開発しようとする学問。
**バイオ・ミュージック** ストレス解消のための音楽。クラシック調旋律を基盤にした、静かで次第に明るくなる音楽。
**バイオメトリックス認証** 個人を本人確認する際に、指紋や眼球の奥の虹彩（ひとみの外側の模様）、声などの身体的特徴によって確認を行なう認証方式のこと。

**バイオリズム** 人間の体・感情・知性が生命活動の中に持つ一定の周期的リズム。

**バイオレット** ①スミレ。特に外国種のニオイスミレ。②スミレ色。

**バイオ・レメディエーション** 微生物を利用して、有害物質に汚染された土壌や地下水などを浄化する環境改善技術。二次汚染が少なく低コストが大きな特徴。

**バイオレンス** 猛烈さ。暴力。暴行。激しさ。

**バイオロジー** 生物学。生態学。生物あるいは生命現象などを研究分野とする学問。

**ハイカー** ハイキングをする人。

**ハイカラ** 西洋風の。流行の。流行を追う人。新しくしゃれた感じ。明治時代、洋行帰りの人が丈の高いカラーを着用したのが流行の先端となったところから。~な

**ハイ・キー** 映画やテレビの撮影で、照明を強くするなどの処理によって、明るい調子に仕上げた画面・画像。

**バイキング** ①7、8世紀以降、スカンジナビア半島を拠点にヨーロッパ各地に進出したノルマン人の別称。②バイキング料理の略。一定の料金で各種の料理を好きなだけ食べられる食事の形式。

**ハイ・クオリティ** 高品質の、高級な。~な

**ハイ・グレード** 良質の。高級な。高性能な。~な

**バイコロジー** アメリカで生まれた市民運動の一つ。公害の象徴的存在である自動車を拒否し、自転車に乗って人間性を回復しようという運動。

**バイコロビクス** サイクリングによる健康増進法。バイク(bike)とエアロビクス(aerobics)からの造語。

**バイシクル・キック** ⇒オーバーヘッド・キック

**バイシクル・モトクロス** 自転車競技の一つ。障害物を越えたり、ジャンプしたりしながら起伏に富んだコースを走り抜く競技。

**ハイ・ジャック** 飛行中の航空機の武力による乗っ取り。

**ハイ・ジャンプ** 走り高跳び。

**バイス** 官名・職名につけて、「副・次・代理」などを表す接頭語。例 ~プレジデント

**ハイ・スクール** 日本では高校のこと。

**バイスタンダー** 傍観者。見物人。そばにいる人。

**ハイスピード・スチール** 高速度鋼。金属を高速で削ったり、切ったりするのに用いる特殊鋼。耐熱性に富む。

**バイス・プレジデント** 副大統領。副総裁。副社長。副学長。

**バイセクシュアル** ①雄雌同体の。②両性愛者。異性、同性どちらに対しても性的欲求を持つ人。

**ハイ・センス** 好みや趣味が高尚ですてきなこと。~な

**ハイソ・カー** 高級志向車。

**ハイ・ソサエティー** 上流社会。上流社交界。

**ハイ・タッチ** ①現代の高度技術社会において必要とされる心の触れ合いがある人間関係。②スポーツで成果をあげたときなどにチームメートや仲間と手を高く上げてする喜びのタッチ。

**バイタミン** ⇒ビタミン

**バイタリティー** 活力。活動力。生活力。

**バイタル** ①生き生きした。活力あふれる。生命を維持するのに必要な。②重大な。

**バイタル・サイン** 生命徴候、生存徴候。呼吸、体温、心拍など生きている徴候。

**ハイツ** 高台。高台にある集合住宅。高層マンションの名にも使われる。

**ハイ・テク** ⇒ハイ・テクノロジー

**ハイ・テクノロジー** 先端技術。高度科学技術。マイクロエレクトロニクス、半導体素子技術(超LSIなど)、遺伝子操作の技術などのこと。ハイ・テクと略す。

**ハイ・テク・ビル** ⇒インテリジェント・ビル

**ハイ・デッカー** 高床式のバスや電車などの車両。普通のものより座席が高いので眺めがよく、観光バスや特急列車などに採用されている。

**バイト** 情報量の単位。コンピュータで扱う情報量の単位。1バイトは8ビットで$2^8$、すなわち256通りの情報量を示す。→ビット

**ハイドロカルチャー** 水耕園芸。土を使わず、人工培養土と水溶性の肥料を用いて観葉植物などを栽培すること。

**ハイドロダイナミックス** 流体力学。同ハイドロメカニクス

**ハイドロプレーニング** 自動車が雨で濡れた道路を高速走行

すると路面とタイヤとの間に水の膜ができてブレーキやハンドルが利かなくなる現象。

**ハイドロポニックス** 水耕栽培。水耕法。

**ハイドロメカニクス** 流体力学。同ハイドロダイナミックス

**バイナリー** ①二要素から成った。②二元の。二進法の。

**バイナリー兵器** 化学兵器の一つ。2種類の化学物質を分離して弾頭に封入しておき、爆発時に混合・反応させて猛毒ガスを発生させる。

**バイノーラル** ①両耳の。②両耳で聞く広がりのある音響差の再生装置。またはその方式。

**ハイパー** 「超えた、超越した」の意味を表す接頭語。スーパーよりもさらに強い感じがするため、最近よく使われる。

**ハイパーインフレーション** 超インフレーション。非常に短い期間に物価の上昇と貨幣価値の下落が起こる激しいインフレ。

**ハイパーサーミア** 温熱療法。発熱療法。がん治療法の一つとされ、患部を加熱する療法。

**ハイパー・スタグフレーション** 不況時の超インフレ。

**ハイパーソニック** 極超音速。音速の5倍以上の速さ。

**ハイ・ハードル** 陸上競技の種目。110メートル障害競走。

**ハイパーマーケット** 巨大スーパー。超大型マーケット。広大な売り場面積と駐車場を持つ郊外型店舗。

**ハイパーメディア** 映像や音声などのメディアの特質を生かし、相乗効果によってより高次元のメディアを実現させること。

**バイパス手術** 詰まった血管などに迂回路をつけ、血液の流れをよくする手術。特に心臓の冠状動脈の異常や腸炎の際によく用いられる。

**バイパス・スクール** 大検受験者や帰国子女が大学に入るための予備校や塾。

**ハイビジョン** 高品位テレビ。NEKが研究・開発を進めてきた次世代のテレビ方式。解像度が現行のものの5倍となり35ミリの映画に相当する画質を持つ。

**パイピング** 共布などを使って布の端をほつれないようにすること。最近は装飾の一手法として使われる。

**バイブ** ⇨バイブレーター

**ハイ・ファイ** レコード、ラジオなどの再生音が原音に極めて近いこと。再生音の質が高いこと。またはその装置。ハイ・ファイデリティーの略。

**パイプ・カット** 男性の避妊手術の一つ。

**パイプライン** 石油、天然ガスなどを送るための輸送管。

**ハイブラウ** ①知識人。教養人。②知識・教養をひけらかす人。③教養のある。ハイブローともいう。例～な会話

**ハイブリッド** ①雑種。混成物。複合型。②パソコンでウィンドウズとマッキントッシュの両方で使えるソフト。

**ハイブリッド・カー** ガソリンエンジンと電動モーターなど、二つの動力源を組み合わせた自動車。

**ハイブリッド米** 雑種第1代のイネ。収穫量が多い。

**ハイブリドーマ** 雑種細胞。細胞同士を融合させたもの。がん治療用の抗体を作るのに役立っている。

**バイブル** ①聖書。②必読の本。ある分野で読んでおくべき書物。例この参考書は受験生の～

**バイブレーション** ①振動。②音や声を震わせること。同ビブラート

**バイブレーター** 振動を起こすための機械。振動装置。電気あんま。

**バイプレーヤー** 映画や舞台のわき役・助演者。例味のある～ 同サイドプレーヤー

**ハイブロー** ⇨ハイブラウ

**ハイフン** 英語などで、完全な複合語ではないが1語に相当するとき、語と語をつなぐために用いる記号。短い横線 - で表す。

**ハイ・ペース** 進行速度が速いこと。

**ハイボール** ウイスキーを炭酸水で割り、氷を入れた飲み物。

**ハイ・ポリティックス** 軍事や政治問題に限定した狭義の外交。貿易や通貨などの経済問題に対していう。対ロー・ポリティックス

**バイマンスリー** ①一月おきの。隔月の。②隔月刊行物。

**ハイミス** 結婚適齢期を過ぎても未婚のままの女性。オールドミスに代わる言葉として使われるようになった。

**ハイム** 家庭。わが家。集合住宅の名称としても使われる。

**バイメタル** 熱膨張率の違う2種類の金属を張り合わせて作

った板。温度によって曲がり方が変わる性質を利用して、自動温度計や温度調節装置に用いる。

**ハイヤー** ①雇う。②運転者つきで自動車を借りる貸自動車。英米には日本式のハイヤーはなく、タクシーのみ。

**ハイライズ・ビル** 高層建築。高層ビル。

**ハイライト** ①絵や写真で最も明るい部分。②映画、演劇、スポーツなどで、最も際だった興味ある場面。見せ場。やま場。例この番組の〜

**バイライン** 新聞や雑誌などの署名を入れる行。または署名入りの記事。

**バイラテラル** 双方の。二国間の。二者間の。〜な

**ハイランド** 高地。高原。高原の別荘地や遊園地の名称にも使われる。本来はスコットランド北部地方の高地をさす。

**ハイリスク・ハイリターン** 投資家が、失敗する危険性も高いが、成功すれば非常に大きな利益を得る可能性もある事業を主体に資金を運用すること。一般に、高利益が期待できるものは危険性も高いということ。

**バイリンガル** 二か国語の。二か国語を話せる(人)。

**バイリンギャル** 帰国子女の女子の別称。二か国語が話せるギャルの意。

**パイル** ①布地の表面をけばだたせたもの。タオルの輪奈(わな)やビロードのけばの類。例〜織物 ②建築・土木の基礎工事で地下に打ち込むくいのこと。③原子炉。

**パイル・ドライバー** ①くい打ち機。②プロレス技の脳天くい打ち。

**パイレーツ** ①海賊。②書籍や音楽などの著作権侵害者。

**パイレーツ・パンツ** 海賊がはいていたような女性用の短いズボン。

**ハイレグ** 水着やレオタードなどで、股下から腰にかけて深い切れ込みのある裁断。ハイレグ・カットとも。

**ハイ・ローラー** 金遣いの荒い人。大金を賭ける人。

**パイロット事業** 本業以外に試みる実験的、試験的な事業。

**パイロット・ファーム** 試験農場。

**パイロット・フィルム** スポンサー獲得のためにつくられる企画書に忠実な見本映画。

**パイロット・ランプ** 電気器具や回路などの作動状況を示す

小型電球。

**パイロン** ①飛行機のエンジンを吊り下げる支柱。②とんがり帽子型のプラスチック製標識。

**パイン** ①マツ。②パイナップル。

**バインディング** ①束ねること。縛ること。②ラグビーのスクラムやラックなどでがっちりと組み合うこと。③スキー板やスノーボードを靴に取りつけるための金具。

**パイント** ヤード・ポンド法による液体容積の単位。1パイントは、アメリカでは約0.47リットル、イギリスでは約0.57リットル。記号はpt。

**ハウジング** 土地、住宅、インテリアなどのすべてを扱う住宅関連産業の総称。

**ハウスウエア** 家庭用品。食器、テーブルクロスなどの台所用品から収納器具までのさまざまな日用品。

**ハウス・カード** デパートやスーパーが顧客サービスのため発行しているクレジットカード。系列店、関連グループ内で使用でき、割引きなど各種の特典がある。

**ハウスキーパー** ①家政婦。②住宅・事務所の管理人。

**ハウス・キーピング** ①家事。②事務所の管理・経営。

**ハウス・クリーニング** ①住宅を徹底的に掃除すること。大掃除。②業者による一般家庭の清掃。忙しい主婦や単身者の利用が増えている。

**ハウス・ダスト** 室内のほこり。アレルギー疾患の病原体の一つといわれている。

**ハウスハズバンド** 主夫。妻が仕事で外に出ているため代わりに家事・育児をする夫。

**ハウス・ビル** 同じ企業の本支店間の決済のために振り出される為替手形。

**ハウス・マヌカン** ブティックで自社の商品を着て店頭に立つ販売員。本来はオート・クチュール(高級注文服)専属モデルのこと。

**ハウス・ミュージック** ダンス・ミュージックの一種。ドラムやシンセサイザーを主体とし、音源を編集したのりのよい音楽。

**ハウス・ワイン** レストランで出される安価なワイン。

**パウダー** ①粉、粉状のもの。②おしろい。③ベビーパウダ

ーのこと。④火薬。

**パウダー・スノー** 粉雪。

**パウダー・ルーム** 女性用の手洗い所、化粧室。

**パウチ** ①小さな袋状のもの。②写真や書類をフィルムではさみ、包むように加工すること。→ラミネート

**バウチャー** ①保証人。②引換券。クーポン。受領証。割引券。

**ハウ・ツー** 方法、やり方の意。初歩的な技術や方法をやさしく解説した「○○のしかた」的な本を「ハウ・ツーもの」という。

**バウハウス** 1919年にドイツのワイマールに開校された総合造型学校。その後の建築やデザインなどに大きな影響を与えた。

**バウムクーヘン** ドイツの菓子の一種で、木の菓子の意。太い棒に小麦粉、バターなどで作ったたねを、少しずつ塗りつけながら焼いたもの。断面が木の年輪のように見えることから。

**ハウリング** ①音響の再生作用。いったんスピーカーから出た音がマイクやプレーヤーなどに入って耳障りな雑音を発生させる現象。②犬などの遠吠え。風の音。わめき声。

**パウンド・ケーキ** 小麦粉、卵、砂糖、バターなどを混ぜて焼いた菓子。各材料を1ポンドずつ混ぜ合わせたところからついた名。

**ハウンド・トゥース** 千鳥格子の柄。

**ハウンド・ドッグ** ①猟犬。②女性の尻ばかり追いかける男性を意味する俗語。

**パエリヤ** スペイン風の炊き込みご飯。魚介類、トマトなどを加え、サフランで色と香りをつけたもの。パエージャともいう。

**パオ** 蒙古人の天幕式家屋。分解、組立が容易で遊牧民との生活に適している。包と書く。

**パオズ** 中国のまんじゅう。小麦粉にイースト菌を加えて発酵させ、中に肉や餡などを入れて蒸したもの。

**バガボンド** 放浪者。浮浪者。

**バカラ** トランプゲームの一種。胴元と客は1対1で勝負する。2〜3枚の手札の数字を合計し、下1桁の大小を競う。

**バカロレア** フランスの中等教育修了を証明する国家試験。合格すると大学の入学資格が与えられる。
**バカンス** 長期休暇。それを利用した旅行。
**バギー** ①簡素な乳母車。②荒地走行用自動車。
**バギー・ルック** 袋のようにだぶだぶのファッション。1977年ごろから流行し、バギー・パンツ、バギー・シャツなどが代表的。
**バギナ** 女性の膣。同ワギナ
**バキューム** ①真空。②真空掃除機。
**バキューム・カー** し尿汲み取り自動車。
**バグ** コンピュータのプログラムの誤り。「バグる」と動詞的にも用いる。本来は虫の意。
**パクチー** コリアンダーのこと。
**バクテリア** 細菌。
**バクテリオファージ** 細菌に寄生し、菌体を溶かす現象をおこす一群のウイルス。バイオテクノロジーの研究などに利用されている。
**バグパイプ** スコットランドの民族楽器。革袋に3本もしくは6本の音管をつけたもので、袋に空気を送り、旋律用の主管を操作して演奏する。
**バゲージ** 手荷物。小荷物。同ラゲージ
**バゲット** 細長い棒状のフランスパン。
**パケット** ①包み、束。②データ通信用の情報のまとまり単位。
**パケット交換** データ通信の方式の一つ。宛先、発信番号つきの短く切ったデータを送り、受信側で他のパケットと組み合わせて元のデータを再現する方式。
**バゲトラ** 航空手荷物の事故。荷物が紛失したり、別の便に積み込まれたりすること。
**パゴダ** 東南アジアの仏教寺院の塔、または塔状の建物。元来はサンスクリット語。
**バザー** ①慈善市。慈善事業の資金を得るために行う雑貨品などの展示即売会。②中東諸国の市場。同バザール
**ハザード** ①危険。②ゴルフのコース上の障害物。
**ハザード・マップ** 災害予想地図。自然災害が起きたときどこにどのくらいの被害が出るかを示した地図。

**ハザード・ランプ** 自動車などの危険表示灯。トンネルや高速道路で故障して停車したとき、危険防止のため点滅させる非常用のランプ。

**バザール** ⇨バザー

**バサロ・キック** 水泳の背泳ぎで、スタートやターンの直後に上向きのままドルフィンキックで潜行する泳法。同バサロ・スタート

**バジェット** 予算。運営費。

**ハシッシュ** インド大麻。同ハッシシ、ハシシ

**パシフィスト** 平和主義者。反戦論者。

**パシフィック** ①平和的な。②太平洋の。

**バジル** シソ科の1年草。香味野菜の一種でスパゲッティなどによく使われる。同バジリコ

**バスーカ砲** 対戦車用のロケット砲。

**バズ学習** 小集団方式による学習形式の一つ。活発な議論をするために、小グループに分かれて意見を出し合い、その結論を全体に持ち帰ってまとめる方法。にぎやかなところが、蜂の羽音(バズ)に似ているところから。同バズ・セッション

**ハスキー** ①〜な 声が低くかすれている様子。しゃがれ声の。②北極地方で犬ぞり用に飼われている犬。

**バスケ** バスケットボールのこと。

**バスコン** ⇨バース・コントロール

**バス・ストップ** バス停。

**パスタ** 小麦粉を卵で練って作るイタリアのめん類の総称。スパゲッティ、マカロニ、ラビオリなど。

**バスター** 野球で、打者がバントすると見せて一転強打すること。

**バスターズ** 破壊する人たち。やっつける人たち。

**バスタブ** 浴槽。湯舟。

**パスティーシュ** ①寄せ集め。混ぜ合わせたもの。②文学の模倣作品。③音楽作品の改作によるオペラなどの合作曲・混成曲。

**パスティス** ウイキョウの香りをつけた酒。

**パステル** ①柔らかく、油脂分の少ないクレヨン。粉末の顔料を固めたもの。②柔らかく薄い色合い。例〜画

**パステル・カラー** 淡い色。柔らかい色調の中間色。
**バスト・コンシャス** 女性の胸を強調するファッション。
**パストラル** ①牧歌。田園歌。②田園生活や風景を主題とした詩・文学・絵画。
**ハズバンド** 夫、亭主。対ワイフ
**パスポート・コントロール** 出入国管理。
**ハスラー** ①活動家。やり手。②詐欺師。ペテン師。③ビリヤードを職業にしている人。プロの玉突き。
**バス・レーン** 路線バス優先の専用車線。
**バス・ローブ** 入浴後に着るタオル地のゆったりとした丈の長い部屋着。
**パス・ワーク** サッカー、ラグビーなどの球技でボールを味方同士で渡し合うこと。
**パスワード** ①合言葉。②暗証番号。コンピュータを複数の者で利用するとき、本人かどうかを確認するために登録する番号や言葉。
**バセドー病** 甲状腺機能亢進症。眼球突出、息切れ、頻脈などの症状を伴う。
**パソグラフィー** ⇨パトグラフィー
**パソコン通信** パソコン同士を電話回線で結んで、データの送受信をすること。各種のオンライン・データベースに接続して情報を入手できるなど利用法はさまざま。
**パソ・ドブレ** 行進曲風のリズムを持つ、スペインの舞曲。闘牛のときに演奏されることが多い。
**バタークリーム** 泡立てた卵白にバター、砂糖を混ぜ合わせて作った菓子用のクリーム。
**パター・ゴルフ** パターだけのゴルフ。
**パターン** ①型。様式。例行動の~ ②洋裁などで用いる型紙。見本。③模様、柄。④テレビ番組で図表やクイズの答えなどを示す板紙。
**パターン・オン・パターン** 二つの異なった柄を組み合わせたもの。花柄とチェック、水玉と花柄など。
**パターン・ブック** スタイル・デザインの具体的な説明や裁断の見本を中心とした本。
**バタフライ** ①蝶。②泳ぎ方の一つ。③ストリッパーが股間を隠すのに使う布。

**バタフライ・ナイフ** 折り畳み式のナイフの一種。

**パタンナー** デザイナーの描いたスタイル画をもとに洋服の型紙をおこす人。

**バチェラー** ①学士。学士号。②未婚の男性。独身の男性。

**パチスロ** パチンコ式のスロットマシーン。

**ハッカー** 他人のコンピュータに侵入して、そのデータを盗んだり、プログラムを破壊したりするマニア。

**バッカー** 支援者。保証人。

**ハッキング** ①バスケットボールで相手選手を叩く反則行為。②ラクビーで相手選手のすねを蹴る反則行為。③他人のコンピュータに違法な方法で侵入する行為。

**パッキング** ①荷造り。包装。②荷物の破損を防ぐための詰め物。③装置・容器・管などの接合部に詰めて気体や液体が漏れるのを防止するための部品・材料。**同**パッキン

**バック・アクセント** 後ろ姿に重点を置いたファッション。背中の部分を大きく開けたデザインなどのこと。**同**バック・インタレスト

**バックアップ** ①後援すること。援助すること。**例**友人の〜のおかげ ②スポーツで、他の選手の守備を後方から補助すること。③コンピュータで、故障や事故発生に備えての支援体制をいう。通常はプログラムやデータの複製コピーを作ること。

**バック・オーダー** 繰り越し注文。在庫がないため未納となった注文の残りで、自動的に次の注文に繰り越されたもの。

**バックギャモン** 西洋すごろく。さいころの目の数だけ駒を動かし、陣地へ移動させるゲーム。

**バックグラウンド・ビデオ** インテリアとして流す映像。**略**BGV

**バックグラウンド・ミュージック** 映画、テレビ、職場などで、場面や仕事に関係なく流す背景音楽。**略**BGM

**バック・コーラス** 主演で歌う歌手のうしろで盛り上げる合唱をする人。

**バック・シート・ドライバー** 自動車などの後部座席で運転者の運転の仕方にうるさく注文をつける人。転じて、人のことに口出しするお節介な人。

**バック・シャン** うしろ姿は美しい女性。

**バックスキン** ①牡鹿の革。またはそれをけば立たせたもの。②鹿革に似た風合いを出した牛・羊などの革。

**パックス・コンソルティス** 多国間の協調による平和。世界中が協力してハーモニーに満ちあふれた方向に足を踏み出すこと。

**バックストレッチ** 競技場で、決勝点のある側とは反対側の直線コース。対ホームストレッチ

**バック・ソナー** 自動車の後部に取りつける衝突防止装置。後退するとき超音波を発信し、物体に接近すると警報を発する。

**パック・ツアー** ⇒パッケージ・ツアー

**バック・ナンバー** ①定期刊行物の既刊号。例雑誌の〜を探す ②自動車の後部にある登録番号標。③運動選手の背番号。

**バックパッカー** バックパックを背負って旅をする人。一人旅のことが多い。

**バックパッキング** バックパックを背負って旅をすること。

**バックパック** アウトドア用の枠つきリュックサック。

**バックハンド** テニスや卓球などで、球を利き腕とは逆の側で打つこと。対フォアハンド

**バック・ベンチャー** イギリスやオーストラリアの与野党の平議員。その席が議場の後方にあるところから。

**バックボーン** ①背骨。背柱。②中核。中心的な思想。信条。精神的・思想的なよりどころ。

**バックマージン** 問屋などが商品の価格を一定期間下げ、その差額を小売店に払い戻すこと。

**バックヤード** ①裏庭。花や野菜を作ることが多い。②背景。同バックグラウンド

**バックライト** ①写真の逆光。②舞台の後方から当てる光。③液晶式の画像を見やすくするために当てるうしろからの光。

**バックル** ベルトや靴などの留め金具。

**バックレス** 背中の露出度の多い婦人服や水着。

**パッケージ・ソフトウエア** 不特定多数の利用者に適用するように作られたできあいのソフトウエア。

**パッケージ・ツアー** 旅行代理店が宿泊、乗り物、観光など

**パッケージ・プログラム** プロダクションが独自に制作して放送局などに売り込む番組。いつでも放送できるできあいの番組。

**パッシブ** ①〜な 受け身の。消極的な。②文法で、受動態。

**パッシブ・スモーキング** 間接喫煙。受動喫煙。たばこを吸わない人が喫煙者のたばこの煙のために、喫煙したのと同様の影響を受けること。

**パッシブ・ソーラー・システム** 屋内の建築的技巧によって熱源として太陽エネルギーを取り入れること。

**ハッシュド・ビーフ** 細かく切った牛肉。またそれを使った煮こみ料理。

**パッション** ①情熱。激情。熱情。②キリストの受難(曲)。

**バッシング** たたくこと。攻撃すること。転じて、制裁措置や非難をぶつける意味にも使われる。例ジャパン〜

**パッシング・ショット** テニスで、前に出てきた相手のわきを抜く打球。

**ハッスル** 張りきってものごとをすること。する 例〜プレーに観客が沸いた

**パッセンジャー** 乗客。旅客。通行人。

**ハッチ** ①船の甲板と船室との通路 昇降口。②台所と食堂の間などの間仕切り用の棚や窓。

**パッチ** つぎはぎ。またはつぎをあてるための布。デザインの一環として肩やひじに革などをあてることもいう。

**バッチ処理** コンピュータのデータの一括処理方式の一つ。データを一定期間に一定量をまとめて処理すること。

**パッチ・テスト** 貼付試験。薬品や化粧品に対するアレルギー反応を検査する試験。検査対象となる物質を布にしみ込ませ、皮膚に貼って結果を見る。

**ハッチ・バック** 後部が上下に開閉する第三もしくは第五のドアを持つ乗用車。荷物の出し入れに便利。

**パッチワーク** さまざまな種類の布をはぎ合わせて模様を作る手芸の技法。またはその作品。

**バッティング** ①野球で球を打つこと。打撃。②ボクシングの反則技の一つ。頭を下げて相手にぶつかること。③予定

などが重なってしまうこと。鉢合わせ。

**パッティング** ①化粧水をつけて肌を軽くたたく美容法。またはブラシを使って頭をたたくこと。②ゴルフのグリーン上でパターでボールを打つこと。

**バッテリー** ①電池。蓄電池。例車の〜が上がる ②野球で、投手と捕手を合わせて呼ぶときに使う。例〜を組む

**パッド** ①洋服の形を整えるため、肩や胸に入れる詰め物。②スタンプ台。③敷もの。マウスパッド。④はぎ取り式の便せん。⑤眼鏡の鼻おさえ。

**ハット・トリック** サッカーやアイスホッケーの試合で、1人の選手が1試合に3点以上の得点をあげること。

**ハッピー・マンデー法** 国民の祝日の一部(成人の日、海の日、敬老の日、体育の日)を月曜日に移動し、土曜日・日曜日と三連休にする制度。2000年から施行された。

**バップ** ⇒ビーバップ

**バッファー** ①列車などの緩衝装置。②コンピュータの緩衝域。データが二つの装置間で転送されるとき、そのデータを一時的に保持する記憶装置内の領域。

**バッファロー** 水牛。野牛。

**バッフィー** ゴルフのクラブの一つ。4番ウッド。

**ハッブル宇宙望遠鏡** 衛星軌道上から大気に妨げられず観測ができるアメリカの宇宙望遠鏡。

**ハッブルの法則** 地球から見える銀河の距離は、それが遠ざかる速度に比例するという法則。膨張宇宙論の根拠となる。

**パテ** ①肉や魚を詰めた小型のパイ。すりつぶした肉や魚を調味した保存食品。②接合剤。顔料を油などで硬めに練り合わせたもの。すき間・割れ目の充てん、板ガラスの接合などに用いられる。

**パティオ** スペイン風の中庭。同パテオ

**パティシエ** 洋菓子職人。主にケーキ職人。

**パティスリー** 小麦粉で作った焼き菓子の総称。またそれを売るケーキ店、菓子店のこと。

**パテント** 特許。特許権。専売特許。

**パトグラフィー** 病跡学的伝記。芸術家などについて、病気や麻薬の常習といった精神状態と作品との関係を、病理学的な立場から研究する。

**パトス** 情念。情熱。衝動。知性に対して心の内的感情のこと。対エトス

**パドック** ①競馬で、出走前に競走馬の状態を観客に見せるための場所。②自動車レースで、競技車両を整備・点検する場所。

**パ・ド・ドゥー** クラシックバレエで、男女2人が一組になって舞う踊り。

**バトラー** 召使の長。給仕人。執事。

**パトリオティズム** 愛国心。愛国主義。

**パドリング** ①カヌーをオールで漕いで進めること。②サーフィンで両手を使って水をかいて沖に出ること。

**バトル** 戦い。戦闘。交戦。

**バトル・ロイヤル** ①プロレスの試合形式の一つ。一度に大勢のレスラーがリングに上がり、入り乱れて戦う勝ち抜き試合。②生死をかけた戦い。同バル・ロワイアル

**パトロネージュ** 引き立て。ひいき。有力者などによる後援。

**パトロン** ①芸術家や事業家などに経済的、精神的な援助をする人または組織。②特定の女性に多額の経済的援助をする男性。

**バトン・トワラー** 音楽隊やパレードの先頭に立ち、バトンを振って指揮をとる人。

**バナー広告** インターネットのWebページ上に載せられた帯状の見出し広告。クリックすると広告主のWebページに接続される。

**バナナ・スキン** 政治家のちょっとした失言や失敗。バナナの皮で「すってんころりん」のたとえから。

**パナビジョン** 縦1横3の比率の幅の広い型の映写方式。1957年に登場した。

**パナマ帽** エクアドル原産のパナマ草を乾燥させて作った帽子。軽くて柔らかい。単にパナマともいう。

**ハニー** ①はちみつ。甘いもの。②かわいい人。愛する人に対する呼びかけ。

**バニー・ガール** バーなどで働く女性。うさぎをイメージした衣装を着て接客する。バニーはアメリカの雑誌「プレイボーイ」のマスコットで、本来はうさちゃんの意。

**バニシング・ポイント** ①透視画法の消点。②物の尽きる最

後の一点。
**パニック** 災害や危機にさらされて混乱状態に陥ること。
**バニラ** ラン科のつる性植物。香料。食用や薬用に用いられる。
**バニラ・エッセンス** バニラの果実から抽出した香料。アイスクリームや菓子などに使われる。
**ハネムーン** ①蜜月。新婚の当月。②新婚旅行。
**ハネムーン・ベビー** 新婚旅行のときに妊娠して生まれた赤ちゃん。
**パネラー** ①公開討論会で問題提起をする人。参加者。②クイズ番組の解答者。同パネリスト
**パネリスト** ⇒パネラー
**パネル・ディスカッション** 公開討論会。専門的知識を持つ代表者数人が論題について討議し、その後聴衆と共に議論を進めていく討論会の形式。
**パノラマ** ①半円形の壁面に景色を描き、草木や人形などの模型を置いて、観覧者に、広い範囲にわたって、立体的に野外の景色を見ているような気分にさせる装置。②広々とした景色。全景。③横長に広がった写真が撮れる撮影法。
**ハバネラ** キューバの民俗音楽。ゆるやかな2拍子のリズムが特徴。
**ハバネロ** 中南米産の激辛トウガラシ。
**パパラッチ** 有名人のゴシップやスクープの写真を撮ろうとするフリーカメラマン。
**ババロア** 牛乳、卵、砂糖などにゼラチンを加えて型に入れ、冷やして固めた菓子。
**ハビタット** 居場所。居住地。生物の生息環境。
**パビリオン** 展覧会、博覧会などの展示用の建造物。
**パピルス** ①かやつりぐさ科の多年草。北アフリカ・地中海南岸・中近東の湿地に自生する。②①の繊維を重ねて作った紙。
**ハブ** ①中心。中枢。中心部。②複数のパソコンを接続するときに中枢となる中継装置。
**パブ** 洋風の大衆的な居酒屋。本来はイギリスの伝統的な大衆酒場をさす。
**パフォーマー** 音楽、映画、演劇などで、既成の型にはまら

ずに自分自身を体で表現する人。
**パフォーマンス** ①上演。音楽、演劇などを人前で行うこと。言語やその他の媒体によらず、直接肉体で表現すること。②人目を引く行為。目立つ行為。③性能。機能。業績。効率。コンピュータでは、ハードやソフトの性能のこと。
**ハブ空港** 乗り換えの中枢地にもなる拠点空港。
**パフ・スリーブ** 肩や袖口を、タックやギャザーなどでゆったりふくらませた袖。
**ハプニング** 予想外の出来事。偶発的な事件。
**パフューマー** 調香師。香りを調合する人。
**パフューム** ①香水。②よい香り。芳香。
**パプリカ** 香辛料の一種。赤唐辛子の実を粉末にしたもので、卵、鶏肉、野菜料理などに用いられる。
**パブリシティー** ①広報活動。②評判。③広告。
**パブリシティー・エージェント** 広告代理店。広告代理業者。
**パブリック** ①公の。公共の。大衆の。②大衆。公衆。対プライベート
**パブリック・アクセス番組** 視聴者制作番組。放送機関がある条件のもとで視聴者に番組を制作させ、それを放送するもの。
**パブリック・アクセプタンス** 社会的合意形成。企業や公共団体が事業を行うとき(たとえば原子力発電所や空港建設など)、地域住民の合意を得ること。略PA
**パブリック・エネミー** 公敵。社会の敵。
**パブリック・サーバント** 公僕。官吏。公の召使のこと。
**パブリック・スクール** ①アメリカの公立学校。②イギリスの上・中流家庭の子弟のための全寮制私立学校。日本の中学・高校に相当し、大学進学の予備教育を行う。イートン(Eton)校やハロー(Harrow)校などが代表的。
**パブリック・スペース** 公共の空間。だれもが自由に利用できるように開放されている場所。ホテルや旅館の会議室、ホール、食堂など。
**パブリック・ディプロマシー** 外国との交渉経過を国民に公開しながら進める外交。
**パブリック・ヒアリング** 公聴会。
**パブリッシャー** 出版社。出版元。発行人。

**バブル** ①泡。気泡。②泡沫的な投機現象。投機によって経済の実態とかけ離れて進行した景気。例～経済の崩壊

**バブル・ガム** 風船ガム。

**パペット** 操り人形。アニメ映画用の人形。

**バベルの塔** ①「旧約聖書」に出てくる伝説の塔。ノアの大洪水の後、人々はバベルの町に天にも届く塔を建てようとしたが、神の怒りを買い破壊されたという。②実現不能な計画。架空の計画。

**バミューダ・パンツ** 膝丈のズボン。裾口は細目で、夏のリゾート地でよく見かける。

**ハミング** 鼻歌。口を閉じて歌うこと。

**ハム** ①豚肉加工食品の一種。塩漬けの豚肉の薫製。②アマチュア無線家。アマチュア無線の使用許可を受けた人。③ラジオなどから出る雑音。

**バラード** ①形式にとらわれない小叙情詩。中世ヨーロッパの定型詩の一種。②叙情的な歌または曲。同バラッド

**バラエティー** ①多様性。変化。例～に富む ②歌、踊り、寸劇などを組み合わせたショー。娯楽番組。

**バラエティー・ショップ** 雑貨店。主に、陶器・木製品、人形など、贈り物やコレクションのための商品を販売する店。

**パラグライダー** スカイダイビング用のパラシュートを改良し、山腹から空中遊泳を楽しむスポーツ。操作が比較的簡単で人気がある。

**パラグラフ** 文章の段落・区切り、節。

**パラコート** 除草剤の一種。人体に対しても毒性を有する。

**パラサイコロジー** 超心理学。テレパシー、念力などの超常現象を心理学的実験を通して解明しようとする学問。

**パラサイト・シングル** 親と同居して経済的に自立したがらない未婚者。

**パラジウム** 白金属元素の一つ。安価で白金よりも軽く、しかも腐食しにくいという性質を持つ。電気、歯科、装飾用に用いられる。記号はPd。

**バラスト** ①船体を安定させるために船底に積む荷物。小石や土、海水、油などを使う。②道路や線路などに敷く小石・砂利。バラスともいう。③気球などで上昇・下降を調節するためのおもり。

**パラセール** パラシュートを付け自動車やモーターボートに引かれて空中に舞い上がる、フランス生まれの空のスポーツ。

**パラソル** 女性用の日がさ。日除けのかさ。

**パラダイス** ①天国。楽園。非常に楽しい世界。②エデンの園。

**パラダイム** ①規範。範例。②理論的枠組み。ある時代に主流となるものの見方、考え方。③文法の語形変化の例を格、人称、数などによって整理した表。

**パラダイム・シフト** アメリカの科学史家T.クーンが1962年に提唱した科学史の一理論。ある時代に主流となるものの見方・理論的枠組み(パラダイム)が新たなパラダイムに変遷すること。

**パラチノース** 虫歯になりにくい甘味料。

**パラック** ①兵舎。特に駐屯地などに作られる細長い兵士の宿舎。②あり合わせの材料で作った粗末な小屋。本式の作りでない仮の建物。例～小屋に住む

**パラッド** ⇒バラード

**パラドックス** 逆説。一見矛盾しているようで、実はある意味では真実を表している表現形式。「負けるが勝ち」「急がば回れ」など。

**パラドル** 最初は歌手としてデビューしたが、次第にお笑いタレントのようにバラエティー番組で活躍するようになった女性アイドルのこと。バラエティー・アイドルの略。

**パラノ** ①パラノイアの略。②特定の価値観にのみ執着してまわりが目に入らなくなる人。浅田彰がスキゾと対比させて使った。→スキゾ

**パラノイア** 偏執病。疑い深くなって理由もなく何かをひどく恐れたり、妄想を抱いたりする精神病。

**パラパラ** 若者の間で流行した手の動きと軽いステップを中心にユーロビートの曲にあわせて踊る踊り。名前の由来はa～haの曲テイク・オン・ミーの口ずさみからきたという説がある。

**パラフィン** 石ろう。クレヨンやろうそくの原料となる。

**パラフレーズ** ①意訳。注釈。語句の意味を変えずに平易な表現に言い換えること。②改編曲。音楽で、ある曲を他の

楽器で演奏できるように変形して編曲すること。する

**ハラペーニョ** メキシコを原産地とする青唐辛子。適度の歯ごたえと水分がある極辛の香辛料。タコスなどに用いられる。

**パラボラ** 数学の放物線。

**パラボラ・アンテナ** 回転する放物面の反射装置とその焦点にアンテナ素子を持つ、極超短波通信用のおわん型アンテナ。衛星放送やレーダーなどに利用される。

**パラメーター** 媒介変数。補助変数。いくつかの変数の間の関係を間接的に表現するために用いる。

**パラメディカル** 医師の職務を周辺から支えている職種・またはそれに従事する人。看護師、助産婦、検査技師など。

**パラメディック** 特別救急医療士。医師と連絡しながら投薬・注射などの処置をとる救急隊員。

**バラライカ** ロシア、特にウクライナ地方の民俗弦楽器。ギターに似て三角形の胴と3本の弦があり、指ではじいて演奏する。

**パラリンピック** 身体障害者の国際競技大会。1988年のソウル大会からこの呼び名が使われるようになった。

**パラレル** ①~な平行な。同一方向の。類似の。②電気の並列。対シリーズ ③スキーで、両足を平行にそろえてすべること。

**パラレル・スラローム** スキーの回転競技の一つ。隣り合わせのコースで2人の選手が同時にすべり、タイムを競う。

**バランサー** 釣り合い装置。平衡状態を保持する人や物。

**バランス・オブ・パワー** 力の均衡。勢力均衡。勢力が同一水準にあるために、緊張しながらも平衡が保たれている状態のこと。特に、軍事力や経済力を背景とした国家間の力の均衡をいう。

**バランス・シート** 貸借対照表。企業の財政状態を表す資産・負債・資本を一覧表にしたもの。

**バランス・スコアカード** 企業などの組織の戦略目標を、具体的な行動へと導くための経営管理手法の一つ。4つの視点から分析・評価する。

**バリ** 切断面にできたぎざぎざの切り口。

**バリア** ①防護壁。柵。境界。②障害。難関。バリヤーとも

いう。

**バリアフリー** 高齢者や障害者が自立して快適に暮らせる社会の実現を目指し、身体的・精神的に障害となるものを取り除こうとする考え方。

**バリアブル・コンデンサー** 可変容量蓄電器。電極板を回転させることにより静電容量を変化させるもの。略してバリコン。

**バリエーション** ①変化。変種。変形。**例**〜が豊富 ②変奏曲。ある主題をもとに、その旋律をさまざまに変化させて構成した曲。

**バリケード** 侵入を防ぐための柵や壁。

**ハリケーン** メキシコ湾、カリブ海など東経180°以東の北半球に発生する強い勢力の熱帯性低気圧。アルファベット順に女性の名前が付けられる。

**パリ憲章** 1990年11月全欧安保協力会議で採択された憲章。

**パリ・コレクション** 毎年2回パリで開かれる世界的なファッション・ショー。高級オート・クチュール(注文服)や高級プレタ・ポルテ(既製服)の新作デザインが発表され、翌シーズンの流行を決定するといわれる。パリコレとも。

**バリコン** ⇨バリアブル・コンデンサー

**パリジェンヌ** パリ娘。パリに生まれ育った娘。**対**パリジャン

**パリジャン** パリっ子。パリに生まれ育った男。**対**パリジェンヌ

**パリ・ダカール・ラリー** 自動車・二輪車のレース。当初はパリ郊外ベルサイユを出発し、アフリカ西海岸セネガルの首都ダカールまでの約1万キロを、3週間かけて走破していたが、現在はコースが毎年変わる。通称パリダカ。

**パリティー・チェック** コンピュータの偶奇検査。情報の誤りを検査するため、情報に余分なビットを加えて、二進符号の1または0の総個数が常に偶数または奇数のいずれかになるようにする。

**バリトン** 男声の中くらいの音域。テノールとバスの間。またはその歌手。

**バリヤー** ⇨バリア

**バリュー** ①価値。評価。②絵画で、色の明暗の度合い・変

化。③徳用。
**バリュー・プライス** 手ごろな価格。お値打ち価格。
**バリュエーション** ①評価。見積もり。②評価額。
**バルーン** ①風船。②気球。③アド・バルーンのこと。
**バルカローラ** ①ベニスの舟歌。②舟歌風な歌。バルカロールともいう。
**バルキー** ①かさばった。分厚い。②太い毛糸。毛糸のような風合いの。例〜セーター
**バルク・ライン** 生産者米価を決定するときに用いられる農家の経営条件から決定した基準線。
**バルコニー** ①階上の屋外に張り出した露台。同ベランダ ②劇場などの桟敷席。
**バルサミコ酢** ブドウ汁を煮詰めて発酵・成熟させた酢。イタリア料理には欠かせないもの。
**パルス** ①脈拍。②極めて短時間だけ流れる間欠電流。またその振動。電流や電波では信号として用いる。
**パルス通信** パルスを用いた通信。変調の方式によってアナログパルス通信とデジタルパルス通信の2種がある。
**パルチザン** 一般民衆によって組織された非正規軍。
**バルト三国** バルト海沿岸のエストニア・ラトビア・リトアニアの三国。旧ソ連の共和国だったが、ペレストロイカが引き金になり1991年に三国とも独立した。
**パルドン** ⇒パードン②
**バルブ** ①弁。管を通る気体や液体の出入りを開閉によって調節するもの。②真空管。
**パルプ** 紙の原料。木材の繊維をとり出して固めたもの。
**パルプ・マガジン** ザラ紙を使った安手の大衆向け雑誌。漫画雑誌やエロ本など。
**ハルマゲドン** ⇒アルマゲドン
**パルメザン・チーズ** イタリア北部パルマ地方原産のチーズ。1年以上熟成させ、硬質でにおいが強い。主として粉チーズとして用いられる。同パルミジャーノ
**パレオ** 巻きスカート。南太平洋諸島、特にタヒチの民族衣装の一つ。
**パレット** ①絵を描くとき、絵の具を混ぜたりするのに使う板。②小型化粧品セット。③荷役作業の際に使う、規格化

された枠組みや荷台。

**ハレム** ①回教徒の上流家庭における妻妾の居間。②回教国王室の男子禁制の後宮。③1人の男性が多くの女性を侍らす所。ハーレムともいう。

**バレル** 体積の単位。石油などの計量に使われる。1バレルは約159リットル。記号はbbl.。

**ハレルヤ** ①キリスト教において、礼拝のときに用いる神をほめたたえる言葉。②ハレルヤの言葉が入っているミサの合唱曲。賛美歌。

**バレンタイン・デー** 2月14日。聖バレンタインの記念日で、女性が男性に愛を告白する日とされている。ただし、チョコレートを贈るのは日本だけの風習。

**ハロウィーン** 10月31日。ローマカトリックの万聖節の前夜祭。悪霊を追い払う日とされ、子どもたちはカボチャでちょうちんを作ったり、お化けの仮装をして練り歩く。

**ハロー効果** ①人物や物についてある特定の印象が強すぎて、他の特性が見失われること。②撮像管で像を写したとき、明るい部分の外側に白いかさが現れる現象。

**パロール** ソシュールの言語学による、個人の言語行為のこと。→ラング

**ハロー・ワーク** 公共職業安定所。1990年からこの名が使われている。

**ハロゲン・ヒーター** ハロゲン・ランプを用いた電気ストーブ。

**ハロゲン・ランプ** ハロゲンガスを入れた電球。白熱電球に比べて光力が大きく長持ちするがかなりの熱を発する。

**バロック** ルネサンス末期にイタリアに起こった芸術様式。躍動感があり、装飾的な豊かさにあふれている。

**バロック音楽** 16世紀末から18世紀半ばにかけてヨーロッパで流行した音楽様式。代表的な作曲家はバッハ、ビバルディなど。

**パロディー** 風刺作品。文学作品の形式の一種。名作の特徴を生かしたまま、全く別の意図を持った滑稽で風刺的な作品に変えたもの。日本の狂歌や替え歌もその一例。

**バロメーター** ①気圧計。晴雨計。②指標。標準。物事の状態やその程度を知るための目安になるもの。**例**健康の～

**ハロン** ①元来は8分の1マイルの意。競馬などに使われる距離単位、あるいはその距離を示す標識。1ハロンは201.17メートル。②ハロゲン化炭化水素の総称。オゾン層を破壊する物質として全廃された。

**バロン** ①男爵。貴族の爵位では最下級。②インドネシアのバリ島で行われる民俗舞踊。芝居の要素を多く持っている。

**バロン・デッセー** ①観測用気球。②政治・外交などで、相手の動きを知るために意図的に流す情報。

**パワー・ウインドー** スイッチを押すと自動車の窓が自動的に開閉する装置。

**パワー・エレクトロニクス** 電力用電子工学。発電、変電、電気材料など重電を取り扱う電子工学。

**パワー・シェアリング** 政治における権力の分担。

**パワー・シフト** 権力の移行。力の移動。アルビン・トフラーの著書名(1990年発行)からの言葉。旧来の勢力がゆらいで新たな秩序が作られようとしている状態。

**パワー・ステアリング** 自動車の動力操縦装置。油圧の利用により、わずかな力で軽くハンドルを動かすことができる。略してパワステ。

**パワー・ステーション** 発電所。

**パワー・プレー** 力わざ。サッカーなどで攻撃力にものを言わせたプレー。アイスホッケーで退場によって人数が少なくなったのに乗じた集団集中攻撃。

**パワー・ポリティックス** 権力外交。軍事力などを背景にした外交政策。

**パワー・ユーザー** パソコンの使い方にとても習熟している上級使用者。

**パワー・ランチ** レストランなどで商談を進めながらする昼食。

**パワー・リフティング** バーベルを使う競技だが、バーベルを頭上に持ち上げないところが重量挙げと異なる。種目はスクアット、ベンチプレス、デッドリフトの3種類。

**パワフル** 力強い。強力な。力のある。〜な

**バン** 箱形貨物自動車。屋根のある貨車。

**パン・アメリカニズム** 汎アメリカ主義。南北および中央アメリカが団結してアメリカ大陸全体の利益を追求しようと

する考え。

**バンカー** ①銀行家。銀行員。銀行の経営者。②ゴルフコースの障害用のくぼ地・砂地。③船の燃料庫。

**ハンガー・ストライキ** ⇨ハンスト

**ハンガー・ディスプレー** 吊り広告。広告物を吊り下げて展示する方法。外壁に垂れ幕を下げるものもいう。

**バンガード** 軍隊での前衛。対 リア・ガード

**バンガロー** ①インドのベンガル地方の住宅様式で、軒が深く、正面にベランダを持つ平屋。②夏季だけ開く簡易な宿泊施設の小屋。

**バンキング** 銀行と取引きすること。

**バンク** ①銀行。貯蔵施設。②土手。堤防。③海底の小隆起。④飛行機などが機体を左右に傾けること。⑤自転車競技場の傾斜部分。

**パンク** ①タイヤが破損して空気が抜けること。②許容限度を超えたために機能が麻痺すること。③パンク・ロックの略。④パンク・ファッションの略。 する

**ハングオーバー** 二日酔い。

**ハング・グライダー** グライダーの一種。軽合金のフレームに布を張り、人間がその下に吊り下がって操縦する。短期間の練習で手軽に楽しめるので人気がある。

**パンクチュアル** 時間通りの。几帳面な。 ～な

**パンク・ファッション** 反体制の若者たちの服装。安全ピンや刃物などの金属をアクセサリーにするファッション。1976年ロンドンのロックバンドの公演での衣装から始まったもの。

**バンク・ホリデー** 銀行の休日。イギリスの祝祭日。

**ハングマン** 絞首刑執行人。

**ハングリー** 空腹な。切望している。 ～な

**ハングリー・スポーツ** 是が否でも富と栄光をつかみたいという耐乏精神がなくてはならないとされるスポーツ。特にボクシングに使われる。

**ハングル** 朝鮮の表音文字で日本の仮名文字にあたる。15世紀半ば李朝の世宗が制定。

**バングル** 腕輪。飾り輪。

**バンク・レート** 公定歩合。

**パンク・ロック** 1970年代末にロンドンでおこった音楽の一つ。社会に対する不満や怒りの気持ちを強烈なリズムに乗せて歌う。代表バンドはセックスピストルズ。

**パンケーキ** 小麦粉、卵、牛乳などを混ぜ、薄く焼いたもの。ホットケーキ。

**バンケット** ①宴会。晩さん会。例～ホール（宴会場）②宴会で接客をする女性。

**バンケット・ルーム** 宴会場。

**パンゲネシス** パンゲン説。C.ダーウィンによる仮説で、微小粒子によって遺伝形質が伝わるという学説。

**パンサー** ヒョウ。

**バンサンカン** 25歳。

**バンジー・ジャンプ** 足くびに太いゴム製のロープを結びつけ、高所から飛び降りてスリルを楽しむ遊び。

**パンシオン** 食事つきの下宿で、主にフランスやベルギーのものをさす。同ペンション

**バンジョー** 前面にだけ羊皮を張った円形の胴に4本または5本の弦を張った楽器。アメリカ民謡の伴奏やジャズの演奏に用いられる。

**バンス** 前払い。前借り。アドバンス（advance）から語頭を抜いた日本的な隠語。ホステスなどの間でよく使われる。

**ハンスト** 抗議や要求の貫徹などのために断食をすること。ハンガー・ストライキの略。

**ハンズフリー** 手が自由に使える。手がふさがっていない。例～の電話機 同ハンド・フリー

**バンスリ** 北インド地方の民族楽器。長さ約50センチメートルの竹製の横笛。指穴は6～8孔。

**パンセ** 思考。思索。瞑想。思想。

**ハンター・キラー** 対潜水艦掃討部隊。航空機や艦船を動員して敵の潜水艦の位置を探知し攻撃する。

**パンタグラフ** ①写図器。図形を拡大・縮小する際に使用する製図用具。②電車・電気機関車の集電装置。架線から電気を集電するため、車体の屋根に取りつけられたひし形のもの。

**バンダナ** 更紗模様の入った大型のハンカチやネッカチーフ。ファッションとして首に巻いたりする。

**バンタム級** ボクシングで115ポンド(52.16kg)より上で118ポンド(53.5kg)以下の階級。

**バンダリズム** 文化の破壊。公共物の破壊。5世紀の民族大移動の際にローマを侵略し、破壊したバンダル族の名から。

**パンチ・カード** 情報の検索・分類・集計を能率的に処理するため、1件ごとに1枚を用い、定められた位置に穴をあけたカード。

**パンチ・ドランカー** パンチを受けすぎて脳に障害を起こしたボクサー。

**パンチャー** ①キーパンチャーの略。②カードやテープに穴をあける機械。③パンチ力のあるボクサー。例次の対戦相手は強烈なハード～だ

**ハンチング** 鳥打ち帽。

**パンチング** サッカーでゴールキーパーが握りこぶしでボールをはじくこと。

**パンツ・ルック** スラックスやズボン、ジーンズなどを中心とした着こなし。

**ハンディー** 手ごろな、便利な。携帯できる。ハンディともいう。～な

**ハンディー・コピー** 小型複写機。携帯用として用いられる。

**ハンディー・ムック** 写真・イラストなどを数多く掲載し、小型でページ数が少なく安価な雑誌。

**ハンディクラフト** 手工芸品。工芸品を手作業によって製作すること。

**バンデージ** 包帯。ボクサーなどが手を痛めないように巻く布。

**パント** ラグビーやアメリカンフットボールで、球を落としてまだ地面につかないうちに蹴ること。パント・キックともいう。

**ハンドアウト** ①官庁、団体、企業が報道機関に対して行う広報活動。またはその声明文・発表文。②資料、印刷物。

**ハンドオフ** ①ラグビーで、片方の手で球を持ち、反対側の手で相手の選手を突き放しながら進むこと。②アメリカン・フットボールで、仲間に球を手渡しする攻撃方法。

**バンド・カラー** 詰め襟やバンドを巻いたような立ち襟のこと。

**ハンドクラフト** 手工芸。手工芸品。
**ハンド・クリーム** 手の荒れを防いだり癒すためのクリーム。水仕事の後などに使う。
**ハンド・ドリル** 手でハンドルを回してきりをもみ、穴をあける工具。
**ハンドニット** 手編み。手編み製品。例〜のセーター
**バンドネオン** アルゼンチン・タンゴに使われるアコーディオンとよく似た楽器。右手の部分がコード用のボタンになっており、両ひざの上に置いて演奏する。
**ハンドブック** 便覧。案内書。手引き。簡単な案内や手ほどきなどを記したもの。
**ハンド・フリー** 手が自由な。手があいていて自由に使えること。同ハンズフリー
**ハンド・ブレーキ** 手動式ブレーキ。
**ハンド・ベル** 振り鈴。1つのベルは1音のみ。
**ハンドヘルド** 手で持ち運びができる。手のひらにのる大きさの。小型の。
**ハンド・マイク** 手で持てるマイクロホン。
**パントマイム** 無言劇。せりふがなく、身ぶりや表情の変化だけで表現する演劇。
**バンドマスター** ジャズや軽音楽を演奏するグループのリーダー。略してバンマス。
**ハンドメード** 手作りの。手製の。例〜の菓子
**ハンドラー** 犬の調教師。コンテストなどに出場させるために犬を訓練する職業。
**パンドラの箱** 開けてはいけない箱。災いの元。ギリシア神話より。
**パントリー** 食料品室。食料や食器類を貯蔵する小部屋。広い意味での厨房。
**ハンドリング** ①ラグビーやハンドボールなどで、球の扱い方のこと。例〜が下手だ ②サッカーで、ゴールキーパー以外の選手が手で球に触れる反則。③自動車などのハンドルさばきのこと。
**パンドル** 油絵で色彩に重点を置いて描くこと。油絵の色彩を塗ること。
**ハンドル・ネーム** パソコン通信などで使う自称のあだ名。

**バンドワゴン** ①パレードの一番最初を行く楽隊車。②時流に乗った行動。人気のある側。

**バンドワゴン効果** 選挙の投票や買い物などで、周囲の流れにつられたような行動をおこすこと。

**パンナコッタ** 生クリームに砂糖と牛乳を加えて、ゼラチンで固めたイタリアのデザート。

**バンパイア** ①吸血鬼。②吸血こうもり。

**パンフ** パンフレットの略。

**バンプ** ①どしんとぶつかること。衝突。②腰や体をぶつけ合うロックの踊り。

**バンブー** 竹。日本の学生の間では医者、やぶ医者の意味にも使われる。

**パンプキン** かぼちゃ。

**パンプス** 履き口が浅く、ひもや留めがねのない女性用の靴。

**ハンブル** ①謙虚な。つつましい。質素な。②⇒ファンブル

**バンマス** ⇒バンドマスター

**ハンモック** 網や布でつくった吊り床。

**パンヤ** ①熱帯産の落葉高木パンヤの木。②パンヤの種子から取れる綿のような毛。布団、クッションなどの詰め物として用いられる。

**パン・ヨーロピアン** 汎ヨーロッパの。全ヨーロッパの。

# ヒ

**ピアス** 身体の一部に穴をあけて付ける金属性の装飾金具。

**ピアニカ** 鍵盤付きハーモニカ。日本では初等教育の音楽教材として用いられることが多い。商標名。

**ピアニシモ** 記号pp。音楽の強弱記号の一つで「きわめて弱く」の意。

**ピアノ** 記号p。音楽の強弱記号の一つで「弱く」の意。

**ヒアリング** ①外国語を耳で聞き取ること。例〜の試験 ②公聴会。事情聴取。行政側が公的な問題について関係者から意見を聞くこと。

**ヒアリング・ドッグ** 聴導犬。聾導犬。聴力障害者に奉仕する犬。室内の飼育に適し従順で、音への注意力があれば種

**ピア・レビュー** 同僚評価。専門家仲間が互いに研究内容を検討したり、批評したりすること。正しく公正に評価するために行われる。
**ピーク** ①山の頂。②最高潮に到達するとき。最盛期。例人気の〜が過ぎた
**ビークル** 乗り物。輸送手段。
**ピー・コート** 水兵などが着る厚手の短いコート。
**ピーコック** くじゃく。雄くじゃく。
**ビーコン** ①かがり火。のろし。②航空路標識。航路・航空路などの標識灯。③ラジオ・ビーコンのこと。
**ビーコン・ライト** 標識灯。緊急時の点滅灯。
**ピース・マーク** ①中指と人指し指でつくるVサイン。②NとDを図案化した平和運動象徴のマーク。
**ピースワーク** 出来高払いの仕事。賃仕事。
**ビーター** 鉄道の線路工事用のつるはしの一方の平たくなっている部分。道床を突いて固めるのに使用する。
**ピーター・パン・シンドローム** 成人男性がいつまでも大人になりきれない精神的症候。ピーター・パンは童話の中に登場する永遠に大人にならない少年のこと。アメリカの心理学者ダン・カイリーが命名。
**ピータン** 中国料理の前菜。アヒルの卵を石灰や塩に2か月以上漬けたもの。皮蛋と書く。
**ビーチ** 海岸、浜辺。
**ピーチ** 桃。
**ビーチ・パラソル** 海岸の砂浜で用いる日除け用かさ。
**ビーチ・バレー** 砂浜にコートを作り、裸足で行うバレーボール。1チーム2人。オリンピックの競技種目になった。
**ビーチ・フラッグス** 浜辺でうつ伏せの姿勢から小旗を走り取るライフセーバー競技。
**ヒート** 熱。熱気。
**ビート** ①打つこと。②水泳のバタ足。例〜板 ③音楽で拍子、強いリズム。例〜のきいた曲 ④音波のうなり。⑤てんさい。砂糖大根。ビーツともいう。
**ヒート・アイランド** 都市化による人工的な排熱が増加したことで、地表面での熱吸収が行なわれずに都市に熱が溜ま

り、熱中症等の健康影響や二酸化炭素排出量の増加などの影響をもたらす環境問題。

**ヒート・ショック** 急激な温度の変化が身体に与える衝撃。

**ピートモス** 水ゴケが泥炭化したもの。保水性・通気性などがよいため園芸用として用いられる。

**ビードロ** ガラスの古い呼び名。例～細工

**ビーナス** ①ローマ神話の愛と美の女神ウェヌス、ギリシア神話における女神アフロディテのこと。②金星。あけの明星。③美女。

**ピーナッツ・バター** 落花生をすりつぶしてクリームのようにした食品。

**ビーバップ** 1940年代にアメリカで発生したジャズの新しい演奏形式。モダンジャズの原点。

**ピーピング** 覗くこと、盗み見すること。

**ヒーブ** 家政学を履修し、企業内で消費者との橋渡しをする専門家。企業の消費者対策室などで、消費者からの苦情処理や消費者の声を企業活動に反映させるための仕事を担当する。ヒーブ(HEIB)は、home economist in businessの頭文字から。

**ビーフ・ジャーキー** 乾燥牛肉。ジャーキーは干し肉の意。本来はアメリカ・インディアンの保存食品。

**ビーフ・ストロガノフ** 牛肉の細切り、玉ねぎ、マッシュルームを炒め、サワークリームを加え煮こんだ料理。19世紀にロシアの外交官に因んで名づけられた。

**ビーム** ①光。光線。光や電子の流れ。②建築物の梁(はり)・桁。

**ヒーメン** 処女膜。

**ピーラー** 野菜などの皮むき器。

**ヒーリング** いやし。治療。ストレスを解消し、薬に頼らずに健康を取り戻そうというもの。

**ピーリング** ①野菜などの皮をむくこと。②美肌方法の一つ。古くなった角質をこすり落とす。

**ヒール** ①靴のかかと。②プロレスの悪役。

**ピール** 柑橘類の皮。

**ヒール・アンド・トー** ①自動車のブレーキを踏みながら、同じ足のかかとでアクセルを踏むこと。カーレースで、高

速でカーブを曲がるときなどに用いる方法。②競歩の歩き方。一方の足が常に地についている歩き方。

**ヒーロー** ①英雄。勇士。英雄と目される人。②小説や芝居の作品中の男の主人公。対ヒロイン

**ピエ・タ・テール** 都市の中の足がかり的な住居のこと。仮の住まい。東京の外国人がよく用いる。ピエは足、テールは大地の意。

**ヒエラルキー** ピラミッド型の階層制度・身分制度。本来は中世ヨーロッパのカトリック教会での聖職者の位階制のこと。ヒエラルヒーともいう。

**ヒエログリフ** 象形文字。古代エジプトの絵文字。

**ビエンナーレ** 2年ごとに開かれる美術の展覧会。ベネチア、サンパウロなどで開かれるものがよく知られている。→トリエンナーレ

**ビオコリドー** 河川や街路樹などのような、生物が移動できる連続した自然経路(生態回廊)。

**ビオトープ** 自然の状態で多様な動植物が生息する環境の最小単位。生物生息空間。

**ビオラ** 弦楽器の一種。バイオリンとチェロの中間音域を持ち、形はバイオリンよりやや大きい。

**ピカタ** イタリア料理。薄切り肉に小麦粉・卵をつけて焼いたもの。

**ピカドール** 騎馬闘牛士。闘牛で競技の前に馬上からやりで牛を挑発する役。

**ピカレスク小説** 悪漢小説。悪漢を主人公にした小説。16世紀スペインで始まった。

**ピギーバック** 台車輸送。トレーラーをそのまま貨車に載せて鉄道で輸送すること。

**ビギナー** 初心者。初学者。スポーツでよく用いられる。

**ビギナーズ・ラック** 特に賭け事などで、初心者がつきによく恵まれること。

**ピクセル** 画素。テレビやパソコンなどの画面を構成する最小単位。数が多いほど精密である。

**ピクチャー・サーチ** ビデオで撮ったテープから必要な場面をとり出すことができる機能。

**ピクトグラフ** 絵文字。絵を使った図表。ピクトグラムとも。

**ビクトリー** 勝利。優勝。**例**〜・ロード
**ビクトリー・ラン** 優勝した陸上競技選手が観客にこたえるため競技場内を走ること。
**ピクルス** 野菜の洋風酢漬け。
**ピケ** ⇨ピケット
**ピケット** 争議中の労働者たちがストライキ破りを見張ること。略してピケ。
**ピコ** 1兆分の1を表す接頭語。記号はp。**例**〜グラム（1兆分の1グラム）
**ピコット** レースなど、編み物のへりにつける小さな飾り輪。ピコともいう。
**ビザ** 査証。外国人に対して受け入れ側が発行する入国許可証。
**ピザ** 小麦粉を練って平らにした生地にトマトやサラミなどの具とチーズを載せて焼いたイタリア料理。ピッツァとも。
**ビシソワーズ** フランス風の冷たいスープ。野菜を煮て裏ごししたものに牛乳や生クリームを加え、冷たくして飲む。
**ビジター** ①訪問者。②相手の本拠地で試合をする野球やサッカーなどのチーム。③ゴルフ場の会員以外の利用者。
**ビジネス・アワー** 就業時間、営業時間。
**ビジネス・クラス** 航空機の座席でファースト・クラスとエコノミー・クラスの間の等級。**同**エグゼクティブ・クラス
**ビジネス・コンサルタント** 経営コンサルタント。企業の経営状態を診断、分析し、助言する人。
**ビジネス・サーベイ** 景気動向調査。景気の動向や業績の見通しについて企業家の判断を調査・集計したもの。
**ビジネス・スクール** ①アメリカの経営学部大学院。将来の企業家を養成する。②実務学校。簿記・速記などの商業実務を教える専門学校。
**ビジネス・ソフト** 給与計算、販売・在庫管理などに用いる事務用ソフトウエア。
**ビジネス・ホテル** 出張したビジネスマン用のホテル。駅の近くにあり、低料金と機能的な設備が売り物。一般宿泊客も利用できる。
**ビジネス・モデル特許** 電子商取引のしくみや方法を実現させるためのシステムに与えられる特許。

**ビジネスライク**　感情を交えず事務的・職業的に物事を処理すること。例〜応対

**ビジネス・ランチ**　①打ち合わせ・商談などを行いながらとる昼食。アメリカでは一般的。同パワー・ランチ　②ビジネスマン向けの昼食。

**ビジュアル**　視覚的な。目に見える。例〜映像

**ビジュアル・コミュニケーション**　視覚的な伝達。交通標識、広告、看板など。

**ビショップ**　①僧正。司教。②チェスの駒の一つ。将棋の角の動きをする。

**ビジョン**　将来に対する見通し・展望。例都市開発の〜

**ピジン・イングリッシュ**　商取引の場などで、使われる混成英語。主に東南アジア、西インド諸島、西アフリカなどで使われる。

**ヒス**　⇒ヒステリー

**ビス**　ねじ。ねじくぎ。

**ビスク**　①エビ、カニ、野菜などを煮つめた濃いクリームスープ。②粉末木の実入りのアイスクリーム。

**ビスク・ドール**　素焼きの磁器でできた人形。

**ビスタ**　展望。見通し。

**ビスタ・カー**　電車やバスの二階建ての展望車。

**ヒスタミン**　アミノ酸のヒスチジンが分解してできる物質。動物体内で過剰に生成されると、アレルギー症状を引きおこす。

**ヒステリー**　①感情を抑えられずわめき散らしたり、泣き出したりすること。②精神的原因で起こるけいれんなどの病的症状。略してヒス。

**ヒステリック**　ヒステリー的な。病的に興奮しているさま。〜な

**ヒストリカル・ランドマーク**　遺跡。

**ビストロ**　小さな酒場・レストラン。

**ヒスパニック**　アメリカで、スペイン語を話すラテンアメリカ系の市民。

**ビスフェノールA**　内分泌かく乱化学物質（環境ホルモン）の一つ。学校給食用のポリカーボネット製の食器から溶け出すといわれ、公立の小・中学校で使用禁止となった

**ビター** ①〜な 苦みのある。ほろ苦い。②イギリスの苦味のきいたビール。

**ビタミン** 動物の生理機能を調節する働きのある有機化合物の総称。動物の体内で合成することができないため、食物からの摂取が必要。生理作用や発見順にA、B、Cなどと名前がつけられている。

**ピチカート** 弦楽器の演奏で、弓を使わずに指で弦をはじくこと。

**ピッキング** ①選別、仕分け作業。②扉のかぎ穴を細工して侵入する窃盗法。③弦をはじくこと。

**ピック** ①ギターなどの弦楽器の弦をひく爪。②つるはし。

**ピックアップ** ①する 拾い上げること。選び出すこと。②レコードプレーヤーの音を拾う装置。③ラグビーで、スクラム内で球を拾い上げる反則。④する 車に人を乗せること。⑤ピックアップ・トラックのこと。

**ピックアップ・トラック** 荷物の積み下ろしが容易な小型トラック。

**ビッグ・アップル** ニューヨーク市の愛称。「大きなりんご」の意で、りんごは同市のシンボル。

**ピック・オフ・プレー** 野球で、投手が捕手からのサインでけん制球を送る守備側のサインプレー。

**ビッグ・サイエンス** 巨大科学。原子力や宇宙開発など、巨大な予算を投じ、多くの科学者や研究機関を集めて行われる国家的な研究・開発事業。

**ビッグ・ネーム** 大物。重要人物。著名人。

**ビッグ・バン** ①宇宙誕生の際の大爆発。②1986年のイギリス証券市場制度の大改革。③日本版ビッグ・バン構想。「わが国の金融システムの改革」のことで、金融ルールを国際基準に合わせ、東京市場をニューヨーク並みの魅力ある国際市場に再生することを目標としている。

**ビッグ・ベン** イギリス国会議事堂の時計塔の大時鐘。

**ビッグマック指数** 世界中で売られているマクドナルドの一番高いハンバーガーであるビッグマックの値段をドル換算した数字で、ドル為替の購買力の平均価を計る指数。

**ピッケル** 登山用具の一つ。杖の先につるはし状の金具をつけたもの。氷雪の上に足場をつけたりするのに用いる。

**ヒッコリー** クルミ科の高木の総称。堅く柔軟性があるのでスキー、家具用材などに使われる。

**ピッコロ** 木管楽器の一つ。フルートより一回り小さく、1オクターブ高い音を出す。管弦楽の最高音部を担当する。

**ピッチ** ①決められた時間内に同じ事柄を一定の間隔で繰り返すときの回数・速度。度合い。例~を落とす ②音の高さ・度合い。③ねじ山とねじ山、歯車の歯と歯の間の長さ。ねじや歯車が1回転して進む距離。④ボートなどで1分間に漕ぐストローク数。⑤コールタール、原油などを精製して得られる黒褐色の物質。⑥サッカーやホッケーの競技場。

**ピッチ走法** 陸上で、歩幅を狭くして走る走法。スケートなどの滑走法。

**ヒッチハイク** 無銭旅行。通りがかりの車に乗せてもらいながら、目的地まで旅行すること。する

**ピッツァ** ⇒ピザ

**ビット** ①コンピュータで取り扱う情報量の最小・基本単位。②二進法で用いる数字。0と1のこと。

**ピット** ①くぼみ。穴。②自動車レースで車が給油・整備する場所。③陸上の跳躍競技で選手が着地する砂場。④ボウリングで倒れたピンが落ちる穴。

**ピット・イン** 自動車レースで、タイヤ交換・給油・故障などのために車が整備所に入ること。

**ヒット・エンド・ラン** 野球で、走者は投手が投球動作に入ると同時に次塁へ走り、打者がこれに合わせて打つ攻撃法。

**ピット・クルー** 自動車レースなどで車の整備・給油を担当する技術スタッフ。

**ヒット・チャート** ポピュラー音楽の人気番付。CDなどの売上順位表。例~の1位になる

**ヒット・パレード** 人気のある曲やヒット曲で構成した歌番組。

**ヒット・マン** 殺し屋。

**ヒット・メーカー** 演劇・音楽・映画などで大当たり作品を作る人。

**ヒッピー** 1960年代後半アメリカに現れた若者の集団。体制を批判し、平凡な社会生活の慣習を拒否するなど自由な生活様式を求める。長髪・ひげと型破りな服装が特徴。

**ビップ** 要人。重要人物。very important personの略で、正式にはVIP(ブイ・アイ・ピー)という。

**ヒップ・ハンガー** 腰骨にひっかけてはくズボンなどの衣服。

**ヒップボーン** スカートやスラックスを腰骨で支えてはくスタイル。

**ヒップ・ホップ** 80年代ごろからニューヨークで流行した新感覚の黒人文化の総称。音楽(ラップ)、ダンス(スクラッチ、ブレイク)など、斬新な音楽、ダンスなどを生み出した。

**ビデ** 女性用の局部洗浄器。洗浄器から上向きに水が吹き出し、局部を洗う。

**ビデオ・オン・デマンド** 視聴者が好みの番組を選択し呼び出して視聴できるサービス。**略**VOD

**ビデオ・クリップ** 新曲の宣伝用に作られたビデオ。**同**プロモーション・ビデオ

**ビデオ・シアター** ビデオで映画などを上映する規模の小さな映画館。

**ビデオ・ジョッキー** 新曲宣伝用のビデオをまとめて紹介するテレビの音楽番組の司会者。**略**VJ

**ビデオテックス** 電話回線を通じて情報センターから文字や図形の情報が得られ、利用者端末(テレビ画像など)に映し出すシステム。情報検索のほか、テレショッピングやメッセージ通信サービスなども可能。

**ビデオ・プロジェクター** 映像をレンズで拡大してスクリーンに映し出す投影装置。

**ビデオ・マガジン** 市販を目的に、雑誌のように定期刊行される低価格のビデオソフト。

**ビデオ・ライブラリー** ビデオテープやビデオディスクを貸し出す場所。

**ヒト・インシュリン** すい臓から分泌されるホルモンの一種。人間のインシュリンは、動物のインシュリンとは違いアレルギーのおそれがないため、糖尿病の特効薬として用いられる。

**ピトー管** 圧力差を利用して流体速度を測定する装置。航空機の速度計などに使われる。考案者であるフランスの物理

学者の名前から。

**ヒト・ゲノム** 人間の遺伝子情報のすべて。ヒト・ゲノム全解読は、人間の全遺伝子を解析する国際的な研究計画。

**ヒドラジン** 窒素と水素からなる無色の有毒液体。ロケット燃料、還元剤などに用いる。

**ピトン** 登山で岩壁の割れ目や氷雪に打ち込むくぎ。同ハーケン

**ビニ本** 中が見えないようにビニール袋で封をされたポルノ雑誌。

**ビニロン** 日本で開発されたビニール繊維の一つ。衣料、ロープ、魚網などで使われる。

**ビネガー** ぶどう酒、りんご酒、麦芽酒などから作られる西洋の食用酢。

**ビネグレット** フレンチドレッシング。酢、油、塩、こしょうなどを混ぜて作る。

**ピノー** フランスのシャラント地方特産の果実酒。コニャックとワインを混ぜたもの。

**ビバーク** 登山でテントを用いずに野営すること。する

**ビバーチェ** 音楽の速さを表わす標語の一つで「いきいきと速く」の意。

**ビハインド** 劣っていること。負けていること。特に得点競技で使う。例3点の～ 対アヘッド

**ビバリッジ** 水以外の飲み物。

**ビビッド** 生き生きとした。鮮やかな。～な 例～な色

**ビビンバ** 朝鮮料理の一つ。モヤシやワラビ、味付けした牛肉などをご飯の上にのせ、かき混ぜて食べる。

**ビフィズス菌** 人の腸内を酸性に保つ乳酸菌の一種。整腸作用があり健康を保つ。

**ビフォア** …の以前、何かをする前。

**ビフォア・サービス** 販売前のサービス。商品を売る前にカタログなどで商品説明を行い、潜在需要層に働きかけること。対アフターサービス

**ビフォア・ナイン** 午前9時以前。出勤前の朝の時間。またはその時間の活用法。対アフター・ファイブ

**ヒプノティズム** 催眠術。

**ビブラート** ①声を震わせて歌うこと。②弦楽器で音程を震

わせて演奏すること。
**ビブラフォン** 音を震わせるためのモーターがついている打楽器。鉄琴。
**ビブリオグラフィー** ①書誌学。②参考文献目録。図書目録。
**ビヘイビア** 行為。行動。態度。ふるまい。
**ビヘイビアリズム** 行動主義。外部から観察することのできる行動のみを研究する心理学。また行動を重んじる文学上の主義のこと。
**ヒポコンデリー** 憂うつ病。心気症。病気ではないのに病気にかかっていると思い込む精神的症状。
**ピボット** ①ダンスなどで片足を軸にして回ること。②バスケットボールで片足を軸に回転し、向きを変えるプレー。円すい形の旋回軸。計測器などに用いる。
**ピュア** 純粋な。清潔な。混じりけのない。~な
**ビュー** ①景色。展望。②考え方。見解。
**ビュー・カメラ** レンズ取りつけ部・感光材料装着部・蛇腹がそれぞれ自由に調節できる組み立てカメラ。肖像や風景の撮影などに用いる。
**ヒューズ** 一定以上の電流が流れると溶けて回路を遮断する器具。その合金。
**ビューティー** ①美。美しさ。②美人。
**ビューティー・サロン** 美容院。
**ビューティー・スポット** つけぼくろ。容貌を引き立てるために頬などに小さな模様を描くこと。
**ビューティフル** 美しいこと。すばらしいこと。~な
**ビューポイント** 見地。観点。立場。
**ヒューマニズム** ①人道主義。人間中心主義。人間の価値を第一と考える立場。②人文主義。人間性の尊重と解放を基調とする。ルネサンス運動の中心思想。
**ヒューマニティー** 人間性。人間らしさ。人情味。例~あふれる人柄
**ヒューマノイド** 人間型ロボット。人間にそっくりの想像上の宇宙人。同アンドロイド
**ヒューマン** 人間的な。人間の。
**ヒューマン・アセスメント** 人間総合評価。人間査定。管理職としての適性を事前に評価すること。

**ヒューマン・エコロジー** 人間生態学。人、自然環境、社会環境の相互関係を研究する。

**ヒューマン・エラー** 人間が引きおこす過ち、間違い。人為的ミス。

**ヒューマン・エンジニアリング** 人間工学。理想的な労働環境や機械を造り出すために、人間の機能・特性を研究すること。略HE

**ヒューマン・スケール** 人間の体を基準にして決めた尺度、空間。

**ヒューマン・タッチ** 見る側に人間味あふれる情調や感動を与える絵画、写真、映画などの表現手法。

**ヒューマン・ドキュメント** 人間の実生活記録。人間性を描いた記録。

**ヒューマン・ファクター** 人的要因。

**ヒューマン・リソース・デベロップメント** 人的資源開発。従業員教育訓練の新しい表現。

**ヒューマン・リレーションズ** 人間関係。

**ヒューム管** 遠心力を利用してつくった鉄筋コンクリートの管。上・下水道、農業用などに用いる。

**ピューリタン** 清教徒。16世紀後半社会の腐敗を糾弾し、宗教改革を推進したプロテスタントの一派。

**ピューリッツァー賞** アメリカで1917年に創設され、毎年ジャーナリズムや文学などの分野ですぐれた業績をあげた人に対して贈られる賞。

**ピューレ** 野菜などを煮てつぶし、裏ごししたもの。例トマト〜

**ビューロー** ①事務所。事務室。案内所。②官庁などの局。③鏡台のついたタンス。引き出しのついた机。

**ビューロクラシー** 官僚政治。官僚主義。

**ヒュッテ** 山小屋。山小屋風の建物。

**ビュッフェ** ①列車や駅などの簡易な食堂。②立食形式の食事やパーティー。

**ビラ** 郊外の別荘。

**ピラミッド** 古代エジプトの王・王族の墓。石やれんがで造られた正四角すい形の建造物で、紀元前2800〜1600年ごろのもの。

**ピリオディカル** 雑誌。日刊以外の定期刊行物。
**ピリオド** ①文の終わりに打つ点。．終止符。②区切り。**例**〜を打つ ③アイスホッケーで競技時間の単位。1ピリオドは20分で、3ピリオドまである。④期間。時代。
**ビリオネア** 億万長者。
**ヒル** 丘。小山。
**ビル** ①勘定書。請求書。手形。証券。②ビルディングの略。
**ピル** 丸薬。経口避妊薬。
**ヒル・クライム** 険しい山道などで競う自動車やオートバイのレース。
**ピルスナー** ①底が細くなっている細長いグラス。②ホップの効いた軽いビール。チェコが発祥地。**同**ピルゼンビール
**ビルダー** ①建築業者。②洗剤に入っている研磨剤。
**ビルダーリング** 建物の壁面を岩登りの技術を使ってよじ登るスポーツ。
**ビルト・イン** はめ込み式の。作りつけの。**例**〜家具
**ビルトイン・スタビライザー** 経済の自動安定装置。景気の変動を自動的に調整するしくみ。
**ビルボード** ①屋外の広告看板・掲示板。②アメリカの音楽業界誌の一つ。
**ヒレ** 牛や豚などの腰から背にかけての部分からとれる柔らかい最上等の肉。**同**フィレ
**ビレッジ** 村。集落。
**ヒロイズム** 英雄主義。英雄的な行為を進んでしようとする考え方。
**ヒロイン** 小説や戯曲での女主人公。女傑。**対**ヒーロー
**ピローケース** 枕カバー。
**ビロード** 表面が細かいけばで覆われた絹織物。つやつやした光沢と滑らかな手ざわりが特徴。本天、別珍、コールテンなどがある。**同**ベルベット
**ピロー・トーク** 夫婦や恋人が寝室で交わす会話。睦言(むつごと)。
**ピロシキ** ロシア風の揚げまんじゅう。小麦粉の皮でひき肉・野菜などを包み、油で揚げたもの。
**ピロティー** 建物の1階は柱で支えて吹きさらしにし、2階以上に居住空間を作る建築様式。

**ピロ電気** 焦電気。ある種の結晶を加熱したときに生ずる帯電現象。

**ヒロポン** 覚醒剤の一種。乱用すると中毒症状が現れる。

**ピロリ菌** ⇒ヘリコバクター・ピロリ菌

**ピンキング** 布のほつれを防ぐために、特殊なはさみで端をぎざぎざに切ること。例〜ばさみ

**ピンクサロン** 女性の性的なサービスを売り物にしている社交酒場。略してピンサロ。

**ピン・クッション** 針差し。

**ビンゴ** 数字合わせの室内ゲーム。読み上げられた数字に一致した、手持ちのカードの番号を消していき、一列分の数字を早く消した者が勝ちとなる。

**ピンサロ** ⇒ピンクサロン

**ヒンジ** ①ちょうつがい。②収集した切手を貼るためののり付きの紙片。

**ビンジ・パージ症候群** 過食をしては吐き出し、また食べるという摂食障害をさす。

**ピンズ** ピン・バッジのこと。

**ヒンターランド** 後背地。背後にあってその都市や港の発展を経済的な面から支える地域。

**ピンチ・ヒッター** ①野球の代打。②代役。身代わり。

**ピンチョス** つまようじなどに刺した酒のつまみ料理。

**ビンテージ** ①年代もの。古くて価値のある。②ぶどうの当たり年に作られた最上級のぶどう酒。特定の地域・年度・銘柄のもとに作られた最高のぶどう酒。例〜もののワイン

**ピンナップ** ピンで壁に飾る写真。女性のヌードが多い。例〜・ガール

**ピン・バッジ** 針で留めるアクセサリー用のバッジ。同ピンズ

**ピンポイント** ①ピンの先。②正確な位置づけ。精度の高いこと。一点に集中すること。例〜攻撃

**ピンホール** 針穴。針でつついたような小さな穴。

**ピンホール・カメラ** レンズの代わりに針穴ぐらいの小さな穴からの光で像を結ばせ、フィルムを感光させる写真機。

**ピンワーク** 服・生地などを、はさみを使わずにピンだけでマネキンに飾りつけをすること。

## フ

**プア** 貧しい。みじめな。みすぼらしい。〜な 対リッチ

**ファー** 毛皮。コートなどの毛皮製品。

**ファー・イースト** 極東。日本、中国、韓国などを含む東アジア地域。

**ファース** 笑劇。茶番劇。本来はフランス中世の宗教劇の幕間に演じられた喜劇のこと。同ファルス

**ファースト・インプレッション** 第一印象。最初の印象。

**ファースト・クラス** ①第一級。最高級。②航空機・船の客室や座席の1等。→エコノミー・クラス

**ファースト・ネーム** 姓に対しての名前。姓名の名のほう。対ファミリー・ネーム

**ファースト・フード** 注文するとすぐに出てくる手軽な食品。ハンバーガー、ドーナツ、フライドチキンなど。

**ファースト・フォワード** ビデオテープや録音テープなどの早送り。

**ファースト・レディー** ①大統領夫人。首相夫人。元首夫人。②各分野の第一線で活躍している女性。

**ファーマシー** ①薬局。薬店。②薬学。

**ファーム** ①農場。農園。②アメリカ・大リーグの選手を養成するマイナーリーグのチーム。日本のプロ野球の二軍。例〜に落とされる

**ファーム・ステイ** ①学生などが外国の農家に泊まり農業を体験する試み。②独身女性を対象にした農業を体験する催し。農家の花嫁探しのきっかけを兼ねている。

**ファーム・バンキング** 金融機関と取引先の企業をコンピュータ回線で結び一般の金融業務などを処理できるようにしたシステム。

**ファイア** 火。ファイヤともいう。

**ファイア・ウォール** 外部からの組織内のコンピュータネットワークへの侵入を防ぐシステムを言う。また、そのようなシステムを組み込んだコンピュータ。

**ファイア・ストーム** たき火のまわりで踊ったり、歌をうた

ったりして騒ぐこと。
**ファイアプレース** 壁に作りつけの暖炉。
**ファイアマン** ①消防士。消防隊員。②野球の救援投手。火消しの意から。
**ファイター** ①戦士、闘士。②ボクシングの接近戦を得意とする選手。③戦闘機。
**ファイティング・スピリット** 闘志。困難に対して立ち向かっていく気概。
**ファイト・マネー** ボクシングやプロレスなどの試合で、選手が受け取る報酬金。
**ファイナル** ①最後の。決勝の。②決勝戦。例～に勝ち進む
**ファイナンシャル・プランナー** 個人の生活設計や資産などに合わせて株・不動産などの資産運用や老後の人生設計について適切な助言をする職業。略FP
**ファイナンス** ①財源。資金源。金融。②融資。
**ファイバー** ①繊維。繊維状のもの。例光～ ②木綿やパルプの繊維を押し固めたもの。電気絶縁材料や皮革代用品に用いる。
**ファイバースコープ** 内視鏡。ガラス繊維を束ね、両端にレンズを取りつけたもの。曲折性・透視性に優れているため胃や食道の検査に用いられ、患部の映像を外部に伝える。
**ファイブ・スター** 五つ星のマーク。レストランやホテルで最上級をさす。
**ファイヤ** ⇒ファイア
**ファイリング** 新聞・雑誌・書類の切り抜きを分類・整理すること。
**ファイル** ①する新聞や書類などの綴じ込み。その綴じたもの。書類ばさみ。②コンピュータで、ある主題に関する記録を収めた情報の集合。
**ファイル・アクセス** コンピュータ内のファイルから必要なデータを読み出したり書き込んだりすること。
**ファイン・アート** 絵画・彫刻・建築など造形美術の総称。
**ファイン・ケミストリー** 高付加価値の化学製品を生産するための、生産技術に関連した化学。医薬品・化粧品・写真材料など。
**ファイン・セラミックス** 窯業製品のうち、焼結温度を高くし

て寸法精度や強さを著しく向上させたものの総称。強さや耐熱性で金属を上回り、半導体や精密機器などに使われる。

**ファインダー** 被写体の位置や範囲を決めるため、カメラに取りつけたのぞき窓。

**ファイン・プレー** スポーツでのすばらしい技。美技。

**ファウル** ①スポーツでの反則。②野球でのファウルボールのこと。

**ファクシミリ** 画像伝送方式の一つ。電話回線で静止画像を送ったり、画像を再現するもの。同ファックス

**ファクター** ①要素。要因。例重要な〜 ②因数。

**ファクタリング** 債権買い取り業、企業の売掛債権を買い取り、代金を回収する専門会社。

**ファクト** 事実。真相。

**ファクトリー** 製造所。工場。

**ファクトリー・アウトレット** 工場直販店。一流ブランド商品などの使用に支障がない程度の不良品が安く手に入る。

**ファゴット** 長い筒形の木管楽器。本管中の最低音域を持つ。同バスーン

**ファザコン** ①女性が父親に対して強い思慕の気持ちを抱くこと。②父への思いから年配の男性を恋愛対象にする若い女性。ファザー・コンプレックスの略。

**ファジー** ①人間のあいまいで柔軟性のある認識をコンピュータで処理する機能。② 〜な ぼんやりとした。あいまいな。

**ファジー・コンピュータ** ファジー理論を応用し、人間により近い情報処理ができるコンピュータ。

**ファシズム** 独裁的・非民主主義的な思想や政治形態のこと。外国に対しては侵略政策をとる。イタリアのムッソリーニ率いるファシスト党の活動から。

**ファシリティー・マネージメント** コンピュータ関係の設備を自社で所有し、その管理運営を外部の専門会社に委託する管理方式。

**ファック** 性交。

**ファックス** ⇨ファクシミリ

**ファッショ** ①イタリアのムッソリーニに率いられたファシスト党の活動。②ファシズム的な傾向・運動・支配体制。

**ファッショナブル** 流行の。時代の最先端を行く。~な 例 ~な服装

**ファッション** 流行。特に服装についての流行・はやり。

**ファッション・インダストリー** ファッション産業。広く流行するような、ファッション性のある商品を作り出す産業。

**ファッション・コーディネーター** 服飾関係の商品について流行や特徴などを助言したり、全体の調和を考えて組み合わせたりする人。

**ファッション・デザイナー** 服装の型・色などを考え、デザイン画に表す人。

**ファッション・ビル** 洋服店、飲食店、ショールームなどさまざまな専門店が入っているビル。

**ファッション・ヘルス** 女性の性的マッサージその他のサービスを売り物にする店。風俗産業の一種。

**ファッション・リング** おしゃれのために身につける日常的な指輪。

**ファット** 脂肪の多い。太った。

**ファッド** 一時的な流行。気まぐれ。

**ファディッシュ** 一時的流行の。気まぐれな。物好きな。~な

**ファド** ポルトガルの民俗音楽。

**ファナティック** 熱狂的な。狂信的な。~な

**ファニー** 奇妙な。滑稽な。おかしい。

**ファニー・フェース** 個性があり、魅力のある顔。美人ではないが個性的で愛敬のある顔。

**ファニチャー** 家具。調度。備品。

**ファブリケーター** 組み立てる人。製作者。

**ファブリック** ①繊維製品。布地の総称。織物、編み物など。②構造。仕組み。

**ファブレス企業** 生産部門を外部に任せ、企画・開発・販売などのみを自社内で賄う企業。→アウト・ソーシング

**プア・ホワイト** アメリカ南部の貧しい白人。社会的地位の低い農業労働者、未熟練工などが多い。

**ファミコン** ファミリー・コンピュータの略。任天堂が開発したテレビゲーム用の家庭向けコンピュータ。商標名。

**ファミリー** ①家族。家庭。②同族。一族。

**ファミリー・サイズ** 家族で使い切れるような大きさ・量。4～5人の家族用に作られた商品などに用いる。

**ファミリー・ネーム** 姓。名字。対ファースト・ネーム

**ファミリー・プラン** ①家族計画。受胎調節。②家族向けの料金設定。

**ファミリー・ブランド** 同一メーカーから出ているいくつかの商品に、同じ商標を統一してつけること。

**ファミリー・レストラン** 家族連れで気軽に食事ができるレストラン。比較的安価で、郊外の住宅地などに多い。略してファミレス。

**ファラオ** 古代エジプト王の称号。

**ファルコン** 本来はハヤブサの意で、アメリカ空軍の対空ミサイルの通称。日本の航空自衛隊にもある。

**ファルス** ⇒ファース

**ファルセット** 男性の裏声。声楽の発声技法の一つ。

**プア・ルック** ぼろルック。服にわざと穴をあけたりつぎはぎにして、ぼろを着ているように見せるファッション。

**ファン** ①スポーツ選手・俳優など特定の人に対する熱狂的な支持者。スポーツや芸能の熱心な愛好者。②扇風機。送風機。

**ファンキー** ジャズ、ソウル、ロックなどの音楽。黒人らしい土臭さが強く感じられる音楽の総称。~な →ファンク

**ファンク** ソウルやロックで黒人らしさが感じられる音楽。1950年代のファンキーと区別して70年代に使われるようになった。それまでの土臭い表現に都会的なセンスが加わったもの。→ファンキー

**ファンクション** ①機能。働き。役割。②関数。

**ファンクション・キー** コンピュータのキーボード上で、特定の機能を実行させるように設定されたキー。

**ファンゴ** 泥。主に泥を使った美容法をいう。

**ファンシー** ①空想。幻想。想像。②趣向をこらした。~な

**ファンシー・グッズ** 若い女性の好みそうなかわいい小物や装身具など。

**ファンシー・ショップ** 夢のある小物を売る店の意。若い女性向きの小物や装身具などを扱う。

**ファンシー・ボール** 仮装舞踏会。

**ファンジン** ファン(熱心な愛好者)の雑誌。特にSFファンの同人雑誌のこと。

**ファンタジー** ①空想。幻想。②幻想曲。作者の幻想を盛り込んだ曲。同ファンタジア ③空想的なテーマを扱った文学や映画。

**ファンタジスタ** 華やかなプレーで観客を魅了するサッカー選手。

**ファンタスティック** ①幻想的な。空想的な。②すてきな。とてもすばらしい。~な

**ファンダメンタルズ** 経済の健全さを示す基礎的指標。経済成長率、物価上昇率、失業率などが含まれる。

**ファンダンゴ** スペイン南部アンダルシア地方の軽快な三拍子の民俗舞踊、またはその曲。

**ファンデーション** ①土台。基礎。②下地用の化粧品。③体の線を整えるための婦人用の下着。ブラジャー、ガードルなど。④油絵の地塗りに使う白い絵の具。ファウンデーションともいう。

**ファンド** ①資金。基金。②公債。③投資信託。

**ファンド・マネージャー** 金融機関が有する金融資産を効率的に運用する担当者。資金を運用する責任者。

**ファントム** ①幻影。幽霊。②アメリカのジェット戦闘機。

**ファン・ヒーター** 石油やガスを燃やし、送風装置によって熱を送り出す暖房機。

**ファンファーレ** 金管楽器による3和音の音だけを響かせる曲。祝典や軍隊の儀礼などの際に用いられる。

**ファンブル** 野球などで転がってきた球を1度触っているのに取り損なうこと。お手玉すること。する 同ハンブル

**フィアンセ** 婚約者。

**ブイ** ①浮き、浮標。②救命用浮き袋。

**フィー** 報酬。料金。手数料。謝礼。

**フィージビリティー・スタディー** 企業化実現調査。採算性調査。企業や組織がある計画を実行に移そうとするとき、採算がとれるかどうかなどを実施前に調査すること。

**フィーダー** 給電線。テレビのアンテナと受像機の電子回路とを接続する線。

**フィーチャー** ①新聞や雑誌などの読み物・企画記事。特集。

②長編映画。③音楽で、ある楽器の独奏を際立たせること。

**フィート** ヤード・ポンド法の長さの単位。1フィートは12インチ。約30.48センチメートル。記号はft。

**フィードバック** ①電気回路で出力したエネルギーや信号などを入力の側に戻し、出力を増大または減少させること。②ある動作や働きかけなどにより起きた結果を、もう一度原因側に戻して調整すること。する

**フィードロット** アメリカで開発された肉牛を太らせるための飼養法。

**フィーバー** 極度の興奮状態にあること。熱狂。する

**フィーファ** FIFA。国際サッカー連盟。

**フィーフォ** FIFO。コンピュータで、入力した順に処理作業が行われる方式。

**フィーリング** 感じ。印象。感覚。例～が合う

**フィールズ賞** 数学の分野で際立った業績をあげた人に贈られる賞。4年に1度選定され、数学のノーベル賞ともいわれる。カナダの数学者フィールズが提唱。

**フィールド** ①陸上競技で走路の内側の部分。競技場。対トラック ②学問の研究分野。活動範囲。③野外。④野球場の外野と内野。⑤物理学の場。

**フィールド・アスレチック** 自然の地形を利用して造られた野外のスポーツ施設。木登りやいかだ渡りなど障害物を組み合わせ、楽しく体力作りができる。商標名。

**フィールドワーク** 野外調査。現地調査。地質学、考古学、文化人類学、社会学などの分野で重視されている。

**フィエスタ** 祝祭。祝典。祭り。

**フィギュア** ①形。図形。②人形。像。③フィギュア・スケートの略。氷上に種々の図形を描きながら滑るもの。

**フィクサー** ①調停役。まとめ役。黒幕的な人物。②写真の定着剤。定着液。

**フィクション** ①虚構。作りごと。想像によって架空の事柄を作ること。②虚構・想像による小説や物語。対ノンフィクション

**フィジオクラシー** 重農主義。農業を重視した経済政策。18世紀後半、フランスのケネー、テュルゴーらが唱えた。対マーカンティリズム

**フィジオロジー** 生理学。
**フィジカル** ①肉体の。②物理的な。③物理学の。~な
**フィジカル・フィットネス** 健康な体を作ること。体操、ジョギング、エアロビクス、ダイエットなど。
**フィジックス** 物理学。
**フィシュー** 三角形をした女性用の肩掛け。
**フィズ** ①発泡性飲料。ソーダ水やシャンパンなど。②アルコール飲料に炭酸水、砂糖、レモンなどを混ぜたもの。
**フィスカル・ポリシー** 財政政策。
**ブイ・ゾーン** 背広を着たときの胸元のこと。男性のおしゃれのポイント。
**ブイ・ターン就職** 出身地とは違う田舎の地方に就職すること。→Uターン就職
**フィッシャー効果** 金利面からのインフレ抑止力。物価の上昇が予想されると金利が上昇し、事業経営者に計画の修正を行わせる作用となって、結果的に過度の需要インフレをけん制すること。
**フィッシャーマン・セーター** 縄柄などの模様が入った太い毛糸で編んだセーター。北欧やアイルランドの漁師たちが防寒用に着たところから。
**フィッシュ** 魚。
**フィッシング詐欺** 悪用するために有名企業を装って個人の暗証番号などの個人情報をパソコン上から入手すること。
**フィッティング** ①合わせること。調整。整備。②試着。洋服の寸法合わせ。仮縫い。
**フィット** ①合わせること。適合の。②衣服などが体にぴったり合うこと。例足にぴったり~した靴 する
**フィットネス** ①心身が健康な。②健康作りのための運動。エアロビクス、ジャズダンスなどの体力作りと美しい体形作りを目的とした運動をもさす。
**フィットネス・ウォーキング** 健康作り、体力作りのために歩くこと。
**フィットネス・クラブ** アスレチック・クラブのこと。
**フィデリティー** もとの音声や映像を正確に記録し再生する度合い、忠実度。
**フィトンチッド** 樹木が発する揮発・芳香性物質の総称。森

林浴が健康によいのはこれを浴びるため。
**フィナーレ** ①交響曲、オペラ、演劇などの最終楽章・最終場面。②物事の最後、最終段階。
**フィニッシング・スクール** 若い女性が社交界に出る前に作法や教養を身につけるための学校。
**フィフティーズ** 1950年代の。50年代に流行した服装・音楽など。
**フィフティー・フィフティー** 五分五分。半々の。例優勝の可能性は〜
**フィブリノーゲン** 血しょう中にあるタンパク質で血液凝固の中心的役割の物質。
**ブイヤベース** 魚介類に野菜、香草を加えて塩味で煮込んだもの。南フランス・マルセイユ地方のスープ料理。
**フィヨルド** ノルウェーやアラスカに多く見られる峡湾。海面が陸地の奥深く入り込み、高い絶壁に囲まれている入り江のこと。
**ブイヨン** 肉や骨の煮出し汁。スープや煮込みなどの材料に使われる。
**フィラテリスト** 切手収集家。
**フィラメント** ①電球や真空管の繊条。②1本の長い繊維。
**フィラリア** 象皮病の原因となる寄生虫。血液に寄生する。蚊が媒介する。
**フィランソロピー** ①慈愛。博愛。②企業が慈善行為として寄付や社会貢献すること。
**フィルター** ①ろ過器。不要なものを取り除くもの。②特定の光や信号だけを取り出す装置。③たばこのニコチンを取り除くための吸い口。
**フィルダーズ・チョイス** 野選。野球で、野手が取ったゴロを一塁に投げずにほかの塁へ投げてしまい、結局全部の走者を生かしてしまうこと。
**フィルハーモニー** 音楽愛好者の意。音楽団体の名称に使われる。略してフィル。
**フィルム食品** 超薄膜状態に加工した食品。代表的なものが海苔。シート食品ともいう。
**フィルム・ライブラリー** 映画フィルムやスライドを収集・保存・展示をする施設。

**フィルモグラフィー** テーマ別、監督別などの形で映画作品を系統的に編集した目録。

**フィレ** ⇨ヒレ

**フィロソファー** 哲学者。

**フィロソフィー** 哲学。

**フィン** ①スキューバダイビングで足につけるひれ。②ボート、サーフボードについている垂直安定板。

**フィンガー** ①指。指状のもの。②飛行場の送迎用デッキ。③ウイスキーの量を測る指の幅。**例**ツー～(指2本分)

**フィンガープリント** 指紋。

**フィンガー・ボウル** 食卓において食後に指先を洗うための水を入れておく小鉢。

**フィン・スイミング** 足ひれとシュノーケルを装着して泳ぐスポーツ。

**ブーイング** 競技や演技に対して、観客がブーブーといって不満を表すこと。やじを飛ばすこと。

**フーガ** 遁走(とんそう)曲。曲の途中から前に出た主題や旋律が現れ、追いかける形で反復される曲。バッハの「フーガの技法」が有名。

**ブーケ** ①小さな花束。②ワインの芳香。

**ブーケ・ガルニ** セロリ、月桂樹の葉などの香草を袋に入れたり、束ねたりしたもの。スープやシチューの香りつけに用いる。

**ブース** ①間仕切りをした小部屋。電話ボックス、投票所など。②小さな仮小屋。屋台店、模擬店など。

**ブースター** ①ロケットで、打ち上げのために適当な初速度を与える補助推進装置。②昇圧器。ラジオやテレビなどの増幅器。

**ブースター局** テレビの中継放送局。テレビ放送の受信が困難な地域に設け、電波を増幅して放送する。

**フーズ・フー** 紳士録。人名録。→フー・ワズ・フー

**フーダニット** who done it？(誰がやった)の意で、推理小説・探偵小説のこと。

**フーディズム** 自然食主義。自然食や無添加食品に強い関心を持つこと。

**フード** ①食べ物。食品。②頭巾。③機械・器具などの覆い。

④台所の煙やにおいを排出させるために取りつける吸い込み口の覆い。⑤自動車のボンネット。

**フード・コーディネーター** 飲食店の仕入れから売り方の指導・新メニューの考案、食品メーカーの新製品の開発など食品全般の調整に携わる人。

**フード・プロセッサー** 食品加工器。食品をつぶしたり、切ったり、刻んだりする電動機器。

**ブービー** 最下位。日本では最下位から2番目をさす。例 ゴルフコンペで～賞だった

**フープ** 子どもが遊びに使う輪。新体操で用いる輪。

**ブーミング** 低域の特定音だけが強調され響いて聞こえる現象。

**ブーム** にわか景気。あるものがにつかにはやり出すこと。大流行。例 ～を巻き起こす

**ブーメラン** オーストラリア原住民の狩猟具。「く」の字形で、投げると曲線を描いて飛び、手元に戻ってくる。

**フーリガン** ①ならずもの。ごろつき。不良。②イギリスの熱狂的なサッカーファン。試合場や街頭で乱闘騒ぎを起こすことがある。

**フール** ばか。愚かもの。例 エイプリル～

**プール** ①水たまり。水泳競技場。②たまり場。物の置き場。例 モーター・～ ③資金・利益を共同にすること。企業連合。④蓄えること。貯めておくこと。例 資金を～する ⑤ビリヤードの遊び方の一つ。

**プール・バー** ビリヤードのできる酒場。

**ブールバール** 大通り。並木道。

**フー・ワズ・フー** 故人の人名録。物故録。→フーズ・フー

**フェア** ①公平。公明正大。②野球やテニスなどで打球が規定の線の内側に入ること。③市。博覧会。見本市。例 デパートで～を開く ④運賃。乗り物の料金。

**フェアウェー** ゴルフで、ティーグランドからグリーンまでの芝を短く刈った場所。対 ラフ

**フェアウェル** 別れ。さよなら。例 ～・パーティー

**フェア・グラウンド** 野球場で、ファウル線より内側の部分。

**フェア・プレー** ①試合で正々堂々と戦うこと。②公明正大な態度、行動。

**フェアリー・テール** おとぎ話。童話。

**フェアリー・ランド** おとぎの国。不思議の国。

**フェイク** ①ごまかし。にせの。模造品。②する ジャズなどの音楽で、即興でメロディーをくずして演奏すること。フェークともいう。

**フェイク・ファー** 手入れが簡単で値段が安い人工毛皮。

**フェイシャル** ①顔の。②美顔術。

**フェイス・バリュー** ①証券・株などの額面の価格。②顔が利くこと。

**フェイス・マーク** Eメールで用いられる顔文字。

**フェイス・リフト** ①美容整形術。顔のしわ取り術。②建物・室内の改造。自転車の改良。

**フェイバリット** 気に入っている。とても好きな。~な

**フェイル・セーフ** 故障が起きた場合の安全保障装置。

**フェイント** ①見せかけ。②スポーツで、相手に思わせたのとは違う動きをすること。例 ~をかける

**フェーズ** 相。局面。段階。様相。

**フェード・アウト** 演劇・映画・テレビなどで、舞台や画面が徐々に暗くなって消えていくこと。溶暗。効果音が小さくなっていくこと。対 フェード・イン

**フェード・イン** 演劇・映画・テレビなどで、舞台や画面が徐々に明るくなること。溶明。効果音が大きくなっていくこと。対 フェード・アウト

**フェーバリティズム** えこひいき。偏愛。

**フェーブル** 童話。寓話。

**フェーン現象** 山から吹きおろす乾燥した高温の風による気象現象。断熱変化で気温が上昇する。

**フェザー級** ボクシングで122ポンド(55.34kg)より上で126ポンド(57.15kg)以下の階級。

**フェザーカット** うぶ毛のようにふわふわとした感じに見える髪形。

**フェズ** 男性用トルコ帽。バケツを伏せたような形の帽子。

**フェスタ** 祭典。祭り。

**フェスティバル** 祭り。祝祭。催し物。例 日本映画~

**フェチ** ⇒フェティシスト

**フェティシスト** 異性の髪や衣服、体の一部など特定のもの

にだけ関心を持ち、性的に興奮する人。

**フェティッシュ** 物神(ものがみ)。呪物。迷信や性的倒錯の対象。

**フェデラリズム** 連邦主義。州ごとの自治権を認めた連邦制の国家原理。

**フェデラル・ファンド** アメリカの連邦準備制度に加盟した銀行が義務づけられている連邦準備銀行への預託金。

**フェデレーション** 連合。連盟。連邦政府。

**フェニックス** ①不死鳥。エジプト神話に出てくる霊鳥。②ヤシ科フェニックス属の植物の総称。ナツメヤシなど。

**フェニックス計画** 東京湾や大阪湾を埋め立てて、そこに巨大なごみ処理用の人工の島を造ろうという計画。

**フェミニスト** ①女性を重んずる男性。女性に甘い男性。②男女同権論者。女権拡張論者。

**フェミニティー・コントロール** オリンピックで女子選手に対して行われる染色体検査。競技の上位入賞者に行い、性別を確認する。同セックス・チェック

**フェミニン** 女らしい。女性の。成熟した大人の女らしさ。

**フェミニン・ルック** 女性らしさを強調したファッション。

**フェルト** 羊毛などの繊維を圧縮した厚い布状のもの。保温・防音・防湿性に富み、帽子・敷物・履物などに用いる。

**フエルト・ペン** 筆先がフエルトでできた筆記具。

**フェルマータ** 記号⌒。音楽記号の一つで、「その部分だけ奏者が音や休止を任意の長さで演奏する」の意。

**フェロー** ①仲間。同僚。②大学などの特別研究員。

**フェロモン** ①動物が体外に分泌し同種の個体に何かの情報を伝える物質。②異性を引きつける魅力。

**フェンシング** 中世ヨーロッパの騎士によって発達した剣術。スポーツとしてはフルーレ、エペ、サーブルの3種類。

**フェンス** ①塀。柵。②競技場の防御柵。

**フェンダー** ①自動車・自転車などの泥よけ。②電車の前後につける緩衝装置。

**フェンネル** ウイキョウ。セリ科の多年草で香味料となる。

**フォア・グラ** ガチョウやアヒルの肝臓を特別に太らせたもの。オードブルなどの料理に用いる。

**フォアハンド** テニスや卓球などで、球を利き腕側で打つこ

と。対バックハンド
**フォアフロント** 最前線。最先端。第一線。
**フォーエバー** 永遠に。永久に。
**フォーカス** ①焦点。ピント。②著名人の私生活を盗み撮りすること。同名の写真週刊誌から。
**フォ・カマイユ** 配色で色相差が少しだけある同系色の組み合わせ。
**フォーク・アート** 民衆芸術。広範な民衆層に支持される芸術形式。18世紀末から19世紀にかけてアメリカで誕生。
**フォーク・ソング** 古くから伝わる民謡。特にアメリカの民謡風の音楽をさす。ギターでの弾き語り曲。
**フォーク・ダンス** ①民族舞踊。②大勢の人が輪になって踊る娯楽ダンス。
**フォーク・メディシン** 民間療法。民間治療薬。
**フォークリフト** 車体の前部にフォーク型の荷台がついていて、それを上下させて荷物の積み降ろしや運搬をする車。
**フォークロア** ①民間伝承。②民俗学。③民俗衣装を取り入れたファッション。
**フォーク・ロック** ロックとフォークを組み合わせた音楽。1960年代後半、ボブ・ディランが電気楽器のバックバンドをつけたのがはじまり。
**フォース** ①力。②軍隊。例エア～(空軍)
**フォース・アウト** 封殺。野球で、後続の打者が走者となったため、進塁の義務が生じた走者を、その進もうとする塁でアウトにすること。
**フォーチュン** ①運命。運。②富。財産。
**フォーチュン・クッキー** おみくじ入り占いクッキー。
**フォー・ドラゴンズ** 韓国、シンガポール、台湾、香港の四つの国(地域)を総称する。NIESの中核。
**フォートラン** FORTRAN。科学技術計算用に開発されたコンピュータのプログラミング言語。数式、英単語によってプログラムが作れる。
**フォー・ナイン** 金の純量を表す品位表示。1000分の999.9のこと。純金の代名詞。
**フォー・ビート** スイングやモダンジャズのリズム形式。4分の4拍子。

**フォービズム** 野獣派。20世紀初めにフランスで起こった絵画の流派の一つ。力強いタッチと色彩が特徴。

**フォーマット** ①テレビやラジオの放送形式。②書式。体裁。③フロッピーやハードディスクを読み書きできるようにする形式。初期化。

**フォーマル** 正式な。公式の。形式ばった。 ~な 対インフォーマル

**フォーマル・ウェア** 正式な改まった場所に着ていく洋服。正装。礼服。対カジュアル・ウェア

**フォーミュラ** ①決まり文句。前例にならった方法。一定の方式。②数学の公式。方程式、化学式など。③フォーミュラ・カーのこと。

**フォーミュラ・カー** 公式の競技用自動車。

**フォーメーション** ①構成。形式。②スポーツでの陣形。バレーボール、バスケットなどで攻撃や防御のときの選手の配置。

**フォーラム** ①公共広場、市場。②公開討論の場、公共問題に関する討論会、座談会。③パソコン通信での同好者の集まり。

**フォール** ①落下。下降。② する レスリングで相手の両肩をマットに同時につけること。

**フォールト** ①失敗。過ち。②テニス、バレーボールなどでサーブを失敗すること。 例 ダブル・〜

**フォスター・ペアレント** 里親。

**フォッグ・ライト** 自動車の霧灯。濃霧のときに使う、黄色またはオレンジ色のランプ。

**フォッサ・マグナ** 日本列島の本州中部を横断する大きな地質的な割れ目地帯で、重要な地質学的構造の一つ。ドイツの地質学者ナウマンが命名。

**フォトグラフィー** 写真術。

**フォトジェニック** 写真向きの。写真うつりのよい。 ~な

**フォト・ジャーナリズム** 写真雑誌やグラフ雑誌など写真を中心としたジャーナリズム。

**フォトダイオード** ⇨フォトトランジスタ

**フォトトランジスタ** 光信号を電気信号に変換する半導体素子。太陽電池などに利用される。同フォトダイオード

**フォト・フィニッシュ** 写真判定で順位を確定すること。競馬や競走など。

**フォトモンタージュ** 合成写真。何枚かの写真を合わせて1枚の写真に合成したもの。

**フォト・ライブラリー** 写真資料室。写真の保存・貸し出しを行う。

**フォト・レタッチ** 写真など画像を加工・修整すること。

**フォトン** 光子。光量子。量子論で光を粒子として考えるときの概念。

**フォニックス** 文字と発音を対照させて英単語を覚えさせる方法。

**フォネティックス** 音声学。

**フォリオ** 全紙の印刷用紙を二つ折りにし4ページとしたもの。二つ折り判。全紙を半分に切った大きさ。

**フォリナー** 外国人。異邦人。

**フォルク** 民俗。国民。人々。

**フォルクローレ** 民俗音楽。特にアルゼンチンなどの南米の民謡をさす。

**フォルテ** 記号 *f*。音楽の強弱記号の一つで「強く」の意。

**フォルティシモ** 記号 *ff*。音楽の強弱記号の一つで「極めて強く」の意。

**フォルテピアノ** 記号 *fp*。音楽の強弱記号の一つで「強く、すぐに弱く」の意。

**フォロー** ①する あとに続く。あとに従う。あとを追ってカバーする。②する 事件などを追跡すること。③する スポーツで球を持った選手のあとについて補助すること。④フォロー・ウインドの略。

**フォロー・アップ** ①スポーツで球を持った選手を補助すること。②追跡調査。例 ～調査

**フォロー・ウインド** 追い風。順風。対 アゲンスト・ウインド

**フォロー・スルー** 野球・ゴルフなどで、球を打ったあとも腕を振りきること。

**フォロワー** ①あとから来る(続く)人、物事。②弟子、門下、信奉者、支持者、従者、随行員、部下、子分。

**フォワーダー** 運送業者。配送業者。

**フォワード** ①前進、前へ。②サッカー、ラグビーなどの前

衛。**略**FW ③Eメールなどの転送。
**フォンデュ** スイスの鍋料理。鍋にチーズを溶かしパン片を浸して食べる。肉片を油で揚げて食べるものもある。
**フォント** 大きさや字体が同一の文字セット。書体の種類。
**フォン・ド・ボー** 子牛肉から取った出し汁。フランス料理で使われる最高級の出し。
**フォント・メモリー** コンピュータの持つ書体を記憶している読み出し専用メモリー。
**ブギ・ウギ** ピアノで演奏するブルースの一種。1小節8拍のリズムをとり、低音部の力強いビートが特徴。単にブギともいう。
**プチ** 小さい。かわいらしい。ちょっとした。
**プチ・フール** フランスの菓子。一口で食べられるような小さな菓子。
**プチブル** 小市民。資本家と労働者との中間層の人。資本家階級に搾取されながら、意識の上では資本家階級的な階層。
**プチ・ホテル** 品のよい寝室とレストランを併せ持つ小ホテル。
**ブッキッシュ・イングリッシュ** 論文調の堅苦しい英語。
**ブッキング** ①座席などの予約。②芸能人の興行・出演契約。
**フック** ①かぎ。物をひっかけるかぎ。②ボクシングで、腕をかぎ形に曲げて打つこと。③**する**ゴルフで、打球が打者の利き腕と反対方向に大きく曲がること。
**ブックエンド** 立てた本が倒れないように端に置いて支えるもの。本立て。
**ブックキーピング** 簿記。
**ブック・デザイン** 本の装丁。
**ブックバンド** 本やノートを十字に縛って持ち歩くためのバンド。
**ブックマーク** ①本のしおり。②インターネットで、普段よく閲覧するホームページを登録する機能。
**ブックメーカー** ①本を作る人の総称。編集者、出版者など。②競馬のノミ屋。賭けの胴元。
**ブックレット** 小冊子。
**ブック・レビュー** 書評。新刊紹介。
**ブッシュ** かん木。やぶ。

**プッシュ・アップ** 腕立て伏せ。

**プッシュカート** スーパーなどで商品を入れる手押し車。空港の手押し車。

**プッシュ・ボタン・ウォー** 押しボタン戦争。兵器が高度化し、最高司令部のボタン一つで戦争がはじまり、かつ終わるような戦争。

**フットサル** ミニサッカー。1チーム5人制で、グランドの広さもサッカーの約8分の1程度。ボールも一回り小さい。

**フットノート** 脚注。対ヘッドノート

**フットライト** ①脚光。出演者を舞台の下から照らす明かり。②足元を照らす照明。

**フットワーク** ①ボクシング・球技などの足さばき。例軽快な〜 ②交通などの足の便。③身軽に動ける機動力。

**ブティック** 小売商の店。日本では特に婦人服や装身具などを扱う店をさす。

**ブティック・ホテル** ラブホテルの別称。

**プディング** 牛乳、卵を使った洋風の蒸し菓子。同プリン

**フュージョン** ①融合。②ジャズやソウル、ロックなどを融合させた音楽。1970年代後半から。

**フューチャー** 未来。将来。前途。

**フユエル** 燃料。

**フラー** 歓呼・喝采の叫び。万歳。

**プラーク** 歯こう。歯についた細菌など歯石のもとになるもの。

**プラーク・コントロール** 虫歯予防のために歯こうを取ること。

**フライ** ①野球で、高く上がった飛球。②釣り用の毛ばり。③ハエ。

**フライアウェイ** 遊園地の娯楽施設の一つで、大型プロペラで風をおこし、宇宙服を着た人を宙に浮かすもの。

**フライ級** ボクシングで108ポンド(48.99kg)より上で112ポンド(50.80kg)以下の階級。

**プライオリティー** 優先順位。優先権。

**プライシング** 価格決定。取引値段を確定すること。

**プライス** 値段。価格。

**プライスダウン** 値下げ。

**プライズ・マネー** スポーツの勝利者への賞金。
**プライス・メカニズム** 需要が供給を上回ると価格が上昇し、逆に供給が需要を上回ると価格が下降する。こうした現象によって需要と供給が調整される仕組み。
**プライス・リーダー** 市場価格の決定・変更を先導する有力企業。
**ブライダル** 婚礼の。花嫁の。例~市場
**ブライダル・コンサルタント** 結婚式の内容や式の進め方などの相談役。
**ブライダル・ブーケ** 結婚式のとき花嫁が持つ花束。
**ブライド** 花嫁。
**フライト・アテンダント** 旅客機で乗客の世話をする客室乗組員。
**フライト・インフォメーション** 航空機の運航情報。
**フライト・コントロール** ①航空管制。航空機の日常の運航に関する管理。②航空機の操縦装置。
**フライト・ジャケット** アメリカ空軍が着用する上着。黒地にワッペンや刺しゅうがついたものが多い。
**フライト・ナンバー** 航空便の便名。航空会社の略号と3~4けたの数字。たとえばJAL005便と表す。
**フライト・レコーダー** 飛行データ自動記録装置。高度・時間その他の飛行状態が自動的に記録される。事故などの原因究明のため航空法により搭載が義務づけられている。同 ブラック・ボックス
**プライバシー** 私生活。家庭内の私事。他人に知られたくない私事。例~の保護
**プライバタイゼーション** 国営・公営企業の民営化。民間活力で公共部門や地域を活性化するという意味の合成語。
**プライベート** 個人的な。私的な。~な 対パブリック
**プライベート・スクール** 私立学校。対パブリック・スクール
**プライベート・ビーチ** 特定の客専用の海水浴用の浜辺。
**プライベート・レッスン** 個人授業。
**フライホイール発電** はずみ車を用いた発電方式。
**プライマリー** ①初期の。初歩の。最初の。②初心者用グライダー。

**プライマリー・ケア** 初期治療。基本治療。専門医にゆだねる前の治療。

**プライマリー・スクール** イギリスの小学校、初等学校。

**プライマリー・バランス** 基礎的財政収支。

**プライム** ①主要な。②最良の。

**プライム・タイム** 1日の放送時間のうち、視聴率が最も高い時間帯。午後7時から10時までのこと。同ゴールデン・タイム

**プライム・ミニスター** 首相。総理大臣。

**プライム・レート** 金融機関が優良企業に融資する際の最優遇金利。

**フライヤー** ちらし、ビラ。

**プライヤー** 物をはさんだり、ひねったりするのに使うやっとこに似た工具。

**フライヤーズ** アメリカのヤッピーに代わる世代。社会的成功を目指しつつも人生を楽しもうという若者のこと。Fun Loving Youth En Route to Successの頭文字から。

**フライング・ソーサー** 空飛ぶ円盤。

**ブラインド・タッチ** ワープロやパソコンなどで、キーボードを見ないで正確に入力すること。

**ブラインド・テスト** 商品の銘柄を伏せて吟味させる目隠しテスト。

**フラウ** 女性。婦人。妻。女性に対する敬称。対ヘル

**ブラウザー** インターネット上で検索した情報を再生・表示するソフト。

**ブラウズ** パソコンで情報を画面に表示させること。

**ブラウン・シュガー** 赤砂糖。

**プラカード** 広告・スローガンなどの張り紙。デモ行進のときにスローガンを書いて持ち歩く看板。

**プラグ** ①電気器具と電気回路を接続・切断するために使う差し込み。②スパーク・プラグの略。点火せん。

**フラクション** ①部分。分派。②社会主義政党が労働組合の内部に設ける党員組織。

**プラクティカル** 実践的な。実用的な。〜な

**プラグマティスト** 現実主義者。実用主義者。

**プラグマティズム** 実用主義。実践を重んじ、知識が役立つか

どうかを知識どおりに行動して確認する考え方。
**ブラケット** ①壁などに取りつける張り出し電灯。②角かっこ[ ]。
**プラザ** 広場。市場。
**ブラザー** 兄弟。
**プラス・アルファ** いくらかのものを付け加えること。またはその付け加えたもの。
**フラスク・ボトル** 携帯用の酒瓶。
**プラス・サム** 全体が拡大することによって、全体を構成する各部分もそれぞれ同時に拡大することができる環境。
**プラスター** 石こう。しっくい。石灰を原料とする白い塗壁材。
**プラスチック爆弾** 火薬をゴムなどと練り合わせた可燃性爆弾。テロやゲリラ活動に使われる。
**フラストレーション** 欲求不満。
**プラストロン** 婦人用ブラウスなどの胸元につけられた飾り。レースなどの薄い生地が使われる。
**プラズマ** ①高温状態で原子が電子と陽イオンに分かれ、激しく動き回っている状態。②血漿(けっしょう)。
**プラズマ・テレビ** 液晶よりも鮮明なプラズマ・ディスプレーを画面に用いた薄型テレビ。
**プラタナス** すずかけの木。
**フラ・ダンス** ハワイの民俗舞踊。手、腰などを揺らしながら踊る。
**プラチナ** 白金。記号はPt。
**プラチナ・ペーパー** 入手が困難な入場券。
**フラッグ** 旗。
**ブラックアウト** ①場面転換に際して、画面や舞台を暗くして次の場面に移ること。暗転。②灯火管制。③戦時下などの報道管制。④記憶喪失。
**ブラック・アンド・ホワイト** ①白黒の。②白黒の画面・絵画・写真。
**フラッグ・キャリア** その国を代表する航空会社。
**ブラック・コメディー** 不気味で風刺の利いた喜劇。
**ブラック・コンテンポラリー** 大衆向きのソウル・ミュージックのこと。洗練されたサウンドと踊りやすいリズムを持

つ音楽。
**フラッグ・シップ**　①旗艦。②各メーカーを代表する最高機種。
**ブラックジャック**　トランプ遊びの一種。またそれによる賭博。合計点が21点に最も近い人が勝ち。
**ブラック・ジョーク**　ぞっとさせるような不安、不気味さを含んだ冗談、しゃれ。
**ブラック・タイ**　黒のネクタイ。黒の蝶ネクタイ。男性のタキシードでの正装。
**ブラック・タイガー**　大型のクルマエビの一種で、色は黒っぽい。西南太平洋に分布。
**ブラック・チェンバー**　密室。秘密情報機関。
**ブラック・バス**　北アメリカ原産の淡水魚。ルアー釣りの対象として人気がある。
**ブラック・パワー**　黒人の力・運動。黒人に対する偏見を打破して、政治的権力を獲得しようとする黒人運動。
**ブラック・ペッパー**　黒こしょう。
**ブラック・ホール**　恒星が進化の段階で崩れ、中心部が光を吸収するほどの超高密度になった天体。重力が大きく、光さえも抜け出せない。
**ブラック・ボックス**　①内部が明らかでないもの。②地下実験探知用の自動地震計。③航空機に搭載されるフライト・レコーダーやボイス・レコーダー。④構造が明らかでない複雑な電子機器装置。
**ブラック・マネー**　不正な手段で得た資金。同アングラ・マネー
**ブラック・マンデー**　暗黒の月曜日。1987年10月19日のニューヨークの株式大暴落のこと。1929年の大恐慌の引き金となったブラック・チューズデーを上回るのでこう呼ばれる。
**ブラック・ミュージック**　アメリカ黒人音楽の総称。ジャズ、ソウル、ブルースなど。
**ブラックメール**　恐喝。ゆすり。
**ブラック・ユーモア**　気味の悪い、風刺のきいたユーモア。特に文学では、1960年代のアメリカの作家についていう。
**ブラック・リスト**　要注意人物の名前や住所などを記した一

覧表。例〜に載る
**ブラッシュ・アップ** 磨き上げること。一定のレベルをさらに上げること。する 例単語力を〜する
**フラッシュ・カード** 絵や単語を書いておき、瞬間的に読み取る練習をするための学習カード。
**フラッシュ・ニュース** 新聞や放送で、大事な項目だけを簡単にまとめたニュース。
**フラッシュバック** ①映画・テレビなどで、瞬間的な場面の転換を何度も繰り返す手法。緊迫感を出すときなどに用いる。②する過去の記憶が脳裏によみがえること。
**フラッシュ・ポイント** 引火点。発火点。
**フラッシュ・メモリー** 書き込み、消去、読み出しができる不揮発性の半導体メモリー。
**ブラッシング** ブラシをかけること。する
**フラッシング・スイッチ** 点滅用スイッチ。電気を使わず光によって作動するスイッチ。
**ブラッスリー** ビール醸造所。お茶も飲めるビアホール。
**フラット** ①〜な平らな。平面の。②変音記号。音楽で半音下げる記号。♭と書く。③競技でタイムに秒以下の端数がないこと。ちょうど。例12秒〜で走る ④共同住宅の中のある階全部が一家族用になっている住居。対メゾネット
**ブラッド** 血。血液。
**ブラッド・バンク** 血液銀行。
**フラッパー** おてんば。はねかえり娘。第一次世界大戦後のアメリカでおきた婦人解放の風潮にのって登場した。
**フラップ** ①飛行機の離着陸時に使う下げ翼。②ポケットや封筒などのふた。
**フラッペ** かき氷にシロップをかけ、果物やアイスクリームなどを盛った冷菓。
**ブラディー・メリー** ウオッカとトマトジュースを混ぜたカクテル。
**プラトー** ①台地。高原。②心理学でいう高原現象。学習や作業の成果が上がらず一時的に停滞すること。
**プラトーン** ①軍隊や警察の小隊。②アメリカン・フットボールで、攻撃または防御、どちらか専門の選手の集まり。
**プラトニック・ラブ** 純粋な精神的な愛。肉欲を超越した愛。

**プラネタリウム** 室内の丸天井に映写機で天体の動きや星空を映し出す装置。また、それが見られる場所。

**プラネット** 惑星。遊星。

**ブラフ** ①はったり。空威張り。強そうに見せること。②ポーカーで、はったりをきかせ自分の手を実際以上に見せて相手を下ろすこと。

**ブラフマン** インド哲学でいう宇宙の根本原理。万物創造の根源。

**ブラボー** イタリア語の賞賛したり喜んだりするときに発する叫び。すばらしい。うまいぞ。

**フラボノイド** 緑茶や柑橘類の皮に多く含まれる高分子化合物。血圧の降下、血管強化、抗アレルギーなどの作用があるとされている。

**ブラマンジェ** アーモンドの香りを付けた牛乳または生クリームにゼラチンを混ぜ、冷やし固めた菓子。

**プラム** 西洋すもも。バラ科の落葉小高木で、実は食用となる。

**フラメンコ** スペインのアンダルシア地方に伝わるジプシーの踊り、およびその曲。

**プラモ** プラモデルのこと。

**フラワー・アレンジメント** (洋風の)生け花。

**フラワー・デザイン** 生け花や鉢植えを利用した装飾。

**フランク** 率直な。ざっくばらんな。~な

**ブランク** 空白。空欄。空白の時間。例2か月の~

**プランクトン** 水中で浮遊生活をする小さな生物。単細胞生物やミジンコなど。ほとんど運動能力を持たないが、魚のえさとして重要。

**フラングレ** 英語から借用したフランス語。英語まじりのフランス語。ヒッチハイクをオートストップというなど。

**ブランケット** ①毛布。ケット。②原子炉の炉心の周囲におかれる天然ウラン・トリウムなどの核物質。③オフセット印刷機に使われるゴム引き布。

**ブランケット・エリア** 放送局の送信所に近過ぎて電波が重なり合うため、電波障害がおきやすい地域。

**フランジ** ①パイプなどを接続するためのつば状の突起部分。②電車の脱線を防止するための輪縁(わぶち)。

**フランス・デモ** 手をつないで道いっぱいに広がってするデモ行進。

**フランセ** フランスの、フランス語、フランス人。

**プランター** 植木や苗を植える容器。長方形のものが多い。

**プランタン** 春。青春。

**ブランチ** ①枝。枝分かれしたもの。②部門。支局。支店。③昼食を兼ねた遅い朝食。朝食(breakfast)と昼食(lunch)の合成語。

**フランチャイズ** ①プロスポーツチームなどの本拠地。特定の場所を本拠地として占有すること。例巨人の〜は東京ドーム ②製造主がチェーン店などに販売権を与えること。

**プランテーション** 先進国が植民地などで行った大規模な農業経営。ゴム、さとうきび、コーヒーなどを栽培した。

**ブランド** 銘柄。商標。商品の品質・等級。特に高級・一流という印象が強い特定の銘柄。例〜志向

**プラント** ①工場・生産設備一式。②植物。

**ブランド・アイデンティティー** 消費者にある商品を印象づけるため、他の銘柄とは異なる独自性を強く打ち出すこと。

**ブランド・イメージ** ある商品銘柄について大衆が受けている印象。

**ブランド・ニュー** 真新しい。新品の。同ブランニュー

**プラント輸出** 工場設備や生産設備の輸出。新たに工場設備などを導入しようとする国に対して行う。

**プランナー** 計画を立てる人または会社。立案者。企画者。

**ブランニュー** ⇒ブランド・ニュー

**プランニング** 企画や計画を立てること。する

**フランネル** 毛織物の一種。粗くけば立てて織るが、柔らかで軽い。

**フランベ** 魚や肉に洋酒をかけ、火をつけてアルコール分を飛ばす料理法。

**フリー・アルバイター** 定職につかずアルバイトで生活している人。フリーターと略す。

**フリーウエア** ほとんど無料で利用できる著作権つきソフトウエア。

**フリーウェー** 立体専用出入り口を持ち、交差点や停止信号のない自動車専用の高速道路。

**フリー・エージェント制** プロ野球で同一球団に一定年数以上在籍すると、選手が自分の希望する球団に移れるという制度。アメリカ大リーグでは1976年から実施され、日本では1993年から発足。**略**FA制

**フリー・エントリー** 自由参入。自由参加。

**フリー・キック** サッカーやラグビーで、相手の反則により与えられるキック。その地点から妨害なしに好きな方向に蹴ることができる。**略**FK

**フリーク** 熱狂的な愛好者、マニア。

**フリークエンシー** ①頻度。頻繁におこること。②周波数。振動数。

**フリー・クライミング** 道具を使わず自然の岩のくぼみなどをたよりに手足だけで登る岩登り。

**フリーザー** 冷凍庫。冷凍装置。冷蔵庫の冷凍室。

**フリー・サイズ** 大きさ、長さなどの調節が自由な。**例**〜のスカート

**フリー・ジャズ** 1960年代に生まれたジャズの新しい演奏方法。形式にとらわれない自由な奏法を志向するもの。

**フリース** ペットボトルのリサイクルから作るポリエステルの一種。衣服にも使われる。

**フリーズ** ①凍結する。氷結する。食品だけでなく、資産・物価・賃金など幅広く使われる。②コンピュータが動かなくなってしまった機能停止の状態。③「動くな」の意。

**フリースタイル** ①水泳の自由形。②レスリングの種目の一つ。相手の腰から下を攻撃してもよい種目。**対**グレコ・ローマン・スタイル

**フリースタイル・スキー** 選手がジャンプや宙返りなどの技術を競うスキー競技。エアリアル、モーグル、バレエの3種目がある。

**フリーズ・ドライ** 凍結乾燥。食品を急速に凍結し、真空状態に置いて水分を蒸発させるもの。色・味・風味などが損なわれないのが利点。

**フリー・スペース** ①住宅などで目的にとらわれない自由空間。多目的空間。②サッカーなどで相手選手に邪魔されないでボールを扱える空間。

**フリー・ゾーン** 自由地帯。港・空港などで、輸出入貨物の

荷揚げや保管に関税がかからない地域。

**フリーター** ⇨フリー・アルバイター

**ブリーダー** ①家畜の飼育者。純血種の犬・猫などの繁殖家。②増殖型原子炉。

**フリー・タイム** 団体旅行などでの自由時間。

**フリー・ダイヤル** 電話の着信側が通話料を支払う方式。

**フリータックス** 免税。無税。

**フリーダム** 自由。制限や抑圧がない状態。

**ブリーチ・アウト** 漂白剤による脱色。ジーンズなどの加工に用いられる。

**ブリーチャー** ①漂白剤。②野球場などの屋根なし観覧席。

**プリーツ** 洋服・スカートなどの折りひだ。

**フリー・トーキング** 自由討論。原稿などなしで自由に話すこと。フリー・トークともいう。

**フリードマン比率** 国民総生産(GNP)に占める政府支出の割合。この比率が高まるとGNPの成長率が低下するといわれる。アメリカの経済学者フリードマンが提唱。

**フリー・トレード** 自由貿易。関税、数量規制などの障壁を取り払って行う貿易。

**フリー・トレード・ゾーン** 自由貿易地域。貿易の活性化を図るため、非課税などの優遇措置をとっている地域。

**フリー・パス** ①無料入場券。無賃乗車券。**例**遊園地の〜 ②何の制約も受けず自由に通過したり、入場したりできること。

**フリーハンド** ①定規などを使わない手書きの。②自由裁量。③ラケットなどを持っていない方の手。

**ブリーフ** ①ある専門分野についての略式の書類・報告書。摘要。②男性用の体にぴったりした下着用パンツ。

**ブリーフィング** 簡単な要旨報告。状況説明。事前うちあわせ。

**フリー・フォール** 自由落下。重力による物体の降下。遊園地の乗り物などでこれを体験できる。

**ブリーフケース** 書類かばん。

**フリー・ブッキング** 自由契約形式。映画館が作品ごとに上映契約を結んだり、俳優などが一作品ごとに出演契約を結ぶこと。

**フリー・ペーパー** 無料配布の新聞や雑誌。

**フリー・マーケット** のみの市。手作り品や不用品をそれぞれ持ち寄り、安く売買したり交換したりするもの。リサイクルの一種。略してフリマ。

**フリーランス** ①自由契約(の)。②自由契約者。特定の組織に属さない記者、俳優などをいう。フリーともいう。同 フリーランサー

**フリー・ワーカー** 特定の勤務先を持たずに働く人。パートタイムや人材派遣業に籍を置いている人。同 フリー・アルバイター

**プリインストール** パソコンの販売時から事前にソフトやOSが設定されていること。

**ブリオッシュ** 卵、バター、牛乳をたくさん使ったフランスのパン菓子。マッシュルーム型が特徴。おもに朝食用。

**プリオン** 狂牛病やヤコブ病の原因と考えられている感染症たんぱく質。

**フリカッセ** 煮込み料理の一種。子牛肉や鶏肉などをホワイトソースで煮込んだ料理。

**フリクション** 摩擦。紛争。例両国間の〜

**プリ・クラ** ゲームセンターなどに設置されている顔写真のシールをつくる機械。プリント倶楽部の略。

**ブリザード** 極地方特有の雪あらし。細かい雪や氷の混じった猛吹雪。

**ブリスケ** 牛肉の部位を表す。胸肉。前足のつけ根から胸の下面にかけての部位。

**フリスビー** プラスチック製の円盤型遊具。

**プリズム** 三稜鏡。ガラス、水晶などの三角柱体で、光を屈折・分散させるもの。光学機械で光のスペクトル分析・屈折率の測定などに利用される。

**プリズン** 刑務所。拘置所。例巣鴨〜

**プリセリング** 事前販売。広告宣伝などにより消費者が店に来る前に、購入の意志決定をさせてしまうこと。

**フリッカー・テスト** 光のちらつき検査。光のちらつきに対する反応によって、疲労度や注意力を測定する検査。

**ブリック** れんが。積み木。

**ブリックス** BRICs。地下資源や人的資源に恵まれ、今後の

著しい経済発展が見込まれるブラジル、ロシア、インド、中国の4か国。各国の頭文字より。

**ブリック・パック** れんが型の紙製容器。液体の食品包装に用いられる。

**ブリッジ・バンク** 金融機関が破たんした場合、その債権・債務を処理するために金融再生法に基づいて設立される銀行。つなぎ銀行ともいう。

**フリッター** 小麦粉・卵黄・牛乳または水を混ぜ、これに泡立てた卵白を加えたものを衣にし、肉・魚・野菜などを揚げたもの。

**フリッパー** ①スキンダイビングに使う足のひれ。②テレビのチャンネルをくるくると切り替える人。同ザッピング

**フリップ・フロップ回路** 電気的に安定した二つの回路。外部からの刺激により、もう一方が同じ状態になるまで片方が安定状態を保持する。コンピュータの回路に用いる。

**プリ・テスト** 本番の前に調査のために行う試行テスト。

**プリパッケージ** 販売前に包装すること。スーパーで魚を切り身にしてラップしてあるようなもの。

**プリ・フィクス** いくつかの決まったメニューから選べる形式のコースメニュー。

**プリペイド・カード** 料金前払いの磁気カード。利用者は小銭がいらないという点で便利。テレホンカードやクオカードが代表的なもの。

**フリマ** ⇨フリー・マーケット

**プリマ・ドンナ** オペラの主役の女性歌手。イタリア語で第一の女性の意。プリマともいう。

**ブリミア** 過食症。対アノレキシア

**ブリリアント** ①～な光り輝く、きらめく。②ダイヤモンドの研磨の仕方の一つであるブリリアント・カットのこと。

**フリル** 洋服のそで口や襟につける、細いひだを寄せたレースなどの飾り。

**プリレコ** 映画で音声を先に録音し、それをもとに画面を撮影すること。対アフレコ

**ブリンカー** 競走馬の集中力を高めるためにつける遮眼帯。

**フリンジ** ①縁。へり。ショール・洋服などの房状の縁飾り。②光の干渉・回析による光の明暗のしま。

**フリンジ・タイム** 視聴者が最も多い放送時間帯(プライム・タイム)の前後の時間。通常は午後7時前と10時過ぎをいう。

**プリンシパル** ①第一の。主要な。②組織体の首長。校長。社長。

**プリンシプル** 原理。根本。主義。例自分の〜を持つ

**プリンター** 印刷機。写真の焼きつけ機。コンピュータやワープロの印字装置。

**プリン体** DNAを形づくる核酸のもととなる塩基。尿酸を生じ痛風発作の原因となることもある。

**プリント** ①印刷。印刷物。②型紙をあてて模様を染めつけること。例〜のシャツ ③映画で、陰画を焼きつけて陽画にすること。またはそのフィルム。する

**プリント・アウト** コンピュータやワープロのデータをプリンターで出力すること。する

**プリント倶楽部** ⇨プリクラ

**フル** 「一杯、最大限、十分」などの意味を持つ接頭語。例〜回転

**プル** ①引っ張ること。②水泳で前へ進むときに必要な腕の引く力。③人を引きつける力。④ゴルフや野球で引っ張るように打つこと。

**ブルー** ①青。藍色。②〜な 憂うつな。

**ブルー・インパルス** 航空自衛隊の曲技飛行チームの通称。

**ブルー・オリンピック** スキューバダイバーの水中競技選手権。2年ごとに開かれ、水中ラリーなどを行う。

**ブルー・カラー** 現場で働く工場労働者階級。対ホワイト・カラー

**ブルーグラス** アメリカのカントリー音楽。ギター、マンドリン、5弦バンジョーなどを使った素朴なスタイルが特徴。

**ブルース** 4分の4拍子、12小節の繰り返しからなる哀調を帯びたジャズの曲。アメリカの黒人によって生まれたジャズの源。

**ブルー・セックス** 男性の同性愛。ホモ。

**ブルー・チーズ** 青かびチーズ。フランス原産。強いにおいが特徴。

**フルーツ・ポンチ** 細かく切った果物をシロップなどに混ぜ

たもの。

**フルーティー** 甘ったるい。果物の風味のある。~な

**ブルートゥース** 携帯電話・パソコン・オーディオ製品などをケーブルなしでつなぐ技術。

**ブルー・トレイン** JRの寝台特急列車の愛称。車体が青いところから。略してブルトレ。

**ブルー・ノート** ジャズやブルースなどの音階。第3度(ミ)と第7度(シ)の音が半音下がるのが特徴。

**プルーフ** ①証明。証拠。②校正刷り。③洋酒のアルコール強度の単位(100プルーフは57度)。④特製の極印を使って鋳造した限定硬貨。

**ブルー・フィルム** わいせつな映画。ポルノ映画。

**ブルー・ブック** ①アメリカ政府の職員録。②青書。イギリス政府・議会が発行する報告書。

**ブルーブラック** 濃い藍色。青インクの色。

**ブルー・マウンテン** コーヒーの銘柄の一つ。ジャマイカのブルー・マウンテン地方が産地で、香りが際立っている。

**ブルー・マンデー** 休み明けの憂うつな月曜日。

**プルーム・テクトニクス** マントルの大規模な対流が起きると地殻変動(移動)を引き起こすとする学説。

**ブルー・リボン賞** 東京の新聞映画記者が選ぶ映画賞。

**プルーン** スモモの一種。果実を乾燥させたものは、鉄分が多く健康食品となっている。

**プルオーバー** 頭からかぶって着る服。特にセーターやシャツのこと。

**フル・コース** スープからデザートまで、ひと通りそろった料理。例フランス料理の~

**フル・コーラス** まるごと1曲。

**プルコギ** 朝鮮料理での鉄板焼き。

**プルサーマル** ウランにプルトニウムを加えた燃料を軽水炉で燃やすこと。

**ブルジョア** ①中世ヨーロッパの都市の市民で商人・手工業者など。②資本家階級の人。対プロレタリア

**ブルジョアジー** 資本家階級。中産階級。対プロレタリアート

**フル・スイング** 野球で打者が思い切りバットを振ること。

**フル・スケール** 実物大の。

**フル・セット** バレーボールやテニス、卓球などで勝負が最終セットまでもちこまれること。

**ブルゾン** ジャンパーのこと。

**フル・タイム** 常勤の。全時間の。勤務時間帯の全時間を勤務すること。対パート・タイム

**プル・タブ** ジュースやビールの缶のふたをあけるときに引っ張るつまみ部分。子どもがけがをしたり、動物が飲みこんだりする危険性があるので、缶に残るタイプが現在は主流。→ステイ・オン・タブ

**プル・トップ** 缶詰などで缶切りを用いず、上に引っ張ってあける方式のふた。この方式の栓がプル・タブ。

**プルトニウム** 放射性元素の一つ。銀白色の金属で、元素記号Pu。原子番号94。質量数238〜242、244の同位体がある。核燃料として利用する。

**ブルトレ** ⇨ブルー・トレイン

**プルニエ** フランス料理で魚料理の総称。魚料理専門店。

**フル・ネーム** 名字と名前。省略していない名前。

**ブルネット** 髪の毛・目などの色が黒みがかっている女性。

**フルファッション** 足にぴったりするように編まれたストッキング。縫い目が後ろ中央にある。

**フルフェース・ヘルメット** 頭をすっぽりと覆う型のヘルメット。

**フルブライト法** アメリカの法律の一つ。第二次世界大戦後、余剰農産物の国外売却で得た資金を外国との文化交流に役立たせようというもの。フルブライト上院議員が提唱。

**ブル・ペン** 野球場で投手が投球練習をする所。

**フルボディー** (ワインなどに)こくがあること。→ライトボディー、ミディアムボディー

**フル・マラソン** マラソンの正式距離、42.195キロを走るマラソン。

**フル・ムーン** ①満月。②JRの旅行サービス。2人の合計年齢が88歳以上の夫婦が対象の周遊割引切符。

**フル・モデル・チェンジ** 自動車などの型を機能面も含めすべて更新して変えること。

**ブルワリー** ビールなどの醸造所。

**プレ** 「以前の、事前の」の意味をもつ接頭語。例～五輪

**フレア** ①洋服などで扇形に広がったすそ。例～スカート ②太陽黒点の爆発。電波障害の原因となる。③プリズムやレンズ面などで光が反射し、無用な光が入ったようになる現象。

**ブレイク** ⇨ブレーク

**プレイステーション** 1994年にソニー・コンピューターエンタテインメントが開発・発売した家庭用テレビゲーム機。その後、次世代機であるプレイステーション2が2000年3月に発売された。商標名。

**ブレイディ法** 1994年にアメリカで可決した銃砲規制法。1981年に起きたレーガン大統領狙撃事件で、半身不随となったブレイディ大統領報道官を中心とした団体が提唱した法案。

**プレーイング・スカルプチャー** 公園などに子どもの遊び用に作られるコンクリート製の動物など。乗って遊べる。

**プレー・オフ** 試合で同点または引き分けの場合に行う決勝試合。例勝負は～に持ち込まれた

**プレー・ガイド** 映画・演劇・コンサートなどの案内や切符を前売りする所。

**フレーク** 薄片。薄く切って加工した食品。例コーン～

**ブレーク** ①テニスで相手のサービス・ゲームを破ること。②休憩。小休止。③ボクシングやレスリングで両者がもみ合う体勢になったとき、レフリーが離れるようにと出す命令。④人気が出ること。⑤ビリヤードで三角形に並んだ球をくずす最初の一突き。ブレイクとも。する

**ブレーク・イーブン** ①五分五分。収支とんとん。②核融合反応で、費やされるエネルギーと取り出されるエネルギーが等しくなること。

**ブレークスルー** 難関突破。躍進。特に科学・技術の分野でのことをさす。

**ブレークダウン** ①身体的な疲労・衰弱。②機械などの故障。

**ブレーク・ダンス** ディスコ・ダンスの一種。1980年ごろからニューヨークの黒人が踊り始めたダンス。頭で逆立ちしてぐるぐる回るようなアクロバット的な動きが特徴。

**ブレーク・ビーツ** ヒップポップのDJが用いる手法。ある

レコードの好きな部分だけを繰り返し、ラップするためのリズムを作ること。

**フレーズ** ①句。成句。慣用句。ことわざ。例よく耳にする〜 ②音楽の楽節。

**プレースキック** ラグビー、アメフトなどでボールを地面に置いて蹴ること。

**プレースメント** ①置くこと。配置すること。②テニスで、球を相手コートのねらった位置に正確に打つこと。

**プレースメント・テスト** クラス分けのための学力テスト。

**プレート** ①板。金属板。例ナンバー〜 ②写真の乾板。③真空管の陽極。④ピッチャーズ・プレートの略。野球で投手板のこと。⑤地表を覆っている巨大な岩石の層。現在の地表は十数個のプレートからなる。

**プレート・テクトニクス** 大陸移動や地震などの現象は、地球表面のプレート状の岩盤が移動していることが原因とする学説のこと。

**フレート・ビラ** 荷物の別荘。都市部の家庭や事務所で通常あまり使わない家具などを保管する過疎地の倉庫。

**フレート・ライナー** 高速コンテナ貨物列車。集められたコンテナを直行便で目的地まで運び、さらにトラックで戸口まで届ける方式。

**フレーバー** 風味。口にしたときに感じる独特の味と香り。→アロマ

**フレーム** ①枠。縁。②眼鏡の枠。③自動車や自転車の車体枠。④建物の骨組み、枠組み。⑤テニスやボウリングで1ゲームの各回。⑥テレビの一画面。

**プレーヤー** ①スポーツの選手。競技者。例テニス〜 ②演奏者。演技者。③レコードやCDの再生機。

**プレールーム** 遊戯室。

**ブレーン** ①頭脳。②参謀。知的顧問。国家・自治体・企業の参謀で、政策や意志決定の相談に乗る人。例首相の〜 →ブレーン・トラスト

**プレーン** ①淡泊な。何も加えていない。②単純な。③明白な。④平らな。〜な

**ブレーンウォッシング** 洗脳。思想改造。強制的にそれまでの思想・信条を変えさせること。

**ブレーンストーミング** 自由に論議し批判を一切考えずにアイデアを出し合って、すぐれた発想を導き出す創造的集団思考。

**ブレーン・トラスト** 政府・自治体・企業などが政策や意志決定に際し相談する専門的集団。顧問。単にブレーンとも。

**ブレーン・ドレーン** 頭脳流出。研究条件が悪いなどの理由で、優秀な人材が外部に出てしまうこと。

**プレーン・ヨーグルト** 果物や香料、砂糖などを加えていないヨーグルト。

**ブレオマイシン** 抗がん性の抗生物質。放線菌から得られる。皮膚がんの特効薬。

**プレ・オリンピック** オリンピックの前の年に開催予定地で行われる国際競技会。

**プレカット・ハウス** 建築用材をあらかじめ工場で作っておき、それを現場で組み立てて建てられた家。

**フレキシビリティー** 柔軟性。適応性。融通性。

**フレキシブル** 柔軟な。融通のきく。しなやかな。 ~な

**フレグランス** 芳香品の総称。香水、オーデコロン、芳香石けんなど。

**ブレザー** スポーツ選手団などがよく着る背広型の上着。

**プレ・サイクル** ゴミを出さないように、商品の購入時からプラスチック容器や包装を拒否すること。リサイクルとは違う。

**プレジデント** 大統領。総裁。学長。会長。社長。

**プレシャス** 高価(な)。 ~な

**ブレス** 息。呼吸。水泳や歌での息つぎ。

**プレス** ①押すこと。押しつけること。②アイロンをかけること。③圧力をかけて、打ち抜き・成型・押し型などを行う機械。④印刷。出版。新聞。報道機関。⑤レコードを原盤から複製すること。⑥サッカーで相手のボールを奪いに行くこと。 する

**プレス・カード** 記者証。記者であることを証明するカード。

**プレスクール** ①就学以前の。小学校入学前の。②保育園。幼稚園。

**プレス・コンファレンス** 記者会見。

**プレス・センター** 記者会館。報道機関が集中している地域。

大きな催しの際に取材のために臨時に設けられる報道室。
**プレステージ** 名声。威信。権威。
**ブレスト** ①胸。胸部。②平泳ぎ。
**プレスト** 音楽の速さを表わす標語の一つで「きわめて速く」の意。
**プレス・ハム** 肉のかけらを集めて押し固めたハム。
**プレス・リマークス** 新聞発表。首脳会談後などに参加者が発表する論評。公式声明を出すほどではないが、報道機関に論点を発表するときなどに使う。
**プレス・リリース** 政府・企業などが報道機関に対して行う情報提供。報道発表。同ニュース・リリース
**ブレスレット** 腕輪。腕飾り。主に手首につけるもの。
**プレゼンテーション** ①表示。提示。②会議などで計画・企画案を提示すること。広告代理店が宣伝・広告のアイデアなどを広告主に提示すること。略してプレゼン。する
**プレタ・ポルテ** 有名デザイナーの高級既製服。
**フレックスタイム** 勤務時間の自由選択。規定の労働時間とコアタイム（全員がそろう時間）を決め、出社・退社の時間はおのおの自由に選択できる方式。
**プレッシャー・ポリティックス** 圧力政治。各種の圧力団体の意向により動かされる政治。特定の団体の圧力がまかり通ること。
**フレッシュマン** 新人。新入生。新人社員。
**プレッピー** アメリカの有名大学を目指す進学専門の私立中・高校（プレパラトリースクール）の学生・卒業生。
**プレパラート** 顕微鏡用の標本。顕微鏡観察のために特に調整した微生物などを2枚のガラスの間にはさんだもの。
**プレビュー** ①映画・演劇などの試写会・試演。展覧会などの内覧。②パソコンなどで印刷の想像画を見ることができる機能。
**プレホスピタル・ケア** 病院前救護。入院にいたる前の適切な処置。主に応急手当をさす。手遅れにならないように、その重要性が指摘されている。
**プレミア** ⇨プレミアム
**プレミア・ショー** 封切り映画の有料試写会・披露興行。
**プレミアム** ①手に入れにくい切符などを買い占めて、闇で

取引するときの手数料。②割増金。株式では時価の額面超過額。③景品。懸賞の商品。略してプレミア。④高級な。例～・アイスクリーム

**プレミアム・セール** 景品つき販売。購買意欲などを向上させるために行う。

**プレリュード** 前奏曲。歌劇・組曲などの一番初めにある器楽曲の形式名。

**ブレンダー** ①混ぜる人。調合する人。香水やたばこの香りを調合する人。②混ぜるための装置。ミキサー。

**フレンチ・キス** 互いの舌を入れて深く吸いあうキス。同ディープ・キス

**フレンチ・スリーブ** 婦人服で袖つけがなく、袖がわきの下でつながっているもの。

**フレンチ・トースト** 牛乳と卵を混ぜ合わせパンを浸し、フライパンで焼いたもの。

**ブレンド** 混ぜること。混じり合うこと。酒・コーヒー・たばこなどで、それぞれ違った品種のものを混ぜ合わせること。する 例～・コーヒー

**フレンドリー** 親しみのある。友好的な。親切な。～な

**フロア** 階。床。

**フロア・スタッフ** 喫茶店などの給仕人。

**フロア・プライス** 底値。最低価格。対シーリング・プライス

**フロア・マネージャー** ①テレビ番組制作などで、ディレクターの補佐をする人。略してフロマネ。②デパートなどの売り場監督。

**フロア・ライフ** 椅子などを使わずに床でくつろぐ生活。畳の部屋にこたつというのも一種のフロア・ライフ。

**フロアリング** ⇒フローリング

**フロア・レディー** パブ、スナック、バーなどで接客をする女性。ホステスに代わる新しい言い方。

**ブロイラー** ①食用の若鶏。②肉をあぶり焼きにするための道具。

**フロイライン** お嬢さん。未婚の女性に対する敬称。

**フロー** 流れ。一定期間に経済組織の中を流れる金・商品・サービスなどの量。

**ブロー** ①ドライヤーで髪の毛を乾かしたり、整えたりすること。②打撃。ボクシングの強打。

**ブローカー** 仲買人。売買の仲介をして手数料をとる人。

**ブロークン・イングリッシュ** 片言英語。でたらめな英語。

**ブロークン・ハート** 傷ついた心。失恋。傷心。失意。

**フローズン** ①凍らせた。冷凍の。例~・ヨーグルト ②物価・賃金などが凍結されていること。

**フロー・チャート** ①流れ図。作業の手順や経路を図式化したもの。工程経路図。②コンピュータのプログラムの作成手順を図式化したもの。

**フロート** ①釣り具の浮き。②アイスクリームの浮かんだ冷たい飲みもの。③水上飛行機の浮き舟。

**ブロード** ①幅の広い。②上等な羊毛を用いた広幅の平織り・あや織りの布地。婦人服やコートなどに用いる。③綿織物。平織りの光沢のある布地。ワイシャツなどに用いる。

**ブロードキャスティング** 広範囲の地域を対象としたテレビ・ラジオ放送。対ナローキャスティング

**ブロード・ジャンプ** 走り幅跳び。

**フロート制** 外国為替レートが相場の受給に応じて動ずるようにした制度。変動為替相場制。

**ブロードバンド** 広帯域・高速で通信できるコンピュータネットワークのこと。光ファイバーやCATV回線などを使う。

**フローラル** 花のような。花模様の。華やかな。~な

**フローリング** ①床。床張り用の板材。②床を張ること。フロアリングともいう。例居間の床を~にする

**ブログ** 従来よりも簡単に個人のページが作成できる日記形式のホームページ。

**プログラマー** コンピュータのプログラム(情報処理手順の指令書)を作成する職業。

**プログラム** ①番組。出し物などの組み合わせ。その予定・順序・内容・出演者などを書いた紙や小冊子。②計画。予定表。③コンピュータによる処理手順を指示したもの。

**プログラム・アナライザー** 番組分析機。放送番組や映画の内容に対する視聴者の反応を測定する機械。視聴者に好まれる番組などを事前にチェックするのに用いられる。

**プログラム学習** 段階的に組まれた学習内容を体系化し、学習目標に合理的に到達できるように配慮された学習方法。

**プログラム・ピクチャー** 2本立ての映画興業で、添え物として上映される短い方の映画。

**プログラム・ライブラリー** コンピュータのプログラムの図書館。多人数で利用できるようにプログラムを集めたもの。

**プログレッシブ** 進歩的な。革新的な。進歩主義者。~な 対コンサーバティブ

**プログレッシブ・ロック** 前衛的なロック。1960年代以降ヨーロッパで盛んになった。ロックのリズムにジャズやクラシックの要素を取り入れたり、シンセサイザーを使う。略してプログレ。代表バンドはキングクリムゾン、ピンクフロイド、イエスなど。

**ブロケード** 絹の布に金・銀糸で刺繍をした織物。

**プロゲステロン** 女性ホルモン。黄体ホルモン。妊娠時などに分泌され、妊娠維持作用や排卵抑制作用を持つ。経口避妊薬にも利用される。

**プロジェクション** ①投影。投射。②企画。設計。③発射。

**プロジェクター** ①映画などの映像をスクリーンに映し出す投影機。投光装置。②企画(計画)者。

**プロジェクト** 計画。研究開発のための計画。例国をあげての大～

**プロジェクト・チーム** 特別に編成されたチーム。新しい計画に取り組む際、さまざまな分野から必要な能力を持つ人を集めて編成する。

**プロジェクト・ファイナンス** 銀行の融資方法の一つ。融資を受ける企業に対して銀行が融資案件の企画段階から参加し、収益性やコスト面などを細かくチェックしながら融資すること。

**ブロシェット** 串焼きに使う金串。また、その料理。

**プロシューマー** アメリカの未来学者トフラーが著書の「第三の波」のなかで使った言葉。商品への自己満足度をさらに高めるために、手づくりで製品を生産する消費者を指す。

**フロスト** 霜。

**プロセス** ①手順、工程。②過程。

**プロセス・コントロール** 工程管理。コンピュータなどを利

用して生産工程を自動管理すること。
**プロセス・チーズ** 各種のナチュラル・チーズを混ぜ合わせて加熱し、再形成した加工チーズ。品質が安定し、保存性がある。対ナチュラル・チーズ
**プロセッサー** 処理装置。コンピュータなどの演算装置。ソフトウエアでは言語処理プログラムなどをいう。例ワード・〜
**プロダクション** ①生産。生産物。②映画の製作所。芸能社。編集の下請け会社。例編集〜
**プロダクティビティ** 生産性。生産力。
**プロダクト** 生産品。
**プロダクト・デザイン** 生産デザイン。製品デザイン。家電製品、事務機器、生産機械などが対象。
**プロダクト・プランニング** 製品計画。新製品の開発・生産・販売に際して、製品が市場に受け入れられるように計画すること。
**フロック** まぐれ。まぐれで成功すること。
**ブロック** ①石や金属などの塊。②塀などの建築用石材。③一区画、一街区。④積み木。⑤野球やバレーボール、バスケットボールなどで相手の攻撃を防ぐこと。⑥政治や経済上の共通利害のために結びついた団体や国家間の集合体。⑦広い地域をいくつかに分けた地域。
**ブロック経済** いくつかの国が結びついて一つの経済圏を作ること。同盟国間、植民地と本国間などでよく構成される。
**ブロック・サイン** 野球の試合中に敵にわからないようにいろいろな手の動きを組み合わせて送る合図。
**ブロック紙** 地方紙のうち、数県にわたる広域販売網を持つ新聞。
**ブロック・ダイヤグラム** コンピュータのシステムやプログラムの図式表示。各構成単位をブロックとし、その接続状態やデータの流れを矢印で表した図。
**ブロックバスター** ①極めて大きなな影響力を見込んで新聞・雑誌などに集中的に出す広告。新聞・雑誌の多ページ広告など。②巨額の製作費・宣伝費をつぎ込んだ超大作映画。巨額の宣伝費を投入して意図的に作り出したベストセラー作品。

**フロッグマン** 潜水作業員。潜水工作員。潜水マスクなどの装備をつけ水中に潜る姿がカエルに似ているところから。

**ブロッケン現象** 山頂で太陽を背にしたとき、自分の影が前方の雲や霧に映る現象。ドイツ中央部のブロッケン山でよく見られる現象。

**ブロッコリー** キャベツの栽培品種で、カリフラワーに似ている。緑色の軟らかい茎と花球の部分を食用にする。

**プロッター** 作図装置。ペンで図形・グラフ・記号などを描く。パソコンを使ったCAD(コンピュータによる設計)などの分野でも使用されている。

**フロッタージュ** 表面に凸凹のある物に紙を載せて鉛筆でこすって模様を描き出す表現技法。圏擦画。

**プロット** ①小説・演劇などの筋。⑤策略。陰謀。

**フロッピー・ディスク** コンピュータの外部記憶装置の一つ。表面に磁性材料を塗り付けた円盤状の薄いプラスチック板を角型のジャケットに入れたもの。パソコンなどのドライブ装置に入れ、高速回転させることによってデータの読み込みや書き込みを行う。

**プロテアーゼ** タンパク質分解酵素の総称。微生物や動物に広く存在し、抗ウイルス作用を持つ。

**プロテイン** ①タンパク質。②高タンパク質補給の食品。

**プロテクト** ①保護する。危険から守る。②コンピュータでプログラムが不正に複写されないよう防護措置をとること。

**プロテスタント** 新教。新教徒。ローマ教会に反対し、教会の祭儀よりも個人の信仰を重視する新派。対カトリック

**プロテスト** 抗議。異議を申し立てること。

**プロデューサー・ディレクター** 映画や演劇番組で、制作全般を統括する権限を持った演出家。

**プロデュース** 生み出すこと。映画・演劇・番組などを制作すること。

**プロトコル** ①議案書。国家間の協定。②外交儀礼。③通信制御手順。コンピュータ間の通信で、データのやり取りのために決められた約束ごと。

**プロトタイプ** ①原型。基本。手本。②試作原型。航空機や自動車などの試作モデル。

**プロトン** 陽子。原子核の構成要素となる素粒子の一種。
**プロパー** ①主に医薬品など自社製品の宣伝・売り込みをし、販売促進に努める職種。②~な 専門の。特有の。固有の。
**プロバイダー** インターネットへの接続サービスを提供する業者、団体。インターネット・プロバイダーともいう。
**プロパガンダ** 宣伝。宣伝活動。特に思想や宗教の教義などについていうこともある。
**プロパティ** ①所有権。所有物。財産。②属性、特質。
**プロバビリティー** ①確からしさ。確率。②あることがおこり得る見込み。
**プロファイリング** 過去に起きた犯罪をデータベース化し、新たに起こった犯罪の犯人の動機や行動パターンを推理して犯人像を割り出す手法。
**プロフィール** ①横顔。輪郭。横顔像。②人物紹介。例 彼の~が雑誌に載っていた
**プロフィット** 利益。もうけ。
**プロフェッショナル** 職業的な。専門職の。専門家。略してプロ。~な 対 アマチュア
**プロブレム** 問題。課題。
**プロブレム・メソッド** 問題法。生徒に問題を出し、問題解決の過程の中で学習効果をあげる方法。
**プロポーザル** 提案、計画。
**プロポーション** ①均整、体つきのバランス。②割合、比率。
**プロポーズ** 求婚すること。する
**プロポリス** 蜂臘(はちろう)。ミツバチが巣の補強と清潔さを保つために集めた樹液に唾液を混ぜたもの。最近では健康食品としても注目されている。
**ブロマイド** ①俳優・歌手・スポーツ選手などの小型の肖像写真。②臭化物を塗付した印画紙。
**プロミス・リング** ⇒ミサンガ
**プロミネンス** ①太陽から噴き出す紅炎。②話し手が語を強調するために強く発音すること。
**プロムナード** ①散歩道。遊歩道。②散歩。そぞろ歩き。
**プロムナード・コンサート** 観客が立ったまま聴ける気軽な音楽会。

**プロモーション** ①販売促進。新製品などの宣伝。②昇格。昇進。

**プロモーション・ビデオ** 新曲宣伝用の短いビデオテープ。プロモともいう。略PV 同ビデオ・クリップ

**プロモーター** ①興行師。海外から各種催し物やコンサートなどの出演者を呼んで興行を行う人。②発起人。主催者。③発がん促進物質。

**プロモート** ①公演などを興行すること。主催すること。②販売促進に努めること。する

**フロリスト** 花屋。草花栽培家。

**プロローグ** 序章。前置き。作品の冒頭部分。例物語の〜 対エピローグ

**フロン(ガス)** 飽和炭化水素の水素原子をハロゲン元素におきかえた化合物の商標名。スプレーや冷蔵庫、冷房などに多く用いられていた。

**ブロンズ** 青銅。青銅の像。

**フロンティア** 辺境。国境地方。特に開拓期アメリカ西部の未開拓の領域。

**フロンティア・スピリット** 開拓者精神。

**フロント・オフィス** プロ野球球団の経営陣。フロントと呼ぶことが多い。

**フロント・ドライブ** 自動車の前輪駆動。対リア・ドライブ

**フロント・ホック・ブラ** 前側中央に留め具のあるブラジャー。

**フロント・ランナー** 先頭を走る人。第一人者。選挙などの有力候補。

**プロンプト** ①敏速な。即座の。②コンピュータで、ユーザーからのキー入力を促す信号や記号。端末装置の画面上に表示される。

**ブンデスリーガ** ドイツのプロサッカー1部リーグ。

---

**ヘア** ①毛、髪の毛。②陰毛。
**ベア** ①クマ。②証券取引などの弱気筋。対ブル ③⇒ベー

ス・アップ　④むき出しの。裸の。
**ヘア・カラー**　髪を染める染料。→ヘア・ダイ
**ヘア・ケア**　髪の手入れ。
**ヘア・コンディショナー**　傷んだ髪の状態をよくするための液剤。
**ベア・ショルダー**　肩をむき出しにした服やファッション。イブニングドレスなどが多かったが、最近は日常的な服にも見られるようになった。
**ベア・ゼロ**　給与の昇給率がゼロ、もしくはそれに近いこと。
**ヘア・ダイ**　頭髪を染める技術のこと。毛染め剤。→ヘア・カラー
**ベア・トップ**　胸元・肩・背中などを露出したファッション。イブニングドレス、サンドレス、スポーツウェアなどに用いられる。
**ヘア・トリートメント**　傷んだ髪を健全な状態に戻すための手入れ。
**ヘアドレッサー**　美容師。理容師。
**ヘア・ヌード**　陰毛も見せるヌード写真。
**ヘアピース**　かもじ。部分かつら。つけ毛。短い髪の毛を長く見せたり、アクセサリーとして用いる髪。
**ヘアピン・カーブ**　道路がヘアピンのように急なカーブを描いている状態。
**ベア・マーケット**　売り人気の市場。弱気市場。対ブル・マーケット
**ヘア・マニキュア**　髪を染める染料の一つ。手軽さが人気を得ている。
**ヘア・モード**　髪形の流行。
**ベアリング**　回転・往復運動する機械の軸受け。
**ペアリング**　①二つのものを組み合わせること。2人一組になること。②2匹の動物を交尾させること。
**ペア・ルック**　恋人同士や夫婦のおそろいの衣服。
**ベイ・エリア**　湾岸地域。新しく開発された埋め立て地などの海岸地域。特に東京や横浜のウオーターフロントをさす。
**ペイオフ**　破綻した金融機関の預金者を保護するため、破綻金融機関に代わって、預金保険機構を通じて、元本合計額1000万円までの預金については、全額払い戻す制度。

**ペイズリー** ⇒ペーズリー
**ペイ・テレビ** 有料テレビ放送。有線テレビの視聴者が基本料金の他に料金を払うと番組を見ることができる。アメリカでは主としてケーブルテレビによって行われている。日本でも衛星放送などがこの方式をとっている。
**ペイ・パー・ビュー方式** 有料テレビ放送の視聴者が、視聴した番組の本数に応じて料金を払う方式。
**ベイ・ブリッジ** 湾や入り江を横断するように架かる橋。
**ベイル** 保釈。保釈金。保釈の保証人。
**ペイロード・スペシャリスト** 搭乗科学者。アメリカのスペース・シャトルに乗る宇宙飛行士。主に実験に携わる。
**ペイン・クリニック** 痛みの激しい患者の治療を専門とする臨床部門。治療法には鎮静剤を用いる薬物使用と局所麻酔などの神経ブロック法がある。
**ペインティング** 絵を描くこと。ペンキを塗ること。
**ベーカー** パン製造者。自家製パン屋。
**ベーカリー** パン屋。
**ベーキング・パウダー** ふくらし粉。パンや菓子などを焼くときに用いる。
**ベークド・ポテト** じゃがいもを皮つきのまま天火で蒸し焼きにしたもの。
**ベーグル** ドーナツ型をしたユダヤ伝統のパン。もちっとした食感が特長。
**ページェント** ①野外劇。②野外でくりひろげられる仮装行列・お祭り的催し。
**ベーシス** ①土台。基礎。②主成分。主な要素。③債券の先物と現物との価格の差。
**ベーシック** 基本的な。根本的な。~な
**ベーシック言語** コンピュータ・プログラミング言語の一種でもっとも一般的なもの。
**ベージュ** 薄茶色。
**ベース・アップ** 賃上げ。賃金の基準を引き上げること。する 同ベア
**ベース・キャンプ** ①登山の前進基地。②軍隊の根拠地。③プロ野球で、開幕前の練習の根拠地。
**ベースコート** マニキュアの下塗り液。

**ペースト** ①魚や肉などをすりつぶして、のりのように練った食品。例レバー・〜 ②ハンダづけに用いるのり状のもの。③コンピュータで文章や図表などを張りつけること。

**ペースメーカー** ①マラソンで、先頭を走ってレースを引っ張り全体のペースの基準となる人。②自転車競技で、選手の調子を整えるための誘導車。③自動式の心室収縮装置。胸部に埋め込み、心臓に刺激を与えて脈拍を一定に調節する装置。

**ベースメント・ストア** 返品された商品を安く仕入れ、郊外に場所を借りて安売りする店。

**ベース・ライン** ①基準線。最低限の線。②テニスコートの両端に引かれたネットに平行な線。例〜ぎりぎりのショット

**ペーズリー** ①まが玉模様。②まが玉模様を織り込んだ毛織物。産地であるスコットランドの都市の名から。

**ベーゼ** キス。口づけ。

**ペーソス** 哀愁。しんみりとした感じ。例〜を含んだ作品

**ベータ・カロテン** 緑黄色野菜に含まれる暗赤色の色素。体内に入るとビタミンAに変わる。ほかにアルファ($\alpha$)・カロテン、ガンマ($\gamma$)・カロテンがある。

**ベータ線** 放射線の一つ。負の電荷をもち、写真作用、蛍光作用などがある。→アルファ線、ガンマ線

**ベータトロン** 電磁誘導による電子の加速装置。原子核の研究・がんの治療のほか、高エネルギーのX線発生装置として工業用などに用いる。

**ペーハー** pH。水素イオン濃度指数。酸性かアルカリ性かを0から14までの指数で表す。7は中性、7より大きいとアルカリ性、小さいと酸性。

**ペーパー・ウエイト** 文鎮。紙押さえ。

**ペーパー・カンパニー** 幽霊会社。登記はしてあるが、税金逃れや債権者をごまかすために設立された名目だけの会社。

**ペーパークラフト** 紙工芸。紙細工。折り紙も含まれる。

**ペーパー商法** 現物まがい商法。詐欺商法。金(きん)などの現物を売るなどと称して代金を受け取り、現物を渡さずに裏付けのない預かり証を渡すインチキ商法。

**ペーパー・テスト** 筆記試験。

**ペーパー・ドライバー** 運転免許は持っているが実際に運転する機会がない人。

**ペーパーナイフ** 封筒などをあけるための紙専用の小刀。

**ペーパーバック** 紙表紙の簡単な装丁本。軽便で安価。

**ペーパー・ホルダー** ①書類ばさみ。紙ばさみ。②トイレットペーパーかけ。

**ペーパー・マージン** 形式的な帳簿上の取引により発生する利益。

**ペーパーレス** 紙を使わずに情報の伝達を行うこと。情報をコンピュータによって処理・保存し、紙を使わないこと。

**ペーブメント** 舗装道路。舗道。

**ペーブメント・アーティスト** 大道画家。チョークなどで舗道に絵を描き、道行く人からお金をもらう人。ロンドンが本場。

**ベール** ①婦人帽などにたらして顔を覆う薄い布。②覆い。覆って隠すもの。例~をはがす

**ペガサス** ①ギリシア神話に出てくる翼のある神馬。天馬。②秋に見える星座でペガサス座。ペガソスともいう。

**ペキノロジー** 中国問題の研究・分析。

**ベクター** 遺伝子運搬体。遺伝子実験の際に遺伝子を細胞内の所定の位置まで運ぶ物質。

**ヘクタール** メートル法の面積単位の一つ。1ヘクタールは100アールで1万m²のこと。記号はha。

**ペクチン** 果実の中に含まれるコロイド性の多糖類。ジャム、マーマレード、ゼリーなどとして食用にするほか、薬用・微生物の培地に用いる。

**ヘクトパスカル** 気圧を表す単位。従来用いられていたミリバールと同じ数値を表す。天気予報などではこちらの単位を使うようになった。記号はhPa。

**ベクトル** ①物理や数学で、大きさと方向を持った量。速度や力など。対スカラー ②経路。方向性。

**ベクレル** 放射能の単位。1ベクレルは、原子核が1秒間に1つ崩壊したときに出る放射線量。記号はBq。

**ヘゲモニー** 主導権。支配権。覇権。

**ヘゲモニズム** 覇権主義。大国が支配力を広げるためにとる対外拡張政策。

**ペザント** 農民。

**ペザント・ルック** 農民風のファッション。各国の農民が着る独特の服装を真似たファッション。

**ベジタブル** 野菜。

**ベジタリアン** 菜食主義者。

**ペシミスト** 悲観論者。厭世家。対オプチミスト

**ペシミズム** 悲観論。厭世主義。対オプチミズム

**ベシャメル・ソース** 小麦粉・バターをいため牛乳でのばしたホワイトソースの一種。ベシャメルは考案者の名から。

**ペスカトーレ** 魚介類をトマトソースであえたスパゲッティ。魚介類を使ったイタリア料理。

**ベスト・セラー** ある期間に最もよく売れた本。よく売れるもの。例今年の~

**ベスト・ドレッサー** 洗練されたファッション感覚を持つ人。服装の着こなしが上手な人。

**ペセタ** スペインの旧通貨単位。

**ペソ** ブラジルを除く中南米諸国やフィリピンの通貨単位。

**ベター** よりよい。より優れている。~な

**ベター・ハーフ** よき配偶者。妻。愛妻。

**ベター・リビング・マーク** 建設省が出す優良住宅部品認定マーク。BLマークともいう。

**ペタンク** フランスで人気のスポーツ。ボールを投げて6~10メートル先のボールにどう近づけるかを競う。

**ペダンチック** 学識ありげに見せるさま。学者ぶった。知ったかぶりの。~な

**ペチカ** ロシア式の暖炉。れんがや粘土などで高く築き、石炭や薪をたいて部屋を暖める装置。

**ペチコート** スカートにふくらみを持たせるためにつける女性の下着。

**ペチコート・ガバメント** 女性優位の社会。家庭内の実権を妻が握っている状態。

**ペックス運賃** 特別回遊運賃。個人を対象に乗り換え制限があるが旅行需要を喚起する目的で設定される特別航空運賃。

**ペッサリー** 女性用避妊具の一つ。ゴム製で膣内に挿入する。子宮の位置の異常を治すためにも用いる。

**ヘッジ** ①垣根。障壁。②株式・商品市場でのつなぎ売買。経済的損失を最小限に抑えるための防御手段。

**ヘッジ・ファンド** ハイリスク・ハイリターンの資金運用商品。

**ヘッダー** ①ひとまとまりのデータの見出し。データの最初にあり、そのデータを識別するための情報を含むデータ。②小見出し。

**ヘッディング** ⇨ヘディング

**ペッティング** 男女間の愛撫。

**ベット** 賭け。

**ベッド・アンド・ブレックファースト** イギリスやアメリカの民宿の方式。旅行者を安い値段で泊め朝食を提供する。略B&B

**ベッド・イン** ベッドに入ること。

**ヘッドギア** ボクシングやラグビーで頭部の保護のためにかぶる防具。

**ヘッドクオーター** 本部。司令部。本社。本局。最近は海外事業所のうち、中核事業所・現地法人をいう。

**ヘッド・コーチ** コーチ団の筆頭コーチ。

**ペット・ショップ** 犬・猫・鳥などのペットを取り扱う店。

**ベッド・シーン** 映画やドラマでの濡れ場。男女がベッドで愛しあう場面。

**ベッド・タウン** 大都市周辺の住宅地。昼は都心に働きに行き、夜寝るためだけに帰ってくるというところから。

**ベッド・ハウス** ベッドだけが並んだ簡易宿泊所。

**ヘッド・ハンター** 人材スカウト業。それに携わる人。

**ヘッド・ハンティング** 他社の有能な人材を引き抜いて自社に入社させること。

**ペット・ボトル** PET(ポリエチレンテレフタレート)製の透明容器。軽くて割れない。ジュースやしょうゆなどの容器として使われる。リサイクルされる。

**ベッド・メーキング** ベッドをきちんと整えること。

**ヘッドライン** 新聞・雑誌の記事の見出し。例〜を追う

**ヘッドレスト** 座席の背もたれの上端に設置された頭もたせ。特に自動車用のものをいう。

**ペット・ロス** 長年飼い続けた愛玩動物の死が引き金となっ

て飼い主に生じる悲しみや、ショックなどの心理状態。
**ヘッドワーク** 頭脳労働。頭を使う仕事。頭脳的な行動。スポーツの作戦立案やかけひきに知恵を絞ること。
**ペッパー** こしょう。
**ペディキュア** 足の爪の手入れ。足の爪にエナメルを塗ること。
**ペティ・ナイフ** 小型ナイフ。
**ヘディング** ①見出し。表題。②サッカーで、球を頭で受けたり打ったりすること。ヘッディングともいう。
**ペデストリアン** 歩行者。徒歩の。
**ヘテロ** ヘテロセクシュアルの略。異形。異質。異性愛。異性愛の人。対ホモ
**ヘテロジーニアス** 異質な。異種の。対ホモジーニアス
**ヘテロセクシュアル** 異性愛者。
**ヘテロダイン** 周波数変換法の一つ。無線受信機、周波数計などに応用されている。
**ベトー** 拒否権。
**ヘドニズム** 快楽主義。享楽主義。人生の目的は快楽にあるとする考え方。
**ペドフィリア** 小児性愛。子どもを性的な対象とすること。変態性欲の一つ。
**ペドメーター** 万歩計。歩いた歩数を測る計測器。
**ペトロダラー** 石油を輸出することによって入手する外貨。同オイルマネー
**ペナルティー** ①反則行為に対する刑罰。②罰金。違約金。例～を科す
**ペナント** ①細長い三角形の旗。②優勝旗。校旗。優勝。
**ペナント・レース** 野球の公式戦。
**ペニー** イギリスの貨幣単位。ポンドの100分の1。複数はペンス。
**ベニエ** 小麦粉・牛乳・卵黄に泡立てた卵白を混ぜ、それを衣にして揚げたもの。
**ペニシリン** 青かびの一種から得られる抗生物質。肺炎など細菌性の疾患に効果がある。
**ベネフィット** ①利益。有益。恩恵。②慈善興行。例～・マッチ(慈善試合) ③給付金。

**ベネルクス** ベルギー・オランダ・ルクセンブルクの3国のこと。

**ペパーミント** ハッカ。ハッカ入りの洋酒・ガムやキャンディーなど。

**ヘビー級** ボクシングで190ポンド(85.18kg)超過の階級。

**ベビー・サークル** 乳幼児が目の届かない所に行かないようにする柵。

**ベビー・サイズ** 小型。**対**キング・サイズ

**ベビーシッター** 親が外出するとき、雇われて子どもの面倒を見たり留守番をする人。

**ヘビー・スモーカー** たくさんのたばこを吸う人。→チェーンスモーカー

**ヘビー・デューティー** 耐久力のある。頑丈な。激しい使用に耐える。

**ベビー・トーク** 赤ちゃん言葉。舌がよく回らない話し方。

**ベビー・ドール** 子どものようにあどけない女性。

**ベビー・フード** 離乳食。

**ベビー・ブーム** 出生率が極端に高いこと。日本の第一次ベビー・ブームは昭和22～24年、第二次ベビー・ブームは昭和46～48年。

**ベビー・フェイス** ①童顔の人。②善玉役のプロレスラー。

**ベビー・ホテル** 保護者が仕事やその他の理由で乳幼児の保育ができないとき、一時的に子どもを預かる民間施設。

**ヘビー・メタル** ①重金属。比重が4または5以上の金属。②ハードロックの中でも特にサウンドに過激さを増したロック。金属的で強烈なサウンドを持ち、1980年代に人気があった。略してヘビメタ。

**ヘビー・ユーザー** 日常におけるパソコンの仕用頻度が高い人。

**ヘビー・ローテーション** 順番が回ってくるのが頻繁であること。衣服や音楽にも使う。

**ペプチド** タンパク質がアミノ酸として分解吸収される直前の分子結合のことで、タンパク質とアミノ酸の中間に位置するもの。

**ペブル** 丸い小石。玉砂利水晶。

**ヘブン・アーティスト** 東京都が公共の場所での音楽や大道芸などの活動を認可した資格。

**ヘボン式ローマ字** 日本語をローマ字でつづる方式。アメリカの宣教師ジェームズ・ヘボンが1858年に来日したときにはじめて使用した。

**ヘマトクリット** 赤血球の容積。血球成分が血液中に占める割合を示す比。貧血の検査に用いる。

**ヘミセルロース** 植物繊維から抽出される多糖類の一種。酸や酵素によって簡単に分解される。

**ヘム** 衣服の縁。へり。

**ヘムライン** ドレスやスカートのすそ線、縁線。

**ヘモグロビン** 赤血球に含まれる赤い色素タンパク質。酸素を運搬する機能を持つ。

**ヘモフィリア** 血友病。出血すると止まらなくなってしまう遺伝的疾患。

**ヘラクレス** ①ギリシア神話の英雄。ゼウスと人間の女との子でゼウスの妻に迫害を受けたが、のちにアルゴス王に仕え12の難業を成し遂げた怪力の持ち主。②ナスダック・ジャパンのこと。

**ヘラルド** 報道する人。伝達者。使者。しばしば新聞名に使われる。

**ベリー** 食用の小さい果実。水分を多く含んだ果実。ぶどうやいちごなど。

**ベリー・ダンス** 露出の多い女性が腹と腰をくねらせて踊る中東風の踊り。

**ベリー・ロール** 走り高跳びの跳躍方法。腹を下にし、体をバーと平行に回転させながら跳ぶ。

**ヘリオスタット** 太陽鏡。日光を鏡で反射させ常に一定の方向に導く装置。

**ベリ・カード** 受信確認証。海外放送を受信し、番組内容などを放送局に報告すると送ってくる確認カード。

**ヘリコバクター・ピロリ菌** ヒトの胃の粘膜に生息する細菌。胃潰瘍や十二指腸潰瘍、胃がんとの関連が指摘されている。

**ヘリポート** ヘリコプターが離着陸できる所。

**ヘリンボーン** V字形の織り柄。杉綾織り。

**ヘル** ①地獄。②男性に対する敬称。英語のミスターに相当する。対 フラウ ③ヘルメットのこと。

**ベル** 美しいさま。美女。麗人。

**ベルーガ** ①シロチョウザメ。卵はキャビアとなる。②シロイルカ。

**ベル・エポック** よき時代。19世紀末から第一次世界大戦前までの平和で優雅な時代のこと。

**ベルガモット** イタリアで栽培されるミカン科の常緑低木。果皮をハーブティーに用いる。

**ヘルシー** 健全な。健康的な。~な 例 ~な食事

**ヘルスケア** 健康管理。

**ヘルスケア・トレーナー** 健康管理士。アスレチック・クラブやスポーツ・クラブなどで、会員個々人の能力に合った運動メニューの作成・指導を行う人。

**ヘルス・センター** 保養地。保養・娯楽施設。入浴や休息、娯楽のための施設が整っている。

**ヘルスホリック** 健康のことを必要以上に気にかけること。

**ヘルス・メーター** 家庭用の体重計のこと。踏み台式の体重計。

**ペルソナ** ①仮面。社会的な人格。②美術で人体。人体像。③役柄。

**ペルソナ・グラータ** 外交使節などの受け入れ国が出す受け入れ承認。

**ヘルツ** 電流・電波の周波数、音波の振動数を表す単位。記号はHz。ドイツの物理学者H.R.ヘルツの名にちなむ。

**ベルト・ポーチ** ベルトに通して提げる小型の小物入れ。

**ヘルニア** 脱腸。内臓器官の一部があるべき部位から異常な位置に飛び出した状態。

**ヘルパー** ①お手伝いさん。②ホーム・ヘルパーの略。

**ヘルパンギーナ** ウイルスによって引きおこされる咽頭炎の一種。高熱と口の中の発疹が特徴。乳幼児に多い。

**ヘルプ** ①助け、援助。②コンピュータの操作が分からないときに説明文が表示できる機能。

**ヘルペス** ヘルペス・ウイルスによって引きおこされる感染症。皮膚に小さな水疱がいくつか集まってできるもの。疱疹(ほうしん)。

**ベルベット** ⇨ビロード

**ベルボーイ** ホテルの玄関で客の荷物を運ぶ係の男性。

**ベル・ボトム** ズボンなどで、すそが釣り鐘のように広がったもの。例〜のジーンズ

**ベルマーク** ベルの絵のついた教育基金助成票。日常品その他の商品の包み紙などについていて、これを集めて教育用の備品などと交換する。小学校で集めていることが多い。

**ペレストロイカ** ロシア語で再建・建て直しの意。旧ソ連のゴルバチョフ大統領が推進した政治・経済・社会などの改革路線全般をさす。流行語にもなった。→グラスノチ

**ヘレニック** ギリシャの。ギリシャ人の。

**ベロア** ①毛足が長く光沢のある毛織物。手ざわりが柔らかく、コートなどに用いる。②裏面を起毛した牛革。

**ヘロイン** ケシから採れる麻薬。麻薬の中でも禁断症状が一番激しい。薬用としては鎮痛・鎮咳などの目的に使われる。

**ヘン** めんどり。

**ペン・クラブ** 文筆家の国際親善を図るための団体。

**ペンション** ホテル風の民宿。若者や若い家族連れに人気がある。ヨーロッパでは食事つきの下宿屋をさす。

**ペンシル** 鉛筆。

**ペンシル・ストライプ** 鉛筆で描いたようにはっきりと見える細いしま模様。

**ベンゼン** 石炭の乾留または石油の改質で抽出される無色・有臭・揮発性の液体。医薬・染料・香料などの原料。自動車や航空機の燃料としても用いる。同ベンゾール

**ベンダー** ①売る人。露天商。②自動販売機。同ベンディング・マシーン

**ペンタゴン** アメリカの国防総省の通称。上空から見ると建物が五角形なことから。

**ペンタプリズム** 五角八面体のプリズム。光が直角に屈折するようになっている。一眼レフカメラのファインダーに用いる。

**ペンダント** ①鎖やひもで首から吊り下げる装身具の一種。②天井などから下げる照明器具。

**ベンチ・ウォーマー** 補欠選手。ベンチを温めている人の意から。

**ベンチ・プレス** あお向けに寝た状態で、バーベルを持ち上げる運動。

**ベンチ・マーク** ①基準点。②測量の水準点。③判断の基準となるもの。

**ベンチャー** ①冒険。投機。冒険的な試み。②ベンチャー・ビジネスのこと。

**ベンチャー・キャピタル** 危険性も高いが成功すれば大当たりする可能性のあるベンチャー・ビジネスに資金を提供する企業または資本。

**ベンチャー・ビジネス** ハイテク技術や高度な専門知識を武器に、大企業に劣らない独創的、あるいは革新的な経営をする小規模な企業のこと。ベンチャー企業ともいう。

**ベンチレーション** 通風。換気。

**ベンツ** ①ドイツの自動車メーカー名。②コート・上着の背中や脇のすそにつけられている切り込み。例サイド・〜

**ペンティアム** インテル社製のコンピュータのCPU名。

**ペンディング** 未決定の。保留の。懸案の。例この企画は〜にしておこう

**ベンディング・マシーン** 自動販売機。同ベンダー

**ベント** 寒冷地に多いイネ科の多年草植物。ゴルフコースのグリーンに使用されることが多い。

**ペントハウス** 屋上家屋。アパートや高層住宅の最上階にある高級住宅。

**ペンネ** 先をペン先のように斜めにカットした穴あきパスタ。

**ペン・ネーム** 筆名。雅号。文筆家が作品を書くときに使用する本名以外の名前。

**ヘン・パーティー** 女性だけの集まり。対スタッグ・パーティー

**ペン・パル** 文通によって結ばれている友達。同ペンフレンド

**ペンフレンド** ⇒ペン・パル

**ペンマンシップ** 英語の文字練習帳。

# ホ

**ボア** ①細長い婦人用襟巻き。主に毛皮や羽毛で作られてい

る。②中南米に分布する無毒の大蛇。夜行性で小型の哺乳動物などを捕食する。

**ポアズ** CGS単位中の粘度(粘性率)を示す単位。記号はP。

**ポアソン** 魚。魚肉。魚介料理。

**ホイール・キャップ** 自動車の車輪取り付け部につける皿状の覆い。締めつけボルトの保護や装飾を兼ねている。

**ホイール・ベース** 前後の車軸の間の水平距離。特に自動車の前輪と後輪の軸間距離をいう。**略** WB

**ボイコット** 排斥。不買同盟。共同放棄。19世紀後半、アイルランドの代官キャプテン・ボイコットが小作人に排斥されたことに由来する。

**ボイジャー** 1977年アメリカが打ち上げた無人惑星探査機。1号と2号があり、木星、土星、天王星、海王星の表面画像や観測結果などを地球に送った。

**ボイス** ①音声。声。②文法で、態。ヴォイスともいう。

**ボイス・トレーナー** 発声訓練を指導する人。

**ボイス・トレーニング** 発声訓練。俳優や歌手などがおもに行う。

**ボイス・メール** 遠隔地の交信などに通信回線を利用した声の手紙。音声をデジタル情報として記録し、伝達される。

**ボイス・レコーダー** 音声記録装置。航空機の操縦室内での乗員の交信・会話や機器類の操作音などをエンドレス・テープに録音する装置。事故原因解明に重要な役割を果たす。

**ポイズン・ピル** ①毒の丸薬。②買収対抗策。毒薬条項。乗っ取りを仕掛けられた企業が、防衛のためにいろいろな対策を講ずること。→リキャピタリゼーション②

**ホイッスル** 警笛。小型の笛の総称。スポーツの審判などの笛。

**ホイップ** 卵白、生クリームなどを、泡立て器で泡立てること。**する** **例**クリームを〜する

**ボイド** 空の。空虚な。無限。真空。

**ボイル** ①煮る。沸かす。ゆでる。**する** **例**卵を〜する ②うす絹。紗。薄地の織物。夏服やカーテンなどに使用する。

**ボイルド・エッグ** ゆで卵。

**ポインテッド・カラー** 先のとがった襟。

**ポイント・カード** 買い物をした金額に応じて点数が貯ま

カード。値引きや景品交換など特典がある。
**ポイント・ゲッター** スポーツで、攻撃の中心となって、よく得点する選手。
**ボウガン** 石弓。引き金を引くと矢が発射される。**同**クロスボウ
**ボウラー** ①ボウリングをする人。②クリケットの投手。③山高帽。
**ボウリング** 球をころがしてピンを倒す競技。
**ホエール・ウォッチング** 船やボートでの鯨観賞。
**ポエム** (個々の)詩。韻文。
**ボーイ・ソプラノ** 声変わり前の少年の高音域の澄んだ声。
**ボーイッシュ** 女の子なのに髪型や服装が男の子のような。~な
**ポーカー・フェイス** 感情や心情を表に現さない顔。トランプのポーカーをするとき、自分の手の内を相手に悟られないようにするための無表情な顔。
**ボーキサイト** 金属アルミニウムやアルミニウム化合物の原石。南フランスのボー地方が原産地。日本は主に東南アジアから輸入している。
**ポーク・ソテー** 豚肉をバターや油で焼いた料理。
**ボージョレ・ヌーボー** フランスのボージョレ地区産のワイン。その年の秋に収穫したブドウで造った新酒のことをいう。毎年11月第3木曜日が解禁日。
**ポーション** 食べ物の1人前。割り当て分。
**ポーズ** ①間、休止。②録音・録画機器の一時停止。
**ホースラディッシュ** 西洋ワサビ。ワサビ大根。ヨーロッパ南東部の原産で、アブラナ科の多年草。香りや辛みがワサビに似ている。主にローストビーフに添えられる。
**ボーダー・ライン** 境界線。国境。境目。
**ボーダーレス** 境界線があいまいなこと。国境がないような状態。
**ポータブル** 持ち運びに便利な。携帯できる。また、持ち運びのできる機器をさす。→ハンディー
**ポータル・サイト** インターネットでウェブページを見るときに、最初に入るウェブサイトのこと。広告的価値が高いので注目されている。

**ポーチ** ①西洋建築で屋根つきの玄関。車寄せ。②化粧道具などを入れる小物入れ。

**ポーチド・エッグ** 落とし卵。熱湯の中に卵を割って落とした料理。

**ボーディング・カード** 飛行機の搭乗券。空港で航空券と引き換えに交付され、航空会社名、搭乗日、便名、搭乗者名、座席番号などが記載されている。

**ボード** ①板。盤。②集積回路などの基板。例メモリー・〜 ③掲示板。④株価表示板。⑤重役会。委員会。官庁の局、部、課。

**ボード・ゲーム** 盤上のこまなどを動かして遊ぶゲーム。チェス、モノポリーなど。

**ボード・セーリング** サーフボードに帆を張り、風によって水上を走る海のスポーツ。

**ボート・ピープル** 漁船やボートで国外に脱出した難民。→ランド・ピープル

**ボードビリアン** 寄席芸人。軽演劇の喜劇役者。

**ポートフォリオ** ①書類入れ。紙ばさみ。②(有価証券の)一覧表。(資産の)目録。③投資運用の組み合わせ。

**ポートレート** 肖像画。肖像写真。

**ポートレート・プリント** スターなどの肖像画や肖像写真をTシャツなどにプリントしたもの。

**ポート・ワイン** 甘味をつけた赤ブドウ酒。

**ホープ** ①希望。②期待されている新人。

**ポープ** ローマ教皇。

**ホーミング** ①家に帰る。鳥などの生物が巣に戻ってくる本性。帰巣本能。②ミサイルや魚雷の誘導方式。電波、音波、赤外線、レーザー光線などにより、自動的に目標を追尾させ、正確に命中させるための最終誘導。

**ホーム・アンド・アウェー** サッカーや野球などで自チームと相手チームの本拠地で交互に試合をする方式。

**ホーム・エコノミックス** ①家政学。②(学校の)家庭科。

**ホーム・ケア** 在宅介護。患者の自宅に医師や看護士が定期的に訪問し、治療や看護を行う制度。

**ホーム・シアター** 大型テレビや高価なAV機器などで映画館に近い映像や音響が家庭で楽しめる設備。

**ホームシック** 故郷や家族から離れて一人で暮らす人が恋しくなって寂しがること。

**ホーム・ショッピング** パソコン、電話回線などの端末装置やテレビを利用して、自宅にいながらデパートや商店での商品購入、航空券やホテルの予約、劇場のチケット購入などをすること。

**ホームステイ** 外国の家庭でその家族と一緒に生活しながら学校などに通う留学制度。

**ホームストレッチ** 競技場や競馬場のトラックでの、ゴール前の最後の直線走路。対バックストレッチ

**ホーム・セキュリティー・システム** 住宅の安全と防犯のために異常が発生すると室内に取りつけた特殊センサー(検知装置)が、居住者に知らせると同時に、警備会社や管理センターなどの緊急連絡先に自動的に通報するシステム。

**ホーム・センター** 日用大工用品、園芸用品、手工芸品など生活用品を大量に販売している大型店。

**ホームタウン・デシジョン** ボクシングやサッカーで地元の選手やチームに対して、審判員が有利な判定をすること。

**ホーム・チーム** 地元を本拠地とするチーム。

**ホーム・デリバリー** (ピザなどを)自宅に配達してくれるシステム。自宅配送。

**ホーム・テレホン** 1回線で親機と数台の子機を取りつけ、内線相互で通話をしたり、インターホンにも使用できる住宅用電話。

**ホーム・ドクター** 家族のかかりつけの医者。

**ホーム・ドラマ** 家族や日常生活の何気ないできごとを話題にしたテレビドラマ。

**ホーム・バー** 自宅の片隅に設けた自分専用のバー。

**ホーム・パーティー商法** ホーム・パーティーと称して、家庭でパーティーを開く形で、商品を宣伝し、群集心理による購買心をあおり、商品を売りつける方法。

**ホーム・バンキング・サービス** 家庭と銀行を電話回線とパソコンで結び、家庭内で出入金、振り込み、残高照会などの取引業務を処理したり、銀行からの情報提供を受理できるシステム。

**ホーム・ファーニッシング** 家具や家庭設備などを総合的

に、または個々のシステム化された商品として販売・設置すること。たとえばシステムキッチンなど。
- **ホーム・ファーマシー** 家庭薬局。かかりつけ薬局。健康相談も受けることがある。
- **ホームページ** インターネット上のWWWブラウザで見ることができる文章と画像で構成された情報ページのこと。Webページの総称としても使われる。略HP
- **ホーム・ヘルパー** 寝たきり老人の世話をするために、また病人や障害があるなどの理由により、日常生活に支障をきたしている家庭に、地方自治体や民間企業から派遣され、家事全般を代行する人。
- **ホームメード** 自家製の、手づくりの。
- **ホーム・ルーム** 学級担任の指導のもと学級単位での生活指導や課外活動をする時間。
- **ホームレス** 家のない人々。路上生活者。
- **ホームワーク** 宿題。自宅学習。家に持ち帰ってする仕事。
- **ポーラー・タイ** ひものように細い結び下げネクタイ。
- **ポーラー・ルート** 北極圏経由の航空路。
- **ポーラログラフィー** 電気分解分析の方法の一つ。水銀溜から溶液中に滴下する水銀を陰極とし、試料容器下部にある陽極に帯電した水銀との間で電気分解し、電圧電流曲線を用いて測定する方法。
- **ボーリング** ①穴あけ。(地質などの)試掘。例温泉の〜調査 ②ボウリング。
- **ポーリング** コンピュータ・ネットワークにおける通信回線制御の一つ。ホスト・コンピュータと多数の端末との双方向性情報の有無を一定の順番に従って調べることにより、応答時間などを高速化する方式。
- **ホール** ①丸ごとの。例〜トマト ②集会場。大広間。③穴。
- **ホール・アウト** ゴルフ用語で、グリーン上の穴に球を入れ、そのホール(第1打からグリーンのカップインまで)が終わること。または1ラウンドを回り終えること。
- **ホールセール・クラブ** 1970年代に米国で登場した小売形態で、クラブメンバーのみが商品を購入できる会員制のディスカウントストア。

**ホールセール・バンキング** 銀行業務の分類の一つで、大企業を対象とした大口金融業務。対⇒テール・バンキング

**ホールター** 袖がなく、肩、腕や背中を露出しているデザインの服の総称。

**ホールディング** ①保持すること。持つこと。②バスケットボール、サッカーなどで、相手選手を押さえたりして、行動を妨害する反則行為。

**ホールディング・カンパニー** 複数の企業の株を保有することにより、それらの企業を統括・管理する「持ち株会社」のこと。

**ボール・ボーイ** テニスコートや野球場で球を拾ったり、新しい球を審判に持って行ったりする少年。最近は少女の場合もある。

**ボール・ポジション** 自動車レースで、予選で最も速い記録を出した車が取得できる最前列内側の出発位置。

**ボールルーム** 舞踏場。ダンス会場。

**ボーロ** 小麦粉に卵を入れて焼いた小さな球状のお菓子。

**ホーン** ①警笛。②管楽器。ホルン。③つの笛。

**ポーン** チェスの駒の一つ。将棋の歩にあたる。

**ポーン・ショップ** 質屋。質流れ品を取り扱う店。

**ボーン・チャイナ** 骨灰磁器。材料に骨灰や燐酸カルシウムを混ぜて作った軟質磁器。耐水性・透光性にすぐれている。

**ボーンヘッド** ①間抜け。愚かな人。②野球などで、とても頭脳的とは思えないプレーをすること。

**ボギー** ゴルフでパー(各ホールの基準打数)より一つ多く打つこと。

**ボギー車** 車体を載せる車台に車輪を取りつけ、車軸が自由に方向転換できるようにした貨車。

**ボキャブラリー** 語い。語い力。

**ボクササイズ** 試合のためではなく、健康増進やフィットネス、持久力を高めるためにするボクシングの練習。特に女性を対象にしている。ボクシングとエクササイズとの造語。

**ボクシング** 拳闘。リング上で両手にグローブをはめた二人の選手が打ち合うスポーツ。

**ポケコン** ⇒ポケット・コンピュータ

**ポケッタブル** ポケットに入る大きさの。

**ポケット・エディション** ポケットに入るくらいの本。文庫判や新書判のこと。→エディション

**ポケット・コンピュータ** ①小型・軽量で、電池で起動できる携帯用パソコン。②計算専用の計算機。略してポケコン。

**ポケット・チーフ** スーツの胸ポケットを飾るためのハンカチーフ。

**ポケット・パーク** ビル街の一角のスペースを利用して、都市景観をよくするために造られた小さな公園。

**ポケット・バイク** 超小型のオートバイ。略してポケバイともいう。

**ポケット・ビートー** 大統領による法案の握りつぶし。

**ポケット・ベル** 呼び出し用の小型携帯受信機。略してポケベルともいう。

**ポケット・マネー** 小遣い銭。

**ポケベル** ⇨ポケット・ベル

**ポケモン** ポケットモンスターの略。日本の人気テレビアニメ番組の一つ。主人公とその友だちピカチューが、次々と現れるモンスターを仲間にしていくストーリー。海外にも輸出された。テレビゲームソフトやキャラクターグッズなども人気がある。

**ポコ・ア・ポコ** 音楽用語で、次第に、少しずつの意。

**ボコーダ** 自動音声合成機。

**ボサ・ノバ** ショーロ(ブラジルのジャズ)の伝統を守り、サンバの激しいビートや即興性を無くしたシンプルな音楽。リオデジャネイロ南部の裕福な白人たちが作り出した音楽。

**ポジ** 写真の陽画。肉眼で見たままの色相になる原版。画像がシャープで、粒子のきめが細かく、色彩が鮮やかなので、主にスライド作成やカラー広告用写真撮影に使用する。対ネガ →リバーサル・フィルム

**ポシェット** ①紐やベルトで首や肩に掛ける小さなバッグ。②小さなポケット。

**ポジショニング** ①位置(地位)を定めること。②スポーツでの攻撃や守備の適当な位置どり。

**ポジション・ペーパー** 会議などで事前に相手に渡す討議資料。国際会議などでは、自国の立場を説明してある。→ト

ーキング・ペーパー

**ポジティブ** ①積極的。実証的。肯定的。②(写真の)陽画(ポジ)。③陽極。陽性。④~な 前向きな。プラス志向の。対 ネガティブ

**ポジティブ・アプローチ** 肯定接近法。売ろうとする商品の便利性・優位性や文化的な高い評価などの長所を、前面に押し出して強調する広告表現の一つ。対 ネガティブ・アプローチ

**ポジティブ・オプション** 通信販売の一種で、買い手がカタログなどから商品を選択して、注文するシステム。

**ポジティブ・リスト** 輸入制限の例外として自由化している品目や業種などを列挙した一覧表。対 ネガティブ・リスト

**ポジトロン** 物理学用語で、陽電子のこと。マイナスの電気を持つ電子に対して、プラスの電気を持つ素粒子(反粒子)のこと。

**ポシビリティー** 可能性。将来性。見込み。

**ポシブル** 可能な。おこり得る。実行できる。~な

**ポス** POS。販売時点情報管理システム。各店舗にあるPOS端末と本部のホストコンピュータを結び、リアルタイムで販売・売上・在庫などの管理を自動的に行うシステム。

**ポスター・カラー** ポスターを描くときに用いる発色のよい水性絵の具。

**ホステリング** ユース・ホステルに宿泊しながら旅行をすること。

**ホステル** 若者向けの簡易宿泊所。イギリスでは、大学の寄宿寮のこと。

**ホスト** ①主人。パーティーの主催者。②ホスト・クラブの接客係の男性。③男性司会者。④ホスト・コンピューターのこと。

**ポスト** ①郵便物差し入れ箱。②家庭の郵便物受け。③地位、役職。④ネットを張るための柱。⑤「~以後の、~次の」の意味の接頭語。

**ポストカード** 郵便はがき。

**ホスト・カントリー** 国際会議や首脳会談の主催(幹事)国。またその接待にあたる国をさす場合もある。

**ホスト・クラブ** 男性の接客係が女性客に対してアルコール

類の提供、会話の相手などをする店。

**ポスト構造主義** 実存主義思想に対して、交換を原理とする構造的な社会においては人間は単なる交換の一つに過ぎないとして、人間の価値を相対化する近代思想の一つ。

**ホスト・コンピュータ** 複数のコンピュータを使用する場合、主役(ホスト役)となり、時間のかかる複雑な作業を処理したり、他のコンピュータやパソコンに指示を出すコンピュータのこと。

**ポスト・シーズン** ①季節はずれ。②プロ野球で、契約期間以外の12月1日から翌年1月31日までの2か月間のこと。

**ポストスクリプト** ①コンピュータのプリンター出力制御用記述言語。1ページ単位として印字するプリンター(ページプリンター)の体裁を整える。アメリカ・アドビ社が開発したものが国際基準として採用されている。②(手紙などの)追伸。**略** P.S.

**ホスト・セリング** テレビ番組に出演しているタレントがCMにも出て、一層の広告効果を得ること。

**ポスト・ハーベスト** 収穫後の農作物に、防腐剤や発芽防止剤などを散布すること。このため残留農薬の危険性が問題となっている。

**ホスト・ファミリー** 外国で一定期間、一般家庭に滞在して勉学するホーム・ステイの留学生を預かる家庭。

**ポスト・プレー** ゴール近くにいる拠点となる選手にボールを集めて攻撃する方法。サッカーやバスケットボールなどで使われる。

**ポスト・ペイド・カード** 料金後払い方式のカード。**対** プリペイド・カード

**ポストモダニズム** 脱近代主義。芸術・文化の諸分野で近代主義の行き詰まりを打破しようとする思想。

**ポストモダン** ①脱近代。近代の合理主義的傾向を否定することによって近代を超えようとする芸術運動。②イギリスのチャールズ・ジェンクスによって規定された現代建築の総称。

**ホスピス** ①(修道院などの)旅行者用宿泊所。②末期症状患者のための専門治療病院。苦痛を和らげ安らかな死を迎える準備を重視する。

**ホスピタリズム** 長期間の入院や施設収容により生じる心身症。特に幼児は精神面での発育不良や知能障害などが生じ、母親とのスキンシップが少ない家庭でもおきることがある。

**ホスピタリティー** 心温まる親切なもてなし。歓待。

**ホタ** スペイン北部の民俗舞踊。3拍子のリズムで、カスタネットを鳴らしながら、跳躍し、回りながら男女で踊る。→フラメンコ

**ポタージュ** 不透明でどろりとした濃厚スープ。

**ボタニカル・アート** 植物の細密画。植物をリアルに、正確に、精密に描く挿し絵的な美術作品。

**ポタリング** 自転車を気ままに乗り回し、散歩すること。

**ボタンダウン・カラー** ワイシャツの襟先をボタンで留めてある襟。

**ボタン・ロック** ドアーなどのそばにある数字キーで特定番号を押すと、コンピュータ制御されているロックを解除できる。電子キー。

**ボックス・オフィス** (劇場などの)切符売り場。

**ボックス・カーフ** 子牛のなめし革。またはそれを用いて作った靴。

**ボックス圏** 為替相場の変動が少ない、安定した状態の範囲。

**ボックス・シート** ①劇場や競技場などで仕切りなどのある特別席。ます席。②電車などで対面で2人ずつ座れる4人席。

**ボックス・ストア** 店の装飾などににお金をかけず、商品の箱を積み上げたままの簡素な店舗で安売りをする小売店。

**ボックス・スパナ** 垂直にはめ込んで、ナットやボルトの頭部を締めつける道具。

**ホッチキス** 針による手動式の紙とじ器。同ステープラー

**ホット** ①~な熱い。暑い。②熱い飲み物。③~なニュースなどが最新の。④~な活気がある。熱がこもっている。

**ポッド** ①豆のさや。②宇宙船の取り外し可能な離脱部。

**ホット・カーラー** 電熱を利用して、髪を短時間にカールさせる美容器具の一種。

**ホット・ケーブ** 比較的高い放射能を持つ物質を扱う施設で、放射能を遮へいして、安全防護対策を施した施設部分。

→ホット・ラボ
**ホット・サンド** オーブンなどで上下のパンを押しつけるようにして焼いたサンドイッチ。
**ホット・ジャズ** モダン・ジャズの一形態。楽譜から離れ、即興的・熱狂的に演奏する。対クール・ジャズ
**ホット・スポット** ①海洋底で点状になっている地殻熱流出場所。②武力衝突がおきたり、おこりそうな場所。紛争地帯。③珍しい種の生態系が破壊され、絶滅の危機にさらされている地域。④インターネットに接続できるサービスが提供される場所。
**ホット・タブ** 風呂。浴槽。くつろぎや治療のために集団でつかる風呂。
**ホットドッグ・スキー** スキー競技の一種。空中回転やジャンプなどの自由で独創的なフリースタイル・スキー。
**ポット苗** プラスチック製の容器で栽培する植物の苗。
**ホット・ニュース** 最新の情報、得たばかりのニュース。
**ホット・パーティクル** 高い放射能を持っている粒子。原子炉事故などにより大気中に放出された微粒子。
**ホット・パンツ** 股下がとても短い女性用ショートパンツ。色や柄が派手であるのが特徴。
**ホット・プレート** 鉄板焼などに用いる電気やガスの鉄板。
**ポットホール** 地面の穴。舗装道路にできる路面のくぼみ。
**ホット・マネー** 国際金利市場の金利差に応じて高利を求めて動く浮動的・投機的な短期資金。現在では国内市場を動くものも含まれる。
**ホット・ライン** ①偶発戦争や国際危機回避のため開通したホワイトハウスとクレムリンとを結ぶ直通回線。②(一般に)緊急非常直通電話。医療相談などのため専門に設けられた電話回線。③スポーツでの息の合った連携プレー。
**ポットラック** ①有り合わせの料理。②有り合わせの料理や参加者が食べ物を持ち寄る形式で開く気楽なパーティーやピクニック。
**ホット・ラボ** 核燃料の再処理工場など、高レベルの放射性物質を取り扱ったり、処理する施設。→ホット・ケープ
**ホッパー** ①ぴょんぴょんとはねる人や物。②石炭・砂利・穀物などを貯えるために用い、上部のじょうご形になって

いる口から落下させて、下方にある底開式の口から取り出す貯蔵槽の一種。
- **ポップ・アート** 1960年代ニューヨークを中心に広まった前衛的芸術運動。広告板、商業美術、写真、食べ物など日常品を題材にして描いている。
- **ポップ・アップ** ①テニスでネット近くから相手コートの奥のほうへボールを高く打ち上げること。バドミントンでネット近くでゆるい高めに浮き上がるシャフトを打ち上げること。ロビング。②開くと飛び出す絵本のこと。
- **ポップ・アップ・メニュー** クリックすると提示されるパソコンのメニュー一覧。
- **ポップ広告** 小売店の屋外・店頭・店内に置き、購買者にその商品を知らせ、買わせるためのディスプレー。
- **ポップス** 欧米、特にアメリカの大衆音楽の総称。同ポップ・ミュージック
- **ポップ・ライター** 場所をとらず、客を引きつける手描きのポップ広告を制作する人。
- **ポップ・ワード** 即興言語。意味不明な言語に対して、個々に勝手な解釈をして楽しむ言葉遊び。
- **ボツリヌス菌** ソーセージ、ハム、肉類の缶詰内で増殖し、食品を腐敗させる細菌。その毒素は人体に強烈な食中毒症状を起こさせ、死亡する場合もある。
- **ボディー・アート** 芸術家が自分自身の肉体で行う芸術表現。肉体の動きを芸術にすることもある。
- **ボディー・ウェア** 本来は女性用下着の総称だが、最近ではワンピース型水着(ボディー・スーツ)、ボディー・スーツとストッキングとがつながっているボディー・ストッキングやレオタードのことをいう。
- **ボディーウエーブ** 体の中を波が移動して行くように見える動き。ブレーク・ダンスの一つ。
- **ボディーガード** 要人や著名人などの身辺警護をする人。用心棒。護衛官。
- **ボディーケア** 美しい体にするために手入れすること。
- **ボディー・コンシャス** 体の線を意識して、体にぴったりとさせ、女性らしさを強調したデザインの洋服。ボディコンともいう。

**ボディー・シャンプー** 身体を洗うための液体石けん。同ボディー・ソープ

**ボディー・スーツ** 婦人用下着の一種。体の線を整えるためにバスト・ウエスト・ヒップの部分が一つになったもの。同オール・イン・ワン

**ボディー・スラム** 相手の体を抱えて背中からたたきつけるプロレス技。

**ボディー・ソープ** ⇒ボディー・シャンプー

**ボディー・ピアス** へそや舌など、耳たぶ以外のところにつけたピアス。

**ボディービル** 筋肉を鍛錬したくましい肉体美をつくり出すスポーツ。

**ボディー・ボード** ウレタン製の板の上に腹ばいで乗って波乗りするスポーツ。

**ボディー・ライン** ①身体の線。②自動車や飛行機の外郭線。

**ボディー・ランゲージ** 身体言語。表情、身振り、手振りなどで、自分の思想・感情などを伝えようとする無意識の意思伝達表現。

**ボディー・レリーフ** ドレープやギャザーで浮き彫り効果を出したもの。体を覆い、さらに装飾を加えることにより女性らしさを出そうとする洋服。対ボディー・コンシャス

**ボディコン** ⇒ボディー・コンシャス

**ポテチ** ポテトチップの略した言い方。

**ホテトル** ラブホテルで待つ客の部屋へ相手をする女性が訪問して行う売春行為。

**ホテルマン** ホテルの経営者。ホテルの従業員。

**ポテンシー** 勢力。効力。潜在的能力。

**ポテンシャル** ①可能性のある力。潜在する能力。例株価の～から判断する ②位置関数。1単位の質量を一定地点まで動かすのに必要な仕事として定義される量。③電位。

**ポトフ** 肉と野菜とを一緒に煮込んだシチューの一種。フランスの家庭料理。

**ボトム・アップ** 組織の下からの意思・情報が上に向かい、方向性を決定づける経営管理システム。対トップ・ダウン

**ボトムズ** 下半身の衣服。スカート、ズボンなど。対トップス

**ボトム・フィッシング** 株式相場の底値買い。

**ボトム・ライン** ①損益計算書の最後の行。最終損益。②最低値。ぎりぎりの値段。③女性のおしりの線。

**ボトルネック** 難関。障害。

**ボトルネック・インフレ** 特定の分野などで土地や資本、または労働力などが不足し、生産と需要とのバランスが崩れて生じる物価上昇。

**ボトルマン** 外国人観光客にわざとぶつかって安物のワイン瓶を割り、それを高級ワインと偽って弁償金を払わせる詐欺師。

**ボナンザ** 資源豊かな鉱脈。思いがけない幸運。

**ポニーテール** 長い髪を束ねて後ろにしっぽのように垂らした女性の髪形。

**ホバークラフト** 高圧の空気を地面・水面に向けて噴射して浮かびながら走る乗り物。水陸両用。

**ポバティ** 貧困。不足。不十分。

**ホバリング** ヘリコプターの空中停止。宇宙遊泳。

**ホビー・クラフト** 趣味の手作り工芸品。

**ホビー・ビジネス** ①趣味の範囲だったものの商品化。②主婦などが趣味で作ったもので事業を行うこと。

**ポピュラリティー** 大衆性。人気。評判。

**ポピュリスト** 19世紀末にアメリカでおきた社会改革主義を信奉する人。現代では、大企業の過剰な利益追求第一主義や政府の権力肥大に反対するグループをさす。

**ポピュリスム** 1920年代末ごろからフランスでおきた文学運動の一つ。民衆文学派。

**ポピュリズム** ①19世紀末アメリカでおこった社会改革運動。人民党を結成し、政治の民主化推進、景気対策実施を求めて運動した。②人民階級に対する所得増大政策や政治的権利の拡大を要求する主義。③大衆に迎合しようとする態度。

**ポピュレーション** ①人口。一定地域の全住民。②生物の同一種に属する、個体の集団。

**ボブスレー** 山腹に氷で作られた急カーブのコースを滑降する2人乗りまたは4人乗りの鋼鉄製のそり。冬季オリンピックの正式種目。→リュージュ

**ホフマン方式** 交通事故などの補償額算定に用いられる計算

方法の一つ。被害者の所得額から、被害者の生活費や租税を差し引き、就労可能年数(平均余命年数)を掛けて、公定金利(中間利息)を控除したもの。

**ポプリ** 芳香のある花や草を乾燥させ、それに香油やブランデーを混ぜた香り壺や匂い袋。

**ボヘミアン** ①ボヘミア人。ボヘミア風。②世間一般の習慣や決まりにとらわれず、自由で奔放な放浪生活などを送る人々。③ジプシー。

**ボマー・ジャケット** ①第二次世界大戦中にアメリカ軍の爆撃(ボマー)隊員に支給された革ジャンパー。②厚手のムートンの毛皮で作った防寒ジャケット。

**ポマト** 細胞融合により、地上ではトマトの果実、地下ではジャガイモができる植物。

**ポマンダー** におい玉。室内や自動車内の芳香剤として使用。

**ボム** 爆弾。爆発物。

**ホメオスタシス** 恒常性。外的環境や体内変化に対して、常に一定の状態を保持しようとする機能。病気やけがの自然治ゆ力や回復力のこと。

**ホメオパシー** 同種療法。病症と同じ症状を起こす薬による治療法。

**ホモ・エコノミクス** 経済人間。経済的打算や合理性で行動する人。

**ホモ・サピエンス** ①現生人類(ヒト)の学名。②知恵あるヒト、英知あるヒト。

**ホモジーニアス** 同質の。均質の。同構造の。對ヘテロジーニアス

**ホモセクシュアリティー** ①男性同士の同性愛。對ヘテロセクシュアリティー ②同性愛を主題にした文学。

**ホモニム** 同音異義語。→シノニム

**ホモフォニー** ①一つの声部が主旋律を担当し、他の声部が伴奏声部として、主旋律を支える和音の連続となる音楽構成。②同音異義。

**ホモ・ルーデンス** オランダの歴史家ホイジンガが、文化には遊びの要素が不可欠だと人間観を規定した言葉。遊戯人。

**ホモロゲーション** 自動車レースで、出場車が規定・規約に合っているかどうかの公式認定。

**ホモロジー** ①相同。コウモリの翼手と鳥類の翼のように、異種の生物体間における形態的な等価関係。②同性愛の研究。

**ホラー映画** 恐怖映画。

**ホライズン** ①水平線。地平線。②思考・知識などの限界や範囲。

**ボラティリティー** 株価や為替相場の予測変動率。

**ポラリス** ①北極星。②アメリカ海軍が開発した潜水艦から発射する中距離弾道ミサイル。

**ポラロイド・カメラ** アメリカのポラロイド社製のカメラ。特殊フィルムにより撮影後すぐに印画が得られる。

**ボランタリー** 自発的に。自分から進んで。

**ボランタリー・チェーン** 任意・自由連鎖店。独立性を保つ小売店が連帯して、価格の引き下げや経営合理化のために共同発注・仕入れを行うもの。→レギュラー・チェーン

**ボランチ** サッカーの守備的ミッドフィルダー。

**ボランティア休暇** 社員のボランティア活動を認めて企業が休暇を与える制度。

**ポリアセタール樹脂** 耐熱性、耐摩耗性、機械的強度にすぐれている高機能樹脂の代表。

**ポリアミド** 有機酸とアミンが反応してできるアミド結合を構造中に持っている複合体。主にナイロン繊維の原料として利用されるが、潤滑性・耐摩耗性にもすぐれているため機械部品としても用いられている。

**ポリイミド樹脂** 耐熱性にすぐれた高機能樹脂。電気の絶縁性がよく、衝撃強度も高いためIC（集積回路）の基板や航空機部品などの高度先端技術分野で利用されている。

**ポリープ** ①皮膚や粘膜上にできる茸のように盛り上がった肉の小さな塊。良性の腫瘍。②イソギンチャクやクラゲのような腔腸動物の形態基本形の一つ。ほぼ円筒状で、下端は足盤となって他の物体に固着し、上面に口と触手を持つ。

**ポリエステル・フィルム** 高分子化合物の一つであるポリエステルで作られている薄膜。写真フィルムや磁気テープなどに用いられる。

**ポリエチレン** 合成樹脂の一つ。耐水性、加工性にすぐれており、容器や包装材料に利用されている。

**ポリオ** 脊髄性小児麻痺。急性灰白髄炎。
**ポリオウイルス** 脊髄性小児麻痺や急性灰白髄炎の病原体。
**ポリカーボネート** 炭酸エステル重合によって作られる合成樹脂の一つ。耐熱性・耐衝撃性・耐電性にすぐれ、ゴルフクラブのヘッド、義歯、ハイヒールのかかとなどに使用されている。
**ポリガミー** 一夫多妻制。対ポリアンドリー(一妻多夫制) →モナンドリー、モノガミー
**ポリグラフ** うそ発見器。脳波・呼吸・発汗など生理現象を記録できる装置。心の動揺が測定できる。
**ポリゴン** 多角形。コンピュータ・グラフィックの基本となる構成要素。
**ポリシー** 政策、方針、政略。
**ポリシー・コスト** 企業の広告費・交際費・研究費など、経営方針に従って年度ごとに増減する金額。
**ポリシー・ボード** 政策決定機関。日本銀行内の金融政策委員会。
**ポリシーミックス** 複数の経済的目標を同時に実現させるために複数の金融・財政政策を組み合わせること。
**ホリスティック・ヘルス** 健康について、心と体の両面から総合的・全体的に考えること。
**ポリタンク** ポリエチレン製の大型容器。水などを貯めるのに使われる。
**ホリック** 「中毒、中毒者」の意味の複合語をつくる語。例ワーカ〜
**ポリティカル・アサイラム** 亡命者の政治的保護。
**ポリティカル・キャンペーン** 選挙運動。政治運動。
**ポリティカル・サイクル** 政治的景気循環。政府が支持獲得のための意図的好景気政策をとると、その後必ず不況になり、これが循環式に繰り返される。
**ポリティックス** 政治。政策。政治学。政治問題。
**ホリデー** 休日、祭日、祝日。
**ポリファーマシー** 同一患者に同時に多種の薬を投与すること。薬漬け医療。多剤投与。
**ポリフェノール** 多価フェノール。緑茶、カカオ、果実、赤ワインに多く含まれ、コレステロールの酸化を抑え、動脈

硬化の予防に効果があるとされる。
**ポリペプチド** アミノ酸がペプチド結合で多数つながっている化合物。
**ポリポット** 塩化ビニール製植木鉢。育苗用。
**ポリマー** 同種の単量体をいくつも重合反応させて作った高分子化合物。重合体。
**ポリメータ** 毛髪の伸縮で湿度を測る毛髪湿度計。
**ポリューション** 環境汚染。公害。
**ボリューム** ①分量。②音量。③音量の調節装置。④量感。⑤本などの巻数。略vol
**ボリューム・ゾーン** 多く販売するための一番売りやすいスタイル・色・価格帯のこと。
**ボリューム・レシオ** 株価上昇日の出来高合計を下落日の出来高合計で割り、百分率で表したもの。
**ボルシチ** ロシア料理。肉や野菜と色づけのために西洋赤かぶ(ビート)も一緒に煮込み、サワークリームをかけて食べるシチュー。
**ホルスタイン** 乳牛の一種。白黒のまだら模様の牛で乳の量が多い。
**ポルターガイスト** 家の中で大きな物音をたてたり、家具などを動かしたりする霊。心霊研究でいう騒ぐ霊魂。
**ボルダリング** ロープを使わず、手足だけで山の岩壁面などを登ること。→フリー・クライミング
**ボルテージ** ①電圧。電位差。②情熱的。感情的に熱っぽくなること。意気ごみ。例〜が上がる
**ポルト酒** ポルト・ワインのこと。
**ポルノグラフィー** 性描写を売り物にした小説、映画、写真、絵画。ポルノともいう。
**ホルムアルデヒド** 銀・銅を触媒として、メチルアルコールを酸化してできる刺激臭の強い気体。その水溶液がホルマリン。
**ホルモン** ①内分泌腺から分泌され、動物の諸器官に作用する調整物質。②牛や豚の肉としての臓物。
**ボレー** ①テニスで、ボールがコート上に落ちないうちに打ち返すこと。対グランド・ストローク ②ボレー・キックのこと。

**ボレー・キック**　サッカーで空中に浮いているボールを蹴るもの。
**ポレール・ルック**　⇨サバイバル・ルック
**ポレミック**　①討論。論争家。論争術。②議論好きな人。
**ボレロ**　①19世紀初め盛んとなった、カスタネットでリズムをとるスペインの民俗舞曲。②ウエストまでぐらいの短い丈で、ボタンのない前開き女性用ジャケット。
**ポロ**　騎馬競技の一つ。4人1チームで、馬に乗り、マレット（T型のスティック）で木製のボールを相手のゴールに入れて、得点を競うもの。
**ホログラフィー**　レーザー光線を用いて立体画像を記録した感光剤に、別な光をあてて立体像を再生する技術。工業分野での精密計測や医学でのCTスキャンに応用されている。
**ホログラム**　物体にあてたレーザー光線を、特殊な方法で記録したフィルムやパッケージ。日本の紙幣にも使われている。
**ホロコースト**　①元々はユダヤ教で神に捧げる生けにえを丸焼きにすること。転じて全員焼き殺すこと。大虐殺。②ナチによるユダヤ人大虐殺。
**ホロスコープ**　星占い。占星術用の天宮図や十二宮図。
**ホロニック・パス**　全体と個とが調和しながら、生存条件を確実なものにしていく道筋。調和の方法論。
**ホロニック・マネージメント**　管理主義や階層組織から離れて、個人と会社が有機的に調和して、活動の活性化を図る経営方法。
**ポロネーズ**　①ポーランド風の。②ポーランドの舞曲。4分の3拍子のゆったりとしたリズム。
**ボロメーター**　赤外線などの輻射エネルギーを測る装置。
**ポロロッカ**　南アメリカ・アマゾン川下流域でおこる潮津波。大潮のとき、潮が瀑布のようになって河口から上流へ向かう逆流現象。
**ボロン**　ホウ素。黒灰色で金属光沢がある固体。原子番号は5、記号はB。その化合物はガラス原料として使用される。
**ボロン繊維**　極細のタングステンの線材にホウ素を蒸着させた強化繊維の一種。
**ボロン・ロッド**　カーボン繊維とボロン繊維で作った釣り

竿。弾性率が高く、軽いのが特徴。
**ホワイトアウト** 極地などの雪氷面や雲の乱反射により、天地・高低・方向・距離などがわからなくなる現象。→リングワンデルング
**ホワイトウォーター** 急流などで水が白く泡立っている所。
**ホワイト・ガソリン** 鉛添加物を含まないガソリン。
**ホワイト・カラー** 事務管理職。事務系労働者。対ブルー・カラー、グレー・カラー
**ホワイト・クリスマス** 雪が降って情緒あるクリスマス。
**ホワイトソース** ⇒ベシャメルソース
**ホワイト・ナイト** ①買収されかけている他企業に救いの手を差しのべる企業。②白い騎士。正義のために戦う英雄。
**ホワイトニング** 白くすること。化粧品による美白。
**ホワイト・バックラッシュ** 対有色人種反発現象。アメリカで黒人差別撤廃・権利拡大に対する白人大衆の反発・反感などの感情や行動。
**ホワイト・ボード** 水性ペンで何度でも書きこめる白い板。
**ホワイトホール** ①ロンドンの官庁街。②英国政府。
**ホワイト・リカー** 焼酎。
**ホワイト・リスト** 企業が好ましいと思う人の人物一覧表。対ブラック・リスト
**ボンエルフ** 歩行者と車が共存できるような交通環境に改善すること。自動車がスピードを出せない構造の道路になっている。1970年代オランダで生まれた新交通概念を原型とする。
**ホンキー・トンク** ①騒がしい安酒場やナイトクラブ。②安酒場で演奏されるリズム感のあるにぎやかなピアノ音楽。
**ボンゴ** ラテン音楽で、膝にはさみ両手の指でたたく、対になった小さな太鼓。
**ボンゴレ** アサリやハマグリなどの貝を使ったイタリア風料理。
**ボン・サンス** ①良識。思慮分別。②感覚・センスのよいこと。
**ボンジュール** フランス語でのあいさつ。「おはよう」「こんにちは」。
**ボンジョルノ** イタリア語でのあいさつ。「おはよう」「こんにちは」。

**ポンチ** 果物、ソーダ水、アルコールを混ぜた飲み物。パンチともいう。

**ポンチョ** ①毛布の中央に穴をあけ頭を通して着る南米の民族衣裳。②①に似せた雨具。

**ポンツーン** ①舟橋。底の平たい小舟。②軍隊が用いる上陸や渡河のための浮橋架設用の台船。

**ボンディング加工** 表生地の裏に、ウレタン・フォームなどを接着剤でつけ、厚さと弾力性をつけた布地。

**ボンデージ** サドマゾ(SM)趣味で、肉体を拘束すること。束縛。

**ボンド** ①接着剤。②株券。証券。公社債。③保税倉庫留置。入国時の通関手続のとき、持ち込み禁止品や高関税品などを一時的に税関の倉庫に預けること。④レールとレールを電気的に接続させること。

**ボンド地域** イギリス通貨のポンドで貿易決済を行っている国々。

**ボンヌ図法** 19世紀ごろフランスのボンヌが創案した地図投影法の一つ。中央経線以外は曲線、緯線は同心円で描かれ、面積が正しく表現される。

**ボンネット** ①婦人・子ども用の後頭部にかぶり、ひもをあごで結ぶ帽子。②自動車の前部にあるエンジン・ルームの覆い。

**ホンブルグ** つばが丸まっていて、山の中央部がくぼんでいる帽子。

**ボンベ** 高圧の気体などを入れる鋼鉄製容器。例酸素～

**ボンボ** 木の胴に皮を張った筒状の大太鼓。ブラジルのアンデス地方の楽器。

**ボン・ボヤージュ** ①船旅をする旅行者やヨットマンたちのあいさつ。「よい航海を！」という意。②「よい旅を！」の意の旅立つ人へのあいさつ。

**ボンボン** チョコレートの中にシロップ状にした洋酒や果汁を入れた洋菓子。

**ポンポン** ①玉房。毛糸や絹糸で作り、帽子などの飾りに使う。②チアリーダーたちが両手で持って振る応援用具。

**ボン・マルシェ** 掘り出し物。お買い得品。

**ボンレス・ハム** 骨なし加工ハム。

**マーカー・ビーコン** 航空機航路上の定点に設置された標識。真上に電波を発射し、航空機に上空通過を知らせると同時に、滑走路着陸進入端までの距離を知らせる。

**マーカンティリズム** 重商主義。国内市場を確保し、保護貿易による蓄積を図る富国政策。対フィジオクラシー

**マーキング** ①印をつけること。②動物が縄張りを示すために自分のにおいをつけること。する

**マークアップ・インフレ** 企業が賃金や原材料など生産費の上昇に加え、利潤もそのまま商品価格に乗せることにより物価の上昇がおきること。

**マーク・シート** ①大学入試センター試験などの解答方式。正解と思われる番号や記号を鉛筆で塗りつぶしてコンピュータで採点するもの。②コンピュータへの入力に用いる解答用紙。マーク・シート・カードともいう。

**マーク・リーダー** マーク・シートの情報を読み取る装置。

**マーケット・アナリシス** 市場分析。市場の規模・地域性・特性・動向などを分析すること。

**マーケット・シェア** 市場占有率。企業の取扱い高や商品の販売高が市場全体の販売総額の中で占める比率。

**マーケット・セグメンテーション** 市場細分化。市場を顧客の所得・嗜好・年齢などに細分化し、それぞれの特性に応じた商品開発や販売活動などを行うこと。

**マーケット・バスケット方式** 1923年イギリス労働党が考案した、賃金基準の算出方法の一つ。生活必需品の購入金額が賃金の中でどのくらいの比率を占めるかにより、最低必要賃金の指標とした。

**マーケティング** 生産者から消費者へ商品やサービスの流れを能動的に方向づける一連の企業活動。販売促進、広告宣伝、市場調査などがある。

**マーケティング・コスト** マーケティング活動のための必要経費。人件費、広告費、販売管理費、市場調査費、輸送費など。

**マーケティング・コミュニケーション** マーケティングを円滑に進めるために必要な情報伝達活動。

**マーケティング・マネージメント** マーケティングを合理的・能率的に遂行できるように、総合的に管理・運営などを統制指導する機能。

**マーケティング・リサーチ** 市場調査。商品開発のために消費者の動向や、市場の現状などを多角的に調査・分析すること。

**マージ** 複数のデータやプログラムを併合して、より大きな一つのファイルにさせること。

**マーシー** 慈愛。寛容。

**マージナル・コスト** 限界費用。生産量を一単位分増やすことにより必要となる総費用の追加分。

**マーシャリング** 航空機の発着時や牽引時に、地上係員が誘導すること。

**マーシャル・アーツ** ①武道。武術。(空手などの)格闘技。②アメリカ生まれの総合格闘技。

**マージン** ①手数料。利ざや。②本のページにある上下左右の余白。

**マージン・リクワイアメント** 証券会社が信用取引の保証として、顧客に納めさせる証拠金。

**マーストリヒト条約** 欧州連合条約。ECの経済、通貨の統合と政治の統合を推進させるための条約。EU設立のもととなる。マーストリヒトはこの条約が合意された欧州理事会の開催地であるオランダの地名。

**マーチ** 行進曲。

**マーチャンダイザー** 商品仕入れ販売担当者。商品の仕入れから販売までのすべての権限を持つ者。

**マーチャンダイジング** 商品化計画。適正な商品・価格・販売時期に、適切な商品数量を提供するための総合販売計画。

**マーチャンダイス** 品物、製品、商品、在庫品。

**マーチャント・バンク** 短期貿易金融業務から発展し、海外証券発行の引き受けまでを担当するようになった英国の国際的金融機関。

**マーブリング** 染色技術の一つで、大理石模様のようにする墨の流し染め。

**マーブル・ケーキ** 色の違う2種類の種を層にして焼いたケーキ。

**マーブル・プリント** 大理石模様の印刷。

**マーメイド** 人魚。上半身は女性で下半身は魚の架空の動物。

**マーライオン** 上半身がライオン、下半身が魚の姿をしたシンガポールにある像。

**マイクロインジェクション** 顕微鏡を見ながらする注射。

**マイクロウエーブ** ①極超短波。多重通信、テレビ中継、原子・分子構造分析などに利用される。②電子レンジ。

**マイクロエレクトロニクス** 電子回路の小型化、情報処理・伝達技術の多様化対応のための研究。超微小電子工学。略ME

**マイクロオプティックス** 光電子工学の研究のために利用されるガラスやプラスティックのレンズ。微小光学素子。

**マイクロカード** 長期保存のため、雑誌・新聞・書籍などを印画紙に縮写したもの。閲読器で拡大して読む。

**マイクロガスタービン** 出力が30kWから100kW程度の小型自家発電設備のこと。$CO_2$の発生が少ないうえ、窒素酸化物($NOx$)排出濃度を低減でき、環境保全性に優れる。

**マイクロサージャリー** 超微小手術。血管や神経の縫合などの非常に細かい、デリケートな部分を手術するときに、顕微鏡を見ながら行う手術。脳外科・眼科・形成外科などの手術に利用される。

**マイクロスイッチ** 自動制御装置などに利用され、小さな力で迅速にオン・オフを切り替えることができる小型の超感度スイッチ。

**マイクロゾーニング** 都道府県以下の狭い地域できめ細かく地震危険度を区分けすること。

**マイクロチップ** 超小型集積回路。

**マイクロバースト** 積乱雲の下降気流が地表面にぶつかり、強風を伴いながら水平方向へ広がる現象(ダウンバースト)の小さいもの。水平規模は4キロメートル以下だが、強風は75メートルに達することもあるため、飛行機事故の原因にもなる。

**マイクロフィッシュ** マイクロフィルムの一種。大量保存を目的として、ハガキ大の大きさに新聞30ページ分を縮写

できる。
**マイクロフィルム** 資料や書類などを縮写して保管・保存するための微小なフィルム。
**マイクロプロセッサー** コンピュータの中枢である演算・制御装置を、1個または複数のLSI(大規模集積回路)で構成した超小型の処理装置。
**マイクロマウス** 迷路脱出自立型ロボット。迷路脱出の経路を自ら考えて、実行するロボット。
**マイクロマシン技術** 半導体の微細加工技術を活用して、微細機械、極小機械を開発する技術のこと。
**マイクロミニ** 超ミニ。ミニスカートよりもさらに丈の短いもの。
**マイクロメーター** ネジを利用し、針金や金属板の厚さなどを精密に測る計測器具。測微尺、測微計。同ミクロメーター
**マイクロライト** 1人または2人乗りの超軽量動力飛行機。同ウルトラライト・プレーン
**マイクロリーダー** マイクロカードやマイクロフィルムに縮写された資料を拡大して読むための映写装置。閲覧器。
**マイスター** 名人、大家、巨匠、親方。
**マイスナー効果** 磁力線が超電導体(ある一定の温度に下げると電気抵抗が0になる特徴を持つ金属や合金)の内部に入り込めない現象。そのため磁石を超電導体の上に置くと反発力を受けて、磁石は浮き上がってしまう。この現象を利用した技術開発の一つがリニア・モーターカーである。
**マイナー** ①小さい方の。少数派の。二流の。②短調。短音階。③マイナー・リーグのこと。対メジャー
**マイナー・チェンジ** 小規模で部分的な手直し。おもに自動車などで使われることば。
**マイナー・トランキライザー** 神経症などの治療に使われ、眠気を催さないで、不安や精神緊張などを緩和する弱精神安定剤。
**マイナー・リーグ** アメリカ大リーグのメジャー・リーグでない下位リーグ。
**マイナー・レーベル** 小資本のレコード会社、またその商標名。対メジャー・レーベル

**マイナス・イメージ** 悪い印象。例はじめから〜を与えてしまった

**マイナス・シーリング** 次年度の概算要求で、前年度予算額より一定率を引いた額を要求限度とすること。

**マイナス・ワン商品** 購買力を高めるため、あまり使われていない機能を一つ省いた低廉商品。

**マイノリティー** 少数派。少数勢力。弱者。対マジョリティー

**マイ・ブーム** 流行とは関係なく、個人的に夢中になっているもの。

**マイ・ボール** ①個人専用の球。ボウリングの球など。②自分たちのチームに攻撃権があるということ。

**マイヨ** 体にぴったりした服。タイツ、レオタード風のワンピース型水着、タンクトップなど。

**マイラー** 1マイル(約1600m)の距離を得意とする競争馬。

**マイライン** 利用する電話会社に事前に登録しておくと自動的にその会社の回線を使用するシステム。

**マイル** ①ヤード・ポンド法の距離単位。1マイルは約1609メートル。②マイレッジ・サービスを受けるための飛行距離。

**マイルストーン** ①1マイル里程標。一里塚。②(歴史などでの)画期的な出来事。

**マイルド** ①(味などが)まろやかで口あたりがよい。②穏やか、角がない。〜な

**マイルド・リセッション** ゆるやかな景気後退。

**マイレッジ** ①総マイル数。②飛行機の飛行距離。マイレージともいう。

**マイレッジ・サービス** 航空会社の多利用搭乗客向けの優遇制度。一定の搭乗距離に達すると無料航空券のプレゼントなどのサービスが受けられる。

**マイレッジ・メーター** 車の累計全走行距離計。

**マインド・コントロール** ①集中力を高めたり、気分を落ち着かせるために、自らの精神状態を制御、管理すること。②宗教などを利用して、その信者の心理や態度、行動などを支配すること。

**マインド・シェア** 企業や商品に対する消費者の知名度や購

入予定の占有率。
- **マウス** ①ネズミ。主に実験用ハツカネズミ。②パソコンの入力装置の一つ。机上でスライドさせると、それに伴ってディスプレー上のカーソルが移動し、付属のボタンによってソフトの起動や図形の入力ができる。③口。
- **マウス・ウォッシュ** 口臭予防のための洗浄液。
- **マウス・ツー・マウス法** 口で息を送りこむ人口呼吸法。
- **マウス・パッド** パソコンのマウスの動きを滑らかにするために敷く下敷き。
- **マウスピース** ①管楽器の吹き口。②ボクシングなどで口の中を切ったりするのを防ぐためにかむ用具。
- **マウンテン・シックネス** 高山病。頭痛、吐き気、耳鳴りなどの症状があり、ひどいときは死ぬ場合もある。
- **マウンテン・バイク** 本来、山岳地帯の高速走行や急坂登降などに対応する自転車だが、最近は市街地でも乗られている。泥よけがなく、極太タイヤ、長めの1本棒ハンドルなどが特徴。**略**MTB
- **マウント** ①山。丘。②スライド用フィルムをはめ込む枠。写真・絵などの台紙。③交換レンズを装着するカメラの台座。
- **マエストロ** (芸術上の)名匠。巨匠。大音楽家。
- **マガジン・ラック** 雑誌・新聞入れ。
- **マカロニ・ウエスタン** イタリア製の西部劇。**同**スパゲティ・ウエスタン
- **マキシ** くるぶしが隠れるぐらいの長い丈。**例**〜スカート
- **マキシ・シングル** 直径12センチの音楽CDシングル。
- **マキシマム** ①最大限。最大限度。最高。②極大。極大値。**対**ミニマム
- **マグナム** 火薬を多量に入れた銃弾、およびそれを使用するための大型拳銃。
- **マグニチュード** 地震の規模を表す単位。記号はM。震度とは別のもの。
- **マグヌス効果** 空気流体中を回転しながら進む物体に、物体進行方向と直角に力が働く現象。野球でのカーブなど。
- **マグネシウム** 銀白色の軽金属。還元剤、断熱材などに利用される。原子番号12。元素記号はMg。

**マグネチック・スピーカー** コイルに音声電流を通し、永久磁石を利用して振動させ、音に変える拡声機。音のひずみが大きいため、最近ではあまり使用されない。

**マグネチック・テープ** 磁性体を塗布したテープ。カセットやビデオのテープなど。

**マグネットダイオード** ソニーが開発した電極が二つある半導体機器(ダイオード)。

**マグネトロン** 磁電管。真空管の一つ。極超短波(マイクロ波)を発生させる電子管。家庭用電子レンジやレーダーなど幅広く使用されている。

**マグノックス炉** 炭酸ガス冷却原子炉の一つ。マグネシウム合金で核燃料(天然ウラン)を被覆している。

**マグマ** 岩漿(がんしょう)。地殻内部の岩石がドロドロに溶けたもの。温度は1000度を越える。

**マクラメ** リリアン糸や絹糸などの細いより糸を結び合わせて、主に幾何学模様にし、テーブルセンターなどを作る手芸の一種。

**マグレブ** JRが開発を進めている磁石のマイスナー効果を利用したリニア・モーターカーの正式名称。→マイスナー効果

**マクロ** 巨大な、巨視的な。対ミクロ

**マクロエンジニアリング** 巨大工学。最高の技術・最大の組織・巨大資金を投入する、巨大プロジェクトの計画・運営・管理を推進するための技術。宇宙・海洋開発など。

**マクロ経済政策** 国家全体を対象とする経済政策。国内総生産や一般生活水準といった集計概念を用いて、物価安定や国際収支の均衡など、マクロ的経済活動全体の課題解決のための経済・金融政策。

**マクロビオティックス** 菜食や自然食を取り入れた食生活により得られる健康長寿法。

**マクロファージ** 大食細胞。白血球の一種で、体内の異物や老廃物などを吸収・消化する、大型アメーバ状の細胞。

**マクロ分析** 巨視的な分析。経済全体にかかわる統計データなどを分析し、経済社会の動向に大局的な法則性を見いだそうとする理論。対ミクロ分析

**マザー・インダストリー** 新しい産業分野を開発・育成する

産業。たとえば、自動車やコンピュータ産業などは、各種関連産業や周辺機器の産業を生んだ産業といえる。

**マザーグース** 英国で古くから伝わる童謡集。またその作者とされる老婆。

**マザー・コンプレックス** 成人男性が母親や母親似の女性を慕うこと。母親への心理的依存から抜け出せないでいること。略してマザコン。対ファザー・コンプレックス

**マザー・シップ** 母艦。母機。

**マザーズ** 1999年に東京証券取引所に新しく開設された株式市場。ベンチャー企業など成長性を秘めた企業の上場を目指す。そのため、設立後の経過年数や利益に関する基準を設けないなど、上場基準が大幅に緩和された。マザーズ(Mothers)の命名は、Market of the high growth and emerging stocksの頭文字より。

**マザーズ・デー** 母の日。5月の第2日曜日。

**マザー・テープ** マスター・テープを編集・加工した、複製の基となる親テープ。

**マザー・ボード** パソコンの核となる部品の基盤。

**マザーリング** 母性愛的養護。母親が子どもに対して、スキンシップを通して行う育児行動。対ファーザーリング

**マザコン** ⇨マザー・コンプレックス

**マシーン・ツール** 旋盤などの工作機械。

**マシーン・ランゲージ** コンピュータが解読・処理できるプログラム言語。

**マジカル** 不思議な、魔術の。~な

**マジシャン** 手品師。

**マジックテープ** ナイロン製の面ファスナーの商標名。

**マジック・ハンド** マニピュレーター。また、それに動きが似たおもちゃ。

**マジックミラー** 板ガラスに銀や錫のメッキをして半透明にしたもの。明るいほうから暗いほうが見えなくなる。

**マシナブル・セラミックス** 機械で加工できるセラミックス。プリント配線基板や精密加工品などに使用される。→ファイン・セラミックス

**マシニング・センター** 生産性は落とさずに、自動的に何種類もの工具を交換しながら、いろいろな形状に加工・処理

できる、多能工作機械。数値制御式工作機械。

**マジョリティー** 多数派。多数勢力。過半数。**対**マイノリティー

**マス・カスタマイゼーション** マーケティング戦略のひとつ。個々の顧客の要望に応じながら、大量販売を図るマーケティング手法。

**マスカラ** まつ毛を濃く、長く見せるための化粧品。

**マス・カルチャー** 大衆文化。マスコミ文化。

**マスカルポーネ・チーズ** ティラミスの材料などに使われるイタリア産のクリームチーズ。

**マスカレード** 仮面舞踏会。仮装舞踏会。イタリア・ベネチアの仮面(仮装)祭が世界的に有名。

**マス管理** 個人の性格・性質・思考などを無視した人事・労務管理。

**マスキュリン** ①男らしい。男性の。**対**フェミニン ②女性がファッションで男物の服を着ること。

**マスキング・テープ** ペンキなどを塗る際、塗装されては困る個所に塗料がはみ出してもよいように貼る保護テープ。

**マス・ゲーム** 集団で規則正しく行う体操やダンス競技。

**マス・コンサンプション** 大量消費。

**マス・スクリーニング** 先天性代謝障害の早期発見や早期治療開始のために、生後数か月の乳幼児を対象に行われる集団検診。

**マス・セールス** 大量販売。大量消費(マス・コンサンプション)と合わせて、資本主義社会の重要な要素となっている。

**マス・ソサエティー** 人が大衆の一部となり、個性や主体性を失い画一化が進み、不安になったり、現実逃避の傾向が強まる現代大衆社会。

**マスター・アイ** 射撃で、照準器で的をねらうときに使う方の目。利き目。

**マスター・オブ・アーツ** M.A.。文学修士。

**マスター・オブ・セレモニー** MC。司会者、進行係。

**マスター・キー** 親鍵。複数の鍵穴に合う鍵。ホテルやアパートなどで使われる。

**マスター・コース** 大学院の修士課程。

**マスターズ** アメリカ南部ジョージア州オーガスタで、毎年4月第2週に開かれる世界四大ゴルフ競技会の一つ。

**マスター・テープ** 音楽やコンピュータなどであらゆるデータが記録されている親テープのこと。

**マスタード** 洋がらし。

**マスタード・ガス** びらん性毒ガスの一種。同イペリット

**マスターピース** 傑作。名作。

**マスター・ファイル** ある作業をする上で、磁気ディスクやテープに保存されている、最も基本となるデータ・ファイル。

**マスター・プラン** 基本計画。基本設計。

**マスターベーション** ①自慰。②自己満足の行為。

**マス・デモクラシー** 20世紀に成立し、経済力や組織力を背景にして、マス・メディアなどを媒介とした巧みな宣伝により、意図的に操作された大衆社会の民主主義。

**マスト・アイテム** 必需品。欠かすことのできないもの。

**マスト細胞** 肥満細胞。気管や消化管などの粘膜や結合組織内の自由細胞の一種で、ヒスタミンなどを放出し、アレルギー反応を引き起こす。

**マスト・シー・ストップ** 必見の場所。観光客にとって必ず立ち寄って見物したいと思っている名所など。

**マス・ナンバー** 質量数。

**マス・プロダクション** 大量生産。略してマスプロ。

**マス・メディア** 新聞・雑誌・TV・ラジオ・映画などのマスコミ媒体。

**マス・レジャー** 1960年代、好景気のアメリカで広がった言葉。大衆の多種多様な余暇活動。余暇の大衆化。

**マセマティックス** 数学。数学的方法。

**マゼンタ** 印刷の三原色の一つである紫がかった赤色。

**マゾヒスト** 被虐性変態性欲者。マゾ。対サディスト、サド

**マターナリズム** ①母性愛。②家庭と仕事が両立できるように気を配った労務対策。

**マタドール** 牛にとどめをさす闘牛士。

**マタニティー・スイミング** 妊婦が健康と安産のために行う水泳。

**マタニティー・ブルー** 出産直後の女性が陥る、一時的な情

緒不安定な状態。ホルモンのバランス失調が原因とされている。

**マタニティビクス** 難産にならないためや、健康児を産むために妊婦がする有酸素運動(エアロビクス)。

**マダム** ①既婚の女性。夫人。奥様。②バーなどの女主人。対マスター

**マチエール** ①材質。物質。材料。②美術用語で、絵の具の使い方などから作品にでてくる絵肌や材質的効果。

**マチネー** 演劇や音楽会などの昼間の興行。対ソワレ

**マチュア** ①成熟した。大人の。②(果物が)熟した。(ワインが)熟成した。~な

**マッカリ** 米やアワなどの穀物類を原料にした朝鮮半島のアルコール度の強い酒。マッコリともいう。

**マックレーカー** ①政治家や役人などの醜聞をあばき、報道する記者。②(摘発という名目で)ショッキングな記事を書くこと。

**マッシブ・アタック** 集中広告。あらゆるメディア媒体を利用して短期間に集中的に宣伝・広告すること。

**マッシャー** ①ゆでたジャガイモや果物などをつぶすための台所器具。②犬ぞりの御者。犬ぞりで旅行をする人。

**マッス** ①美術関係で、ある大きさを持ち、それが一つの塊として知覚される形象。②立体的量感のある塊。

**マッチ・プレー** ゴルフ用語で、各ホールごとに勝負を決め、勝ち数と負け数の数で争う競技方法。対ストローク・プレー

**マッチ・ポンプ** 不当な利益追求方法の俗称。自分で問題に火をつけ、次にもみ消しを引き受けて、金品をまきあげること。

**マッチメイク** 競技・試合の組合せ。

**マッチョ** 男らしさ。力強く男らしい男。~な

**マッチング** ①いろいろな種類のものを組み合わせて、つり合いをとること。②複数のデータなどを照合すること。

**マッド・バス** 健康や美容のための泥風呂。

**マッピング** ①地図製作。②ある情報を1対1に対応させること。③写像。④組み換え率を基にして、染色体上の遺伝子の位置関係を決めること。

**マテリアル・ハンドリング** 資材や製品の合理性・経済性を高めるために、荷役・運搬・管理などを効率的に進める技術・方法の総称。略してマテハン。

**マドラー** 飲み物をかき混ぜる専用の棒。

**マドラス・チェック** インドのマドラス産の多色格子模様が特徴の綿織物。

**マドリガル** ①主に恋愛を主題にした叙情短詩。田園詩。②無伴奏合唱曲。叙情小曲。16世紀イギリスなどの諸国に広まった。③一般に歌曲、合唱曲。

**マトリックス** ①母体。基質。②コンピュータの磁気コアなどの部品を網目状に配列し、導線で結んだ回路網の一つ。③(数学の)行列。マトリクスともいう。

**マトリックス組織** 通常の縦ライン(権限)と横チャンネル(情報伝達)とを併せ持つ現代的組織形態の一種。個人が縦系列の組織の一員だけではなく、横系列のチームにも属している、つまり上司が2人いることになる組織編成。マトリックス・システムともいう。

**マトリックス力学** ボーアの対応原理に基づき、観測可能な物理量の間に新しい交換法則を導入し、物理量をマトリックス(行列)で表す量子力学の一形式。

**マトリョーシカ** ロシアの入れ子式人形。

**マドリング・スルー** 明確な目標や計画を定めていないときに、直面した問題をその場限りで解決していく斬新的な行動をいう。

**マトン** 羊の肉。生後1年以上の羊の肉。

**マナー・ハウス** 英国の貴族が所有していた邸宅。

**マナー・モード** 電源が入っていても着信音が鳴らないようにする携帯電話の機能。その状態。

**マニアック** ある特殊な物事に熱中している、凝っている。~な

**マニエリズモ** ルネサンス後期、ヨーロッパに興った美術様式。古代ギリシア芸術を範として、そこに手法・工夫・様式などを付加することに価値があるという考え方。技巧主義。マニエリスムともいう。

**マニッシュ** ①女性が男性の服を着たり、男っぽい服装をすること。対ウーマニッシュ ②子どもが大人ぶること。~な

**マニピュレーター** 自動遠隔操縦装置。放射性物質や爆発物などを取り扱うときに、防御壁越しに操作する人工の腕。

**マニフェスト** ①船舶積荷目録、運送貨物目録、乗客名簿。②政府、政党などが出す宣誓書、声明書。政権綱領。

**マニホールド** 多岐管。集合管。

**マニュアル** ①手動の。②製品類の使用説明書。行動や作業の手順説明書。手引き。

**マニュファクチャー・クーポン** チラシや折り込み広告などについている商品割引券。

**マニング屋** 正規の手続きをとらず船員を船に乗り込ませる乗組員幹旋業者。

**マヌーバ** 策略。策略家。作戦行動。機動作戦。

**マヌカン** ⇨マネキン②

**マネー・イリュージョン** 名目金額にとらわれ、実質金額の価値変動に気づかないこと。

**マネー・ゲーム** 金利や配当のよさを目当てに多額の資金を運用すること。

**マネー・サプライ** 通貨供給量。銀行以外の民間によって所有されている、現金通貨と預金通貨の合計金額。この供給量によりインフレの危険性を予測したり、円相場に影響を及ぼしたりする。

**マネージド・ケア** 管理医療。疾病ごとに治療方針を定め、それに従って投薬や検査などを行うこと。

**マネージド・コスト** 経営者の意思で変更できる研究開発費・宣伝費・接待費などの固定費。自由裁量原価。

**マネージド・フロート** 管理変動相場。為替相場安定のために、各国通貨当局の市場介入によって為替相場を望ましい相場圏に戻すこと。

**マネージメント・ガイド** 経営管理のための規定・規格。

**マネージメント・サイクル** 企業存続条件の一つで、経営活動における計画・組織・(指令・)調整・統制の機能の循環過程。

**マネージメント・シミュレーション** 経営模擬実験。経営の実際的な変化・要件をコンピュータなどを用いて実験を行い、企業戦略の展開などを研究する。効率的な経営活動の指針として役立つ。

**マネージメント・バイアウト** 企業が合併や買収への防御策として用いる手段。経営者が自社株を買い占めて株式を非公開にしてしまうこと。

**マネー・フロー** 資金・通貨の流れ。資金循環。

**マネー・フロー分析** 資金循環分析。国民経済における通貨を実質流動と金融取引とに分け、それぞれの通貨の動向を総合的に調査・検討すること。

**マネー・マーケット** 金融市場。特に短期金融市場。短期資金を調達したり運用する市場。

**マネー・ロンダリング** 資金洗浄。資金の流れや出所を隠すため、麻薬取引などで得た不正資金を銀行口座などで商取引を行い、正常な資金(きれいな金)を装うこと。マネー・ローンダリングともいう。

**マネキン** ①陳列用の人形。②衣服や化粧品の宣伝のためにその商品を実際に着たり、つけたりしている女性。

**マネタリー・サーベイ** 国際通貨基金(IMF)の方式により、加盟国の中央銀行が作る各種金融機関の統合貸借対照表。

**マネタリズム** 通貨主義。経済政策において、通貨供給率や金利操作が景気安定のためには重要であると考える、ケインズ経済学とは対立的な経済思潮。

**マノメータ** 流体圧力計。液体や気体の圧力測定装置。

**マハラジャ** インドの地方君主の位。

**マフィア** アメリカの巨大なイタリア系秘密犯罪組織。

**マペット** 手を中に入れて操る手袋型の人形。

**マベリック** ①無所属政治家。②はぐれ者。

**マホガニー** センダン科の高木。赤褐色で家具材として用いられる。

**マミー** 母の意味の幼児語。

**マミー・トラック** 意欲的に仕事をこなしていたキャリア・ウーマンから、出産・育児といった母親になる道を選んだ女性。

**マヨラー** マヨネーズをこよなく愛する人。

**マライン・ネグレクト** 悪意を持って無視すること。外交用語。

**マリアージュ** 結婚。結婚式。

**マリー** 為替リスクを回避するため、外貨建て債券や債務を

**マリーナ** モーターボート、ヨットなどを係留する場所。

**マリオネット** 糸を使った操り人形。それを用いた人形劇。

**マリッジ・ブルー** 結婚直前にとまどいを感じて憂鬱になること。女性に多い。

**マリッジ・リング** 結婚指輪。

**マリネ** 野菜や魚を酢などに漬けた料理。

**マリン** 海、海の。

**マリン・スノー** 海雪。浅海から深海底にわたり観察され、プランクトンの遺骸と考えられている、雪のような降下物。

**マリン・スポーツ** 海で行うスポーツの総称。ヨット、サーフィン、スキューバ・ダイビングなど。

**マリン・ビーフ** 農林水産省水産研究所で開発され、魚肉の濃縮タンパク質で作った粒状の人工肉。

**マリン・ランチング** 海洋牧場。生産性を高めるため、マグロなどの大回遊魚の稚魚を海底に作ったブロック壁の中に放流して、高度な資源飼育・培養をしようとする栽培漁業の一つ。

**マリン・ルック** 海を感じさせる夏のファッション。

**マルガリータ** カクテルの一種。テキーラにレモン汁とオレンジ風味のリキュールを加えたもの。

**マルサス主義** イギリス経済学者マルサスが主唱した説。人口はネズミ算式に増えるが、食料は算術級数的にしか増えないため人口が自然増加し、それが社会の貧困と悪徳をもたらすので、人口抑制が必要だという説。

**マルシェ** 市場、朝市。

**マルチアングル** 多方面にわたる。多角的な。

**マルチウェー・スピーカー・システム** 音域をいくつかに分割して、それぞれ専用のスピーカで再生する方式。音のひずみが少なく、周波数帯域も広がる。

**マルチクライアント方式** 調査機関が研究を委託されたとき、同じ情報を必要とする複数の顧客を集めて資金を集めて調査・分析する方式。

**マルチ商法** 加盟者(販売員)が消費者を新たに加盟させ、ねずみ算式に加盟者を増やし、加盟金や商品仕入れ卸利益を既加盟者に配分し組織の拡大を図る多層販売方法。

**マルチスクリーン方式** スクリーンを分割して、同一の映像やいろいろ異なった映像を映し出す方式。

**マルチタスク** 1台のコンピュータで同時に複数の仕事が処理できる方式。たとえば、あるファイルをプリントしているとき、別ファイルのデータ処理ができるなど。**対**シングルタスク →マルチプロセッシング

**マルチタレント** どんな仕事でもこなす芸能人。

**マルチチャネラー** 多様な価値観を理解して、多数の情報源を持ち、機動力・行動力が抜群の人。

**マルチチャンネル** ①多重通信。一つの通信回路で、数多くの電信・電話を同時に伝送する機構。②多くのことを同時にこなす多重構造の意。**例**〜人間

**マルチトラック** レコーディングなどに用いられ、1本のテープに幾系統もの音を同時に録音できる機器。

**マルチナショナル・バンク** 多国籍銀行。国籍の違う銀行によって設立された国際銀行。

**マルチパーパス・ポリシー** 経済・外交・文化など、いろいろな分野の政策目標を同時達成させようとする多目的政策。

**マルチパスひずみ** 放送電波が山や建物などにあたり、その反射波の影響で発生する受信障害。

**マルチハビテーション** 複数地域居住。一世帯が二つ以上の住居を所有し、状況に応じて住居選択すること。

**マルチヒット** 野球で1試合に2本以上のヒットを1人で打つこと。

**マルチファイナンス方式** プラント輸出などで、いくつかの関連国の金融機関が融資分担する方式。

**マルチブランド戦略** 一つの商品ラインの中で、企業が包装・価格などを変えて複数の銘柄にし、多面的大量販売を目指す販売戦略。

**マルチプル** ①多種多様な。多数の。複合的な。②(数学の)倍数。③量産した美術作品。

**マルチプル広告** 多ページ広告。新聞や雑誌などの数ページを使って、同一内容の広告を掲載し、読者に強く印象づけて広告効果を高める手法。

**マルチプル・チョイス** 多項式選択法。客観テストの代表的

なもので、答えを多数示して正しいものを選ばせるもの。マルチョイ方式ともいう。

**マルチプル・リーガル・ハラスメント** 様々な法規で相手を攻撃したり、制限を課したりする多元的な法的嫌がらせ。

**マルチプロセッサー** 一つの制御プログラムのもとで並列実行可能な複数のCPU(中央処理装置)やそれらが共有する主記憶装置・入出力装置を内部に持つコンピュータのシステム。

**マルチプロセッシング** 多重処理。マルチプロセッサーにより、1台のコンピュータで複数個の作業が並列実行できること。→マルチタスク

**マルチポーラー・システム** 多極構造。アメリカ・旧ソ連・日本・EU・中国などが、国際政治や経済に影響を与えている1960年代以降の国際社会状況。最近では第三世界の国々が持つ影響力も無視できない。

**マルチボックス** 演劇などの外国語公演を自国語で聞けるイヤホン付き装置。

**マルチマイキング** 音楽録音技術の一つ。オーケストラの各楽器の音を近接収録するために、たくさんのマイクを配備する方法。

**マルチメディア** ①複合媒体。映像・音声・文字などの多種多様な媒体を組み合わせて、人間の感覚器すべてに働きかけるもの。②映画・絵・光・音楽などさまざまな伝達媒体を使った総合的な芸術表現。同ミックス・メディア

**マルチリンガル** 多数の言語に精通していること。多数の言語を話す人。〜な

**マルチング** 地面にわらやビニール、落ち葉などを敷きつめること。冬は乾燥と霜よけ、夏は乾燥と暑さよけの効果がある。

**マルトース** 麦芽糖。栄養剤や甘味料として用いられる。麦芽などに含まれるアミラーゼで、でんぷんを加水分解して得る。

**マロニエ** トチノキ科の落葉高木。白い花を咲かせる。フランスでは街路樹に使われている。

**マロン** 栗。

**マロン・グラッセ** 栗の実を砂糖と洋酒で煮たフランス菓

子。
**マン・ウオッチング** 人間の行動を観察すること。
**マンガン団塊** 深海底を薄く覆う黒褐色のマンガン・ニッケル・コバルトなどを含む塊。
**マングース** ジャコウネコ科の動物。毒蛇の駆除に利用される。
**マンサード屋根** 上部は緩やかで、下部は急勾配になる二重勾配の腰折れ屋根。フランス屋根。
**マンション・プロ** 多くはマンションに事務所を構えて、少数のスタッフによるテレビ放送などを制作する会社。
**マンション・メーカー** マンションをオフィスにして、流行に敏感で個性的な服を作っているアパレル・メーカー。
**マンスリー** 月刊の。月に1回の。→ウィークリー
**マンダラ** 曼荼羅(曼陀羅)。大日如来を中心に数多くの菩薩などを描いたもの。密教の本尊。
**マンツーマン** ①1対1の。②相手に1人ずつつける球技の守備体形。
**マンティーラ** ①スペインやメキシコの女性が肩に掛ける大型のストール。②女性用小型の軽いマント。
**マンティカ** 豚や猪の脂肪。江戸時代、膏薬に用いた。そのほか、料理用揚げ油や機械油としても用いられる。
**マンドリン** いちじく型の胴をした弦楽器。対になった8本の弦をつめでかき鳴らす。
**マントル** 地球の地殻と核の間の層のことで、地球の全質量の約70%を占めるもの。
**マントルピース** 壁につくりつけた暖炉。暖炉の飾り棚。
**マンネリ** 同じ形式・発想の繰り返しで新鮮さに欠けること。マンネリズムを略したもの。
**マンハッタン計画** 第二次世界大戦中のアメリカの広島・長崎原爆投下計画の暗号名。
**マンパワー** ①人的資源、動員数。②人力、人手。
**マンパワー・ポリシー** 人的能力資源開発政策。天然資源と同等に、国民の能力や資質の向上も経済発展の基盤であると考え、その開発と有効利用により社会の発展を図ろうとする政策。
**マンパワー・マネージメント** 人事・労働管理。

**マン・マシーン・インターフェース** 人間とコンピュータとの情報交換、つまり人的命令と機械的動作との間を取り持つために、より速く、正確に、自然に、使いやすくさせるための装置や技術。たとえば、カード型・対話型処理やコマンド・メニュー・マウスによる操作指示など。

**マン・マシーン・システム** コンピュータと人間が対話しながら仕事を進めるなど、人間と機械がより自然に接することができる体系。機械に対する使いやすさの追求を実現するシステム。

**マンモグラフィー** 乳房のレントゲン撮影。乳がんの発見に役立つ。

**マンモス** ①洪積世に生息していた巨大な象の一種。体毛が長く、大きな牙を持つ。②「巨大な、大きい」の意味で複合語をつくる。例 ～大学

**マンモニスト** 守銭奴。拝金主義者。

**マンモニズム** 金銭第一主義。財貨至上主義。

**マンモン** ①（悪い意味での）富。金銭。財貨。②財界の巨頭。財閥。

**マンリー** ①男性的な。②（女性が）男のような。男まさりの。~な

**ミーイズム** 自己中心主義。周囲のことには無関心で、自分の幸福と満足だけを考える生き方。1970年代アメリカの社会風潮で生まれた考え方だが、日本では現代の若者の自閉症的傾向をさす場合もある。

**ミー・ジェネレーション** 自己中心的考え方や生活態度を持つ世代。

**ミーティング** 会議。打ち合わせ。

**ミート・ミンサー** 肉ひき器。ミンチ（メンチ）を作る台所器具。ミンサーと略すこともある。

**ミート・ローフ** 挽き肉とみじん切りにした野菜を一緒に型に入れて、蒸し焼きにした料理。

**ミール宇宙ステーション** 旧ソ連によって打ち上げられた宇

宙ステーション。2001年に廃棄された。
- **ミール・クーポン** 食券。
- **ミーン・バリュー** 平均値。
- **ミオグラフ** 筋肉の収縮運動を記録する装置。筋肉運動記録器。
- **ミオグロビン** 筋肉中に含まれる鉄分を含有する赤色色素タンパク質。
- **ミキシング** ①調合。混合。②複数の音声や映像を混合・調整して、最も効果的な内容を作り上げること。ミクシングともいう。例マイク・〜　③ボウリングで倒れたピンがくるくる回りながら、他のピンを倒すこと。
- **ミクスチャー** 混合物。混ぜ合わせたもの。
- **ミクスト・クレジット** 混合借款。開発途上国に対して、政府開発援助と一般輸出信用を組み合わせ、融資条件を緩和した借款。
- **ミクソグラフィー** 蠟で原型を作り、電気メッキで銅を付着させた版画の技法。メキシコの画家タマヨの命名。
- **ミクロ** 極小の、微視的な。対マクロ
- **ミクロ経済学** 価格論的経済学。市場価格を行動決定の中心的変数とみなし、個別的家計や企業の合理的経済活動の分析からはじまり、その相互依存の観点から経済全体の運行法則を明らかにしようとする経済学。対マクロ経済学
- **ミクロコスモス** 小宇宙。人間。縮図。対マクロコスモス
- **ミクロトーム** 顕微鏡で観察するために、材料を薄く切断するための装置。
- **ミクロフィジックス** 微視的物理学。分子や原子などの極小物質を研究対象として扱う分野。対マクロフィジックス
- **ミクロフィルター** 孔径が3マイクロメートル以下の細かい目のろ過装置。
- **ミクロ分析** ①微視的分析。生産者や消費者の個人的経済行動を分析・統合して、経済社会全体の動きに法則を見いだそうとする方法。②価格分析。生産要素の個別価格と需要・供給の関係を、市場均衡と合わせて経済動向を考える分析方法。対マクロ分析
- **ミサイル療法** モノクローナル抗体(人間のある種の細胞・抗原にだけ特異的に反応する抗体)に制がん剤を結合させ、

患者に投与して、ガン細胞だけを破壊するという最新の医療方法の一つ。

**ミサンガ** 手首に巻きつけるひも状のお守り。自然に切れると願いがかなうといわれている。同プロミス・リング

**ミザントロープ** 人間嫌い。人間社会を嫌い、孤独な世界に逃避する人。厭世家。

**ミシュラン** タイヤメーカーとして知られるフランスのミシュランが出す観光案内書。ホテルやレストランのランクが掲載されている。

**ミスキャスト** 演劇・映画などでの配役の失敗。不適当な人事。

**ミス・コン** 若い未婚女性を対象にした美人コンテスト。ミス・コンテストの略。

**ミスジャッジ** 誤審。判定を誤まること。する

**ミスター・レディー** ニュー・ハーフのこと。

**ミスティシズム** 神秘主義。神秘説。不明瞭な考え。

**ミスティフィケーション** ごまかすこと。煙にまくこと。

**ミステリー・サークル** 日本でも発見されているがイギリスで最も多く発見されている、穀物畑の中に円形渦巻き状に作物がなぎ倒されてできたもの。さまざまな説があるが、成因は不明。

**ミスト** 霧。霧状になったもの。

**ミストラル** フランス地中海岸地方に吹く北風。

**ミストレス** ①女主人。主婦。女性権力者。②情婦。

**ミスファイア** ①(銃の)不発。②(内燃機関の)不点火。

**ミス・プリ** ミスプリントの略。印刷物の誤り。

**ミスマッチ** 不適当な組み合わせ。不つりあい。

**ミスリード** ①新聞や雑誌などでタイトルと記事内容が著しく違っていること。②(表現が)誤解させること。誤り導くこと。

**ミゼット・ハウス** プレハブの勉強部屋など、手軽に建つ小型の家。

**ミゼリー・インデックス** 失業率とインフレ率の合計指数。窮状指数。

**ミソロジー** 神話学。神話研究。ミトロジーともいう。

**ミックス** ①するまぜること。混ぜ合わせて1つにすること。

②男女ペアでする試合。
**ミックス・サンド** 種類の異なった具のサンドイッチセット。
**ミックス・ジュース** いろいろな果物を混ぜて作ったジュース。
**ミッション** ①外国への使節団、代表団。②任務、使命。③伝道(団)。
**ミッション・コントロール** スペース・シャトルの任務遂行補助と飛行管制を行う地上管制機関。
**ミッション・スクール** キリスト教団体が伝道を目的に設立した学校。
**ミッシング・リンク** ①たとえば、類人猿から人間への進化過程で、化石が発見されていないため、存在したと推測されているだけの仮想動物などのこと。②系列完成に欠けている部分。
**ミッドシップ・エンジン** 自動車エンジンを運転席と後車輪の間に設置する方式。重量配分や運動性がよくなるので、主にレーシング・カーやスポーツ・カーに用いられる。
**ミッドタウン** 山の手と下町、または商業地域と住宅地域の中間地域。
**ミッドナイト** 深夜。真夜中。
**ミッドポイント** ①中間点。②測定値の最大と最小の平均値。
**ミディアム** ①中間的な性質のもの。②媒体、媒質。③ステーキの焼き加減で半焼き状態。
**ミディアムボディー** 赤ワインで中間的な味に該当するもの。→フルボディー、ライトボディー
**ミディアム・レア** ステーキの焼き加減で半生焼き。
**ミディオクラシー** 凡庸政治。凡人による支配。
**ミティゲーション** 開発による環境保全の手法の一つ。開発する場合に、環境への影響を最小限に抑えたり、回避するために、その代替となる措置をとること。
**ミディコミ** マスコミ(情報産業)とミニコミ(少数者対象の情報誌)の間の大衆参加型情報媒体。
**ミドリフ** ①横隔膜。上腹部。②胴の中央部を露出する婦人服。セパレーツ型水着。
**ミドル・イースト** 中東リビアからアフガニスタンまでの地

域。アフリカ北部からアジア南西部にあたる。

**ミドル・エージ** 中年、中高年。

**ミドル級** ボクシングで154ポンド(69.85kg)より上で160ポンド(72.58kg)以下の階級。

**ミドル・クラス** 中産階級。中級。

**ミドル・ネーム** 欧米人の名前で真ん中にある名。例Johann Sebastian Bachの～はSebastianだ

**ミドル・マーカー** 滑走路入端から1000メートル地点に設置し、飛行機と垂直方向に発射される電波発射装置。→マーカー・ビーコン

**ミナレット** イスラム教寺院の外部に建てられる尖塔。露台をめぐらし、そこで神に祈る。

**ミニオン** ①お気に入り。子分。寵児。②欧文活字の一つで、現在の7ポイントに相当する、ポイント制になる前の呼称。

**ミニコミ** ①小人数対象の情報伝達。対マスコミ ②同人誌や社内報など、特定地域や主張の鮮明な少数派向けの新聞や雑誌。

**ミニコンピュータ** マイクロコンピュータより記憶容量や動作速度にすぐれているため、制御・演算装置として大きなシステムの一部に組み込まれている小型コンピュータ。略してミニコン。

**ミニ・サンクチュアリ** 庭に実のなる木を植えたり、ベランダに鳥の水浴場を作るなど、身近な場所の鳥の保護地域。

**ミニシアター** 座席数が少ない映画館。単館上映のばあいが多い。

**ミニ・シリーズ** テレビ用長時間ドラマを短時間に分けて、連続的に放映するもの。「刑事コロンボ」の1回完結型シリーズや「ツインピークス」のような長編ドラマ型がある。

**ミニチュア** ①精密につくられた小型模型。②小さい。小型の。

**ミニ・ディスク** ソニーが開発したデジタル方式の小型録音再生機用の光磁気ディスク、あるいはそのオーディオシステムの商標。ディスクの直径は64ミリだがCDの5倍の情報量が入る。略MD

**ミニニューク** 爆発威力と放射線放出割合の制御ができる超小型核兵器。

**ミニパト** 小型パトロールカー。

**ミニバン** 大きな荷物が積める箱型乗用車。

**ミニ・ベジタブル** ミニ・トマトなどの特別な栽培方法のものもあるが、多くは若採りした小ぶりの野菜。

**ミニマックスの原理** ゲーム必勝法から出た数学理論や戦術理論。最大の利益を求め、被害は最小にしようとする行動様式。

**ミニマム** ①最小の。最低の。最小限。②数学で、最小値。対マキシマム

**ミニマム・アクセス** 最低輸入量。貿易品目に対して必ず一定枠の輸入を義務づけること。

**ミニマム・エッセンシャルズ** 最低要求水準。社会的に必要な最低限の知識や技能などの教育。

**ミニマリズム** ①過剰な装飾をやめて、最小限の素材や手段で、最大の効果を表現しようとする美術や建築上の考え方。②余分な部分を取り去り、単純で直線的なラインを生かした洋服。

**ミニマル・アート** 1960年代、アメリカでおこった反芸術運動の一つ。技巧に走らずに、最低限の造形手段で制作する絵画や彫刻。同プライマリー・ストラクチュア

**ミニマル・ミュージック** 1970年代、世界的に流行し、現代音楽の基にもなっている。短い旋律を何回も反復させ、徐々に音を変化させていく音楽技法。

**ミニ・レター** 郵便書簡。切手、便せん、封筒が一体化している通信用紙。

**ミニ・ロト** 数字選択式の宝くじ。1から31までの数字から5個の数字を選択する。ロトはドイツの数字組み合わせ高額くじの意味で、ミニ・ロトはその小型版という意味。

**ミネストローネ** 具入りの野菜スープの中にパスタの入ったもの。イタリア料理。

**ミネラル** カルシウム、鉄、マンガン、リンなどの鉱物性の栄養素。無機質。

**ミネラル・ウォーター** 無気塩類を多く含んだ水。→ナチュラル・ウォーター

**ミミック** 身振り。特に俳優の要素としての身振りや表情術。

**ミメーシス** ①擬態。動物が多種の動物や植物などの姿や形

になること。②(芸術における)模倣。芸術理論上の基本概念。
- **ミモザ・サラダ** ゆで卵の卵黄を裏ごしやみじん切りにして、ミモザ(オジギソウ)の花のようにサラダの上に飾ったもの。
- **ミュージアム** 博物館。美術館。
- **ミュージシャン** 音楽家。
- **ミュージック・コンクレート** 具象(具体)音楽。鳥の声や街の騒音など自然の音を録音して、それを機械的操作で編集・加工した音楽技法の一つ。最近は電子音楽と混合させたり、演奏家との同時競演も多い。
- **ミュージック・セラピー** 音楽療法。特にクラシック音楽による心身の緊張緩和の効果を利用した療法。
- **ミューズ方式** NHK技術研究所が開発したハイビジョン(高精細度・高品位テレビ)を衛星放送でも流しやすくするために、電波帯域を狭くしても同一効果が出るように考案した帯域圧縮伝送技術。ミューズ(MUSE)は、multiple sub-nyquist sampling encodingの頭文字から。
- **ミュータント** 突然変異体。遺伝の法則に従わない形質的変化した細胞や遺伝子。
- **ミューチュアル・インシュアランス** 相互保険。
- **ミューチュアル・ファンド** アメリカのオープン型投資信託。会社発行の株式を投資家が買うコーポレーション型と経営者と個々の投資家が信託契約を結ぶトラスト型の2種類がある。
- **ミューティング** ①音響再生アンプにより、音量調整器を操作しないで自動的に音量調整されること。②放送局を選んで放送受信を行う際に、放送局がない個所で発生する雑音を取り去る装置。
- **ミューテーション** ①変形。変質。②突然変異。遺伝子の変化で、染色体異常も含まれる。
- **ミュール** 女性用のつっかけサンダル。
- **ミラー・ボール** 小さな鏡が貼り付けられた球。天井から吊り下げて回転させながら光をあてる。
- **ミラクル** 奇跡。驚異。
- **ミリオネア** 百万長者。大金持ち。

**ミリオン・セラー** 100万部（個、枚）以上売れたもの。書籍やCDなど。

**ミリタリー・インダストリー** 軍需産業。

**ミリタリー・ガバメント** 軍事政権。軍政府。

**ミリタリー・バランス** 世界各国の軍事力の現状に関する報告書。1959年以来、イギリスの国際戦略研究所が毎年9月に発行している。

**ミリタリー・プログラム・システム** 軍隊的営業計画・管理制度。軍隊のルールや組織運営力を経営業務に生かそうとする方式。

**ミリタリー・ルック** 1960年代にはやった軍隊風ファッション。

**ミリタリスト** 軍国主義者。

**ミリタリズム** 軍国主義。軍事至上主義。軍人精神。

**ミリタント** ①好戦的。戦闘的。②闘士。強硬派。~な

**ミリ波** 極超短波の中で波長が1～10ミリの電波をさす。超多重通信を必要とする通信衛星用電波、短距離通信、レーダー、電波分光学などさまざまな分野で使われている。

**ミリュー** （社会的）環境。境遇。

**ミル** ①針金の直径などを測るのに使用する、ヤード・ポンド法の長さの単位。1000分の1インチ。②粉にする機械。例コーヒー～

**ミルキー・ウェー** 銀河。天の川。→ギャラクシー

**ミルク・パン** ミルク沸かし用鍋。直径が16センチ以下で、片手つきのミルクをわかすときに使う深めの鍋のこと。

**ミルク・プラント** 牛乳処理場。原乳を集めて、飲用牛乳、バター、チーズなどを製造し、販売業者に供給する施設。

**ミルク・ホエー** 乳清。チーズを作るとき、凝固した乳分を除去した後に残る透明な液体。糖分と微量のタンパク質があり、清涼飲料や製菓原料に用いられる。ホエーともいう。

**ミルフィーユ** 何層にも重ねたパイの間にクリームを挟んだケーキ。

**ミレニアム** ①1000年、1000年間、1000年期。②再臨したキリストが統治する神聖な1000年。千年王国。

**ミンサー** ⇒ミート・ミンサー

**ミンチ** 細かくした肉。ひき肉。同メンチ

**ムース** ①泡立てたクリーム。泡立てたクリームを混ぜた料理や菓子。②泡立てたクリーム状の整髪料。

**ムー大陸** 太平洋上に存在したといわれる伝説上の大陸。

**ムーディー** 雰囲気のよい、情緒ある。~な

**ムーディーズ** 銀行や証券会社、一般企業などの財務格付けや発行債券格付けをするアメリカの投資顧問会社。

**ムード・メーカー** 場の雰囲気を和ませたり、盛り上げたりする人。

**ムートン** 羊の毛皮。

**ムービー** 映画。

**ムーブメント** ①動き。変動。行動。運動。②芸術上の主義・主張のための動きや流れ。③(音楽の)章。楽章。④時計など機械の動く部分。

**ムームー** ハワイの女性用民族衣装。

**ムール貝** 貽貝(いがい)。楕円形の黒い二枚貝。西欧料理によく使われる。

**ムーン・サルト** 月面宙返り。鉄棒技の一つ。

**ムーンフェース** 丸顔。特に副腎皮質ホルモンやステロイド剤を使用しているときにおこる、むくんだ顔。

**ムーンライター** 夜間アルバイトをする人。本業のほかに、夜間にする副業を持つ人。

**ムーンライト** 月光、月の光。

**ムーンライト計画** 通産省が1978年に開始した、月の光までも利用するという意欲を持った省エネルギー技術開発。廃熱利用技術システム、水素・酸素燃料電池などを開発目標にしている。

**ムエタイ** タイ式キックボクシング。

**ムスリム** ⇒モスレム

**ムック** 雑誌と書籍の中間的性格の本。形態は雑誌だが、定期購読を前提としない出版物。magazin(雑誌)とbook(書籍)との造語。

**ムッシュ** 男性に対するフランス語の敬称。姓に付ける。

**ムニエル** 魚を小麦粉でまぶして、バターで焼いた料理。
**ムラー** イスラム僧。
**ムラート** 中南米で、白人と黒人の混血者に対する呼称。

**メイクアップ・アーティスト** 女優やモデルなどに目的や役割に応じた化粧をする美容師。
**メイク・ラブ** セックスすること。
**メイ・ストーム** 日本海低気圧が急速に発達しておきる暴風雨。特に5月に発生する暴風雨は、大きな海難事故をもたらす。
**メイデン** ①未婚の女性。処女。②少女の。(女性が)未婚の。はじめての。
**メイデン・フライト** 処女飛行。初飛行。
**メイデン・ボヤージュ** 処女航海。
**メイン・カルチャー** 一つの社会での正統的・一般的・支配的な文化。対サブ・カルチャー
**メイン・ストリート** 大通り。本通り。
**メイン・タイトル** ①正式な題名。②映画の正式な題名の字幕。
**メイン・ディッシュ** そのコース料理で中心となる料理。
**メイン・バンク** ⇒メーンバンク
**メイン・フレーム** 演算・制御・記憶装置から成り立っているCPU(中央処理装置)の構造。最近はコンピュータ本体をさす。
**メイン・メモリー** コンピュータ内部の主記憶装置。外部に設置する補助記憶装置よりも高速データ処理ができる。
**メイン・ライン** 鉄道や航空路の幹線・本線。対ローカル・ライン
**メイン・ルーチン** プログラムの流れの中心的な論理制御を実行する部分。対サブ・ルーチン
**メーカー** ①製造業。②何かをつくる人。③名前の有名な製造会社。例〜品
**メーク・オーバー** ①洋服の仕立て直し。②服の組み合わせ

を変えて、違う雰囲気にすること。

**メーザー** 原子や分子にエネルギーを与えたときに発生する共鳴現象を利用したマイクロ電磁波増幅器または発振器。

**メーソンリー工法** 鉄筋やコンクリート等で補強しながらコンクリートブロックを積み上げる建築工法の一つ。

**メーター・スタンプ** 郵送料金を表示してあり、切手の代わりに貼るスタンプ式シール。

**メービウスの帯** ⇨メビウスの帯

**メープル・シロップ** カエデの樹液から作り、ホット・ケーキやフレンチ・トーストなどにかけて食べるシロップ。

**メーリング** 電子メールを送ること。

**メーリング・リスト** 電子メールを登録した人全員に配信できるシステム。その登録リスト。

**メール** ①電子メールのこと。②郵便(物)。する

**メール・アート** 自家製ハガキなどを使い、特定の人に送る芸術作品。

**メール・アドレス** 電子メールを送受信するための宛先。「ユーザ名@ドメイン名」で表示する。

**メール・オーダー** 通信販売。郵便による申込み。

**メール・クレジット** 為替銀行が輸出手形を割り引いた場合、輸出先の取引銀行に為替書類を送付すると同時に電信連絡をすると、相手の銀行が即座に立て替え払いをしてくれる制度。

**メール・サーベイ** 郵便調査法。調査対象者に質問表を郵送して、回答を返送してもらい、それを集計する方法。

**メールシュート** ビルの各階から投入された郵便物を、階下の郵便箱で集荷できる設備。

**メール・ソフト** 電子メールの送受信のためのコンピュータ・ソフトの総称。

**メールボックス** ①電子メールの情報を一時的に蓄積し、受信者が必要なときにメッセージを取り出して読めるための記憶装置。②郵便受け。

**メール・マガジン** インターネットを使って、多数の登録者に情報を提供するシステム。新しい情報が自動的かつ定期的に配信される。略してメルマガ。

**メーン・バンク** 主要(主力)取引銀行。同メインバンク

**メカ** ①機械。機械の知識、仕組み。例父は〜に強い ②車の機械装置を扱う係。車の整備・故障修理係。

**メガ** ①「100万倍」を表す接頭辞。記号はM。②巨大な。

**メガエージェンシー** 大手の巨大広告会社。

**メガカンパニー** 巨大企業。多種類の製造分野を持つ極めて大規模な企業。

**メガキャリア** 巨大輸送会社。特に企業規模が非常に大きな航空会社。

**メガコンペティション** 巨大競争。地球規模で行われる競争。

**メガシティー** 巨大都市。人口が100万以上の大都市。

**メガストア** 超大型小売店。→メガモール

**メガストラクチャー** ビル建設の場合、通常は何本もの支柱を建てるが、巨大な4本の柱や吊り橋のような支持体で支えている高層建築物や集合建築物。

**メガデス** 核物質による被害者の量を表す単位。1メガデスは100万人を殺せる量。

**メガトレンド** アメリカの未来学者ネイスビッツの著書により提唱された、近未来のアメリカ社会に影響を与える10種類の巨大な潮流やすう勢。情報化・国際化・個人中心の人間性回復など。

**メカトロニクス産業** 電子工学技術と機械工学を結合させた、機電一体化製品を製造する産業。メカニズムとエレクトロニクスとの造語。

**メガトン** ①質量の単位。100万トン。②重たくて威力のある。例〜パンチ

**メカニカル・トランスレーション** 機械翻訳。コンピュータを使って、自動的に翻訳させること。

**メカニック** ①機能。構造。機構。仕組み。②車の整備工。

**メカニック・レジスター** 出入金した金銭を自動的に計算し、登録する機械。

**メガバイト** 情報量の単位。1バイトの100万倍。100万バイト(厳密には1024キロバイト)。記号MB。

**メガ・バンク** 銀行業務以外に証券や保険業務など幅広い金融業務を営む巨大総合金融機関。

**メガピクセル** デジタル・カメラの性能を表す単位。100万画素。

**メガ・ヒット** 映画や演劇などの興行成績やCDなどの売上が100万単位で記録的に伸びること。**同** ミリオンセラー

**メガモール** 巨大ショッピングセンター。→メガストア

**メガロポリス** 巨大都市が帯のように連なった都市群。

**メガワット日** 核燃料の燃焼率を表す単位として用いられるが、本来はエネルギーの大きさの単位で、100万ワットで24時間に出すエネルギー量のこと。**略** MWD

**メグオーム** 電気抵抗の単位。MΩ。100万オーム。

**メシア** ①ユダヤの救世主。メサイアともいう。②イエス・キリストのこと。

**メシアニズム** ①救世主(メシア)信仰。②(ある主義や信条に対する)絶対的な傾倒や忠誠。

**メジアン** 中央値。統計を小さい数(大きい数)から並べたとき中央にくる値。数値の総個数が偶数個の場合は、中央二つの平均値。メディアンともいう。

**メシエ天体** 1771年フランスの天文学者メシエが星雲・星団目録を出版するとき番号(メシエ番号M)をつけて分類した。「M1(オウシ座のカニ星雲)」「M31(アンドロメダ星雲)」「M42(オリオン座星雲)」など110個ある。

**メジャー** ①大きい方の。多数派の。②長調。長音階。③アメリカのメジャー・リーグのこと。**対** マイナー ④ものさし、巻尺など。

**メジャー・カップ** 計量カップ。

**メジャー・トーナメント** ゴルフの4大大会。

**メジャー・パーティー** 多数党。**対** マイナー・パーティー

**メジャー・レーベル** 大資本のレコード会社、またその商標名。**対** マイナー・レーベル

**メスバウアー効果** ある種の結晶内で、放射性原子核から放出されたガンマ線が、同種原子核によって共鳴吸収される現象。

**メセナ** 政府が資金援助をする場合もあるが、多くは企業の自主的な文化・芸術の擁護活動。活動方法は一企業による直接的擁護と財団設立など組織的活動の2通りある。

**メソ気象学** 数十キロメートルから数百キロメートル四方の中規模(メソ)の範囲で発生する、雷雨や集中豪雨などの局地的大気現象を研究する学問。

**メソスコピック・エレクトロニクス** 人間が感覚的にとらえられるマクロスコピック(巨視的)な個体と、原子の世界のミクロスコピック(微視的)との中間にある非常に微小な領域(メソ)を利用して、これまでにない機能を持つ電磁波素子を研究する電子工学。

**メソッド** 方法。方式。体系。例ダイレクト・〜(外国語の直接教授法)

**メゾネット** 本来は小さい家という意だが、中・高層住宅で、1戸が2つの階にわたっている住宅方式。対フラット

**メゾピアノ** 記号*mp*。音楽の強弱記号の一つで「やや弱く」の意。

**メゾフォルテ** 記号*mf*。音楽の強弱記号の一つで「やや強く」の意。

**メソン** 中間子。重粒子(バリオン)間の強い相互作用を媒介とする、バリオン数(素粒子の量子数)零の素粒子。

**メゾン** ①家、住宅、マンション。②店。会社。

**メタ** 「のちに」「共に」「変化して」「超、高次」などの意の接頭語。

**メダイヨン** ①アクセサリーの一種。写真などを入れるペンダント(ロケット)。②円形・卵形・六角形などのレース模様。③大型のメダル。

**メタキセニア** 対の形質を持つ植物を交配させたとき、雄植物の形質が雌植物の種皮や果皮など胚乳以外の組織に遺伝子の影響を表す現象。たとえばナツメヤシ、リンゴ、ワタなどが有名。

**メタ言語** 高次言語。言語そのものについて記述するために用いる言語。言語には2種類の異なるクラス(種類)があると考え、対象となる考察される側の言語について述べるとき、考察する側で使われる言語。

**メタスタビリティー** 準安定性。外部環境の釣り合いによりなんとか保たれている準安定状態。

**メタノール** アルコールの一種。燃料や溶剤として用いられる無色・揮発性の液体。メチルアルコールともいう。

**メタノール自動車** ガソリンの代わりにメタノールを燃料にする自動車。排ガスなどの公害が少なく、実用化に向けて開発が進んでいる。

**メタファー** 隠喩。暗喩。…のようだなどの語句を用いずにたとえる修辞法。

**メタフィクション** 『ドン・キホーテ』などに代表される、小説を対象化して書かれた小説。ほかの作品を引用したり、パロディー化して用いられ、すべて批判形式になっている。

**メタボリズム** 新陳代謝。物質交代。

**メタボリック・シンドローム** 内臓脂肪症候群。男性85cm以上、女性90cm以上の腹囲の人は三活習慣病になりやすいというもの。

**メタ・ミュージック** ドイツの若手音楽家たちによって提唱され、ヨーロッパ音楽の系統を越えた超現代的な音楽。

**メタモルフォーゼ** 変形。形態変化。変身。

**メタライゼーション** ①金属や非金属を金属スプレーや蒸着法などで金属被覆すること。②金属配線技術。集積回路の中の素子間を電気抵抗の低い金属の薄膜で結合し、回路を作ること。

**メダリオン** ⇒メダイヨン

**メタリック** 金属の、金属のように光沢のある。~な

**メタル・ハイドライド** 金属と水素との化合物。水素原子を十分に吸収していて温度や圧力を変えることで水素を放出できるため、新しい水素エネルギーの実用化への一手段として注目されている。

**メタル・ラス** 漆喰やモルタルなどの下地用金網。

**メタン・ハイドレート** 永久凍土層の下や深度500m程度以深の海底に埋蔵されているシャーベット状の天然ガス。世界中の海底に存在し、次世代のエネルギーとして期待されている。

**メチルアルコール** ⇒メタノール。

**メッカ** ①サウジアラビア西部にある都市。②イスラム教の聖地。③学問・芸術などのあこがれの土地。中心地。

**メッシュ** ①網の目。フィルターの目。②網細工。網目織。例〜の靴下 ③編み物の目。④髪の一部分を脱色したり、ヘア・カラーで染めたりすること。

**メッシュ・データ・システム** 特定地域を碁盤の目状に細分化して、各区域の社会・経済・自然の特徴などをわかりやすく表示したもの。

**メッセ** 見本市。常設国際見本市。国際情報交流施設としての大規模展示場。例幕張～

**メッセージ・ソング** 社会問題など、訴えかけたい内容を歌詞に盛りこんだ歌。

**メッセンジャー・ボーイ** 品物や手紙を届ける少年。

**メッツォ** 「半分の」「中間の」などの意を表す接頭語。メゾともいう。例～フォルテ

**メット** ヘルメットの略。例～・イン・タイプ(ヘルメット収納型)

**メディア・イベント** ①マスコミによって重大事件に仕立て上げられた小さな事件。②宣伝のために開催するマスコミ向け催しのこと。

**メディアクラシー** マス・メディアが持つ影響力や優越性。新聞・雑誌・出版が巨大権力化し、世の中を支配するほどの影響力を持ってしまう傾向。

**メディア・ジャック** 最大の効果を狙って、新聞や雑誌、電車の車内などの広告スペースを、1社ですべて買い取ってしまう独占的広告方法。

**メディア・ミックス** より効果的な広告を目的とする、電波・活字・印刷・交通広告・POP・ダイレクトメールなどの媒体の組み合わせ。

**メディア・リサーチ** 媒体調査。テレビ・新聞・雑誌などの媒体をどのように使っているかを調査する。

**メディアン** ⇒メジアン

**メディカル** 医学の、医療の。

**メディカル・エンジニアリング** 医用(電子)工学。医療目的に電子工学の技術や器具を利用すること。CTスキャン、レーザー・メス、テレビ監視装置などがある。

**メディカル・ソーシャル・ワーカー** 医療社会福祉士。病院内で患者の精神的・経済的負担の軽減や指導を行い、医療効果が高まるようにする専門家。略MSW

**メディカル・チェック** 身体検査。健康診断。

**メディカル・テクノロジスト** 血液検査・脳波・心電図などのメディカル・エンジニアリング系検査や病理組織検査を行う衛生検査技師。略MT

**メディケア** 65歳以上を対象としているアメリカの公的医

療保険制度。
**メディケード** 身体障害者や低所得者のためにアメリカで実施されている医療保障制度。
**メディテーション** 瞑想。黙想。
**メテオ** 隕石。流星。
**メトリック** ①詩学。古代ギリシアの詩の律動法に始まる韻律学。②音楽で、拍子の強弱について研究する拍節法。
**メドレー** ①よく知られた曲の旋律をつないで1曲にしたもの。②メドレー・リレーのこと。
**メドレー・リレー** 陸上競技や水泳で4人の選手が違う種目を担当する競技。
**メトロ** 地下鉄。同サブウェイ
**メトロノーム** 音楽の正確な拍子を示す器械。振り子の反復を利用している。
**メトロポリタン** 大都会の、首都の。
**メニエール病** 自律神経失調やホルモン変調などによる、慢性的内耳疾患。難聴や耳鳴り、平衡障害やめまいなどの症状をおこす。
**メニュー・アプローチ** 1987年IMF(国際通貨基金)で打ち出された開発途上国の累積債務問題解決策。市場原理を活用すると共に、相手国の実情を考慮して当事者に解決策を選択させる方法。
**メビウスの帯** テープ状のものを一度ひねって両端を合わせた輪。紙の表面と裏面に線を引く場合、鉛筆を紙から離さなくても、表裏どちらにも線を引くことができる空間図形。四次元の世界の説明にも用いられ、位相幾何学上重要である。ドイツの数学者メビウスが提示した。
**メモランダム** 備忘録。メモと略す。
**メモリアル** ①記念の。②記念物。記念碑。
**メモリー** ①思い出、記憶、記念。②コンピュータの記憶装置。記録素子。
**メモリー・オーバーレイ** あるプログラムが一度に主記憶装置に入りきらない場合、一つのプログラムの異なる処理に対して、同一の記憶領域を繰り返して利用する手法。
**メモリー・カード** 磁気テープ型よりも小型で記憶容量が大きい半導体内蔵型カード。デジタル・カメラなどに利用し

フィルムの役目をする、通常はカード型記録専用のIC（集積回路）。

**メモリー・ダンプ** 進行具合やプログラムの誤りを調べるため、ディスプレーやプリンターにコンピュータの記憶装置の内容を出力させる処理方法の一つ。

**メモワール** ①回想（回顧）録。自叙伝。見聞録。②（外交での）覚え書き。

**メラニン** 人間や動物の体表にある黒褐色、あるいは黒色の色素。毛髪や肌などの色を決定する。

**メランコリー** 憂うつ。憂うつ症。 ~な

**メランジェ** ①（服飾で）異なった素材を合わせること。②海底地質現象の一つで、海底地すべりなど地殻の大変動がおきた構造帯。

**メリット** ①長所、利点。②功績。 対デメリット

**メリットクラシー** 実力主義。能力主義。

**メリット・システム** 実績主義。職員による企業利益の低下、生産の非能率化、業務・人事の非公正を防止・是正するために、登用試験の成績や勤務評定など、能力を重視した人事管理体制。もとは公務員向けのもの。

**メリット・プロモーション・プログラム** 企業の配置転換やほかの部署に対して公募方法を採用し、社員に自己の能力を申告させ、本人の意思や希望を考慮して人事異動を行う労務管理。

**メリット・ボーナス** 年功序列ではなく、本人の営業実績や能力的実力などによって金額が決まり、支払われる賞与。

**メリノ** 羊の品種の一つ。良質な羊毛がとれる。

**メルカトル図法** 投影法による地図描法の一つ。正角円筒図法で経線は等間隔の平行直線、緯線はこれに直交する。高緯度では、距離や面積が大きくなる。

**メルコスール** 南米共同市場。ブラジル・アルゼンチン・ウルグアイ・パラグアイの4か国で1991年に発足。

**メルシー** フランス語で「ありがとう」。

**メルティング・ポット** 多種多様な人種・民族・文化などが融合している都市や地域。るつぼ。

**メルトダウン** 炉心溶解。原子炉事故などで、核分裂反応の制御が不可能となり、炉心が高熱で溶けること。

**メル友** Eメールを頻繁にやりとりする友だちや知人。
**メルトン** 毛織物で、紡毛糸を平織り・綾織りにして起毛させ、フェルト状にしたもの。厚地で保温性にすぐれているため、オーバーや学生服などに用いられる。
**メルヘン** 童話。おとぎ話。
**メルヘンチック** 童話の世界に出てきそうなかわいらしさ。〜な
**メルマガ** ⇒メール・マガジン
**メレーナ** 消化器や腸の出血によりおこる血液が混ざった黒色便。血便。下血。
**メレンゲ** ①卵白と砂糖とを混ぜて泡立てた料理材料。焼いたり、洋菓子の飾りに使う。②カリブ海のドミニカ共和国で生まれた代表的大衆音楽。①を作るような、せわしないアンサンブルのため、この名がついたといわれている。
**メロウ** ①(果実などが)甘く芳醇なさま。②(気質が)円満・円熟したさま。③(音・色・文体などが)柔らかくて美しいさま。メローともいう。〜な
**メロディアス** 音が美しい、旋律的な。〜な
**メンズウェア** 男性用衣料品。
**メンソール** ⇒メントール
**メンタリティー** 精神作用。心性。ものの考え方。
**メンタル** ①精神的な、心の。②知的な。〜な
**メンタル・カルチャー** 精神・知的修養。
**メンタル・テスト** 知能測定検査。心理状態などを調べる精神検査。
**メンタル・トレーニング** スポーツ選手の意志、決断力、不安感など精神面を強化する訓練。
**メンタル・ヒーリング** 薬や外科的療法によらず、暗示をかけたり、精神集中させて行う治療方法。
**メンタル・ヘルス** 精神衛生。心と精神の健康。特にストレスなどの対応策に有効として考えられている。
**メンタル・マネージメント** 精神管理。スポーツ選手が競技などで実力を発揮し、最高の成績が出るように、精神的側面のトレーニングをして、精神の自己管理ができるようにすること。
**メンタル・ワーカー** 知的頭脳労働者。

**メンテナンス** 機械、装置、設備などの維持、保守・点検。コンピュータのシステムやプログラムについてもいう。

**メンテナンス・フリー** 機械の点検・整備・保守、またその費用を全く必要としないこと。

**メンテナンス・リース** 物品自体賃貸だけではなく、保守・管理などのサービス(アフター・ケア)も付いた賃貸契約。

**メンデリズム** オーストリアの牧師・植物学者メンデルが1865年に発見した生物の遺伝法則。またその法則に基づいて遺伝解明しようとする学問的立場。

**メントール** ハッカ成分。食品の香料や鎮静剤などに使われる。メンソールともいう。

**メンバーシップ** ある団体の一員であること。また、その資格のあること。

**メンバーシップ関数** コンピュータのファジー論理で使われる確率変数の一種。あいまいな中間的状態を表現し、人間の言語のあいまいな意味内容を数理的に扱えるように処理した関数。→ファジー

## モ

**モアイ** 南太平洋のイースター島にある巨石像。

**モアレ** ①波型や木目模様の織物。②多色刷りの印刷物に生じるまだら模様。

**モイスチャー** ①水分。湿気。潤い。②皮膚をしっとりとした感じにさせるため、化粧品に混合させる成分。例〜・ローション

**モー** 導電率の単位。電気抵抗単位(オーム)の逆数。

**モーグル** ①スキーの滑降斜面の雪がこぶのようになった部分。②フリースタイル・スキーの一種で、こぶだらけの急斜面をジャンプを入れて滑降し、タイムとジャンプの高さを競うスキー競技。

**モーゲージ証書** 担保つき債券。抵当証券会社が土地などの抵当証券(抵当権)を基に小口化して投資家に売るときに、現物を抵当証券会社が保管するため、その証明となる預かり証。

**モーション・トレーサー** 物体の移動する軌跡をテレビ画面上に示す装置。同ストロボ・アクション

**モーター・イン** 車で旅行をする人たちが泊まる簡易ホテル。同モーテル

**モーターサイクル** オートバイ。自動二輪車。

**モーター・ショー** 新種の自動車やオートバイの展示会。

**モーター・スポーツ** 自動車やオートバイなどを使い陸上で行うスポーツ。

**モーター・ドライブ** シャッターを押し続けると、連続撮影と同時にフィルムも自動巻き上げするカメラの付属装置。

**モータウン** ①アメリカのデトロイトの黒人を中心としたソウル音楽。②①の曲を中心としたレコード会社。

**モータリゼーション** 自動車の大衆化。車が日常生活に深く入り込む現象。

**モーテル** 本来は自動車での旅行者のためのホテル。日本ではラブホテルのこと。

**モード** ①方法、様式。②ファッションなどの流行。③音階、旋法。④並数、最頻値。⑤動作状態。

**モード法** 自動車の燃費や排気ガスなどを測定するときに、一定の運転様式を、すべての車の走行条件として行うテスト方式。

**モーニング・アフター** 二日酔い。

**モーニング・カップ** 大型で背の高いコーヒー茶碗。

**モーニング・コール** 指定した時間に起床の合図をしてくれるホテルのサービス。

**モーニング・サービス** 朝の特定の時間だけ喫茶店などが提供する安価な朝食セット。モーニングと略す。

**モーニング・シックネス** つわり。つわりは、早朝など空腹時におきるため。

**モービル・ハム** 移動式アマチュア無線。自動車に無線の送受信機を搭載して、移動しながら交信すること。自動車無線。

**モービル・ホーム** 専用車で引いたり、トレーラーの上に載せて移動できる移動住宅。台所・お風呂・寝室・トイレなど一般住宅と同じ設備を備えているため、どんなところでも長期滞在が可能となる。モーター・ホーム（居住できる

レジャー用自動車)よりも大きいタイプ。**同**モービル・ハウス
- **モーブ** 人類最初の化学染料。また、それで染められた紫色。
- **モーフィーム** 形態素。単語やその一部分など意味のある最小の言語単位。
- **モーラ** ①韻律の単位。短音節の持続時間の長さ。②音韻論で、一つの短母音音素を持っている、またはその長さに等しい長さの音素(音素の連続)。たとえば日本語の音節は、1モーラにあたる。
- **モール** ①木陰のある遊歩道。②屋根のある商店街。ショッピングセンター。**例**ショッピング・〜 ③ラグビーで、ボールを持っている選手の周りでボールを取ろうと密集している状態。
- **モーレス** 集団の慣習。民間から自然発生し、その繰り返しにより、固定化した生活・行動の社会慣行で、個人としては不利益でも集団社会では福利となるという意味の社会学用語。
- **モカシン** 鹿革で作られたかかとのない柔軟な靴。北米インディアンが用いた。
- **モザイク** ①石や色ガラス、貝殻、大理石の小片などをはめ込んで作った絵画や装飾品のこと。②テレビなどの画面に入れるぼかし。③1個の生物体の中で異なった遺伝形質が現れること。
- **モザイク遺伝子** 異なった二つ以上の遺伝子を結合させた人工的遺伝子。体細胞の突然変異や核分裂の異常などからも生じる。キメラ遺伝子ともいう。
- **モザイク国家** 人種・民族・宗教などの異なる人たちが混在していて融合しづらい国家。旧ユーゴスラビアなど。
- **モザイク病** ウイルス感染による植物の伝染病。タバコ・トマト・大根などに見られ、葉に黄白色の斑点が生じる。
- **モサド** イスラエルの秘密情報機関。首相直属の組織。
- **モジュール** ①建築物の各部分の相関的バランスのために、一つの基準寸法の倍数で構成するときの基準尺度。たとえば畳の大きさを一定にしたり、柱を基準として他の部分はその倍数で寸法を決めること。②コンピュータの構成装置やプログラムを特有機能を持ついくつかの基準単位に分割

すること。③歯車のピッチ円直径(基準直径)と歯数との比率。

**モジュール工法** 熟練労働者不足の問題解決や工期の短縮などを目的として、工場であらかじめ部品をモジュール(基準単位)として組み立てておき、現場ではそれらをはめ込むだけの作業などをする建築方法。

**モジュラー・コーディネーション** 建築の一定基準寸法を生活の快適さや使いやすさから割り出し、建築材料の生産・設計・施工に利用する方法。

**モジュラー・ジャック** 電話回線接続のとき、専門的な電気・機械技術がなくても、簡単に回線をつなげるようにした差し込み口。

**モジュラー・ステレオ** ステレオ本体(レコードプレーヤー、アンプなど)からスピーカー部分を切り放したセパレート型ステレオの一つ。→コンポーネント・ステレオ

**モジュラリゼーション** 多様な組み合わせに適合する規格化部品を作り、多種類の製品製造を目的とする方式。

**モジュレーション** ①調整。調節。②音楽の音やリズムなどの変化・転調。③電流の振幅・周波数・位相などの変調。

**モスク** イスラム教の寺院。ドーム型の礼拝堂。

**モスコ・ミュール** カクテルの一種。ウォッカにジンジャーエールとライムジュースを加えたもの。

**モスレム** イスラム教徒。回教徒。ムスリムともいう。

**モダニズム** ①伝統的思想を否定する現代的近代主義。近代的・機械的・個人的な主義・主張。②(文学での)未来派・表現派。③(美術での)主観主義的傾向。

**モダン・バレエ** 伝統にとらわれずに自由に創作したバレエ。対 クラシック・バレエ

**モチーフ** ①芸術などの創作活動の動機となる中心的思想。②主題、題材。③楽曲の最小単位の旋律、律動。④編み物の基本構成単位となる図案や柄。

**モチベーション** ①欲求発生のための動機づけ。行動・意欲をおこさせるような精神的刺激。誘因。例 学習への〜を高める ②(デパート業界内で)催し物の開催を提案すること。

**モチベーション・リサーチ** 購買動機調査。企業が行う、消

費者の商品購買動機の心理的要因を解明する市場調査。

**モッズ** 1963年ごろロンドンに現われた長髪、花柄のネクタイや上着、細いズボンを着た若者。

**モッツァレラ** 南イタリア産のチーズの一つ。熟成させないため白く、やわらかい。

**モットー** 信条。指針としている格言や標語。

**モッビング** たとえば天敵に対して仲間が集まって襲撃するなど、動物特有の行動パターンの一つ。

**モッブ** ①暴徒と化した群衆。やじ馬。②暴力団。組織的犯罪集団。

**モップ** 床をみがくための柄つきぞうきん。

**モディスト** 婦人服・帽子・装身具などの流行服飾品やそれを取り扱う店。

**モディファイ** ①(部分的に)変更・修正する。加減する。例目標を～する ②(語句の意味などを)修飾・限定する。③(自動車などの)改造。する

**モディファイド・アメリカン・プラン** ホテル宿泊料金システムの一つ。朝食と夕食(または昼食)がついている1泊2食つきのアメリカ型料金制度。同ハーフ・ペンション

**モディフィケーション** ①変更。加減。修正。②音楽で声や音に変化をつけること。

**モテット** ポリフォニー様式(多声の複旋律音楽)による教会用の無伴奏の声楽曲。

**モデム** データ通信用変復調装置。コンピュータと電話回線との間に設置して、データ伝送のためのデジタル信号を交流信号に変える変調装置と受信のときの信号をデータに変える復調装置で構成されている。

**モデラー** 模型製作者。

**モデラート** 音楽の速さを表す標語の一つで「中庸な速さで」の意。

**モデリング** ①模型・原型製作。②彫刻で粘土などでの肉づけによる実体感表現法。同モドレ ③絵画の陰影による立体感・量感を表現する描写技術。④歯科で使う印象材。⑤複雑な現象を数式・抽象化して、簡単な形にすること。

**モデル・ケース** 手本、見本となる事例。

**モデル・スクール** 特定の教育計画の導入を検討するための

実験校。

**モデル・チェンジ** 外観の変化を重視して商品のデザインや性能を変えること。おもに自動車や電気製品。

**モデル・ハウス** 見本として展示するための住宅。

**モデル・ルーム** マンションの販売用に客が内覧できる一室。

**モトクロス** オートバイ競技のうち、悪路や原野に設置したコースでタイムを競うもの。

**モナーキー** 君主制。君主政体。君主政治。君主国家。

**モナンドリー** (女性から見た場合の)一夫制。**対**ポリアンドリー →ポリガミー、モノガミー

**モニズム** 一元論。一つの原理であらゆる現象や問題を説明しようとする考え方。

**モニター** ①監視する(人、装置)。②番組や商品、記事などをチェックして、意見を述べる人。③テレビなどの画面表示。する

**モニタリング** ①監視。②監視装置を利用して測定すること。する

**モニタリング・システム** 大気汚染や水質汚濁などの公害を監視・測定する仕組み。

**モニュメント** ①記念碑、記念して造られた建築物。②遺跡。③金字塔、不朽の業績。

**モノガミー** 一夫一妻制。→ポリガミー、モナンドリー

**モノカルチャー** ①単作。一つの作物だけしか作らないこと。②単一文化。

**モノキニ** 背中がウエスト・ラインまで開いているワンピース・スタイルのビキニ型水着。

**モノグラフ** 専攻論文。限定された特定分野の問題や事項の調査・研究論文。

**モノグラム** 2つ以上の文字を組み合わせて図案化したもの。野球帽などに見られる。

**モノクローム** ①白黒写真、白黒映画。②単色であること。モノクロと略す。

**モノコック** 単一構造体。荷重への耐久性を持たせるために、車体とフレームを一体化させた自動車や航空機外郭部全体の構造をさす。

**モノセックス** 服装や行動などから男女の見分けがつきにくくなっていること。同ユニセックス
**モノトーン** ①単調なこと。②無彩色だけでの配色。③単調音。
**モノフォビア** 孤独恐怖症。
**モノポール** 磁気単極子。二つの磁極のうち、N（またはS）だけを持っている素粒子。しかし現在はまだ予想段階。
**モノポライゼーション** 私的独占。専売制。
**モノポリー** ①独占（権）。専売（権）。独占企業。②不動産売買をテーマにした卓上ゲーム。
**モノマー** 単量体。高分子化合物（重合体、ポリマー）を構成する低分子の基礎物質や原料。
**モノマニア** 偏執狂。一つのことに病的に熱中・執着する人。→パラノイア
**モノラル** 立体音響でなく、一つのスピーカーで再生する音響。その装置。対ステレオ
**モノローグ** ①独白。独言。②登場人物が1人だけの独演劇。③（演劇で）俳優が場面の展開・性格描写・自分の本心の吐露などを独白としていう台詞。対ダイアローグ
**モノロック** ドアの鍵の一種。ドアのノブ中央部のボタンを押すと、反対側のノブを回しても開かないもの。
**モバイル** ①ノート型パソコンをはじめとする持ち運び可能な情報通信機器。②移動可能な。
**モバイル・コンピューティング** ノートパソコンなどの携帯情報機器と携帯電話などを組み合わせ、時間や場所を限定せずにインターネットや社内ネットワークにアクセスして、情報の送受を行うこと。または、その環境をいう。
**モバイル・バンキング** 銀行口座の残高照会や振りこみなどを携帯電話などから行えるサービス。
**モビール** ①可動性の。②動く彫刻。抽象的形態が多く、微風程度でも徐々に動くので予想外な形の変化を楽しめる、微妙なバランスを持った工芸・芸術作品。
**モビセントリック人事** 管理職が企業の全体像をつかめるように、職種・部門に関係なく、次々と配置転換させる管理体制。
**モビリティー** ①動きやすさ。機動性。②住所・業種・階級

などの流動性・移動性。
- **モヘア** アンゴラヤギの毛。光沢に富む。
- **モホ不連続面** 地球内部成層構造のうちの地殻とマントルとの境界。現代地球科学では、この不連続面から上が地殻、下がマントルと定義される。モホロビチッチ不連続面ともいう。
- **モラール・サーベイ** 労働意欲調査。生産性向上のため、従業員の士気を測定すること。
- **モラトリアム人間** 青年が自我同一性・自己主体性(アイデンティティー)を獲得するまでの社会的責任猶予期間(青年期)を異常に延ばす、大人の社会になじもうとしない人のこと。→ピーター・パン・シンドローム
- **モラリティー** 道徳。品行。風紀。倫理性。
- **モラル** 道徳、倫理、道義。
- **モラル・ハザード** 道徳的危険。傷害・医療・火災・自動車などの保険はイザというときのためにあるが、保険加入することにより、被保険者が火災や事故に対して注意力散漫になったり、損害発生防止には消極的になったりして、危険事故発生率が逆に増加してしまうこと。
- **モラル・ポリューション** 道徳公害。ポルノグラフィーや裏ビデオなどの道徳や風紀を汚染するもの。
- **モラル・マジョリティー** アメリカのキリスト教徒を中心とする極めて保守的な政治団体。1979年に設立され、禁書十字運動を展開したり、妊娠中絶反対・防衛力強化などを主張している。
- **モリブデン** 金属元素の一つ。電子機器の材料や特殊鋼の合金材料などに利用される。元素番号はMo。
- **モル** 原子・分子・イオンなどの物質量を表す単位。1モルは$6.02×10^{23}$個の粒子のこと。記号はmol。
- **モルタル** セメントと砂を水で練ったもの。塗装、タイル貼などに用いる。
- **モルト** 麦芽。ビールやウイスキーの原料。
- **モルト・ウイスキー** ①ウイスキーの原酒。3年以上樽の中で熟成させたもの。②大麦の麦芽(モルト)だけを原料にして作ったウイスキー。→グレン・ウイスキー
- **モルネー・ソース** 主にグラタンを作るときに用いられ、ホ

ワイトソースにチーズ、またはチーズと卵黄を加えたもの。
**モルモット** ①リス科の小動物。マーモット。②テンジクネズミ。実験用に使われる。③実験台にされる人。
**モルワイデ図法** 投影法による地図描法の一つ。緯線と中央経線は直線、他の経線は円または楕円曲線で表し、ひずみの出る部分に切れ込みを入れて修正している。世界全図を書くのに適している。
**モレーン** 氷堆石。氷河によって運ばれてきた石・砂利・粘土などが、氷河の末端に堆積してできた岩石。
**モレクトロニクス** ①極小電子工学。分子のような小さい物質の動作を電子工学に応用しようとする学問。②電子部品の小型・軽量化のために、分子の働きを応用した半導体集積回路。
**モロヘイヤ** シナノキ科の植物。ビタミン・無機質を多く含む。
**モンキー・スパナ** 口の大きさを自由に変えられるスパナ。自在スパナ。同モンキー・レンチ
**モンキー・ダンス** 猿のように腕だけを動かした踊り。
**モンキー・ビジネス** いんちき。詐欺。
**モンゴロイド** 黄色人種。
**モンスーン** ①季節によって風向きがほぼ反対になる季節風。②東南アジアやインドでの雨期、または雨そのものをさす。例～気候
**モンスター** ①怪物。正体不明の化け物。②巨大なもの。
**モンタージュ写真** 何枚かの写真を部分的に合成した写真。犯人探しの似顔絵合成写真。
**モンディアリズム** 世界主義。世界中の国々を統一的な政治体制にまとめようとする考え方。
**モントリオール議定書** 「オゾン層を破壊する物質に関するモントリオール議定書」の通称。1987年にウィーン条約に基づいて採択されたオゾン層保護条約議定書のこと。
**モンブラン** ①アルプス山脈の最高峰4807m。「白い山」の意。②ドイツの高級万年筆の銘柄の一つ。③クリを使ったケーキの一種。
**モンロー・ウォーク** アメリカの女優マリリン・モンローのような腰つきの色っぽい歩き方。

## ヤ

**ヤード** ①ヤード・ポンド法での長さの単位。1ヤード＝3フィートで約91.44cm。②庭。③列車の操車場。

**ヤード・セール** 不要になった家庭用品を庭や車庫などで販売したり、交換したりすること。同ガレージ・セール

**ヤッケ** フードのついた防寒、防水用の上着。同アノラック

**ヤッピー** アメリカで大都市やその近郊に住む高学歴・高収入・知的職業についている人たち。

**ヤヌス** ローマ神話に登場する戸口の守護神。二つ、または四つの顔を持ち、過去と未来を見通すとされ、物事の最初と終わりを司る神。

**ヤロビザーチャ** 収穫量を増やすため、種子をまく前に低温処理する農法。春化処理。同バーナリゼーション

**ヤンキー** ①アメリカ人の俗称。南北戦争当時は、北東部諸州の人を南部（特に上流階級）の人が軽蔑して呼んだもの。②若者の間で使われている言葉で、大阪や北九州などで街にたむろしている若者のこと。例～座り

**ヤンキー・ボンド** アメリカの債券市場で、国際機関や外国政府・企業が発行する債券。→サムライ・ボンド

**ヤング・アダルト** 10代後半から成人になりたての年代の若者。

**ヤング・エグゼクティブ** 青年実業家。

**ヤングスター** 少年。青少年。

**ヤング・フェロー** 青年。若者。若い奴ら。

**ヤングミセス** 結婚した若い女性。

**ヤング率** 1807年イギリスの物理学者ヤングが提唱した固体の伸び弾性率。タテ弾性係数。

**ヤンママ** 10代で子どもを産んだ若い母親。

## ユ

**ユー・アピール** 「あなた一人に」という呼びかけで、一人

一人に向かって直接的に訴えるような広告訴求手法。
**ユーカラ** アイヌ人の間で口承される長編の叙事詩。神々や英雄の物語が多い。
**ユーザー** ①製品などの使用者、需要者。②コンピュータシステムのサービスを受ける者。
**ユーザー・インターフェース** コンピュータなどの知的機械を使いやすくするための使用者と機械との環境。
**ユーザー車検** 自動車の持ち主が、販売店や整備工場に委託しないで、自分で陸運局に持ち込んで車検を受ける方法。少額の費用で済む利点がある。
**ユーザー・フレンドリー** 利用者にとって親切、親しみやすい。対ユーザー・ホスタイル
**ユーザー・ホスタイル** 利用者にとって使いにくい、不便な。対ユーザー・フレンドリー
**ユーザンス** ①(輸出入代金の)為替手形の支払期限。延べ払い(支払い延長措置)。②ユーザンス・ビルの別称。
**ユーザンス・ビル** (輸入代金決済での)支払期限付貿易為替手形。
**ユージェニックス** 優生学。1904年イギリスの人類学者ゴールトンによる、人間の素質的改良(子孫改良)のための科学。
**ユース** 青年。青年層。青年期。
**ユーズド** 中古の、使い古した。例〜・カー
**ユーズド・タッチ** 新しい服をストーン・ウオッシュやむら染め加工などの人工的な方法で古着のような感じにさせたもの。→ストーン・ウオッシュ
**ユーストレス** 生体に不可欠な行動の原動力となるよいストレス(生体の防御的反応)。日常生活に張り合いがでてくる心理反応。対ディストレス
**ユース・ホステル** 青少年の旅行者のために手軽な費用で泊まれる会員制宿泊施設。
**ユー・ターン就職** 地方から都市に出て来て就職した人が、また地方へ帰って就職すること。
**ユータナジー** 安楽死。同オイタナジー
**ユーティリティー** ①有効性。有用性。実利性。②ユーティリティー・プログラムのこと。③家事室。台所のそばに設

けられ、洗濯機を置いたり、食料品を貯蔵したり、ボイラー室を兼ねたりする設備。
**ユーティリティー・ビークル** ゴルフ・カートやキャンピング・カーなど、いろいろな業務用の自動車の総称。
**ユーティリティー・プログラム** ディスク内のデータを表示したりコピーするなど、日常、頻繁に行うコンピュータ処理を支援する機能を持つプログラム。
**ユートピア** 理想郷。空想上の理想的世界。英国の思想家トマス=モアの小説から。
**ユーフォリア** 幸福感。熱狂的陶酔。多幸症。
**ユーフォロジー** 未確認飛行物体(UFO)の研究。
**ユーモア** しゃれ。上品なおもしろさ。
**ユーモラス** しゃれっけのある、おかしみのある。~な
**ユーラシア** ヨーロッパ大陸とアジア大陸をあわせた総称。
**ユーレイル・パス** 西ヨーロッパ16か国の国鉄全線と一部の私鉄に有効な観光客向け特別周遊切符。
**ユーレカ計画** アメリカのSDI(戦略防衛構想)に対抗して、フランスが提唱しヨーロッパ各国が参画している、ヨーロッパ先端技術共同研究開発計画。
**ユーロ** ①西洋の、ヨーロッパの意の接頭語。②ヨーロッパ連合(EU)の単一通貨。
**ユーロカレンシー** 発行国以外の国の銀行に預けられた通貨。
**ユーロ市場** 各国の銀行がヨーロッパで持っている外貨預金を対象にした国際的金融市場。
**ユーロシマ** ⇨オイロシマ
**ユーロスター** ユーロトンネルを走る特急列車。ロンドン～パリ・ブリュッセル間を2時間程度で結んでいる。1994年開通。
**ユーロソシアリズム** 西ヨーロッパ式社会主義。従来の社会主義や社会民主主義を超えようと、フランス・スペイン・イタリアでおきた新社会主義。
**ユーロダラー** ヨーロッパの金融機関に預けられたドル。この資金はアメリカ本国の規制を受けずに自由に取引されるので、金利差稼ぎのため短期的に運用されている。→アジアダラー、ユーロマネー
**ユーロ・ビート** 軽快なビートと簡単なメロディーを特徴と

している、ヨーロッパ産のディスコ・ミュージック。

**ユーロビジョン** ヨーロッパ放送連合(EBU)が運営し、地上のマイクロ回線を使って行う地域的国際中継組織。

**ユーロマネー** 為替相場変動による利ざや・各国の金利差などのためにヨーロッパの金融市場を浮動している外貨資金。アメリカドルが中心だが、円もある。→ユーロダラー

**ユッケ** 朝鮮料理の一つ。牛肉を揉んで、醬油、ゴマ、唐辛子みそなどを合わせた料理。

**ユナイテッド** 連合した。結合した。一致した。

**ユナニミスム** 一体主義。家族・群衆・社会などを一体と見なして、個人を超えた感情の集団心理を表現しようとした文学傾向。

**ユニーク** 独得で魅力のある、唯一の。〜な

**ユニオニズム** 労働組合主義。

**ユニオン** ①連合。同盟。②労働組合。

**ユニオン・ジャック** 英国国旗。転じて、英国。

**ユニオン・ショップ** 雇用した労働者に対して30日以内の組合加入を義務づけ、組合を脱退したり除名された者は解雇される労使間の労働協約。対オープン・ショップ

**ユニコード** 世界中の文字を扱える統一文字コード体系。

**ユニコーン** 一角獣。伝説上の動物で、馬の体を持ち、額に長い角を1本持つ。

**ユニサイクル** 一輪車。

**ユニセックス** 男女共通。特にファッションなどで、男女区別のないような服装をすること。同モノセックス

**ユニセフ** 国連児童基金。発展途上国の児童の援助などを行う。ユニセフ (UNICEF) は、United Nations Children's Fundの頭文字より。

**ユニゾン** 楽団や複数の声部が同じ音や旋律を演奏したり歌ったりすること。斉唱。斉奏。

**ユニタード** 主にフィギュア・スケート選手が着用する、上下が続いていて、下はタイツになっているスポーツ・ウェア。ユニホームとレオタードからの造語。

**ユニタリー・ステート** 単一国家。対フェデラル・ステート

**ユニタリー・タックス** 法人税連結合算課税。アメリカの州内にある企業の営業利益に対してだけではなく、州外・国

外にある本社や支店などの利益もすべて合算し、その合計金額に課税されるもの。

**ユニット** ①一つずつの構成単位。例~家具 ②単元。学習目的ごとの教材単位。③集団・部隊。

**ユニット型投資信託** 解約が認められ、追加設定のない単位型株式投資信託。

**ユニット・コントロール** 単品管理。商品の在庫・仕入れ・販売などの動きを一品ごとに的確に管理する方式。

**ユニット・システム** 家具・建築などが単位的に分割されているものを、目的や使用場所によって自在に組み合わせる方式。

**ユニット・バス** 浴槽や壁面などが一本化している工場生産の浴室。ホテルやマンションに多い。

**ユニット・プライス** 単位価格表示。「100グラム当たり200円」などとする表示。同ユニット・プライシング

**ユニット・ロード** 貨物運送で、複数の物を専用容器を使い単一貨物として輸送させるもの。コンテナ輸送。

**ユニティー** ①単一性。合同。統一。一貫性。②一つの主題で広告を統一すること。

**ユニバーサル** ①全世界の。宇宙の。②一般的。普遍的。万能の。自在の。③万物の。万人の。全人類の。

**ユニバーサル・ジョイント** 二つの軸を結びつけ、どちらにも自由自在に屈曲・回転できる継ぎ手。

**ユニバーサル・スペース** 均質空間。壁や柱を最小限にし、用途に応じて間仕切りをして使用できる多目的大型空間。

**ユニバーサル・タイム** 万国標準時。略UT

**ユニバーサル・デザイン** 年齢や性別、障害の有無などに関係なく利用できる商品や建物設計。

**ユニバーサル・バンキング** 預金や貸し出しなど通常の銀行業務のほかに、証券の引き受け・募集・販売などの証券業務も兼営できる銀行営業形態。

**ユニバーサル・ファッション** 性別、年齢を問わず、誰が着ても似合う洋服。

**ユニバーシアード** 国際学生スポーツ大会。夏季と冬季が隔年ごとに開催される。

**ユニバーシティー** 総合大学。

**ユニファイ** 統一すること。
**ユニフォーミティー** 画一性。均等性。一様性。
**ユニフォーム** 制服。軍服。スポーツのチーム着。ユニホームともいう。
**ユニホック** 1968年にスウェーデンで考案されたホッケー。プラスチック製のスティックとボールを使う。
**ユニラテラリズム** 単独主義。国際間の相互協調を排除し、自国だけの利益追求と軍備増強を図り、同盟諸国には同調を強要させる志向。対バイラテラリズム
**ユネスコ** 国連教育科学文化機関。教育、文化、科学を通じて世界平和、繁栄に貢献することを目的とする。ユネスコ(UNESCO)は、United Nations Educational, Scientific and Cultural Organizationの頭文字より。
**ユビキタス** コンピュータやインターネットの使用がいつでもどこでもできる環境の整った情報社会。
**ユリウス暦** 紀元前46年にユリウス＝カエサルが定めた太陽暦の一種。平年を365日とし、4年に1回うるう年を設けた。
**ユリシーズ** ギリシャ神話の英雄オデュッセウスのこと。トロイ戦争で活躍した。

**ヨーガ** ⇨ヨガ
**ヨーデル** スイス・オーストリアの山岳地帯で裏声をまぜて歌われる民謡。また、その歌い方もさす。
**ヨードホルム** エチルアルコールにヨウ素などを混ぜた化合物。消毒、殺菌、止血などにかつて用いられた。
**ヨード卵** ニワトリにヨウ素が多い餌を食べさせて産ませた、発育や新陳代謝のための栄養価が高い卵。
**ヨーロピアン・プラン** ホテル宿泊料金システムの一つ。食事を含まない室料だけの料金。略EP
**ヨガ** インド哲学の瞑想と苦行による修行法。現代では美容法としても応用されている。
**ヨッテル** ヨットで旅行をする人たちのためのホテル。
**ヨット・パーカ** ヨット用のフード付きジャンパー風上着。

## ラ

**ラージ・ヒル** スキーの90メートル級ジャンプのこと。→ノーマル・ヒル

**ラージ・プリント・ブック** 高齢者や視力障害者用に作られた大きな活字の出版物。

**ラーメン構造** 柱と梁を堅固に接合し、壁となる部分に筋交いを入れて構成した近代建築の構造方式の一つ。鉄骨鉄筋・鉄筋コンクリート製高層ビル建築の主体構造になっている。

**ライ** ①ゴルフ用語で、クラブ・ヘッド(ゴルフ・クラブの先端部分)を地面につけたとき、地面とシャフト(ゴルフ・クラブの柄)との角度。②ゴルフ・コース上で打たれたボールが停止している位置・状態。③うそ。

**ライアビリティー** ①責任、義務。②負債、借金。

**ライアビリティー・インシュアランス** 被保険者に損害賠償の義務が生じたとき、その一部または全額を負担する保険のこと。責任保険。

**ライオット** 暴動。騒乱。

**ライ症候群** インフルエンザや小児の高熱疾患の回復期に、突然吐き気やけいれんを起こし、脳や肝臓が冒される病気。1963年オーストラリアの小児科医ライが発表。

**ライジング・ボート** 起立した人の数によって評決を行う方法。起立採決方式。

**ライス・シャワー** 結婚式で新郎新婦を見送るときにお祝いの米をまく儀式。

**ライス・ペーパー** ①良質の麻繊維を原料にした薄い紙で、紙巻きたばこの巻紙や造花の材料に使う。②ベトナム料理の生春巻で用いる米粉で作った皮。

**ライス・ボウル** アメリカに倣い日本の名産の名を冠した、毎年1月に行われるアメリカン・フットボールの実業団と学生のトップチームの試合。

**ライセンス産業** ⇒ライセンス・ビジネス②

**ライセンス生産** 外国企業などが開発した製品を、許可(ラ

イセンス)料を支払って国内生産する方式。
**ライセンス・ビジネス** ①製品や製造技術の特許権や技術知識(ノウハウ)を、他の業者が使用するときに使用許可料を徴収する事業。②一定の講習の後に、有料で資格を授与する事業。ライセンス産業ともいう。
**ライセンス・フリー** 免許や許可がいらないこと。
**ライソゾーム** 白血球などの細胞内にあり、ウイルスや細菌など悪影響のありうる異物が侵入してくると、これを分解してしまう組織体。同リソゾーム
**ライター** ①点火器。②文章を書くことを仕事にしている人。
**ライダー** ①オートバイなどに乗る人。②気象レーダーの一つ。レーザー光線を利用して、大気中の湿度・温度・エアロゾル(大気中に浮遊している多数の個体・液体の微粒子)などを測定する装置。
**ライター症候群** 急性尿道炎をおこし、同時に結膜炎や関節炎の症状もあらわれる原因不明の病気。
**ライ・ツー** 船がエンジンを止めて、船首を風上に向け悪天候を切り抜ける方法。
**ライティング** ①照明。採光。②書くこと。英作文。例きょうは〜の試験がある
**ライティング・デスク** ①書き物机。②ライティング・ビューローのこと。
**ライディング・ハビット** 乗馬服。以前は女性用のものに限られたが、現在は男性のものも含まれる。
**ライティング・ビューロー** 机になる板が書棚や飾り棚と組み合わされていて、普段は立てておき、使うときに倒す仕組みの書斎机。同ライティング・デスク
**ライト・アップ** 建物や庭園に照明をあてて夜間の演出をすること。する
**ライト・オープン** 舞台に照明をあてたまま幕を開けること。対ダーク・オープン
**ライト・オペラ** 軽歌劇。単純で大衆的な歌・踊り・芝居で構成された音楽喜劇。「天国と地獄」「ボッカチオ」などが代表作。同オペレッタ
**ライト級** ボクシングの重量階級の一つ。130〜135ポンド

(61.24kg)以下。
**ライト・サイジング** 適正規模に修正すること。
**ライトハウス** 灯台。
**ライト・バリュー** 写真撮影の、フィルム感光度とシャッター速度・絞り値とを組み合わせた光量の数値。記号はLV。
**ライト・ビール** アルコール度数やカロリーが低いビール。
**ライトボディー** あっさりしていて軽い感じの味の赤ワイン。⇒フルボディー、ミディアムボディー
**ライトモチーフ** ①音楽の示導・誘導動機。特定の人物・感情・状況・理念などを象徴する楽句。ワーグナーの楽劇やリストの交響詩に多く用いられている。②比喩的用法として、作品の中心的思想や繰り返し現れる主題。
**ライナー** ①定期船、定期列車。②ラインを引く道具。③野球で打球が直線的に飛ぶこと。同ライン・ドライブ ④取り外しのできる裏地。
**ライナー・ノーツ** CDやレコードなどのジャケットに書かれている曲目解説や批評文。ライナー・ノートともいう。
**ライバル** 競争相手。好敵手。
**ライフ** ①命。②人生、一生。③生活。
**ライブ** ①生放送、実況。②歌や劇の実演。
**ライフォ** ①LIFO。後入れ先出し法。棚卸し資産評価法の一つ。最後に取得したものから払い出し、期末棚卸しのときは、最も先に取得したものから順番に棚卸し資産の出庫価格を算出する方法。対フィーフォ ②コンピュータの記憶装置に、一番最後に入力したデータから処理作業が行われる方式。
**ライフガード** ⇒ライフセーバー
**ライフケア・ビジネス** 健康ブームを利用して、体だけではなく心の健康も含めて、総合的な健康を配慮した製品を売る事業。
**ライフ・サイエンス** 生命科学。生物学・生理学・心理学・人間工学・医学・農学などの関連科学を、総合的観点に立って生命体を追究する学問。
**ライフ・サイクル** ①生まれてから死ぬまでの過程。生涯過程。②人生の周期。人の一生を結婚・出産・老後など、いくつかの段階に分けたもの。③商品寿命。

**ライフ・サイクル・アセスメント** 製品や建築物の原料、部品、加工などから廃棄までの全行程で生じる環境破壊・汚染について分析、評価すること。

**ライフ・サイズ** 実物大の。等身大の。

**ライフ・ジャケット** 救命胴衣。浮き袋がついている。

**ライフ・スタイル** (行動様式・価値観を含む)生活様式。

**ライフ・ステージ** 人生を幼児期、少年期、青年期、壮年期、老年期といった年代ごとに分けた、その各段階。

**ライブ・スポット** ⇒ライブ・ハウス

**ライフセーバー** ①水難救助隊員。②(海やプールの)監視員。同ライフガード

**ライブ・ハウス** ロックやジャズの生演奏を聴かせる場所。アルコールも提供。

**ライフボート** ①救命艇(ボート)。船舶に搭載された脱出用ボート。②財政難に陥った企業や個人投資家を救済する基金。

**ライフ・ライン** ①命綱。②都市機能を支える生命線。生活に不可欠な電気・水道・ガスなどの公共施設。

**ライフ・ラフト** 救命いかだ。すべての航空機に常備されている緊急着水用ゴムボート。非常食・医療器具・通信装置などが積み込まれている。

**ライブラリー** ①図書館。②書籍やレコード、CDなどの蔵書。③双書。

**ライブラリー・エディション** きちんと製本された書物。図書館用特製本。保存版。

**ライフ・ワーク** 一生をかけてする仕事。

**ライム病** 関節炎や心臓疾患をおこす感染症。

**ライン** ①線。輪郭。②列、行。③境界線。④航空機、船舶、列車、バスなどの路線。⑤企業組織内での命令・指揮系列。局、部、課など。⑥製造、販売などの部門。対スタッフ ⑦ラグビーやアメフトなどの陣形。⑧生産工程。流れ作業。

**ラインアップ** 商品構成。顔ぶれ。団体などの陣容。ライン・ナップともいう。

**ライン・アンド・スタッフ組織** 企業内の製造・販売部門と企画や情報活動などの助言・補佐をする部門とを合わせた経営形態。

**ライン・オフ** 自動車が、組み立てを終了して、工程ライン(ベルト・コンベヤー式組立路線)から離れ、製品として完成すること。

**ラインストーン** ①洋服や靴のアクセサリーとして使われ、鉛ガラスで作った宝石の模造品。②水晶の一種。

**ラインズマン** 線審。

**ライン・ダンス** 1列に踊り子が並び同じ足の動きをする踊り。

**ライン・ドライブ** 一直線に飛ぶ速い打球。直飛球。同ライナー

**ライン・ネットワーク** テレビやラジオの親局(キー・ステーション)と地方にある系列下の放送局とを中継回線で結び、親局と同時進行で番組を放送することができる放送網。

**ラウンジ** ①飛行機内やホテルの休憩室・社交室。空港内の搭乗待合室。②長椅子。

**ラウンジ・スーツ** 礼服以外の紳士用背広。英国で使われている言葉で、米国ではビジネス・スーツという。

**ラウンド・テーブル** 円卓。円卓会議。

**ラウンド・トリップ** 周遊旅行。アメリカでは往復旅行のことをいう。

**ラウンド・ナンバー** 端数が出ない、切りのよい数字。

**ラガー・ビール** 長期保存のため、大麦の麦芽(モルト)を発酵させ、酵素を加熱殺菌したビール。対ドラフト・ビール

**ラグ** ①ぼろ切れ。つまらないもの。くだらない人。②ラグ・ペーパーのこと。③敷物。④ひざ掛け。⑤遅延。例タイム〜

**ラクーン** アライグマ。

**ラグーン** 潟(かた)、潟湖(水深の浅い湖)。

**ラグジュアリー** ぜいたくな。豪華な。

**ラグタイム** 1890年代アメリカ・ミズーリ州の黒人ピアノ奏者による演奏法の一つ。初期のジャズに影響を与え、4分の4拍子の速いリズムを特徴としている。

**ラクトアイス** 乳タンパク質10％以下、乳脂肪分3％以下のアイスクリーム。

**ラクトフラビン** ⇨リボフラビン

**ラグ・ペーパー** 麻の繊維から作る上質紙。ラグともいう。

**ラクロス** 10人ずつの2チームが、網のついたスティック(棒)でゴム製のボールを奪い合い、ゴールに入れて得点を競い合う、ホッケーに似た球技。

**ラゲージ** 旅行者用手荷物。旅行カバン。同バゲージ

**ラゲージ・スペース** ステーション・ワゴン(貨物兼用乗用車)の後ろにある小型荷物を収納する場所。

**ラケット・ボール** 壁打ちの室内テニス。

**ラザニア** 平たい幅広の四角形のパスタを、グラタン風に、またはトマト・ソースをかけてオーブンで焼いたイタリア料理。ラザーニャともいう。→カネロニ、パスタ

**ラジウス** 野外用石油コンロの通称。スウェーデンの携帯石油コンロを製造している会社名が由来。

**ラジウム** 放射線源としてかつてよく用いられていた放射性元素。原子番号88。記号はRa。

**ラジエーション・ダメージ** 物質が放射線に侵されたときに受ける物理的・化学的損傷。

**ラジエーター** ①車のエンジンを冷却する装置。②蒸気や温水熱を利用した暖房装置の放熱器。

**ラジオオートグラフィー** 放射能がフィルムに感光する性質を利用し、特定の放射性物質の分布状態などを調べる手段。

**ラジオカーボン・テスト** 古生物体の放射性炭素の半減率を測定して、年代を推定する方法。

**ラジオ・ギャラクシー** 電波銀河。銀河系星雲の中で、ときとして強い電波を発するもの。乙女座Aやケンタウルス座Aなど。

**ラジオ・コンパス** (飛行機や船舶の)自動方向探知機。地上の無線施設から発射される電波を受信して自分の位置を探知する装置。

**ラジオゾンデ** 無線気象観測器。高層大気圏の気温・気圧・湿度などの気象状態を探測する気象測定器とデータを伝送する無線発信器をつけた気球を飛ばす。

**ラジオ・テレスコープ** 電波望遠鏡。高感度アンテナ部分、受信機部分、再生部分で構成され、宇宙からの電波を観測する。

**ラジオ・ナビゲーション** 電波航法。地上から発射される電波を受信して、自機の現在位置を知る航空機の航法。

**ラジオ・ネーム** 聴取者がラジオ番組に投稿するときに使う本名以外の名前。

**ラジオ・ビーコン** 無線標識。地上から電波を発信し、航空機や船に位置を知らせる装置。

**ラジカル** ①過激な、急進的な。②根本的な、基本的な。ラディカルともいう。～な

**ラショナリズム** 合理主義。理性主義。

**ラス遺伝子** 発がん性遺伝子。人間の腫瘍細胞やラットの肉腫ウイルスから発見されている。

**ラスク** 薄いパンに砂糖と泡立てた卵白を塗り、オーブンで焼いた堅いパン菓子。

**ラスター・スキャン** 水平走線上を高速で走査する各線に色を指定して、テレビ受像機やコンピュータ・ディスプレーに画像を写し出す走査方法。→ランダム・スキャン

**ラスチック** 生地の表面が荒削りで、素朴な効果を表すファッション用語。

**ラスト・オーダー** レストランなどでのその日最後の注文。

**ラスト・スパート** ゴール直前での最後の力走。

**ラスパイレス指数** ①ラスパイレス方式で算出した物価指数。→ラスパイレス方式 ②国家公務員と地方公務員の給与水準を比較する場合、地方の職員構成(年齢別・学歴別・経験年数別などの構成)が国と同一であると仮定して、地方公務員の平均給与を計算し、国家公務員の平均給与を100として比較した指数。

**ラスパイレス方式** 1864年ドイツの統計学者ラスパイレスが発表した物価指数算式の一つ。同数量の物を買うと仮定して、基準時のウエート(消費支出総額に占める各品目の支出額の割合)と比較時の総額から算出する。卸売物価指数・消費者物価指数・生産指数などが、この方式で算出される。

**ラス・ボード** 塗り壁の下地用に使う石こうの板。

**ラタトゥイユ** 野菜をオリーブ油とニンニクで炒め、野菜の持つ水分だけで長時間煮込んだフランス南部の料理。

**ラチェット** 車輪や回転軸の逆転を防ぐために、周囲にノコギリ状の歯がある装置。

**ラチチュード** ①緯度。②フィルム自体が、適正露出を中心

に露出の過不足に対して補える幅のこと。露光寛容度。許容露光量の範囲。

**ラッカー** セルロース誘導体に顔料や樹脂などを溶かした塗料。乾きが早く耐水性に優れる。

**ラッキー・ゾーン** 野球場で観客席と外野の両翼の間に特別に設けたホームラン区域。

**ラック・ジョバー** 大型店舗などの陳列棚の一部を借り、展示する自社製品選択から販売価格決定・販促活動などのすべてを行う卸売業者。

**ラッサ熱** 死亡率が高いウイルス性の急性熱性伝染病。ナイジェリアのラッサ村で最初に確認された。

**ラッシャー** ①突進する人。急ぐ人。②ボクシングでの突進型ボクサーや、アメリカン・フットボールでボールを持って突進する役割を持つ選手のこと。

**ラッシュ船** 貨物を積んだはしけごと船に積み込み、目的地の港湾設備に頼らずに、自力ではしけを海上に送り出せるタイプの貨物船。

**ラッシュ・プリント** 映画やドラマの撮影フィルムを撮影台本に基づいて全体を大まかにつなぎ合わせたプリント。完全な編集作業の前に行う。ラッシュともいう。同ラッシュ・フィルム

**ラット** 大型のネズミ。

**ラッパー** ラップ音楽を歌う人。

**ラッピング** プレゼントを好みの包装紙、リボンなどきれいに包装すること。また、その包装材料。する

**ラッピング・バス** 車体の外側に全面広告を施したバス。

**ラップ** ①競走路の一周。水泳コースの一往復。②研磨用材料。工作物の仕上げ面に研磨剤（ラップ剤）を塗布して、表面を平らにさせる。③ラップ・タイムのこと。④するラップフィルム。食品の保存などに用いられるポリエチレン製の薄い包装材。ラップフィルムをかけること。

**ラップ音楽** 自己宣伝・中傷誹謗・政治批判・社会問題など自分が伝えたいことをファンク・ミュージックやディスコ系のビートに乗せて歌詞を語る音楽。

**ラップ口座** 1998年に解禁された証券会社の個人向け資産管理サービス口座のこと。投資家は証券会社に資産運用を

一任し、投資家は預託した額に応じて手数料を支払う。

**ラップ・タイム** ①陸上競技の中・長距離走や水泳などの一周・一往復の所要時間。②途中計時。同スプリット・タイム

**ラップトップ・コンピュータ** 携帯できる小型・軽量コンピュータ。ラップトップともいう。対ディスクトップ・コンピュータ

**ラップフィルム** ⇨ラップ④

**ラディカル** ⇨ラジカル

**ラディカル・エコノミクス** 経済学の新しい流れ。これまで経済学の分野ではないとされた政治・社会分析や歴史的見地に立った理論考証を主張している。

**ラティス** ①格子。方眼。②結晶内の格子配列。

**ラディッシュ** アブラナ科の一年草。ハツカ大根。西洋赤かぶ。

**ラティフィケーション** 条約の批准。他国との条約締結後、国内の法律に従って条約の最終確認・同意の手続きをすること。

**ラテライト** 紅土。熱帯や亜熱帯地域に分布する、鉄・アルミナを含む、岩石の風化でできた赤みを帯びた土壌。

**ラドン** 希ガス元素の一つ。ラジウムの崩壊によってできる放射性の気体。記号はRn。

**ラナンキュラス** キンポウゲ科の多年草。日本で品種改良された超巨大輪種は人気がある。

**ラ・ニーニャ** エクアドルからペルー沖の東太平洋赤道域の海面水温が平年比0.5度以上下降する異常海流変化のこと。

**ラバー・セメント** ゴムを接着するためののり。

**ラバー・ソール** ゴム底の革靴。

**ラバトリー** 洗面所。化粧室。

**ラビオリ** 小麦粉を練って薄く延ばし、刻んだ肉や野菜を包み、ゆでたり、または焼いたイタリア風ギョーザ。

**ラビゴット・ソース** フレンチ・ドレッシングにタマネギ・ゆで卵・パセリ・ピクルスなどを混ぜたソース。サラダやゆで野菜に使う。

**ラビリンス** 迷宮。迷路。同メイズ

**ラブ・アフェア** 情事。恋愛事件。

**ラフィーネ** ①(塩などが)精製された。②(態度が)あか抜

けした。上品な。(趣味や言葉などが)洗練された。凝った。気をつかいすぎた。(料理が)上等の。(政策が)巧みな。(復讐が)手の込んだ。③洗練された人。

**ラブ・ゲーム** テニスなどで一方が0点のままで終わったゲーム。

**ラプコン** レーダーによる航空機の着陸誘導。

**ラプソディー** 狂詩曲。自由な形式の叙事的な器楽曲。

**ラフ・スケッチ** おおまかな下絵。略図。

**ラブ・チェア** 二人掛け用のソファー。

**ラブ・チャイルド** 私生児の婉曲的な言い方。

**ラフティング** いかだやゴムボートで川下りをするスポーツ。

**ラブ波** 地上での地震波の伝播方向に対して直角に振動する地震表面波の一つ。

**ラブホ** ラブ・ホテルの略。

**ラフ・プレー** 球技などでの乱暴なプレー。

**ラ・フランス** 西洋ナシの品種の一つ。果肉が柔らかく、香りが強い。

**ラブリー** かわいらしい。愛らしい。〜な

**ラベリング** ①商品の名称、内容などの表示のシールを貼ること。②レッテルを貼って決めつけてしまうこと。

**ラポール** (心理学用語の)親密度。精神分析のとき重要となる医師に対する患者の信頼感。

**ラボ・システム** 語学実習システム。一人一人の視聴覚機器を備えた語学練習専用教室を使った外国語の教育法。LLシステム。→ランゲージ・ラボラトリー

**ラボラトリー** ①実験室。研究室。練習室。②写真現像所。製作所。ラボともいう。③ランゲージ・ラボラトリーの略称。

**ラボラトリー・オートメーション** 研究や実験の開発部門にコンピュータを導入させて自動化すること。

**ラボラトリー・スクール** 教育方法の訓練や研究などを行う大学付属の学校設備。

**ラマーズ法** 1950年代にフランスの産科医ラマーズが開発した精神予防性無痛分娩法の一つ。産婦に呼吸法などを訓練させたり、また分娩のとき夫に立ち会わせ、産婦の不安

や緊張を減少させようとする心理学を応用した方法。

**ラマダン** イスラム暦第9月。イスラム教徒はこの1か月間、日の出から日没までの時間帯は断食、禁欲の生活を送る。

**ラマピテクス** 歯の化石を最初に発見した中国では、禄豊(ろくほう)猿人と命名され、1400万年前から800万年前ごろ中国・雲南地方で生活していたとされる化石人類。

**ラマルキズム** フランスの生物学者ラマルクが主唱した生物進化に対する用不用説。よく使う器官は発達して子孫へ伝えられ、役に立たない器官は退化し、代を重ねると違った生物になるという考え方。

**ラミー** ⇒セブン・ブリッジ

**ラミネート** 合板にする。薄板やプラスチック膜をかぶせる積層加工。**例** ～加工

**ラム** ①子羊。子羊の肉。②RAM。随時読み出しと書き込みができるコンピュータの半導体メモリー。③さとうきびの糖蜜を発酵させた蒸留酒。

**ラムサール条約** 正式名称は「特に水鳥の生息地として国際的に重要な湿地に関する条約」。

**ラメ** 金糸、銀糸の混じった糸。あるいはそれらの糸で織った織物。

**ラメラ** ①細胞内の平らな膜が平行に配列されて層を作っているもの。②葉緑体内の光合成膜。

**ララバイ** 子守歌。

**ラルゴ** 音楽の速さを表す標語の一つで「きわめてゆっくりした速さで」の意。

**ラレンタンド** 音楽の速さの変化を表す標語の一つで「しだいに緩やかに」の意。

**ランウェー** ①走路。(跳躍競技やボウリングなどの)助走路。**同**アプローチ ②(飛行機の)滑走路。

**ランガージュ** スイスの言語学者ソシュールが提唱した言語活動。社会的な言語(ラング)と個人的な言語行為(パロール)とが相互補完することにより言語活動が構成されているという考え方。→ラング、パロール

**ランキング** 順位、等級。順位を付けること。**同**ランク

**ラング** ソシュールの言語学による、個々の言語活動で構成される社会共同体組織の体系的言語のこと。→パロール

**ランク・アップ** 順位や等級が上がること。

**ラングラウフ** 自然を楽しみながら山野をスキーで滑る市民スポーツ。

**ランゲージ・ラボラトリー** 語学実習教室。生徒1人1台の視聴覚機器が設置されていて、親機から流される教材による外国語の発音練習や聞き取り練習をするための専用教室。略 L.L. →ラボ・システム

**ランゲルハンス島** ドイツの病理学者ランゲルハンスが発見した、すい臓内の島状組織。ここでインシュリンを分泌して血糖値を下げる働きをしている。機能低下すると糖尿病になる。

**ランジェリー** 女性の下着類、レースや薄い生地の寝室着、部屋着の総称。

**ランジェリー・パブ** 接待係の女性がランジェリーを着て男性客にアルコール類を提供する風俗店。略してランパブ。

**ラン・スルー** 演劇の上演前、またはコンサートの演奏前に本番と同様に稽古をすること。本番前の通し稽古。

**ランダム** 任意の。無作為の。

**ランダム・アクセス** コンピュータの主記憶装置内にあるデータを順序に関係なく即座に読み出して処理できること。

**ランダム・サンプリング** 無作為抽出法。統計法の一つで、世論調査などの場合に利用され、任意に対象者を選び出す方法。

**ランダム・スキャン** テレビやコンピュータの画像表示方法の一つ。画面全体ではなく、表示したい部分だけを電子ビーム(電波の束)で走査し、画像表示させる方式。→ラスター・スキャン

**ランタン** ①手提げランプ。四面ガラス張りの小型の角灯。②灯台の灯火室。③明かり窓。頂塔。

**ランチ** ①昼食。②軍艦や船舶に積む連絡用小艇。小型蒸気船。

**ランチ・カー** 昼食用仕出し弁当などの販売専用自動車。

**ランチェ** 年金・金利生活者。

**ランチ・ジャー** 中の食べ物が冷めないようにつくられた弁当容器。

**ランチャー** ロケットやミサイルなどの発射機・発射筒。

- **ランチョン・マット** 食事のとき食器を置くための小さな食卓用敷物。布・ビニール・コルク製。同プレース・マット
- **ランディング** ①飛行機の着陸。対テークオフ ②(跳躍競技などの)接地・着地。(スキー・ジャンプなどの)着地地点。
- **ランディング・バーン** スキー・ジャンプ競技で、ジャンプ台に作られた着地してからの滑走路。
- **ランデブー** ①男女の出会い。デート。あいびき。②宇宙船などが宇宙で合体すること。
- **ランド** ①土地。陸。②他のことばと組み合わせて「公園、遊園地」の意味。
- **ランド・アート** 大地芸術。自然そのものを使ったり、表現素材として利用したりした現代芸術の一様式。たとえば、雪原をソリですべって時差変更線の跡をつけたり、砂漠や田園に何本もの大きな傘を立てたりするなど。同アース・ワーク
- **ランドスケーパー** ①造園技師。庭師。②環境開発などのときに、美的景観を重視して設計する専門家。
- **ランドスケープ** ①風景。景観。②風景画。
- **ランドセーリング** 帆(セール)つきの三輪車に乗って、砂丘などを走るスポーツ。
- **ランド・ピープル** 陸路で国外へ脱出した難民。→ボート・ピープル
- **ランド・ブリッジ** ①陸橋。地殻変動などによって2つの陸地がつながり、生物の移動が可能になった地域。②海上だけではなく、陸上も利用して効果的に輸送する国際コンテナ輸送方式。→コンテナリゼーション
- **ランドマーク** ①陸上にある目印。②土地の境界線。その土地を象徴する建築物、歴史的な建物。
- **ランドリー** 洗濯屋。クリーニング店。
- **ランナーズ・ハイ** ジョギングやマラソン中に、恍惚・陶酔状態になること。
- **ランナウェー** ①逃亡。②逃亡者。
- **ランニング・アカウント** 当座勘定。
- **ランニング・コスト** 企業が好不況に関係なく経営を続けていくため、上下限度を決めておく経費。経営維持のための

運転資金。**例**この施設は〜が高い
**ランニング・ストック** 一定規模の営業・生産活動を続けていくために必要な在庫のこと。運転(正常)在庫。**対**デッド・ストック
**ランバダ** ブラジルのダンス音楽の一つ。セクシーな踊りが特徴。
**ランパブ** ⇨ランジェリー・パブ
**ランプ** ①ランプ・ウェーの略。②飛行機搭乗タラップ。③牛の尻肉。赤身で脂肪が少なく、ロースに続く部分。
**ランプ・ウェー** 立体交差と一般道路を接続する傾斜道路。高速道路の出入り口付近の道路。
**ランプーン** 悪意のこもった痛烈な風刺。皮肉。風刺芸術。
**ラン・フラット・タイヤ** パンクしても、ある一定距離はそのまま走り続けることができる二重構造のタイヤ。

**リア** 後ろの。後部の。背面。**対**フロント
**リア・ウインドー** 自動車などの後部窓。
**リア・ガード** 艦隊や部隊などの後衛。**対**バンガード
**リアクション** ①反動。反発。反応。**例**オーバーな〜 ②(物理的)反作用。
**リアクション・ショット** (テレビや映画の)反応描写。ある出来事・行為・発言などに対する相手側演技者の反応を描写すること。
**リアクター** ①反応を表したり、反発する人や物。②原子炉。③電気の交流回路に誘導抵抗を与える装置。④(化学の)反応装置。
**リア・ドライブ** 自動車の後輪駆動。エンジンが発生する駆動力を後輪に伝える方式。**対**フロント・ドライブ
**リアライズ** (現象などを)実感する。(夢や計画を)実現すること。達成する。する
**リアリスティック** ①現実的。②写実的。〜な
**リアリズム** ①現実主義者。②写実主義者。③実在論。**対**ノミナリズム

**リアリティー** 現実性、真実味。例~がある
**リアル** ①現実的な。②本物のような。写実的な。~な
**リアル・ウェイジ** 物価上昇分を考慮に入れた賃金。実質賃金。
**リアル・タイム** ①即時、同時。②コンピュータで、随時発生するデータを同じ速さで即時に処理すること。同時処理。③遠隔地で何かの出来事が起きたと同時に伝わること。事件発生などの即時放映。例~な映像
**リアル・ポリティクス** 現実路線の政治・外交。名目や主義にこだわらずに実質利益を追求した政策。
**リーガル** 法律上の。正規の。適法の。合法的な。~な 対イリーガル
**リーガル・エイド** 法的扶助。裁判費用が支払えない困窮者に対する弁護料・訴訟費用などの扶助。
**リーガル・ヘブン** 国際的企業の税金対策として、活動拠点にする税務上有利な国や地域。
**リーガル・マインド** 法を適用する場合において必要とされる、経験に裏づけられた柔軟・的確な知識、処理能力。
**リーク** ①秘密や情報を故意に漏らすこと。漏洩。→リーケージ ②絶縁体不良による漏電。する
**リーク・ディテクター** ①ガス漏れ警報装置(検知機)。②気体容器の漏れ検出装置。
**リーケージ** ①情報や秘密などの漏洩物(量)。②漏電量。③経済上の漏損。
**リイシュー** ①今までの書籍の表紙デザイン・版型・定価などを変えて再発行すること。重版。②切手の再発行。③映画やレコードなどのリバイバル。
**リージョナル・インテグレーション** 一定地域内の利害が一致する国々が、国の枠を超えて共同体を作ること。地域統合。EU(欧州連合)が代表例。
**リージョナル・バンク** 地方銀行。
**リージョン** ①地方。地帯。地域。範囲。領域。②行政とは関係なく、環境・経済・交通などにより一つにまとめられる地域。
**リース** ①する土地・建物・機械などの長期賃貸借契約。②ドアや壁に飾る花輪飾り。

**リーズ・アンド・ラグズ** 為替変動を先読みして、輸出入業者が決済時期を早めたり(リーズ)、遅くしたり(ラグズ)する操作。

**リーズナブル** ①(値段などが)妥当な、理にかなっている、手頃である。②相応な、ちょうど良い。~な

**リーズン・ホワイ・コピー** 商品の必要性や価値を強調すると同時に、その理由も文章中に書き入れて、消費者の購買意欲を引き出そうとする広告文。

**リーダー** ①指導者。指揮者。②破線、点線。③フィルムや録音テープなどの先端の引出し部分。④外国語学習の読本。⑤読者。⑥読み取り装置。

**リーダーシップ** 統率力、指導力。

**リーダーシップ・サーベイ** 新聞や雑誌の閲読率調査。広告の注目度調査。読者が新聞や雑誌の中のどんな内容の記事や広告に注目し、どの程度読んだかを調査すること。

**リーダビリティー** 読みやすさ。読みごたえ。

**リーチ** ①両腕を伸ばした長さ。②テニスの守備範囲。③ボクシングで選手の腕の届く範囲。④麻雀での、あがり前の宣言。

**リーディング** ①読むこと。読書。②外国語の読解。

**リーディング・インダストリー** 国や地域の経済成長の中核となり、産業構造を革新させる産業。

**リーディング・カンパニー** 業界を引っ張っていく代表的な企業。

**リーディング・ケース** 主要事例。先例となっている判例。

**リーディング・ジョッキー** 年間の最多勝騎手。

**リーディング・ヒッター** 野球での首位打者。

**リード** ①する 導くこと。②する 優位に立つこと。③する 野球でランナーが次の塁を狙うために離塁すること。④する ダンスで女性パートナーの次の動きを導くこと。⑤新聞や雑誌などの記事のタイトルに続く短い要約文章。例~文 ⑥電線。導線。⑦管楽器などで音を出すための細長い薄片。

**リード・オフ・マン** ①野球の先頭打者。トップバッター。②グループやチームの先頭に立って統率する人。

**リード・タイム** 企画から製品化するまで、または商品の発注を受けてから配達するまでの所要時間。

**リード・ボーカル** 音楽バンドで主旋律担当の歌手。

**リーフレット** ①1枚の小さな広告印刷物。折り込み(ちらし)広告。店頭などに置いてある小さな説明書類。②小冊子。

**リインカネーション** 輪廻。霊魂の再主。

**リーンバーン・エンジン** 燃費を向上させるため、ガソリンエンジンのガソリン使用量を可能な限り少なくしたエンジン。

**リエゾン** 連音。通常は発音されない語末の子音が次の語の語頭の母音と組み合わさって発音されること。

**リエントリー** ①宇宙に発射されたロケットの大気圏再突入。②権利などの再登録・再取得。

**リカー** アルコール飲料。アルコール分の強い蒸留酒。

**リカード効果** 好景気のため、人件費が上がっても消費収益が増え、物価上昇率も上がるので、実質賃金が低下する結果となり、企業が機械力より人間の労働力を重視して生産向上を図る、好況末期に見られる現象。

**リカバリー** ①回復。回収。復旧。②アメリカン・フットボールで地上に落ちたボールを押さえ込むこと。

**リカバリー・ショット** ゴルフで前回の失敗を取り戻す1打。

**リカレント・エデュケーション** 経済協力開発機構(OECD)が打ち出している生涯教育構想の一つ。今までの教育が学校から社会への一方向だったのに対して、社会人の再入学を保証し、学校と社会教育の循環的システム化を課題としている。

**リキッド** ①液体。②男性用の液体整髪料。**例**ヘア～

**リキャピタリゼーション** ①資本修正。優先株を債券にしたり、社債を株式にするなど、資産の評価を変えること(資本の再構築)による資本の増減。②買収対抗策の一つ。借入金を増やして財務悪化を図る一方、その資金で配当金を増やし、株価をつり上げて、乗っ取りの意志をそごうとすること。リキャップともいう。→ポイズン・ピル②

**リキュール** 砂糖や香料を加えた果実酒。

**リグ** ①石油掘削装置。海上にある石油採掘用移動式(または固定式)設備。②帆装。船装。進水した船に、航海で必要な装備をすること(艤装)。帆や索具などの装備一式。

**リクード** イスラエルの二大政党の一つで、1973年結成した右派連合政党。

**リクエスト** ①希望、要求、要望。②テレビやラジオの番組で視聴者からの聞きたい曲などの要求。する

**リクルーター** 企業の新人採用担当者など、人員の補充や募集をする人。人事担当者に限らず、新人社員を勧誘する人。

**リクルート** ①新入社員。新入生。新兵。②新人を募集し、人員を補充すること。③就職活動。

**リクルート・スーツ** 学生が就職活動をするときによく着る紺やグレーなどの地味な色合いのスーツ。

**リクルート・スタイル** 大学卒業予定者が、就職活動のときに、企業担当者に清潔感や誠実性を印象づけるためにする、画一的で標準的な髪形や服装。

**リクワイアメント** ①要求物(額)。②必要条件。

**リコーダー** 小中学校の音楽の授業で使われる縦笛。

**リコール** ①解職請求。公職者を住民や国民の意思で罷免、解職する制度。②自動車などの欠陥車、欠陥商品の無料回収。

**リコグニッション** 認可。認定。承認。

**リコピン** カロチノイド色素の一つで、トマトやスイカに含まれる赤色色素。抗酸化作用による生理機能がある。

**リコメンデーション** ①推薦(状)。推奨。忠告。勧告。②取引先広告主へ取引継続のために提出する広告計画書の提示・説明活動。

**リゴリズム** 厳格主義。理性による制約や倫理的宗教的義務に厳正に従おうとする道徳的立場。

**リコンストラクション** 復興。復元。再建。再編。改造。

**リコンファーム** 出発の72時間前までにする航空券の予約再確認。

**リサーチ** 研究。調査。する

**リサーチ・オン・リサーチ** 研究のための研究。研究の進め方について、その手法・方法論・組織などを前もって検討すること。

**リザード** トカゲ、トカゲの皮。

**リザーブ** ①する 座席や部屋を予約する。とっておく。②予備品、貯蔵品。③控え選手。

**リザーブ・トランシュ** IMF(国際通貨基金)加盟国の割当額から、IMF内の該当国通貨保有額を差し引いた金額を、自動的・無条件で引き出しできること。加盟国の外貨準備高不足など短期的な収支難が起きたときなどに利用される。

**リサイクル法** 限りある資源の保護、資源の有効活用、廃棄物の発生抑制などを大きな目的とした法律。正式には「再生資源の利用の促進に関する法律」といい、1991年10月施行。

**リサイタル** 独唱会、独奏会。

**リザイン** 退職する。辞任する。断念する。放棄する。

**リザルツ・マネージメント** 企業組織としての結果を仮設定し各部門に義務づけて、企業の全体的目標達成を目指す経営方法。

**リザルト** 結果。効果。例～広告(直接反応広告)

**リシーディング・カラー** 実体より狭く引き締まって見えたり、奥へ後退しているように感じる色。青などの寒色系の色。対アドバンシング・カラー

**リジェクション** ①否決。拒否。却下。②廃棄(物)。

**リジェクト** 拒否する。否認する。はねつける。

**リシプロシティー** 相互利益主義。お互いの利益と義務を尊重する商業的行為。相互依存の状態。

**リシャッフル** ①人事異動・組織改革をすること。②トランプの札を切り直すこと。

**リスキー** 危険を伴うこと。～な

**リスク** ①危険。②危険率。

**リスク・アセスメント** 危険度の事前評価。化学物質や放射能などについて、その毒性の程度や人への健康に対する危険度を質的・量的に評価する方法。

**リスク・アセット・レシオ** 危険資産比率。自己資本を分子にし、リスクの度合いに応じて加重平均した総資産(総資本)を分母にして算出する自己資本比率。BIS(国際決済銀行)規制の特徴の一つ。→ギアリング・レシオ

**リスク・ファクター** 危険因子。体内にあり、ある病気の要因と考えられる要素や徴候。

**リスク・ヘッジ** 株式や外国為替などの相場変動などによる損失の危険分散、危険回避、危険防護策。

**リスク・マネージメント** 危機管理。企業活動のなかで予想される危険要素を最小限にするための経営管理術。

**リスケジューリング** 債権国に対して、債務国が債務返済時期を契約期限より遅らせる債務繰り延べ。

**リスタート** ①再起動。パソコンのスイッチを入れ直すこと。②再出発。する

**リスト・アップ** 必要なものを選び出し、表などにまとめること。する

**リスト・カット** 自殺や自分を傷つけるために自分の手首を切ること。

**リスト・バンド** 運動時の汗どめ用に手首につける布製バンド。

**リスト・ブローカー** DM(あて名広告)や通信販売のために、年齢・出身校・家族構成などに分類された名簿を作成し、必要とする企業に賃貸(または販売)する企業。

**リストラ** ⇨リストラクチャリング

**リストラクチャリング** 企業(事業)再構築。企業(事業)構造を再構築するため、不採算部門の廃止や余剰人員の整理、新規事業を立ち上げたりすること。リストラともいう。

**リストランテ** イタリア料理のレストラン。

**リストリクテッド・クレジット** 振出手形の買い取り銀行を限定している信用状。対オープン・クレジット

**リストレーション** ①復活。復旧。復興。再生。②(建築や美術品の)修復・復元品。→リノベーション ③復位。復権。④王政復古。

**リスナー** ①ラジオの聴取者。②聞き手。

**リスナビリティー** 可聴度。話し言葉がどのくらい聴きやすいかという度合い。

**リスニング** ①聞くこと。②外国語の聞き取り試験。

**リスペクト** 敬意。尊敬。

**リスポンシビリティー** 責任。義務。支払い能力。

**リスポンシブ** 反応がよい。感じやすい。

**リスポンシブル・マーケティング** 売るばかりではなく、相手国の実情を考えてアフター・サービスも十分に配慮する買い手本位の輸出活動。

**リスポンス** ①応答。返事。②(コンピュータでの)データ

入力に対する受け手側(機械側)の反応。③(自動車での)操作に対するブレーキやエンジンの反応性・追従性。レスポンスともいう。

**リスポンス・タイム** 応答時間。データ入力時のコンピュータの作業処理結果が帰って来るまでの所要時間。ある命令や刺激をした場合に、反応が起きるまでにかかった時間。

**リスポンデント条件付け** 生体が生まれつき持っている無意識的反応とは別に、後からある刺激を反復させることにより、その新しい刺激が生得反応と同じになること。たとえば、パブロフの条件反射など。

**リズミカル** 音律的、律動的。~な

**リズム・アンド・ブルース** 1940年代に流行した黒人音楽。リズムを強調したスタイルでロックのもととなった。略R&B

**リズム・マシーン** リズムの自動演奏装置。電子発信音や打楽器音の数値置き換え(デジタル化)により、自動的にいろいろなリズム・速度を刻む装置。同ドラム・マシーン

**リセール・プライス** 再販価格。小売店が問屋などから購入した商品の価格に利益を加算した価格。

**リセッション** 一時的な景気後退。不況(デプレッション)までいかない、比較的緩やかな経済活動の低下。→デプレッション

**リセット** 初めの状態に戻すこと。する

**リソース** ①資源。資産。財源。供給源。②コンピュータのタスク(作業の最小単位)処理のために必要なディスク、プログラム・ファイルなど。③手段。方策。算段。

**リソース・シェアリング** 各種コンピュータをネットワークにより結びつけ、ハード(ソフト)ウエアやデータなど、広範囲な情報関係資源を共用すること。

**リソース・リカバリー** 資源の再利用。紙屑を古紙に再生して再利用したり、ゴミ焼却の際に出る熱量を電力に変えるなどの技術。

**リゾート** 保養地、行楽地。

**リゾート・マンション** 保養地や行楽地に建てられた分譲・賃貸マンション。会員制の別荘。

**リゾーム** ①根茎。竹やシダなど茎なのに根のように見える

ものの総称。②社会構造において、相互関係のない異質なものが上下関係ではなく、横の関係で結びつくというイメージ的概念。

**リソグラフィー** ①石版印刷。②シリコン・チップ(集積回路素子)の表面に作るパターン部品を光の像として投影し、固定化してからエッチング(表面を溶解して刻み込む化学的処理)する処理技術の総称。

**リソスフェア** 板状岩石圏。地殻の硬い部分とマントル(地球構造の地表と核との間の部分)最上部の部分。マントルの対流運動の影響で、プレートのまま移動していて、厚さは約100キロメートルある。

**リソゾーム** ⇒ライソゾーム

**リゾチーム** 細菌細胞壁のペプチドグリカンに作用して細胞壁を分解する酵素。細胞融合操作のための、遺伝子工学上不可欠な溶菌性酵素のこと。

**リゾット** 雑炊に似たイタリア料理。

**リターナー** 特に女性勤労者を対象とし、休職後元の職場や専門職に復帰する人。

**リターナブル** ①返却・返品できる。②空き缶やビンを買い取ってもらえたり、再利用できる。例〜瓶

**リターン** ①元に戻ること。②返球すること。③利益、もうけ。

**リターン・オン・アセット** 資産に対する収益の比率。期間的利益を総資産で割り出した、資産運用効率指標の一つ。

**リターン・キー** ⇒エンター・キー

**リタイア** ①引退、退職。②スポーツでの棄権。する

**リダイヤル** 再ダイヤル。直前にかけた番号にボタン1つでかけられる機能。する

**リダクション** ①縮小・削減。減少。②値引き。割引。同ディスカウント ③(化学的)還元。修正。

**リタルダント** 音楽の速さの変化を表す標語の一つで「しだいに遅く」の意。

**リッソール** 肉や野菜などの詰め物をパイ皮に包み込んで油で揚げたフランス料理。

**リッチ** 裕福な。豪華な。贅沢な。〜な 対プア

**リッパー** 切り裂き魔。19世紀末ロンドンでおきた売春婦

殺しが名乗った名前(切り裂きジャック)。
**リップ・サービス** 口先だけのお世辞。
**リップ・スティック** 棒状の口紅。
**リップル** ①さざ波織り。綿などに薬品を使って部分的に縮らせた夏向きの生地。②(髪形の)さざ波ウエーブ。→ソバージュ ③ノイズの原因となり、交流と直流の変換のときに生じるもの。
**リテーラー** 小売業者。
**リテール** ①小口の金融業務。②小売り。
**リテール・バンキング** 信用金庫や信用組合など、主に個人を対象にした小口金融業務をする銀行。対ホールセール・バンキング
**リテール・プライス** 小売価格。
**リデベロップメント** 再開発。再建。
**リデュース** ①減らすこと。特にごみになるものを出さないようにすること。②値引きする。割引。③(化学的に)還元する。
**リテラシー** ①読み書きの能力。②コンピュータなどの特定分野についての知識と活用能力。
**リテラチャー** ①文学。文芸。②文学研究。文献。書誌。報告書。
**リテラリー** ①文字通りの。②文学の。学術の。
**リテラリズム** ①文学作品を文字通りに解釈していこうとする考え方。直解主義。②実体を自然のままに表現しようとする考え方。直写主義。
**リドカイン** 局所麻酔薬の代表的なもの。
**リトグラフ** 石版画。石版石に油性クレヨンなどで絵を描き、描かなかった部分は水で湿らしてから、油性インクで平版印刷したもの。
**リトミック** 幼児の心身の調和や発達のために考案されたリズム教育。舞踏家や俳優の教育にも活用されている。
**リトラクタブル・ヘッドライト** 点灯するとき以外は車体内に収納されている電動前照灯。スポーツ・カーに多く用いられる。同ライズアップ・ヘッドライト
**リトル・リーグ** 9歳から12歳までの少年・少女による硬式野球連盟。

**リナックス** Linux。UNIXをベースにフィンランドの学生が開発したコンピュータの基本ソフトの一つ。ライセンスがいらない。

**リニア・プログラミング** 線型計画法。一次方程式(不等式)を使って、生産性・長期計画・資源などの最適配分や効果を測定する企業経営手段。

**リニメント** 軟膏。塗布薬。皮膚に擦り込む外用薬品。

**リニューアル** ①復興。刷新。更新。②小売店舗を時代に合った店舗に全面改装すること。デパートの新装・改装・増設などの活性化戦略。する

**リネン** 亜麻布。病院・ホテルなどでのシャツ、テーブルクロスやシーツなどの布製品の総称。同リンネル

**リネン・サプライ** ホテルや病院などで使うシーツなどの布製品をクリーニングして供給すること。

**リノール酸** 大豆・紅花・ゴマ・オリーブなどの植物油に多く含まれている不飽和脂肪酸。無色の液体で生命保持には不可欠だが、体内では合成されない。動脈硬化の予防に効くといわれている。

**リノベーション** ①改造。改革。刷新。②家の改築や修理。歴史的建造物や美術品の修復。→リストレーション

**リノリウム** コルク粉・おがくず・樹脂などと亜麻仁油などの乾性油を酸化重合したものを混ぜて練り合わせ、これを麻布に塗りつけた建築材料。耐熱性・吸音性・耐火性・弾性があり、床面や壁面などに用いられる。

**リバーサル・フィルム** 写真撮影後、現像段階でネガを反転処理して陽画像(ポジ画像)にできるフィルム(スライド用カラーフィルム)。→ポジティブ・フィルム

**リバーシブル** 表裏の両方が着られる衣服。

**リバース・ブロック** ダイバーが浮上するとき中耳内圧を少しずつ下げることができないこと。強制的に空気を抜く方法がないため、耳痛・めまい・おう吐などをおこし危険な状態になる。

**リパーゼ** 脂肪を脂肪酸とグリセリンに分解する酵素。

**リバイバル** ①回復、復活。②再流行、再上映、再上演。

**リバウンド** ①ボールの跳ね返り。②ダイエットをやめた後に太ること。する

**リバティー** 自由。解放。

**リハビリテーション** 事故や病気などによって身体的に障害を持った患者を、身体的・社会的に回復させるための総合的な治療・訓練をすること。リハビリともいう。

**リバプール・サウンド** 1960年代に英国のリバプールを中心に登場し活躍した音楽バンド。ビートルズが代表格。

**リパブリック** 共和国。共和政体。

**リバリュエーション** 再評価。貨幣中の金の量を多くしたり、貨幣単位の価値を引き上げること。平価切り上げ。**対**ディバリュエーション

**リピーター** 同じ店やホテル、観光地などに繰り返し来るお客。

**リビジョニスト** 修正主義者。特にアメリカと日本の関係について、両国の特性を考慮するべきだと主張しているアメリカ側の政策的見直し論者のこと。

**リビドー** ①快楽的欲望。②人間のさまざまな行為の根底となる性本能的エネルギー、つまり性欲のこと(精神分析医フロイトの概念)。③あらゆる本能エネルギーである生命力・生命意志のこと(精神分析医ユングの概念)。

**リビング・ウィル** 不治の病になった場合に生命維持装置による延命拒否を希望する生前の意思表示。尊厳死につながる考え方。

**リビング・キッチン** 居間と台所を兼ねた部屋。**略**LK

**リビング・ストック** 生活産業株。家電・食品などの生活向上に関連した産業株。→レジャー・ストック

**リファイナンス** ①輸入代金の延べ払い方式の一つ。輸入業者が代金を現地の銀行から借りて支払い、一定期間支払いを延ばしてもらう方式。②再融資。住宅資金運用のために、ローンが組まれている住宅を二重担保にして機関投資家から融資を受け、それをまた新たな住宅ローン資金として利用する方法。また債務国が債権国から新たに融資を受け、返済期限が来た債務の返済にあてる方法。

**リファレンス** ⇨レファレンス

**リフォーマー** ①洋服のサイズ・デザインなどを仕立て直す人。②改革運動家。改良家。

**リフォーミング** 重質ガソリンやナフサ(粗製ガソリン)を

オクタン価(異常爆発がおこらない性質程度を表す数値)の高い軽質ガソリンにする改質装置。→リフォーメート

**リフォーム** ①洋服を作り直すこと(仕立て直し)。②建物の改築・改装。③政治や社会の改革。する

**リフォーメート** 改質ガソリン。リフォーミングで化学的操作によって高オクタン価にした再生ガソリン。→リフォーミング

**リフト・バック** 荷物の出し入れに便利なように後部扉が上下開閉するタイプのクーペ。同ハッチ・バック

**リフレイン** 同じ詩句や旋律が繰り返されること。

**リフレーション** 統制インフレーション。景気刺激策として下がりすぎた物価水準を正常に戻すため、インフレーション(急激な物価上昇)をおこさない程度に通貨供給量を増やすこと。通貨再膨張。

**リフレクション** 反射作用。

**リフレクソロジー** 足裏のツボマッサージ健康法。足裏のツボを刺激して血行促進や、ストレスや緊張感を和らげる。

**リフレクター** ①撮影のときに使う採光用反射板。②自動車や自転車の後部につけ、自分の存在を示す危険防止用反射板(鏡)。

**リフレッシュ休暇** 企業が社員の心身のリフレッシュのために勤続年数などに基づいて与えられる長期特別休暇。

**リプレッション** ①弾圧。抑圧。②大不況(デプレッション)と一時的な景気後退(リセッション)との中間状態の経済停滞をさす。→デプレッション、リセッション

**リプロダクション** ①再生産。再建。②複写。模写。複製品。

**リペア** 修理すること。修繕すること。

**リベート** ①割り戻し。支払われた金額のうちの一部を販売促進などの目的で謝礼として払い戻すこと。②賄賂。

**リベット** 鋼板などの結合に使う、軟鋼・軽合金・銅製で頭部が丸い大型の鋲。

**リベラリスト** ①自由主義者。②自由党員。

**リベラリズム** 自由主義。

**リベラル** 自由な、自由主義的な。~な

**リベラル・アーツ** ①(中世の)自由学科。天文・音楽・幾何・修辞学などの職業とは直接結びつかない学問・芸術。

②一般教養。大学での語学・哲学・歴史などの教養課程。教養科目。

**リベラル・エデュケーション** 一般教養教育。

**リベロ** ①サッカーで攻撃にも参加する最後尾を守る選手。②バレーボールで後衛の守備専門の選手。

**リベンジ** ①復讐、逆襲。②復讐心。雪辱。する

**リポート** ⇒レポート

**リポジショニング** 自社製品を優位にさせるため、競合製品の弱点を強調して価値を下げさせる販売戦略。

**リボゾーム** 細胞質でタンパク質の合成を行う小粒子。

**リボ払い** ⇒リボルビング・ローン

**リボフラビン** ビタミン$B_2$の化学名。同ラクトフラビン

**リボルバー** 弾倉が回転式になっている連発銃。

**リボルビング・ドア** 回転扉。

**リボルビング・ローン** あらかじめ設定された限度額内なら自由に何回でも借り入れができ、返済方法は借り入れ残高に対する一定割合もしくは毎月定額の最低限度支払い義務額でよいローン。

**リマーク** ①批評。注意。備考。②図版などの進行具合を示す目印。③(船主が書く)積載荷物の故障個所を明記する摘要。

**リミックス** 同一素材で全く別な改良型製品を作り出すこと。たとえば、CD、レコード製作で完成した曲を再編集して、別な曲調を作り出す作業。

**リミッター** 周波数のある一定以上の強さを持つ電気信号を除去する装置。振幅制限器。オーディオ(音響装置)の録音・再生に使用。

**リミット** ①限界、限度。②期限。

**リミテッド・エディション** 限定版。

**リミテッド・パートナーシップ** 合資会社。

**リムジンバス** 旅客送迎用大形バス。空港と市内を結ぶ。

**リムパック** RIMPAC。環太平洋諸国海軍合同演習。

**リメイク** ①作り直す、再製作。②過去に上演された映画や舞台などを、そのままの内容で再上演すること。③化粧直し。リメークともいう。する

**リモート・コントロール** 遠く離れたところから機器類の操

作をすること。遠隔操作。略してリモコン。
**リモート・ジョブ・エントリー** 通信回線などを利用して、遠隔地にある端末機から、中心となるコンピュータのデータなどに一括入力できる処理方法。
**リモート・センシング** 遠隔探査。地上から放射される電磁波を人工衛星や航空機で捕らえ、地球上の物象を写真映像化し、その情報からさまざまなデータを得ること。環境破壊状況や地表・海面温度分布などに応用される。
**リモート・ピックアップ** 放送局やスタジオ以外の所から行う中継放送。現場中継。
**リモコン** ⇒リモート・コントロール
**リュージュ** ①滑走用小型木製そり。ブレーキやハンドルはなく、手綱で操作する。同トボガン ②1人または2人乗りの木製そりで、氷のコースを滑降してスピードを競うもの。冬季オリンピック正式種目の一つ。→ボブスレー
**リユース** 容器などを再使用すること。
**リュート** マンドリンに似たヨーロッパの楽器。
**リユニフィケーション** 再統合。再統一。
**リョフィリゼーション** 凍結乾燥。血液・血清・ワクチン・細菌などを急冷した後に、真空乾燥させて保存する貯蔵法の一つ。
**リライアビリティー** ①信頼度。信頼性。②電子機器などのさまざまな装置が故障しないで安定して、有効的に一定期間機能する度合。
**リライト** 原稿・記事などの文章を書き直すこと。する
**リラクセーション** くつろぐこと。息抜き・休養すること。緊張を解くこと。
**リラクタンス** ①行動をおこす気になれないこと。②磁気回路の磁束に比例する抵抗力。磁気抵抗。
**リラックス** 緊張をほぐすこと。くつろぐこと。する 例〜して聞いてください
**リラン** ①再放送。再上演作品。②中断したコンピュータの処理作業や操作の再実行。
**リリー** ユリ。
**リリース** ①解放、放免。②CDなどの新発売。③映画の封切り。公開。④ボールを手から離すこと。⑤釣った魚を逃

がしてやること。⑥カメラのシャッターを作動させること。 する

**リリカル** 叙情的。 ～な

**リリシズム** 感情や情趣をそのまま表現する叙情詩的な趣。叙情性。

**リリック** 叙情詩。対エピック

**リレーショナル・データベース** データを表組みで表現し、表の一部抜き取り・統合・検索・更新などの表組み操作を行うデータベース。→データベース

**リレーションシップ** 関係、親族関係。

**リレーションシップ・マーケティング** 顧客との関係を重視するマーケティング戦略。

**リロケーション** ①配置転換。移転。②リロケーション・サービスのこと。

**リロケーション・サービス** 転勤者の留守宅の管理や、不在期間中の借家人の斡旋をする生活関連サービス業。

**リロケータブル** コンピュータの領域内のどこの位置でも実行可能なプログラム。

**リンク** ①鎖の輪、環。② する 結び付けること。つなぐこと。③機械の連結軸。④スケート場。

**リングイネ** 平たく細長いパスタ。

**リングウィスティックス** 言語学。

**リンクス** ①ゴルフ場。②やまねこ。

**リンク制** 貿易制度の一つ。輸出を条件として輸入を認める貿易方法。

**リンク・トレーナー** ①航空機操縦演習装置。アメリカのリンクが発明した、計器飛行を地上で練習する装置。同フライト・シミュレーター ②自動車の運転練習のために、視聴覚装置を使って行う模擬運転装置。同ドライブ・シミュレーター

**リング・ネーム** プロレスラーなどが試合をするときにつける名前。

**リング・プル** ジュースやビールの缶の開け口に環がついていて、引っ張ることにより開く型式のもの。同プルタブ

**リングワンデルング** 環状彷徨。登山者などが吹雪や濃霧のため方向を見失って、同じ場所をぐるぐると歩き回ること。

→ホワイトアウト
**リンケージ** ①連鎖。接続。連結。連動。関連。②国家間の複数の問題を関連づけて交渉し、双方で譲歩しながら解決させる外交交渉手段。③たとえば両親の組み合わされた特質がそのまま次世代に遺伝する、メンデルの独立法則に従わない遺伝学上の現象。

**リンデンバウム** 菩提樹。

**リンパ** 栄養物の運搬、免疫抗体の輸送、老廃物の排除などを行う体液。リンパ液。

**リンボー・ダンス** 低い棒を反りながらくぐり抜ける曲芸ダンス。

**ルアー・フィッシング** 疑似餌による釣り。ブラックバスなどを釣る。

**ルーキー** ①野球などでの新人選手。②新入り、新入社員。

**ルージュ** ①口紅。②赤。

**ルーズ・ソックス** 足首までたるませて履く靴下。女子高生の間で流行した。

**ルーズ・フィット** ゆったりした作りで、しかも体に合っている洋服。

**ルーズ・リーフ** 用紙が自由に取り外せたり、挿入できたりするノート。

**ルーター** 複数のコンピュータ・ネットワークからの情報の伝送経路を制御する装置。

**ルーチン** ①日常業務。型通りの決まりきった仕事。ルーチン・ワークともいう。②コンピュータがまとまった特定機能を実行するために用意した一連の命令群。プログラム構成要素の一つ。

**ルーチン・ワーク** 日常の決まりきった変わりばえしない仕事。

**ルーツ** ①祖先、始祖。②精神的な故郷、よりどころ。③起源。

**ルート** ①植物の根。根元。②基底。根本。原因。③（数学

の)平方根を表す符号√の呼称。根号。④(数学の)多項方程式を満たす数。根。⑤(言語学の)語根。語幹。⑥(音楽の)和音の基礎音。根音。⑦経路。道路。

**ルート・セールス** ①巡回販売。会社で決められた担当地区内の企業や顧客だけを対象とする販売方法。②製造業者が中間販売業者を通さずに、直接特定の得意先に対して定期的に巡回して販売と配送をすること。

**ルート・ビア** 草木の根などを発酵させてつくったコーラに似た炭酸飲料。

**ルーバー** ①よろい格子。細長い何枚もの薄板を窓・壁面・換気口・照明器具などに、すき間を開けて取りつけた格子。換気、日光・光量の調整、目隠しなどを目的としている。②(自動車の)放熱孔。ボンネットに何本も並べた放熱のための細長い空気抜き。

**ルービック・キューブ** 9分割された立方体の各面の色をそろえる立体パズル。ハンガリーの建築家ルービックが考案。

**ルーフ** 屋根。

**ループ** ①ひもや糸でつくった輪。②輪の形をしたもの。③飛行機の宙返り。④ふわりと浮かしたサッカーのシュート。⑤フィギュア・スケートでの回転技の一つ。⑥コンピュータのプログラムで同じ命令が繰り返し処理されること。⑦ループ・ラインの略。

**ループ・アンテナ** 導線を円形や四角形に巻いた輪型アンテナ。方向探知力にすぐれていて、受信や測定に用いられている。

**ルーフィング** 屋根瓦の下地用建材。厚紙状繊維品にアスファルトを浸透させた防水建材。

**ルーフ・ガーデン** 屋上庭園。ビルなどの屋上に造られた庭園。

**ループ・シュート** ⇒ループ④

**ループタイ** 留め具を使うひも状のネクタイ。

**ループホール** 抜け道。(法律などの)抜け穴。税制上の盲点。

**ループ・ライン** ①大都市内を走る電車の環状線。②線路敷設方法の一つ。山などの急勾配地に鉄道を敷く場合、線路を環状にして徐々に高地に登っていくようにしたもの。③

環状道路にして、登坂傾斜角度を緩やかにしたもの。→スイッチバック

**ルーペ** 虫めがね、拡大鏡。

**ルーミング** 家具を少なくして限られた部屋の空間を生かしたり、壁紙を張り替えたりするなどの上手な部屋の使用法。

**ルーム・シェア** 他人同士で一室借りて共同生活すること。

**ルーム・ナンバー** 部屋番号。

**ルームメイト** 下宿や寮での同室者。

**ルーメン** 光束(光エネルギーの流れ)の単位。1ルーメンは、1カンデラ(光度の単位)の点光源を中心に、半径1メートルの球面上の1平方メートルの面積を、1ステラジアン(立体角の単位)の立体角に投射する光束。記号はlm。

**ルーラー** ①支配者。統治者。主催者。②定規。

**ルーラル** 農村の。田園の。田舎に住む。対アーバン

**ルーラル・ソシオロジー** 農村問題を研究する農村社会学。

**ルクス** 照度の単位。1ルクスは1カンデラの光源から1m離れたところの照度。記号はlx。

**ルコンポゼ** 対象を完全に解体し、作者の感覚的造形美に沿って組み立て直す立体派の一つの手法。再構成。

**ルサンチマン** 恨み、憎悪、敵意、遺恨。

**ルシフェラーゼ** ホタルなどの生物が発光するとき、ルシフェリン(生物体内にある発光タンパク質)を酸化させる触媒作用を持つタンパク質性発光酵素。

**ルダンゴト** ①広い肩・細いウエスト・広がった裾が特徴の婦人用コート。②男性の昼用礼服。

**ルチン** 配糖体の一種。ソバ・トマトなどの植物や卵黄に含まれ、毛細血管の強化作用があり、無臭で淡黄色の結晶状粉末。脳内出血・放射線障害・網膜出血などの予防と治療のための血管補強剤・止血剤として用いられている。

**ルック・アップ・テーブル** たくさんのデータを持つデータ・ベースを起動するとき、操作手順・方法を検索したり、効率よく行うためのデータ見出し語一覧表やコマンド・メニュー(作業指示一覧表)など。

**ルック・イースト政策** 「東方を見よ」政策。1981年マレーシアのマハティール首相が提唱し、西ヨーロッパに代わって、日本や韓国などアジアの先進国を見習おうとする政府

**ルックス** 容貌。見た目。

**ルネッサンス** ①再生、新生。②文芸復興。③復興(期)。ルネサンスともいう。

**ルバート** 音の長さに微妙な変化をつけて、流れを壊さない程度に演奏速度を自由にくずし、感情豊かに表現しようとする音楽技法の一つ。同テンポ・ルバート

**ルバシカ** ロシアの民族衣装の一つ。身ごろはゆったりとしていて、首は詰め襟で、襟や袖口などに刺繡を施し、胴をヒモやベルトで締めて着用する男性用上着、またはブラウス。

**ルビ** ふりがな。ふりがな用の小活字。

**ルビー** 宝石の一つ。紅玉。7月の誕生石で「愛情と威厳」の意味を持つ。

**ルプソアール** 絵画描写技法の一つ。遠近感を強調するため前景に描かれている濃い色彩の家や木立などの影部分。

**ルブリカント** 摩擦を少なくするために注入されるオイル。潤滑油。

**ルポライター** 取材記者。探訪記事の記者。

**ルポルタージュ** ①現地報告記事、探訪記。②記録文学。ルポともいう。

**ルミナール** 催眠力が強く、持続性がある無臭白色の結晶・粉末状の催眠剤・鎮痛剤の一つ。

**ルミネッセンス** 冷光。光・熱・X線・放射線など化学・機械的な外からの刺激で、熱を伴わない発光をする現象。蛍光灯・テレビ画面などに使われるほか、ホタル・夜光虫の発光や燐光も含まれる。

**ルミノール・テスト** ルミノールと過酸化水素との混合液を血痕につけると、青白色の強い化学発光をすることを利用した血痕の検査法。肉眼では見えない血痕や水で洗い流した洋服などの血痕でも発光するため、犯罪捜査の血痕の鑑識に利用されている。

**ルンゲ** ①肺。②肺結核の俗称。

**ルンゼ** 山腹や急な岩場にある山溝・岩溝。水の浸食作用によって岩壁などにできた急傾斜の溝。

**ルンペン** ぼろを着て町を歩く浮浪者。

## レ

**レア** ①~な 珍しい、まれな、貴重な。②ステーキの焼き加減で、生焼き状態をいう。→ウェル・ダン

**レア・アース** 希土類元素。光学レンズ・高機能磁石・蛍光塗料・セラミック系高温超電導材料などに用いられるスカンジウム・イットリウムにランタノイド系元素群を加えた金属元素の総称。

**レア物** 少量で手に入れることが困難な商品。

**レイ** ハワイで歓迎の意味を込めて、訪れる人の首にかける花輪。

**レイアウェー・プラン** 予約月賦制。頭金を出して商品予約をした後、月割りで代金返済を行い、全額支払ってから商品を受け取る購入方法。

**レイアウト** ①ある空間でのものの配置。②新聞や書籍などの紙面の割り付け。

**レイオフ** 一時解雇(休職)。企業の経営不振などのため従業員を一時的に、復職権のある解雇状態にすること。日本では休業手当を支払わなくてはいけない一時帰休制をさすこともある。

**レイジー** 怠惰な。無精な。~な

**レイシズム** 人種差別主義、人種の偏見、人種差別政策。

**レイトカマー** ①新入者。新参者。②遅刻者。

**レイト・ショー** 深夜興行。夜9時以降に行われる映画上映。

**レイニー・デー** 雨天。まさかのとき。被災時。いざというとき。困ったとき。

**レイバリズム** 労働階級による社会支配を目標とする思想。

**レイブ** クラブやディスコで行われるライブパーティー。

**レイプ** 強姦。婦女暴行。

**レイマン・コントロール** 一部の政治や行政を一般の人に一部ゆだねる運営方法。

**レイム・ダック** ①再選されないことが確実な任期満了間近の大統領や議員。②倒産がほぼ確実視されている企業のこと。

**レイヤード・カット** 髪の下方を長めにして、上へ行くほど短くするヘア・カットの技法の一つ。→グラデーション・カット、ワン・レングス・カット

**レイヤード・ルック** 長袖のシャツの上に半袖のジャケットを着たりする重ね着をした服装。

**レイヨニズム** 1913年ラリオーノフが主唱した絵画思想。物体に反射する光を追求して絵画表現しようという光線主義論。抽象画の先鋒となった。

**レイン** 雨。

**レインボー** 虹。

**レインボー・フィッシュ** 体色が美しい熱帯魚のこと。特に雄のグッピーをさす。

**レーガノミックス** 元アメリカ大統領レーガンとエコノミックス(経済学)との造語で、レーガン流経済学の意。大幅減税・財政支出削減・金融緩和・通貨供給量抑制を中心としたレーガン政権の経済政策。この政策は財政赤字急増、貿易赤字の一因となった。

**レーザー** 分子の固有振動を利用した電磁波の発生・増幅させる装置、あるいはその光線。

**レーザー・スキャナー** 多色のレーザー光線で文字や図を読み取れる装置。

**レーザー・プリンター** レーザー光線を光源とし、乾式コピー機の原理を応用したプリンター。特に図形印刷がきれい。レーザー・ビーム・プリンターともいう。

**レーザー・メス** レーザー光線でメスのように体を切る医療器具。

**レーシオ** ①比率。割合。②株価収益率。株価水準の判断に利用される、1株当たりの企業収益と株価との比率。

**レーション** ①(食料などの)配給量。割当量。②軍隊の食糧と非常用携帯食糧。

**レース・クイーン** 自動車レースでスポンサーの広報活動や優勝者への賞品授与など、レースを華やかな雰囲気にする女性。大胆な水着姿でいることが多い。

**レーズド・ネック** 身ごろから首のラインにピッタリと沿って立っている襟。→スタンド・カラー

**レーゼシナリオ** 読むことを目的に書かれた上演されない脚

本。
**レーダー・ゾンデ** 電波反射板をつけた気球をレーダーで追跡し、高層の風速や風向を測る装置。
**レーダー・チャート** 統計値を図表化したもの。数値の偏りなどを図で表すので、長所・短所などの傾向が一目でわかるようになっている。経済・スポーツ・健康・教育など幅広い分野で利用されている。
**レーダー・ビーコン** 航空機や船舶に搭載されている電波探知機からのレーダー信号だけに反応する自動受信応答装置。
**レーティング** ①評価すること。②(企業・人の)信用度、格付け。③(ヨットや船舶の)等級。④(チェスや将棋の)実力評定。評定のための対局。⑤テレビ視聴率。ラジオ聴取率。⑥映画の観賞制限表示。
**レート** ①比率、割合。②為替の交換比率。
**レーバー** 労働者。
**レーバー・キャンプ** ①捕虜などの強制収容所。②季節労働者用宿泊施設。
**レーバー・ターンオーバー** 会社に対して漠然とした不安感から従業員が転職する現象。
**レーバー・デー** アメリカやカナダで9月の第1月曜日とされている労働者のための祭日。日本やヨーロッパの「メーデー」と同じ。
**レーバー・フォース** 労働力。労働者人口。
**レーバー・ユニオン** 労働組合。労働団体。
**レーベル** ①商品に貼ってある名称・内容・使用方法・製造年月日などが表示されている紙の札。**同**ラベル ②レコード会社。③レコードの中央部に貼ってある曲名・演奏者名などを印刷した商標。
**レーヨン** 人造絹糸。木材パルプなどのセルロースを原料にした再生繊維。
**レーン** ①路地。②車線。③競技上のコース。④ボウリングでボールを転がす床。
**レーンジャー** ⇨レンジャー
**レオスタット** 可変抵抗器。連続・断続的に抵抗値を変更することができる機器。

**レオタード** 伸縮に富んだ上下続きの体に密着したスポーツ着。

**レオロジー** 流動学。生物細胞・プラスチック・油など広範囲な物質の変形・流動性・粘着性・弾性・構造などを、旧来の学術分野の枠を超えて研究する学問。20世紀に入って生まれた。

**レガーズ** スポーツ選手や審判員が付ける防護用のすね当て。

**レガシー** 遺産。遺言で相続人以外に財産などを贈ること。

**レガッタ** ボートやカヌーの競技大会。

**レキシコグラフィー** 辞書学。辞書編集法。

**レキシコン** ①辞典、辞書。②語彙(ごい)集。

**レギュラー** ①規則的、定期的、通常、対イレギュラー ②スポーツで正選手。③レギュラー・ガソリンの略。

**レギュラー・ウェー** 株式の普通取引。株式売買契約日を含めて4日目に現物引き渡しを行う取引方法。4日目決済取引とも呼ばれている。

**レギュラー・ガソリン** オクタン価が90前後で一般的に利用されているガソリン。

**レギュラー・コーヒー** 豆を煎ってひいて入れた本格的コーヒー。

**レギュラー・チェーン** 正規連鎖店。各地(地区)にある支店・店舗を一社で所有し、中央で統括・管理している組織企業体。チェーン・ストア。→ボランタリー・チェーン

**レギュレーション** ①規則。法規。条例。②調整。管理。統制。③(モーター・スポーツでの)特別規則。FISA(国際自動車スポーツ連盟)が取り決め、競技規則などが記載されている特別規則書。

**レギュレーション・キュー** アメリカ連邦準備制度理事会(FRB)が定める銀行預金利率の最高限度。1980年、金融制度改革法に基づき上限規制は徐々に撤廃され、現在ではほとんど自由化されている。Qは連邦準備法で決められているAからZまでの規定のうち、Q項の規定をさす。

**レギュレーター** ①調節(調整)装置。②スキューバ・ダイビングのときに使う高圧空気の入った呼吸調整器。③取り締まりを行う人。調整役。

**レギンス** ①軍人用革製ゲートル(すねあて)。脚絆(きゃはん)。②細めの幼児用長ズボンの一つ。裾につけたゴムなどの輪を土踏まずに掛ける形式のもの。ピッタリした毛糸の幼児用長ズボン。

**レクイエム** ①ローマ・カトリック教会で行われる死者のために祈るミサ。②死者を祭るミサ曲。③鎮魂歌。鎮魂曲。

**レクタングル** 矩形(くけい)、長方形。

**レクチャー** ①講義。講演。②要旨・状況説明。→ブリーフィング

**レクチャー・コンサート** 音楽史などの講演(講義)とそれに関連した音楽演奏の両方を行う催し。

**レクチン** 細胞膜の糖の部分と結合して、細胞分裂を誘発したり、細胞の凝集反応などをおこす物質。動植物や細菌などから検出される。

**レクリエーショナル・ビークル** 休暇や保養のときに使う自動車。ワン・ボックス・カーや四輪駆動車など野外レジャー向きの車。略RV →ワン・ボックス・カー

**レクリエーション** 余暇を利用して運動や娯楽で心身の疲れをいやし、英気を養うこと。そのための娯楽や休養のこと。

**レクリエーション・ハイツ** 雇用促進事業団が丘陵や山麓に建設する、勤労者の有効的余暇活用を目的とした施設。宿泊施設のほか、研修や娯楽設備もある。

**レクリエーション療法** 団体の一員として行う娯楽や活動を通して自閉症などの精神的障害を克服しようとする治療法。

**レゲエ** 1970年ごろジャマイカで誕生したラテン音楽の一つ。

**レコーディング** 録音すること。する

**レコード・スリーブ** レコードを収めてある紙のカバー。同レコード・ジャケット

**レコード・タイム** 水泳、陸上競技、競馬などの時間を競う競技での最高記録。

**レコード・ブレーカー** 記録破り。競技などで新記録を打ち立てた人。

**レコード・ホルダー** 記録保持者。競技などで世界記録や日本記録などの最高記録を出した人。

**レコンキスタ** 国土回復・奪回運動。イスラム教徒が占領していたイベリア半島を奪回しようとしたキリスト教徒の国土回復・奪回運動。711年から1492年まで続いた。

**レザー** ①皮革、皮革製品。②安全カミソリの刃。

**レシート** 領収書。レジスターで印字された受取り。

**レジーム** 体制。社会制度。

**レジェンド** ①伝説。説話。伝説文学。②聖徒伝。聖者伝。

**レシオ** ⇒レーシオ

**レジオネラ菌** 土壌、水、空調用の冷却水などに生息するグラム陰性桿菌(かんきん)。抵抗力の衰えた病人やお年寄りが感染すると急性肺炎に似た症状が現れる。

**レジオン・ドヌール** ナポレオン1世が制定したフランスの名誉勲章。最高勲章で、5階級に分かれ、国家への功労者に対して大統領が直接授与する。

**レジスタード・トレードマーク** 商標登録。記号は®。

**レジスタード・プレーヤー** 日本アマチュア規定の緩和により発生した、賞金を受け取れるテニス・プレーヤー。

**レジスタンス** ①抵抗、反抗。②権力や侵略に対する抵抗運動。特に第二次世界大戦中のナチス占領下のフランスで起こったもの。

**レジストレーション** 記録。登録。登記。記載。**例**〜カード(ホテルのチェックインのときに記入するカード)

**レシチン** リン脂質の一種。動物の脳・神経細胞や大豆・卵黄・チーズなどに含まれる黄色ろう状の粘質物。乳化剤や酸化防止剤として使われる。

**レシテーション** ①暗誦。朗読。復唱。②(アメリカの)口頭での質疑応答を交えた授業。

**レジデンシャル・ホテル** 宴会場や結婚式場などがない、長期滞在者向けホテル。

**レジデンス** ①住居。②高級分譲アパート。

**レジデント** 専門医学実習生。医師国家試験合格の後、臨床実地修得のため、一定期間病棟医として研修する医師。またはその制度。→インターン

**レシピ** ①料理のやり方。調理方法。飲物の作り方。②調合方法。処方箋。

**レシピエント** ①受取人。受領者。②移植手術で臓器提供を

受ける患者。対ドナー

**レジビリティー** 判読性。文字の大きさ・書体・字間・行間からレイアウト(文字や写真などの効果的配列・割付技術)までを含めた読みやすさ。

**レシプロシティー** ⇒リシプロシティー

**レジメ** ⇒レジュメ

**レジメンタル・ストライプ** ネクタイに使われるイギリス近衛連隊旗の配色の比較的太い縞模様。

**レジャー・ストック** 余暇株。多種多様な余暇利用により利益を受ける観光会社や娯楽場などの産業株。→リビング・ストック

**レジャー・ランド** 娯楽施設。遊園地。

**レジュメ** ①要約、概略、大意。②履歴書。レジメともいう。

**レジン** (天然)樹脂。松やに。薬品・プラスチック・ワニス(木工品や油絵の表面に塗る塗料)などの原料の一つ。

**レスキュー** 救援、救助。例〜隊

**レストア** ①元の状態に戻す。②(建築物や絵画を)復元する。③(健康を)回復する。④(元の地位に)復帰する。

**レスト・ルーム** 公共施設や企業のトイレ、化粧室。休息室。

**レズビアン** 女性の同性愛者。略してレズともいう。

**レスピレーター** 人工呼吸器。呼吸停止・不全状態や全身麻酔手術のときに用い、人為的に一定間隔で一定量の空気を肺に送り込む装置。

**レスポンス** ⇒リスポンス

**レセ・フェール** 自由放任主義。無干渉主義。イギリス古典経済学者やフランス重農主義者が主唱した、企業の自由や私有財産に対する国家干渉を最小限に制限させようとする考え方。

**レセプショニスト** ホテル・病院・会社の受付係。フロント係。

**レセプション** ①受付。ホテルのフロント。②歓迎会。

**レセプター** 受容体。生物体内にあり、外的刺激を受容する器官・細胞など。また細胞膜にあり、ホルモンなどの生理活性物質や薬品を受け取ると同時に反応をおこす部位。たとえば目は光の受容体といえる。

**レセプト** 受診報酬請求明細書。病院や診療所が健康保険な

どの保険で診察した場合、医療費負担分の明細書を毎月1回公的機関の支払基金に提出し、これに基づいて健康保険組合などから支払いを受けるもの。

**レゼルブ** 貯蔵物。とっておきの・年代物のお酒。リザーブともいう。

**レゾー** ①網。網状のもの。②細かい網目模様のレース生地。

**レゾン・デートル** 存在価値。存在理由。

**レゾン・デタ** 国家的理由づけ。国家が法・宗教・道徳などよりも優先するという行動理論。

**レター・オブ・インテント** 発注内示書。商品取引などで双方が合意するまでに、原料価格の高騰などの危険性を生じたりするため、大筋段階で内定として出すもの。

**レター・オブ・クレジット** (貿易の)信用状。銀行が輸入業者を保証するために発行する証書。略L／C

**レター・ジャケット** 学校の英文名の頭文字や校章が背中や胸についているジャケット。

**レタージン** ファンクラブなどの会員対象の会報。ニューズレター(会報・月報・年報など)とマガジンの造語。

**レター・ヘッド** 便せんの上部欄外に印刷された個人名や住所、電話番号など。

**レターボックス** ①郵便受け。郵便箱。②映画をテレビ画面に合わせないで、そのまま放映すること。9×16インチの画面以外のテレビ画面では上下が黒い状態で映像部分が横長になり、封筒の形に似ているため。

**レタックス** 電子郵便。郵便局で受付け、高速ファクシミリを使って即日配達してくれるサービス。

**レタッチ** 絵画・写真・文章・オフセット印刷用フィルムなどに加筆・補筆して修整すること。

**レタッチ・ソフト** パソコンソフトの一つ。入力した絵や写真を修正するソフト。

**レタリング** 文字にデザインを施すこと。広告などの視覚的効果。

**レッグ・ウォーマー** ひざ下から足首までを暖めるためのニットでできた防寒具。

**レッサー・パンダ** ネパールからヒマラヤ東部にかけての森林に多く棲息する長い尾を持つパンダ。

**レッスン・プロ** ゴルフやテニスの技術指導をする職業選手。
**レット** 競技審判によるサーブのやり直しを命じる宣告用語の一つ。
**レッド・アイ** ①写真での赤目。フラッシュで瞳が赤く写ること。②過労・長旅・時差などから睡眠不足になったとき、ウサギのように目が赤くなる現象。
**レッド・カード** サッカーでイエローカード2枚に相当する赤色カード。退場処分になる。
**レット症候群** 主に生後1歳半未満頃までの女児に発生し、知能の遅れによる言語障害や運動能力の低下などをもたらす進行性の神経疾患。
**レッド・データ・ブック** 国際自然保護連合(IUCN)が発刊した、絶滅寸前の動植物をランク分けしてある赤い表紙の刊行物。日本でも環境庁によって1989年に発刊され、絶滅の恐れのある野生生物を一覧表にして、分布や生息状況を詳しく記載している。
**レッド・テープ** ①公文書を結ぶ赤い紐。②官僚型形式主義。お役所仕事。形式的な手続きのやり方。
**レッド・ネック** ①日焼けで首が赤くなること。②アメリカ南部の貧しい白人労働者や農民に対する俗称。
**レッド・リスト** 絶滅の恐れがある世界各地の野生動物のリスト。→レッド・データ・ブック
**レディース** ①女性の暴走族、女性の不良。②女性の。
**レディース・コミック** 20代の女性を読者対象にしている漫画雑誌。
**レディース・デー** 商店や映画館が女性限定で料金割引などの特典を与える日。
**レディース・ハロー・ワーク** 女性専用の職業安定所。
**レディー・トゥ・ウェア** 既製服。各種サイズ・デザインなどが用意されていて、顧客の要望にすぐ応えられる洋服。
**レディー・ファースト** 女性を尊重し優先する欧米での慣習。
**レディー・ミックス** ①工場であらかじめ混合して、ミキサー車などで現場へ運ばれるコンクリート。②製造段階で材料を調合して、すぐに食べられるようになっている食品。

即席食品。

**レディー・メード** ①出来合いの。既成の。②洋服などの既製品。対オーダー・メード

**レディネス** 児童・生徒が効果的な学習をするために必要な身体的発達・経験・知識などが準備されている状態。学習受入態勢。

**レディネス・テスト** 学習到達度テスト。児童・生徒などの理解度を測るためのテスト。

**レトリック** ①修辞学。美辞学。効果的な文章表現の技法と体系。②じょうずな言い回し。口先だけの巧みなごまかしや美辞麗句、また誇張表現。

**レトルト食品** 即席食品の一つ。調理済みのカレーなどの食品をアルミの袋などに入れて、高圧・高温で殺菌して密封したもの。

**レトロ** 懐古的、回顧的、復古調、懐古趣味。～な 同レトロスペクティブ

**レトロウイルス** 逆転写酵素を持つ、単鎖リボ核酸(RNA)を遺伝子とするウイルス群の総称。大多数は腫瘍(がん)ウイルスだが、エイズ・ウイルスのように発がん性ではないものもある。→エイズ・ウイルス

**レトロ・エンジン** 逆推進ロケットエンジン。ロケットの前方部分と切り放した部分が衝突しないようにしたり、大気圏再突入のときの減速にも用いられる。

**レトロフィット** ①過去の事物が現代に、また未来へ存続するという考え方。②旧式な機械を改造して新型に直すこと。たとえば手動式機械の数値制御(NC)化。③建物や設備の改装。

**レトロ・ブーム** 過去のファッションや家具などに注目が集まり流行すること。

**レトロランニング** 後ろ向きになって走る競走。

**レバー** ①機械を操作する取っ手の棒。②てこ。③食品としての肝臓。例～ペースト

**レパートリー** ①いつでも演奏・上演できる曲目や演目。②自信のある領域・分野。

**レパートリー・システム** 演劇やオペラ劇場があらかじめ上演種目を決めておき、毎晩または数日ごとに上演作品を変

**レバレッジ効果** 借入金などの他人資本で投資を行い、借入利息よりも高い自己資本利益を上げること。他人資本効果。

**レバレッジ・リース** 賃貸人が賃貸物件購入資金の大部分を長期借り入れして賃貸経営する方法。借入返済期間を物件の法定耐用年数より長くすることにより、税法上有利となる。

**レビテーション** 念力や心霊術により物体を空中に浮揚させること。

**レビュー** ①批評。雑誌に書かれる評論。書評。例ブック～（新刊書評） ②再検討。再調査。③音楽・舞踊・寸劇・歌などを組み合わせた多彩な娯楽性の強い舞台芸術。

**レピュディエーション** 支払い拒否。債務国が勝手に破産宣告をして債務返済をしないこと。

**レピュテーション** 評判。評価。世評。名声。

**レビレート婚** 夫が死んだ後、夫の兄弟と再婚する婚姻形態。兄弟逆縁婚。対ソロレート婚

**レファレンス** ①参照、参考。②照会。③参考文献。リファレンスともいう。

**レファレンス・サービス** 図書館などが参考資料収集や情報提供をしたり、利用者の問い合わせに対する調査や回答をする業務。

**レファレンス・ブック** 参考文献、参考書。

**レファレンス・レンジ** 参考相場圏。外国為替相場で各国が合意した変動許容範囲。為替相場安定のための協調介入をする場合の目安となる相場。

**レファレンダム** 国民投票。人民投票。住民投票。憲法改正など国にとっての重大事項を国民の投票によって決定する直接民主制の一形式。

**レフェリー** 審判員。主審。

**レプタイル** ヘビ・トカゲ・ワニなどの爬虫類。

**レプタイル・レザー** 爬虫類の革。

**レフティー** 左ききの人。おもにスポーツ選手についていう。

**レフュジー** 難民。避難民。亡命者。逃亡者。

**レプリカ** ①写し。模写。模作。②模造品。原形を忠実に再現した複製品。たとえば優勝カップの長期保存のための複

製など。

**レプリケーション** ①(生物学上の)複製。特に遺伝子を構成するデオキシリボ核酸(DNA)の自己複製をさす。②(統計上の)一定条件のもとで行われる反復実験。

**レプリゼンテーション** ①描写。表現。②(絵画や彫刻など)芸術全般。③主張。詳細説明。④代表団。議員団。販売代理。

**レフレクター** ⇨リフレクター

**レフレックス・カメラ** レンズを通った被写体からの光をプリズムや反射鏡で焦点ガラスに送ることにより、フィルム画像と同じ画像で焦点や構図を決められる型式のカメラ。レフと略すことが多い。一眼レフは撮影用と焦点用レンズが同じもの、二眼レフは撮影用と焦点用レンズが違うもの。

**レベニュー** 歳入。収入。

**レベニュー・ニュートラル** 景気への悪影響や財政赤字の深刻化を防止するため、増減税による税収の増減を同額にする税制改革。

**レベリング** 業務状態により作業進行の度合い・水準を調整すること。

**レベル・アップ** 技能などの水準を高くすること。する 対 レベル・ダウン

**レポーティング・システム** 報告制度。命令された業務の結果を上位者に報告する方式。

**レポート** ①報告書。調査書。②学生の論文。③テレビなどの現地報道。リポートともいう。する

**レポ船** 北方領土海域の禁漁区で、旧ソ連の警備船に日本の防衛関連などの情報や電子機器類を渡して、その見返りとして操業を黙認されていた日本の漁船。

**レボリューション** 革命、変革。

**レミニセンス** ①記憶。追想。回想。②記憶した事柄が覚えた直後よりも、ある程度の時間を経過してからのほうが思い出されやすいこと。

**レム睡眠** 体は熟睡していても、目覚めているような脳波を発しているため急速な眼球運動が行われる睡眠状態。夢を見ているときに起こるといわれている。

**レモン・スカッシュ** レモン果汁と炭酸水を混ぜた飲み物。

略してレスカ。
**レリーフ** 浮き彫り彫刻。
**レンジ** ①熱源としてガス・電気などを用いる天火やコンロがついている調理機器。②(分野や数学上の)領域。範囲。最大と最小値の差。③(統計としての)領域・分布幅。影響・変動などの範囲。④(競技場での)距離。(ミサイルなどの)射程距離。⑤ボウリング投球の目安となる、レーン手前につけられているいろいろな目印。
**レンジャー** ①森林警備隊員。②ある任務を負った特殊部隊。レーンジャーともいう。
**レンズつきフィルム** フィルム装填されている使い捨て簡易カメラ。ストロボ内蔵型・パノラマ撮影型・簡易防水型などがある。
**レンタサイクル** 貸し自転車。
**レンダリング** ①自動車や家電製品などの工業デザインで、製品化前に各担当者に製品イメージを理解してもらうため、できる限り本物らしく表現した絵図や模型。→モデリング ②コンピュータ・グラフィックスを利用した本物そっくりの画像作製。
**レンタル** 賃貸料を払って借りること。主に短期。する
**レンチ** ボルト(雄ネジ)やナット(雌ネジ)の頭をはさんで、締めたりゆるめたりするときに使う工具の一つ。スパナ。
**レント** ①音楽の速さを表す標語の一つで「遅く、ゆっくりと」の意。②地代。家賃。賃貸料。
**レンニン** 牛乳のタンパク質を凝固させる働きを持つ酵素。子羊や子牛の胃液の中にある。
**レンネット** レンニンと同じ働きをもち、チーズを作る場合などに利用される。

**ロイシン** 必須アミノ酸の一つ。たんぱく質に含まれている。
**ロイター指数** 1931年9月18日の相場を基準の100として、ロイター通信社(イギリス)が発表している商品相場指数。
**ロイドめがね** 太いセルロイド縁の丸めがね。喜劇俳優ハロ

ルド・ロイドの格好から。
**ロイヤリティー** ①印税。特許権・著作権・鉱区などの使用料。例〜を支払う ②王権。王位。王族。ロイヤルティーともいう。
**ロイヤル** 忠義な。忠実な。
**ロイヤル・ゼリー** ミツバチからの分必液。健康食品として注目されている。
**ロイヤルティー** ⇒ロイヤリティー
**ロイヤル・ボックス** 貴賓席。王室用の特別席。
**ロイヤル・ミルクティー** 濃く入れた紅茶に温めたミルクをたっぷり入れたもの。イギリス王朝風の紅茶の入れ方。
**ロイヤル・ワラント** 王室御用達。王室から与えられた証明書。
**ロー・アングル** 低い位置から見上げた仰角。カメラ撮影などで用いられる。
**ロー・エンド** 大衆志向。廉価型の。最低価格帯の。対ハイ・エンド
**ローカリズム** 地方主義。郷土偏愛。地域第一主義。
**ローカル・エネルギー** それぞれの地方の気候・風土に合わせて自然から得られる、太陽熱・風力・水力(海洋)・地熱などのエネルギー。
**ローカル・カラー** 地方色。郷土色。
**ローカル・コンテント** 現地部品調達比率。海外から進出してきた自動車やOA機器類などを生産・販売する外国企業に対して、受け入れ国が一定率の自国製部品などを強制的に使用させる規制。
**ローカル・ターミナル** 企業内などで通信回線を通さずに、大型コンピュータの出入力回路と直接つながっている端末装置。対リモート・ターミナル
**ローカル・タイム** 現地時間。
**ローカル・ニュース** 地方のニュース。
**ローカル・ルール** ①ラグビーの国際機構(IRFB)が制定している競技規制とは別に、各国がそれぞれの事情によって採用する特別ルール。②ゴルフ・コースの地理的条件による特別規定。
**ロー・キー** 写真・映画・テレビの画像技術の一つ。照明の

光量を落とすなど画面全体を暗くして、微妙な陰影効果をねらった画調。ロー・キー・トーン。**対**ハイ・キー（ハイ・キー・トーン）

**ロー・コスト** 経費や費用があまりかからないこと。

**ローサルファ原油** 低硫黄原油。ミナス原油(0.1%)に代表される硫黄分が重量比で1%以下の原油。**対**ハイサルファ原油

**ローション** アルコール分を含む化粧水や整髪料。

**ロージン・バッグ** ロージン(松やにを精製した褐色や淡黄色ガラス状の塊)の粉を入れた小型の袋。野球選手が、ボールやバットのすべり止めとして使う。

**ロースター** ①肉や魚をあぶり焼きする器具。②丸焼き用の若鶏。

**ロースト** 肉などを火であぶったり、蒸し焼きしたりすること。

**ローズ・ヒップ** 野バラの実。赤い果実でビタミンCが豊富。ジャムやお茶に利用される。

**ローソン条件** イギリスの科学者ローソンが提唱した、重水素(D)や三重水素(T)を使って核融合を起こさせる場合、温度・密度・時間の三つで必要とする条件づけ。

**ローダー** ①(石炭などの)積み込み機。②負荷。荷重。③磁気テープやディスクなどの外部記憶媒体から、プログラムやデータをコンピュータの内部記憶領域内に転送し実行するプログラム。

**ロータークラフト** ヘリコプターやジャイロプレーンなど回転翼によって飛ぶ航空機。

**ロータリー・エンジン** ピストンとクランクを使わずに、丸みのある三角形の回転体により燃焼ガスの膨張過程を行い、直接回転運動を得る内燃機関の一つ。軽量・小型・高出力などを特徴としている。**対**レシプロ・エンジン

**ロータリー・クラブ** 1905年アメリカ・シカゴの弁護士ハリスによって創設され、社会奉仕・国際親善を目的とする実業家や知識人の国際的友好団体。この名前は、創設当時、集会会場を各会員の自宅持ち回り制にしたことに由来し、会員は各地区一業種一人と原則的に限定されている。

**ロータリー・クローゼット** ハンガーにつるされた洋服を楕

円形(円形)の金属パイプに掛け、それを回すことにより取り出しが容易にできる洋服収納回転戸棚。

**ローティーン** 10代前半の少年少女。その年齢。

**ローディング** ①カメラにフィルムを装てんすること。②ビデオやテープ・レコーダーにテープを装てんして録画・録音・再生すること。③荷物などの積み込み。

**ローテーション** ①回転、循環。②交替すること、持ち回ること。③投手の登板順序。④バレーボールでサーブ権の移動に伴って守備位置を順に変えること。⑤農業での輪作。

**ロー・テク** 日用品の生産など高度先端技術とは関係がない、従来通りの一般的な工業技術。ロー・テクノロジー。対ハイ・テクノロジー(ハイ・テク)

**ロード** ①積載量。荷重。②原動機やタービンなどの出力消費機械や消費効力。負荷。③磁気テープやフロッピー・ディスクなどから、プログラムやデータをコンピュータ内部記憶装置に転送・記憶させること。④道路。

**ロード・クリアランス** 自動車の最低地上高。自動車の車輪を除く最も低い部分と地面との間の距離。この数値が高いほど重心は高くなるが、荒れた路面での走破性がよくなる。

**ロード・ゲーム** プロ野球の遠征試合。自分たちの本拠地を離れて相手チームの本拠地で行う試合。対ホーム・ゲーム

**ロードサイド・ショップ** ①道路に面した洋品店。②都市郊外の幹線道路沿いにある小売店。都市の地価高騰により店舗面積の確保が困難なため、郊外を立地拠点とした店舗。

**ロード・ショー** 一般の封切りよりも早く上映する映画の特別興行。

**ロードスター** 基本的に2人乗りの2ドアで、折りたたみ式の幌(ほろ)がついているオープン・カー。

**ロード・プライシング** 混雑税(料金)などを課す道路料金制度。都心の道路混雑緩和のため、また自動車公害発生源対策のために考案された制度。

**ロード・ホールディング** 自動車走行中の多種多様な条件での安定性・路面安定度。例この車に~がよい

**ロード・マップ** 道路地図。

**ロード・ムービー** 主人公が旅や放浪を通じて変わっていくさまや、その間に起きたさまざまな出来事を描いた映画。

**ロー・ノイズ・テープ** 雑音を抑える磁性体を使用した録音テープ。

**ローバー・スカウト** 18歳以上のボーイ・スカウト。現在は16歳から20歳までの団員をベンチャー・スカウトと呼んでいる。

**ロー・ヒール** かかとの低い女性用の靴。対ハイ・ヒール

**ローファー** モカシンに似た特徴を持つスリッポン型(つっかけ型)の靴。足の甲の上を横切るベルトに1ペニー銅貨を入れたため、ペニー・シューズと呼ばれた。→モカシン

**ロー・ファット・ミルク** 低脂肪乳。脂肪分の少ない牛乳。

**ローブ・デコルテ** 宮廷礼装の一つ。袖なしで、襟を大きく開け、肩・背・胸の上部をあらわにし、裾が床まである女性の正式夜会用礼服。

**ロープ・トウ** ゲレンデの上と下を輪状のロープで結び、スキーヤーがそれを握り立ったまま斜面を登る簡易型リフトの一種。ロープ式けん引機。

**ローブ・モンタント** 長袖で襟を首筋に沿って立て、肩や胸をおおい、裾は床まである女性の昼用略礼服。

**ロー・ブロー** ボクシングの反則行為の一つ。ベルトラインよりも下の部分を打つこと。

**ロープロファイル・タイヤ** 自動車用扁平タイヤ。普通タイヤは高さと幅がほぼ等しいが、高さに対して幅が広いタイヤのこと。乗り心地が悪くなるため、主に自動車レース用として使われている。

**ロー・ポリティックス** 実務政治。軍事などでなく、経済・通信・環境・社会などを重要課題とする対外措置や外交。対ハイ・ポリティックス

**ローマ字** 古代ローマでラテン語を書き表すために用いた表音文字。現在、欧米言語で用いられている文字。

**ローマ数字** 古代ローマ起源の数字。Ⅰ(1)、Ⅳ(4)、Ⅴ(5)、Ⅹ(10)、L(50)、C(100)など。

**ロー・マテリアル** 素材。原料。

**ローマナイズ** 言語をローマ字で書くこと。ローマ字化すること。する

**ローム** 砂・粘土・微砂(シルト)がほぼ等量で混ざり合った黄褐色(赤褐色)の肥沃な土壌。例関東〜層(関東平野の

台地・丘陵に堆積している赤土)
- **ローヤー** 弁護士。法律家。法律学者。
- **ローラー** 円筒形の回転物。
- **ローラー・ゲーム** ローラー・スケートをはいた2チームが周回滑走しながら得点を競うスポーツ。
- **ローラー・ブレード** ローラーが一列に並べられたローラー・スケート靴。かなりスピードが出るためアイス・ホッケーの地上練習用として開発された。
- **ローラー・ミル** ①ローラー型製粉機。原料をローラーの間に通して押しつぶす装置。②岩石粉砕機。うすの底のローラーを回転させ、石を砕く装置。
- **ローライズ** 股上の浅いズボン。
- **ローリエ** 月桂樹。南ヨーロッパ原産で、実から油を採り香料の原料や食用油として利用される。葉の部分は競技優勝者の冠にしたり、乾燥させてスープ、シチュー、カレーなどの風味つけに使われる。
- **ロー・リスク、ロー・リターン** 不安材料が少ない分、利潤も少ない企業への投資。対ハイ・リスク、ハイ・リターン
- **ローリング・スタート** 自動車レースの出発方法の一つ。出場車の前を先導車(ペース・カー)が走り、コースを一周して車のエンジンを快調にさせ、出発ラインを越えた時点で競技開始となる。同フライング・スタート
- **ローリング・プラン** 長期計画を決定・実行後、毎年定期的に見直して、計画と現実のズレを部分修正していく方法。現実対応は速いが、計画の一貫性維持に欠けるマイナス面がある。
- **ロール・アップ** 上方へ巻き上げること。例～ブラインド
- **ロール・アップ・タイトル** テレビや映画の画面下から、制作スタッフや出演者名が出て、上のほうへ消えていく字幕。
- **ロールオーバー** ①走り高跳びで、体を横に寝かせ回転しながらバー(横木)を越える跳び方。→ウエスタン・ロール、ベリー・ロール ②自転車の横転。
- **ロール・クライシス** 昔から伝説的に受け継がれてきた夫婦の役割分担に対して、妻が外へ働きに出ることにより双方の担当役割の崩壊が発生しそうな状態。
- **ロール・コール方式** 国連での表決方法はふつうは挙手やボ

タン投票で行われるが、要求があれば議長が国名を読み上げ、各国代表が可否または棄権の意思を口頭で表明する採決方法。

**ロールシャッハ・テスト** スイスの精神病学者ロールシャッハが考案した人格や性格の診断検査。インクのしみ(ブロット)など左右対称の意味のない図を見せて、それが何に見えるか答えさせることによって、性格や精神状態を判断する方法。→インク・ブロット検査

**ロールバック** ①巻き返し戦略・政策。②引き下げ方式の物価対策。

**ロール・プレーイング** ①学校や企業で行われる体験的学習方法。たとえば企業では社員にいろいろな部署の担当者を演じさせ、それぞれの問題点と解決方法を模索させ実習させるもので、従業員の仕事への積極性を持たせるための社員教育の一つとして行われている。②ロール・プレーイング・ゲームの略。

**ロール・プレーイング・ゲーム** コンピュータゲームの一つ。プレーヤーが主人公となり、さまざまな条件、環境下で幻想的な冒険を経験して成長していくプロセスを楽しむもの。**略**RPG

**ローレル指数** 標準体重を算出し、その数値を肥満度の目安にした栄養指数。体重(kg)を身長(cm)の3乗数で割り、その数値に10の7乗を掛けたものがその人の標準体重となる。

**ローン** ①芝生。芝地。②洋服・ハンカチ・カーテンなどに使われる寒冷紗(薄地・平織りの高級綿織物)。③貸し付け。貸付金。

**ローン・コート** 芝生のテニス・コート。**同**グラス・コート

**ローン・テニス** テニス。本来、芝生で行っていたことから。

**ローン・ワード** 外来語。借用語。

**ロカイユ** ①貝殻や石などをはめ込んだ壁や工芸品。②優雅な曲線と貝殻装飾を特徴とするロココ調の装飾模様。

**ロカビリー** ロックンロールとフォークソングの一種であるヒルビリーが合わさった音楽。1950年代に流行した。

**ロガリズム** 対数。ログともいう。記号log。

**ログ** ①丸太。②船の航程や速度を測る測定機。③(主コン

ピュータの)操作記録。(放送局などの)送信記録。(機械の)運転記録。④ロガリズムの略称。⑤ログブックの略称。

**ログイン** パソコンの接続(開始)。対ログアウト、ログオフ

**ログ・ハウス** 丸太小屋。

**ログブック** 航空・航海日誌。航空機や船舶の航程表。(貨物や建設自動車の)運行・運転日誌。

**ロケーション** ①ドラマや映画での屋外撮影。②位置。配置。場所。

**ロケット・ランチャー** ロケット発射台。発射装置。

**ロゴグラム** &・¥・#などの略記号。

**ロゴス** ①神のことば。②理性。論理。

**ロゴタイプ** 一つの成語をまとめて鋳造した連結(合字)活字。デザイン文字。

**ロゴマーク** 会社のイメージ・アップや消費者に商品を印象づけるため、社名・社章(マーク)・商品名などをデザイン化したもの。特に社名とマークは組み合わせてデザインされ、企業イメージの統一性を重視して制作されている。

**ロコ・モコ** ご飯の上にハンバーグと目玉焼きをのせたハワイ料理。

**ロコモティブ** 機関車。ロコモーティブともいう。

**ロザリオ** 聖母マリアへ祈りを捧げるための数珠。

**ロシアン・ルーレット** 1発だけ弾を込めたピストルの弾倉を回してから、頭に銃口をあてて引き金を引く危ないゲーム。

**ロジカル** 論理的な。理論的な。～な

**ロジカル・オペレーション** 論理演算。コンピュータでの加減乗除の数値演算以外、真・偽の二数値をとる論理的変数やand(そして)・or(または)などの論理操作を含んだ演算のこと。

**ロジカル・チャート** 作業手順を決める前に、全体的見通しを立てるために作成する概略図。

**ロジスティックス** ①兵站。戦場の前線に武器や食料などの物資を効率的に供給・管理する技術。②企業で原材料の調達、生産、在庫、販売にいたる一連の物的流通を一元管理するシステム。

**ロジック** ①論理。論法。理論。②論理学。③(コンピュー

タの)論理の道順。
**ロス・タイム** ①無駄な時間。②サッカーやラクビーなどの試合で、選手のケガなどによってゲームが中断した時間。ロスタイムは試合時間に含まれない。同インジャリー・タイム
**ロスト・ボール** ゴルフの打球が行方不明になること。
**ロストル** 石炭や薪などがよく燃えるように、かまどの下に敷く鉄製のすのこ。火格子。
**ロス・リーダー** 販売業者や小売店が顧客を集めるために、損を覚悟の低価格で出す目玉商品。特売品。特価品。
**ロッキング・チェア** 脚が弓状に反っている揺り椅子。
**ロック** ①岩、岸壁。②氷片にウィスキーを注いだ飲み物。オン・ザ・ロックともいう。③エレキギターやエレクトーンなどの電気楽器を中心とし、大音量・強烈なリズムで演奏する音楽の総称。ロック・ミュージックともいう。④鍵、鍵をかけること。⑤ラグビーの守備位置の一つ。
**ロックアウト** 労働争議で、経営者側が会社や工場を閉鎖して、就労させないようにする争議行為の一つ。
**ロック・オペラ** 「キャッツ」「スターライト・エキスプレス」に代表されるロック音楽で構成したミュージカル。
**ロック・オン** レーダーやミサイルの目標追尾装置で捕らえた飛行物体を自動追跡状態にすること。
**ロッククライミング** 岩登り。岩壁を登ること。
**ロック・フィル・ダム** 峡谷に岩石を積み上げて堤防を造り、水をせき止めるダム構造の一つ。
**ロック・フェスティバル** 大規模に催されるロック音楽の祭典。
**ロッジ** 山小屋。山小屋風の宿泊所。
**ロッソ** 赤色。
**ロッタリー** 宝くじ。抽選。福引き。くじ引き。同ロテリー
**ロット** ①生産や商品の一定単位数量・仕切り量。製造単位。例〜ナンバー ②分け前。抽選。くじ。同ロト
**ロット生産** 連続の大量生産には向かない製品を作るとき、原料・工程・時期を一まとめにして生産する方式。
**ロデオ** 暴れ馬や猛牛をカウボーイがどれだけ乗りこなせるかを競う競技会。

**ロト** 宝くじ。

**ロドプシン** 視紅。視細胞の一種で光を吸収する視物質。

**ロハス** LOHAS。環境と人間の健康を最優先し、持続可能な社会の在り方を志向するライフスタイル。

**ロビーイング** 政党と外郭団体を結ぶ役割を演じる院外活動。議案通過陳情運動。例～活動

**ロビイスト** 特定企業や利益団体からの陳情を議員や議会に仲介したり、働きかける人。

**ロビング** ①テニスやバドミントンで、ネット近くの相手選手の頭上を越すように、高くゆっくりしたボールを打つこと。②卓球で、態勢立て直しなどのために相手のコートに球を高く返すこと。

**ロブスター** アカザエビ科の大型食用エビ。ザリガニに似ている。同オマール

**ロボ・コン** ロボット・コンテストの略。自作のロボットを持ち寄り、その性能や特技などを競う催し。

**ロボタイゼーション** 自動化。ロボット化。

**ロボティックス** ロボット工学。制御工学・センサー技術・機械機構学などを総合して、ロボットの構造・管理・維持・操作を研究する学問。

**ロボトミー** 分裂症などの精神病治療のための大脳の前頭葉切開手術。しかし現在は行われていない。

**ロボトロジー** ロボット学。知能ロボット開発のため、社会的・経済的・心理的・科学技術的など幅広い分野を統合して研究する学問。

**ロマネ・コンティ** フランス・ブルゴーニュ地方ボーヌ・ロマネ村で産出される約700年の伝統を持つ高級ブランドのワイン。

**ロマン** ①長編小説。空想的な物語。②夢や空想、冒険心をかきたてるもの。

**ロマンス・カー** ロマンスシート(男女二人がけの椅子)を座席にしてある電車やバス。

**ロマンス・グレー** 白髪まじりの初老の紳士。またその髪。若い女性にも好意を寄せられる魅力をもつ。

**ロマンチスト** 夢想家。空想家。

**ロマンチック** 空想的で、甘く美しい。ロマンティックとも。

~な

**ロム** ROM。読み出し専用メモリー。

**ロラン** LORAN。電波遠距離航法援助システム。複数の局から発信された電波の到達時間差を測定して、航空機や船舶が自分の位置を割り出しながら航行する方式。

**ロリコン** 少女にしか性的欲望を感じない異常性欲。ロリータ・コンプレックスの略。

**ロリポップ** 棒つき丸形キャンディー。象徴的幼児性を表す場合もある。

**ロング・サーキット・アピール** 消費者の感情的な購買意欲を刺激して一時的に目を引かせるのではなく、十分に商品の情報を提供して、理性的購買動機に訴え掛ける広告手法。

**ロング・ショット** ①遠景。遠写。映画や写真撮影で、背景が画面に入るように被写体から少し離れた所で撮影すること。②ゴルフで遠くへ飛ばすこと。

**ロング・ステイ** 長期滞在。海外で長期の余暇を過ごすこと。

**ロング・セラー** 商品の人気が衰えず長期間売れ続けること。

**ロング・ドリンクス** ゆっくりと時間をかけて飲むのに適したカクテル。対ショート・ドリンクス

**ロング・パス・エコー** 舞台や演奏会場などの音声が客席の後ろの方から反響してくる現象。

**ロング・ライフ・ミルク** 100日ほど長期保存が可能な牛乳。LL牛乳ともいう。

**ロング・ラン** 映画、演劇の長期興行。

**ロンゲット・ファッション** 女らしさを強調するため、細身で、ふくらはぎやくるぶしまで届くような長いスカートを取り入れた、1970年代の流行。

**ロンドン・ストライプ** 地と縞の幅が等間隔に並べてある縞模様。ワイシャツ生地の柄としてよく用いられている。

**ロンドン・ブーツ** 1970年代に流行したかかとの高いブーツ。

**ロンバード街** ロンドンの金融市場の中心地。

**ロンバード・レート** 債券を担保にした貸出金利率。ドイツ連邦銀行が市中銀行に対して貸し出しをするときの適用金利。

**ロンリー** 孤独な、ひとりぼっちの。

**ワーカーズ・コレクティブ** 生協組合員や消費者運動の運動員などが共同出資して設立した、社会的価値のあることにかかわる自主管理の事業体。たとえば、リサイクル・ショップや無農薬野菜販売店の運営など。

**ワーカホリック** 生きがいにはなっていない仕事中毒者。仕事をしていなければ、気が済まない人。仕事の虫。

**ワーキング・キャピタル** 運転資金。運用資産。

**ワーキング・グループ** 作業部会。ある問題について、その調査や計画の推進を目的につくられた部会。

**ワーキング・ネーム** 結婚後の改姓による事務手続きや職場での煩雑さをなくすため、仕事のときだけ使う旧姓。

**ワーキング・ビザ** 就労ビザ。その国に滞在して労働できる許可証。

**ワーキング・ホリデー** 青少年を対象にした外国で働きながら観光旅行が楽しめる制度。普通は観光ビザで労働することは認められていない。

**ワーキング・マザー** 仕事を持ちながら育児や家事もこなす女性。

**ワークアウト** ①練習。トレーニング。②契約不履行のとき、倒産を回避するため債権者と債務者が協力して解決策を見つけ出すこと。

**ワーク・シート** ①仕事の指示を記入した作業伝票。②企画参考資料紙。③表計算ソフトウエア上の作業用画面。④貸借対照表や損益計算書作成用計算書。⑤練習問題紙。計算用紙。

**ワーク・シェアリング** 仕事の分かち合い。労働時間の短縮、残業時間の削減、休日増加、有給教育・介護休暇の普及を目指し、雇用者数の維持・拡大、失業者数の減少を図る政策。

**ワーク・ショップ** ①講習会。②研究集会。③作業場、工房。

**ワークステーション** 中央のコンピュータと直結されデータの出入力ができ、また独立作業も可能な外部記憶装置など

の端末機。

**ワーク・パミット** (外国人労働者に出す)労働許可。

**ワーク・ブック** 学習者が使う問題練習帳。

**ワーク・マン** 職人、職工。

**ワージー** 価値のある。立派な。尊敬に値する。

**ワース** 真価。価値。

**ワースト** 最悪な、最低の。対ベスト

**ワーディング** 表現。言い回し。

**ワード** ①単語。②パソコンの文書作成ソフトの一つ。ワープロソフトでは国内外で圧倒的なシェアを持つ。

**ワード・アソシエーション・テスト** 言葉からいろいろ連想させ、その反応を分析・診断する心理テストの一つ。

**ワード・プロセッサー** ⇨ワープロ

**ワードローブ** ①衣装ダンス。洋服ダンス。②劇団所有の持ち衣装。古典劇用の古衣装。

**ワープロ** 文書作成編集機。文書の作成・編集・印字などを行うタイプライターとコンピュータを組み合わせた機械。正式にはワード・プロセッサーという。

**ワープロホリック** ワープロ中毒。ワープロを起動させていないと気が済まない人。

**ワーム** ①ミミズのような虫。②コンピュータ・ウイルスの一つで増殖しながらプログラムを破壊していくもの。

**ワールド・インデックス** 世界の主要株式相場での株価の動向を表す総合指数。

**ワールド・エンタープライズ** 多国籍企業。世界各国に子会社や系列会社を持ち、世界的規模で事業活動をしている会社。

**ワールド・カップ** さまざまなスポーツの世界選手権大会。

**ワールド・クラス** 世界規模で一流の。

**ワールド・シリーズ** アメリカ大リーグの各リーグの優勝チームが対戦する選手権試合。

**ワールド・スケール** 石油タンカーの借り受け契約を結ぶときの基準運賃指数。略WS

**ワールド・バンク** 国際復興開発銀行(IBRD)の別称。通称として世界銀行(世銀)と呼ばれる。

**ワールド・フェデラリズム** 第二次世界大戦後におきた、世

界を一つの連邦国家にしようと考える世界連邦主義運動。

**ワールド・ミュージック** 世界の地域に根ざした民族音楽を基盤とした新しい音楽の総称。

**ワールド・ワイド** 世界的な。国際的な。世界各国に及ぶ。〜な

**ワイズ** 賢い。知恵のある。

**ワイスマニズム** ダーウィンの進化論「自然選択説」が正しいとするドイツの動物学者・遺伝学者ワイスマンの学説。社会・生活環境などの外因による形質が遺伝していくのではなく、生殖細胞の中の特別な生殖質のみが遺伝するという説。

**ワイドアングル・レンズ** 広角レンズ。被写体と撮影位置との距離があまりない場合などに使い、焦点距離が短く、80度以上の広い視野を撮影できるが、遠近感は実際と感覚的に異なって見える。

**ワイド・ショー** 芸能ニュースを中心にした昼間の娯楽ニュース番組。

**ワイド・テレビ** 画面が鮮明な高品位な技術を備えた大型テレビ。横に長い。

**ワイド・レシーバー** クオーター・バック(後衛の中央)の投げるボールを専門に受けるアメリカン・フットボールのポジション。またはその選手。

**ワイド・レシオ** 自動車ギア(変速機)の前進段中間のギア比(歯車比)がロー(1速)寄りに作られていること。低速時の変速は円滑だが、高速走行のトップへの変速は回転力が落ちるためエンジンの力を十分出し切れない。対クローズド・レシオ

**ワイナリー** ぶどう酒醸造所。

**ワイピング・クロス** 水・ほこり・汚れなどを拭き取る布。

**ワイフ** 妻、家内、女房。対ハズバンド

**ワイプ・アウト** ①テレビなどの画面映像を片隅から拭き取るように消して行く場面転換手法の一つ。対ワイプ・イン ②サーフィンのとき、波などによってバランスを失いサーフ・ボードから落ちること。

**ワイヤー・アクション** ワイヤー・ロープで身体を吊り下げて空中を浮遊する場面を撮影すること。

**ワイヤータッピング** 盗聴機や盗聴マイクを使って、電話・電信・会話などを盗聴すること。

**ワイヤーブラシ** 毛の部分が針金でできたブラシ。

**ワイヤー・ロープ** 鋼鉄線でつくった綱。

**ワイヤリング** 電気配線。

**ワイヤレス・マイク** 無線マイク。

**ワイルド・カード** ①テニス競技会への申し込みの有無にかかわらず、競技会委員会の自由裁量で選んだ選手が出場できる制度。たとえばランキングの低い選手を主催者側が出場させたいと考える場合などに使われる。②大リーグで2位チームのなかで勝率の一番よいチームがプレーオフに出場できる制度。③コンピュータで、任意の文字(列)を指定するための代理の文字。

**ワイルドキャット・ストライキ** 組合からの指示や指令を無視して実行するストライキ。山猫ストライキ。

**ワイルドフラワー** ①野生の草花。②植物の生育には適さない痩せた土地でも育つ草花の種子を多数混ぜ合わせて蒔き、季節により種類の違う花が咲くようにした緑化方法。

**ワイルドライフ** 野生生物。

**ワイン・カラー** ⇨ワイン・レッド

**ワイン・クーラー** ワインやシャンパンを瓶のまま冷やす氷を入れた金属製または木製の容器。

**ワイン・セラー** 空調設備により適度な温度と湿度を保てるぶどう酒用貯蔵庫。

**ワインドアップ** 野球の投手が腕を後ろに引いて反動をつけた後、頭上で振りかぶる投球前の準備動作。

**ワイン・ビネガー** ワインを原料にした酢。

**ワインプローベ** ワインを試飲すること。

**ワイン・レッド** 暗赤色。赤ワイン色。 同ワイン・カラー

**ワウ** 音響機器やテープ・レコーダの回転速度の変化(回転むら)により生じる音のひずみ。

**ワギナ** ⇨バギナ

**ワクセンデハウス** 家族の増加などを考慮して増改築しやすいように設計された住宅。

**ワクチン・プログラム** ⇨コンピュータ・ワクチン

**ワジ** 一年のうちほとんど乾燥していて雨期の短期間だけ流

水する、アフリカやアラビアなどの乾燥地帯にある水なし川、かれ谷。

**ワシントン条約** 絶滅の恐れのある野生動植物の種の貿易に関する条約。1987年施行。希少野生動植物は原則として譲渡などを禁止するというもの。

**ワスプ** WASP。白人でアングロ・サクソン系でプロテスタントの人間をさす。アメリカで出世するための条件とされた。軽蔑的にも用いられる。

**ワッセナー・アレンジメント** かつてのココム(対共産圏輸出統制委員会)に代わって1996年に発足した輸出管理機構。戦略物資の輸出を管理する。加盟国はロシア、スイスなど30数ヵ国に及ぶ。

**ワッフル** 小麦粉に牛乳と卵を混ぜ合わせ鉄製の型で焼いた洋菓子。バター・生クリーム・シロップ・ジャムなどをつけてそのまま食べたり、二つ折りにしてはさんで食べたりする。

**ワドローペン** 干潮時の海をハイキングのように何時間も歩き回るオランダの国民的スポーツ。

**ワラント債** 新株引受権つき社債。社債保有者は特定期間内、または永久的に所定の買い取り価格で起債会社(債権を発行・募集した会社)の株式を購入する権利を与えられた社債。

**ワルファリン** 殺鼠剤としても用いられている血液凝固阻止剤。無色で非水溶性。

**ワン・イヤー・ルール** 企業の購入資産や負債を1年単位で区切って処理する方式の会計用語。

**ワン・ウェー** ①一方通行、片道。②紙パックなどの容器を使い、リサイクルするために回収・再利用しない物流方式。物流合理化には役立つが、ゴミ公害の元凶にもなっている。**対** リターナブル

**ワン・クール** テレビの連続番組の放送期間の単位。普通は毎週1回で3か月間(約13本)放送分をひと区切りとされている。

**ワン・クッション** 直接的な衝撃を緩和するために間に設ける事物。

**ワンゲル** ⇨ワンダーフォーゲル

**ワン・コイン・バス**　100円で乗れる路線バス。
**ワンサイド・ゲーム**　一方的で大差のついた試合。
**ワン・シーター**　一人乗り用の飛行機や自動車などのこと。
**ワン・ショット・バー**　1980年後半から流行しはじめた、1杯注文するごとに代金を支払うバー。
**ワン・ショルダー**　片方の肩が完全に露出していて、別側の肩だけが身頃とついているデザインの水着や洋服。
**ワンス・スルー方式**　原子力発電所などから出る使用済み核燃料を再利用しないで、廃棄や保管する方式。
**ワン・ステップ**　一歩。次への足がかり。
**ワン・ストップ**　複数の用事を一箇所で済ませられること。
**ワンス・モア**　もう一度。もう一日。
**ワンセグ**　地上波デジタル放送の1帯域を携帯端末向けに使用して、映像・音声・データ放送などを行うサービス。
**ワン・セット**　セット1つ。ひとそろい、一式。
**ワンダーフォーゲル**　集団旅行やキャンプを通して相互の親睦を図り、健康のために心身を鍛えることを目的とした青少年の徒歩旅行運動。日本では山歩きが趣味のグループをさす場合が多い。ワンゲルともいう。
**ワンダー・ボーイ**　才能や学習能力がすぐれている若者。天才少年。
**ワンダーランド**　不思議の国。おとぎの国。
**ワン・タッチ**　①ボタンを1度押すだけで済んでしまうなど、操作が簡単なこと。②1度だけ触れること。③バレーボールで相手の体に1度触れてからボールが外に出ること。
**ワン・タッチ・スルー**　債券売買で相場が上がるとすぐに購入した債券を売って差益を得ること。
**ワンダフル**　すばらしい。〜な
**ワン・チップ・マイクロコンピュータ**　CPU(中央処理装置)・記憶・出入力制御を一つのIC(集積回路)上に形成する構造のもの。主に家電製品に利用されている。
**ワンデルング**　体力作りのために自由に野や山を歩き回ること。
**ワン・テン・カメラ**　円形の110フィルム(通称ワンテン判)を使用する、画面サイズ13ミリ×17ミリの小型カメラ。

**ワン・ハンド・キャッチ** 野手やサッカーのゴールキーパーがボールを片手で取ること。

**ワン・フィンガー** ウイスキーなどの酒を指1本分の高さだけ注ぐこと。

**ワン・プライス・ショップ** 全商品を同一価格で販売する店。100円ショップなど。

**ワン・ポイント・リリーフ** ①野球でピンチをしのぐため、一人、あるいは数人の打者を打ち取るためだけに登板する投手。②急場をしのぐため一時的に役職や役目を与えること。

**ワン・ボックス・カー** 座席・エンジン・トランク(荷物入れ)を一つの箱形の車体に収めた貨物兼用乗用車。座席をたたむと広くなるので自由な使い方ができる。

**ワン・マイル・ウェア** 自宅から1マイル(約1.6キロメートル)くらいの範囲なら外出できる洋服。家庭着と外出着との中間的な服。

**ワンマン** ①1人だけの。例~バス ②~な 人の意見を聞かず思いのまま行動する(人)。例~社長

**ワンマン・カー** 運転手が車掌の役も兼ねる電車やバス。バスの場合はワンマン・バスともいう。

**ワン・ライティング・システム** 1枚の伝票(納品伝票や出入伝票など)を入力(記入)すれば、請求書や金銭出納帳・元帳などの帳簿に転記する必要がないコンピュータによる簿記・経理事務処理方法。市販の財務会計関係ソフトはすべてこのシステムを取り入れている。

**ワン・ルーム・マンション** 居間、台所、寝室などの間仕切りがなく、それらを1室で兼用する1部屋だけのマンション。

**ワン・レングス・カット** 一定の長さにそろえて切る長髪の髪形。おかっぱやボブ・スタイルの基本となるヘア・カット技術。ワン・レンともいう。→グラデーション・カット、レイヤード・カット

本書の内容に関するお問い合わせは、**書名、発行年月日、該当ページを明記の上**、書面、FAX、お問い合わせフォームにて、当社編集部宛にお送りください。**電話によるお問い合わせはお受けしておりません。** また、本書の範囲を超えるご質問等にもお答えできませんので、あらかじめご了承ください。
FAX：03‑3831‑0902
お問い合わせフォーム：http://www.shin-sei.co.jp/np/contact-form3.html

落丁・乱丁のあった場合は、送料当社負担でお取替えいたします。当社営業部宛にお送りください。法律で認められた場合を除き、本書からの転写、転載（電子化を含む）は禁じられています。代行業者等の第三者による電子データ化及び電子書籍化は、いかなる場合も認められていません。

## 大きい活字のカタカナ語辞典

| 編 者 | 新星出版社編集部 |
|---|---|
| 発行者 | 富永靖弘 |
| 印刷所 | ㈲松本紙工 |

### 発行所　株式会社新星出版社
〒110-0016　東京都台東区台東2丁目24
電話（03）3831-0743

© SHINSEI Publishing Co., Ltd.　　　Printed in Japan

ISBN978-4-405-01110-6

# ★ 新星出版社の国語・実用辞典

## 大きい活字の 用字用語辞典

ど忘れして思い出せない日常的に使う漢字や熟語、動植物の名称など手軽に引けるよう2万語を収録。

○新星出版社編集部編
○A6変型判

## 大きい活字の 四字熟語辞典

全見出し1003語に使い方・意味を表現した「主な用途」と実用的な用例を掲載。

○新星出版社編集部編
○A3変型判

## 大きい活字の 故事・ことわざ事典

日常的に使われやすいことわざを厳選収録。総収録語数4000語(英語のことわざ含む)。

○国松　昭監修
○A6変型判

## カタカナ語新辞典 改訂三版

話題の語から経済・国際用語などの専門語まで幅広く収録。大きな活字で読みやすいキーワード満載の辞典。欧文略語付。

○新星出版社編集部編
○全書判

## 大きな活字の 漢字用語辞典 第二版

日常生活で必要な基本用語を2万8000語収録。ド忘れした漢字が素早く探せる!

○新星出版社編集部編
○A6変型判

## 大きい活字の 実用国語新辞典

イラストも豊富に、大きな見出し活字で引きやすく読みやすい。それぞれに英語の意味も付した、便利な辞典。

○井上宗雄/水口志計夫監修
○A5変型判